G-TELP KOREA
6회분 제공
지텔프
기출문제

LEVEL 2

해설집

커넥츠

머리말

G-TELP는 TOEIC, TOEFL 등 타 시험에 비해 비교적 단기간에 목표 점수에 도달할 수 있고 정부 기관 및 여러 기업에 활용되어 각광받고 있는 영어 공인 인증 시험입니다.

G-TELP 시험을 준비할 때는 가장 먼저 기출문제를 통해 출제 범위와 문제 유형, 난이도 등 실제 출제 경향을 파악하는 것이 필수입니다. 하지만 개인적으로 기출문제를 구하기는 쉽지 않죠. 그래서 수험생분들이 쉽고 빠르게 목표 점수를 얻는 데 보탬이 되고자 저희 커넥츠 지텔프 연구소에서 <지텔프 기출문제 Level 2>를 출간하게 되었습니다.

• 최신 기출문제 6회분 수록
G-TELP KOREA에서 제공받은 최신 기출문제를 6회분 실었습니다. 유사/변형 문제가 아닌 실제로 출제된 문제를 풀어보면서 확실하게 최신 출제 경향을 파악할 수 있습니다.

• 문제 풀이 접근법 제시
모든 문제 해설에 실마리를 알려 주는 'KEY'를 수록하여 정답을 찾는 스킬을 익히고 단기간에 실력을 향상시킬 수 있습니다.

• 철저한 정/오답 분석
왜 정답이고 오답인지 이해하기 쉽게 풀이하였으며, 해당 문제와 관련된 문법 개념과 패러프레이징을 정리하여 철저한 정/오답 확인과 더불어 심화 학습까지 할 수 있습니다.

• 정기 시험 MP3 & Answer Sheet 제공
정기 시험 청취 영역 MP3와 실제 OMR 카드를 그대로 구현한 answer sheet를 제공하여 실전 환경과 가장 유사하게 시험 대비를 할 수 있습니다.
* MP3는 편리하게 복습할 수 있도록 Part별로 분리한 파일도 함께 제공합니다.

수험생 여러분이 <지텔프 기출문제 Level 2>를 통해 좋은 결과를 이루시길 기원합니다.

커넥츠 지텔프 연구소

목차

머리말	001
목차	002
학습 계획표	003
이 책의 구성 및 특징	004
G-TELP 소개	006
G-TELP Level 2 소개	008
정기 시험 접수부터 성적 확인까지	010
[특별 부속] 영역별 대비 컨설팅	012
TEST 1 정답 및 해석/해설	018
TEST 2 정답 및 해석/해설	064
TEST 3 정답 및 해석/해설	110
TEST 4 정답 및 해석/해설	158
TEST 5 정답 및 해석/해설	204
TEST 6 정답 및 해석/해설	250

책속책	
TEST 1 문제	002
TEST 2 문제	026
TEST 3 문제	050
TEST 4 문제	074
TEST 5 문제	098
TEST 6 문제	122
Answer Sheet	147

학습 계획표

■ **30~50점 목표** 학습 계획표 (12일_약 2주 완성)

문법을 중점으로 학습하는 계획표입니다. 문법은 80~90점, 청취는 20~25점, 독해 및 어휘는 30~35점을 목표로 잡는 분들에게 추천합니다.

Day 01	Day 02	Day 03	Day 04	Day 05	Day 06
- TEST 1 풀기 - TEST 1 청취&독해 및 어휘 영역 문제 리뷰	TEST 1 문법 영역 문제 리뷰 및 개념 정리	- TEST 2 풀기 - TEST 2 청취&독해 및 어휘 영역 문제 리뷰	TEST 2 문법 영역 문제 리뷰 및 개념 정리	- TEST 3 풀기 - TEST 3 청취&독해 및 어휘 영역 문제 리뷰	TEST 3 문법 영역 문제 리뷰 및 개념 정리
Day 07	**Day 08**	**Day 09**	**Day 10**	**Day 11**	**Day 12**
- TEST 4 풀기 - TEST 4 청취&독해 및 어휘 영역 문제 리뷰	TEST 4 문법 영역 문제 리뷰 및 개념 정리	- TEST 5 풀기 - TEST 5 청취&독해 및 어휘 영역 문제 리뷰	TEST 5 문법 영역 문제 리뷰 및 개념 정리	- TEST 6 풀기 - TEST 6 청취&독해 및 어휘 영역 문제 리뷰	TEST 6 문법 영역 문제 리뷰 및 개념 정리

■ **60~90점 목표** 학습 계획표 (24일_약 한 달 완성)

문법/청취/독해 및 어휘를 두루두루 학습하는 계획표입니다. 문법은 90점 이상, 청취는 50~70점, 독해 및 어휘는 60~80점을 목표로 잡는 분들에게 추천합니다.

Day 01	Day 02	Day 03	Day 04	Day 05	Day 06
TEST 1 풀기	TEST 1 문법 영역 문제 리뷰 및 개념 정리	TEST 1 청취 영역 문제 리뷰 및 음원 다시 듣기	TEST 1 독해 및 어휘 영역 문제 리뷰 및 지문 다시 읽기	TEST 2 풀기	TEST 2 문법 영역 문제 리뷰 및 개념 정리
Day 07	**Day 08**	**Day 09**	**Day 10**	**Day 11**	**Day 12**
TEST 2 청취 영역 문제 리뷰 및 음원 다시 듣기	TEST 2 독해 및 어휘 영역 문제 리뷰 및 지문 다시 읽기	TEST 3 풀기	TEST 3 문법 영역 문제 리뷰 및 개념 정리	TEST 3 청취 영역 문제 리뷰 및 음원 다시 듣기	TEST 3 독해 및 어휘 영역 문제 리뷰 및 지문 다시 읽기
Day 13	**Day 14**	**Day 15**	**Day 16**	**Day 17**	**Day 18**
TEST 4 풀기	TEST 4 문법 영역 문제 리뷰 및 개념 정리	TEST 4 청취 영역 문제 리뷰 및 음원 다시 듣기	TEST 4 독해 및 어휘 영역 문제 리뷰 및 지문 다시 읽기	TEST 5 풀기	TEST 5 문법 영역 문제 리뷰 및 개념 정리
Day 19	**Day 20**	**Day 21**	**Day 22**	**Day 23**	**Day 24**
TEST 5 청취 영역 문제 리뷰 및 음원 다시 듣기	TEST 5 독해 및 어휘 영역 문제 리뷰 및 지문 다시 읽기	TEST 6 풀기	TEST 6 문법 영역 문제 리뷰 및 개념 정리	TEST 6 청취 영역 문제 리뷰 및 음원 다시 듣기	TEST 6 독해 및 어휘 영역 문제 리뷰 및 지문 다시 읽기

이 책의 구성 및 특징

해설집 미리 보기

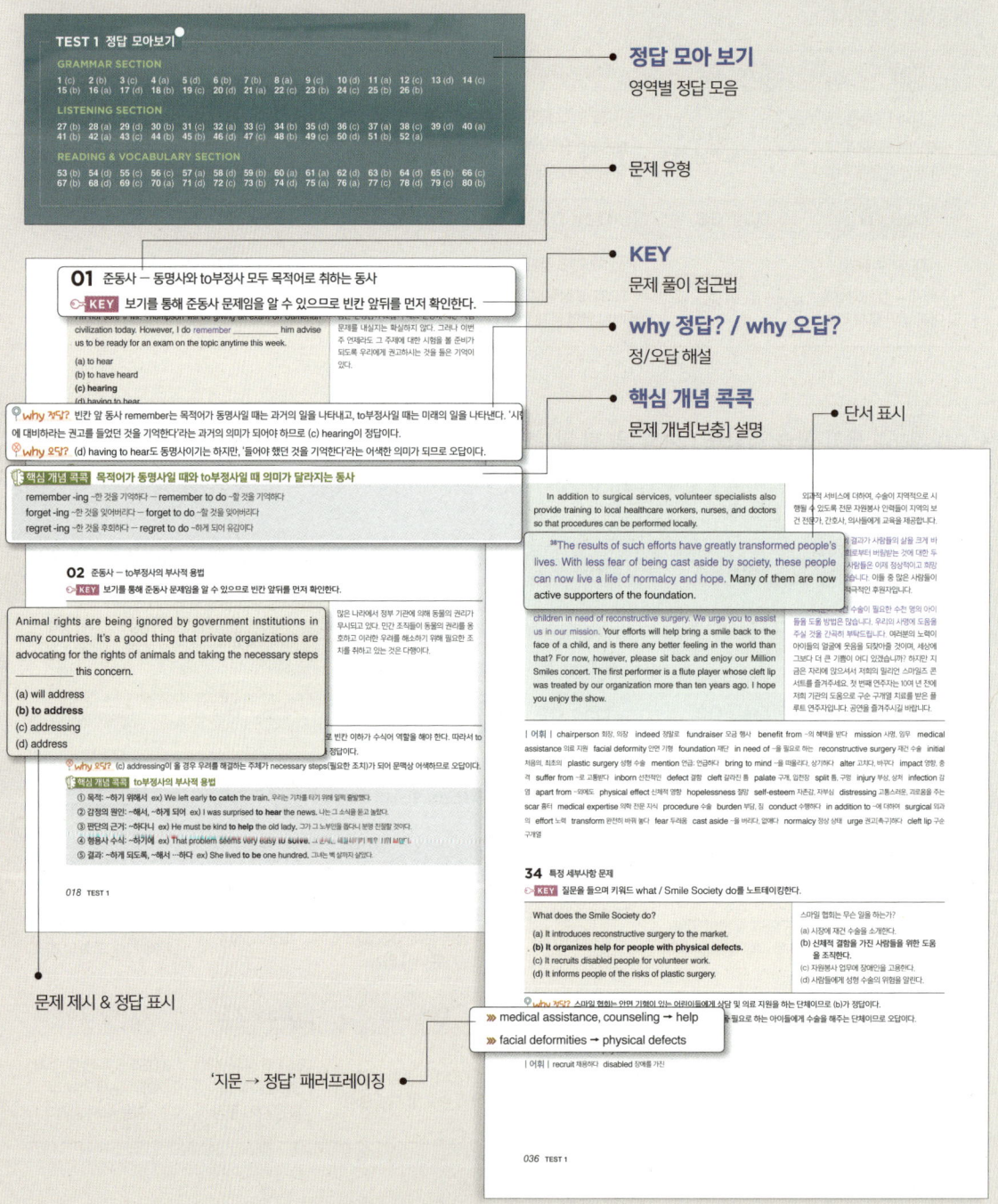

정답 모아 보기
영역별 정답 모음

문제 유형

KEY
문제 풀이 접근법

why 정답? / why 오답?
정/오답 해설

핵심 개념 콕콕
문제 개념[보충] 설명

단서 표시

문제 제시 & 정답 표시

'지문 → 정답' 패러프레이징

문제집 미리 보기

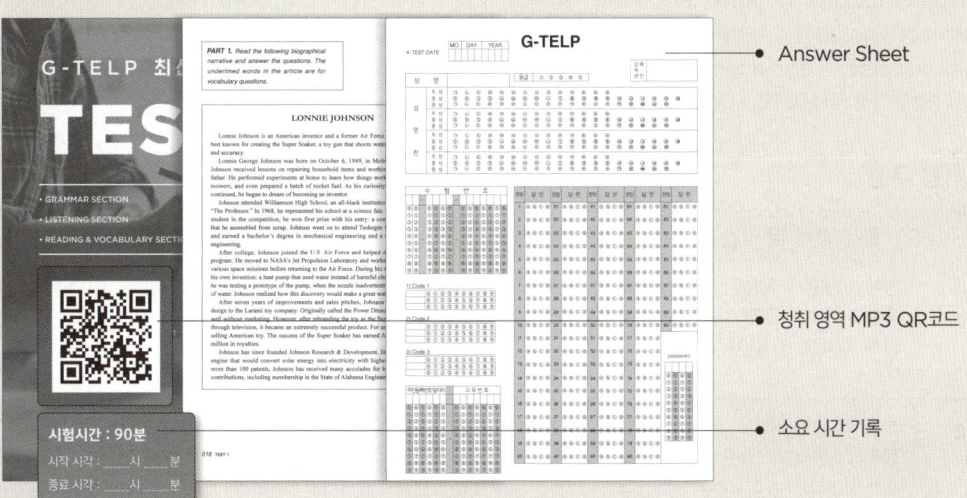

- Answer Sheet
- 청취 영역 MP3 QR코드
- 소요 시간 기록

특별 부속

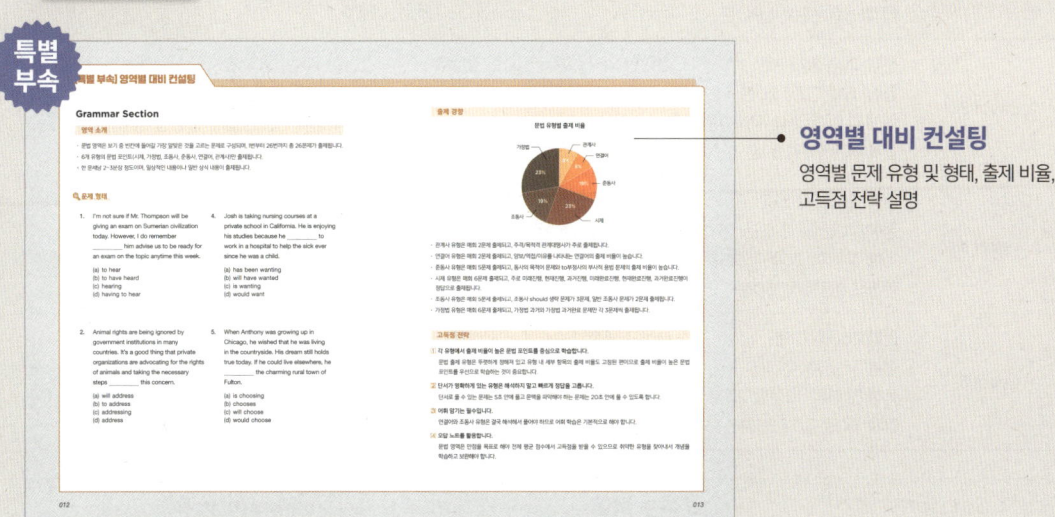

- **영역별 대비 컨설팅**
  영역별 문제 유형 및 형태, 출제 비율, 고득점 전략 설명

정기 시험 청취 영역 MP3 무료 제공
[파일 구성] ① TEST 시험 버전 ② Part별 복습 버전
[이용 방법] ① 문제집 TEST 시작 페이지에 있는 QR코드를 찍어서 이용
② '숨마투스 홈페이지 → 7급/PSAT 교수님 → TOEIC/G-TELP → 정재현 페이지의 학습자료실' | '영단기 홈페이지
→ 교재 구매 → MP3/해설집 다운로드'에서 파일 다운로드한 후 이용

온라인 해설 강의 제공
[이용 방법] 숨마투스 gong7.conects.com | 경단기 gyung.conects.com | 공단기 gong.conects.com |
군단기 gong.conects.com/gun | 영단기 eng.conects.com 중 한 곳에 접속 후 강의 수강

G-TELP 소개

■ G-TELP란?

G-TELP(General tests of English Language Proficiency)는 미국 국제테스트 연구원(ITSC, International Testing Services Center)에서 주관하여 University of California Los Angeles, Georgetown University, San Diego State University, Lado International College 등의 저명 교수진이 연구/개발하였고, 국내외 저명한 언어학자, 평가전문가들이 참여하여 국제적으로 시행하는 글로벌 영어능력 평가인증시험입니다.

■ Level별 시험 구성

구분	출제 방식 및 시간	평가 기준	합격자의 영어 구사 능력
Level 1	청취: 30문항/약 30분 독해 및 어휘: 70문항/70분 합계: 100문항/약 100분	Native Speaker에 준하는 영어 능력: 상담, 토론 가능	· 모국어로 하는 외국인과 거의 대등한 의사소통이 가능 · 국제회의 통역도 가능한 수준
Level 2 공무원, 군무원, 자격증 등 영어 대체 시험에 활용	문법: 26문항/20분 청취: 26문항/약 30분 독해및어휘: 28문항/40분 합계: 80문항/약 90분	다양한 상황에서 대화 가능: 업무상담 및 해외연수 등이 가능한 수준	· 일상생활 및 업무 상담 등에서 어려움 없이 의사소통을 할 수 있는 수준 · 외국인과의 회의 및 세미나 참석, 해외 연수 등이 가능한 수준
Level 3	문법: 22문항/20분 청취: 24문항/약 20분 독해 및 어휘: 24문항/40분 합계: 70문항/약 80분	간단한 의사소통과 친숙한 상태에서의 단순 대화 가능	· 간단한 의사소통과 친숙한 상태에서의 단순한 대화가 가능한 수준 · 해외여행과 단순한 업무 출장을 할 수 있는 수준
Level 4	문법: 20문항/20분 청취: 20문항/약 15분 독해 및 어휘: 20문항/25분 합계: 60문항/약 60분	기본적인 문장을 통해 최소한의 의사소통이 가능한 수준	· 기본적인 어휘의 짧은 문장을 통해 최소한의 의사 소통이 가능한 수준 · 외국인이 자주 반복하거나 부연설명을 해 주어야 이해할 수 있는 수준
Level 5	문법: 16문항/15분 청취: 16문항/약 15분 독해 및 어휘: 18문항/25분 합계: 50문항/약 55분	극히 초보적인 수준의 의사소통 가능	· 영어 초보자 · 일상의 인사/소개 등을 듣고, 이해할 수 있는 수준 · 말 또는 글을 통한 자기표현은 거의 불가능한 수준

Section	점수 비율	Mastery 기준
문법	100점 만점	– 각 Section별(문법·청취·독해 및 어휘) 75% 이상 획득해야 해당 등급 Mastery – 한 개 Section이 75% 미만인 경우 Near Mastery * 국내에서는 대개 Level 2 특정 평균 점수 이상을 획득하면 영어 대체 시험 합격점으로 인정
청취	100점 만점	
독해 및 어휘	100점 만점	
총점	총 300점 만점	
평균	100점 (성적표상 You have answered 100% of all the question in the test correctly 부분)	

■ 시험 특징

- 문법/청취/독해 및 어휘 3가지 영역의 종합 영어 능력 평가 → 객관식 사지선다형
- 빠른 성적 확인 → 응시일로부터 일주일 이내 빠른 성적 발표
- 절대 평가
- 정기 시험/수시 시험으로 나뉘며, 국가고시/국가자격시험/기업체 채용 시험은 정기 시험만 인정
  → 정기 시험은 월 2회, 연 24회 전국에서 시행
- 5단계 Level의 수준별 평가 → 이 중 Level 2 시험이 공무원, 군무원, 자격증 등 영어 대체 시험에 활용

■ G-TELP FAQ

Q. 토익과 비슷한가요?
A. 토익과는 영역 수, 문항 수, 총점, 시험 시간 등 여러 면에서 차이가 있는데, 그중 평가 방식이 토익은 상대 평가이고 지텔프는 절대 평가라는 것 그리고 지텔프 청취 영역은 문제지에 질문 없이 보기만 주어진다는 것에서 가장 큰 차이가 있습니다.

Q. 점수를 어디에 활용할 수 있나요?
A. 현재 국내에서는 국가고시(공무원, 군무원, 소방, 경찰 등), 공무원 해외파견, 국가자격증(변리사, 회계사, 세무사, 노무사, 감정평가사, 행정사, 관광통역안내사, 호텔경영사 등) 영어대체시험, 기업체의 신입사원 채용 및 인사, 승진 평가시험, 대학(원)교 졸업자격 및 논문 심사 영어대체시험, 초·중·고등학교 영어 평가인증 교육자료로 활용되고 있습니다.

Q. 응시 자격 제한이 있나요?
A. Level 2~5는 응시 자격 제한이 없으나, Level 1은 Level 2 Mastery를 취득한 사람만 응시할 수 있습니다.

Q. 영역별 시간제한이 있나요?
A. 2018년 5월 13일 시험부터 영역별 시험 시간제한 규정이 폐지되어 푸는 순서나 시간 분배를 자유롭게 정해 풀 수 있습니다.

Q. 문제지에 메모할 수 있나요?
A. 규정상 문제지에 낙서하는 행위는 금지입니다. 그러나 본인만 볼 수 있는 정도의 작은 표시는 허용될 수 있습니다.

Q. 답안을 따로 마킹할 시간이 있나요?
A. 따로 마킹할 시간이 없으므로 풀면서 바로 마킹하는 것이 좋으며, 수정 시 수정액이 아닌 수정 테이프를 사용해야 합니다.

G-TELP Level 2 소개

■ **출제 분야**

- **문법 (Grammar)**
  - 가정법: 가정법 과거, 가정법 과거완료 등
  - 시제: 진행형, 완료형, 완료진행형 등
  - 조동사: 다양한 조동사의 쓰임 및 요구/제안/명령 동사와 should 생략 등
  - to부정사와 동명사: 역할 및 목적어로 취하는 동사들 등
  - 접속사: 종속접속사, 등위접속사, 접속부사
  - 관계사: 관계대명사, 관계부사 등

- **청취 (Listening)**
  - 개인적인 이야기
  - 어떤 결정에 이르고자 하는 비공식적인 협상 등의 대화
  - 어떤 특정한 행동의 진행 상황을 설명하거나 특정한 상품을 추천하는 공식적인 담화
  - 일반적인 어떤 일의 진행이나 과정에 대한 설명

- **독해 및 어휘 (Reading & Vocabulary)**
  - 과거 역사 속의 사건이나 현시대의 이야기
  - 최근의 사회적이고 기술적인 묘사에 초점을 맞춘 잡지나 신문의 기사
  - 전문적인 것이 아닌 일반적인 내용의 백과사전
  - 어떤 것을 설명하거나 설득하는 상업 서신

■ **TOEIC과 G-TELP(Lv. 2) 점수 대비표**

TOEIC	969	962	954	947	940	932	925	918	910	903	896	889	881	874	867
G-TELP	99	98	97	96	95	94	93	92	91	90	89	88	87	86	85
TOEIC	859	852	845	837	830	823	815	808	801	793	786	779	771	764	757
G-TELP	84	83	82	81	80	79	78	77	76	75	74	73	72	71	70
TOEIC	749	742	735	720	713	706	698	691	684	676	669	662	654	647	640
G-TELP	69	68	67	66	65	64	63	62	61	60	59	58	57	56	55
TOEIC	632	625	618	610	603										
G-TELP	54	53	52	51	50										

■ 성적 활용 비교표

구분	TOEIC	G-TELP(Lv. 2)
5급 공채	700	65
외교관 후보자	870	88
7급 공채	700	65
7급 외무영사직렬	790	77
7급 지역인재	700	65
국회사무처(입법고시)	700	65
대법원(법원행정고시)	700	65
국민안전처(소방 간부 후보생)	625	50
경찰청(경찰 간부 후보생)	625	50
경찰청(경찰공무원)	600	48점: 가산점 2점 / 75점: 가산점 4점 / 89점: 가산점 5점
국방부(군무원)	5급 700 / 7급 570 / 9급 470	5급 65 / 7급 47 / 9급 32
카투사	780	73
특허청(변리사)	775	77
국세청(세무사)	700	65
고용노동부(공인노무사)	700	65
국토교통부(감정평가사)	700	65
행정자치부(외국어 번역 행정사)	Writing 150점	Writing 3급
한국산업인력공단(관광통역안내사)	760	74
한국산업인력공단(호텔 경영사)	800	79
한국산업인력공단(호텔관리자)	700	66
한국산업인력공단(호텔서비스사)	490	39
금융감독원(공인회계사)	700	65

정기 시험 접수부터 성적 확인까지

- **시험 접수**
  - 월 2회 일요일 격주로 시행 (* 정기 시험의 시행 일정, 지역, 고사장, 응시료는 변경될 수 있으므로 지텔프코리아 홈페이지에서 해당 정보를 확인)
  - www.g-telp.co.kr에서 회원 가입 후 인터넷 접수 또는 지정 접수처에 직접 방문하여 접수
  - **응시료**: 정기 접수기간 금액 / 추가 접수기간 금액
    - 일반: 60,300원 / 64,700원
    - 졸업인증: 41,600원 / 46,000원
    - 군인할인: 30,200원 / 34,600원
    - 한국장학재단: 43,100원 / 47,500원
    - 기초생활수급자: 20,000원 / 22,000원 (정상가 결제 후 환급)
    - 중·고등학생: 30,000원 / 30,000원 (정상가 결제 후 환급, 정기 접수/추가 접수 금액 동일)
  - **결제 방법**: 신용카드, 온라인 계좌이체, 무통장 입금, 페이코 중에서 선택
  - **환불**: 접수 기간 내 또는 접수(결제)일 포함 8일 이내 → 전액 환불
    접수 기간 만료~당 회차 시험 수험번호 공지 전일 24:00시 → 50% 환불
    수험번호 공지일 0시~시험 시행 전 수요일 24:00시 → 30% 환불

- **시험 당일**
  - 14시 20분까지 입실 완료 (* 시험 시작 후 입실 절대 불가)
  - 지정된 날짜, 시간, 장소, 좌석에 앉아 대기
  - 시험과 관련된 신분증, 필기도구, 손목시계 이외의 개인 소지품은 불허
    - 규정 신분증: 주민등록증, 여권(기간 만료 전), 운전면허증, 공무원증, 외박/외출/휴가증(병사), 군인신분증, 학교장 직인이 기재된 학생증(중고생), 재학증명서(중고생), 외국인등록증(외국인) (단, 대학생의 경우 학생증 불허)
    - 허용 필기도구: 컴퓨터용 사인펜, 수정 테이프 (단, 수정액은 사용 불가)

- **성적 확인**
  - **성적 결과 통보**: 온라인 성적 확인 → 응시일로부터 5일 이내
    원본 성적표 발송 → 온라인 출력은 확인 직후부터/우편 발송은 발표 후 다음 화요일
  - **성적표 수령 방법**: 온라인 직접 출력 또는 우편으로 수령 (* 최초 1회 발급은 무료)
  - **성적 유효 기간**: 응시일자를 기준으로 2년간 유효

■ 성적표 샘플

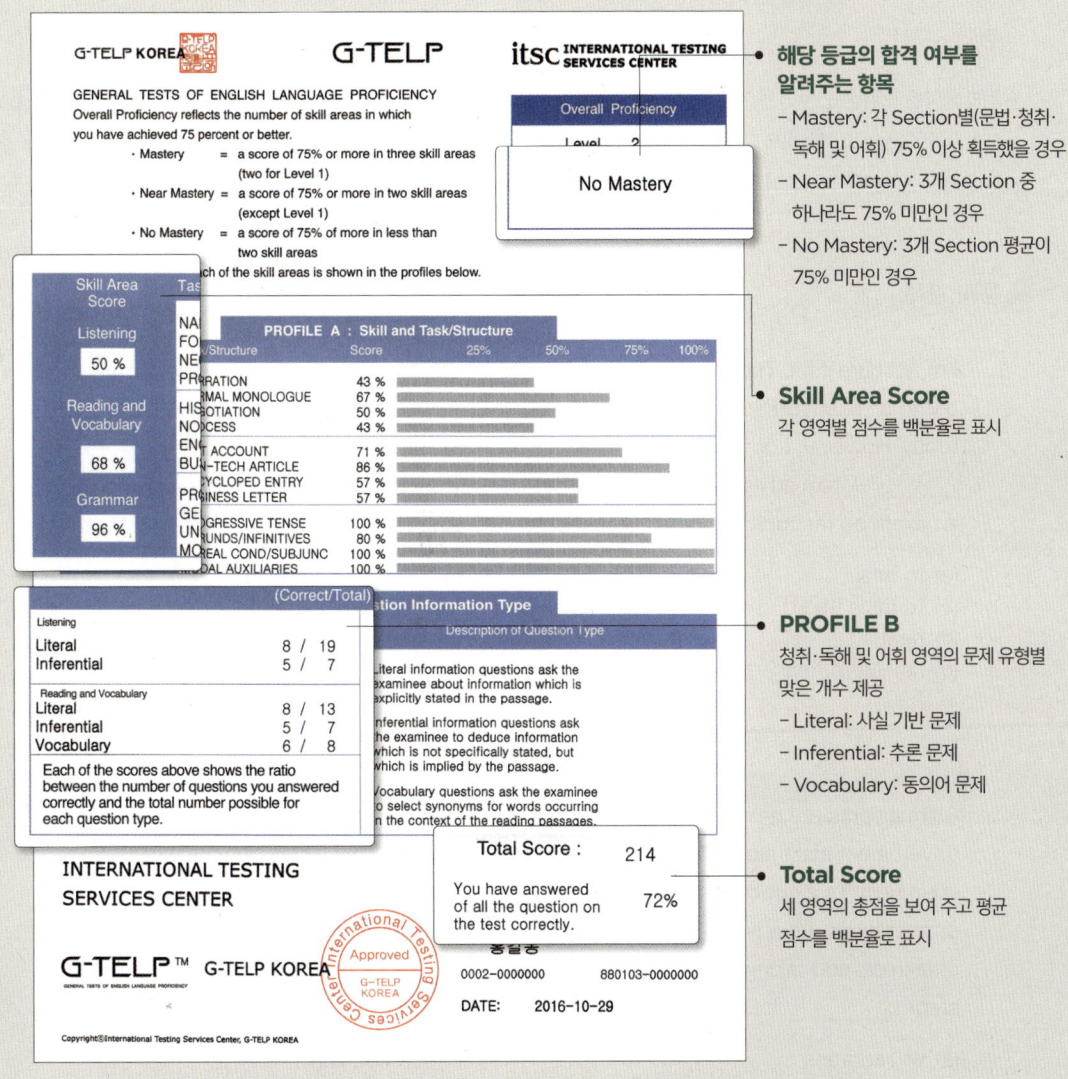

- **해당 등급의 합격 여부를 알려주는 항목**
  - Mastery: 각 Section별(문법·청취·독해 및 어휘) 75% 이상 획득했을 경우
  - Near Mastery: 3개 Section 중 하나라도 75% 미만인 경우
  - No Mastery: 3개 Section 평균이 75% 미만인 경우

- **Skill Area Score**
  각 영역별 점수를 백분율로 표시

- **PROFILE B**
  청취·독해 및 어휘 영역의 문제 유형별 맞은 개수 제공
  - Literal: 사실 기반 문제
  - Inferential: 추론 문제
  - Vocabulary: 동의어 문제

- **Total Score**
  세 영역의 총점을 보여 주고 평균 점수를 백분율로 표시

점수 계산법

각 영역 점수: 맞은 개수÷전체 문제 개수×100
총점: 각 영역 점수 합계÷3
* 소수점 이하 점수는 올림 처리합니다.

[예] 영역별로 문법 20개, 청취 10개, 독해 및 어휘 16개 맞혔을 시
문법: 20÷26×100=77점   청취: 10÷26×100=39점   독해 및 어휘: 16÷28×100=58점
총점: (77+39+58)÷3=**58점**

[특별 부속] 영역별 대비 컨설팅

Grammar Section

영역 소개

- 문법 영역은 보기 중 빈칸에 들어갈 가장 알맞은 것을 고르는 문제로 구성되며, 1번부터 26번까지 총 26문제가 출제됩니다.
- 6개 유형의 문법 포인트(시제, 가정법, 조동사, 준동사, 연결어, 관계사)만 출제됩니다.
- 한 문제당 2~3문장 정도이며, 일상적인 내용이나 일반 상식 내용이 출제됩니다.

문제 형태

1. I'm not sure if Mr. Thompson will be giving an exam on Sumerian civilization today. However, I do remember _____ him advise us to be ready for an exam on the topic anytime this week.

   (a) to hear
   (b) to have heard
   (c) hearing
   (d) having to hear

2. Animal rights are being ignored by government institutions in many countries. It's a good thing that private organizations are advocating for the rights of animals and taking the necessary steps _____ this concern.

   (a) will address
   (b) to address
   (c) addressing
   (d) address

4. Josh is taking nursing courses at a private school in California. He is enjoying his studies because he _____ to work in a hospital to help the sick ever since he was a child.

   (a) has been wanting
   (b) will have wanted
   (c) is wanting
   (d) would want

5. When Anthony was growing up in Chicago, he wished that he was living in the countryside. His dream still holds true today. If he could live elsewhere, he _____ the charming rural town of Fulton.

   (a) is choosing
   (b) chooses
   (c) will choose
   (d) would choose

출제 경향

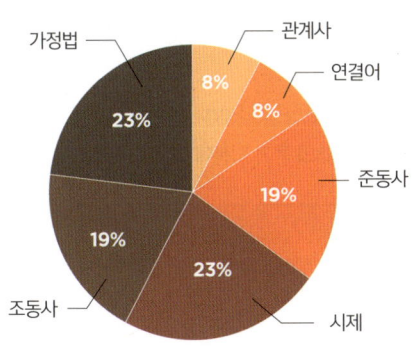

- 관계사 유형은 매회 2문제 출제되고, 주격/목적격 관계대명사가 주로 출제됩니다.
- 연결어 유형은 매회 2문제 출제되고, 양보/역접/이유를 나타내는 연결어의 출제 비율이 높습니다.
- 준동사 유형은 매회 5문제 출제되고, 동사의 목적어 문제와 to부정사의 부사적 용법 문제의 출제 비율이 높습니다.
- 시제 유형은 매회 6문제 출제되고, 주로 미래진행, 현재진행, 과거진행, 미래완료진행, 현재완료진행, 과거완료진행이 정답으로 출제됩니다.
- 조동사 유형은 매회 5문제 출제되고, 조동사 should 생략 문제가 3문제, 일반 조동사 문제가 2문제 출제됩니다.
- 가정법 유형은 매회 6문제 출제되고, 가정법 과거와 가정법 과거완료 문제만 각 3문제씩 출제됩니다.

고득점 전략

1 각 유형에서 출제 비율이 높은 문법 포인트를 중심으로 학습합니다.
문법 출제 유형은 뚜렷하게 정해져 있고 유형 내 세부 항목의 출제 비율도 고정된 편이므로 출제 비율이 높은 문법 포인트를 우선으로 학습하는 것이 중요합니다.

2 단서가 명확하게 있는 유형은 해석하지 말고 빠르게 정답을 고릅니다.
단서로 풀 수 있는 문제는 5초 안에 풀고 문맥을 파악해야 하는 문제는 20초 안에 풀 수 있도록 합니다.

3 어휘 암기는 필수입니다.
연결어와 조동사 유형은 결국 해석해서 풀어야 하므로 어휘 학습은 기본적으로 해야 합니다.

4 오답 노트를 활용합니다.
문법 영역은 만점을 목표로 해야 전체 평균 점수에서 고득점을 받을 수 있으므로 취약한 유형을 찾아내서 개념을 학습하고 보완해야 합니다.

Listening Section

영역 소개

- 청취 영역은 질문과 지문을 듣고 보기 중 가장 알맞은 답을 고르는 문제로 구성되며, 27번부터 52번까지 총 26문제가 출제됩니다.
- 문제지에는 질문 없이 보기만 제시되며, 질문은 각 Part 시작 부분에 한 번, 지문을 듣고 다시 한번 들려줍니다.
- 총 4개의 Part로 구성되고, Part별로 1개의 듣기 지문이 약 2~3분 정도의 길이로 출제됩니다.

Part	지문 유형	내용 및 특징	문제 수
1	2인 대화	일상생활에서 일어난 한 사건, 개인 경험에 관한 대화	7문제
2	1인 발표	보통 제품, 서비스, 기업에 관한 광고	6문제
3	2인 대화	2개의 현상, 서비스, 제품의 장/단점에 관해 논하는 대화	6문제
4	1인 설명	단계가 있는 특정 절차, 순서대로 진행되어야 하는 지시사항, 또는 다양한 조언 등을 소개	7문제

문제 형태

> **PART 1.** You will hear a conversation between two people. First you will hear questions 27 through 33. Then you will hear the conversation. Choose the best answer to each question in the time provided.

27. (a) He came home late from school.
    (b) He attended a music performance.
    (c) He had band practice the night before.
    (d) He organized a concert.

28. (a) that the open field was a mess
    (b) that Tom was at school early
    (c) that there were rock bands on the campus
    (d) that the grounds were still crowded

31. (a) the audience dancing and singing wildly
    (b) the stage containing too many crow members
    (c) the crowd pressing against the stage
    (d) the number of people lining up at the gate

32. (a) The lead singer influenced them.
    (b) The band continued playing.
    (c) The safety marshal rescued them.
    (d) The organizers stopped the event.

영역별 대비 컨설팅

출제 경향

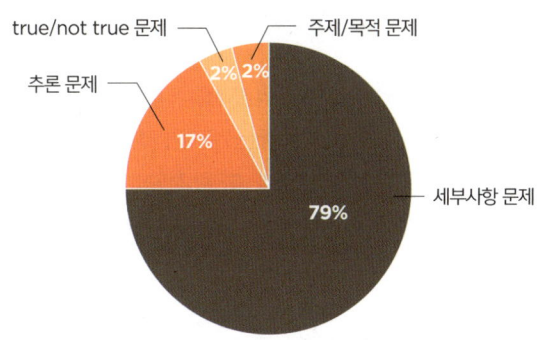

청취 문제 유형별 출제 비율

- 세부사항 유형의 출제 비율이 월등히 높습니다.
- 앞으로도 난이도 조절을 위해 단서가 직접적이지 않은 추론 유형이나 여러 단서를 조합해야 하는 true/not true 유형은 출제 비율이 높아질 가능성이 큽니다.

고득점 전략

1. **노트테이킹이 중요합니다.**
   지문을 듣기 전 질문을 들려줄 때 최대한 질문 키워드를 메모해야 합니다. 한글이든 영어이든 자신이 편한 방식으로 빠르게 메모합니다.

2. **질문의 의문사를 집중해서 들어야 하지만, 보기를 통해 의문사를 예상할 수도 있습니다.**
   보기가 because/to부정사로 시작하면 why 의문사 문제, 보기에 when/after/since 등 시간 표현이 있으면 when 의문사 문제, 보기가 'by -ing'로 시작하면 how 의문사 문제, 보기가 사람 명사/대명사이면 who 의문사 문제일 것을 예상하고 들으면 쉽게 파악할 수 있습니다.

3. **키워드를 적지 못한 문제는 과감히 포기합니다.**
   한 문제를 맞히기 위해 전 지문의 내용을 귀 기울여 들을 필요가 없습니다. 오히려 다른 문제를 놓칠 수 있으므로 들을 수 있는 부분만 집중해서 듣습니다.

4. **지문 해석과 패러프레이징 학습은 필수입니다.**
   청취는 무조건 듣는다고 능사가 아닙니다. 문장의 의미를 정확히 파악하고 지문 표현이 정답에서는 어떻게 바뀌었는지 확인해야 귀가 뜨이고 정답 찾기도 쉽습니다.

Reading & Vocabulary Section

영역 소개

- 독해 및 어휘 영역은 지문을 읽고 질문에 가장 알맞은 답을 고르는 문제로 구성되며, 53번부터 80번까지 총 28문제가 출제됩니다.
- 동의어를 고르는 어휘 문제는 각 Part당 마지막에 2문제씩 출제됩니다.
- 문제지 왼쪽 페이지에는 디렉션과 지문이, 오른쪽 페이지에는 7문제가 제시됩니다.
- 총 4개의 Part로 구성되고, Part별로 1개의 읽기 지문이 5~6단락 정도의 길이로 출제됩니다.

Part	지문 유형	내용 및 특징	문제 수
1	인물 전기, 자서전	한 인물에 대한 전기적 내용으로 유년, 청년, 장년, 노년의 시간 순서로 내용이 전개 업적 또는 일화를 소개	7문제
2	잡지, 웹, 뉴스 기사	이슈가 되는 사회 현상에 관한 연구 또는 기술 개발에 관한 정보	7문제
3	백과사전	역사, 지리, 천문학, 물리학, 화학, 예술에 관한 백과사전적 지식	7문제
4	업무 편지	고객 또는 사업 파트너에게 보내는 업무 편지 추천서, 후원 요청, 제품/계약 문의 등의 내용이 출제	7문제

문제 형태

PART 1. Read the following biographical narrative and answer the questions. The underlined words in the article are for vocabulary questions.

LONNIE JOHNSON

Lonnie Johnson is an American inventor and a former Air Force and NASA engineer. He is best known for creating the Super Soaker, a toy gun that shoots water with greater power, range, and accuracy.

Lonnie George Johnson was born on October 6, 1949, in Mobile, Alabama. Growing up, Johnson received lessons on repairing household items and working with electricity from his father. He performed experiments at home to learn how things worked, such as dolls and lawn mowers, and even prepared a batch of rocket fuel. As his curiosity grew and his experiments continued, he began to dream of becoming an inventor.

Johnson attended Williamson High School, an all-black institution, where he was nicknamed "The Professor." In 1968, he represented his school at a science fair. The only African-American student in the competition, he won first prize with his entry: a compressed-air-powered robot that he assembled from scrap. Johnson went on to attend Tuskegee University on a scholarship and earned a bachelor's degree in mechanical engineering and a master's degree in nuclear engineering.

After college, Johnson joined the U.S. Air Force and helped develop the stealth bomber program. He moved to NASA's Jet Propulsion Laboratory and worked as a systems engineer for various space missions before returning to the Air Force. During his spare time, Johnson pursued his own invention: a heat pump that used water instead of harmful chemical compounds. In 1982, he was testing a prototype of the pump, when the nozzle inadvertently ejected a powerful stream of water. Johnson realized how this discovery would make a great water gun.

After seven years of improvements and sales pitches, Johnson finally sold his water gun design to the Larami toy company. Originally called the Power Drencher, the toy sold acceptably well without marketing. However, after rebranding the toy as the Super Soaker and promoting it through television, it became an extremely successful product. For several years, it was the best-selling American toy. The success of the Super Soaker has earned Johnson a net worth of $360 million in royalties.

Johnson has since founded Johnson Research & Development. He is now working on a heat engine that would convert solar energy into electricity with higher efficiency. The holder of more than 100 patents, Johnson has received many accolades for his inventions and scientific contributions, including membership in the State of Alabama Engineering Hall of Fame.

---

53. What is Lonnie Johnson best known for?

(a) his development of rocket fuel at NASA
(b) his invention of a superior toy weapon
(c) his improvement of electrical systems
(d) his accomplishments in the Air Force

54. Which is not true about Johnson's participation in the science fair?

(a) His machine was powered by compressed air.
(b) His entry was a homemade robot.
(c) He was his school's delegate to the event.
(d) His entry was bested by those of other schools.

55. How did Johnson come up with a water gun that performed better than typical water guns?

(a) by inventing a gun that was completely different
(b) by basing the toy on weapons used at NASA
(c) by chancing upon a discovery that had other applications
(d) by building a heat pump into the toy

56. Why most likely did the Super Soaker become a huge commercial success?

(a) because its original name was catchy
(b) because customers had been waiting for its release
(c) because its new name appealed to a wider audience
(d) because it was improved after its release

57. What project is Johnson currently working on?

(a) a machine that supplies efficient energy
(b) a new research and development center
(c) a patented network of solar panels
(d) a program to support Alabama inventors

58. In the context of the passage, ejected means _____.

(a) drove
(b) took
(c) removed
(d) shot

59. In the context of the passage, acceptably means _____.

(a) incredibly
(b) reasonably
(c) extremely
(d) hugely

영역별 대비 컨설팅

출제 경향

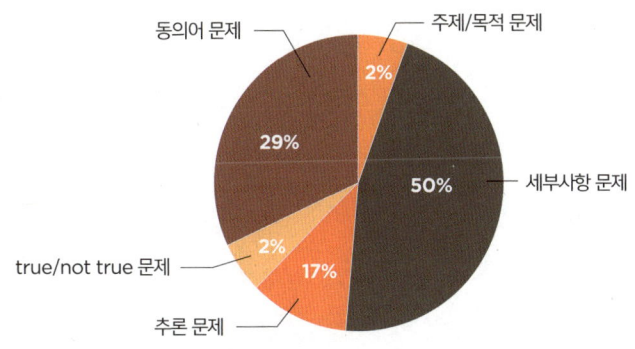

독해 및 어휘 문제 유형별 출제 비율

- 동의어 문제 29%
- 주제/목적 문제 2%
- 세부사항 문제 50%
- 추론 문제 17%
- true/not true 문제 2%

· 세부사항 유형의 출제 비율이 절반을 차지합니다.
· 동의어 유형의 출제 품사 비율은 동사가 59%, 형용사가 23%, 명사가 14%로 동사가 많이 출제되는 편입니다.

고득점 전략

1 **질문의 키워드를 파악하는 것이 중요합니다.**
무조건 지문을 다 읽지 말고 먼저 각 질문의 키워드를 파악한 다음, 지문에서 해당하는 부분을 찾아 읽음으로써 시간을 단축합니다.

2 **문제는 순서대로 풉니다.**
주로 지문 한 단락에 한 문제씩 출제되는 경향을 보이므로 순서대로 문제를 푸는 것이 유리합니다.

3 **보기에 극단적인 의미의 어휘가 나오면 오답이 아닐까 의심해 봅니다.**
all, always, must, never, only(모든, 항상, 반드시, 절대, 오직) 등과 같은 극단적인 의미의 어휘가 보기에 나오면 오답일 확률이 높습니다.

4 **어휘를 암기할 때 반드시 유의어도 함께 학습합니다.**
유의어도 함께 암기하면 동의어 문제와 더불어 패러프레이징에 대한 대비도 할 수 있습니다.

TEST 1 정답 모아보기

GRAMMAR SECTION
1 (c) 2 (b) 3 (c) 4 (a) 5 (d) 6 (b) 7 (b) 8 (a) 9 (c) 10 (d) 11 (a) 12 (c) 13 (d) 14 (c)
15 (b) 16 (a) 17 (d) 18 (b) 19 (c) 20 (d) 21 (a) 22 (c) 23 (b) 24 (c) 25 (b) 26 (b)

LISTENING SECTION
27 (b) 28 (a) 29 (d) 30 (b) 31 (c) 32 (a) 33 (c) 34 (b) 35 (b) 36 (c) 37 (a) 38 (c) 39 (d) 40 (a)
41 (b) 42 (a) 43 (c) 44 (b) 45 (b) 46 (d) 47 (c) 48 (b) 49 (c) 50 (d) 51 (b) 52 (a)

READING & VOCABULARY SECTION
53 (b) 54 (d) 55 (c) 56 (c) 57 (a) 58 (d) 59 (b) 60 (a) 61 (c) 62 (d) 63 (b) 64 (d) 65 (b) 66 (c)
67 (b) 68 (d) 69 (c) 70 (a) 71 (d) 72 (c) 73 (b) 74 (d) 75 (a) 76 (a) 77 (c) 78 (d) 79 (c) 80 (b)

G-TELP 최신 기출문제

TEST 1

- GRAMMAR SECTION
- LISTENING SECTION
- READING & VOCABULARY SECTION

TEST 1 나의 점수는?

점수 계산법 p.011
문제(책속책) p.002

GRAMMAR _____ / 26
LISTENING _____ / 26
READING & VOCABULARY _____ / 28

총점   점 (_____ / 80)

※ 틀린 문제/헷갈렸던 문제는 반드시 **복습**하고 다음 **TEST**로 넘어가세요.

GRAMMAR SECTION

01 준동사 — 동명사와 to부정사 모두 목적어로 취하는 동사

🗝️ **KEY** 보기를 통해 준동사 문제임을 알 수 있으므로 빈칸 앞뒤를 먼저 확인한다.

I'm not sure if Mr. Thompson will be giving an exam on Sumerian civilization today. However, I do remember _____ him advise us to be ready for an exam on the topic anytime this week.

(a) to hear
(b) to have heard
(c) hearing
(d) having to hear

톰슨 선생님이 오늘 수메르 문명에 대한 시험 문제를 내실지는 확실하지 않다. 그러나 이번 주 언제라도 그 주제에 대한 시험을 볼 준비가 되도록 우리에게 권고하시는 것을 들은 기억이 있다.

💡 **why 정답?** 빈칸 앞 동사 remember는 목적어가 동명사일 때는 과거의 일을 나타내고, to부정사일 때는 미래의 일을 나타낸다. '시험에 대비하라는 권고를 들었던 것을 기억한다'라는 과거의 의미가 되어야 하므로 (c) hearing이 정답이다.

❌ **why 오답?** (d) having to hear도 동명사이기는 하지만, '들어야 했던 것을 기억한다'라는 어색한 의미가 되므로 오답이다.

📌 **핵심 개념 콕콕** 목적어가 동명사일 때와 to부정사일 때 의미가 달라지는 동사

remember -ing ~한 것을 기억하다 — remember to do ~할 것을 기억하다
forget -ing ~한 것을 잊어버리다 — forget to do ~할 것을 잊어버리다
regret -ing ~한 것을 후회하다 — regret to do ~하게 되어 유감이다

| **어휘** | give an exam 시험 문제를 내다 civilization 문명 (사회) advise 권고하다, 조언하다 be ready for ~에 대한 준비가 되다

02 준동사 — to부정사의 부사적 용법

🗝️ **KEY** 보기를 통해 준동사 문제임을 알 수 있으므로 빈칸 앞뒤를 먼저 확인한다.

Animal rights are being ignored by government institutions in many countries. It's a good thing that private organizations are advocating for the rights of animals and taking the necessary steps _____ this concern.

(a) will address
(b) to address
(c) addressing
(d) address

많은 나라에서 정부 기관에 의해 동물의 권리가 무시되고 있다. 민간 조직들이 동물의 권리를 옹호하고 이러한 우려를 해소하기 위해 필요한 조치를 취하고 있는 것은 다행이다.

💡 **why 정답?** 빈칸이 포함된 문장 내의 that절은 주어와 동사를 갖춘 완전한 절이므로 빈칸 이하가 수식어 역할을 해야 한다. 따라서 to부정사의 부사적 용법으로 쓰여 '~하기 위해서'라는 의미를 나타내는 (b) to address가 정답이다.

❌ **why 오답?** (c) addressing이 올 경우 우려를 해결하는 주체가 necessary steps(필요한 조치)가 되어 문맥상 어색하므로 오답이다.

📌 **핵심 개념 콕콕** to부정사의 부사적 용법

① 목적: ~하기 위해서 ex) We left early **to catch** the train. 우리는 기차를 타기 위해 일찍 출발했다.
② 감정의 원인: ~해서, ~하게 되어 ex) I was surprised **to hear** the news. 나는 그 소식을 듣고 놀랐다.
③ 판단의 근거: ~하다니 ex) He must be kind **to help** the old lady. 그가 그 노부인을 돕다니 분명 친절할 것이다.
④ 형용사 수식: ~하기에 ex) That problem seems very easy **to solve**. 그 문제는 해결하기가 매우 쉬워 보인다.
⑤ 결과: ~하게 되도록, ~해서 …하다 ex) She lived **to be** one hundred. 그녀는 백 살까지 살았다.

| 어휘 | ignore 무시하다   government institution 정부 기관   private organization 민간 조직   advocate 옹호하다, 지지하다   take a step 조치를 취하다   concern 우려, 걱정   address (어려운 문제 등을) 다루다, 처리하다

03 가정법 — 가정법 과거완료

🔑 **KEY** 빈칸 문장의 if절을 통해 가정법 문제임을 알 수 있으므로 가정법 시제 관련 단서를 파악한다.

My whole body was aching yesterday from my workout. That's why I wasn't able to join my teammates for volleyball practice. If I had not felt so tired after exercising, I probably _____ in the practice.

(a) did participate
(b) have participated
(c) would have participated
(d) was participating

운동을 하고 나니 어제 온몸이 쑤셨다. 그래서 팀 동료들과 함께 배구 연습을 하지 못했다. 운동 후에 그렇게 피곤하지 않았다면, 나는 아마도 연습에 참가했을 것이다.

why 정답? If절의 동사가 'had + p.p.' 형태인 가정법 과거완료 구문이다. 따라서 빈칸이 포함된 주절은 '주어 + 조동사의 과거 + have + p.p.' 형태가 되어야 하므로 (c) would have participated가 정답이다.

핵심 개념 콕콕 가정법 과거완료

형태: If + 주어 + had + p.p., 주어 + 조동사의 과거 + have + p.p.
      Had + 주어 + p.p., 주어 + 조동사의 과거 + have + p.p. (If 생략)
→ 과거에 있었던 사실을 반대로 가정하여 말한다.

| 어휘 | ache 아프다, 쑤시다   workout 운동   teammate 팀 동료   volleyball 배구   practice 연습   exercise 운동   participate in ~에 참가하다

04 시제 — 현재완료진행

🔑 **KEY** 보기를 통해 시제 문제임을 알 수 있으므로 시간 표현 관련 단서를 파악한다.

Josh is taking nursing courses at a private school in California. He is enjoying his studies because he _____ to work in a hospital to help the sick ever since he was a child.

(a) has been wanting
(b) will have wanted
(c) is wanting
(d) would want

조쉬는 캘리포니아에 있는 사립 학교에서 간호학 과정을 수강하고 있다. 그는 어렸을 때부터 줄곧 아픈 사람들을 돕기 위해 병원에서 근무하기를 원했기 때문에 즐겁게 공부하고 있다.

why 정답? because 이하만 따로 떼어 놓고 보면 두 문장이 접속사 ever since(~이후로 줄곧)로 연결된 구조다. ever since 뒤에 과거 시제 동사가 올 경우 주절은 현재완료 시제가 와서 '~한 이후로 줄곧 …해 왔다'라는 의미로 쓰이므로 (a) has been wanting이 정답이다.

핵심 개념 콕콕 현재완료진행

형태: has/have been + -ing
함께 쓰이는 시간 표현: (ever) since + 과거 동사 / for + 기간 / for[over] the past + 기간 표현 / in[during] the last
                    + 기간 표현
→ 과거부터 현재까지 계속되는 동작의 진행을 강조한다.

| 어휘 | take a course 강의를 듣다, 수업을 받다   nursing 간호학, 간호직   private 사립의   ever since ~이후로 줄곧[계속]

05 가정법 — 가정법 과거

🔑 **KEY** 빈칸 문장의 if절을 통해 가정법 문제임을 알 수 있으므로 가정법 시제 관련 단서를 파악한다.

When Anthony was growing up in Chicago, he wished that he was living in the countryside. His dream still holds true today. If he could live elsewhere, he _____ the charming rural town of Fulton.

(a) is choosing
(b) chooses
(c) will choose
(d) would choose

앤서니가 시카고에서 자랐을 때는 시골 지역에서 살았으면 좋겠다고 생각했다. 그의 꿈은 오늘날에도 여전히 유효하다. 만약 다른 곳에서 살 수 있다면, 그는 풀턴의 매력적인 시골 마을을 선택할 것이다.

💡 **why 정답?** If절의 동사가 과거(could live)이므로 주절의 동사는 'would + 동사원형' 형태가 되어 가정법 과거 구문을 이루어야 한다. 따라서 (d) would choose가 정답이다.

🧠 **핵심 개념 콕콕** 가정법 과거

형태: If + 주어 + 과거 동사, 주어 + 조동사의 과거 + 동사원형
→ 현재의 사실을 반대로 가정하여 말한다.

| 어휘 | countryside 시골 지역 hold true (규칙·말 따위가) 유효하다 charming 매력적인, 멋진 rural town 시골 마을, 지방 도시

---

06 조동사 — 조동사 can

🔑 **KEY** 보기를 통해 조동사 문제임을 알 수 있으므로 전체 문맥을 파악한다.

Sales experts recommend effective options to close a deal. For example, salespeople _____ either create a "sense of urgency" to convince a client to buy a product, or overcome objections by emphasizing the product's selling points.

(a) would
(b) can
(c) shall
(d) might

판매 전문가들은 거래를 성사시키기 위한 효과적인 옵션들을 제안한다. 예를 들면, 판매원들은 고객이 상품을 구매하도록 설득하기 위해 '절박감'을 자아내거나, 상품의 장점을 강조함으로써 반대 의견을 억누를 수 있다.

💡 **why 정답?** 고객이 상품을 구매하도록 하기 위해 판매원들이 '실행할 수 있는' 효과적인 방법을 제시하고 있으므로 '가능'을 나타내는 조동사 (b) can이 정답이다.

❌ **why 오답?** (a) would는 '~하곤 했다'라는 과거의 습관을 나타내고, (c) shall은 주로 의문문에서 '~할까요?'라는 의미로 쓰이며, (d) might는 '아마 ~일 것이다'라는 의미로 막연한 추측을 나타내므로 모두 문맥에 적합하지 않아 오답이다.

🧠 **핵심 개념 콕콕** 조동사 can/could의 쓰임

① 능력/가능: ~할 수 있다(= be able to) ex) I **couldn't** finish the report on time. 나는 제시간에 보고서를 끝낼 수 없었다.
② 허가: ~해도 된다, ~해도 될까요? ex) **Can** I ask you a question? 질문 하나 해도 될까요?
③ 요청: ~해 줄래요? ex) **Could** you do this for me? 이것 좀 해 주실래요?
④ 추측: (과연) ~일까?, ~일 리가 없다 ex) That **cannot** be true. 그게 사실일 리가 없다.

| 어휘 | expert 전문가 effective 효과적인, 실질적인 close a deal 거래[협상]를 성사시키다 create (느낌·인상을) 자아내다[불러일으키다] a sense of urgency 절박감, 위기감 convince 설득하다, 확신시키다 overcome 극복하다, 넘어서다 objection 반대, 이의 emphasize 강조하다 selling point (상품이 지닌) 장점

07 조동사 — 조동사 should 생략

🔑 **KEY** 보기가 동사 형태이고 빈칸 앞에 that이 있으므로 that절 앞에 쓰인 동사나 형용사를 확인한다.

Heather is now applying online to a university. In front of her are all the reference documents she needs. It is important that she _____ the required information, or the online application process will not progress.

(a) will fill out
(b) fill out
(c) has filled out
(d) filled out

헤더는 지금 온라인으로 대학교에 지원하는 중이다. 그녀 앞에는 필요한 참고 서류들이 모두 놓여 있다. 그녀가 필수 정보를 기입하는 것이 중요한데, 그렇지 않으면 온라인 지원 과정이 진행되지 않을 것이다.

💡 **why 정답?** 주절에 당위성을 나타내는 형용사 important가 왔으므로 that절의 동사는 should가 생략된 동사원형 형태로 쓰여야 한다. 따라서 (b) fill out이 정답이다.

📌 **핵심 개념 콕콕** 당위/강조/중요/당연을 나타내는 형용사 + that절

It is + essential/necessary/important/imperative/inevitable/mandatory/urgent/vital/advisable + that + 주어 + (should) + 동사원형

| 어휘 | apply 지원하다, 신청하다 reference document 참고 서류 required information 필수 정보 application 지원[신청](서) process 과정, 절차 progress 진행하다 fill out (양식·서식을) 작성하다, 기입하다

08 시제 — 미래완료진행

🔑 **KEY** 보기를 통해 시제 문제임을 알 수 있으므로 시간 표현 관련 단서를 파악한다.

Since Henry Ford introduced the assembly line, car manufacturing has become one of the world's most efficient industries. By the year 2023, manufacturers _____ cars on a commercial scale for 110 years.

(a) will have been producing
(b) will produce
(c) is producing
(d) would have produced

헨리 포드가 조립 라인을 도입한 이후로 자동차 제조업은 세계에서 가장 효율적인 산업 중 하나가 되었다. 2023년에 이르면 제조업체들이 110년간 상업적인 규모로 자동차를 생산하게 되는 셈이다.

💡 **why 정답?** 미래의 특정 시점까지(By the year 2023) 일정 기간 동안(for 110 years) 지속되는 일이므로 미래완료진행 시제인 (a) will have been producing이 정답이다.

📌 **핵심 개념 콕콕** 미래완료진행

형태: will have been + -ing
함께 쓰이는 시간 표현: 'by[by the time] + 미래 시점'과 'for + 기간 표현'이 함께 온다.
→ 미래의 특정 시점까지 어떤 행위가 계속되는 경우로, 특히 동작의 진행을 강조한다.

| 어휘 | introduce 도입하다, 소개하다 assembly line 조립 라인 manufacturing 제조업 efficient 효율적인, 능률적인 industry 산업 manufacturer 제조업체 on a commercial scale 상업적인 규모로

09 가정법 — 가정법 과거

> **KEY** 빈칸 문장의 if절을 통해 가정법 문제임을 알 수 있으므로 가정법 시제 관련 단서를 파악한다.

Martin has always wanted to engage in other extreme sports aside from wall climbing and scuba diving. If only he had the money to be able to afford skydiving, he _____ the thrilling sport.

(a) will pursue
(b) is pursuing
(c) would pursue
(d) pursues

마틴은 암벽 등반과 스쿠버 다이빙 외에도 항상 다른 익스트림 스포츠에 참여하길 원했다. 그에게 스카이다이빙을 할 수 있을 정도의 돈이 있기만 했다면 그는 그 신나는 스포츠를 하고 말았을 것이다.

why 정답? If절의 동사가 과거 동사(had)인 가정법 과거 구문이므로 주절의 동사는 '조동사의 과거 + 동사원형'이 되어야 한다. 따라서 (c) would pursue가 정답이다.

| 어휘 | engage in ~에 참여[관여]하다 aside from ~외에도 afford (~할 금전적·시간적) 여유가 되다 thrilling 아주 신나는, 흥분되는 pursue ~을 실행하다, 해 나가다

10 시제 — 현재완료진행

> **KEY** 보기를 통해 시제 문제임을 알 수 있으므로 시간 표현 관련 단서를 파악한다.

I really admire people who sacrifice much of what they have to be able to help the poor. One of those I admire is Father Matthews, who _____ charity work for the needy and homeless for 20 years now.

(a) will do
(b) does
(c) is doing
(d) has been doing

나는 가난한 사람들을 도울 수 있도록 자신이 가진 것의 상당 부분을 희생하는 사람들을 정말 존경한다. 내가 존경하는 사람들 중 한 명이 매튜스 신부인데, 그는 지금까지 20년 동안 가난하고 집이 없는 사람들을 위한 자선 사업을 해왔다.

why 정답? 빈칸 문장의 부사구 for 20 years now(지금까지 20년 동안)를 통해 과거 어느 시점에서 현재까지 계속되고 있는 일을 서술하고 있음을 알 수 있으므로 현재완료진행 시제인 (d) has been doing이 정답이다.

| 어휘 | admire 존경하다 sacrifice 희생하다 charity work 자선 사업 needy (경제적으로) 어려운, 궁핍한

11 조동사 — 조동사 should 생략

> **KEY** 보기가 동사 형태이고 빈칸 앞에 that이 있으므로 that절 앞에 쓰인 동사나 형용사를 확인한다.

Kiwi is a fruit that's usually consumed peeled. However, many dieticians suggest that the fruit _____ unpeeled, since eating kiwi with its skin provides thrice the amount of fiber and vitamin C than eating the flesh alone.

(a) be eaten
(b) is eaten
(c) is being eaten
(d) will be eaten

키위는 보통 껍질을 벗겨 먹는 과일이다. 그러나 많은 영양사들은 키위의 껍질을 벗겨 내지 말고 먹으라고 권하는데, 이는 껍질째 키위를 먹는 것이 과육만 먹는 것보다 섬유질과 비타민 C를 세 배 많이 공급하기 때문이다.

🔍 **why 정답?** 주절의 동사 suggest가 제안을 나타내는 동사이므로 that절의 동사는 should가 생략된 동사원형 형태를 취해야 한다. 따라서 (a) be eaten이 정답이다.

핵심 개념 콕콕 주장/요구/제안/명령의 동사 + that절

| 주어 + | ask/order/demand/insist/request/ propose/suggest/recommend/advise | + that + 주어 + (should) + 동사원형 |

| 어휘 | consume 먹다, 마시다 peel (과일·채소 등의) 껍질을 벗기다 dietician 영양사 provide 공급[제공]하다 thrice 3배, 3회 amount 양, 액수 fiber 섬유질 flesh (과일의) 과육

12 가정법 — 가정법 과거

KEY 빈칸 문장의 if절을 통해 가정법 문제임을 알 수 있으므로 가정법 시제 관련 단서를 파악한다.

The *stapes*, a stirrup-shaped bone located in the middle ear, is considered the smallest bone in the human body. If one were to cover a penny's surface with the bone, it _____ about six stapes to do it.

(a) is taking
(b) takes
(c) would take
(d) will take

중이의 등골은 중이에 위치한 등자 모양의 뼈로, 인체에서 가장 작은 뼈로 간주된다. 만약 1페니의 표면을 이 뼈로 덮는다고 한다면 그렇게 하는 데 약 여섯 개의 등골이 들 것이다.

🔍 **why 정답?** If절의 동사가 과거 동사(were)인 가정법 과거 구문이다. 따라서 빈칸이 포함된 주절은 '주어 + 조동사의 과거 + 동사원형' 형태가 되어야 하므로 (c) would take가 정답이다.

❌ **why 오답?** if절의 동사 were를 파악하지 못하면 빈칸 앞 주어 it만 보고 모든 보기가 정답이 될 수 있다고 생각하기 쉬우니 주의하자.

| 어휘 | stapes 중이(中耳)의 등골 stirrup (말 안장 양쪽에 달린) 등자 middle ear 중이(中耳) consider (~로) 간주하다, 여기다

13 연결어 — 접속사

KEY 보기를 통해 연결어 문제임을 알 수 있으므로 빈칸 앞뒤 문맥을 파악한다.

Yesterday, Francis witnessed something that was so funny he couldn't stop telling everyone about it. He was having his car refueled when a small car stopped beside his, _____ about 12 clowns piled out of it!

(a) although
(b) so
(c) because
(d) and

어제 프랜시스는 무언가를 목격했는데 너무 웃겨서 모든 사람들에게 그것에 관해 얘기하는 걸 멈출 수 없었다. 그가 자신의 차에 주유하고 있었는데 어떤 소형차가 옆에 와서 멈추더니 약 12명의 광대가 거기서 우르르 나왔다!

🔍 **why 정답?** 빈칸이 포함된 문장은 프랜시스가 목격한 웃긴 이야기에 관한 것이다. 빈칸 앞이 '어떤 차가 와서 멈췄다'라는 내용이고 빈칸 뒤가 '광대들이 나왔다'라는 내용이므로 '그리고'로 연결되는 것이 자연스럽다. 따라서 (d) and가 정답이다.

❌ **why 오답?** (a) although는 '비록 ~이지만', (b) so는 '그래서', (c) because는 '~때문에'라는 의미의 접속사이므로 문맥에 적합하지 않아 모두 오답이다.

> **핵심 개념 콕콕** 등위 접속사
>
> 종류: and / or / but / so → 연결하는 두 대상이 동일한 요소 또는 동등한 관계여야 한다.

| 어휘 | witness 목격하다   refuel 연료를 재급유하다   clown 광대   pile out of ~에서 우르르 나오다

14 준동사 — 동명사를 목적어로 취하는 동사

🔑 **KEY** 보기를 통해 준동사 문제임을 알 수 있으므로 빈칸 앞뒤를 먼저 확인한다.

After working overtime every day for three weeks, Dale can finally take a break. Since he has saved a lot of money, he is considering _____ in Hawaii to visit the Mauna Kea Observatories.

(a) to vacation
(b) will vacation
(c) vacationing
(d) having vacationed

3주 동안 매일 초과 근무를 한 끝에 데일은 드디어 쉴 수 있다. 그는 돈을 많이 모았기 때문에 하와이로 휴가를 가서 마우나 케아 천문대를 방문하는 것을 생각 중이다.

why 정답? 빈칸 앞 동사 consider는 동명사를 목적어로 취하므로 동명사 (c) vacationing이 정답이다.

why 오답? (d) having vacationed도 동명사이기는 하지만, 완료 동명사로 쓰일 경우 '생각하는' 시점보다 '휴가를 간' 시점이 앞선다는 것을 나타내므로 문맥에 적합하지 않아 오답이다.

> **핵심 개념 콕콕** 동명사를 목적어로 취하는 동사
>
> recommend -ing ~하는 것을 추천하다, 권장하다
> admit -ing ~하는 것을 인정하다
> avoid -ing ~하는 것을 피하다
> tolerate -ing ~하는 것을 용인하다, 참다
> keep -ing 계속 ~하다
> consider -ing ~하는 것을 생각하다, 고려하다
> mind -ing ~하는 것을 꺼리다
> suggest -ing ~하는 것을 제안하다
> involve -ing ~하는 것을 포함하다
> imagine -ing ~하는 것을 상상하다
> deny -ing ~하지 않았다고 말하다
> enjoy -ing ~하는 것을 즐기다

| 어휘 | work overtime 초과 근무를 하다   take a break 휴식을 취하다   observatory 천문대, 관측소   vacation 휴가를 보내다

15 관계사 — 장소를 나타내는 관계부사

🔑 **KEY** 보기를 통해 관계사 문제임을 알 수 있으므로 빈칸 앞 선행사를 먼저 확인한다.

Chris hasn't done any chores for weeks. His mother says that she's going to church, _____ and she expects the house to be spotless when she returns.

(a) when she will pray for him to change his ways
(b) where she will pray for him to change his ways
(c) which she will pray for him to change his ways
(d) that she will pray for him to change his ways

크리스는 몇 주 동안 집안일을 전혀 하지 않았다. 그의 어머니는 그녀가 교회에 가서 그가 바뀌게 해 달라고 기도할 것이고, 집에 돌아오면 집이 티끌 하나 없이 깨끗해져 있길 기대한다고 말한다.

why 정답? 빈칸 앞 선행사가 장소 명사(church)이므로 장소를 나타내는 관계부사 where로 시작하는 (b) where she will pray for him to change his ways가 정답이다.

why 오답? (c)가 정답이 되려면 which 앞에 at이나 in 같은 장소 전치사가 와야 한다.

핵심 개념 콕콕 관계부사의 종류

선행사	관계부사
장소(the place)	where
시간(the time/day)	when
이유(the reason)	why
방법(the way)	how (단, the way와 how를 함께 쓰지 않는다.)

| 어휘 | chores (가정의) 잡일, 가사 expect 기대[예상]하다 spotless 티끌 하나 없는 pray 기도하다, 빌다

16 가정법 ― 가정법 과거완료

KEY 빈칸 문장의 if절을 통해 가정법 문제임을 알 수 있으므로 가정법 시제 관련 단서를 파악한다.

It is theorized that a giant asteroid wiped out the dinosaurs about 66 million years ago. If the catastrophic event had not happened, some researchers speculate that intelligent dinosaurs _____, replacing humans as the dominant species.

(a) would have evolved
(b) evolved
(c) was evolving
(d) had evolved

약 6,600만 년 전에 거대한 소행성이 공룡을 전멸시켰다는 설이 있다. 이 대재앙이 일어나지 않았다면 지능이 높은 공룡들이 진화하여 지배적인 종으로서 인간을 대체했을 것이라고 일부 연구자들은 추측한다.

why 정답? If절의 동사가 'had + p.p.'인 가정법 과거완료 구문이다. 따라서 빈칸이 포함된 주절은 '주어 + 조동사의 과거 + have + p.p.' 형태가 되어야 하므로 (a) would have evolved가 정답이다.

| 어휘 | theorize 학설[이론]을 제시하다 giant 거대한 asteroid 소행성 wipe out 전멸시키다 dinosaur 공룡 catastrophic 대이변의, 대재앙의 speculate 추측[짐작]하다 intelligent 지능이 있는, 총명한 replace 대체[대신]하다 dominant 지배적인, 우세한 species 종 evolve 진화하다

17 준동사 ― to부정사의 부사적 용법

KEY 보기를 통해 준동사 문제임을 알 수 있으므로 빈칸 앞뒤를 먼저 확인한다.

Although one of the world's most poisonous vertebrates, the blowfish still falls prey to other animals. It has therefore developed a defense mechanism _____ its predators — inflating itself by swallowing large amounts of water.

(a) will scare away
(b) having scared away
(c) scaring away
(d) to scare away

비록 세상에서 가장 독성이 강한 척추동물 중 하나이긴 하지만 복어는 여전히 다른 동물의 먹이가 된다. 그래서 복어는 포식자를 쫓아 버리기 위해 방어 기제를 발달시켰는데, 많은 양의 물을 삼켜서 자신의 몸을 부풀리는 것이다.

why 정답? 빈칸 앞에 완전한 절이 왔으므로 빈칸 이하는 수식어구 역할을 한다. to부정사가 목적을 나타내는 부사적 용법으로 쓰여 '포식자를 쫓아 버리기 위해 방어 기제를 발달시켰다'라는 의미가 되는 것이 적합하므로 (d) to scare away가 정답이다.

why 오답? (b) having scared away와 (c) scaring away도 수식어 역할을 하지만 '겁을 주어 쫓아 버리는' 행동을 하는 주체가 defense mechanism(방어 기제)이 되어 문맥에 적합하지 않아 오답이다.

| 어휘 | poisonous 독성이 있는 vertebrate 척추동물 blowfish 복어 fall prey to ~의 먹이가 되다 defense mechanism 방어 기제 predator 포식자, 포식 동물 inflate 부풀리다, 부풀다 swallow 삼키다 scare away 겁을 주어 쫓아 버리다

18 시제 — 과거진행

🔑 **KEY** 보기를 통해 시제 문제임을 알 수 있으므로 시간 표현 관련 단서를 파악한다.

Last week's inauguration ceremonies for our school's football field were ruined. Nobody expected the sudden change in weather during the event. While the guest of honor _____ the ribbon, rain suddenly started to pour. (a) would cut **(b) was cutting** (c) is cutting (d) cuts	지난주 우리 학교 축구장의 개장식 행사가 엉망이 되었다. 그 누구도 행사 중에 날씨가 갑자기 바뀔 거라고 예상하지 못했다. 주빈들이 리본 커팅을 하는 동안 갑자기 비가 쏟아지기 시작했다.

why 정답? while이 시간 접속사로 쓰일 때는 '~하는 동안'이라는 의미로 동시 동작을 나타내므로 주절의 동사 started에 맞춰 종속절도 과거 시제가 되어야 한다. 따라서 (b) was cutting이 정답이다.

why 오답? (a) would cut 역시 과거의 사실을 나타내지만, '~하곤 했다'라는 의미로 과거의 습관이나 반복적인 행동에 대해 말할 때 쓴다. 따라서 이 문제와 같이 특정 과거 시점에 발생한 일을 묘사하는 경우에는 부적합하므로 오답이다.

핵심 개념 콕콕 과거진행

형태: was/were + -ing
함께 쓰이는 시간 표현: at the moment / at that time / when[while] + 과거 동사
→ 과거 어느 때에 동작이 진행 중이었음을 나타낸다.

| **어휘** | inauguration (공공시설 등의) 정식 개시, 준공식, 취임(식) ceremony 의식, 식 ruin 망치다 sudden 갑작스러운 guest of honor (만찬회 등의) 주빈, 내빈 pour 마구 쏟아지다

19 관계사 — 주격 관계대명사 which

🔑 **KEY** 보기를 통해 관계사 문제임을 알 수 있으므로 빈칸 앞 선행사를 먼저 확인한다.

One can witness an amazing phenomenon in the southwestern marshlands of Denmark. "Sort sol," _____ is a natural occurrence in which around one million birds flock to the skies during sunset and block the sun. (a) that literally means "black sun," (b) what literally means "black sun," **(c) which literally means "black sun,"** (d) how it literally means "black sun,"	덴마크 남서부의 습지대에서는 경이로운 현상을 목격할 수 있다. 'Sort sol'은 말 그대로 '검은 태양'이라는 뜻인데, 해 질 녘에 약 백만 마리의 새들이 떼 지어 하늘로 날아가 태양을 가리면서 자연스럽게 일어나는 현상이다.

why 정답? 빈칸 앞에 선행사와 함께 콤마가 왔으므로 계속적 용법으로 쓰이는 관계대명사 which가 이끄는 수식어구인 (c) which literally means "black sun,"이 정답이다.

why 오답? (a)의 that은 계속적 용법으로 쓰이지 않아 콤마 뒤에 올 수 없으며, (b)의 what은 선행사를 포함한 관계대명사이므로 모두 오답이다.

핵심 개념 콕콕 관계대명사의 계속적 용법

관계대명사의 계속적 용법(관계대명사 앞에 콤마가 있는 경우)은 선행사에 대한 보충 설명으로, that은 계속적 용법으로 쓸 수 없다.

She had two sons, who became teachers. = She had two sons, and they became teachers.
그녀는 교사가 된 두 아들이 있었다. 그녀는 두 아들이 있었는데, 그들은 교사가 되었다.

She had two sons, that became teachers. (X)

| 어휘 | witness 목격하다 phenomenon 현상 marshland 습지대 occurrence 일어남, 발생 flock 떼 지어 가다 block 막다, 차단하다 literally 말[문자] 그대로

20 시제 — 과거완료진행

KEY 보기를 통해 시제 문제임을 알 수 있으므로 시간 표현 관련 단서를 파악한다.

During his high school years, Christopher was among the top chess players in his city. He _____ successfully in tournaments for three consecutive years until he lost interest in the game in his senior year.

(a) would compete
(b) was competing
(c) competed
(d) had been competing

고등학교 시절 크리스토퍼는 그가 사는 도시에서 최고의 체스 선수였다. 그가 최고 학년이 되어 이 게임에 흥미를 잃기까지 3년 연속으로 토너먼트에서 성공적으로 경기를 치렀다.

why 정답? '체스 게임에 흥미를 잃었던 과거의 어느 시점까지(until he lost interest ~) 3년 연속 토너먼트에 출전했다'라는 의미이므로 과거완료진행 시제인 (d) had been competing이 정답이다.

핵심 개념 콕콕 과거완료진행

형태: had been + -ing
함께 쓰이는 시간 표현: 'for + 기간 표현'과 'before[until/by the time] + 과거 동사/시점'이 함께 온다.
→ 과거의 특정 시점을 기준으로 그 이전에 시작된 행위가 기준 시점까지 계속 진행 중임을 나타낸다.

| 어휘 | tournament 토너먼트, 승자 진출전 consecutive 연속적인 senior year 최고 학년 compete 겨루다, (시합 등에) 참가하다

21 조동사 — 조동사 should 생략

KEY 보기가 동사 형태이고 빈칸 앞에 that이 있으므로 that절 앞에 쓰인 동사나 형용사를 확인한다.

Mrs. Walter's transaction took an hour to finish because the bank was so busy. Her husband suggests that, next time, she _____ at the bank before it opens to avoid the long line.

(a) arrive
(b) will arrive
(c) arrives
(d) is arriving

은행이 너무 붐벼서 월터 부인의 거래가 처리되는 데 한 시간이 걸렸다. 그녀의 남편은 길게 줄 서는 일이 없도록 다음번에는 은행이 문을 열기 전에 도착하라고 제안한다.

why 정답? 주절의 동사 suggests는 제안을 나타내는 동사이므로 뒤에 오는 that절의 동사는 should가 생략된 동사원형 형태를 취해야 한다. 따라서 (a) arrive가 정답이다.

| 어휘 | transaction 거래, 매매 suggest 제안[제의]하다 avoid ~하지 않게 하다

22 가정법 — 가정법 과거완료

KEY 빈칸 문장의 if를 통해 가정법 문제임을 알 수 있으므로 가정법 시제 관련 단서를 파악한다.

Georgina quit her job over a petty reason, and is now still unemployed after months of job-hunting. If she _____ how difficult it is to find employment nowadays, she would not have resigned in the first place.

(a) considered
(b) was considering
(c) had considered
(d) would consider

조지나는 사소한 이유로 직장을 그만뒀고, 몇 개월간 구직 활동을 한 후인 지금도 여전히 실직 상태다. 만약 그녀가 요즘 직장을 구하기가 얼마나 어려운지 고려했다면 애당초 사직하지 않았을 것이다.

why 정답? 주절의 동사가 '조동사의 과거 + have + p.p.' 형태인 가정법 과거완료 구문이므로 if절의 동사는 'had p.p.' 형태가 되어야 한다. 따라서 (c) had considered가 정답이다.

어휘 petty 사소한, 하찮은 unemployed 실직한, 실업자인 job-hunting 구직 employment 직장, 고용, 취업 nowadays 요즘에는 resign 사직하다, 그만두다 in the first place 애당초, 제일 먼저

23 준동사 — 동명사를 목적어로 취하는 동사

KEY 보기를 통해 준동사 문제임을 알 수 있으므로 빈칸 앞뒤를 먼저 확인한다.

The poem that Tyler submitted for his literature class has an uncanny similarity to Elinor Wylie's "The Eagle and the Mole." However, Tyler emphatically denies _____ the poem, and insists that it is original.

(a) to be plagiarizing
(b) plagiarizing
(c) to plagiarize
(d) will plagiarize

타일러가 문학 수업 때 제출한 시는 엘리너 윌리의 <독수리와 두더지>와 이상할 정도로 비슷하다. 그러나 타일러는 단호하게 그 시를 표절하지 않았다고 말하고 자신의 시가 독창적인 것이라고 주장한다.

why 정답? 빈칸 앞 동사 deny는 동명사를 목적어로 취하므로 동명사 (b) plagiarizing이 정답이다.

어휘 poem 시 submit 제출하다 literature 문학 uncanny 이상한, 묘한 similarity 유사성, 닮음 mole 두더지 emphatically 단호하게, 강조하여 deny 부인하다 insist 주장하다 original 독창적인, 원본의 plagiarize 표절하다

24 조동사 — 조동사 may

KEY 보기를 통해 조동사 문제임을 알 수 있으므로 전체 문맥을 파악한다.

Milestone Recyclers does good business by recycling plastic and other synthetic materials they collect from commercial establishments. The company _____ be profit-oriented, but it plays an important role in helping conserve the environment.

(a) will
(b) can
(c) may
(d) must

마일스톤 리사이클러스는 상업 시설로부터 수거하는 플라스틱과 그 밖의 합성 물질들을 재활용함으로써 번창하고 있다. 이 회사가 이윤을 지향하는지는 모르지만, 환경 보호를 돕는 데 중요한 역할을 한다.

why 정답?
'이 회사가 이윤을 지향하는지는 모르지만 환경 보호를 돕는 데 중요한 역할을 한다'라는 맥락이므로 불확실한 추측을 나타내는 조동사인 (c) may가 정답이다.

why 오답?
(d) must도 추측을 나타내는 조동사로 쓰이지만 '~임에 틀림없다'라는 의미로 강한 추측을 나타내므로 문맥에 적합하지 않아 오답이다.

핵심 개념 콕콕 조동사 may의 쓰임

① 약한 추측: ~일지도 모른다 ex) It **may** not be true. 사실이 아닐지도 모른다.
② 허락: ~해도 좋다 ex) You **may** use my computer. 제 컴퓨터를 사용해도 좋아요.
③ 바람/소망: ~이기를 빌다 ex) **May** he rest in peace. 삼가 고인의 명복을 빕니다.

| 어휘 | do good business 번창하다 recycle 재활용하다 synthetic material 합성 물질 collect 수거하다 commercial establishment 상업 시설 profit-oriented 이윤 지향의 play a role 역할을 하다, 한몫을 하다 conserve 보호[보존]하다 environment 환경

25 연결어 — 접속부사

KEY 보기와 빈칸 뒤 콤마를 통해 접속부사 문제임을 알 수 있으므로 전체 문맥을 파악한다.

While having dinner at a restaurant last night, my friends and I saw Paul walk in with a mysterious girl. We tried to appear uninterested. _____, he seemed to know that we were curiously glancing at them.

(a) Indeed
(b) Nonetheless
(c) Instead
(d) Therefore

어젯밤 나는 친구들과 식당에서 저녁을 먹던 중, 폴이 신비한 여자와 들어오는 것을 보았다. 우리는 관심이 없는 것처럼 보이려고 노력했다. 그럼에도 불구하고 그는 우리가 호기심을 갖고 그들을 힐끗 보고 있다는 것을 아는 것처럼 보였다.

why 정답?
'관심이 없는 것처럼 보이려고 했지만 폴이 자신을 힐끗힐끗 보는 것을 알아차린 것 같다'라는 맥락이므로 '그럼에도 불구하고'라는 의미의 접속부사 (b) Nonetheless가 정답이다.

핵심 개념 콕콕 접속부사의 종류

대조/양보	nevertheless, nonetheless, however, on the other hand, in contrast, still, otherwise
첨가/부연	furthermore, in addition, moreover, in fact
강조	above all, first of all
인과	therefore, thus, hence, so, consequently, as a result
요약	in short, in brief, to summarize

| 어휘 | uninterested 무관심한 curiously 호기심을 갖고, 신기한 듯이 glance at ~을 힐끗 보다 indeed 정말, 확실히 nonetheless 그럼에도 불구하고 instead 대신에 therefore 그러므로, 따라서

26 시제 — 현재진행

> **KEY** 보기를 통해 시제 문제임을 알 수 있으므로 시간 표현 관련 단서를 파악한다.

Clarisse is rushing to complete all the necessary application forms and documents to register her business. She _____ to launch a clothing store that she will be managing on her own starting next month.

(a) will now prepare
(b) is now preparing
(c) has now prepared
(d) now prepares

클라리스는 자신의 사업을 등록하기 위해 필요한 모든 신청서와 서류를 서둘러 작성하고 있다. 그녀는 다음 달부터 자신이 직접 운영할 옷 가게를 시작할 준비를 지금 하고 있다.

why 정답? 보기에 현재 시간 표현 now가 쓰였고, 현재진행 시제로 서술된 앞 문장과 동시에 벌어지는 일이므로 '지금 준비를 하고 있다'라는 의미가 되어야 자연스럽다. 따라서 현재진행 시제 (b) is now preparing이 정답이다.

핵심 개념 콕콕 | 현재진행

형태: am/are/is + -ing
함께 쓰이는 시간 표현: now / right now / currently / at this very moment
→ 현재 시점에서 진행되고 있는 동작을 나타낸다.

| 어휘 | rush to do 서둘러 ~하다   complete 작성하다, 기입하다   application form 신청서   register 등록하다   launch 시작하다, 출시하다   prepare 준비하다

LISTENING SECTION

PART 1 27-33 일상 대화 지난밤 콘서트에서 있었던 사고

F: Hi, Tom. I didn't expect to see you at school this early. It looks like you need more sleep. You look exhausted!

M: Hello, Jenny. ²⁷I am exhausted. I didn't get enough sleep because I came home late from the concert. By the way, it was a great event. It featured the most famous rock bands from all over the state. You should have been there.

F: I guess I should have, but I couldn't stay up late last night because of school.

M: Well, I really couldn't miss the concert. You know I'm a rock music fan!

F: So what happened last night? ²⁸On my way to class, I passed by the venue and saw the open field where the stage was. Part of it was torn down. The wall near the stage also looked like it had collapsed.

M: Yeah, it got really wild. ²⁹The place was jam-packed! I think it's because they lowered the ticket prices. I guess the organizers wanted everyone who was interested in rock music to be able to attend.

F: You mean the entire population of the city was there?

M: Ha-ha. Well, it did seem like half the city was there.

F: That's a lot of people! Is that why the stage and the wall collapsed?

M: Yeah, that's what caused it ultimately. There were already many people inside when the concert started. However, people kept on arriving throughout the event.

F: That's impressive!

M: I know! I think there were hundreds more lining up at the entrance, with people at the end of the line pushing the others in front. ³⁰It seems like the organizers overestimated the capacity of the place.

F: I hope nothing bad happened.

M: Well, something bad did happen! When the popular rock group Gold Star started performing, the fans really got excited!

F: Oh, Gold Star fans can get pretty rowdy. Where were you at the time?

M: I was among the crowd. I felt like I was going to suffocate. ³¹People started pushing onto the stage, and that's when the far right side and the wall close to it collapsed.

F: The crowd must have been pushing too hard against the stage! So, did anybody get hurt?

여: 안녕, 톰. 이렇게 일찍 학교에서 널 만날 줄은 몰랐어. 너 좀 더 자야 할 거 같은데. 피곤해 보여!

남: 안녕, 제니. ²⁷나 정말 피곤해. 콘서트에서 늦게 돌아오는 바람에 충분히 못 잤어. 그건 그렇고, 굉장한 행사였어. 주 곳곳에서 가장 유명한 록 밴드들이 와서 출연했어. 너도 갔었어야 했는데.

여: 그랬어야 했는데, 학교 때문에 어젯밤 늦게까지 깨어 있을 수 없었어.

남: 음, 난 그 콘서트를 정말 놓칠 수 없었어. 알지, 난 록 음악 팬이잖아!

여: 그래서 어젯밤에 무슨 일이 있었어? ²⁸수업에 오는 길에 그 장소를 지나치면서 무대가 있었던 야외 공연장을 봤어. 일부가 무너졌더라. 무대 근처 벽도 붕괴된 것처럼 보였어.

남: 응, 정말 난리였어. ²⁹그 장소가 사람들로 빽빽했거든! 내 생각엔 티켓 가격을 내렸기 때문인 것 같아. 주최 측이 록 음악에 관심 있는 사람은 누구나 참석할 수 있기를 바랐던 것 같아.

여: 그러니까 시 인구의 전체가 거기 있었다는 말이야?

남: 하하. 음, 시 인구의 절반은 온 것처럼 보였어.

여: 정말 사람이 많았구나! 그래서 무대와 벽이 무너졌던 거야?

남: 응, 결국은 그것 때문에 그렇게 된 거지. 콘서트가 시작했을 때는 이미 많은 사람들이 내부에 있었어. 하지만 사람들이 행사가 진행되는 동안 계속 도착했어.

여: 굉장하다!

남: 맞아! 입구에 수백 명의 사람들이 더 줄을 서 있었고, 줄 끝에 있는 사람들이 앞쪽에 있는 다른 사람들을 밀었어. ³⁰주최 측이 그 공간의 수용 인원을 과대평가한 것 같아.

여: 불상사가 없었기를 바라.

남: 음, 안 좋은 일이 벌어지기는 했지! 인기 록 그룹인 골드스타가 공연을 시작했을 때, 팬들이 정말 흥분했거든!

여: 아, 골드스타 팬들은 엄청 소란스러워지지. 그때 너는 어디 있었어?

남: 사람들 속에 있었지. 질식해서 죽을 것 같았다니까. ³¹사람들이 무대 쪽으로 밀기 시작했고 그때 오른쪽 끝부분과 그곳에 가까운 벽이 무너진 거야.

여: 사람들이 무대 쪽으로 너무 세게 밀었던 게 틀림없어! 그래서, 다친 사람은 없었어?

M: Not seriously. I think some were bruised. Fortunately, the collapse didn't happen all at once. The people who were standing on that side of the stage had a chance to move away.
F: The audience must have been frightened!
M: Oh yes! There were shouts and screams from the crowd. ³²Gold Star stopped playing, and the lead vocalist was able to calm the crowd down.
F: That was a cool thing for the vocalist to do!
M: It sure was, Jenny. Then, security and the safety marshal rushed to the stage to check the situation. They asked people to back away from the scene.
F: And then what happened?
M: People started leaving. ³³The concert resumed eventually. Then the people slowly came back. The rest of the evening was peaceful after that.
F: Wow! You really had an exciting night, Tom!

남: 심각하진 않았어. 일부는 타박상을 입은 것 같아. 다행히 동시에 무너지지는 않았어. 무대의 그쪽 측면에 서 있었던 사람들은 피할 기회가 있었어.
여: 관객들이 무서웠겠는걸!
남: 맞아! 사람들이 고함치고 비명을 질렀어. ³²골드스타는 연주를 멈췄고, 리드 보컬이 사람들을 진정시킬 수 있었어.
여: 보컬이 침착하게 대응했네!
남: 정말 그랬어, 제니. 그러고 나서 안전 및 보안 요원들이 무대로 달려와서 상황을 확인했어. 그들은 사람들에게 현장에서 물러나라고 했지.
여: 그다음엔 어떻게 됐어?
남: 사람들이 떠나기 시작했어. ³³콘서트는 결국 다시 시작됐어. 그다음에 사람들이 천천히 돌아왔어. 그 후에 그날 밤 나머지 시간은 평화로웠어.
여: 우와! 너 정말 흥미진진한 밤을 보냈구나, 톰!

| 어휘 | exhausted 기진맥진한, 지친 feature 특별히 포함하다, 특징으로 삼다 tear down ~을 무너뜨리다 collapse 붕괴되다, 무너지다 jam-packed 빽빽이 찬, 몹시 붐비는 lower 내리다, 낮추다 entire 전체의 cause 야기하다, 초래하다 ultimately 궁극적으로, 결국 overestimate 과대평가하다 capacity 수용력, 용량 rowdy 소란스러운 suffocate 질식하다 bruise 타박상을 입히다, 멍이 생기다 all at once 동시에, 모두 함께 frightened 무서워하는, 겁먹은 calm down ~을 진정시키다 marshal 진행 요원 back away from ~에서 물러나다 scene 현장 resume 다시 시작하다, 재개하다 eventually 결국, 마침내

27 특정 세부사항 문제

🔑 KEY 질문을 들으며 키워드 why / Tom / tired를 노트테이킹한다.

Why does Tom look tired?
(a) He came home late from school.
(b) He attended a music performance.
(c) He had band practice the night before.
(d) He organized a concert.

톰은 왜 피곤해 보이는가?
(a) 학교에서 늦게 집으로 돌아왔다.
(b) 음악 공연에 참석했다.
(c) 전날 밤 밴드 연습이 있었다.
(d) 콘서트를 기획했다.

💡 why 정답 콘서트에서 집으로 늦게 돌아왔기 때문에 잠을 충분히 못 잤다고 했으므로 (b)가 정답이다.

» exhausted → tired
» concert → music performance

| 어휘 | attend 참석하다 performance 공연 organize 기획하다, 조직하다

28 특정 세부사항 문제

🔑 **KEY** 질문을 들으며 키워드 what / Jenny notice / way to class를 노트테이킹한다.

What did Jenny notice while she was on her way to class?	제니는 수업에 오는 도중 무엇을 보았는가?
(a) that the open field was a mess (b) that Tom was at school early (c) that there were rock bands on the campus (d) that the grounds were still crowded	**(a) 야외 공연장이 엉망인 상태였다.** (b) 톰이 학교에 일찍 왔다. (c) 캠퍼스에 록 밴드들이 있었다. (d) 공연장이 여전히 사람들로 붐볐다.

💡 **why 정답?** 수업에 오는 길에 무대가 있었던 야외 공연장을 지나왔는데 일부가 무너져 있었다고 했으므로 (a)가 정답이다.

» was torn down → was a mess

❌ **why 오답?** (b) 톰을 본 것은 수업에 오는 도중이 아니므로 오답이다.

| 어휘 | mess 엉망인 상태 crowded 붐비는

29 추론 문제

🔑 **KEY** 질문을 들으며 키워드 why / well attended를 노트테이킹한다.

Why most likely was the event well attended?	왜 이 행사에 많은 사람들이 참석했을 것 같은가?
(a) because the venue was spacious (b) because the event was well promoted (c) because the concert happened on a weekend **(d) because the tickets were more affordable**	(a) 공연 장소가 넓었기 때문에 (b) 행사가 잘 홍보되었기 때문에 (c) 콘서트가 주말에 열렸기 때문에 **(d) 티켓이 더욱 저렴했기 때문에**

💡 **why 정답?** 티켓 가격을 내렸기 때문에 행사장이 사람들로 가득했다는 남자의 말로 보아 (d)가 정답이다.

» they lowered the ticket prices → the tickets were more affordable

| 어휘 | well attended 많은 사람들이 참석한 spacious 넓은 promote 홍보하다 affordable (가격이) 알맞은

30 특정 세부사항 문제

🔑 **KEY** 질문을 들으며 키워드 what / organizers / not anticipate를 노트테이킹한다.

What does Tom think the event organizers did not anticipate?	톰은 행사 주최 측이 무엇을 예상하지 못했다고 생각하는가?
(a) the number of tickets sold **(b) the number of people the venue could hold** (c) the popularity of the concert performers (d) the strength of the venue structure	(a) 판매된 티켓의 수량 **(b) 행사장이 수용 가능한 인원수** (c) 콘서트 공연자들의 인기 (d) 행사장 구조물의 견고성

💡 **why 정답?** 행사 주최 측이 행사장의 수용 가능 인원을 과대평가한 것 같다고 했으므로 (b)가 정답이다.

» the capacity of the place → the number of people the venue could hold

| 어휘 | anticipate 예상하다, 예측하다 hold 수용하다 strength 견고성, 내구력 structure 구조물, 건축물

31 특정 세부사항 문제

🔑 **KEY** 질문을 들으며 키워드 what caused / accident를 노트테이킹한다.

What caused the accident that happened at the concert?	콘서트에서 일어난 사건의 원인은 무엇인가?
(a) the audience dancing and singing wildly	(a) 거칠게 춤추고 노래한 관객
(b) the stage containing too many crew members	(b) 너무 많은 팀 멤버들이 섰던 무대
(c) the crowd pressing against the stage	**(c) 무대를 향해 민 군중**
(d) the number of people lining up at the gate	(d) 출입구에서 줄을 서 있던 사람들의 수

💡 **why 정답?** 콘서트 도중에 뒤쪽의 사람들이 무대 쪽으로 밀어 무대 우측 벽이 무너졌다고 했으므로 (c)가 정답이다.

» pushing onto the stage → pressing against the stage

❌ **why 오답?** (a) 흥분한 일부 관객들과 (d) 입구에 줄을 선 수많은 사람들에 대해 언급되긴 하지만, 결정적으로 행사장 벽이 무너진 것은 많은 사람들이 밀었기 때문이므로 오답이다.

| 어휘 | wildly 거칠게

32 특정 세부사항 문제

🔑 **KEY** 질문을 들으며 키워드 how / crowd calmed down을 노트테이킹한다.

How was the crowd calmed down?	어떻게 군중들이 진정되었는가?
(a) The lead singer influenced them.	**(a) 리드 싱어가 영향을 미쳤다.**
(b) The band continued playing.	(b) 밴드가 계속해서 연주했다.
(c) The safety marshal rescued them.	(c) 안전 요원들이 사람들을 구조했다.
(d) The organizers stopped the event.	(d) 주최 측이 행사를 중단시켰다.

💡 **why 정답?** 공연 중이던 록 밴드 골드스타가 연주를 멈추고 리드 보컬이 관중을 진정시켰다고 했으므로 (a)가 정답이다.

» the lead vocalist → the lead singer

❌ **why 오답?** (c) 안전 요원들은 골드스타의 리드 보컬이 사람들을 진정시킨 후에 도착했으므로 오답이다.

| 어휘 | influence 영향을 미치다 rescue 구조하다

33 특정 세부사항 문제

🔑 **KEY** 질문을 들으며 키워드 when / resume / concert를 노트테이킹한다.

When did the audience resume watching the concert?	관객들이 콘서트 관람을 재개한 것은 언제인가?
(a) before the crowd was under control	(a) 군중들이 통제되기 전에
(b) when security rushed to the stage	(b) 보안 요원이 무대로 달려왔을 때
(c) after the bands started playing again	**(c) 밴드가 다시 연주를 시작한 후에**
(d) as soon as the wall was fixed	(d) 벽이 보수되자마자

💡 **why 정답?** 붕괴 사고로 잠시 중단되었던 콘서트가 결국 다시 시작되었고, 그런 다음 사람들이 돌아왔다고 했으므로 (c)가 정답이다.

» The concert resumed eventually. → the bands started playing again

| 어휘 | under control 통제되는 fix 고치다, 수리하다

PART 2 의료 봉사 단체 소개 및 후원 요청

Good evening, ladies and gentlemen! I am the chairperson of Smile Society. I would like to thank you all for coming here tonight. Indeed, this fundraiser would not have been possible without your support. Before we present to you our Million Smiles concert — which will feature many musicians who are supporters of our organization, and a few who have benefited from it — please let me give you a short background of our mission.

[34]The Smile Society provides medical assistance, as well as counseling, to children with facial deformities. Many of these children come from developing countries. The organization was founded by my mother in 1985. Since that time, the foundation, with the help of volunteers around the world, has benefited thousands of children in need of reconstructive surgery.

We at the foundation are aware of the initial reactions that people have when they hear the words "plastic surgery." [35]For some, the mention of plastic surgery brings to mind images of models and movie actors altering their appearance, and this might not seem like an important health issue. But I would like to point out that cosmetic plastic surgery and reconstructive plastic surgery are two different procedures.

Reconstructive surgery can have a life-changing impact on children born with facial deformities. Many of them suffer from inborn defects like cleft palates, which could include a split in the upper lip. [36]Others suffer from injuries caused by accidents or animal attacks. Some of them also get facial deformities from diseases or infections.

It is sad to note that apart from the physical effects, an individual often develops feelings of hopelessness and low self-esteem. And these are just as distressing to a child as the facial marks and scars.

[37]Years ago, plastic surgery was largely available only in the United States and Europe, and a few countries in Asia. The medical expertise as well as the high cost of the procedure was too much of a burden for poor people who barely had enough money for food.

However, a number of medical societies based here in the United States and Europe, including the Smile Society, began to conduct medical missions in third-world countries in Asia, Africa, and the rest of the world. So far, we've performed free reconstructive surgery for hundreds of children around the world.

안녕하세요, 신사 숙녀 여러분! 저는 스마일 협회의 회장입니다. 오늘 밤 이 자리에 모두 와주셔서 감사드립니다. 정말로, 이번 모금 행사는 여러분의 후원이 없었다면 불가능했을 겁니다. 저희 기관의 후원자이고, 일부는 우리 기관의 혜택을 받은 적이 있는 많은 음악가들이 출연하는 밀리언 스마일즈 콘서트를 보여드리기 전에 저희의 사명에 대해 간략히 배경 설명을 드리겠습니다.

[34]스마일 협회는 안면 기형이 있는 어린이들에게 상담뿐만 아니라 의료 지원을 제공합니다. 이 아이들 중 다수는 개발 도상국 출신입니다. 본 기관은 1985년에 저희 어머니께서 설립하셨습니다. 그때부터 본 재단은 전 세계 자원봉사자들의 도움을 받아 재건 수술이 필요한 수천 명의 아이들에게 도움을 주었습니다.

저희 재단에서는 '성형 수술'이라는 단어를 들을 때 사람들이 보이는 첫 반응을 잘 알고 있습니다. [35]어떤 사람들은 성형 수술이라는 말에서 외모를 고치는 모델이나 영화배우의 이미지를 떠올리며, 이것이 중요한 건강 문제처럼 보이지 않을 수도 있습니다. 그러나 미용을 위한 성형 수술과 재건 성형 수술은 두 개의 서로 다른 수술이라는 점을 지적하고 싶습니다.

재건 수술은 안면 기형을 가지고 태어난 아이들에게 일생이 바뀌는 영향을 줄 수 있습니다. 많은 아이들이 윗입술이 갈라진 구개 파열 같은 선천적 결함으로 고통받습니다. [36]다른 아이들은 교통사고나 동물의 공격으로 인한 부상으로 고통받습니다. 일부는 또한 질병이나 감염으로 인한 안면 기형을 가지고 있습니다.

신체적 영향 외에도, 종종 절망감이 생기거나 자존감이 낮아진다는 사람도 있다니 슬픈 일입니다. 그리고 이것은 아이들에게 얼굴 자국이나 흉터만큼 고통스럽습니다.

[37]수년 전에는 성형 수술이 주로 미국과 유럽, 그리고 일부 아시아 국가에서만 가능했습니다. 성형 수술의 높은 비용과 의학 전문 지식은 먹을 것에 쓸 돈마저 넉넉하지 않은 가난한 사람들에게는 커다란 부담이었습니다.

그러나 스마일 협회를 포함해서 이곳 미국과 유럽에 근거지를 둔 많은 의료협회들이 아시아, 아프리카 및 그 외의 제삼 세계에서 의료 사명을 수행하기 시작했습니다. 지금까지 저희는 전 세계 수백 명의 아이들에게 무료 재건 수술을 시행했습니다.

In addition to surgical services, volunteer specialists also provide training to local healthcare workers, nurses, and doctors so that procedures can be performed locally.

[38]The results of such efforts have greatly transformed people's lives. With less fear of being cast aside by society, these people can now live a life of normalcy and hope. Many of them are now active supporters of the foundation.

[39]There are many ways for you to help the thousands of children in need of reconstructive surgery. We urge you to assist us in our mission. Your efforts will help bring a smile back to the face of a child, and is there any better feeling in the world than that? For now, however, please sit back and enjoy our Million Smiles concert. The first performer is a flute player whose cleft lip was treated by our organization more than ten years ago. I hope you enjoy the show.

외과적 서비스에 더하여, 수술이 지역적으로 시행될 수 있도록 전문 자원봉사 인력들이 지역의 보건 전문가, 간호사, 의사들에게 교육을 제공합니다.

[38]그러한 노력의 결과가 사람들의 삶을 크게 바꿔 놓았습니다. 사회로부터 버림받는 것에 대한 두려움이 줄면서, 이 사람들은 이제 정상적이고 희망적인 삶을 살 수 있습니다. 이들 중 많은 사람들이 현재는 본 재단의 적극적인 후원자입니다.

[39]여러분이 재건 수술이 필요한 수천 명의 아이들을 도울 방법은 많습니다. 우리의 사명에 도움을 주실 것을 간곡히 부탁드립니다. 여러분의 노력이 아이들의 얼굴에 웃음을 되찾아줄 것이며, 세상에 그보다 더 큰 기쁨이 어디 있겠습니까? 하지만 지금은 자리에 앉으셔서 저희의 밀리언 스마일즈 콘서트를 즐겨주세요. 첫 번째 연주자는 10여 년 전에 저희 기관의 도움으로 구순 구개열 치료를 받은 플루트 연주자입니다. 공연을 즐겨주시길 바랍니다.

| 어휘 | chairperson 회장, 의장 indeed 정말로 fundraiser 모금 행사 benefit from ~의 혜택을 받다 mission 사명, 임무 medical assistance 의료 지원 facial deformity 안면 기형 foundation 재단 in need of ~을 필요로 하는 reconstructive surgery 재건 수술 initial 처음의, 최초의 plastic surgery 성형 수술 mention 언급; 언급하다 bring to mind ~을 떠올리다, 상기하다 alter 고치다, 바꾸다 impact 영향, 충격 suffer from ~로 고통받다 inborn 선천적인 defect 결함 cleft 갈라진 틈 palate 구개, 입천장 split 틈, 구멍 injury 부상, 상처 infection 감염 apart from ~외에도 physical effect 신체적 영향 hopelessness 절망 self-esteem 자존감, 자부심 distressing 고통스러운, 괴로움을 주는 scar 흉터 medical expertise 의학 전문 지식 procedure 수술 burden 부담, 짐 conduct 수행하다 in addition to ~에 더하여 surgical 외과의 effort 노력 transform 완전히 바꿔 놓다 fear 두려움 cast aside ~을 버리다, 없애다 normalcy 정상 상태 urge 권고[촉구]하다 cleft lip 구순 구개열

34 특정 세부사항 문제

🔑 KEY 질문을 들으며 키워드 what / Smile Society do를 노트테이킹한다.

What does the Smile Society do?
(a) It introduces reconstructive surgery to the market.
(b) It organizes help for people with physical defects.
(c) It recruits disabled people for volunteer work.
(d) It informs people of the risks of plastic surgery.

스마일 협회는 무슨 일을 하는가?
(a) 시장에 재건 수술을 소개한다.
(b) 신체적 결함을 가진 사람들을 위한 도움을 조직한다.
(c) 자원봉사 업무에 장애인을 고용한다.
(d) 사람들에게 성형 수술의 위험을 알린다.

🔎 why 정답? 스마일 협회는 안면 기형이 있는 어린이들에게 상담 및 의료 지원을 하는 단체이므로 (b)가 정답이다.
❌ why 오답? (a) 재건 수술을 소개하는 것이 아니라 재건 수술을 필요로 하는 아이들에게 수술을 해주는 단체이므로 오답이다.

» medical assistance, counseling → help
» facial deformities → physical defects

| 어휘 | recruit 채용하다 disabled 장애를 가진

35 특정 세부사항 문제

KEY 질문을 들으며 키워드 what / plastic surgery remind를 노트테이킹한다.

What does the term "plastic surgery" remind some people of?	'성형 수술'이라는 용어는 일부 사람들에게 무엇을 떠올리게 하는가?
(a) people with defects who look like celebrities (b) famous people who once had physical defects (c) children being cured of upper lip defects **(d) celebrities enhancing their looks**	(a) 유명인처럼 보이는 결함이 있는 사람들 (b) 한때 신체적 결함이 있었던 유명한 사람들 (c) 윗입술 결함을 치료받는 아이들 **(d) 외모를 가꾸는 유명인들**

why 정답? '성형 수술'이라고 하면 외모를 고치는 모델이나 영화배우 이미지를 떠올리는 사람들이 있다고 했으므로 (d)가 정답이다.

» brings to mind → remind
» models and movie actors altering their appearance → celebrities enhancing their looks

| 어휘 | remind of ~을 생각나게 하다 celebrity 유명인사 cure of ~을 치료하다 enhance 높이다, 강화하다

36 특정 세부사항 문제

KEY 질문을 들으며 키워드 how / acquire / facial deformity를 노트테이킹한다.

According to the speaker, how can a child acquire a facial deformity?	화자에 따르면, 어린이에게 어떻게 안면 기형이 생길 수 있는가?
(a) by being injured as a baby during delivery (b) by maintaining a low sense of worth **(c) by being injured through an animal attack** (d) by getting cheap cosmetic surgery	(a) 출산 시 상처를 입어서 (b) 낮은 자존감이 지속되어서 **(c) 동물의 공격으로 상처를 입어서** (d) 값싼 성형 수술을 받아서

why 정답? 선천성 안면 기형 외에 교통사고나 동물의 공격으로 인해 안면에 상처를 입는 경우가 있다고 했으므로 (c)가 정답이다.

» injuries caused by animal attacks → being injured through an animal attack

| 어휘 | acquire 얻다, 획득하다 delivery 출산 sense of worth 자존감 cosmetic surgery 성형 수술

37 특정 세부사항 문제

KEY 질문을 들으며 키워드 why / plastic surgery initially offered / US / Europe을 노트테이킹한다.

Why was plastic surgery initially offered mostly in the US and Europe?	왜 성형수술은 초기에 주로 미국과 유럽에서 이뤄졌는가?
(a) Only people in these places could afford it. (b) It was performed free in these places. (c) More people in these places needed it. (d) There were no patients in Asia and Africa.	**(a) 이 지역의 사람들만이 그럴 여유가 있었다.** (b) 이 지역에서는 무료로 시행되었다. (c) 이 지역에 성형 수술이 필요한 사람들이 더 많았다. (d) 아시아와 아프리카에는 환자가 없었다.

why 정답? 성형 수술에 필요한 높은 비용과 의학 전문 지식이 가난한 사람들에게 큰 부담이었다고 했으므로 성형 수술이 미국과 유럽에서 주로 이뤄졌던 이유는 그 지역 사람들만 성형 수술을 받을 경제적 여유가 있었기 때문임을 알 수 있다. 따라서 (a)가 정답이다.

| 어휘 | initially 처음에, 초기에 afford (경제적) 여유가 있다 patient 환자

38 특정 세부사항 문제

🔑 **KEY** 질문을 들으며 키워드 how / constructive surgery changed / lives를 노트테이킹한다.

How has constructive surgery changed the lives of beneficiaries?	재건 수술은 수혜자들의 삶을 어떻게 변화시켰는가?
(a) by inspiring them to become surgeons	(a) 외과 의사가 되도록 영감을 줌으로써
(b) by preparing them to be turned away by people	(b) 사람들에게 외면당할 준비를 시킴으로써
(c) by allowing them to live regular lives	**(c) 보통의 삶을 살게 해줌으로써**
(d) by ensuring that they don't get future defects	(d) 앞으로는 절대 결점을 갖지 않게 함으로써

💡 **why 정답?** 재건 수술의 결과, 사회로부터 버림받는 것에 대한 두려움이 줄면서 정상적이고 희망적인 삶을 살 수 있다고 했으므로 (c)가 정답이다.

≫ a life of normalcy and hope → regular lives

| 어휘 | beneficiary 수혜자 inspire 영감을 주다 surgeon 외과 의사 turn away ~을 외면하다, 물리치다 allow ~하게 하다 regular 보통의 ensure 반드시 ~하게 하다

39 추론 문제

🔑 **KEY** 질문을 들으며 키워드 who / talking to를 노트테이킹한다.

Who is the speaker most likely talking to?	화자는 누구를 대상으로 이야기하고 있는 것 같은가?
(a) former surgery patients	(a) 전에 수술을 받은 환자들
(b) disadvantaged people	(b) 사회적 약자들
(c) aspiring movie actors	(c) 영화배우 지망생들
(d) potential sponsors	**(d) 잠재적 후원자들**

💡 **why 정답?** 재건 수술이 필요한 아이들을 도울 방법이 많다며 도움을 간곡히 요청한 것으로 보아 이 단체를 후원해줄 가능성이 있는 사람들을 대상으로 하는 담화임을 알 수 있으므로 (d)가 정답이다.

❌ **why 오답?** (b) 재건 수술이 필요한 어려운 환경의 아이들에 대해 계속 언급하므로 질문을 '누구에 대해 이야기하고 있는가'로 잘못 이해했다면 함정에 빠지기 쉽다. 질문의 요지를 잘 파악하자.

| 어휘 | disadvantaged 사회적으로 혜택을 받지 못한, 빈곤한 aspiring 장차 ~가 되려는 potential 잠재적인

PART 3 10-15 일상 대화 디지털 방식으로 그리기 vs. 전통 방식으로 그리기

| M: Hello, Meg. Those paintings you're looking at are great.
F: They really are, Luke. I'm trying to get ideas on what to paint, so I borrowed this art book from the school library.
M: Hey, I didn't know you were interested in painting.
F: Oh, I've always wanted to try it. There's just one problem, though.
M: What is it, Meg?
F: Well, I'm still trying to decide whether I should take up digital painting or traditional painting. | 남: 안녕, 메그. 네가 보고 있는 그 그림들 멋진데.
여: 정말 그래, 루크. 무엇을 그릴지에 대한 아이디어를 얻으려고 하는 중이어서, 학교 도서관에서 이 미술책을 빌렸어.
남: 야, 난 네가 그림에 관심이 있는 줄 몰랐어.
여: 아, 난 항상 그림을 그려보고 싶었어. 한 가지 문제가 있지만 말이야.
남: 그게 뭔데, 메그?
여: 음, 디지털로 그리는 것과 전통 방식으로 그리는 것 중에서 무엇을 배울지 아직 결정하는 중이야. |

M: You know, I've used both methods myself, and each has its own advantages and disadvantages. Perhaps we can discuss them.

F: Great! How about we start with the advantages of digital painting?

M: Well, first off, [40]digital painting is accessible. There are many painting software packages to choose from. There are basic versions and advanced ones. You can work with them on your desktop computer, your laptop, and even your tablet.

F: That's nice. I think digital painting can also be convenient. I won't need to buy paint, paintbrushes, palettes, and canvases. All I need is my portable device, which I can carry anywhere.

M: Yes, and with painting software, if you make a mistake, you can just press the "undo" button and correct the mistake. You can also erase, apply colors, and move and resize objects easily.

F: Great points, Luke. So, what are the downsides of digital painting?

M: Well, for one thing, it is not for everybody. [41]Some people are not very comfortable with digital technology, and may have a hard time learning the software's commands.

F: Yeah, they may get frustrated and give up on a project altogether. Another downside for me is the high cost of equipment. I'd prefer to paint outdoors, and I'll need to buy a new laptop to do that. My old laptop has limited features and functions.

M: It's true that a laptop with higher specs works better for artwork.

F: Now, can we talk about the advantages of traditional, or conventional, painting?

M: Sure. [42]One upside of that method is it will help develop manual artistic skills. You will learn techniques like mixing colors and manipulating the brush to produce different paint strokes. The results can be pretty satisfying, especially after you complete your artwork.

F: That's interesting. And [43]it seems like traditionally made artworks are also more highly prized than digital ones.

M: Well, [43]some feel it's more difficult to paint by hand, and like most handcrafted artworks, traditional paintings aren't easily reproduced.

F: Now that you mention it, being more work-intensive is a disadvantage of conventional painting. First, I'll have to buy materials. Then, I'll have to learn to mix colors on the palette and apply paint on canvas with a brush — all manually.

M: That's right. Another downside to traditional painting is, unlike digital painting, it can be messy. ⁴⁴You'll have to clean your paintbrushes and palette after each session. You'll also have to clean paint smears on surfaces like the table and floor, and even your clothes and body.
F: Hmmm... this conversation has been very helpful, Luke.
M: So, what method of painting have you chosen, Meg?
F: Well, ⁴⁵I think I'd like to learn painting using time-honored techniques. That way, I will be able to say, "I created this artwork with my very own hands."

남: 맞아. 전통 방식으로 그리기의 또 다른 단점은 디지털로 그리기와는 달리 지저분해질 수 있다는 거야. ⁴⁴매번 끝나고 나면 붓과 팔레트를 세척해야 할 거야. 또, 테이블과 바닥, 심지어 네 옷과 몸에 묻은 물감 자국을 지워야 할 거야.
여: 흠… 이 대화가 아주 도움이 되었어, 루크.
남: 그래서 어떤 그리기 방법을 골랐니, 메그?
여: 음, ⁴⁵전통적인 기법을 이용한 그림 그리기를 배우려고 해. 그래야 "내 손으로 직접 이 작품을 만들었다"고 말할 수 있을 거야.

| 어휘 | take up (재미로) ~을 배우다 traditional 전통적인, 기존의 method 방법 advantage 장점, 이점 disadvantage 단점, 약점 first off 우선, 먼저 accessible 접근하기 쉬운, 다가가기 쉬운 advanced 상급의 convenient 편리한 portable device 휴대용 장치 carry 가지고 다니다 correct 수정하다, 고치다 apply 적용하다 object 대상, 물체 downside 부정적인 면 have a hard time -ing ~하는 데 곤란을 겪다 command 명령(어) frustrated 좌절감을 느끼는 give up 포기하다 altogether 완전히, 전적으로 feature 특징 function 기능 spec 사양 conventional 전통적인, 종래의 upside 긍정적인 면 manual 손으로 하는, 육체노동의 manipulate 다루다, 조종하다 stroke (글씨나 그림의) 획 satisfying 만족스러운 be highly prized 귀하게 여겨지다 handcrafted 수공예품인 reproduce 복제[복사]하다, 재생산하다 intensive 집중적인 smear 자국, 얼룩 time-honored 전통적인, 유서 깊은

40 특정 세부사항 문제

🔑 **KEY** 질문을 들으며 키워드 which / shows / digital / accessible을 노트테이킹한다.

Which statement shows that digital painting is accessible?
(a) It has many software options.
(b) It doesn't require colors and tools.
(c) One does not make mistakes with it.
(d) There are many websites about it.

어떤 설명이 디지털 방식 그리기가 접근하기 쉽다는 것을 보여주는가?
(a) 선택할 수 있는 소프트웨어들이 많다.
(b) 물감과 도구를 필요로 하지 않는다.
(c) 그 방식으로는 실수하지 않는다.
(d) 그것에 관한 웹사이트가 많이 있다.

❓ **why 정답?** 디지털 방식으로 그리는 것이 접근하기 쉽다며 고를 수 있는 그림 그리기 소프트웨어 패키지가 많다고 했으므로 (a)가 정답이다.
» painting software packages to choose from → software options

❌ **why 오답?** (b) 물감과 도구를 사지 않아도 된다는 것은 편리성에 대한 장점으로 언급된 것이므로 오답이다.
(c) 디지털 방식으로 그릴 경우 실수를 해도 쉽게 수정할 수 있다고 했지 실수하지 않는다는 것은 아니므로 오답이다.

| 어휘 | option 선택(할 수 있는 것) require 필요로 하다 tool 도구

41 특정 세부사항 문제

🔑 **KEY** 질문을 들으며 키워드 why / digital / not recommended를 노트테이킹한다.

Why is digital painting not recommended for some people?	일부 사람들에게 디지털 방식으로 그리기를 권하지 않는 이유는 무엇인가?
(a) They cannot afford new digital equipment. **(b) They are not familiar with new technology.** (c) Digital painting software offers limited results. (d) Painting is normally a frustrating activity.	(a) 새로운 디지털 장비를 살 여유가 없다. **(b) 새로운 기술에 익숙하지 않다.** (c) 디지털 그림 그리기 소프트웨어는 제한적인 결과를 내놓는다. (d) 그림 그리기는 일반적으로 좌절감을 주는 활동이다.

💡 **why 정답?** 일부 사람들은 디지털 기술을 불편해하며 소프트웨어의 명령어를 익히는 것을 힘들어한다고 했으므로 (b)가 정답이다.

» not very comfortable with digital technology → not familiar with new technology

| 어휘 | afford ~할 여유가 있다 be familiar with ~에 익숙하다 normally 보통, 대개 frustrating 좌절감을 주는

42 특정 세부사항 문제

🔑 **KEY** 질문을 들으며 키워드 what / result / applying / manual skills / traditional을 노트테이킹한다.

Based on the conversation, what is a result of applying the manual skills learned through traditional painting?	대화에 근거하면, 전통 방식으로 그리기를 통해 익힌 손재주를 적용하면 어떤 결과가 있는가?
(a) a rewarding finished work (b) a coordinated color scheme (c) more precise brushstrokes (d) more natural techniques	**(a) 보람을 느끼게 해주는 완성작** (b) 조화로운 색채 배합 (c) 더 정교한 붓놀림 (d) 더욱 자연스러운 기법

💡 **why 정답?** 전통 방식으로 그림을 그리면 손으로 하는 미술 기교를 기를 수 있고, 작품을 완성한 후에 아주 만족스럽다고 했으므로 (a)가 정답이다.

» pretty satisfying, especially after you complete your artwork → a rewarding finished work

❌ **why 오답?** (b) 물감을 섞는 것, (c) 붓을 다루는 기법 등이 언급되긴 하지만, 이것은 전통 방식의 그리기 과정에 대한 설명일 뿐이므로 오답이다.

| 어휘 | manual skill 손재주 apply 적용하다, 쓰다 rewarding 보람이 있는 coordinated 잘 어울리는, 조화된 color scheme 색채의 배합 precise 정확한, 정밀한 brushstroke 붓놀림, 솔질

43 특정 세부사항 문제

🔑 **KEY** 질문을 들으며 키워드 why / traditional / highly prized를 노트테이킹한다.

According to Luke, why are traditional paintings more highly prized?	루크에 따르면, 전통 방식으로 그리기가 더 귀하게 여겨지는 이유는 무엇인가?
(a) because many find them visually pleasing (b) because they are frequently copied **(c) because some feel they require more skill** (d) because they are always original	(a) 많은 사람들이 시각적으로 즐거움을 느끼기 때문에 (b) 자주 복제되기 때문에 **(c) 어떤 사람들은 더 많은 기술이 필요하다고 생각하기 때문에** (d) 항상 독창적이기 때문에

💡 **why 정답?** 여자가 전통 방식으로 그린 예술작품이 더 귀하게 여겨지는 것 같다고 하자, 루크가 일부 사람들은 손으로 그림을 그리는

것, 즉 전통 방식이 더 어렵다고 생각한다고 그 근거를 댔으므로 (c)가 정답이다.
» it's more difficult to paint by hand → they require more skill

why 오답? (d) 전통 방식으로 그린 그림들은 복제하기 쉽지 않다는 점을 언급하긴 했지만, '항상'은 아니므로 오답이다.

| 어휘 | visually 시각적으로 frequently 자주, 빈번하게

44 특정 세부사항 문제

KEY 질문을 들으며 키워드 what / required / do after / conventional을 노트테이킹한다.

What is one required to do after every session of conventional painting?

(a) buy new brushes and palettes
(b) tidy up the resulting mess
(c) replace the work surface
(d) gather spilled paint for reuse

기존 방식으로 그림을 그릴 경우 매번 끝난 후 무엇을 해야 하는가?

(a) 붓과 팔레트를 새로 사야 한다.
(b) 그로 인해 지저분해진 상태를 말끔히 정리해야 한다.
(c) 작업대를 교체해야 한다.
(d) 다시 사용하기 위해 쏟은 물감을 모아야 한다.

why 정답? 전통 방식으로 그림을 그린 후엔 붓과 팔레트를 세척하고, 테이블과 바닥, 옷과 몸에 묻은 물감 자국을 지워야 한다고 했으므로 (b)가 정답이다.
» clean your paintbrushes and palette ~ clean paint smears → tidy up the resulting mess

| 어휘 | tidy up 깔끔하게 정리하다 resulting 결과로 초래된 mess 엉망인 상태 replace 교체하다 work surface 작업대 gather 모으다 spilled 흘린, 쏟아진

45 추론 문제

KEY 질문을 들으며 키워드 how / Meg / create / paintings를 노트테이킹한다.

Based on the conversation, how will Meg probably create her own paintings?

(a) by modifying existing paintings
(b) by adopting the traditional way
(c) by developing her own approach
(d) by using the digital method

대화에 근거하면, 메그는 아마도 어떻게 자신의 그림을 창작할 것인가?

(a) 기존 그림을 수정해서
(b) 전통적인 방법을 써서
(c) 자신만의 방법을 개발해서
(d) 디지털 방식을 이용해서

why 정답? 대화 마지막에 메그가 전통적인 기법을 이용한 그림 그리기를 배우겠다고 했으므로 (b)가 정답이다.
» using time-honored techniques → adopting the traditional way

| 어휘 | create 창작하다, 만들어내다 modify 수정[변경]하다 existing 기존의 adopt (방식을) 쓰다, 채택하다 approach 접근법, 학습법

PART 4　46-52 일반 설명　카푸치노를 만드는 과정

Hello everybody, and welcome to Coffee Clue, the show that solves the mystery behind a great cup of coffee. I'm sure that everyone here loves coffee, and many of you favor some coffee drinks over others. ⁴⁶One of today's most popular drinks is cappuccino — and this happens to be my favorite as well. But how do you make a great cappuccino? And is it possible to do it from home?

Cappuccino is an Italian beverage famous around the world for its rich and creamy taste. It takes its name from the brown robes worn by monks of the Capuchin order. Maybe that's why some have called this drink a "tasty trinity" — the perfect balance of coffee, milk, and foam.

For a long time, cappuccino could only be found at European cafés. It was during the mid-1990s that the drink gained popularity in the cities of North America and the rest of the world. ⁴⁷This led to the creation of many varieties and methods of preparation, but today we're going to teach you how to make the original.

In making cappuccino, the first thing to do is to prepare the ingredients. The two basic ingredients of the drink are ground coffee beans and milk. The variety of ground coffee beans you use is really a matter of preference. It can be coffee from Hawaii or Indonesia, or a blend of different varieties — whatever taste suits you best.

For cappuccino, whole milk is usually recommended because it foams easily. ⁴⁸Sugar is sometimes added to sweeten the drink. However, properly prepared cappuccino tastes naturally sweet and doesn't need sugar.

The second step is to prepare the materials. You'll need a few things: an espresso machine and a steel pitcher for mixing the milk. After you tightly pack the ground coffee into the espresso machine, it will extract the flavor of the beans and make fresh espresso. Your house will probably smell pretty good at this point! ⁴⁹Some people like a strong cappuccino, while others prefer a smoother cup, and you can adjust this by using more or less espresso.

여러분, 안녕하세요. 커피 클루에 오신 것을 환영합니다. 맛있는 커피 한 잔 뒤에 숨겨진 수수께끼를 푸는 프로그램입니다. 분명히 여기 계신 모든 분들이 커피를 매우 좋아하실 것이고 여러분 중 많은 분들은 어떤 커피를 다른 커피보다 더 좋아하실 겁니다. ⁴⁶오늘날 가장 인기 있는 음료 중 하나는 카푸치노입니다. 그리고 이것은 제가 가장 좋아하는 것이기도 합니다. 하지만 맛있는 카푸치노를 어떻게 만들까요? 그리고 집에서 그렇게 하는 것이 가능할까요?

카푸치노는 그 풍부하고 크리미한 맛 때문에 전 세계적으로 유명한 이탈리아 음료입니다. 그 이름은 카푸친 교단의 수녀사들이 입었던 갈색 예복에서 붙여졌습니다. 아마도 그래서 일부 사람들이 이 음료를 '맛있는 삼위일체'라고 불러온 듯합니다. 커피와 우유와 거품의 완벽한 조화인 것이죠.

오랫동안, 카푸치노는 유럽의 카페에서만 찾아볼 수 있었습니다. 이 음료가 북미의 도시를 비롯한 전 세계에서 인기를 얻은 것은 1990년대 중반이었습니다. ⁴⁷이는 많은 종류와 조제법을 만들어냈지만, 오늘 우리는 원조 카푸치노를 만드는 방법을 가르쳐드리려고 합니다.

카푸치노를 만들 때 맨 처음 할 일은 재료를 준비하는 것입니다. 이 음료의 두 가지 기본 재료는 간 커피 원두와 우유입니다. 여러분이 사용하는 간 커피 원두의 종류는 정말 기호의 문제입니다. 하와이나 인도네시아산 커피여도 되고 혹은 여러 종류의 것을 혼합한 것이어도 됩니다. 여러분에게 가장 잘 맞는 것이면 어떤 맛이든 상관없습니다.

카푸치노에는 보통 지방분을 빼지 않은 전유가 추천되는데, 거품이 잘 일어나기 때문입니다. ⁴⁸설탕은 이 음료에 단맛을 주기 위해 종종 추가됩니다. 그러나 제대로 만들어진 카푸치노는 자연스럽게 단맛이 나서 설탕이 필요하지 않습니다.

두 번째 단계는 도구를 준비하는 것입니다. 몇 가지가 필요한데요, 에스프레소 기계와 우유를 섞기 위한 철제 주전자입니다. 간 커피를 에스프레소 기계에 꽉 채워 넣고 나면 원두의 풍미를 추출하여 신선한 에스프레소가 만들어집니다. 이때 아마도 여러분의 집에는 아주 좋은 향이 날 겁니다. ⁴⁹어떤 사람들은 진한 카푸치노를 좋아하는 반면, 다른 사람들은 더 부드러운 것을 선호하므로 에스프레소를 더 많이 사용하거나 덜 사용해 이것을 조절하면 됩니다.

While the espresso machine is humming along in the background, you'll want to steam the milk. Pour the milk into the steel pitcher where it will be heated. Place a mixer — you can use a whisk, wand, or even a fork — inside the steel pitcher, but not too deep inside. As you stir, the goal is to introduce as much air as possible, so that the bubbles formed will be very small, almost invisible to the eye.

⁵⁰Steam the milk to a temperature of about 150 to 155 degrees Fahrenheit. The continuous stirring of the milk will result in creamy foam.

Next, pour the espresso into a cup or mug. The beverage is best served hot, and ⁵¹the ideal cup for cappuccino is one made of ceramic because it can retain heat much longer than paper or glass. As you pour the milk into the cup, use a wide spoon to keep the foam inside the steel pitcher from coming out.

⁵²Lastly, scoop an ample amount of the foam from the pitcher and spoon it over the coffee. You can form a design with the foam, like a heart, a letter, or simply a circular pattern. If you're a talented artist, you can even draw a little monk to honor the Capuchins that gave this coffee drink its name.

Thanks for listening to Coffee Clue, and we hope you enjoy your drink!

에스프레소 기계가 뒤에서 윙윙거리는 동안 우유를 데워야 합니다. 우유를 데울 철제 주전자에 우유를 붓습니다. 믹서를 철제 주전자에 넣으세요. 거품기나 막대, 심지어 포크를 이용해도 됩니다. 하지만 너무 안쪽 깊숙이 넣지는 마세요. 저을 때의 목적은 가능한 한 많은 공기를 넣어서, 만들어진 거품이 눈에 거의 보이지 않을 정도로 작아지게 하는 것입니다.

⁵⁰우유를 화씨 약 150도에서 155도까지 데웁니다. 우유를 계속 저어주면 크림 같은 거품이 만들어집니다.

다음으로, 에스프레소를 컵이나 머그잔에 붓습니다. 이 음료는 뜨겁게 내는 것이 가장 좋으므로 ⁵¹카푸치노에 이상적인 컵은 도자기로 만든 것인데요, 종이나 유리보다 훨씬 오래 열기가 유지되기 때문입니다. 우유를 컵에 부을 때 철제 주전자 내부의 거품이 밖으로 나오지 않도록 유지하기 위해 넓은 숟가락을 사용하세요.

⁵²마지막으로, 주전자에서 충분한 양의 거품을 떠내어 숟가락으로 커피 위에 얹으세요. 거품으로 하트나 글자 또는 간단히 원형 모양 같은 디자인을 만들면 됩니다. 만약 여러분이 예술적 재능이 있다면 이 커피 음료에 이름을 붙여준 카푸친 교를 기리기 위해 자그맣게 수도사를 그려도 됩니다.

커피 클루를 경청해주셔서 감사드리며, 음료를 즐기시기 바랍니다!

| 어휘 | favor ~을 편애하다 robe (특별한 의식 때 입는) 예복, 관복, 가운 monk 수도자, 수도승 order 교단, 수도회, 수녀회 trinity 삼위일체 foam 거품; 거품을 일으키다 lead to ~로 이어지다 variety 종류, 다양성 method 방법 preparation 조제, 준비 ingredient 재료 ground (가루가 되게) 간, 빻은 a matter of preference 기호[선호]의 문제 blend 혼합 suit ~에게 맞다 whole milk (지방분을 빼지 않은) 전유 easily 쉽게, 수월하게 sweeten 달게 하다 properly 제대로, 적절히 steel 강철 pitcher 물 주전자 tightly 꽉, 빽빽이 pack 가득[빽빽이] 채우다 extract 추출하다 flavor 풍미, 향미, 맛 adjust 조절[조정]하다 hum 윙윙[웅웅]거리다 steam (음식을) 찌다 whisk (요리용) 거품기 wand 막대기 invisible 보이지 않는 Fahrenheit (온도) 화씨의 continuous 지속적인 ideal 이상적인 ceramic 도자기 retain 유지하다, 보유하다 scoop (큰 숟갈 같은 것으로) 뜨다 ample 충분한 spoon 숟가락으로 떠서 옮기다 circular 원형의 talented 재능 있는

46 특정 세부사항 문제

🔑 **KEY** 질문을 들으며 키워드 what / cappuccino를 노트테이킹한다.

According to the speaker, what is cappuccino?	화자에 따르면, 카푸치노는 무엇인가?
(a) the first beverage made using coffee	(a) 커피를 이용한 최초의 음료
(b) the coffee consumed by monks	(b) 수도사들이 마셨던 커피
(c) a kind of milk with a foamy topping	(c) 거품이 올려진 우유의 종류
(d) a beverage that many people like	**(d) 많은 사람들이 좋아하는 음료**

💡 **why 정답?** 오늘날 가장 인기 있는 음료 중 하나가 카푸치노라고 했으므로 (d)가 정답이다.

» One of today's most popular drinks → a beverage that many people like

| 어휘 | consume 먹다, 마시다 foamy 거품으로 된, 거품 같은 topping (음식 위에 얹는) 고명, 토핑

47 특정 세부사항 문제

🔑 **KEY** 질문을 들으며 키워드 what resulted / cappuccino / known을 노트테이킹한다.

What resulted after cappuccino became known all over the world?	카푸치노가 전 세계적으로 알려진 후에 어떤 결과가 나타났는가?
(a) People adhered to its original recipe.	(a) 사람들이 원래의 제조법을 고수했다.
(b) More Italians began drinking it.	(b) 더 많은 이탈리아 사람들이 카푸치노를 마시기 시작했다.
(c) People made their own versions of it.	**(c) 사람들이 자신만의 카푸치노 버전을 만들었다.**
(d) European cafés stopped serving it.	(d) 유럽의 카페들이 카푸치노를 제공하는 것을 중단했다.

💡 **why 정답?** 1990년대 중반에 카푸치노가 세계적인 인기를 얻은 뒤 여러 가지 방식의 조제법이 만들어졌다고 했으므로 (c)가 정답이다.
» the creation of many varieties and methods of preparation ➜ made their own versions

❌ **why 오답?** (a) 커피 클루에서 오늘 원조 카푸치노를 만드는 방법을 다룬다고 한 것이므로 착각하지 않도록 한다.

| 어휘 | adhere to ~을 고수하다 recipe 조리법

48 특정 세부사항 문제

🔑 **KEY** 질문을 들으며 키워드 when / benefit / sugar를 노트테이킹한다.

When can a cup of cappuccino benefit from added sugar?	언제 카푸치노에 설탕을 추가하는 게 좋은가?
(a) when the milk used is sweetened	(a) 사용한 우유가 단 것일 때
(b) when the drink is improperly prepared	**(b) 음료를 제대로 만들지 못했을 때**
(c) when the coffee beans are finely ground	(c) 커피 원두가 곱게 갈렸을 때
(d) when one wants the drink to be authentic	(d) 음료가 본연의 상태가 되게 하고 싶을 때

💡 **why 정답?** 카푸치노에 종종 설탕을 추가하기도 하는데, 카푸치노를 제대로 만들었다면 저절로 단맛이 나서 설탕이 필요 없다고 했다. 이를 바꿔 말하면 카푸치노를 제대로 만들지 못했을 경우 설탕을 넣으면 좋다는 의미이므로 (b)가 정답이다.

| 어휘 | benefit from 득을 보다 improperly 부적절하게 finely 곱게, 잘게 authentic 진짜인, 진품인

49 특정 세부사항 문제

🔑 **KEY** 질문을 들으며 키워드 how / adjust / taste를 노트테이킹한다.

According to the talk, how can people adjust the taste of cappuccino according to their preference?	담화에 따르면, 사람들은 어떻게 자신의 기호에 맞춰 카푸치노의 맛을 조절할 수 있는가?
(a) by using different cups	(a) 다양한 컵을 이용함으로써
(b) by adding artificial flavors	(b) 인공 향신료를 추가함으로써
(c) by changing the amount of espresso	**(c) 에스프레소 양을 바꿈으로써**
(d) by altering the settings of the machine	(d) 기계의 설정을 변경함으로써

💡 **why 정답?** 좀 더 진하거나 부드러운 카푸치노를 원하면 에스프레소를 더 많이 사용하거나 덜 사용해 조절하면 된다고 했으므로 (c)가 정답이다.
» adjust this by using more or less espresso ➜ changing the amount of espresso

| 어휘 | artificial flavor 인공 조미료 alter 변경하다, 바꾸다 setting 설정

50 특정 세부사항 문제

🔑 **KEY** 질문을 들으며 키워드 what causes / milk / foamy를 노트테이킹한다.

What causes the milk to become foamy?	무엇이 우유에 거품이 생기게 하는가?
(a) introducing it to cold air (b) bringing it to a boil (c) beating its large bubbles **(d) stirring it with steam**	(a) 우유를 찬 공기에 닿게 하는 것 (b) 우유를 끓게 하는 것 (c) 큰 거품을 저어주는 것 **(d) 증기와 함께 저어주는 것**

💡 **why 정답?** 우우를 데우면서 계속 저어주면 크림 같은 거품이 생긴다고 했으므로 (d)가 정답이다.

| 어휘 | bring to a boil 끓게 하다

51 추론 문제

🔑 **KEY** 질문을 들으며 키워드 why / preferable / ceramic mug를 노트테이킹한다.

Why most likely is it preferable to drink cappuccino from a ceramic mug?	도자기 머그잔에 카푸치노를 마시는 것이 더 나은 이유는 무엇일 것 같은가?
(a) so its flavor can be retained **(b) so one can enjoy it hot for a longer period** (c) because the cup has a wider opening (d) because the cup will not get too hot to touch	(a) 그 풍미가 지속되게 하기 위해 **(b) 더 오랫동안 뜨거운 상태로 즐기기 위해** (c) 컵의 입구가 더 넓기 때문에 (d) 컵이 만질 수 없을 정도로 뜨거워지지 않기 때문에

💡 **why 정답?** 도자기로 만든 컵은 열기가 오래 유지되어 카푸치노를 뜨거운 상태로 마시기에 좋다고 했으므로 (b)가 정답이다.

» retain heat much longer → hot for a longer period

| 어휘 | preferable 더 좋은, 더 나은 opening (병·주전자의) 입구

52 특정 세부사항 문제

🔑 **KEY** 질문을 들으며 키워드 what / final step을 노트테이킹한다.

What is the final step in the process?	이 과정의 마지막 단계는 무엇인가?
(a) topping the drink with foam (b) stirring milk into the drink (c) drawing a monk on the surface (d) pouring the drink into a mug	**(a) 음료 위에 거품을 얹는 것** (b) 음료 안으로 우유를 젓는 것 (c) 표면에 수도사를 그리는 것 (d) 음료를 머그잔에 따르는 것

💡 **why 정답?** 마지막으로 주전자에서 충분한 양의 거품을 떠내서 숟가락으로 커피 위에 얹으라고 했으므로 (a)가 정답이다.

» scoop an ample amount of the foam from the pitcher and spoon it over the coffee → topping the drink with foam

❌ **why 오답?** (c) 거품으로 만들 수 있는 여러 디자인 중 하나로 수도사 그림을 언급했을 뿐이므로 오답이다.

| 어휘 | top 얹다, 위에 놓다 surface 표면

READING & VOCABULARY SECTION

PART 1 53-59 인물의 일대기   강력한 장난감 물총을 발명한 로니 존슨

LONNIE JOHNSON

Lonnie Johnson is an American inventor and a former Air Force and NASA engineer. [53]He is best known for creating the Super Soaker, a toy gun that shoots water with greater power, range, and accuracy.

Lonnie George Johnson was born on October 6, 1949, in Mobile, Alabama. Growing up, Johnson received lessons on repairing household items and working with electricity from his father. He performed experiments at home to learn how things worked, such as dolls and lawn mowers, and even prepared a batch of rocket fuel. As his curiosity grew and his experiments continued, he began to dream of becoming an inventor.

Johnson attended Williamson High School, an all-black institution, where he was nicknamed "The Professor." [54-(c)]In 1968, he represented his school at a science fair. The only African-American student in the competition, [54]he won first prize with his entry: [54-(a)]a compressed-air-powered robot that [54-(b)]he assembled from scrap. Johnson went on to attend Tuskegee University on a scholarship and earned a bachelor's degree in mechanical engineering and a master's degree in nuclear engineering.

After college, Johnson joined the U.S. Air Force and helped develop the stealth bomber program. He moved to NASA's Jet Propulsion Laboratory and worked as a systems engineer for various space missions before returning to the Air Force. During his spare time, Johnson pursued his own invention: a heat pump that used water instead of harmful chemical compounds. In 1982, [55]he was testing a prototype of the pump, when the nozzle inadvertently [58]ejected a powerful stream of water. Johnson realized how this discovery would make a great water gun.

After seven years of improvements and sales pitches, Johnson finally sold his water gun design to the Larami toy company. Originally called the Power Drencher, the toy sold [59]acceptably well without marketing. [56]However, after rebranding the toy as the Super Soaker and promoting it through television, it became an extremely successful product. For several years, it was the best-selling American toy. The success of the Super Soaker has earned Johnson a net worth of $360 million in royalties.

Johnson has since founded Johnson Research & Development. ⁵⁷He is now working on a heat engine that would convert solar energy into electricity with higher efficiency. The holder of more than 100 patents, Johnson has received many accolades for his inventions and scientific contributions, including membership in the State of Alabama Engineering Hall of Fame.

그 이후로 존슨은 '존슨 연구 개발'을 설립했다. ⁵⁷그는 현재 태양 에너지를 더 효율이 높은 전기로 바꾸는 열 엔진 작업을 진행 중이다. 100개가 넘는 특허권을 보유한 존슨은 그의 발명품과 과학적 공헌으로 '앨라배마주 공학 명예의 전당'에 든 것을 비롯한 많은 표창을 받았다.

| 어휘 | inventor 발명가 former 이전의 air force 공군 be known for ~로 알려지다 range (총 등의) 사정거리 accuracy 정확성 repair 고치다, 수리하다 household item 생활용품, 살림살이 electricity 전기 perform 수행하다, 실시하다 experiment 실험 lawn mower 잔디 깎는 기계 prepare 준비하다, 마련하다 a batch of 한 묶음의 curiosity 호기심 institution (대학·은행 같은) 기관, 단체 nickname 별명을 붙이다 represent 대표하다 competition 대회, 경쟁 entry 출품(작) compressed 압축된 assemble 조립하다 scrap (재활용할 수 있는) 폐품 on a scholarship 장학금으로 bachelor's degree 학사 학위 mechanical engineering 기계공학 master's degree 석사 학위 nuclear engineering 원자핵공학 stealth bomber 스텔스 폭격기 propulsion 추진(력) space mission 우주 비행 임무 spare time 여가 시간 pursue 해나가다 invention 발명 heat pump 열펌프, 냉난방 장치 chemical 화학의 compound 혼합물, 화합물 prototype 견본, 원형 nozzle 노즐, 분사구 inadvertently 우연히, 부주의로 eject (액체·연기를) 뿜어내다, 배출하다 improvement 개선, 향상 sales pitch 팔기 위한 권유 acceptably 마음에 들게, 만족할 수 있게 rebrand 브랜드 이미지를 새롭게 하다[쇄신하다] promote 홍보하다, 판촉하다 extremely 극도로, 극히 net worth 순자산 royalty 로열티, 저작권 사용료 found 설립하다 convert A into B A를 B로 바꾸다[전환하다] efficiency 효율 holder 보유자, 소유자 patent 특허권 accolade 포상, 칭찬 contribution 공헌

53 특정 세부사항 문제

🗝 KEY 질문의 키워드 best known for가 언급된 곳 주변을 읽는다.

What is Lonnie Johnson best known for?	로니 존슨은 무엇으로 가장 잘 알려져 있는가?
(a) his development of rocket fuel at NASA **(b) his invention of a superior toy weapon** (c) his improvement of electrical systems (d) his accomplishments in the Air Force	(a) 나사에서의 로켓 연료 개발 **(b) 우수한 장난감 무기 발명** (c) 전기 시스템 개선 (d) 공군에서의 업적

❓ why 정답? 첫 번째 단락에서 로니 존슨이 더욱 강력하고 정확하게 물을 쏘는 장난감 권총 '슈퍼 소커'를 만든 것으로 가장 잘 알려져 있다고 했으므로 (b)가 정답이다.

» a toy gun that shoots water with greater power, range, and accuracy ➔ a superior toy weapon

| 어휘 | superior 우수한, 우월한 accomplishment 업적, 성과

54 True/Not true 문제

🗝 KEY 보기의 키워드와 지문 내용을 대조하며 보기를 하나씩 소거한다.

Which is not true about Johnson's participation in the science fair?	존슨의 과학 박람회 참가에 관해 사실이 아닌 것은 무엇인가?
(a) His machine was powered by compressed air. (b) His entry was a homemade robot. (c) He was his school's delegate to the event. **(d) His entry was bested by those of other schools.**	(a) 그의 기계는 압축 공기를 동력으로 했다. (b) 그의 출품작은 직접 만든 로봇이었다. (c) 그는 이 행사에서 학교 대표였다. **(d) 그의 출품작보다 다른 학교의 출품작들이 더 뛰어났다.**

❓ why 정답? 세 번째 단락에서 존슨은 자신이 만든 압축 공기 동력 로봇으로 학교를 대표해 과학 박람회에 나가 우승했다고 했으므로 (d)가 정답이다.

» he represented his school at a science fair ➡ He was his school's delegate to the event.
» a compressed-air-powered robot ➡ His machine was powered by compressed air.
» assembled from scrap ➡ homemade

| 어휘 | participation 참가 delegate 대표(자) best ~을 이기다, ~보다 잘하다

55 특정 세부사항 문제

KEY 존슨이 장난감 물총을 발명한 계기가 언급된 곳을 읽는다.

How did Johnson come up with a water gun that performed better than typical water guns?

(a) by inventing a gun that was completely different
(b) by basing the toy on weapons used at NASA
(c) by chancing upon a discovery that had other applications
(d) by building a heat pump into the toy

존슨은 어떻게 기존의 물총보다 더 나은 성능의 물총을 생각해냈는가?

(a) 완전히 다른 권총을 발명하다가
(b) 나사에서 사용했던 무기에 기초해서 장난감을 만들다가
(c) 다른 데 응용할 수 있음을 우연히 알게 되어서
(d) 장난감에 열펌프를 끼워 넣다가

why 정답? 네 번째 단락에서 발명품 연구 중 열펌프 견본을 테스트하다가 우연히 노즐이 강력한 물줄기를 뿜어내는 것을 보고 더 강력한 장난감 물총 개발에 착안했음을 알 수 있으므로 (c)가 정답이다.

why 오답? (b) 존슨이 물총을 만들게 된 계기가 되었던 열펌프 테스트는 나사에서의 업무와는 무관한 그의 개인적인 발명품 연구였으므로 오답이다.

| 어휘 | come up with ~을 생각해내다 typical 기존의, 전형적인 completely 완전히, 전적으로 base on ~에 근거를 두다 chance upon 우연히 ~을 발견하다 application 응용

56 추론 문제

KEY 질문의 키워드 commercial success와 관련된 내용이 언급된 곳을 읽는다.

Why most likely did the Super Soaker become a huge commercial success?

(a) because its original name was catchy
(b) because customers had been waiting for its release
(c) because its new name appealed to a wider audience
(d) because it was improved after its release

'슈퍼 소커'가 거대한 상업적 성공을 거둔 이유는 무엇일 것 같은가?

(a) 원래 이름이 기억하기 쉬웠기 때문에
(b) 고객들이 출시를 기다려왔기 때문에
(c) 새로운 이름이 더 많은 시청자들의 흥미를 끌었기 때문에
(d) 출시 이후 품질이 개선되었기 때문에

why 정답? 다섯 번째 단락에서 장난감 물총의 원래 이름은 '파워 드렌처'였는데, 이를 '슈퍼 소커'로 바꾸고 텔레비전으로 홍보한 뒤 엄청나게 성공한 제품이 되었다고 했으므로 (c)가 정답이다.

» rebranding ➡ new name

why 오답? (d) 존슨이 물총의 품질을 향상시킨 것은 물총을 라라미 장난감 회사에 판매하기 전에 이뤄진 일이므로 오답이다.

| 어휘 | catchy 기억하기 쉬운 release 출시, 개봉 appeal to ~의 흥미를 끌다, ~에 호소하다 improve 개선하다, 향상시키다

57 특정 세부사항 문제

KEY 질문의 키워드 currently working과 관련된 곳 주변을 읽는다.

What project is Johnson currently working on?	현재 존슨은 어떤 작업을 하고 있는가?
(a) a machine that supplies efficient energy	(a) 효율적인 에너지를 공급하는 기계
(b) a new research and development center	(b) 새로운 연구 개발 센터
(c) a patented network of solar panels	(c) 특허받은 태양 전지판
(d) a program to support Alabama inventors	(d) 앨라배마 발명가들을 후원하는 프로그램

why 정답? 마지막 단락에서 존슨은 현재 태양 에너지를 더 효율이 높은 전기로 바꾸는 열 엔진 작업을 진행하고 있다고 했으므로 (a)가 정답이다.

≫ a heat engine that would convert solar energy into electricity with higher efficiency → a machine that supplies efficient energy

| 어휘 | currently 현재   patented 특허받은   solar panel 태양 전지판   support 후원하다, 지지하다

58 동의어 문제

KEY ejected가 포함된 부분을 읽고 문맥을 파악한다.

In the context of the passage, ejected means _____.	지문의 문맥에서, ejected는 –을 의미한다.
(a) drove	(a) 운전하다, 동력을 공급하다
(b) took	(b) 가져가다
(c) removed	(c) 제거하다
(d) shot	**(d) 쏘다**

why 정답? ejected가 포함된 부분은 '펌프의 견본을 테스트하고 있던 그때 우연히 노즐이 강력한 물줄기를 분사했다'라는 의미이므로 ejected가 '뿜어내다, 배출하다'라는 의미로 사용되었음을 알 수 있다. 따라서 이와 유사한 '쏘다'라는 뜻의 (d) shot이 정답이다.

59 동의어 문제

KEY acceptably가 포함된 부분을 읽고 문맥을 파악한다.

In the context of the passage, acceptably means _____.	지문의 문맥에서, acceptably는 –을 의미한다.
(a) incredibly	(a) 믿을 수 없을 정도로
(b) reasonably	**(b) 상당히**
(c) extremely	(c) 극도로, 극히
(d) hugely	(d) 엄청나게

why 정답? acceptably가 포함된 부분은 '이 장난감이 마케팅 없이도 꽤 잘 팔렸다'라는 의미로, 이때의 acceptably는 '마음에 들게, 만족할 수 있게'라는 의미로 판매 정도를 강조하는 부사로 쓰였다. 따라서 이와 유사하게 '상당히'라는 뜻으로 정도를 나타내는 부사인 (b) reasonably가 정답이다.

PART 2 60-66 기사 하와이 서핑의 부활

HOW SURFING DIED AND REVIVED

Surfing is a water sport where an athlete skims along the surface of a wave on a long, flat board. [60]The first evidence of surfing is an account written in 1778 by Lieutenant James King, who observed some native Hawaiians on their surfboards. In his journals, King described the astonishment he felt at watching these natives balance on a piece of wood and ride the tallest and most fearsome waves in the sea.

Surfing in Hawaii was part of the *Kapu* system that held royalty above the commoners. [61]Hawaiian chiefs used surfing as a form of competition to demonstrate their strength and agility, and to determine their fitness to rule. Surfing rituals continued under the Kapu system until 1820, when missionaries from New England began arriving.

[62]The missionaries considered surfing and other Hawaiian sports as heathen activities and tried to stop them. They succeeded in their efforts, and by 1890, surfing was almost never practiced. However, some Hawaiian kings — who were advocates of the sport, and who felt it represented the history and culture of the people — fought hard for surfing to be [65]resurrected.

In 1905, [63-(d)]Hawaiian Olympic swimmer Duke Kahanamoku organized the first surfing club at Waikiki Beach. By this time, the missionaries' influence over the island was starting to [66]wane, making it possible for surfing to make a comeback. [63-(a), (c)]Kahanamoku then brought surfing to the United States mainland and sparked wave after wave of new riders on the California shores. By 1955, Californians searching for the ideal surfing spot discovered the 25-foot waves of Walmea Bay, Hawaii. This led to a steady influx of surfers in the area.

Nowadays, the sport of surfing is alive and well in many parts of the world. Bali, Indonesia, attracts surfers who enjoy the mellow waves and emerald-green waters. Hossegor, France, has been called the surfing capital of Europe, and offers consistent and powerful tides. But [64]the world's greatest surfers are drawn back to Hawaii, and to the Banzai Pipeline in Oahu, where the tallest and heaviest waves can be found. Riding the fierce waves of Oahu can feel like balancing on the nose of a train, and can remind even experienced surfers why this was once considered the sport of kings.

어떻게 서핑이 사라졌다가 다시 살아났는가

서핑은 선수가 길고 납작한 판자 위에서 파도 표면을 스치듯 지나가는 수상 스포츠다. 서핑의 첫 번째 증거는 [60]1778년에 제임스 킹 중위가 쓴 설명으로, 그는 서핑 보드를 탄 하와이 원주민들을 관찰했다. 킹은 일지에 이 원주민들이 나무 조각 위에서 균형을 잡고 바다에서 가장 높고 가장 무시무시한 파도를 타는 것을 보면서 느낀 놀라움을 묘사했다.

하와이의 서핑은 평민들 위에서 특권을 누렸던 '카푸' 체제의 일부였다. [61]하와이의 부족장들은 그들의 강인함과 민첩성을 보여주고 통치에 적합한지를 결정하기 위해 일종의 시합 형태로서 서핑을 이용했다. 서핑 풍습은 카푸 체제하에서 1820년까지 지속되었는데, 이때 뉴잉글랜드의 선교사들이 도착하기 시작했다.

[62]선교사들은 서핑과 그 밖의 하와이 스포츠를 이교도 활동으로 간주하여 금지시키려고 했다. 그들의 노력은 성공을 거두었고, 1890년에 이르자 서핑이 거의 행해지지 않았다. 그러나 이 스포츠를 옹호하고 부족의 역사와 문화를 대표한다고 생각한 일부 하와이 왕들은 서핑을 [65]부활시키기 위해 열심히 싸웠다.

1905년에, [63-(d)]하와이인 올림픽 수영선수인 듀크 카하나모쿠는 와이키키 해변에서 최초의 서핑 클럽을 조직했다. 이 무렵 이 섬에 대한 선교사들의 영향은 [66]약해지기 시작하여, 서핑이 다시 인기를 얻는 것을 가능하게 했다. [63-(a), (c)]카하나모쿠는 당시 서핑을 미국 본토에 들여가서 캘리포니아 해변에서 새로운 라이더들의 물결을 연달아 일으켰다. 1955년에 이르자, 이상적인 서핑 장소를 찾던 캘리포니아 사람들이 하와이의 와이메아 해변에서 25피트 높이의 파도를 발견했다. 이로 인해 이 지역에는 꾸준히 서퍼들이 몰렸다.

현재, 스포츠로서의 서핑은 세계 여러 곳에서 건재하다. 인도네시아의 발리는 부드러운 파도와 선녹색의 바닷물을 즐기는 서퍼들을 끌어모은다. 프랑스의 호세고르는 유럽의 서핑 수도로 불리는데, 일정하면서도 힘이 넘치는 조류를 제공한다. 그러나 [64]세계 최고의 서퍼들은 하와이, 그리고 오아후의 반자이 파이프라인으로 다시 이끌리는데, 그곳에서는 가장 높고 육중한 파도를 발견할 수 있다. 오아후의 사나운 파도를 타면 기차 선단에서 균형을 잡는 듯한 느낌을 받을 수 있으며, 심지어 경험 많은 서퍼들도 왜 이것이 한때 왕들의 스포츠로 여겨졌는지 떠올릴 수 있다.

| 어휘 | revive 활기를 되찾다, 소생하다   skim 스치듯이 지나가다   evidence 증거   account 설명, 이야기, 말   lieutenant (계급) 중위, 소위   observe 관찰하다   native 원주민의, 토착의; 원주민   surfboard 서핑 보드   journal 일지, 일기   describe 묘사하다, 서술하다   astonishment 깜짝 놀람   balance 균형을 유지하다   fearsome 무시무시한   royalty 특권, 왕족   commoner 평민, 서민   competition 시합, 대회   demonstrate 보여주다, 입증하다   agility 민첩, 명민함   determine 결정하다   fitness 적합함   rule 통치하다, 지배하다   ritual 풍습, 의식적인 행사   missionary 선교사   heathen 이교도의, 비종교적인   succeed in ~에 성공하다   practice 늘 행하다, 습관으로 하다   advocate 옹호자, 지지자   represent 대표하다   resurrect 부활시키다   organize 조직하다   influence 영향(력)   wane 약해지다, 줄어들다   make a comeback 다시 인기를 얻다, 복귀하다   mainland 본토   spark 촉발시키다, 유발하다   steady 꾸준한   influx 유입, 밀어닥침   alive and well 건재하여, 남아서   attract 끌어모으다, 끌어들이다   mellow 부드럽고 풍부한   capital 수도   consistent 일관된, 한결같은   draw back (사람·물건을) 되돌아오게 하다   fierce 사나운, 맹렬한   experienced 경험[경력]이 있는, 능숙한

60 특정 세부사항 문제

🔑 **KEY** 질문의 키워드 18th century에 해당하는 시기가 언급된 곳 주변을 읽는다.

What is an indication that surfing was practiced in the 18th century?

(a) A lieutenant described it in his journals.
(b) A king invited surfers onto his ship.
(c) The Hawaiians wrote about it.
(d) Long boards were discovered by historians.

18세기에 서핑이 행해졌음을 보여주는 것은 무엇인가?

(a) 어떤 중위가 그의 일지에 묘사했다.
(b) 어떤 왕이 자신의 배로 서퍼들을 초대했다.
(c) 하와이 사람들이 이에 대해 기록했다.
(d) 역사가들에 의해 긴 판자들이 발견되었다.

why 정답? 첫 번째 단락에서 1778년에 제임스 킹 중위가 서핑 보드를 탄 하와이 원주민들을 관찰하고 일지에 기록했다고 했으므로 (a)가 정답이다.

» in 1778 → in the 18th century

| 어휘 | indication 말, 암시   invite 초대하다   historian 역사가

61 특정 세부사항 문제

🔑 **KEY** 초기의 하와이 서핑에 관해 언급된 곳을 읽는다.

Why was surfing originally practiced in Hawaii?

(a) to test if leaders were worthy of governing
(b) to elevate the masses to the rank of royalty
(c) to drill warriors to fight against New England
(d) to allow kings to entertain the commoners

서핑은 처음에 왜 하와이에서 행해졌는가?

(a) 리더들이 통치할 자격이 있는지 시험하기 위해
(b) 일반 대중을 특권 계급으로 승격시키기 위해
(c) 전사들이 뉴잉글랜드에 맞서 싸우도록 훈련시키기 위해
(d) 왕들이 평민들을 즐겁게 해주게 하기 위해

why 정답? 두 번째 단락에서 하와이의 부족장들이 강인함과 민첩성을 보여주고 통치에 적합한지를 결정하기 위해 일종의 시합 형태로서 서핑을 이용했다고 했으므로 (a)가 정답이다.

» determine their fitness to rule → test if leaders were worthy of governing

| 어휘 | originally 처음에는, 원래   worthy of ~할 만한   govern 통치하다, 다스리다   elevate 승격[승진]시키다   mass 일반 대중   drill 훈련시키다   warrior 전사   entertain 즐겁게 해주다

62 추론 문제

KEY 질문의 키워드 missionaries from New England가 언급된 곳 주변을 읽는다.

How might the missionaries from New England have regarded surfing in Hawaii?	뉴잉글랜드에서 온 선교사들은 하와이의 서핑을 어떻게 여겼겠는가?
(a) as a thrilling physical activity (b) as an admirable tradition (c) as a sport worthy of emulation **(d) as an undesirable practice**	(a) 신나는 육체 활동으로 (b) 우수한 전통으로 (c) 겨룰 가치가 있는 스포츠로 **(d) 바람직하지 않은 관행으로**

why 정답? 세 번째 단락에서 선교사들은 서핑을 비롯한 하와이 스포츠를 이교도 활동으로 간주하여 금지시키려 했다고 했으므로 (d)가 정답이다.

» heathen activities → an undesirable practice

| 어휘 | regard ~으로 여기다 thrilling 아주 신나는 admirable 우수한, 감탄[존경]스러운 tradition 전통 emulation 경쟁, 대항 undesirable 바람직하지 않은 practice 관행

63 True/Not true 문제

KEY 보기의 키워드와 지문 내용을 대조하며 보기를 하나씩 소거한다.

Which is not part of Duke Kahanamoku's contributions to surfing?	듀크 카하나모쿠가 서핑에 기여한 것의 일부가 아닌 것은?
(a) introducing surfing to the US **(b) endorsing surfing as an Olympic event** (c) paving the way for the revival of surfing as a sport (d) forming the first surfing group in Hawaii	(a) 미국에 서핑을 소개한 것 **(b) 서핑을 올림픽 경기로 승인한 것** (c) 스포츠로서 서핑의 부활을 위한 길을 연 것 (d) 하와이에서 최초의 서핑 단체를 만든 것

why 정답? 듀크 카하나모쿠는 올림픽 수영선수일 뿐 서핑을 올림픽 경기로 승인했다는 내용은 없으므로 (b)가 정답이다.

why 오답? (a), (c) 서핑을 미국 본토에 들여가서 새로운 라이더들의 물결을 연달아 일으켰다고 했으므로 오답이다.
(d) 와이키키 해변에서 최초의 서핑 클럽을 조직했다고 했으므로 오답이다.

| 어휘 | contribution 기여, 공헌 endorse (계획·주장 등을) 승인하다 pave the way for ~을 위해 길을 열다 revival 부활, 회복

64 특정 세부사항 문제

KEY 질문의 키워드 the world's greatest surfers가 언급된 곳 주변을 읽는다.

According to the article, where can the world's greatest surfers be found?	기사에 따르면, 세계 최고의 서퍼들은 어디에서 찾을 수 있는가?
(a) among powerful emerald-green waters (b) in the surfing capital of Europe (c) on mellow and consistent tides **(d) upon the waves of Hawaii**	(a) 강렬한 선녹색 바다에서 (b) 유럽의 서핑 수도에서 (c) 부드럽고 일정한 조류에서 **(d) 하와이의 파도 위에서**

why 정답? 다섯 번째 단락에서 세계 최고의 서퍼들이 하와이 오아후의 반자이 파이프라인을 찾는데, 그곳의 파도가 높고 육중하다고 했으므로 (d)가 정답이다.

why 오답? (a), (b), (c) 역시 서퍼들이 많이 찾는 지역인 인도네시아의 발리와 프랑스의 호세고르의 특징이지만 세계 최고의 서퍼들은 하와이를 찾는다고 명확히 언급했으므로 오답이다.

65 동의어 문제

🔑 **KEY** resurrected가 포함된 부분을 읽고 문맥을 파악한다.

In the context of the passage, resurrected means _____.	지문의 문맥에서, resurrected는 –을 의미한다.
(a) improved **(b) restored** (c) played (d) repeated	(a) 개선하다 **(b) 회복시키다** (c) 경기를 하다 (d) 반복하다

💡 **why 정답?** resurrected가 포함된 부분은 '일부 하와이 왕들은 서핑이 부족의 역사와 문화를 대표한다고 생각했기에 서핑을 부활시키기 위해 열심히 싸웠다'라는 의미이므로 resurrected가 '되살리다'라는 의미로 사용되었음을 알 수 있다. 따라서 이와 유사한 '회복시키다'라는 뜻의 (b) restored가 정답이다.

66 동의어 문제

🔑 **KEY** wane이 포함된 부분을 읽고 문맥을 파악한다.

In the context of the passage, wane means _____.	지문의 문맥에서, wane은 –을 의미한다.
(a) grow (b) leave **(c) fade** (d) work	(a) 자라다 (b) 떠나다 **(c) 희미해지다** (d) 일하다

💡 **why 정답?** wane이 포함된 부분은 '선교사들의 영향력이 약해지기 시작했다'라는 의미이므로 wane이 '약해지다, 시들다'라는 의미로 사용되었음을 알 수 있다. 따라서 이와 유사한 '희미해지다'라는 뜻의 (c) fade가 정답이다.

PART 3 67-73 지식 백과 자이언트 세쿼이아의 특징과 용도

GIANT SEQUOIA

The Giant Sequoia, or Sierra Redwood, is the world's largest tree in terms of trunk volume. [67]It is also possibly the largest living organism on Earth. The Giant Sequoia is a cone-bearing tree found in America, Europe, Canada, and certain parts of Australia. It grows in areas with dry summers and snowy winters.

The Giant Sequoia grows to a height of 150 to 286 feet, but there are reports of other tree species reaching 307 feet in height. However, with a trunk ranging from 20 to 35 feet in diameter, it is among the world's most massive trees. [68]The largest currently living tree is General Sherman in Sequoia National Park in California, which is about 275 feet in height and 36 feet in diameter at its base.

자이언트 세쿼이아

'자이언트 세쿼이아'는 '시에라 레드우드'라고도 하는데 몸통의 부피 면에서 세계에서 가장 큰 나무다 [67]그것은 또한 아마도 지구상에서 가장 큰 생명체일 것이다. 자이언트 세쿼이아는 아메리카, 유럽, 캐나다 그리고 호주 특정 지역에서 발견되는 원뿔형 열매가 달린 나무다. 여름에 건조하고 겨울에 눈이 많이 오는 지역에서 자란다.

자이언트 세쿼이아는 150~286피트 높이까지 자라지만, 높이가 307피트에 달하는 다른 나무 종에 대한 보고가 있다. 그러나 직경 20~35피트에 이르는 몸통을 가진 이 나무는 세계에서 가장 거대한 나무에 속한다. [68]현재 가장 큰 생나무는 캘리포니아의 세쿼이아 국립 공원에 있는 제너럴 셔먼으로, 높이가 약 275피트이고 맨 아랫부분의 직경이 36피트다.

Giant Sequoias get so large because they live for a long time — the largest tree is approximately 2,200 years old — and they grow quickly. They need a great amount of water, which they receive when spring arrives and the snow melts and soaks deep into the earth. Giant Sequoias regenerate by dropping cones filled with seeds, and can disperse anywhere from 300,000 to 400,000 seeds per year.

[69]The wood from Giant Sequoias is too brittle to use for construction purposes. Because of their size and weight, the massive trees would often shatter after loggers cut them and they came crashing to the ground. [70]Despite the wastage leading to marginal profits, many logging companies still harvested the Giant Sequoia from the 1880s to the 1920s. It is [72]estimated that only 50% of the timber reached the mill because of its relative fragility.

These days, [71]the wood is mainly used for fence posts and matchsticks, as it is highly resistant to fire and decay. It can also be used for high-end furniture that showcases the tree's giant proportions, such as long tables made from a single uncut slab. In the northwest United States, some entrepreneurs have begun selling appropriately sized Giant Sequoias as alternatives for traditional Christmas trees.

Many Giant Sequoia groves are [73]preserved in Kings Canyon National Park, Sequoia National Park, and Giant Sequoia National Monument in Sierra Nevada, California.

자이언트 세쿼이아가 매우 거대해지는 것은 수명이 길고 — 가장 큰 나무는 수명이 대략 2,200년이다 — 빨리 자라기 때문이다. 이 나무들은 아주 많은 양의 물을 필요로 하는데, 봄이 와서 눈이 녹아 땅속 깊숙한 곳까지 적셔줄 때 수분을 얻는다. 자이언트 세쿼이아는 씨앗으로 가득한 원뿔형 열매를 떨어뜨림으로써 재생하고 1년에 30~40만 개의 씨앗을 곳곳에 확산시킬 수 있다.

[69]자이언트 세쿼이아의 목재는 너무 잘 부러져서 건축용으로는 사용할 수 없다. 그 크기와 무게 때문에, 벌목업자들이 이 거대한 나무들을 베어내면 땅으로 떨어진 후에 종종 산산이 부서지곤 했다. [70]버려지는 양 때문에 이익이 미미함에도 불구하고 1880년대부터 1920년대까지 많은 벌목 회사들은 여전히 자이언트 세쿼이아를 벌목했다. 비교적 잘 부러지는 특성 때문에 해당 목재 중 50%만 공장에 도달한 것으로 [72]추산된다.

요즘, [71]이 목재는 주로 담장 버팀목과 성냥개비에 쓰이는데, 화염과 부식에 대한 저항성이 매우 높기 때문이다. 또한, 이 나무의 거대한 크기를 돋보이게 하는 고급 가구에도 사용되는데, 자르지 않은 하나의 널판으로 만든 긴 테이블 같은 것이다. 미국 북서부에서는 일부 사업가들이 전통적인 크리스마스트리의 대안으로 적절한 크기의 자이언트 세쿼이아를 판매하기 시작했다.

캘리포니아의 시에라 네바다에 있는 킹스 캐니언 국립 공원, 세쿼이아 국립 공원, 자이언트 세쿼이아 국립 기념원에 많은 자이언트 세쿼이아 수림이 [73]보존되어 있다.

| 어휘 | in terms of ~측면에서   trunk 나무의 몸통   volume 부피, 용량   living organism 생명체   cone 원뿔, 원뿔형 물체   bear (열매를) 맺다   height 높이   species 종   range from A to B 범위가 A에서 B에 이르다   diameter 직경   massive 거대한, 엄청나게 큰   currently 현재   base 맨 아랫부분   approximately 대략   soak 흠뻑 적시다   regenerate 재생하다, 다시 나다   disperse 확산시키다   brittle 잘 부러지는   construction 건축   purpose 목적   shatter 산산이 부서지다, 산산조각이 나다   logger 벌목꾼   come crashing 충돌하여 무너지다   wastage 낭비되는 양, 낭비   marginal 미미한, 중요하지 않은   profit 이익   logging 벌목   harvest 수확하다   estimate 추산[추정]하다   timber 목재   mill (특정한 재료를 만드는) 공장   relative 비교상의, 상대적인   fragility 부서지기 쉬움   resistant to ~에 대해 저항하는   decay 부식, 부패   high-end 고급   showcase 돋보이게 하다   proportion 크기, 넓이   slab 널판, 판   entrepreneur 사업가   appropriately 적절하게   alternative 대안, 선택 가능한 것   grove 숲, 수풀   preserve 보존하다

67 특정 세부사항 문제

🔑 **KEY** 자이언트 세쿼이아의 기본적인 특징이 언급된 전반부를 읽는다.

Which statement best characterizes the Giant Sequoia?	자이언트 세쿼이아의 특징을 가장 잘 설명한 것은 무엇인가?
(a) It thrives in tropical areas with humid summers. **(b) It could be the world's largest living thing.** (c) It is the world's tallest tree. (d) It is the first organism that ever lived.	(a) 여름철이 습한 열대 지방에서 잘 자란다. **(b) 세계에서 가장 거대한 생물일 것이다.** (c) 세계에서 가장 키가 큰 나무다. (d) 지금까지 살았던 최초의 유기체다.

💡 **why 정답?** 첫 번째 단락에서 자이언트 세쿼이아는 몸통의 용적이 세계에서 가장 큰 나무로, 아마도 지구상에서 가장 큰 생명체일 것이라고 했으므로 (b)가 정답이다.

» the largest living organism on Earth → the world's largest living thing

❌ **why 오답?** (c) 두 번째 단락에서 자이언트 세쿼이아는 150~286피트 높이까지 자라지만, 이보다 더 높은(높이가 307피트에 달하는) 다른 나무 종에 대한 보고가 있다고 했으므로 지문의 내용과 일치하지 않는다.

| 어휘 | characterize ~의 특징을 묘사하다[나타내다] thrive 잘 자라다, 번창하다 tropical 열대 지방의 humid 습한 organism 유기체

68 특정 세부사항 문제

🔑 **KEY** 질문의 키워드 General Sherman이 언급된 곳 주변을 읽는다.

What is the General Sherman tree noted for?	제너럴 셔먼 나무는 무엇으로 유명한가?
(a) being the oldest known tree (b) being the tallest tree ever to exist (c) being the tree with the widest trunk **(d) being the biggest living tree**	(a) 가장 오래된 것으로 알려진 나무인 점 (b) 지금까지 존재한 가장 키가 큰 나무인 점 (c) 몸통이 가장 넓은 나무인 점 **(d) 가장 큰 생나무인 점**

💡 **why 정답?** 두 번째 단락에서 현재 가장 큰 생나무는 캘리포니아의 세쿼이아 국립 공원에 있는 제너럴 셔먼이라고 했으므로 (d)가 정답이다.

» The largest currently living tree → the biggest living tree

❌ **why 오답?** (b) 높이가 307피트에 달하는 다른 나무 종에 대한 보고가 있다고 했는데, 제너럴 셔먼 나무는 높이가 약 275피트라고 했으므로 오답이다.

| 어휘 | be noted for ~으로 유명하다 exist 존재하다

69 특정 세부사항 문제

🔑 **KEY** '집 짓는 용도'와 관련하여 자이언트 세쿼이아의 특징이 언급된 곳을 읽는다.

Why is the Giant Sequoia not used to build houses?	자이언트 세쿼이아는 왜 집을 짓는 데 사용되지 않는가?
(a) because it easily catches fire (b) because it rarely generates new trees **(c) because its wood easily breaks** (d) because its wood is prone to decay	(a) 쉽게 불이 붙기 때문에 (b) 새로운 나무를 거의 만들어내지 않기 때문에 **(c) 그 목재가 쉽게 부러지기 때문에** (d) 그 목재가 부식되기 쉽기 때문에

💡 **why 정답?** 네 번째 단락에서 자이언트 세쿼이아의 목재는 너무 잘 부러져서 건축용으로는 사용할 수 없다고 했으므로 (c)가 정답이다.

» too brittle → easily breaks
» for construction purposes → to build houses

| 어휘 | catch fire 불붙다, 타오르다 rarely 거의 ~않는 generate 만들어내다, 발생시키다 be prone to ~하기 쉽다

70 특정 세부사항 문제

🔑 **KEY** 질문의 키워드 the 1880s와 the 1920s가 언급된 곳 주변을 읽는다.

What was the result of logging Giant Sequoias between the 1880s and the 1920s?

(a) half of the lumber going to waste
(b) most of the timber being used
(c) harvest of the tree being banned
(d) the tree's population increasing

1880년대와 1920년대 사이에 자이언트 세쿼이아를 벌목한 결과는 무엇이었는가?

(a) 목재의 절반이 쓸모가 없어짐
(b) 대부분의 목재가 사용됨
(c) 그 나무의 벌목이 금지됨
(d) 그 나무의 수가 늘어남

💡 **why 정답?** 네 번째 단락에서 1880년대부터 1920년대까지 많은 벌목 회사들이 자이언트 세쿼이아를 벌목했는데, 잘 부러져서 50%만 공장에 도달한 것으로 추산된다고 했으므로 (a)가 정답이다.

» only 50% of the timber reached the mill → half of the lumber going to waste

| 어휘 | lumber 목재 go to waste 쓸모없이 되다, 낭비되다 ban 금지하다

71 추론 문제

🔑 **KEY** 자이언트 세쿼이아가 상업적으로 활용되는 사례가 언급된 곳을 읽는다.

How most likely are some businesses profiting from the Giant Sequoia?

(a) by marketing giant Christmas trees
(b) by producing materials that will never decay
(c) by selling fire-resistant homes
(d) by making matches out of wood fragments

일부 사업체는 어떻게 자이언트 세쿼이아에서 수익을 얻을 것 같은가?

(a) 거대한 크리스마스트리를 판매함으로써
(b) 절대 부식하지 않을 자재를 생산함으로써
(c) 화재에 끄떡없는 집을 판매함으로써
(d) 나무 조각으로 성냥을 만듦으로써

💡 **why 정답?** 다섯 번째 단락에서 자이언트 세쿼이아는 화염과 부식에 대한 저항성이 높아 주로 담장 버팀목과 성냥개비에 사용된다고 했으므로 성냥을 만들어 파는 것으로 수익을 낼 수 있음을 추론할 수 있다. 따라서 (d)가 정답이다.

» matchsticks → matches

❌ **why 오답?** (a) 크리스마스트리가 언급되기는 하나 자이언트 세쿼이아를 거대한 크기가 아니라 적절한 크기로 판매한다고 했으므로 오답이다.
(c) 불에 잘 붙지는 않으나 잘 부러지는 특성 때문에 이 나무를 건축용으로는 사용하지 않는다고 했다.

| 어휘 | profit from ~로부터 수익을 얻다 fire-resistant 불에 잘 타지 않는 fragment 조각, 파편

72 동의어 문제

KEY estimated가 포함된 부분을 읽고 문맥을 파악한다.

In the context of the passage, estimated means _____.	지문의 문맥에서, estimated는 -을 의미한다.
(a) added	(a) 추가하다
(b) reviewed	(b) 검토하다
(c) calculated	**(c) 추산하다**
(d) planned	(d) 계획하다

Why 정답? estimated가 포함된 부분은 '비교적 잘 부러지는 특성 때문에 해당 목재 중 50%만 공장에 도달한 것으로 추산된다'라는 의미이므로 estimated가 '추산하다, 추정하다'라는 의미로 사용되었음을 알 수 있다. 따라서 이와 유사한 '추산하다'라는 뜻의 (c) calculated가 정답이다.

73 동의어 문제

KEY preserved가 포함된 부분을 읽고 문맥을 파악한다.

In the context of the passage, preserved means _____.	지문의 문맥에서, preserved는 -을 의미한다.
(a) processed	(a) 처리하다
(b) protected	**(b) 보호하다**
(c) stored	(c) 저장하다
(d) prolonged	(d) 연장하다

Why 정답? preserved가 포함된 부분은 캘리포니아 여러 곳에 '자이언트 세쿼이아 수림이 보존되어 있다'라는 의미이므로 preserved가 '보존하다'라는 의미로 사용되었음을 알 수 있다. 따라서 이와 유사한 '보호하다'라는 뜻의 (b) protected가 정답이다.

PART 4 [74-80] 비즈니스 편지 | 학교 문학 동아리 행사에 대한 후원 요청

Julia Warner
Vice President for Advertising
Book City, Inc.

Dear Ms. Warner,

My name is Martin James, a literature teacher at Harvey High School. I am also the faculty adviser of the school's Literary Club. ⁷⁴Our organization offers an intellectual platform for students to exchange ideas through creative writing and debating. However, ⁷⁵we want to take this a step further by exhibiting their literary skills.

⁷⁵It is for these reasons that we are planning a week-long series of activities next month. These activities will include a book fair, a short story writing contest, a poetry reading session, and a literary quiz. ⁷⁶As our culminating event, we will be holding a creative writing workshop to be ⁷⁹conducted by our guest literary expert, author Alice Kemp.

줄리아 워너
광고 업무 부사장
북시티 사

워너 씨께

제 이름은 마틴 제임스이고, 하비 고등학교의 문학 교사입니다. 저는 학교 문학 클럽의 지도 교사이기도 합니다. ⁷⁴저희 조직은 학생들이 창의적 글쓰기와 토론을 통해 서로 생각을 나눌 수 있는 지적인 장을 제공하고 있습니다. 하지만 ⁷⁵학생들의 문학적 역량을 보여줌으로써 이것을 한 단계 더 진척시키고자 합니다.

⁷⁵저희가 다음 달에 일주일간 일련의 활동을 계획하고 있는 것은 이러한 이유 때문입니다. 이 활동에는 도서 박람회, 단편 소설 쓰기 대회, 시 낭독회, 문학 퀴즈가 포함될 예정입니다. ⁷⁶최종적인 행사로는, 저희가 초청한 문학 전문가인 앨리스 켐프 작가가 ⁷⁹진행하는 창의적 글쓰기 워크숍이 열릴 것입니다.

We are kindly asking that your company support our activities by providing financial donations, product giveaways, or materials for the contests. You may also choose to sponsor any of our events. In exchange, we will [80]acknowledge your company as one of our supporters during the event's opening remarks. [77]Additionally, you are welcome to set up your own booth at the fair and display your banners and posters inside the campus.

[78]Should you have any inquiries or need more details of our activities, please do not hesitate to call our committee director, Sandra Stevens, at (204) 555-8939. You may also e-mail us at literaryclub@harveyhs.edu.

We look forward to your support and participation in this important undertaking. Thank you very much.

Martin James
Literary Club Adviser
Harvey High School

저희는 귀사가 기부금, 증정품, 또는 이 대회에 필요한 자료를 제공하는 것으로 저희 활동을 후원해주실 것을 간곡히 부탁드립니다. 또한, 저희 행사 중 무엇이든 후원하기로 하셔도 됩니다. 답례로, 행사 개회사 중에 저희의 후원 업체들 중 하나로서 귀사를 [80]인정할 것입니다. [77]뿐만 아니라, 박람회에 귀사만의 부스를 설치하고 캠퍼스 내에 귀사의 현수막과 포스터를 게시하는 것도 환영합니다.

[78]저희 활동에 관해 문의 사항이 있으시거나 세부 사항이 좀 더 필요하시다면 저희 위원장 샌드라 스티븐스에게 (204) 555-8939로 주저 말고 전화하세요. literaryclub@harveyhs.edu로 저희에게 이메일을 보내셔도 됩니다.

이 중요한 프로젝트에 대한 귀사의 후원과 참여를 기대합니다. 대단히 감사합니다.

마틴 제임스
문학 클럽 지도 교사
하비 고등학교

| 어휘 | literature 문학 faculty (대학의) 학부, (대학·고교의) 전교 직원 adviser 고문, 조언자 intellectual 지적인, 지능의 platform 토론회(장) debating 토론 take ~ a step further ~을 한 단계 더 진척시키다 exhibit 보이다, 드러내다 fair 박람회 poetry 시 culminating 최후의, 절정에 달하는 conduct (특정한 활동을) 지휘하다 literary 문학의 expert 전문가 author 작가, 저자 financial 재정적인 donation 기부, 기증 giveaway 증정품 material (특정 활동에 필요한) 자료 sponsor 후원하다 in exchange 답례로, 그 대신 acknowledge (권위나 자격을) 인정하다 opening remarks 개회사 additionally 추가로, 덧붙여 display 내보이다, 진열[전시]하다 banner 현수막 inquiry 문의, 질문 detail 세부 사항 hesitate to do ~하는 것을 주저하다, 망설이다 committee 위원회 participation in ~에의 참여 undertaking (중요한·힘든) 프로젝트[일]

74 특정 세부사항 문제

🔑 **KEY** 문학 동아리를 소개하는 편지 초반부를 집중해서 읽는다.

According to Martin James, what does the school's Literary Club mainly do?	마틴 제임스에 따르면, 이 학교의 문학 클럽은 주로 무엇을 하는가?
(a) sponsor school club activities (b) publish creative writing materials (c) join interschool quizzes and debates **(d) provide a venue for literary discussions**	(a) 학교의 클럽 활동을 후원한다. (b) 창의적 글쓰기 자료를 출판한다. (c) 학교 간의 퀴즈와 토론에 참여한다. **(d) 문학 토론을 위한 장소를 제공한다.**

why 정답? 첫 번째 단락에서 문학 클럽은 학생들이 창의적 글쓰기와 토론을 통해 서로 생각을 나눌 수 있는 지적인 장을 제공하고 있다고 했으므로 (d)가 정답이다.

» offers an intellectual platform for students to exchange ideas through creative writing and debating → provide a venue for literary discussions

| 어휘 | publish 출판하다 interschool 학교 간의 debate 토론, 논의 venue (행사의) 장소

75 특정 세부사항 문제

🔑 **KEY** 질문의 키워드 a series of activities가 언급된 곳 주변을 읽는다.

Why is the club planning to hold a series of activities?	이 클럽은 왜 일련의 활동을 개최할 계획인가?
(a) to showcase their members' talents (b) to generate funds for the club (c) to increase the number of their activities (d) to attract more members to the club	**(a) 회원들의 재능을 보여주기 위해** (b) 클럽을 위한 자금을 만들기 위해 (c) 활동의 수를 늘리기 위해 (d) 클럽 회원을 더 많이 끌어모으기 위해

why 정답? 첫 번째 단락에서 학생들의 문학적 역량을 보여주려고 한다는 말에 이어 두 번째 단락에서 다음 달에 있을 일련의 활동이 이러한 이유 때문이라고 했으므로 (a)가 정답이다.

» exhibiting their literary skills → showcase their members' talents

why 오답? (b) 세 번째 단락에서 기부금과 증정품 같은 후원을 부탁한다는 내용이 있기는 하지만, 이것이 이 동아리의 다음 달 활동의 목적은 아니므로 오답이다.

| 어휘 | showcase 소개하다, 돋보이게 하다 generate 만들어내다, 발생시키다 attract 끌어모으다, 끌어들이다

76 특정 세부사항 문제

🔑 **KEY** 행사의 세부 내용이 언급된 곳을 읽는다.

Based on the letter, what is the final activity in the week-long event?	편지에 따르면, 일주일간의 행사에서 마지막 활동은 무엇인가?
(a) a literary training course (b) a benefit show for aspiring artists (c) a public poetry reading (d) an essay writing competition	**(a) 문학 교육 과정** (b) 예술가 지망생들을 위한 자선 공연 (c) 공개 시 낭독 (d) 에세이 쓰기 경연

why 정답? 두 번째 단락에서 최종적인 행사로 문학 전문가를 초청하여 창의적 글쓰기 워크숍을 열 것이라고 했으므로 (a)가 정답이다.

» culminating event → final activity

» a creative writing workshop → a literary training course

why 오답? (c) 시 낭독, (d) 글쓰기 경연 모두 행사에 포함될 활동이지만 '최종적인' 활동은 창의적 글쓰기 워크숍이므로 오답이다.

| 어휘 | benefit show 자선 공연 aspiring 장차 ~가 되려는 competition (경연) 대회, 시합

77 특정 세부사항 문제

🔑 **KEY** 질문의 키워드 benefit와 관련된 내용이 언급된 곳을 읽는다.

How can Julia Warner benefit from supporting the event?	줄리아 워너는 행사 후원을 통해 어떻게 이익을 얻을 수 있는가?
(a) by being able to make an opening remark (b) by receiving free products from other sponsors **(c) by being able to promote her business** (d) by getting discounts on her purchases at the fair	(a) 개회사를 할 수 있게 됨으로써 (b) 다른 후원자들로부터 무료 상품을 받음으로써 **(c) 자신의 업체를 홍보할 수 있게 됨으로써** (d) 박람회에서 구매 시 할인을 받음으로써

why 정답? 세 번째 단락에서 후원에 대한 답례로, 박람회에 업체 부스를 설치하거나 캠퍼스에 업체 현수막과 포스터를 게시하는 등의 홍보가 가능하다고 했으므로 (c)가 정답이다.

» set up your own booth at the fair and display your banners and posters → promote her business

⊗ **why 오답?** (a) 개회사 중에 후원 업체로 인정할 것이라고 했을 뿐 후원 업체 측에서 개회사를 한다는 내용은 없으므로 오답이다.

| 어휘 | benefit from ~로부터 이익을 얻다　promote 홍보하다　purchase 구매(품)

78 특정 세부사항 문제

KEY 추가 정보를 얻는 방법이 주로 제시되는 마지막 부분을 읽는다.

Based on the letter, what will Warner do if she wants to know more about the Literary Club?	편지에 따르면, 워너가 이 문학 클럽에 관해 더 많이 알고 싶다면 무엇을 할 것인가?
(a) attend the week-long literature series (b) donate various materials to the club (c) email the principal of the high school **(d) get in touch with a committee head**	(a) 일주일간의 문학 시리즈에 참석한다. (b) 클럽에 다양한 자료를 기증한다. (c) 그 고등학교의 교장에게 이메일을 보낸다. **(d) 위원장에게 연락한다.**

why 정답? 네 번째 단락에서 문의 사항이 있거나 세부 사항을 원하면 위원장 샌드라 스티븐스에게 전화하거나 이메일을 보내라고 했으므로 (d)가 정답이다.

» call our committee director → get in touch with a committee head

| 어휘 | donate 기증[기부]하다　principal 교장, 학장, 총장　get in touch with ~와 연락하다

79 동의어 문제

KEY conducted가 포함된 부분을 읽고 문맥을 파악한다.

In the context of the passage, conducted means _____.	지문의 문맥에서, conducted는 –을 의미한다.
(a) seen (b) joined **(c) led** (d) created	(a) 보다 (b) 합류하다 **(c) 이끌다** (d) 만들어내다

why 정답? conducted가 포함된 부분은 '문학 전문가인 앨리스 켐프 작가가 진행하는 워크숍이 열릴 것이다'라는 의미이므로 conducted가 어떤 활동을 '지휘하다'라는 의미로 사용되었음을 알 수 있다. 따라서 이와 유사한 '이끌다'라는 뜻의 (c) led가 정답이다.

80 동의어 문제

KEY acknowledge가 포함된 부분을 읽고 문맥을 파악한다.

In the context of the passage, acknowledge means _____.	지문의 문맥에서, acknowledge는 –을 의미한다.
(a) answer **(b) recognize** (c) disregard (d) concede	(a) 대답하다 **(b) 인정하다** (c) 무시하다 (d) 수긍하다

why 정답? acknowledge가 포함된 부분은 '답례로 후원 업체 중 하나로서 귀사를 인정하겠다'라는 의미이므로 acknowledge가 '인정하다'라는 의미로 사용되었음을 알 수 있다. 따라서 같은 의미의 (b) recognize가 정답이다.

⊗ **why 오답?** (d) concede는 '무엇이 옳거나 논리적임을 마지못해 인정[수긍]하다'라는 의미이므로 오답이다.

TEST 2 정답 모아보기

GRAMMAR SECTION

1 (a) 2 (c) 3 (a) 4 (d) 5 (b) 6 (c) 7 (d) 8 (a) 9 (d) 10 (b) 11 (a) 12 (b) 13 (d) 14 (d)
15 (a) 16 (b) 17 (b) 18 (c) 19 (a) 20 (d) 21 (a) 22 (c) 23 (b) 24 (c) 25 (b) 26 (b)

LISTENING SECTION

27 (b) 28 (d) 29 (d) 30 (a) 31 (c) 32 (c) 33 (a) 34 (b) 35 (a) 36 (d) 37 (a) 38 (b) 39 (c) 40 (c)
41 (d) 42 (a) 43 (b) 44 (d) 45 (a) 46 (d) 47 (c) 48 (b) 49 (a) 50 (a) 51 (b) 52 (d)

READING & VOCABULARY SECTION

53 (d) 54 (c) 55 (a) 56 (b) 57 (b) 58 (a) 59 (d) 60 (b) 61 (a) 62 (b) 63 (c) 64 (a) 65 (d) 66 (d)
67 (a) 68 (c) 69 (b) 70 (c) 71 (b) 72 (d) 73 (a) 74 (a) 75 (d) 76 (b) 77 (b) 78 (c) 79 (a) 80 (c)

G-TELP 최신 기출문제

TEST 2

- GRAMMAR SECTION
- LISTENING SECTION
- READING & VOCABULARY SECTION

TEST 2 나의 점수는?

점수 계산법 p.011
문제(책속책) p.026

GRAMMAR _____ / 26
LISTENING _____ / 26
READING & VOCABULARY _____ / 28

총점 _____ 점 (_____ / 80)

※ 틀린 문제/헷갈렸던 문제는 반드시 **복습**하고 다음 TEST로 넘어가세요.

GRAMMAR SECTION

01 연결어 — 전치사

KEY 보기를 통해 전치사 문제임을 알 수 있으므로 빈칸 앞뒤 문맥을 파악한다.

Andrew Smith has directed and produced many successful Broadway plays throughout his career. However, _____ reaching his 30th anniversary in the business, Smith has yet to receive an important award for his achievements.

(a) despite
(b) rather than
(c) instead of
(d) when

앤드류 스미스는 그의 경력 내내 성공적인 브로드웨이 연극을 많이 감독하고 제작했다. 그러나 이 업계에서 30주년을 맞이했음에도 불구하고 스미스는 아직 그의 업적에 대해 중요한 상을 받지 못했다.

why 정답? 빈칸 뒤 동명사로 보아 전치사 자리다. 빈칸 문장의 콤마 앞뒤 내용이 '30주년을 맞이한' 것과 '아직 업적에 대해 상을 받지 못한' 것으로 역접 관계를 이루므로 '~에도 불구하고'라는 의미의 양보 전치사 (a) despite가 정답이다.

why 오답? (b) rather than은 '~보다는 오히려', (c) instead of는 '~대신에'라는 의미의 전치사구로, 모두 문맥에 적합하지 않으므로 오답이다.

핵심 개념 콕콕 | 전치사와 접속사의 비교

전치사: 뒤에 명사(구), 동명사가 온다.
접속사: 뒤에 주어와 동사를 갖춘 절이 온다.

※ 같은 의미의 전치사와 접속사

의미	전치사	접속사
양보: ~에도 불구하고	despite, in spite of	although, though, even though
이유: ~때문에	because of, due to	because, since, as
시간: ~동안에	during, for	while, when, as

| 어휘 | direct 감독하다 produce 제작하다 career 직업, 경력 anniversary 기념일 have yet to do 아직 ~하지 않았다 achievement 업적, 성취한 것

02 시제 — 현재완료진행

KEY 보기를 통해 시제 문제임을 알 수 있으므로 시간 표현 관련 단서를 파악한다.

My family has never stayed in one place for long. We are always moving to new places or migrating to different countries. In fact, we _____ from one city to the next since I was five.

(a) move
(b) had moved
(c) have been moving
(d) are moving

우리 가족은 한곳에서 오래 지냈던 적이 없다. 우리는 항상 새로운 장소로 이사하거나 다른 나라로 이주한다. 사실, 내가 다섯 살이었을 때부터 우리는 한 도시에서 다음 도시로 이사 다녔다.

why 정답? 접속사 since(~이후로)로 두 개의 절이 연결된 구조다. since 뒤에 오는 절이 과거 시제일 경우 주절에는 현재완료 시제가 와서 '~한 이후로 줄곧 …해왔다'라는 의미가 되므로 현재완료진행 시제인 (c) have been moving이 정답이다.

핵심 개념 콕콕 현재완료진행

형태: has/have been + -ing
함께 쓰이는 시간 표현: since + 과거 동사 / for + 기간 / for[over] the past + 기간 표현 / in[during] the last + 기간 표현
→ 과거부터 현재까지 계속되는 동작의 진행을 강조한다.

| 어휘 | migrate 이주[이동]하다

03 준동사 — to부정사의 부사적 용법

KEY 보기를 통해 준동사 문제임을 알 수 있으므로 빈칸 앞뒤를 먼저 확인한다.

Mrs. Howard is proud that her son Kenneth is now managing the family restaurant. He had been working as an assistant chef at a small hotel downtown before he resigned _____ the family business.

(a) to join
(b) to be joining
(c) having joined
(d) joining

하워드 부인은 자기 아들 케네스가 이제 가족 식당을 운영하는 것을 자랑스럽게 여긴다. 그는 가족 사업에 합류하고자 사직하기 전에 시내의 조그만 호텔에서 보조 요리사로 일하고 있었다.

why 정답? 빈칸 앞에 주어(he)와 동사(resigned)를 갖춘 완전한 문장이 왔으므로 빈칸 뒤는 수식어구에 해당한다. 문맥상 목적을 나타내는 to부정사가 와서 '가족 사업에 합류하기 위해서'라는 의미가 되는 것이 적합하므로 (a) to join이 정답이다.

why 오답? (b) to be joining은 join하는 동작이 진행 중임을 나타내므로 문맥상 적합하지 않아 오답이다.

핵심 개념 콕콕 to부정사의 부사적 용법

① 목적: ~하기 위해서 ex) We left early **to catch** the train. 우리는 기차를 타기 위해 일찍 출발했다.
② 감정의 원인: ~해서, ~하게 되어 ex) I was surprised **to hear** the news. 나는 그 소식을 듣고 놀랐다.
③ 판단의 근거: ~하다니 ex) He must be kind **to help** the old lady. 그가 그 노부인을 돕다니 분명 친절할 것이다.
④ 형용사 수식: ~하기에 ex) That problem seems very easy **to solve**. 그 문제는 해결하기가 매우 쉬워 보인다.
⑤ 결과: ~하게 되도록, ~해서 …하다 ex) She lived **to be** one hundred. 그녀는 백 살까지 살았다.

| 어휘 | assistant 보조의 resign 사직[사임]하다

04 가정법 — 가정법 과거완료

KEY 빈칸 문장의 if절을 통해 가정법 문제임을 알 수 있으므로 가정법 시제 관련 단서를 파악한다.

Jamal didn't tell his mother about his plans to go to the mall this afternoon. If he had told her about his plans this morning, she _____ a dental appointment for him.

(a) did not schedule
(b) was not scheduling
(c) have not scheduled
(d) would not have scheduled

자말은 어머니에게 오늘 오후에 쇼핑몰에 가려는 계획에 관해서 말하지 않았다. 그가 오늘 아침 자신의 계획에 관해 어머니에게 말했다면, 그녀는 그를 위해 치과 예약을 잡지 않았을 것이다.

why 정답? If절이 'if + 주어 + had + p.p.' 형태인 가정법 과거완료 구문이다. 따라서 빈칸이 포함된 주절은 '주어 + 조동사의 과거 + have + p.p.' 형태가 되어야 하므로 (d) would not have scheduled가 정답이다.

> **핵심 개념 콕콕** 가정법 과거완료
>
> 형태: If + 주어 + had + p.p., 주어 + 조동사의 과거 + have + p.p.
>   Had + 주어 + p.p., 주어 + 조동사의 과거 + have + p.p. (If 생략)
> → 과거에 있었던 사실을 반대로 가정하여 말한다.

| 어휘 | dental 치과의 appointment 예약, 약속 schedule 일정[시간 계획]을 잡다

05 조동사 — 조동사 should 생략

KEY 보기가 동사 형태이고 빈칸 앞에 that이 있으므로 that절 앞에 쓰인 동사나 형용사를 확인한다.

Karen is very excited about her upcoming interview for admission at Caltech. But her high school's guidance counselor has advised that Karen _____ calm during the interview to present herself as a more serious candidate.

(a) will remain
(b) remain
(c) is remaining
(d) remains

캐런은 곧 있을 칼테크 입학을 위한 면접을 앞두고 몹시 들떠 있다. 하지만 그녀의 고등학교 지도 교사는 캐런에게 좀 더 진지한 지원자로 보이도록 면접 동안 침착함을 유지하라고 조언했다.

why 정답? advise는 제안을 나타내는 동사이므로 뒤에 오는 that절의 동사는 should가 생략된 동사원형 형태를 취한다. 따라서 (b) remain이 정답이다.

why 오답? (a) will remain, (c) is remaining, (d) remains 모두 단수 주어 뒤에 올 수 있는 동사 형태이므로 빈칸 앞 주절의 동사 advised를 파악하지 못한다면 (b)를 가장 먼저 정답에서 제외하는 실수를 할 수 있으므로 주의해야 한다.

> **핵심 개념 콕콕** 주장/요구/제안/명령의 동사 + that절
>
> 주어 + [ask/order/demand/insist/request/propose/suggest/recommend/advise] + that + 주어 + (should) + 동사원형

| 어휘 | excited 들뜬, 신이 난 upcoming 곧 있을, 다가오는 admission 입학 guidance counselor 지도 교사 advise 조언하다, 충고하다 calm 침착한 present 나타내다, 드러내다 serious 진지한 candidate 지원자, 응시자, 후보자

06 가정법 — 가정법 과거

KEY 빈칸 문장의 if절을 통해 가정법 문제임을 알 수 있으므로 가정법 시제 관련 단서를 파악한다.

Gravity does more than just pull things to the ground; it also allows the formation of life-giving substances. If Earth were to lose gravity, oxygen _____ into space, leaving H_2O without "O" to make water.

(a) will escape
(b) had escaped
(c) would escape
(d) would have escaped

중력은 단순히 사물을 지면으로 끌어당기는 것 이상을 한다. 이것은 또한 생명을 주는 물질의 형성을 가능하게 한다. 만약 지구가 중력을 잃는다면, 산소가 우주로 빠져나가서 H_2O는 물을 만들 "O"가 없는 상태가 될 것이다.

why 정답? If절의 동사가 과거(were)이므로 주절의 동사는 '조동사의 과거 + 동사원형' 형태가 되어 가정법 과거 구문을 이루어야 한다. 따라서 (c) would escape가 정답이다.

why 오답? (d) would have escaped는 가정법 과거완료 구문의 형태이므로 오답이다.

핵심 개념 콕콕 가정법 과거

형태: If + 주어 + 과거 동사, 주어 + 조동사의 과거 + 동사원형
→ 현재의 사실을 반대로 가정하여 말한다.

| 어휘 | gravity 중력 formation 형성 (과정) life-giving 생명을 주는, 살아 있게 하는 substance 물질, 실체 oxygen 산소 escape 빠져나가다

07 준동사 — 동명사를 목적어로 취하는 동사

KEY 보기를 통해 준동사 문제임을 알 수 있으므로 빈칸 앞뒤를 먼저 확인한다.

It's been a couple of weeks now since Lisa lost her expensive watch. Nonetheless, she has avoided _____ her boyfriend about the loss because the watch was his first birthday gift to her.

(a) to tell
(b) will tell
(c) having told
(d) telling

리사가 자신의 값비싼 시계를 잃어버린 지 이제 몇 주가 지났다. 그런데도 그녀는 잃어버린 사실에 관하여 남자친구에게 말하기를 피했는데, 왜냐하면 그 시계는 그가 그녀에게 준 첫 번째 생일 선물이었기 때문이다.

why 정답? 빈칸 앞 동사 avoid는 동명사를 목적어로 취하므로 동명사 (d) telling이 정답이다.

why 오답? (c) having told도 동명사이기는 하지만, 완료 동명사로 쓰일 경우 '회피하는' 시점보다 '말하는' 시점이 앞선다는 것을 나타내므로 문맥에 적합하지 않아 오답이다.

핵심 개념 콕콕 동명사를 목적어로 취하는 동사

recommend -ing ~하는 것을 추천하다, 권장하다	mind -ing ~하는 것을 꺼리다
admit -ing ~하는 것을 인정하다	suggest -ing ~하는 것을 제안하다
avoid -ing ~하는 것을 피하다	involve -ing ~하는 것을 포함하다
tolerate -ing ~하는 것을 용인하다, 참다	imagine -ing ~하는 것을 상상하다
keep -ing 계속 ~하다	deny -ing ~하지 않았다고 말하다
consider -ing ~하는 것을 생각하다, 고려하다	enjoy -ing ~하는 것을 즐기다

| 어휘 | expensive 값비싼 nonetheless 그렇기는 하지만, 그럼에도 avoid (회)피하다 loss 분실, 상실

08 시제 — 과거완료진행

KEY 보기를 통해 시제 문제임을 알 수 있으므로 시간 표현 관련 단서를 파악한다.

Dr. Warner is widely respected not only for his contributions to the medical field, but also for his involvement in community service. He _____ in medical missions for over 20 years before he retired three years ago.

(a) had been volunteering
(b) would volunteer
(c) has volunteered
(d) is volunteering

워너 박사는 의료 분야에 기여한 것뿐만 아니라 사회봉사에 참여한 것으로 널리 존경받는다. 그는 3년 전 은퇴하기 전까지 20년 넘게 의료 선교로 자원봉사를 해왔다.

why 정답? 은퇴 시점인 3년 전(과거)을 기준으로 그 이전(대과거)부터 20년 넘게 의료 선교 자원봉사를 해왔다는 의미이므로 과거완료진행 시제가 적합하다. 따라서 (a) had been volunteering이 정답이다.

why 오답? (c) has volunteered는 현재완료 시제로, 과거의 어느 시점부터 현재까지 계속되는 동작이나 상태를 나타내므로 오답이다.

GRAMMAR SECTION *069*

> **핵심 개념 콕콕** 과거완료진행
>
> 형태: had been + -ing
> 함께 쓰이는 시간 표현: 'for + 기간 표현'과 'before[until/by the time] + 과거 동사/시점'이 함께 온다.
> → 과거의 특정 시점을 기준으로 그 이전에 시작된 행위가 기준 시점까지 계속 진행 중임을 나타낸다.

| 어휘 | respect 존경[존중]하다 contribution 기여, 공헌 medical 의학의 field 분야 involvement 관여, 개입 community service 사회봉사 mission 선교 (단체) volunteer 자원봉사하다

09 준동사 — to부정사를 목적어로 취하는 동사

🔑 **KEY** 보기를 통해 준동사 문제임을 알 수 있으므로 빈칸 앞뒤를 먼저 확인한다.

The judges are having a difficult time choosing the best painting of this year's art competition. Many of the entries are equally impressive. Nevertheless, they promised _____ the winner at 3 p.m.

(a) announcing
(b) will announce
(c) to have announced
(d) to announce

심사 위원들은 올해의 미술 공모전에서 가장 우수한 그림을 선정하느라 애를 먹고 있다. 출품작 중 다수가 똑같이 인상적이다. 그럼에도 불구하고, 그들은 오후 3시에 수상자를 발표하겠다고 약속했다.

why 정답? 빈칸 앞 동사 promise는 to부정사를 목적어로 취하므로 (d) to announce가 정답이다.

why 오답? (c) to have announced도 to부정사이기는 하지만, 완료 부정사로 쓰일 경우 '약속한' 시점보다 '발표하는' 시점이 더 앞선다는 의미가 되어 문맥에 적합하지 않으므로 오답이다.

> **핵심 개념 콕콕** to부정사를 목적어로 취하는 동사
>
> want to do ~하기를 원하다   decide to do ~하기로 결정하다
> hope to do ~하기를 바라다   expect to do ~하기를 기대하다
> promise to do ~하기로 약속하다   need to do ~할 필요가 있다
> fail to do ~하는 데 실패하다   choose to do ~하는 것을 선택하다

| 어휘 | judge 심사 위원, 심판 have a difficult time -ing ~하는 데 애를 먹다 competition 경쟁, 대회 entry 출품작, 응모작 equally 똑같이, 동일[동등]하게 impressive 인상적인, 감명 깊은 nevertheless 그럼에도 불구하고 promise to do ~하기로 약속하다 announce 발표하다

10 시제 — 과거진행

🔑 **KEY** 보기를 통해 시제 문제임을 알 수 있으므로 시간 표현 관련 단서를 파악한다.

Jenny did not realize that someone had entered the house until she saw an unfamiliar bag sitting by the front door. She _____ the bag when her cousin Meg sneaked up from behind to surprise her.

(a) is checking out
(b) was checking out
(c) checked out
(d) would check out

제니는 현관문 옆에 놓여 있는 낯선 가방을 보기 전까지는 누군가가 집으로 들어온 것을 알아차리지 못했다. 그녀는 사촌 메그가 그녀를 놀라게 하려고 뒤쪽에서 살금살금 다가갔을 때 그 가방을 확인하고 있었다.

why 정답? 메그가 다가가는 동작과 제니가 가방을 살펴보는 동작이 동시에 일어난 상황이므로 과거 시점에서 동작의 진행을 강조하는 과거진행 시제가 적합하다. 따라서 (b) was checking out이 정답이다.

why 오답? (c) checked out이 오면 메그가 다가가고 난 뒤 제니가 가방을 확인하는 동작을 했다는 의미가 되어 어색하다. 과거에

동시에 일어난 일을 묘사할 때는 먼저 일어나 진행 중이던 일은 과거진행 시제로, 도중에 일어난 일은 과거 시제로 나타낸다.

> **핵심 개념 콕콕** 과거진행
>
> 형태: was/were + -ing
>
> 함께 쓰이는 시간 표현: at the moment / at that time / when[while] + 과거 동사
>
> → 과거 어느 때에 동작이 진행 중이었음을 나타낸다.

| 어휘 | unfamiliar 낯선, 익숙하지 않은 sneak up 살금살금 다가가다 surprise 놀라게 하다 check out ~을 확인[조사]하다

11 연결어 — 접속사

> **KEY** 보기를 통해 연결어 문제임을 알 수 있으므로 빈칸 앞뒤 문맥을 파악한다.

Martha is leaving on a trip to her hometown this Friday. _____ she is only taking a short vacation, she is bringing a large suitcase. Perhaps she plans to use the extra space to bring back gifts.

(a) **Even though**
(b) Because
(c) As long as
(d) Unless

마사는 이번 주 금요일 자신의 고향으로 여행을 간다. 짧은 휴가를 가는 것뿐인데도 그녀는 커다란 여행 가방을 가지고 간다. 아마도 남는 공간을 이용해 선물을 가지고 돌아올 계획인 것 같다.

why 정답? 빈칸 문장의 콤마 앞뒤 내용이 '짧은 휴가를 간다'와 '큰 가방을 가지고 간다'로 서로 대조되는 내용이므로 '~에도 불구하고'라는 의미의 양보 접속사 (a) Even though가 정답이다.

why 오답? (b) Because는 이유 접속사, (c) As long as와 (d) Unless는 조건 접속사이므로 모두 문맥에 적합하지 않아 오답이다.

> **핵심 개념 콕콕** 부사절 접속사의 종류와 의미
>
> | 양보 | though, even though, although(비록 ~일지라도) |
> |---|---|
> | 이유 | because, since, as(~때문에), now that(~이니까) |
> | 조건 | if(만약 ~라면), unless(만약 ~가 아니라면), as long as(~하는 한) |
> | 목적 | so that, in order that(~하기 위해) |
> | 대조 | while(~하는 반면에) |

| 어휘 | leave on a trip 여행을 가다[출발하다] take a vacation 휴가를 내다 suitcase 여행 가방 plan to do ~할 계획이다 extra 여분의, 추가의

12 조동사 — 조동사 should 생략

> **KEY** 보기가 동사 형태이고 빈칸 앞에 that이 있으므로 that절 앞에 쓰인 동사나 형용사를 확인한다.

Frank wants to play collegiate basketball, but at 5'5", his height puts him at a disadvantage. His brother recommends that he _____ for soccer instead, as some of the greatest players ever have been Frank's size.

(a) tries out
(b) **try out**
(c) will try out
(d) is trying out

프랭크는 대학 농구를 하고 싶어 하지만, 키가 5피트 5인치인 그에게 불리하게 작용한다. 그의 형은 대신 축구를 해 볼 것을 권하는데, 지금까지 아주 뛰어난 선수들 중 일부는 프랭크 정도의 키였기 때문이다.

why 정답? 주절의 동사 recommend는 제안을 나타내는 동사이므로 목적어로 오는 that절의 동사는 should가 생략된 동사원형 형태를 취해야 한다. 따라서 (b) try out이 정답이다.

| 어휘 | collegiate 대학(생)의   put + 사람 + at a disadvantage ~를 불리하게 하다   recommend 권고하다, 추천하다   try out 시도해 보다

13 가정법 — 가정법 과거완료

🔑 **KEY** 빈칸 문장의 if를 통해 가정법 문제임을 알 수 있으므로 가정법 시제 관련 단서를 파악한다.

I had no idea the start time of *The Premonition* had been moved from 8 p.m. to 7 p.m., so I missed the show. If I _____ about the rescheduling, I would have left the office earlier.

(a) would know
(b) was knowing
(c) knew
(d) had known

나는 <예감>의 시작 시각이 저녁 8시에서 7시로 옮겨진 것을 전혀 몰랐기에 그 공연을 놓쳤다. 만약 시간이 변경된 것을 알았다면 사무실에서 더 일찍 나왔을 것이다.

💡 **why 정답?** 주절의 동사가 '조동사의 과거 + have + p.p.' 형태이므로 If절의 동사는 'had + p.p.' 형태가 되어 가정법 과거완료 구문을 완성해야 한다. 따라서 (d) had known이 정답이다.

| 어휘 | premonition (특히 불길한) 예감   rescheduling 일정 변경

14 시제 — 현재진행

🔑 **KEY** 보기를 통해 시제 문제임을 알 수 있으므로 시간 표현 관련 단서를 파악한다.

Martin is unable to make it to the bank before it closes. Luckily, his wife works near the bank. He _____ to her over the phone about a check she needs to deliver to the bank manager.

(a) has now talked
(b) now talks
(c) would now talk
(d) is now talking

마틴은 은행이 문을 닫기 전에 도착할 수 없다. 다행히 그의 아내가 은행 근처에서 근무한다. 그는 그녀가 은행 지점장에게 전해줘야 하는 수표에 관해 지금 전화로 얘기하고 있다.

💡 **why 정답?** 보기에 현재를 나타내는 시간 표현 now가 쓰였고, 문맥상 이야기를 서술하는 시점에 이뤄지는 일임을 강조하여 '지금 얘기하는 중'이라는 의미가 되어야 하므로 현재진행 시제인 (d) is now talking이 정답이다.

❌ **why 오답?** (b) now talks도 현재를 나타내지만, 단순 현재 시제는 반복되는 일이나 습관, 변하지 않는 진리를 표현할 때 쓰이므로 오답이다.

핵심 개념 콕콕 현재진행

형태: am/are/is + -ing
함께 쓰이는 시간 표현: now / right now / currently / at this very moment
→ 현재 시점에서 진행되고 있는 동작을 나타낸다.

| 어휘 | make it to ~에 도착하다, 이르다   luckily 다행히도, 운 좋게   deliver 전하다, 넘겨주다   bank manager 은행 지점장

15 관계사 — 주격 관계대명사 that

> **KEY** 보기를 통해 관계사 문제임을 알 수 있으므로 빈칸 앞 선행사를 먼저 확인한다.

Daniel found the online information on the Clovis people inadequate. Upon his history teacher's advice, he went to the library and borrowed a comprehensive book on the prehistoric civilization _____.

(a) that once dominated North America
(b) how they once dominated North America
(c) what once dominated North America
(d) which they once dominated North America

다니엘은 클로비스족에 대한 온라인 정보가 불충분하다고 생각했다. 역사 선생님의 조언에 따라 그는 도서관에 가서 한때 북아메리카를 지배했던 선사 시대 문명에 관한 종합서를 대출했다.

why 정답? 사물 선행사 the prehistoric civilization을 수식하면서 관계사절 내에서 동사 dominated의 주어 역할을 하는 관계대명사가 필요하므로 (a) that once dominated North America가 정답이다.

why 오답? (c)의 what은 선행사를 포함하는 관계대명사이다. 즉, 선행사가 있으면 안 되므로 오답이다.
(d)의 which도 사물 선행사를 수식하지만, 주격 관계대명사일 때는 뒤에 주어 they가 올 수 없으므로 오답이다.

핵심 개념 콕콕 관계대명사의 종류와 격

선행사	주격	소유격	목적격
사람	who	whose	who(m)
사물	which	whose(of which)	which
사람/사물	that	-	that
사물(선행사 포함)	what	-	what

| 어휘 | people 민족, 종족   inadequate 불충분한, 부적당한   upon one's advice ~의 조언에 따라   comprehensive 종합적인, 포괄적인   prehistoric 선사 시대의   civilization 문명   dominate 지배[군림]하다

16 시제 — 미래완료진행

> **KEY** 보기를 통해 시제 문제임을 알 수 있으므로 시간 표현 관련 단서를 파악한다.

James started collecting stamps when he was eight years old. His collection has grown so large that he needs to keep it in a separate room. By the end of this month, James _____ stamps for 10 years.

(a) has collected
(b) will have been collecting
(c) will collect
(d) would have collected

제임스는 8살 때 우표를 모으기 시작했다. 그의 수집품이 엄청나게 많아져서 그것을 별도의 방에 보관해야 한다. 이번 달 말이면 제임스는 10년 동안 우표를 모아온 것이 된다.

why 정답? 미래의 특정 시점까지(By the end of this month) 일정 기간(for 10 years) 지속되는 일에 관해 서술하고 있으므로 미래완료진행 시제인 (b) will have been collecting이 정답이다.

핵심 개념 콕콕 미래완료진행

형태: will have been + -ing
함께 쓰이는 시간 표현: 'by[by the time] + 미래 시점'과 'for + 기간 표현'이 함께 온다.
→ 미래의 특정 시점까지 어떤 행위가 계속되는 경우로, 특히 동작의 진행을 강조한다.

| 어휘 | collect 모으다, 수집하다   collection 수집품, 소장품   separate 별개의, 분리된

17 조동사 — 조동사 should 생략

KEY 보기가 동사 형태이고 빈칸 앞에 that이 있으므로 that절 앞에 쓰인 동사나 형용사를 확인한다.

My sister is at the doctor's office for a routine checkup. The doctor has finished examining her, and after a few inconclusive procedures, he suggests that she _____ tomorrow so he can run more tests.

(a) is coming back
(b) come back
(c) comes back
(d) will come back

내 여동생은 정기 검진을 받기 위해 병원에 갔다. 의사는 검진을 마치고, 결정적이 아닌 몇 가지 처치를 한 후 검사를 더 하기 위해 내일 다시 오라고 제안한다.

why 정답? 주절에 제안을 나타내는 동사 suggest가 왔으므로 목적어 역할을 하는 that절의 동사는 조동사 should가 생략된 동사원형 형태를 취해야 한다. 따라서 (b) come back이 정답이다.

| 어휘 | routine 정기적인, 일상의 checkup 검진 examine 검사하다 inconclusive 결정적이 아닌 procedure (의학적인) 처치 run a test 검사[조사]하다

18 조동사 — 조동사 might

KEY 보기를 통해 조동사 문제임을 알 수 있으므로 전체 문맥을 파악한다.

Our cat Frisky is finally home. She had been missing for a whole week before she showed up this morning. We are still wondering, though, where she _____ have been during her absence.

(a) can
(b) should
(c) might
(d) will

우리 고양이 프리스키가 마침내 집으로 돌아왔다. 프리스키는 오늘 아침 나타나기 전까지 일주일 내내 행방불명이었다. 그래도 우리는 여전히 프리스키가 없어진 동안 어디에 있었을지 궁금해하고 있다.

why 정답? 문맥상 '고양이가 없어졌던 그 일주일 동안 어디에 있었을지 궁금해하다'라는 의미가 적합하므로 'might have + p.p.'의 형태로 과거 사실에 대한 불확실한 추측을 나타내는 조동사 (c) might가 정답이다.

why 오답? (b) should가 'should have + p.p.' 형태로 쓰이면 '~했어야 했는데 하지 못했다'라는 의미로 과거 사실에 대한 후회를 나타내므로 문맥에 적합하지 않아 오답이다.

핵심 개념 콕콕 추측을 나타내는 '조동사 + have + p.p.'

may/might have p.p. ~했는지도 모른다	may/might not have p.p. ~하지 않았는지도 모른다
could have p.p. ~했을 수도 있다	can/could not have p.p. ~했을 리가 없다
must have p.p. ~했던 게 틀림없다	must not have p.p. ~하지 않았음에 틀림없다

| 어휘 | missing 행방불명인, 없어진 show up 나타나다 wonder 궁금해하다 absence 부재

19 관계사 — 주격 관계대명사 which

🔑 **KEY** 보기를 통해 관계사 문제임을 알 수 있으므로 빈칸 앞 선행사를 먼저 확인한다.

Thomas White often gives talks on how to succeed in business. He shares many useful tips on starting and running an enterprise. However, his rags-to-riches story, _____, is what fascinates his audiences the most.

(a) which is usually a part of his lectures
(b) who is usually a part of his lectures
(c) that is usually a part of his lectures
(d) what is usually a part of his lectures

토마스 화이트는 종종 사업에서 성공하는 방법에 관해 강연한다. 그는 창업과 기업 경영에 관한 많은 유용한 팁들을 공유한다. 그러나 무일푼에서 부자가 된 그의 이야기가 대개 강연의 한 부분인데, 그것이 청중을 가장 매료시키는 것이다.

why 정답? 사물 선행사 his rags-to-riches story 뒤에 콤마가 있으므로 사물 선행사를 뒤에서 수식하면서 계속적 용법이 가능한 which 관계사절 (a) which is usually a part of his lectures가 정답이다.

why 오답? (b)의 who는 선행사가 사람인 경우에 쓰이므로 오답이다.
(c)의 that도 사물 선행사를 수식하지만, 콤마 뒤에서 계속적 용법으로 사용되지 않으므로 오답이다.

핵심 개념 콕콕 | 관계대명사의 계속적 용법

관계대명사의 계속적 용법(관계대명사 앞에 콤마가 있는 경우)은 선행사에 대한 보충 설명으로, that은 계속적 용법으로 쓸 수 없다.

She had two sons, who became teachers. = She had two sons, and they became teachers.
그녀는 교사가 된 두 아들이 있었다.　　　　　 그녀는 두 아들이 있었는데, 그들은 교사가 되었다.
She had two sons, that became teachers. (X)

| 어휘 | give a talk on ~에 관한 강연[이야기]을 하다　succeed in ~에서 성공하다　share 공유하다　enterprise 기업, 회사　rags-to-riches 가난뱅이에서 부자가 된　fascinate 마음을 사로잡다, 매혹하다　audience 청중, 관중

---

20 준동사 — 동명사를 목적어로 취하는 동사

🔑 **KEY** 보기를 통해 준동사 문제임을 알 수 있으므로 빈칸 앞뒤를 먼저 확인한다.

My grandparents have been together since they were classmates in college. They "tied the knot" soon after graduation. Since then, they have been enjoying _____ each other's company for the better part of 60 years.

(a) will share
(b) to share
(c) having shared
(d) sharing

우리 조부모님은 대학 동급생이었을 때부터 함께하셨다. 두 분은 졸업하자마자 결혼하셨다. 그때부터 60년이라는 시간의 대부분을 서로 함께 보내며 즐겁게 지내고 계신다.

why 정답? 빈칸 앞 동사 enjoy는 동명사를 목적어로 취하므로 동명사 (d) sharing이 정답이다.

why 오답? (c) having shared도 동명사이기는 하지만, 완료 동명사로 쓰일 경우 '즐기는' 시점보다 '함께한' 시점이 앞선다는 의미가 되어 문맥에 적합하지 않으므로 오답이다.

| 어휘 | tie the knot 결혼하다　graduation 졸업　company 함께 있음　for the better part of + 기간 ~의 대부분 동안

21 조동사 — 조동사 should

🔑 **KEY** 보기를 통해 조동사 문제임을 알 수 있으므로 전체 문맥을 파악한다.

Gilbert is taking violin lessons and has exhibited a flair for playing the instrument. His father is so proud that he thinks Gilbert _____ have a recital to display his talent to an audience. (a) should (b) will (c) may (d) would	길버트는 바이올린 레슨을 받고 있는데 이 악기를 연주하는 데 재능을 보였다. 그의 아버지는 매우 자랑스러워서 길버트가 청중들에게 그의 재능을 발휘하기 위한 연주회를 해야 한다고 생각한다.

💡 **why 정답?** 문맥상 '아버지는 길버트가 청중들에게 보이는 연주회를 해야 한다고 생각한다'라는 의미가 적합하므로 '~해야 한다'라는 뜻의 당위를 나타내는 (a) should가 정답이다.

❌ **why 오답?** (b) will은 '~할 것이다'라는 미래를, (c) may는 '~일지도 모른다'라는 추측을, (d) would는 '~하곤 했었다'라는 과거의 습관을 나타내므로 모두 문맥에 적합하지 않아 오답이다.

📌 **핵심 개념 콕콕** 의무/당위를 나타내는 조동사 must vs. should

　must: ~해야 한다(= have to) → 강한 의무, 주의사항이나 지시사항을 말할 때 사용
　should: ~해야 한다, ~하는 게 좋겠다(= ought to) → 권장하는 뉘앙스

| **어휘** | exhibit 보이다, 드러내다　flair 재주, 재능　instrument 악기　recital 연주회, 발표회　display 발휘하다, 드러내다　talent 재능

22 가정법 — 가정법 과거

🔑 **KEY** 빈칸 문장의 if절을 통해 가정법 문제임을 알 수 있으므로 가정법 시제 관련 단서를 파악한다.

Tiffany often arrives late to meetings with her clients because she has to take public transportation. If she could only overcome her fear of driving, she _____ to rely on mass transit to go to appointments. (a) doesn't have (b) isn't having **(c) wouldn't have** (d) hadn't had	티파니는 대중교통을 이용해야 해서 종종 고객과의 회의에 늦는다. 그녀가 운전에 대한 두려움만 이겨낼 수 있다면 약속 장소에 가기 위해 대중교통에 의존하지 않아도 될 것이다.

💡 **why 정답?** If절의 동사가 과거(could overcome)이므로 주절의 동사는 '조동사의 과거 + 동사원형' 형태가 되어 가정법 과거 구문을 완성해야 한다. 따라서 (c) wouldn't have가 정답이다.

| **어휘** | public transportation 대중교통　overcome 이겨내다, 극복하다　fear 두려움　rely on ~에 의존하다　mass transit 대중교통　appointment 약속

23 시제 — 미래진행

🔑 **KEY** 보기를 통해 시제 문제임을 알 수 있으므로 시간 표현 관련 단서를 파악한다.

Rob is angry because the package he was expecting has disappeared. When you arrive at his building, he _____ to the office attendant about his missing package.

(a) probably complains
(b) will probably be complaining
(c) was probably complaining
(d) is probably complaining

로브는 기다리고 있던 소포가 사라져서 화가 났다. 당신이 그의 건물에 도착할 때쯤, 아마도 그가 분실된 소포에 관해서 사무원에게 불평하고 있을 것이다.

💡 **why 정답?** 시간 부사절에서는 현재 동사로 미래의 의미를 나타낸다. When이 이끄는 시간 부사절의 동사가 현재형 arrive이고, '당신이 도착할 때쯤이면 로브가 사무원에게 불만을 제기하고 있을 것'이라는 의미가 적합하므로 미래진행 시제인 (b) will probably be complaining이 정답이다.

💡 **핵심 개념 콕콕** 미래진행
형태: will be + -ing
함께 쓰이는 시간 표현: when + 현재 동사
→ 미래에 어떤 동작이 계속 진행 중일 것을 나타낸다.

| 어휘 | package 소포 expect (오기로 되어 있는 대상을) 기다리다 disappear 사라지다, 없어지다 office attendant 사무원 missing 분실된, 없어진 complain 불평[항의]하다

24 가정법 — 가정법 과거완료

🔑 **KEY** 빈칸 문장의 if절을 통해 가정법 문제임을 알 수 있으므로 가정법 시제 관련 단서를 파악한다.

Brandon agreed to join in a student exchange program in Japan. However, he is actually fonder of the tropics. If he had been given the chance to select the country to study in, he _____ Brazil.

(a) would choose
(b) was choosing
(c) would have chosen
(d) has chosen

브랜든은 일본에서 교환 학생 프로그램에 참여하기로 했다. 그러나 그는 사실 열대 지방을 더 좋아한다. 만약 그에게 가서 공부할 나라를 선택할 기회가 주어졌다면, 브라질을 골랐을 것이다.

💡 **why 정답?** If절의 동사가 'had + p.p.' 형태이므로 빈칸이 포함된 주절의 동사는 '조동사의 과거 + have + p.p.' 형태가 되어 가정법 과거완료 구문을 이루어야 한다. 따라서 (c) would have chosen이 정답이다.

| 어휘 | agree to do ~하기로 동의하다 join in ~에 참여하다 student exchange 교환 학생 actually 사실은, 실제로 be fond of ~을 좋아하다 the tropics 열대 지방 select 선택하다, 고르다

25 준동사 — 동명사를 목적어로 취하는 동사

KEY 보기를 통해 준동사 문제임을 알 수 있으므로 빈칸 앞뒤를 먼저 확인한다.

Laura is working on a fundraising project for cancer patients at Brookshire Town Hospital. Charitable at heart, she doesn't mind _____ her time and effort alleviating the conditions of patients suffering from the disease.

(a) to have spent
(b) spending
(c) to spending
(d) to spend

로라는 브룩셔 타운 병원에서 암 환자들을 위한 모금 프로젝트를 진행하고 있다. 마음속 깊이 자비로운 그녀는 질병으로 고통받는 환자들의 상태를 완화시키는 데 자신의 시간과 수고를 들이는 것을 개의치 않는다.

why 정답? 빈칸 앞 동사 mind는 동명사를 목적어로 취하므로 동명사 (b) spending이 정답이다.

| 어휘 | fundraising 모금 cancer 암 charitable 자비로운 at heart 마음속으로는 mind 개의치다, 신경 쓰다 effort 수고, 노력 alleviate 완화하다 suffer from ~로 고통받다 disease 질병 spend + 돈/시간 + -ing ~하는 데 (돈·시간을) 들이다

26 가정법 — 가정법 과거

KEY 빈칸 문장의 if절을 통해 가정법 문제임을 알 수 있으므로 가정법 시제 관련 단서를 파악한다.

John has always dreamed of owning a sailboat so he can explore the islands off the coast of Maine. If he had one, he _____ the city behind and visit these islands for days on end.

(a) will leave
(b) would leave
(c) would have left
(d) had left

존은 메인 해안에서 섬들을 탐험할 수 있도록 요트를 소유하는 것을 늘 꿈꿔왔다. 만약 그에게 보트가 있다면, 도시를 떠나 며칠이고 계속 이 섬들을 방문할 것이다.

why 정답? If절의 동사가 과거(had)이므로 주절의 동사는 '조동사의 과거 + 동사원형' 형태가 되어 가정법 과거 구문을 이루어야 한다. 따라서 (b) would leave가 정답이다.

| 어휘 | own 소유하다 sailboat 요트, 범선 explore 탐험하다, 답사하다 island 섬 coast 해안 leave ~ behind ~을 떠나다, 뒤로 하다 on end (어떤 기간 동안) 계속

LISTENING SECTION

PART 1 27-33 일상 대화 동아리의 핼러윈 행사를 위한 포스터

M: Hey, Jessica! It's been a while.
F: Hey, Tim! What a pleasant surprise! [27]It seems like only yesterday when we were attending high school together. I was pretty sad when you graduated and left for college.
M: Oh, really? Well, you'll be joining me soon enough. You're now a senior student yourself. You must be excited about graduating.
F: Oh, I'm really looking forward to it. So, what's college life like? I heard that you're studying architecture.
M: That's right. College has been good so far. Architecture is really an interesting major. [28]I just wish we weren't assigned so many projects so that I'd have more time for my new hobby.
F: You have a new hobby? What is it?
M: Well, don't laugh, but I've been into designing and creating posters lately.
F: Ha-ha. Sorry, but that's such a random hobby. You know, I was elected president of our high school's English Club, and we're planning a variety show for Halloween. [29]I was thinking of having some posters made to promote it.
M: I should warn you that my services are quite expensive! Ha-ha. Just kidding. But, honestly, it depends on how big the job is. I don't really have much free time with all my architecture work these days. How many posters would you need, and when would you want them done?
F: Well, I wouldn't need very many at all. And [30]I would need them in about a month because I want people to know about the Halloween show a couple of weeks before the actual event. Do you think that's possible?
M: I think so, Jessica. It depends on what you want me to put in the posters. Can you tell me more about the show?
F: Sure. It's called "Howling Halloween." It will be attended by all English Club members. We will be inviting a couple of bands to perform and a number of our local poets to read some of their work.
M: What else will be happening?
F: We'll also be providing food and drinks. Lastly, [31]there will be games and a contest for the best Halloween costume.
M: Sounds like a lot of fun! So what details do you want people to know about the show?
F: Well, the show will be held on October 31 at the East Richmond Hotel. It will start at 7 p.m., and tickets will be sold at the entrance for $5.

남: 안녕, 제시카! 오랜만이다.
여: 안녕, 팀! 이렇게 반가울 수가! [27]우리가 함께 고등학교에 다니던 게 겨우 어제 일 같아. 네가 졸업하고 대학으로 떠났을 때 많이 서운했어.
남: 아, 정말? 음, 머지않아 너도 나와 함께하게 될 거야. 넌 지금 졸업반이잖아. 졸업을 앞두고 들떠 있겠구나.
여: 아, 정말 기대하고 있어. 그런데 대학 생활은 어때? 건축을 공부하고 있다고 들었어.
남: 맞아. 대학 생활은 아직까지는 좋아. 건축학은 정말 흥미로운 전공이야. [28]내 새로운 취미에 좀 더 많은 시간을 가질 수 있게 과제를 너무 많이 내주지 않았으면 할 뿐이야.
여: 새로운 취미가 있어? 그게 뭔데?
남: 음, 웃지 마. 내가 최근 포스터를 디자인하고 만드는 데 관심이 많거든.
여: 하하. 미안, 그런데 그건 정말 마구잡이 취미구나. 있잖아, 내가 우리 고등학교 영어 동아리의 회장으로 뽑혔는데, 우리가 핼러윈을 맞아서 버라이어티 공연을 계획하고 있어. [29]그걸 홍보하기 위해 포스터를 만들까 생각 중이었어.
남: 미리 얘기해 두는데 내 서비스가 좀 비싸! 하하. 농담이야. 하지만 솔직히 말하면 그 작업 분량에 따라 달라. 요즘 온통 건축학 과제를 하느라 여유 시간이 그리 많지 않아. 포스터가 얼마나 많이 필요하고 언제까지 끝내길 바라는 거야?
여: 음, 그렇게 많이는 전혀 필요 없을 거야. 그리고 [30]실제 행사 2~3주 전에 핼러윈 공연에 대해 사람들이 알았으면 해서 한 달쯤 뒤에 필요할 거야. 그러는 게 가능하겠니?
남: 그럴 것 같아, 제시카. 네가 포스터에 무엇을 담고 싶은지에 달려 있어. 그 공연에 대해 좀 더 얘기해줄래?
여: 물론이지. '하울링 할로윈'이라고 불러. 영어 동아리 회원 모두가 참석할 거야. 공연할 밴드 두세 팀과 자신의 작품 일부를 낭독할 우리 지역 시인 여러 명을 초대할 거야.
남: 다른 건 또 뭐가 진행되니?
여: 먹을 것과 음료도 제공할 거야. 마지막으로, [31]게임과 핼러윈 의상 경연대회가 있을 거야.
남: 정말 재밌겠다! 그러면 그 공연에 대해 사람들에게 어떤 세부사항을 알리고 싶은 거야?
여: 음, 공연이 이스트 리치먼드 호텔에서 10월 31일에 열릴 거야. 저녁 7시에 시작하고 티켓은 정문에서 5달러에 판매될 거야.

M: Okay... I think I have an idea of what to do with the posters. ³²I'll show the usual Halloween creatures, like ghosts and goblins, witches and werewolves, all howling under a full moon. But they'll be joined by a frightful guest: the wild and wicked English student!
F: That sounds great, Tim! I knew I could count on you!
M: Thanks, Jessica. But maybe you should wait to congratulate me until after I've shown you the posters.
F: Oh, I know you'll do a great job. Thanks so much! I really appreciate it, Tim.
M: It will be my pleasure. ³³I'll probably be done in two weeks, so I'll give you a call then. See you!

남: 알겠어… 포스터를 어떻게 하면 좋을지 아이디어가 생긴 것 같아. ³²유령과 마귀, 마녀와 늑대 인간 같은 보통의 핼러윈 인물들이 모두 보름달 아래서 왁자지껄 웃고 떠드는 것을 보여주는 거야. 그런데 무시무시한 손님이 이들에 합류하는 거지. 사납고 사악한 영어 동아리 학생이 말이야!
여: 그거 아주 좋은데, 팀! 널 믿어도 될 줄 알았어!
남: 고마워, 제시카. 하지만 아마도 내가 너에게 포스터를 보여줄 때까지 축하는 미루는 게 좋겠어.
여: 아, 네가 잘할 거라는 걸 알아. 정말 고마워! 진짜로 고맙게 생각해, 팀.
남: 내가 좋아서 하는 거야. ³³아마도 2주 뒤에 완료될 거야. 그러니까 그때 전화할게. 안녕!

| 어휘 | attend ~에 다니다, 참석하다 soon enough 머지않아, 곧 senior student 졸업반 학생 architecture 건축학, 건축 양식 assign (일·책임 등을) 배정하다 be into ~에 관심이 많다 create 만들다, 창작하다 random 마구잡이로[닥치는 대로] 하는, 무작위의 promote 홍보하다 warn 예고하다, 경고하다 perform 공연하다, 연주하다 costume 의상, 복장 goblin 마귀, 도깨비 witch 마녀 werewolf 늑대 인간 howl 왁자지껄 웃다, (개·늑대 따위가) 멀리서 짖다 frightful 무시무시한, 무서운 wicked 사악한, 못된 count on ~을 믿다, ~을 확신하다 congratulate 축하하다, 기뻐하다

27 특정 세부사항 문제

🔑 **KEY** 질문을 들으며 키워드 how / Tim know Jessica를 노트테이킹한다.

According to the conversation, how does Tim know Jessica?	대화에 따르면, 팀은 어떻게 제시카를 아는가?
(a) She is a member of a club he belonged to. **(b) He went to the same high school as her.** (c) They are applying to the same universities. (d) They are both going to graduate soon.	(a) 그녀가 그가 속한 동아리의 회원이다. **(b) 그는 그녀와 같은 고등학교에 다녔다.** (c) 그들은 같은 대학교에 지원할 것이다. (d) 그들은 둘 다 곧 졸업할 것이다.

❓ **why 정답?** 대화 초반 제시카가 팀에게 함께 고등학교에 다니던 게 겨우 어제 일 같다고 했으므로 (b)가 정답이다.

» attending high school together ➜ went to the same high school

| 어휘 | belong to ~에 속하다 apply to ~에 지원하다

28 추론 문제

🔑 **KEY** 질문을 들으며 키워드 what / Tim / disappointing / college를 노트테이킹한다.

What does Tim probably find disappointing about college?	팀은 아마도 대학교의 어떤 점이 실망스럽다고 생각하는 것 같은가?
(a) that architecture is not an interesting course (b) that the projects are too difficult (c) that college life does not agree with him **(d) that he cannot engage in his hobby often enough**	(a) 건축학이 흥미로운 과정이 아닌 것 (b) 과제가 너무 어려운 것 (c) 대학 생활이 자신에게 맞지 않는 것 **(d) 자신의 취미에 충분히 자주 몰두할 수 없는 것**

❓ **why 정답?** 새로운 취미에 좀 더 많은 시간을 쓸 수 있도록 과제가 너무 많지 않았으면 좋겠다고 했으므로 (d)가 정답이다.

» have more time for my new hobby ➜ engage in his hobby often enough

| 어휘 | disappointing 실망스러운, 기대에 못 미치는 agree with ~의 성미에 맞다 engage in ~에 몰두[관여]하다

29 특정 세부사항 문제

🔑 **KEY** 질문을 들으며 키워드 what / Jessica / want Tim / do를 노트테이킹한다.

What does Jessica want Tim to do?	제시카는 팀이 무엇을 하기를 원하는가?
(a) join the English Club	(a) 영어 동아리에 가입하기
(b) attend a Halloween event	(b) 핼러윈 행사에 참석하기
(c) organize a school event	(c) 학교 행사를 조직하기
(d) create some graphic artwork	**(d) 시각 예술 작품을 창작하기**

📍 **why 정답?** 제시카가 팀에게 학교 영어 동아리에서 핼러윈 때 할 공연을 홍보하는 포스터를 만들까 생각 중이라며 자신의 의도를 전달했으므로 (d)가 정답이다.

» having some posters made → create some graphic artwork

| 어휘 | organize 조직하다, 기획하다   graphic 그림을 이용한, 그래픽의   artwork 예술 작품

30 특정 세부사항 문제

🔑 **KEY** 질문을 들으며 키워드 why / Jessica / want / finish / within a month를 노트테이킹한다.

Why does Jessica want Tim to finish his work within a month?	왜 제시카는 팀이 작업을 한 달 이내에 끝내기를 원하는가?
(a) to have enough time to promote an event	**(a) 행사를 홍보할 충분한 시간을 확보하기 위해**
(b) to have more opportunities to practice for the show	(b) 공연 연습을 할 기회를 더 많이 갖기 위해
(c) to give Tim more time to work on his school projects	(c) 팀에게 학교 과제를 할 시간을 더 많이 주기 위해
(d) to be able to post invitations on Halloween day	(d) 핼러윈 날 초대장을 보낼 수 있기 위해

📍 **why 정답?** 실제 행사 2~3주 전에 핼러윈 공연에 대해 사람들에게 알리고 싶으니 한 달쯤 뒤에 포스터가 필요하다고 했으므로 (a)가 정답이다.

» want people to know about the Halloween show → promote an event

| 어휘 | opportunity 기회   practice 연습하다   post 발송하다, 게시하다   invitation 초대(장)

31 특정 세부사항 문제

🔑 **KEY** 질문을 들으며 키워드 which activity / happen을 노트테이킹한다.

Which activity will happen during the Halloween show?	핼러윈 공연 동안 어떤 활동이 있을 것인가?
(a) a battle of the bands	(a) 밴드들의 대결
(b) a poetry reading by other students	(b) 다른 학생들의 시 낭독
(c) a Halloween costume competition	**(c) 핼러윈 의상 경연대회**
(d) a trick-or-treat activity for club members	(d) 동아리 회원들을 위한 '트릭 오어 트릿' 활동

📍 **why 정답?** 행사 활동을 소개하면서, 마지막으로 게임과 핼러윈 의상 경연대회가 있다고 했으므로 (c)가 정답이다.

» contest → competition

❌ **why 오답?** (a) 두세 팀의 밴드를 초대해 공연을 한다고 했지 밴드들이 대결을 펼친다는 말은 없으므로 오답이다.
(b) 시를 낭독할 사람들은 지역의 시인들이므로 오답이다.

| 어휘 | battle 대결   poetry 시   competition 대회, 경쟁   trick-or-treat '과자를 안 주면 장난칠 테야'라고 핼러윈 때 아이들이 집집마다 다니며 하는 말

32 특정 세부사항 문제

🔑 **KEY** 질문을 들으며 키워드 what / featured / posters를 노트테이킹한다.

What does Tim think should be featured in the posters?	팀은 포스터에 무엇이 포함되어야 한다고 생각하는가?
(a) a lonely night under the moonlight	(a) 달빛 아래의 쓸쓸한 밤
(b) the East Richmond Hotel	(b) 이스트 리치먼드 호텔
(c) Halloween characters celebrating	**(c) 핼러윈 등장인물들이 축하하는 모습**
(d) the price of the event's tickets	(d) 행사 티켓의 가격

💡 **why 정답?** 유령과 마귀, 마녀와 늑대 인간 같은 핼러윈 인물들이 모두 모여 보름달 아래서 왁자지껄 웃고 떠드는 모습, 즉 핼러윈 데이가 된 것을 축하하며 즐기는 광경을 포스터에 넣으면 좋을 것 같다고 했으므로 (c)가 정답이다.

| 어휘 | feature 특별히 포함하다, 특징으로 삼다 moonlight 달빛 character 등장인물 celebrate 축하하다

33 추론 문제

🔑 **KEY** 질문을 들으며 키워드 when / Jessica / see Tim's work를 노트테이킹한다.

When will Jessica get to see Tim's work?	제시카는 언제 팀의 작업물을 보게 될 것인가?
(a) once he gives her a phone call	**(a) 그가 그녀에게 전화하면**
(b) after she visits the college	(b) 그녀가 대학을 방문한 후에
(c) two weeks before the show	(c) 공연 2주 전에
(d) any time she wants to see it	(d) 그녀가 보고 싶을 때면 언제든

💡 **why 정답?** 팀이 2주 뒤에 작업을 마칠 것 같으니 그때 연락하겠다고 했으므로 제시카는 팀이 전화하면 작업물을 볼 수 있을 것이다. 따라서 (a)가 정답이다.

PART 2 34-39 공식적 담화 온라인 개인 교사 채용

Welcome to the Lakeport City Annual Job Fair. A growing number of Californians are now earning money through home-based online jobs. Some of them take on these jobs to augment the income they're making from their regular jobs. Others have assumed online jobs on a full-time basis, and these jobs are now their main sources of income.

³⁴One of the fastest growing sectors in online employment is English as a Second Language, or ESL, tutorial. This simply means teaching English to students who are not native English speakers. Our company is one of the world's leading providers of ESL tutorials.

Talk Phonics was established to provide first-rate instruction on the English language to non-native speakers. ³⁵To ensure the high quality of our tutorials, we hire teachers who speak English as their first language. This way, we can give students online lessons that ensure that they learn the language with accuracy and authenticity.

레이크포트 시 연례 채용박람회에 오신 것을 환영합니다. 점점 더 많은 캘리포니아 사람들이 이제 재택 기반의 온라인 일자리를 통해 돈을 벌고 있습니다. 이들 중 일부는 자신들의 정규 직장에서 얻는 소득을 늘리기 위해 이러한 일을 합니다. 다른 사람들은 종일 근무하는 온라인 일자리를 맡기도 하는데, 이 일들이 현재 그들의 주 소득원입니다.

³⁴온라인 채용에서 가장 빠르게 성장하고 있는 분야 중 하나는 제2언어로서의 영어, 즉 ESL 개인 교습입니다. 이것은 간단하게 말하면 영어가 모국어가 아닌 학생들에게 영어를 가르치는 것입니다. 저희 회사는 세계 일류의 ESL 개인 교습 업체 중 하나입니다.

토크 파닉스는 영어가 모국어가 아닌 사람들에게 최고의 영어 교육을 제공하기 위해 설립되었습니다. ³⁵저희 개인 교습의 우수한 품질을 보장하기 위해서 저희는 영어를 모국어로 구사하는 교사들을 고용합니다. 이렇게 하면, 학생들이 정확하게

Who qualifies as an English language tutor better than you? I'm sure most of you speak English as your first language. So, if you want to have a fulfilling and productive online teaching career, join us at Talk Phonics.

Here are more reasons why you should work with us:

Your job will be secure. Talk Phonics has one of the largest memberships of active students in the industry. And for almost two decades now, we have provided jobs for more than twenty-five thousand tutors worldwide — and we're still hiring more. You can earn as much as you wish depending on how many students you choose to teach throughout the week!

[36]Our schedules are flexible. At Talk Phonics, we don't require minimum teaching hours, so you can arrange your preferred schedule. You can work a full eight hours a day or more, but if you have personal tasks to do, you can choose to offer tutorials at your convenience. This is the perfect way for you to contribute to your family's income without sacrificing time away from your loved ones.

[37]Our tutors can also be selective about the students they teach. Would you be more comfortable tutoring professionals, kids, teens, or homemakers? Take your pick. We want to connect you with students who fit your teaching level, so your work will be enjoyable and more productive.

At Talk Phonics, we've got your back. [38]With decades of experience providing ESL tutorials, we have developed an effective online support system for our tutors. If you need help handling certain students or specific situations, we'll be there for you. Moreover, if you ever feel like you need more training to improve your teaching skills, we'll be happy to provide it!

So, [39]what do you need to qualify as an ESL tutor with Talk Phonics? Well, you have to be fluent in the English language, which shouldn't be a problem for you. You're already quite adept at communicating in English; all you have to do is adjust to the skill level of your student.

진짜 영어를 배우는 것을 보장하는 온라인 수업을 제공할 수 있습니다.

누가 여러분보다 더 뛰어난 영어 개인 교사 자격이 있을까요? 분명 여러분 대부분은 모국어로 영어를 사용합니다. 따라서 성취감을 주고 생산적인 온라인 수업 경력을 가지고 싶다면 저희 토크 파닉스와 함께하세요.

여러분이 저희와 함께 일해야 하는 더 많은 이유는 다음과 같습니다.

여러분의 일자리는 안전할 것입니다. 토크 파닉스는 업계에서 가입되어 있는 이용 학생 수가 가장 많은 곳 중 하나입니다. 그리고 현재까지 거의 20년 동안 전 세계적으로 2만 5,000명이 넘는 개인 교사들에게 일자리를 제공해왔습니다. 그리고 아직 더 채용하고 있습니다. 여러분이 일주일 동안 학생 몇 명을 가르치기로 결정하는지에 따라 원하는 만큼 많은 돈을 벌 수 있습니다.

[36]저희의 일정은 탄력적입니다. 토크 파닉스에서는 최소 수업 시간을 요구하지 않으므로 여러분이 선호하는 대로 일정을 짤 수 있습니다. 하루에 8시간을 꽉 채워 일할 수 있고 그 이상도 가능하지만, 처리해야 할 개인 용무가 있다면 편한 시간에 개인 교습을 진행하기로 해도 됩니다. 이것이 사랑하는 사람들과 떨어져서 시간을 보내는 희생을 하지 않고도 여러분 가계 소득에 보탬이 되는 완벽한 방법입니다.

[37]저희 개인 교사들은 또한 자신이 가르치는 학생들을 고를 수 있습니다. 여러분은 전문 직업인들, 아이들, 청소년들 혹은 주부들 중 누구를 가르치기가 더 편한가요? 마음대로 선택하세요. 저희는 여러분의 수업 수준에 맞춰 학생들을 연결해드리므로 일이 즐겁고 보다 생산적일 것입니다.

저희 토크 파닉스가 밀어드리겠습니다. [38]수십 년간 ESL 개인 교습을 제공해온 경험이 있는 저희는 개인 교사들을 위한 효과적인 온라인 지원 시스템을 개발했습니다. 만약 어떤 학생이나 특정 상황을 다루는 데 도움이 필요하시면 저희가 언제든 곁에 있겠습니다. 이 외에도, 교수 기술을 향상시키기 위해 더 많은 교육이 필요하다고 느낀다면, 기꺼이 제공해드리겠습니다!

그러면 [39]토크 파닉스와 함께하는 ESL 개인 교사 자격을 얻기 위해 무엇이 필요할까요? 음, 영어가 유창해야 하는데, 여러분에게는 전혀 문제가 되지 않겠죠. 여러분은 이미 영어로 의사소통하는 데 매우 능숙하니 학생의 실력 수준에 적응하기만 하면 됩니다.

We do require some teaching tools: a fast and reliable computer, a high-speed Internet connection, a webcam, microphone, and video chat software, all of which you probably already have.

So, engage in a well-paying and fulfilling job without leaving the comfort of your home. Start a career in ESL tutorials at Talk Phonics. For more information on our company's programs, schedules, and rates, visit us at www.talk-phonics.com.

저희는 몇 가지 수업 도구들을 필요로 합니다. 빠르고 신뢰할 수 있는 컴퓨터, 고속 인터넷 연결, 웹카메라, 마이크, 화상 채팅 소프트웨어가 그것인데, 여러분은 아마 이 모든 것을 이미 가지고 계실 겁니다.

그러니 안락한 집을 떠나지 않으면서도 보수가 좋고 성취감을 주는 일에 종사해보세요. 토크 파닉스에서 ESL 개인 교습 경력을 시작해보세요. 저희 회사의 프로그램, 일정, 급여에 대한 더 많은 정보를 원하시면, www.talk-phonics.com을 방문하세요.

| 어휘 | home-based 자택을 본거지로 하는 take on (일 등을) 맡다 augment 늘리다, 증가시키다 income 소득, 수입 assume (권력·책임을) 맡다 on a full-time basis 종일 근무하는 source 원천, 근원 sector 분야, 부문 employment 채용, 고용 tutorial 개인 교습 leading 일류의, 선두적인 establish 설립하다 first-rate 최고의 instruction 가르치는 것, 교수 ensure 보장하다, 반드시 ~하게 하다 first language 모국어 accuracy 정확성 authenticity 진짜임, 신뢰성 qualify as ~로서의 자격을 얻다 tutor 개인 지도 교사 fulfilling 성취감을 주는 productive 생산적인 secure 안전한, 확실한 decade 10년 depending on ~에 따라 flexible 탄력적인 minimum 최소의 arrange a schedule 일정을 짜다 preferred 선호하는 at one's convenience 편한 시간에 contribute to ~에 기여하다 sacrifice 희생하다 selective 고르는, 선발하는 homemaker 주부 take one's pick 마음대로 선택하다 connect 연결하다 effective 효과적인 handle 다루다, 처리하다 specific 특정한 improve 향상시키다, 개선시키다 adept at ~에 능숙한 adjust to ~에 적응하다 reliable 신뢰할 수 있는 engage in ~에 종사하다 rate (시간당) 급료, 임금

34 특정 세부사항 문제

KEY 질문을 들으며 키워드 who / students / ESL tutorials를 노트테이킹한다.

Who are the intended students of ESL tutorials?

(a) those who speak English as their first language
(b) those who are not native English speakers
(c) those who want to replace their native language
(d) those who want to teach English themselves

ESL 개인 교습의 대상인 학생들은 누구인가?

(a) 영어를 모국어로 쓰는 사람들
(b) 영어가 모국어가 아닌 사람들
(c) 모국어를 대체하고 싶어 하는 사람들
(d) 영어를 독학하고 싶어 하는 사람들

why 정답? ESL 개인 교습은 영어가 모국어가 아닌 학생들에게 영어를 가르치는 것이라고 했으므로 (b)가 정답이다.

| 어휘 | intended 대상으로 삼은 replace 대체하다 teach oneself 독학[자습]하다

35 특정 세부사항 문제

KEY 질문을 들으며 키워드 why / hire native speakers를 노트테이킹한다.

Why does Talk Phonics only hire native speakers of English?

(a) Their speech skills are precise and natural.
(b) They won't have difficulty learning English.
(c) They can adopt their students' language easily.
(d) They have a greater need to earn additional income.

토크 파닉스는 왜 영어가 모국어인 사람들만 채용하는가?

(a) 말하는 기술이 정확하고 자연스럽다.
(b) 영어를 배우는 데 어려움이 없을 것이다.
(c) 학생들의 언어를 쉽게 익힐 수 있다.
(d) 추가 수입을 벌 필요를 더 많이 느낀다.

why 정답? 영어를 모국어로 쓰는 교사들을 고용하면 학생들이 정확하게 진짜 영어를 배울 수 있는 온라인 수업이 가능하다고 했으므로 (a)가 정답이다.

≫ accuracy and authenticity → precise and natural

| 어휘 | precise 정확한 have difficulty -ing ~하는 데 어려움을 겪다 adopt (특정한 방식이나 자세를) 쓰다[취하다] have a need to do ~할 필요를 느끼다 additional 추가적인

36 특정 세부사항 문제

KEY 질문을 들으며 키워드 how / take advantage / flexible schedule을 노트테이킹한다.

How can a tutor take advantage of a flexible schedule?

(a) by teaching for a required number of hours
(b) by teaching several students at a time
(c) by doing personal tasks while teaching
(d) by setting up a convenient teaching timetable

개인 교사는 어떻게 탄력적인 일정을 활용할 수 있는가?

(a) 필수 시간 동안 가르침으로써
(b) 한 번에 여러 명을 가르침으로써
(c) 가르치는 동안 개인 용무를 처리함으로써
(d) 편의에 맞춰 수업 시간표를 짬으로써

why 정답? 최소 수업 시간을 요구하지 않으므로 교사 자신이 선호하는 대로 일정을 짤 수 있다고 했으므로 (d)가 정답이다.

» arrange your preferred schedule → setting up a convenient teaching timetable

why 오답? (a) 수업을 진행해야 하는 최소 시간이 정해져 있지 않다고 했으므로 오답이다.
(c) 개인 용무가 있다면 편한 시간을 정해 수업할 수는 있지만, 수업을 하면서 용무를 처리해도 된다는 말은 없으므로 오답이다.

| 어휘 | take advantage of ~을 활용하다 required 필수의 set up (계획 등을) 세우다

37 특정 세부사항 문제

KEY 질문을 들으며 키워드 what / lessons / enjoyable을 노트테이킹한다.

What can a tutor do to make lessons more enjoyable?

(a) pick students one is at ease with
(b) choose students with higher skill levels
(c) select students from one's own profession
(d) opt for students with prior knowledge of English

개인 교사는 수업을 더욱 즐겁게 하기 위해서 무엇을 할 수 있는가?

(a) 상대하기에 마음이 편한 학생들을 선택한다.
(b) 실력 수준이 더 높은 학생들을 선택한다.
(c) 본인의 직종과 같은 사람들 중에서 학생들을 선택한다.
(d) 영어에 대한 선행 지식이 있는 학생들을 선택한다.

why 정답? 토크 파닉스에서는 교사가 가르치기 편한 학생을 선택할 수 있고, 수준에 맞춰 학생들을 연결해주므로 교사의 일이 즐겁고 보다 생산적일 것이라고 했으므로 (a)가 정답이다.

» comfortable → at ease

| 어휘 | at ease 마음이 편안한 profession (특정 직종) 종사자들, -계, 직업 opt for ~을 선택하다 prior knowledge 선행 지식

38 특정 세부사항 문제

KEY 질문을 들으며 키워드 how / help / problem을 노트테이킹한다.

How does Talk Phonics help a tutor who is experiencing a problem?

(a) by taking over the tutor's class
(b) by providing online assistance
(c) by replacing the student
(d) by giving the tutor on-the-spot training

토크 파닉스는 문제를 겪는 개인 교사를 어떻게 돕는가?

(a) 개인 교사의 수업을 넘겨받음으로써
(b) 온라인 지원을 제공함으로써
(c) 학생을 교체함으로써
(d) 개인 교사에게 현장 교육을 실시함으로써

LISTENING SECTION 085

🔍 **why 정답?** 개인 교사들을 위한 효과적인 온라인 지원 시스템을 개발했으며, 어떤 학생이나 특정 상황을 다루는 데 도움이 필요할 경우 언제든 돕겠다고 했으므로 (b)가 정답이다.
» online support system → online assistance
❌ **why 오답?** (d) 교육을 제공해주겠다고는 했지만, 현장 교육인지는 알 수 없으므로 오답이다.
| 어휘 | take over ~을 넘겨받다 assistance 지원, 도움 on-the-spot 현장[현지]의

39 추론 문제

🔑 **KEY** 질문을 들으며 키워드 why / listeners / qualified를 노트테이킹한다.

Why most likely are the listeners already qualified to be ESL tutors?	청자들은 왜 이미 ESL 개인 교사가 되기 위한 자격을 갖추고 있겠는가?
(a) They can master English easily.	(a) 영어를 쉽게 습득할 수 있다.
(b) Their skill levels are the same as the learners'.	(b) 실력 수준이 학습자와 똑같다.
(c) They already speak English fluently.	**(c) 이미 영어를 유창하게 말한다.**
(d) Their teaching tools have already been upgraded.	(d) 수업 도구가 이미 개선되었다.

🔍 **why 정답?** 토크 파닉스에서 근무할 ESL 개인 교사의 자격이 되려면 유창한 영어가 필수인데, 청자들이 이미 영어로 의사소통하는 데 매우 능숙하다고 했으므로 (c)가 정답이다.
» be fluent in the English language → speak English fluently
| 어휘 | master ~을 완전히 익히다, ~에 숙달[통달]하다 fluently 유창하게

PART 3 40-45 일상 대화 상점에서 산 선물과 손으로 만든 선물의 장단점 비교

| M: Hey, Margaret! I'm glad to see you.
F: Hello, Dan. Can I help you with something?
M: Well, there is something on my mind. You see, my mother will be celebrating her 50th birthday soon, and ⁴⁰I want to give her a gift she can truly appreciate.
F: There are lots of gifts you can get for your mother. What's bothering you?
M: ⁴⁰I know I can always buy her something nice, but I can also make the gift myself.
F: Ah, now I see the problem. A store-bought item versus a handmade gift — which one will your mom appreciate more? Well, perhaps we can discuss them so you can make a decision.
M: That's a great idea, Margaret. Why don't we start with the advantages of buying a gift?
F: Sure. Let's see… ⁴¹one advantage of that option is the obvious convenience. You can just walk right into a store, and buy something nice.
M: Yes, and ⁴¹many products can only be bought from stores, such as electronic gadgets and signature clothing — I'd never be able to make such items myself. | 남: 이봐, 마거릿! 보니 반갑다.
여: 안녕, 댄. 뭐 좀 도와줄까?
남: 음, 뭘 좀 생각하고 있어. 있잖아, 우리 어머니가 곧 50번째 생신을 맞으시거든. 그래서 ⁴⁰어머니가 정말로 고맙게 생각하실 만한 선물을 해드리고 싶어.
여: 어머니께 해드릴 수 있는 선물이야 아주 많잖아. 뭐가 고민이야?
남: ⁴⁰언제든 어머니께 좋은 걸 사드릴 수 있다는 건 알지만, 내가 직접 선물을 만들 수도 있잖아.
여: 아, 이제 문제가 뭔지 알겠다. 상점에서 산 상품 대 손으로 만든 선물, 이 중에서 어머니가 어떤 걸 더 고마워하시겠는지? 음, 네가 결정할 수 있도록 우리가 그것에 대해 논의하면 될 것 같아.
남: 좋은 생각이야, 마거릿. 선물을 사는 것의 장점부터 시작해보는 게 어때?
여: 좋아. 어디 보자… ⁴¹그 옵션의 한 가지 장점은 명백한 편의성이야. 그냥 곧장 상점으로 가서 괜찮은 것을 사면 돼.
남: 맞아, 그리고 ⁴¹전자 기기와 시그니처 의류 같은 많은 제품들이 상점에서만 살 수 있지. 그런 물건들은 절대 내가 직접 만들 수 없을 거야. |

F: Not unless you have some pretty big hidden talents, Dan! Ha-ha. Well, aside from being convenient, we should keep in mind that buying a gift can also be practical.
M: That's true — around this time of year, many stores offer holiday sales.
F: Okay, now let's talk about the disadvantages of buying a gift. [42]One downside I can think of is that the gift might not stand out as unique because store-bought gifts are typically produced in large numbers.
M: Interesting point. Plus, there's also a chance that two people might buy the same gift for the same person.
F: Oh yeah, that happened to me once. Two pink scarves!
M: Well, another disadvantage is that my mom might think I didn't put much thought into my gift. On the other hand, making a gift myself will show that I've put extra time and effort into it.
F: Yeah, and [43]a handmade gift has almost no chance of being duplicated. It will be your very own work. This adds sentimental value even to a simple thing like a greeting card.
M: But making a present myself can be difficult and will take time. If I want it to be well crafted and beautiful, I'll really need to devote a lot of effort.
F: That's especially true if what you want to create requires a specific skill or artistry.
M: But at least I won't have to spend much on the gift.
F: Hmm… that's not necessarily true. [44]Depending on the item you want to create, a handmade gift can be costly.
M: Oh. I guess you're right. I'll have to buy the materials, won't I? Well, in that case I'd better not choose something that requires a lot of silk and gemstones!
F: Ha-ha. [44]But don't forget, Dan, that you may have to do the project all over again if your first results are not satisfactory. When we look at a work of art, we don't always think about how many attempts it took to get it right.
M: Another great point, Margaret.
F: So, have you decided what you're going to do for your mom's birthday?
M: Yes, and while I haven't decided exactly what the gift will be, [45]let's just say that there is zero chance that anyone else will get her the same one.

F: I think you've made a good decision, Dan.
M: I think so, too. Thanks for the help, Margaret.

여: 잘 결정한 것 같아, 댄.
남: 나도 그렇게 생각해. 도와줘서 고마워, 마거릿.

| 어휘 | appreciate 고맙게 생각하다   bother 신경 쓰이게 하다   versus ~대(對), ~에 비해   handmade 손으로 만든   make a decision 결정하다   advantage 장점, 이점   obvious 명백한, 분명한   convenience 편의, 편리   electronic gadget 전자 기기   signature 특징(여기서는 '뛰어난 특징이 있거나 특정 기업을 상징하는 대표 제품'을 뜻하는 말로 사용됨)   aside from ~외에도   convenient 편리한   keep in mind ~을 명심하다   practical 실용적인   disadvantage 단점, 불리한 점   downside 부정적인 면   stand out as ~으로 두드러지다   duplicate 복제[복사]하다   sentimental 감정[정서]적인   well crafted 잘 만들어진   devote (노력·시간 등을) 기울이다, 쏟다   specific 특정한   artistry 예술적 재능   depending on ~에 따라   costly 돈이 많이 드는   in that case 그렇다면, 그런 경우에는   gemstone 보석의 원석   satisfactory 만족스러운   attempt 시도   exactly 정확히   let's just say 그냥 ~라고 해두자

40 주제/목적 문제

KEY 질문을 들으며 키워드 what decision / Dan을 노트테이킹한다.

What decision is Dan trying to make?

(a) where to buy a birthday gift
(b) how to make a birthday gift
(c) what type of gift to give his mother
(d) how to surprise his mother with a gift

댄은 무엇을 결정하려고 하는가?

(a) 생일 선물을 어디에서 살지
(b) 생일 선물을 어떻게 만들지
(c) 어머니에게 어떤 유형의 선물을 할지
(d) 선물로 어머니를 어떻게 놀라게 해드릴지

why 정답? 댄은 어머니가 정말로 고맙게 생각할 만한 생일 선물을 해드리고 싶다며, 좋은 물건을 사서 선물하는 방법과 직접 만들어서 선물하는 방법을 놓고 고민하고 있으므로 (c)가 정답이다.

41 특정 세부사항 문제

KEY 질문을 들으며 키워드 how / purchasing / gift / convenient를 노트테이킹한다.

How can purchasing a gift be more convenient?

(a) by eliminating the need for research
(b) by ensuring that the recipient will like it
(c) by using technology to make the best choice
(d) by increasing the number of possible options

선물을 구매하는 것이 어떻게 더 편리할 수 있는가?

(a) 조사할 필요성을 없앰으로써
(b) 받는 사람이 그것을 좋아할 것을 보장함으로써
(c) 최고의 선택을 하기 위해 기술을 이용함으로써
(d) 선택할 수 있는 옵션의 수가 늘어남으로써

why 정답? 선물을 사는 것의 장점으로 편의성을 언급하면서, 많은 제품들이 상점에서만 살 수 있다고 했다. 이 말은 이미 만들어 놓은 제품들 중에서 선물을 구매할 경우 선택할 수 있는 것들이 훨씬 다양해 편리하다는 의미이므로 (d)가 정답이다.

| 어휘 | purchase 구매하다   eliminate 없애다, 제거하다   research 조사   ensure 보장하다, 반드시 ~하게 하다   recipient 받는 사람

42 특정 세부사항 문제

🔑 **KEY** 질문을 들으며 키워드 what / Margaret / downside / buying을 노트테이킹한다.

What does Margaret say is a downside of buying a gift from a store?	마거릿은 상점에서 선물을 사는 것의 부정적인 점이 무엇이라고 말하는가?
(a) It is seldom regarded as one of a kind.	(a) 좀처럼 특별한 것으로 여겨지지 않는다.
(b) It will turn out to be of inferior quality.	(b) 품질이 떨어짐이 드러날 것이다.
(c) The receiver might not be able to use it.	(c) 받는 사람이 그것을 사용하지 않을지도 모른다.
(d) The receiver will always get two of it.	(d) 받는 사람이 항상 두 개를 받을 것이다.

💡 **why 정답?** 마거릿은 상점에서 산 선물은 일반적으로 대량으로 생산되기 때문에 그다지 특별한 것으로 보이지 않는다는 점을 지적했으므로 (a)가 정답이다.

» not stand out as unique → seldom regarded as one of a kind

❌ **why 오답?** (d) 상점에서 산 선물을 할 경우 두 사람이 같은 사람에게 똑같은 선물을 하게 될 수도 있다고 말했지만, 항상 그렇다는 것은 아니므로 오답이다.

| **어휘** | seldom 좀처럼 ~않는 regard A as B A를 B로 여기다 one of a kind 독특한[유례를 찾기 힘든] 것 turn out ~인 것으로 드러나다 inferior quality 하등 품질, 열등 품질 receiver 받는 사람

43 특정 세부사항 문제

🔑 **KEY** 질문을 들으며 키워드 why / handmade / valuable을 노트테이킹한다.

Why could even a simple handmade gift become valuable?	손으로 만든 간단한 선물조차도 왜 소중할 수 있겠는가?
(a) It requires artistry to make a gift by hand.	(a) 손으로 선물을 만드는 것은 예술적 재능을 요구한다.
(b) Handmade gifts can have extra emotional worth.	(b) 손으로 만든 선물은 감정적 가치가 더해질 수 있다.
(c) Handmade gifts fetch higher prices.	(c) 손으로 만든 선물은 더 비싼 가격에 팔린다.
(d) Only experts can make gifts by hand.	(d) 전문가들만 손으로 선물을 만들 수 있다.

💡 **why 정답?** 손으로 만든 선물은 똑같이 만들어질 가능성이 거의 없어 자신만의 작품이 된다며, 심지어 감사 카드 같은 간단한 것에도 감정적인 가치가 더해진다고 했으므로 (b)가 정답이다.

» adds sentimental value → have extra emotional worth

❌ **why 오답?** (a) 어떤 선물을 만들 때는 특정 기술이나 예술적 재능이 필요하다고 했지만, 그것 때문에 직접 만든 선물이 소중한 것은 아니므로 오답이다. 오히려 간단한 것이라도 감정적 가치가 있기 때문에 소중하다고 했다.

| **어휘** | valuable 소중한, 가치가 큰 emotional 감정의, 정서의 worth 가치 fetch (특정 가격에) 팔리다 expert 전문가

44 특정 세부사항 문제

🔑 **KEY** 질문을 들으며 키워드 Margaret / how / making / costly를 노트테이킹한다.

According to Margaret, how can making a gift turn out to be costly? (a) by having to pay a craftsperson to make the gift (b) by having to develop a new skill (c) by having to use precious materials **(d) by having to redo a failed project**	마거릿에 따르면, 선물을 만드는 것이 어떻게 돈이 많이 들 수 있겠는가? (a) 장인에게 돈을 지불하여 선물을 만들어야 해서 (b) 새로운 기술을 개발해야 해서 (c) 값비싼 재료를 사용해야 해서 **(d) 실패한 작업을 다시 해야 해서**

💡 **why 정답?** 마거릿은 만들고 싶은 선물에 따라 돈이 많이 들 수도 있다며, 첫 번째 결과물이 만족스럽지 않다면 처음부터 다시 작업해야 할 수도 있다는 점을 지적했으므로 (d)가 정답이다.

» do the project all over again → redo a failed project

❌ **why 오답?** (c) 재료에 들어가는 비용에 대해 언급한 사람은 마거릿이 아니라 댄이므로 오답이다.

| 어휘 | craftsperson 장인, 숙련공 precious 값비싼, 귀중한 redo 다시 하다 failed 실패한

45 추론 문제

🔑 **KEY** 질문을 들으며 키워드 what / Dan / do를 노트테이킹한다.

What will Dan probably do about his gift for his mother? **(a) make her something by hand** (b) buy a product from a store (c) ask Margaret for help with a new option (d) get her the same gift as last year	댄은 아마도 어머니를 위한 선물에 관해 무엇을 할 것 같은가? **(a) 손으로 무언가를 만들어드린다.** (b) 상점에서 상품을 산다. (c) 마거릿에게 새 옵션에 대해 도와달라고 부탁한다. (d) 작년과 똑같은 선물을 한다.

💡 **why 정답?** 마거릿이 무엇을 할지 결정했냐고 묻자, 댄은 다른 누군가가 어머니에게 똑같은 걸 해드릴 가능성은 전혀 없다고 했다. 앞선 대화에서 손으로 만든 선물은 똑같이 만들어질 가능성이 없다고 했으므로 결국 댄은 어머니에게 손으로 만든 선물을 할 것임을 추론할 수 있다. 따라서 (a)가 정답이다.

PART 4 46-52 일반 설명 쓰레기 재활용 과정 설명

Hello, I am from the city's Waste Management Committee, and today, I'd like to talk about effective household waste management. ⁴⁶Household waste management is simply the way we dispose of the waste or garbage from our homes. There are several ways to handle household waste. ⁴⁷The simplest and most widely used of these is the traditional method, which is composed of two phases: the disposal phase and the collection phase. The disposal phase is when waste is thrown into a garbage can. The collection phase is when the waste is picked up by garbage collectors and placed in dumpsites.	안녕하세요, 저는 시의 폐기물 관리 위원회에서 나왔습니다. 오늘, 제가 효과적인 생활 폐기물 관리에 관해 말씀드리려고 합니다. ⁴⁶생활 폐기물 관리는 간단히 말하면 우리가 가정에서 나오는 폐기물이나 쓰레기를 처리하는 방법입니다. 생활 폐기물을 처리하는 데는 여러 가지 방법이 있습니다. ⁴⁷이 중에서 가장 간단하면서도 가장 널리 사용되는 것은 전통적인 방법으로, 처리 단계와 수거 단계의 두 단계로 이루어집니다. 처리 단계는 폐기물이 쓰레기통에 버려질 때입니다. 수거 단계는 쓰레기 수거원이 폐기물을 모아서 폐기장에 반입시키는 때입니다.

Recently however, [47]many of these dumpsites have become overloaded because of the sheer amount of waste being placed in them. With more waste being generated every day, and fewer places to store it, another method of managing household waste had to be found. Thus, the process of recycling household waste was started.

Recycling is the process by which previously used materials, such as plastics, metals, and paper items, are reused. Unlike traditional methods where used materials are simply left to rot or decay, recycling takes these materials and turns them into other useful objects.

You can perform the recycling process in three steps:

[48]The first step is to classify your household waste materials. There are two main types of waste: biodegradable and non-biodegradable. Biodegradable waste materials are those that will decompose without the need for specialized processes like burning or crushing. Examples of biodegradable wastes are food, leaves, paper, and animal refuse.

Non-biodegradable waste materials are those that will either never decompose, or will take a very long time to do so without the aid of specialized processes. Examples of these include metals, plastics, and glass items.

The second step in recycling is to separate the different types of waste. Given that different types of materials are recycled in different ways, separating them will make the process of recycling faster and more efficient.

You can assign a single garbage container for all of your waste at home, and separate it later. However, although this method may seem convenient at first, the task of sorting various waste materials is messy and will take time. [49]A more efficient way of sorting garbage is to assign separate containers for the biodegradables and non-biodegradables.

The third step is to dispose of the separated waste. [50]Non-biodegradable materials such as metals, plastics, and glass can be sold to scrap yards or recycling centers. These facilities have the equipment and technical knowledge to turn these metals and plastics into useful objects, ensuring their future reuse.

On the other hand, [51]biodegradable items, like food, plant materials, and animal waste, can be recycled by throwing them into pits or holes that you can dig in your backyard. Over time, the waste will turn into compost or fertilizer that you can use to enrich your garden soil. The compost contains nutrients that are beneficial to microbial growth, helping plants grow faster and stronger.

그러나 최근 [47]이러한 폐기장 중 많은 곳이 순전히 그곳에 반입되고 있는 폐기물량 때문에 과부하 상태가 되었습니다. 매일 더 많은 폐기물이 발생하고 있고, 그것을 보관할 장소는 줄어들자 생활 폐기물을 관리하는 또 다른 방법을 찾아야 했습니다. 따라서 생활 폐기물을 재활용하는 과정이 시작되었습니다.

재활용은 플라스틱, 금속, 종이 제품처럼 이전에 사용되었던 물질들이 다시 사용되는 과정입니다. 사용된 물질이 썩거나 부패하도록 그냥 두었던 전통적인 방법들과는 달리, 재활용은 이러한 물질들을 가져와서 다른 유용한 물건들로 바꿉니다.

재활용 과정은 3단계로 시행할 수 있습니다.

[48]첫 번째 단계는 여러분의 생활 폐기물을 분류하는 것입니다. 두 가지 주요 폐기물 유형이 있습니다. 생분해성인 것과 생분해성이 아닌 것입니다. 생분해성 폐기물은 소각이나 압착 같은 전문적인 과정이 필요 없이 분해되는 것들입니다. 생분해성 폐기물의 예는 음식물, 나뭇잎, 종이, 그리고 동물의 배설물입니다.

생분해성이 아닌 폐기물은 전문적인 과정의 도움 없이는 절대 분해되지 않거나 그렇게 되는 데 아주 오랜 시간이 걸리는 것들입니다. 이것들의 예로는 금속, 플라스틱, 그리고 유리 제품이 있습니다.

재활용의 두 번째 단계는 서로 다른 유형의 폐기물을 분리하는 것입니다. 물질의 유형이 다르면 다른 방법으로 재활용되는 것을 고려하면, 그것들을 분리하는 것은 재활용 과정을 더 빠르고 효율적으로 만들어줄 것입니다.

가정에서 여러분은 모든 폐기물에 대해 쓰레기통을 하나만 두고, 나중에 분리해도 됩니다. 그러나 이 방법이 처음에는 편해 보일지 몰라도 다양한 폐기물을 분류하는 일은 골치 아프고 시간이 걸릴 겁니다. [49]쓰레기를 분류하는 더욱 효율적인 방법은 생분해성인 것들과 생분해성이 아닌 것들에 각각 별도의 쓰레기통을 두는 것입니다.

세 번째 단계는 분리된 폐기물을 처리하는 것입니다. [50]금속, 플라스틱, 유리처럼 생분해성이 아닌 물질들은 고철 처리장이나 재활용 센터에 판매할 수 있습니다. 이 시설들은 이러한 금속과 플라스틱을 유용한 물건으로 바꾸는 장비 및 기술적인 지식을 갖추고 있어 향후 재사용을 보장합니다.

반면, [51]음식물, 식물, 동물 배설물처럼 생분해성인 품목들은 뒷마당에 구덩이를 파서 버림으로써 재활용될 수 있습니다. 시간이 지나면서 이 폐기물은 정원의 토양을 비옥하게 하는 데 사용할 수 있는 퇴비나 비료로 변할 것입니다. 퇴비는 미생물 성장에 이로운 영양분을 함유하고 있어, 식물이 더 빨리 튼튼하게 자라게 해줍니다.

Well, this is the end of my talk. Thank you for your time, and ⁵²remember: recycling will not only greatly reduce the amount of garbage dumped in landfills, but it will also help minimize the amount of non-renewable resources that we consume. That's why the Waste Management Committee strongly recommends that we all practice recycling.

자, 이것이 제 이야기의 마지막입니다. 시간을 내주셔서 감사드리며 ⁵²재활용은 쓰레기 매립지에 버려지는 쓰레기의 양을 엄청나게 감소시킬 뿐만 아니라 우리가 소비하는 재생 불가능한 자원들의 양을 최소화하는 것을 돕는다는 걸 기억해주세요. 그것이 폐기물 관리 위원회가 우리 모두 재활용을 실천할 것을 강력히 권고하는 이유입니다.

| 어휘 | waste 폐기물, 쓰레기 management 관리 committee 위원회 household 가정; 가정의 dispose of ~을 처리하다 garbage 쓰레기 handle 처리하다, 다루다 traditional 전통적인 method 방법 be composed of ~로 구성되어 있다 phase 단계 disposal 처리 collection 수거 garbage collector 쓰레기 수거원 dumpsite 폐기장 overload 과적하다 sheer 순전한 generate 발생시키다, 만들어 내다 store 보관[저장]하다 process 과정, 절차 recycle 재활용하다 previously 이전에, 미리 material 물질, 재료 rot 썩다 decay 부패하다, 썩다 turn into ~로 바꾸다 object 물건, 물체 perform 수행하다, 실시하다 classify 분류하다 biodegradable 생분해성의 non-biodegradable 생분해성이 아닌 decompose 분해[부패]되다 specialized 전문적인, 전문화된 crushing 압착, 눌러 터뜨림 animal refuse 동물의 배설물 separate 분리하다; 별도의, 분리된 given that ~을 고려하면 efficient 효율적인 assign 배치하다 garbage container 쓰레기통 sort 분류하다, 구분하다 messy 골치 아픈, 엉망인 scrap yard 고철 처리장, 폐품 하치장 facility 시설 equipment 장비 pit 구덩이 dig 파다 compost 퇴비 fertilizer 비료 enrich 비옥하게 하다 nutrient 영양분, 영양소 beneficial to ~에 이로운 microbial 미생물의, 세균의 dump 버리다 landfill 쓰레기 매립지 minimize 최소화하다 non-renewable 재생 불가능한 resource 자원 consume 소비하다 practice 실천하다

46 특정 세부사항 문제

KEY 질문을 들으며 키워드 what / household waste management involve를 노트테이킹한다.

What does household waste management involve?
(a) how we run our homes
(b) where we keep our garbage
(c) why we should avoid waste
(d) how we manage our trash

생활 폐기물 관리는 무엇을 포함하는가?
(a) 우리가 어떻게 가정을 꾸려 나가는지
(b) 우리가 어디에 쓰레기를 보관하는지
(c) 우리가 왜 허비를 없애야 하는지
(d) 우리가 어떻게 쓰레기를 관리하는지

why 정답? 생활 폐기물 관리는 간단히 말하면 가정에서 나오는 폐기물이나 쓰레기를 처리하는 방법이라고 했으므로 (d)가 정답이다.

» the way we dispose of the waste or garbage from our homes → how we manage our trash

| 어휘 | involve 포함[수반]하다, 관련시키다 avoid waste 허비를 없애다 trash 쓰레기

47 특정 세부사항 문제

KEY 질문을 들으며 키워드 why / traditional way / problem을 노트테이킹한다.

Why has the traditional way of collecting garbage become a problem?
(a) Garbage collectors are not coming as regularly.
(b) Households are producing too much plastic.
(c) Dumpsites are now packed full of garbage.
(d) Dump trucks are becoming overloaded.

왜 쓰레기를 수거하는 전통적인 방법이 문제가 되었는가?
(a) 쓰레기 수거원들이 정기적으로 오지 않고 있다.
(b) 가정에서 플라스틱을 너무 많이 만들어내고 있다.
(c) 폐기장들에 지금 쓰레기가 빈틈없이 들어차 있다.
(d) 덤프트럭들이 과적 상태가 되어가고 있다.

why 정답? 전통적인 폐기물 처리 방법은 폐기물을 쓰레기통에 버리면 쓰레기 수거원이 모아서 폐기장으로 보내는 것인데, 폐기물량이 너무 많아 과부하 상태인 폐기장이 여러 곳이라고 했으므로 (c)가 정답이다.

» overloaded because of the sheer amount of waste ➡ packed full of garbage

| 어휘 | regularly 정기적으로 be packed full 빈틈없이 들어차다

48 특정 세부사항 문제

KEY 질문을 들으며 키워드 what / first step / recycling을 노트테이킹한다.

What is the first step in recycling waste materials?	폐기물을 재활용하는 첫 단계는 무엇인가?
(a) locating where the nearest recycling center is	(a) 가장 가까운 재활용 센터가 어디인지 위치를 파악하는 것
(b) identifying waste materials according to type	**(b) 유형에 따라 폐기물을 식별하는 것**
(c) allowing food and plant waste to decompose	(c) 음식물이나 식물 폐기물이 분해되도록 하는 것
(d) crushing plastic and metal materials	(d) 플라스틱과 금속 물질을 압착하는 것

why 정답? 재활용의 첫 단계는 생활 폐기물을 분류하는 것인데, 폐기물의 유형은 생분해성인 것과 생분해성이 아닌 것으로 분류된다고 했으므로 (b)가 정답이다.

» classify your household waste materials ➡ identifying waste materials according to type

| 어휘 | locate ~의 정확한 위치를 찾아내다 identify 식별하다, 확인하다 according to ~에 따라 crush 압착하다, 눌러 부수다

49 특정 세부사항 문제

KEY 질문을 들으며 키워드 how / waste / separated / efficiently를 노트테이킹한다.

How can the different types of waste be separated more efficiently?	어떻게 하면 서로 다른 유형의 폐기물을 더 효율적으로 분리할 수 있는가?
(a) by having individual bins for each waste type	**(a) 각 폐기물 유형별로 개별 쓰레기통을 구비함으로써**
(b) by putting all waste into one container	(b) 모든 폐기물을 한 쓰레기통에 버림으로써
(c) by setting aside trash that can still be reused at home	(c) 가정에서 여전히 재사용할 수 있는 쓰레기를 챙겨둠으로써
(d) by consuming different product types separately	(d) 다른 제품 유형을 따로따로 소비함으로써

why 정답? 더욱 효율적인 폐기물 분류 방법은 생분해성인 것들과 생분해성이 아닌 것들로 구분하여 각각 별도의 쓰레기통을 두는 것이라고 했으므로 (a)가 정답이다.

» assign separate containers for the biodegradables and non-biodegradables ➡ having individual bins for each waste type

why 오답? (b) 가정에서는 쓰레기통을 하나만 두고 나중에 분리해도 된다고 했으나, 바로 이어서 이것이 처음엔 편할지 몰라도 다양한 폐기물을 분류하는 것은 골치 아프고 시간이 걸리는 일이라고 했으므로 오답이다.

| 어휘 | efficiently 효율적으로 individual 각각의, 개개의 set aside ~을 챙겨두다, 확보하다 separately 따로따로, 별도로

50 특정 세부사항 문제

🔑 **KEY** 질문을 들으며 키워드 why / non-biodegradable / recycling facilities를 노트테이킹한다.

Why should non-biodegradable materials be taken to recycling facilities?	왜 생분해성이 아닌 물질들은 재활용 시설로 보내져야 하는가?
(a) so other purposes can be found for them (b) so the facility's staff can use them again (c) so they can start decomposing (d) so they can be sorted further	**(a) 그것들의 다른 용도를 찾을 수 있도록** (b) 그 시설의 직원이 그것들을 다시 사용할 수 있도록 (c) 그것들이 분해를 시작할 수 있도록 (d) 그것들이 그 이상으로 분류될 수 있도록

💡 **why 정답?** 생분해성이 아닌 물질들은 고철 처리장이나 재활용 센터에 판매할 수 있는데, 이 시설들은 이것들을 유용한 물건으로 바꾸어 향후 재사용될 수 있도록 한다고 했으므로 (a)가 정답이다.

» turn these metals and plastics into useful objects, ensuring their future reuse → other purposes can be found for them

❌ **why 오답?** (b) 재활용 시설이 생분해성이 아닌 물질들을 재사용할 수 있게 만드는 장비 및 기술적 지식을 보유하고 있다고는 했으나, 그것들을 다시 사용하는 사람들이 그 시설의 직원들은 아니므로 오답이다.

| 어휘 | **purpose** 용도, 목적 **further** 그 이상으로 더 나아가서

51 특정 세부사항 문제

🔑 **KEY** 질문을 들으며 키워드 how / biodegradable / applied / plants를 노트테이킹한다.

How can biodegradable waste be applied to backyard plants?	어떻게 생분해성인 폐기물을 뒷마당의 식물에 활용할 수 있는가?
(a) by throwing it directly on the plants **(b) by turning it into plant food first** (c) by mixing it with fertilizer (d) by adding nutrients to it	(a) 식물에 직접 버림으로써 **(b) 우선 비료로 만듦으로써** (c) 비료와 혼합함으로써 (d) 영양분을 추가함으로써

💡 **why 정답?** 음식물, 식물, 동물 배설물처럼 생분해성인 것들은 뒷마당에 구덩이를 파서 버리는 방법으로 재활용이 가능한데, 시간이 지나면서 이것들이 퇴비나 비료로 변해 식물이 더 빨리 튼튼하게 자라게 해준다고 했으므로 (b)가 정답이다.

» compost or fertilizer → plant food

❌ **why 오답?** (a) 식물 위에 직접 버리는 것이 아니라 구덩이를 파서 버려야 하므로 오답이다.

| 어휘 | **apply to** ~에 쓰다, 적용하다 **plant food** 비료 **mix** 혼합하다

52 추론 문제

🔑 **KEY** 질문을 들으며 키워드 who / target audience를 노트테이킹한다.

Who is probably the target audience of the talk?	이 담화가 대상으로 하는 청중은 아마도 누구일 것 같은가?
(a) recycling companies (b) small-scale agriculturists (c) garbage collectors **(d) consumers in general**	(a) 재활용 업체들 (b) 소규모 농업인들 (c) 쓰레기 수거원들 **(d) 소비자들 전반**

💡 **why 정답?** 재활용은 폐기물량을 감소시키고 우리가 소비하는 재생 불가능한 자원들의 양을 최소화하도록 돕는다는 점을 강조하는 것으로 보아 일반적인 소비자들을 대상으로 하는 담화임을 추론할 수 있으므로 (d)가 정답이다.

❌ **why 오답?** (a) 재활용을 실천할 것을 권고하는 것이므로 대상 청중으로 적합하지 않다.

| 어휘 | **small-scale** 소규모의 **agriculturist** 농업인, 농업 종사자 **consumer** 소비자 **in general** 전반적으로

READING & VOCABULARY SECTION

PART 1 ⁵³⁻⁵⁹ 인물의 일대기 첫 세계 일주 항해사인 조슈아 슬로컴

JOSHUA SLOCUM

Joshua Slocum was an American seaman, adventurer, and writer. He is famous for being the first person to sail around the world on his own. He also authored the international best-selling memoir, *Sailing Alone Around the World*.

Born on February 20, 1844, in Nova Scotia, Canada, Slocum became fascinated with the sea at an early age. ⁵³He ran away from home several times to work as a seaman, and was able to find employment as a cabin boy for fishermen at age 14. From his ⁵⁸humble beginnings, Slocum steadily rose in rank to become chief mate of various British transport ships. He settled in San Francisco at age 21 and eventually became an American citizen. In 1869, Slocum became captain of his own sailing vessel, the *Washington*.

Long years at sea brought Slocum to different parts of the world and made him want to achieve what no seaman had done before: to sail around the world alone. ⁵⁴The fulfillment of this dream began when he acquired a 37-foot sailboat called the *Spray*. He spent the next years planning and preparing for his solo voyage, and set sail from Boston, Massachusetts, in April 1895.

⁵⁵After spending four months crossing the Atlantic Ocean, Slocum arrived at Gibraltar near the southern tip of Spain. He originally planned to ⁵⁹resume his voyage by sailing east through the Mediterranean Sea and the Suez Canal. However, an encounter with pirates forced him to sail west instead. Thus, he crossed the Atlantic again, sailing southwest on a heading that took him around the southern tip of South America and into the Straits of Magellan. ⁵⁶It was there that Captain Slocum experienced his greatest challenge.

⁵⁶As Slocum was making his way to the Pacific Ocean through the strait, a great storm blew, creating huge waves that lashed the boat for four days. Fortunately, the *Spray* escaped with only minor damage. The rest of the voyage went smoothly. Slocum crossed the Pacific Ocean to the coast of Australia, sailed across the Indian Ocean to the Cape of Good Hope at the southern tip of Africa, and ⁵⁷again crossed the Atlantic on his way home.

조슈아 슬로컴

조슈아 슬로컴은 미국의 항해사, 모험가이자 작가였다. 그는 혼자 힘으로 전 세계를 항해한 최초의 인물로 유명하다. 그는 또한 세계적인 베스트셀러 회고록인 <홀로 세계를 항해하기>를 저술했다.

1844년 2월 20일 캐나다의 노바스코샤에서 태어난 슬로컴은 어릴 때 바다에 매혹되었다. ⁵³그는 항해사로 일하려고 여러 번 가출했으며, 14살 때 어부들을 위한 사환으로 일자리를 얻을 수 있었다. ⁵⁸소박하게 시작해서, 슬로컴은 꾸준히 계급이 올라 여러 영국 수송선의 1등 항해사가 되었다. 그는 21살 때 샌프란시스코에 정착했고 마침내 미국 시민이 되었다. 1869년에, 슬로컴은 자기 소유의 범선 '워싱턴'의 선장이 되었다.

바다에서의 오랜 세월은 슬로컴을 세계의 여러 곳으로 이끌었고 그로 하여금 이전에 어떤 항해사도 한 적 없는 일을 이루고 싶게 했는데, 그것은 혼자서 전 세계를 항해하는 것이었다. ⁵⁴이 꿈은 그가 '스프레이'라는 37피트짜리 범선을 가지게 되었을 때 실현되기 시작했다. 그는 그 후 몇 년을 단독 항해를 계획하고 준비하는 데 보냈으며, 1895년 4월 매사추세츠의 보스턴에서 출항했다.

⁵⁵대서양을 횡단하며 4개월을 보낸 후에 슬로컴은 스페인 남쪽 끝에 있는 지브롤터에 도착했다. 그는 원래 동쪽으로 나아가 지중해와 수에즈 운하를 통과하는 것으로 항해를 ⁵⁹재개할 계획이었다. 그러나 예기치 못하게 해적을 만나 어쩔 수 없이 대신 서쪽으로 항해해야 했다. 따라서 그는 다시 대서양을 횡단했으며, 남서쪽 방향으로 항해하여 남아메리카의 남쪽 끝을 돌아 마젤란 해협으로 이르렀다. ⁵⁶바로 그곳에서 슬로컴 선장은 최대의 난관을 겪었다.

⁵⁶슬로컴이 그 해협을 통과해 태평양 쪽으로 나아가고 있을 무렵, 거대한 폭풍우가 몰아쳐 거대한 파도를 만들더니 나흘 동안 그 배를 휘갈겼다. 다행히도, '스프레이'는 경미한 손상만 입은 채 빠져나왔다. 나머지 항해는 순탄하게 진행되었다. 슬로컴은 태평양을 횡단하여 호주 해안을 향해 나아갔고, 인도양을 가로질러 아프리카 남쪽 끝에 있는 희망봉으로 향했으며, ⁵⁷고국으로 돌아오는 길에 다시 대서양을 횡단했다.

⁵⁷Slocum finally docked at Newport, Rhode Island, in June 1898, roughly three years after originally setting sail. The voyage covered a total distance of 74,000 kilometers.

⁵⁷슬로컴은 처음 출항한 지 약 3년 후인 1898년 6월에 최종적으로 로드 아일랜드의 뉴포트 부두에 도착했다. 이 항해는 총 이동 거리가 7만 4천 킬로미터에 달했다.

| 어휘 | seaman 항해사, 선원 adventurer 모험가 author 작가 sail 항해하다 on one's own 혼자 힘으로 memoir 회고록 be fascinated with ~에 매혹되다 employment 고용, 직장, 취업 cabin boy (배에서 일하는) 사환 humble 소박한 steadily 꾸준히 rise in rank 계급이 오르다 chief mate 1등 항해사 transport ship 수송선 settle 정착하다 eventually 마침내 sailing vessel 범선 achieve 이루다, 성취하다 fulfillment 실현, 이행 acquire 얻다, 획득하다 sailboat 범선, 요트 voyage 항해 set sail 출항하다 Atlantic Ocean 대서양 resume 재개하다, 다시 계속하다 Mediterranean Sea 지중해 Suez Canal 수에즈 운하 encounter (예상 밖의) 만남 pirate 해적 force A to do A가 어쩔 수 없이 ~하게 만들다 heading (뱃머리 등의) 방향 strait 해협 challenge 도전, 난제 make one's way to ~로 나아가다 Pacific Ocean 태평양 lash 휘갈기다, 후려치다 escape 빠져나오다, 탈출하다 damage 손상, 피해 go smoothly 순탄하게 진행되다 Indian Ocean 인도양 the Cape of Good Hope 희망봉 dock (배를) 부두에 대다

53 특정 세부사항 문제

🗝️ **KEY** 질문의 키워드 leave home과 관련된 내용이 언급된 곳을 읽는다.

Why did Joshua Slocum try to leave home a number of times?

(a) He wanted to live in America.
(b) He planned to start a career in fishing.
(c) He was able to own a transport vessel.
(d) He wanted to work aboard a ship.

왜 조슈아 슬로컴은 여러 번 집을 떠나려고 했는가?

(a) 미국에서 살고 싶었다.
(b) 어업 분야에서 일을 시작하기로 계획했다.
(c) 수송 선박을 소유할 수 있었다.
(d) 배를 타는 일을 하고 싶었다.

💡 **why 정답?** 두 번째 단락에서 슬로컴이 어렸을 때 항해사로 일하려고 여러 번 가출했다고 했으므로 (d)가 정답이다.

» ran away from home several times ➡ leave home a number of times
» work as a seaman ➡ work aboard a ship

| 어휘 | career 직업, 경력 transport vessel 수송 선박 aboard (배·기차 등에) 탄

54 특정 세부사항 문제

🗝️ **KEY** 질문의 키워드 realize his dream과 관련된 내용이 언급된 곳을 읽는다.

When did Slocum start to realize his dream of a solo voyage around the world?

(a) when he started traveling all over the world
(b) when he became captain of the *Washington*
(c) when he was able to have his own boat
(d) when he traveled to Boston

슬로컴이 전 세계를 단독 항해하는 꿈을 실현하기 시작한 것은 언제인가?

(a) 전 세계를 여행하기 시작했을 때
(b) '워싱턴'의 선장이 되었을 때
(c) 자기 소유의 배를 가질 수 있었을 때
(d) 보스턴을 여행했을 때

💡 **why 정답?** 세 번째 단락에서 혼자서 전 세계를 항해하는 꿈은 슬로컴이 '스프레이'라는 범선을 소유하게 되었을 때 실현되기 시작했다고 했으므로 (c)가 정답이다.

» fulfillment of this dream ➡ realize his dream
» acquired a 37-foot sailboat ➡ have his own boat

❌ **why 오답?** (a) 슬로컴이 항해사로 세계 곳곳을 다닌 것은 그가 단독 항해의 꿈을 꾸게 된 계기일 뿐 꿈을 실현하기 시작한 때는 아니므로 오답이다.
(b) '워싱턴'의 선장이 되었던 것은 전 세계 단독 항해의 꿈을 꾸기 이전의 일이므로 오답이다.

55 추론 문제

🔑 **KEY** 질문의 키워드 Gibraltar가 언급된 곳 주변을 읽는다.

What could be Slocum's reason for sailing west from Gibraltar?	슬로컴이 지브롤터에서 서쪽으로 항해한 이유는 무엇이겠는가?
(a) to avoid further encounters with sea bandits (b) to adhere to his original route (c) to attempt sailing across the Atlantic Ocean twice (d) to be able to reach the Straits of Magellan	**(a) 더는 바다 해적들을 맞닥뜨리지 않기 위해** (b) 자신의 원래 경로를 고수하기 위해 (c) 대서양을 두 번 가로지르는 항해를 시도하기 위해 (d) 마젤란 해협에 이를 수 있기 위해

💡 **why 정답?** 네 번째 단락에서 슬로컴의 원래 계획은 지브롤터에 도착한 후 동쪽으로 항해하여 지중해와 수에즈 운하를 통과하는 것이었으나, 예기치 못하게 해적을 만나 어쩔 수 없이 서쪽으로 항해했다고 했다. 즉, 해적을 피해 서쪽으로 항해한 것이므로 (a)가 정답이다.

» pirates → sea bandits

| 어휘 | bandit 산적, 노상강도 adhere to ~을 고수하다 route 경로, 노선 attempt 시도하다 reach ~에 이르다

56 특정 세부사항 문제

🔑 **KEY** 항해 중에 겪은 어려움이 언급된 곳을 읽는다.

According to the article, what was Slocum's biggest test as a sailor?	이 글에 따르면, 항해사로서 슬로컴에게 가장 큰 시험은 무엇이었는가?
(a) repairing the extensive damage to the *Spray* **(b) facing a devastating storm** (c) fighting off pirates (d) reaching the Straits of Magellan	(a) '스프레이'가 입은 엄청난 파손을 보수한 것 **(b) 대단히 파괴적인 폭풍우를 맞닥뜨린 것** (c) 해적들과 싸워 물리친 것 (d) 마젤란 해협에 도달한 것

💡 **why 정답?** 네 번째 단락 마지막 문장에서 슬로컴이 마젤란 해협에서 최대의 난관을 겪었다고 했는데, 바로 이어 다섯 번째 단락에서 슬로컴이 마젤란 해협을 통과해 태평양 쪽으로 나아가고 있을 무렵 거대한 폭풍우가 나흘에 걸쳐 휘몰아쳤다고 했으므로 (b)가 정답이다.

» his greatest challenge → Slocum's biggest test
» a great storm blew, creating huge waves that lashed the boat → facing a devastating storm

⊗ **why 오답?** (a) '스프레이'의 파손 정도는 경미했다고 했으므로 오답이다.
(c) 해적을 만나긴 했으나, 싸워 물리쳤는지 여부는 알 수 없으므로 오답이다.
(d) 마젤란 해협을 통과할 무렵 폭풍우가 몰아치긴 했으나, 마젤란 해협에 도달한 것 자체가 난관은 아니므로 오답이다.

| 어휘 | sailor 항해사, 선원 extensive 엄청난, 대규모의 face 맞닥뜨리다, 직면하다 devastating 대단히 파괴적인

57 특정 세부사항 문제

🔑 **KEY** 항해의 최종 여정이 언급된 지문의 마지막 부분을 읽는다.

How did Slocum complete his voyage around the world?	슬로컴은 전 세계 항해를 어떻게 마무리했는가?
(a) by crossing the Indian Ocean to the Cape of Good Hope **(b) by sailing the Atlantic Ocean to Rhode Island** (c) by crossing the Pacific Ocean to Australia (d) by sailing back to Boston via the Atlantic Ocean	(a) 희망봉 쪽으로 인도양을 가로질러서 **(b) 로드 아일랜드 쪽으로 대서양을 항해해서** (c) 호주 쪽으로 태평양을 가로질러서 (d) 대서양을 경유하여 보스턴으로 회항해서

💡 **why 정답?** 다섯 번째 단락에서 고국으로 돌아오는 중에 다시 대서양을 횡단했다고 했고, 마지막 단락에서 최종적으로 로드 아일랜드의 뉴포트에 도착했다고 했으므로 (b)가 정답이다.

| 어휘 | complete 끝마치다, 완료하다   sail back 회항하다

58 동의어 문제

KEY humble이 포함된 부분을 읽고 문맥을 파악한다.

In the context of the passage, humble means _____.	지문의 문맥에서, humble은 -을 의미한다.
(a) simple	(a) 소박한
(b) fearful	(b) 무서운
(c) notable	(c) 주목할 만한
(d) early	(d) 이른

why 정답? humble이 포함된 부분은 '시작은 소박했으나, 꾸준히 계급이 올라 다양한 영국 수송선의 1등 항해사가 되었다'라는 의미이므로 humble이 '소박한, 수수한'이라는 의미로 사용되었음을 알 수 있다. 따라서 이와 유사한 '소박한, 단순한'이라는 의미의 (a) simple이 정답이다.

59 동의어 문제

KEY resume이 포함된 부분을 읽고 문맥을 파악한다.

In the context of the passage, resume means _____.	지문의 문맥에서, resume은 -을 의미한다.
(a) finish	(a) 끝내다
(b) restart	(b) 다시 시작하다
(c) begin	(c) 시작하다
(d) continue	(d) 계속하다

why 정답? resume이 포함된 부분은 '동쪽으로 나아가 지중해와 수에즈 운하를 통과하는 것으로 항해를 재개할 계획이었다'라는 의미이므로 resume이 '재개하다, 다시 계속하다'라는 의미로 사용되었음을 알 수 있다. 따라서 '계속하다'의 의미인 (d) continue가 정답이다.

why 오답? (b) restart는 '다시 시작하다'로 해석하지만, 어떤 일을 처음부터 새롭게 다시 시작하는 것을 의미하므로 오답이다. resume은 중단되었던 것을 다시 계속한다는 뜻이다.

PART 2 60-66 기사   네스호 괴물의 흔적을 찾는 데 실패한 과학자들

SCIENTISTS FAIL TO FIND MONSTER DNA IN LOCH NESS

[60]A team of researchers failed to find traces of a "monster" that has been consistently reported to live in Loch Ness, a big freshwater lake in Scotland. Led by geneticist Neil Gemmell from New Zealand, the researchers conducted an environmental DNA survey of the lake to detect signs of any giant reptiles or aquatic dinosaurs, creatures that many have speculated to be the Loch Ness monster, or "Nessie."

과학자들, 네스호에서 괴물의 DNA 찾기 실패

[60]한 연구팀이 스코틀랜드의 큰 담수호인 네스호에 사는 것으로 꾸준히 보고되어온 '괴물'의 흔적을 찾는 데 실패했다. 뉴질랜드 출신의 유전학자 닐 겜멜이 이끈 이 연구원들은 많은 사람들이 네스호 괴물 또는 '네시'일 것으로 추측해온 어떤 거대한 파충류 또는 수생 공룡, 생명체의 흔적을 발견하기 위해 이 호수의 환경 DNA 조사를 했다.

The Loch Ness monster legend started in the sixth century, when an Irish monk was supposed to have commanded a "water beast" to ⁶⁵desist from attacking a swimmer. ⁶¹The "sightings" continued through the centuries, and caught international attention in 1934, when a London newspaper published a photograph of Nessie in the lake. This was eventually proven to be a hoax and was dismissed. Recent efforts to track down the creature, including a sonar search, failed to produce positive results.

The scientists resorted to an ⁶²environmental DNA survey, analyzing the DNA found in water samples from Loch Ness rather than from individual organisms. ⁶²The team collected more than 250 samples of water gathered from the surface and deep regions of the lake, as well as water runoff coming from the ⁶⁶adjacent lands. They then analyzed the genetic materials in the samples.

The results revealed DNA traces of over 3,000 species living in or beside Loch Ness, including humans, pigs, and cattle. However, ⁶³the researchers did not find any trace of massive reptiles, nor of any reptiles for that matter. The team even failed to identify giant fish, such as overgrown sturgeon or catfish, which may explain the reports.

Some scientists suggest that the creatures sighted are actually giant eels. Although the survey did identify many eels in Loch Ness, the researchers could not determine whether the eels were gigantic or not. Nonetheless, due to the amount of eel DNA at every location sampled, they admitted that it is possible that some sightings may actually be those of overgrown eels.

Regardless of the failure to find signs of the Loch Ness monster, ⁶⁴Gemmell stated that the search had given them a chance to show the world the importance of applying environmental DNA techniques to understand Earth's rich biodiversity.

네스호 괴물의 전설은 6세기에 시작되었는데, 당시 어떤 아일랜드 수도사가 '물속의 짐승'에게 한 수영객을 공격하는 것을 ⁶⁵그만두라고 명령했던 것으로 추정되었다. ⁶¹그 '목격들'은 수 세기에 걸쳐 계속되었고, 1934년에 국제적인 관심을 끌었는데, 당시 런던의 한 신문이 이 호수에 있는 네시 사진을 실었다. 이것은 결국 거짓으로 판명되어 더 이상 거론되지 않았다. 수중 음파 탐지기 조사를 포함한, 이 생명체를 찾아내기 위한 최근의 노력은 긍정적인 결과를 가져오지 못했다.

과학자들은 ⁶²환경 DNA 조사에 의지하여, 각각의 유기체보다는 오히려 네스호의 물 샘플에서 찾은 DNA를 분석했다. ⁶²이 팀은 ⁶⁶인근 지대에서 흘러나온 흐르는 빗물뿐 아니라 이 호수의 표면과 심층부에서 채취한 250개가 넘는 물 샘플을 취합했다. 그런 다음 샘플들의 유전 물질을 분석했다.

그 결과 사람, 돼지, 소를 포함해 네스호 또는 그 가까이에 사는 3,000종 이상의 DNA 흔적을 밝혀냈다. 하지만 ⁶³연구원들은 거대한 파충류나 그와 관련한 그 어떤 파충류의 흔적도 전혀 찾지 못했다. 이 팀은 심지어 너무 크게 자란 철갑상어나 메기 같은, 그 보고를 설명해줄 만한 거대한 어류조차 발견하지 못했다.

일부 과학자들은 목격된 생명체들이 사실은 거대한 장어라고 주장한다. 비록 이 조사에서 네스호에 장어가 많다는 것을 확인했지만, 연구원들은 장어가 거대한지 아닌지는 단정할 수 없었다. 그럼에도 불구하고, 샘플을 채취한 모든 장소에서의 장어 DNA의 양 때문에 그들은 일부 목격은 실제로 너무 크게 자란 장어들을 목격한 것일 수도 있음을 인정했다.

네스호 괴물의 흔적을 찾는 데 실패한 것과는 상관없이, ⁶⁴겜멜은 이 조사가 지구의 풍부한 생물 다양성을 이해하기 위해 환경 DNA 기법을 적용하는 것의 중요성을 세상에 보여줄 기회를 주었다고 말했다.

| 어휘 | Loch Ness 네스호(스코틀랜드 하이랜드 남동부의 호수) researcher 연구원 trace 흔적, 자취 consistently 지속적으로 freshwater 담수[민물]의 geneticist 유전학자 conduct (특정한 활동을) 수행하다 environmental 환경의 detect 발견하다, 감지하다 reptile 파충류 aquatic 수생의, 물속에서 자라는 creature 생명이 있는 존재 speculate 추측[짐작]하다 legend 전설 monk 수도사, 수도승 command 명령하다, 지시하다 beast 짐승, 야수 desist from -ing ~하는 것을 그만두다 attack 공격하다 sighting 목격 attention 관심 publish (기사 등을) 싣다, 게재하다 eventually 결국 prove 입증[증명]하다 hoax 거짓말, 장난질 dismiss 묵살[일축]하다, (생각 등을) 버리다 track down ~을 추적하여 찾아내다 sonar 수중 음파 탐지기 positive 긍정적인 resort to (다른 대안이 없어서) ~에 의지하다 analyze 분석하다 individual 각각의, 개개의 organism 유기체, 생물(체) gather 채취하다, 모으다 deep region 심층부 runoff 땅 위를 흐르는 빗물 adjacent 인접한, 가까운 reveal 밝히다, 드러내다 species 종 massive 거대한 identify 발견하다, 찾다, 확인하다 overgrown 너무 크게 자란 sturgeon 철갑상어 catfish 메기 sight 보다, 발견하다 eel 장어 determine 단정하다, 결정하다 gigantic 거대한 nonetheless 그럼에도 불구하고 admit 인정하다 regardless of ~에 상관없이 failure 실패 state (정식으로) 말하다, 진술하다 apply 적용하다 biodiversity 생물의 다양성

60 특정 세부사항 문제

KEY 질문의 키워드 fail이 언급된 곳 주변을 읽는다.

What did the researchers fail to do at Loch Ness?

(a) conduct an environmental study
(b) confirm the existence of a creature
(c) determine the species of local organisms
(d) verify the nature of mysterious DNA

연구원들은 네스호에서 무엇을 하는 데 실패했는가?

(a) 환경 연구를 하는 것
(b) 한 생명체의 존재를 확인하는 것
(c) 지역 유기체의 종을 알아내는 것
(d) 신비한 DNA의 특질을 확인하는 것

why 정답? 첫 번째 단락에서 한 연구팀이 네스호에 산다고 알려져온 '괴물'의 흔적을 찾는 데 실패했다고 했으므로 (b)가 정답이다.

» find traces of a "monster" → confirm the existence of a creature

| 어휘 | confirm 확인하다 existence 존재 determine 알아내다, 밝히다 verify 확인하다 nature 특질, 본질 mysterious 신비한, 기이한

---

61 특정 세부사항 문제

KEY 질문의 키워드 sighting이 언급된 곳 주변을 읽는다.

Why was a past report of a Loch Ness monster sighting rejected?

(a) It was found to be a deception.
(b) It had no visual proof.
(c) It was spread by a monk.
(d) It lacked sonar evidence.

네스호 괴물 목격에 관한 과거의 보고는 왜 받아들여지지 않았는가?

(a) 속임수였음이 밝혀졌다.
(b) 시각적 증거가 전혀 없었다.
(c) 수도사에 의해 퍼졌다.
(d) 수중 음파 탐지기 증거가 부족했다.

why 정답? 두 번째 단락에서 네스호 괴물에 관한 목격담들이 계속되던 와중 1934년에 런던의 한 신문이 네시의 사진을 실었는데 거짓으로 판명되어 더 이상 거론되지 않았다고 했으므로 (a)가 정답이다.

» proven to be a hoax → found to be a deception

| 어휘 | reject 받아들이지 않다, 거부[거절]하다 deception 속임, 기만 visual 시각의, (눈으로) 보는 proof 증거 spread 퍼뜨리다, 확산시키다 lack ~이 부족하다 evidence 증거

---

62 특정 세부사항 문제

KEY 질문의 키워드 environmental DNA survey가 언급된 곳 주변을 읽는다.

How is an environmental DNA survey carried out?

(a) by capturing all the species living in an area
(b) by analyzing genetic materials from collective samples
(c) by studying genetic materials from individual organisms
(d) by interviewing the residents of a specific area

환경 DNA 조사는 어떻게 수행되는가?

(a) 한 지역에 사는 모든 종들을 포획함으로써
(b) 집합적인 샘플의 유전 물질을 분석함으로써
(c) 개별 유기체의 유전 물질을 연구함으로써
(d) 특정 지역의 주민들을 인터뷰함으로써

why 정답? 세 번째 단락에서 과학자들은 호수 인근 지대에서 흘러나온 빗물뿐 아니라 호수의 표면과 심층부에서 채취한 250개가 넘는 물 샘플을 취합하여 유전 물질을 분석했다고 했으므로 (b)가 정답이다.

» collected more than 250 samples → collective samples

why 오답? (c) 각각의 유기체보다는 네스호의 물 샘플에서 찾은 DNA를 분석했다고 했으므로 지문의 내용과 일치하지 않는다.

| 어휘 | carry out ~을 수행하다 capture 포획하다 collective 집합적인, 집단적인 resident 주민 specific 특정한, 구체적인

63 추론 문제

○━ **KEY** 연구 결과에 관해 서술한 부분을 읽는다.

Which assertion about Loch Ness does the study probably confirm?	아마도 이 연구는 네스호에 관한 어떤 주장을 확인시켜주는가?
(a) that the reptiles in the lake are regular in size (b) that cattle also live in the lake **(c) that the sightings cannot be of giant reptiles** (d) that eels do not reach gigantic proportions	(a) 이 호수에 사는 파충류의 크기가 보통이다. (b) 이 호수에 소도 산다. **(c) 목격했다는 것이 거대한 파충류일 리는 없다.** (d) 장어는 크기가 거대해지지 않는다.

◎ **why 정답?** 네 번째 단락에서 연구원들이 거대한 파충류는 물론 네스호 괴물과 관련한 그 어떤 파충류의 흔적도 찾지 못했다고 했으므로 (c)가 정답이다.

» massive reptiles → giant reptiles

| 어휘 | assertion 주장 proportion 크기, 넓이

64 특정 세부사항 문제

○━ **KEY** 본 연구의 의의를 설명한 마지막 단락을 읽는다.

According to the article, what was the study ultimately able to show?	기사에 따르면, 이 연구는 궁극적으로 무엇을 보여줄 수 있었는가?
(a) a means to learn about Earth's various life forms (b) a technique to disprove local legends (c) a method to discover previously unknown organisms (d) a way to save endangered species	**(a) 지구의 다양한 생물 형태에 관해 이해하는 수단** (b) 지역 전설이 틀렸다는 것을 입증하는 기법 (c) 이전에 알려지지 않은 유기체를 발견하는 방법 (d) 멸종 위기에 처한 종을 구하는 방법

◎ **why 정답?** 마지막 단락에서 이 조사가 지구의 풍부한 생물 다양성을 이해하기 위해 환경 DNA 기법을 적용하는 것의 중요성을 보여줄 기회가 되었다고 했으므로 (a)가 정답이다.

» understand Earth's rich biodiversity → learn about Earth's various life forms

⊗ **why 오답?** (b) 네스호 괴물의 흔적 찾기에는 실패했으나, 연구원들이 사용한 환경 DNA 기법 자체로 네스호 괴물의 전설이 사실인지 아닌지를 밝힐 수 있는 것은 아니므로 오답이다.

| 어휘 | ultimately 궁극적으로, 결국 means 수단, 방법 disprove 틀렸음을 입증하다 previously 이전에 endangered 멸종 위기에 처한

65 동의어 문제

○━ **KEY** desist가 포함된 부분을 읽고 문맥을 파악한다.

In the context of the passage, desist means _____.	지문의 문맥에서, desist는 -을 의미한다.
(a) disrupt (b) slow (c) postpone **(d) refrain**	(a) 방해하다 (b) 둔화시키다 (c) 미루다, 연기하다 **(d) 삼가다**

◎ **why 정답?** desist가 포함된 부분은 '어떤 아일랜드 수도사가 물속의 짐승에게 한 수영객을 공격하는 것을 그만두라고 명령했다'라는 의미이므로 desist가 '그만두다'라는 의미로 사용되었음을 알 수 있다. 따라서 이와 유사한 '삼가다'라는 뜻의 (d) refrain이 정답이다.

66 동의어 문제

KEY adjacent가 포함된 부분을 읽고 문맥을 파악한다.

In the context of the passage, adjacent means _____. (a) distant (b) related (c) sunken **(d) nearby**	지문의 문맥에서, adjacent는 -을 의미한다. (a) 멀리 떨어져 있는 (b) 관련된 (c) 물속에 가라앉은 **(d) 가까운 곳의**

why 정답? adjacent가 포함된 부분은 '인근 지대에서 흘러나오는 빗물'이라는 의미이므로 adjacent가 '인접한, 가까운'이라는 의미로 사용되었음을 알 수 있다. 따라서 같은 의미의 (d) nearby가 정답이다.

PART 3 67-73 지식 백과 전기뱀장어의 특징

ELECTRIC EEL

The electric eel is a freshwater fish native to South America. They can be found in the Amazon River, as well as in floodplains, swamps, and creeks. The fish is known for its ability to generate strong electric charges, hence its name.

A young electric eel can produce around 100 volts of electricity, which is almost enough to power electric appliances like toaster ovens. Meanwhile, [67]an adult can produce as much as 600 volts of electricity, which can kill large prey with mere physical contact. In fact, an electric eel had been observed killing a full-grown horse with an electric shock.

With their long, round, scaleless bodies and short, flattened heads, electric eels are similar in appearance to other eels. However, [68]the species actually belongs to the knifefish family. The fish can grow up to 2.5 meters and weigh as much as 20 kilograms. They have a dark grayish-green body with a yellowish underbelly. Electric eels typically prey on small mammals, fish, jellyfish, and worms. A male electric eel has an average lifespan of about 10 to 15 years, with the female living longer from 12 to 22 years.

Studies have shown that electric eels are capable of [72]regulating the amount of electricity they produce. They maintain lower charges when communicating with other electric eels, hunting for food, or when at rest. [69]They increase the voltage to stun prey or defend themselves. Electric eels can emit electricity for two consecutive hours when restless or agitated.

전기뱀장어

전기뱀장어는 남아메리카가 원산인 담수다. 이들은 아마존강 외에도 범람원, 습지, 개울에서도 발견될 수 있다. 이 어종은 강한 전하를 발생시키는 능력으로 알려져 있으며, 이런 이유로 그 이름이 붙여졌다.

어린 전기뱀장어는 약 100볼트의 전기를 만들어낼 수 있는데, 이것은 토스터 오븐 같은 전자 제품을 가동하기에 거의 충분하다. 한편, [67]성체는 600볼트까지 전기를 생산할 수 있는데, 이것은 단순한 물리적 접촉만으로도 큰 먹잇감을 죽일 수 있다. 실제로, 전기뱀장어가 전기 충격으로 다 자란 말을 죽이는 것이 관찰되었다.

길고, 둥글고, 비늘이 없는 몸통과 짧고 납작한 머리 때문에 전기뱀장어는 다른 장어들과 외형이 비슷하다. 그러나 [68]이 종은 사실 나이프피시과에 속한다. 이 어종은 2.5미터까지 자랄 수 있고 무게는 많게는 20킬로그램까지 나간다. 아랫배 부분이 노르스름하고 몸통은 짙은 회색이 도는 녹색이다. 전기뱀장어는 전형적으로 작은 포유류, 어류, 해파리, 벌레를 잡아먹는다. 수컷 전기뱀장어는 평균 수명이 약 10~15년이고, 암컷은 이보다 길게 12~22년을 산다.

연구들이 보여주는 바에 의하면 전기뱀장어는 자신이 생산하는 전기량을 [72]조절할 수 있다. 그들은 다른 전기뱀장어와 의사소통하거나, 먹이를 찾아다니거나, 움직이지 않을 때는 더 낮은 전하를 유지한다. [69]먹잇감을 기절시키거나 자신을 방어하기 위해서는 전압을 늘린다. 전기뱀장어는 쉼 없이 움직이거나 흥분할 때는 두 시간 연속으로 전기를 방출할 수 있다.

Because of their size and capacity to generate electricity, electric eels are often displayed in public aquariums as popular attractions. [70]They are usually isolated from other fish, and are kept in big tanks with thick, non-conductive sides to protect observers.

Some fish collectors keep electric eels as special [73]attractions despite the danger they pose. Since the eels need special care and can grow quite large, it is rare to find them in private collections. [71]Some countries have placed restrictions on the ownership of electric eels to prevent the fish from becoming a public hazard.

그 크기와 전기를 생산하는 능력 때문에, 전기뱀장어는 종종 인기 있는 명물로서 공공 수족관에서 내보여진다. [70]그들은 보통 다른 어종으로부터 격리되며, 관찰자들을 보호하기 위해 측면이 두껍고, 비전도성인 큰 수조에 있게 된다.

일부 어류 수집가들은 전기뱀장어가 일으키는 위험에도 불구하고 특별한 [73]명물로서 전기뱀장어를 기른다. 장어는 특별한 보호가 필요하고 꽤 크게 자랄 수 있기 때문에 이들을 개인 소장하는 경우는 찾아보기 힘들다. [71]일부 국가에서는 이 어종이 공공에 위험 요소가 되는 것을 막기 위해 전기뱀장어의 소유에 제한을 두고 있다.

| 어휘 | electric eel 전기뱀장어 native to ~원산의 floodplain 범람원 swamp 습지, 늪 creek 개울, 시내 ability 능력 generate 발생시키다 electric charge 전하 hence 이런 이유로 electricity 전기 power 동력을 공급하다, 작동시키다 electric appliance 전자 제품 meanwhile 한편 prey 먹이, 사냥감; 잡아먹다 mere 단순한, 단지 ~에 불과한 physical 물리적인 contact 접촉 observe 관찰하다 full-grown 다 자란 scaleless 비늘이 없는 flattened 납작해진 similar 비슷한 appearance 외형, 모습 species 종 belong to ~에 속하다 family (동식물 분류상의) 과(科) underbelly 아랫배 부분 mammal 포유류 jellyfish 해파리 average lifespan 평균 수명 be capable of ~할 수 있다 regulate 조절[조정]하다 maintain 유지하다 communicate 의사소통하다 at rest 움직이지 않는 voltage 전압 stun 기절시키다 defend 방어[수비]하다 emit 방출하다, 내뿜다 consecutive 연속적인 restless 부단히 활동하는 agitated 흥분한, 동요한 capacity 능력 display 내보이다, 전시하다 attraction 명물 isolate 격리하다, 고립시키다 non-conductive 비전도성의 protect 보호하다 observer 관찰자 collector 수집가 pose (위험·문제 등을) 제기하다 care 보호, 보살핌 place restrictions on ~에 제한을 두다 ownership 소유 prevent 막다, 방지하다 hazard 위험 (요소)

67 특정 세부사항 문제

🔑 **KEY** 질문의 키워드 adult electric eel이 언급된 곳 주변을 읽는다.

What was an adult electric eel witnessed to have done?	전기뱀장어 성체가 무엇을 하는 것이 목격되었는가?
(a) bring down a large land mammal (b) provide power to kitchen appliances (c) live in different bodies of water (d) feed on a mature horse	**(a) 거대한 육상 포유동물을 쓰러뜨리는 것** (b) 주방용 가전제품에 동력을 공급하는 것 (c) 여러 수역에서 사는 것 (d) 다 자란 말을 먹고사는 것

why 정답? 두 번째 단락에서 전기뱀장어 성체는 600볼트까지 전기를 생산할 수 있어서 실제로 전기뱀장어가 전기 충격으로 다 자란 말을 죽이는 것이 관찰되었다고 했으므로 (a)가 정답이다.

» observed → witnessed

» killing a full-grown horse → bring down a large land mammal

why 오답? (b) 어린 전기뱀장어가 만들어내는 전기의 전압을 설명하기 위해 토스터 같은 전자기기를 예로 들었을 뿐 실제로 가동시키는 것이 목격되었다는 말은 없으므로 오답이다.

| 어휘 | witness 목격하다 bring down ~을 쓰러뜨리다, 떨어뜨리다 a body of water 수역 feed on ~을 먹고살다 mature 다 자란, 성인이 된

68 추론 문제

🔑 **KEY** 전기뱀장어 어종의 특징이 설명된 단락을 읽는다.

According to the article, why is "electric eel" probably an unsuitable name for the fish?	이 글에 따르면, '전기뱀장어'가 이 어종의 이름으로 부적합한 이유는 아마도 무엇이겠는가?
(a) because it doesn't really create electricity (b) because it looks different from an eel **(c) because it belongs to a different fish family** (d) because it should have been called a "knife eel"	(a) 실제로 전기를 만들어내지 않기 때문에 (b) 장어와는 외형이 다르기 때문에 **(c) 다른 어족에 속하기 때문에** (d) '나이프 장어'라고 불렸어야 했기 때문에

why 정답? 세 번째 단락에서 전기뱀장어는 장어와 외형이 비슷하지만, 사실 나이프피시 어족으로 장어와 다른 어족에 속한다고 했으므로 (c)가 정답이다.

| 어휘 | unsuitable 적합하지 않은

69 특정 세부사항 문제

🔑 **KEY** 질문의 키워드 increase와 electric charges가 언급된 곳 주변을 읽는다.

When do electric eels increase their electric charges?	전기뱀장어는 언제 자신의 전하를 늘리는가?
(a) when they are interacting with their own species **(b) when they are attacking their prey** (c) when they are looking for food (d) when they are inactive	(a) 자기 종과 교감하고 있을 때 **(b) 먹잇감을 공격하고 있을 때** (c) 먹이를 찾고 있을 때 (d) 활동하지 않을 때

why 정답? 네 번째 단락에서 전기뱀장어는 만들어내는 전기량을 조절할 수 있는데, 먹잇감을 기절시키거나 자신을 방어하기 위해서 전압을 늘린다고 했으므로 (b)가 정답이다.

» stun prey → attacking their prey

why 오답? (a), (c), (d)는 모두 전기뱀장어가 오히려 낮은 전하를 유지할 때에 해당하므로 오답이다.

| 어휘 | interact with ~와 교감하다   attack 공격하다   inactive 활동하지 않는

70 추론 문제

🔑 **KEY** 질문의 키워드 tanks가 언급된 곳 주변을 읽는다.

Why most likely are electric eels separated from other fish in tanks?	수조에서 전기뱀장어를 다른 어종과 분리하는 이유는 무엇일 것 같은가?
(a) They cannot survive with other fish. (b) They are less popular. **(c) They might electrocute the other fish.** (d) They might not be noticed by people.	(a) 다른 어종과 함께 있으면 생존할 수 없다. (b) 인기가 덜하다. **(c) 다른 어류를 감전사시킬지도 모른다.** (d) 사람들이 주목하지 않을지도 모른다.

why 정답? 다섯 번째 단락에서 전기뱀장어를 측면이 두껍고 비전도성인 수조에 따로 둔다고 했으므로, 함께 둘 경우 다른 어종을 감전시킬 가능성 때문에 이들을 격리시키는 것임을 추론할 수 있다. 따라서 (c)가 정답이다.

» isolated from → separated from

| 어휘 | separate A from B A를 B에서 분리하다, 떼어놓다   survive 생존하다, 살아남다   electrocute 감전사시키다   notice 주목하다

71 특정 세부사항 문제

KEY 질문의 키워드 restrictions on the ownership이 언급된 곳 주변을 읽는다.

Why have some countries placed restrictions on the ownership of electric eels?	일부 국가들이 전기뱀장어 소유에 제한을 둔 이유는 무엇인가?
(a) because they are not native to the country	(a) 해당 국가가 원산이 아니기 때문에
(b) to avoid exposing people to potential danger	**(b) 사람들이 잠재적 위험에 노출되는 것을 막기 위해**
(c) because the species is endangered	(c) 이 종이 멸종 위기에 놓여 있기 때문에
(d) to prevent them from growing too large	(d) 너무 크게 자라는 것을 방지하기 위해

why 정답? 마지막 단락에서 일부 국가에서는 전기뱀장어가 공공에 위험 요소가 되지 않도록 그 소유에 제한을 두고 있다고 했으므로 (b)가 정답이다.

» prevent the fish from becoming a public hazard → avoid exposing people to potential danger

| 어휘 | avoid 막다, 피하다   expose 노출시키다   potential 잠재적인   endangered 멸종 위기에 처한

72 동의어 문제

KEY regulating이 포함된 부분을 읽고 문맥을 파악한다.

In the context of the passage, regulating means _____.	지문의 문맥에서, regulating은 –을 의미한다.
(a) normalizing	(a) 정상화하다
(b) monitoring	(b) 감시하다
(c) allowing	(c) 허락하다
(d) controlling	**(d) 제어하다**

why 정답? regulating이 포함된 부분은 '전기뱀장어는 자신이 생산하는 전기량을 조절할 수 있다'라는 의미이므로 regulating이 '조절하다, 통제하다'라는 의미로 사용되었음을 알 수 있다. 따라서 이와 유사한 의미의 (d) controlling이 정답이다.

73 동의어 문제

KEY attractions가 포함된 부분을 읽고 문맥을 파악한다.

In the context of the passage, attractions means _____.	지문의 문맥에서, attractions는 –을 의미한다.
(a) features	**(a) 특징**
(b) prizes	(b) 상, 상품
(c) models	(c) 모형
(d) samples	(d) 견본

why 정답? attractions가 포함된 부분은 '일부 어류 수집가들은 위험에도 불구하고 특별한 명물로서 전기뱀장어를 기른다'라는 의미이므로 attractions가 '사람을 끄는 명물' 또는 '매력적인 요소'라는 뜻으로 사용되었음을 알 수 있다. 따라서 이와 유사하게 '두드러진 특징, 특색'을 뜻하는 (a) features가 정답이다.

PART 4 74-80 비즈니스 편지 **여행 상품 소개 및 구매 권유**

Mrs. Laura Lane
54 Eldridge Street
New York City, NY 10002

Greetings! Mrs. Lane, our records show it has been more than one year since you booked a vacation with our agency. Are you ready for a break from the stress of daily life? If you are interested in seeing more of the world but ⁷⁹apprehensive about the expense, we at Travel Spree Tours can help!

We offer a wide selection of Dream Travel Packages, from ⁷⁴⁻⁽ᶜ⁾nature getaways and ⁷⁴⁻⁽ᵈ⁾discount shopping trips to ⁷⁴⁻⁽ᵇ⁾cultural and historical tours, all at very reasonable prices. So, if you have a dream vacation in mind, we can help you turn it into a ⁸⁰reality. If you haven't decided on an ideal destination for your next vacation, we have created a list of special guided group tour packages to match your unique profile:

Package A (Bangkok, Thailand) – Three days, two nights. ⁷⁵Includes airfare, hotel accommodations, breakfast, and guided tours.
Price: ⁷⁴$1,050* (USD) per person

Package B (Paris, France) – Four days, three nights. ⁷⁵Includes airfare, theater tickets, hotel accommodations, breakfast, land transportation, and guided tours.
Price: ⁷⁴$3,425* (USD) per person

Package C (Athens and Mykonos, Greece) – Six days, five nights. ⁷⁵Includes airfare, airport transfers, hotel accommodations, breakfast and dinner, land transportation, and guided tours.
Price: ⁷⁴$3,550* (USD) per person

⁷⁶*does not include taxes

⁷⁷If you reserve any of these packages within March, we will give you a 25% discount. ⁷⁸We have more vacation packages available on our website at www.travelspree.net. For other inquiries, you may contact our customer center at (564) 938-6356. We will be more than happy to help plan your trip of a lifetime.

Very truly yours,

Jessie Patrick
Sales Manager
Travel Spree Tours

guided 가이드가 안내하는   match 맞다, 일치하다   unique 고유의, 독특한   include 포함하다   airfare 항공료   accommodation 숙박 시설   land transportation 육상 교통편   reserve 예약하다   available 이용 가능한   inquiry 문의

74 True/Not true 문제

○━ KEY   패키지 상품의 세부 내용을 확인 및 비교한다.

What will a client not be able to do by booking any of the three travel packages?	고객이 3개의 여행 패키지 중 하나를 예약할 경우 할 수 없을 것은 무엇인가?
(a) take an all-expense-paid break (b) visit museums and old churches (c) swim or snorkel at the beach (d) shop for items at lower prices	**(a) 비용이 전액 지불되는 휴가를 간다.** (b) 박물관과 오래된 교회를 방문한다. (c) 해변에서 수영을 하거나 스노클링을 한다. (d) 더 인하된 가격에 상품을 구입한다.

♀ **why 정답?** 모든 패키지에 가격이 명시되어 있으므로 3개의 패키지 중 어느 것을 예약해도 비용이 전액 지불되지 않음을 알 수 있다. 따라서 (a)가 정답이다.

» nature getaways → swim or snorkel at the beach
» discount shopping trips → shop for items at lower prices
» cultural and historical tours → visit museums and old churches

| 어휘 | all-expense-paid 비용이 전액 지불되는

75 True/Not true 문제

○━ KEY   보기의 키워드와 지문 내용을 대조하며 보기를 하나씩 소거한다.

What is not commonly included in the Dream Travel Packages?	드림 트래블 패키지에 공통적으로 포함되지 않는 것은 무엇인가?
(a) regular meals (b) travel accommodations (c) guided tour activities **(d) admission to shows**	(a) 정규 식사 (b) 여행 숙박 시설 (c) 가이드가 안내하는 관광 활동 **(d) 공연 입장료**

♀ **why 정답?** 패키지 B에만 극장 티켓, 즉 공연 입장료가 포함되어 있으므로 (d)가 정답이다.

» theater tickets → admission to shows

| 어휘 | commonly 공통적으로   admission 입장(료)

76 특정 세부사항 문제

○━ KEY   가격 정보가 나오는 부분을 읽는다.

Aside from the main package price, what else do people have to pay for?	주요 패키지 가격 외에, 사람들은 그 밖의 무엇에 대해 지불해야 하는가?
(a) tour guide fees **(b) additional taxes** (c) booking charges (d) dinner buffet	(a) 관광 가이드 요금 **(b) 부가세** (c) 예약 수수료 (d) 저녁 뷔페 식사

♀ **why 정답?** 패키지 상품의 가격을 소개한 다음 세금이 포함되지 않은 가격임을 명시했으므로 (b)가 정답이다.

| 어휘 | aside from ~외에, ~을 제외하고　fee 요금, 수수료　additional tax 부가세　charge 수수료, 요금

77 추론 문제

🔑 **KEY** 질문의 키워드 March가 언급된 곳 주변을 읽는다.

Why most likely would Laura Lane choose to buy a travel package in March? (a) to qualify for a free trip to Paris **(b) to pay only 75% of the total package price** (c) to get discounts from shopping malls (d) to be exempted from levies	왜 로라 레인이 3월에 여행 패키지를 구입하기로 결정할 것 같은가? (a) 무료로 파리를 여행할 수 있는 자격을 얻기 위해 **(b) 총 패키지 가격의 75%만 지불하기 위해** (c) 쇼핑몰에서 할인을 받기 위해 (d) 추가 부담금을 면제받기 위해

❓ **why 정답?** 마지막 단락에서 3월에 패키지를 예약하면 25% 할인해주겠다고 했으므로 75%에 해당하는 금액만 지불하면 될 것임을 유추할 수 있다. 따라서 (b)가 정답이다.

≫ 25% discount ➜ pay only 75% of the total package price

| 어휘 | qualify for ~의 자격을 얻다　exempt 면제하다　levy 추가 부담금

78 특정 세부사항 문제

🔑 **KEY** 질문의 키워드 more vacation packages가 언급된 곳 주변을 읽는다.

According to the letter, how can Lane get information on more vacation packages? (a) She can call the sales manager directly. (b) She can write the company back. **(c) She can visit the company's website.** (d) She can visit the company's office.	편지에 따르면, 레인은 어떻게 더 많은 휴가 패키지에 관한 정보를 얻을 수 있는가? (a) 영업 매니저에게 바로 전화하면 된다. (b) 회사에 답장을 쓰면 된다. **(c) 회사의 웹사이트를 방문하면 된다.** (d) 회사의 사무실을 방문하면 된다.

❓ **why 정답?** 마지막 단락에서 회사 웹사이트에 이용 가능한 더 많은 휴가 패키지가 있다고 했으므로 (c)가 정답이다.
❌ **why 오답?** (a) 명시된 전화번호는 고객 센터 연락처이므로 헷갈리지 않도록 주의한다.

| 어휘 | directly 바로, 곧장

79 동의어 문제

🔑 **KEY** apprehensive가 포함된 부분을 읽고 문맥을 파악한다.

In the context of the passage, apprehensive means _____. **(a) worried** (b) confident (c) satisfied (d) surprised	지문의 문맥에서, apprehensive는 -을 의미한다. **(a) 걱정하는** (b) 자신감 있는 (c) 만족하는 (d) 놀라는

❓ **why 정답?** apprehensive가 포함된 부분은 '비용 때문에 걱정이라면 트래블 스프리 투어가 도와줄 수 있다'라는 의미이므로 apprehensive가 '걱정하는, 우려하는'이라는 의미로 사용되었음을 알 수 있다. 따라서 같은 의미의 (a) worried가 정답이다.

80 동의어 문제

KEY reality가 포함된 부분을 읽고 문맥을 파악한다.

In the context of the passage, reality means _____.

(a) practicality
(b) fantasy
(c) actuality
(d) accuracy

지문의 문맥에서, reality는 –을 의미한다.

(a) 실용성
(b) 공상
(c) 현실
(d) 정확성

why 정답? reality가 포함된 부분은 '생각하고 있는 멋진 휴가를 현실로 바꾸는 것을 도와주겠다'라는 의미이므로 reality가 '현실'이라는 의미로 사용되었음을 알 수 있다. 따라서 같은 의미의 (c) actuality가 정답이다.

TEST 3 정답 모아보기

GRAMMAR SECTION
1 (d) 2 (d) 3 (c) 4 (b) 5 (c) 6 (a) 7 (d) 8 (a) 9 (b) 10 (d) 11 (a) 12 (c) 13 (a) 14 (c)
15 (d) 16 (c) 17 (a) 18 (b) 19 (d) 20 (b) 21 (d) 22 (c) 23 (a) 24 (b) 25 (b) 26 (b)

LISTENING SECTION
27 (c) 28 (d) 29 (a) 30 (a) 31 (c) 32 (b) 33 (d) 34 (b) 35 (c) 36 (a) 37 (a) 38 (d) 39 (c) 40 (d)
41 (b) 42 (c) 43 (a) 44 (b) 45 (d) 46 (c) 47 (a) 48 (a) 49 (b) 50 (c) 51 (d) 52 (b)

READING & VOCABULARY SECTION
53 (c) 54 (a) 55 (b) 56 (d) 57 (b) 58 (a) 59 (c) 60 (b) 61 (a) 62 (c) 63 (d) 64 (d) 65 (b) 66 (a)
67 (c) 68 (a) 69 (b) 70 (d) 71 (c) 72 (a) 73 (b) 74 (a) 75 (c) 76 (d) 77 (b) 78 (c) 79 (a) 80 (b)

G-TELP 최신 기출문제

TEST 3

- GRAMMAR SECTION
- LISTENING SECTION
- READING & VOCABULARY SECTION

TEST 3 나의 점수는?

점수 계산법 p.011
문제(책속책) p.050

GRAMMAR _____ / 26
LISTENING _____ / 26
READING & VOCABULARY _____ / 28

총점 _____ 점 (_____ / 80)

※ 틀린 문제/헷갈렸던 문제는 반드시 **복습**하고 다음 **TEST**로 넘어가세요.

GRAMMAR SECTION

01 준동사 — 동명사를 목적어로 취하는 동사

KEY 보기를 통해 준동사 문제임을 알 수 있으므로 빈칸 앞뒤를 먼저 확인한다.

Despite the praise Julia has received from management, her drive to excel at work is alienating her from her workmates. Nonetheless, Julia will not tolerate _____ second-rate work just to please her less motivated colleagues.

(a) to have produced
(b) having to produced
(c) to produce
(d) producing

줄리아가 경영진으로부터 받은 칭찬에도 불구하고, 업무에서 뛰어나고자 하는 그녀의 욕구는 동료들로부터 그녀를 멀어지게 만들고 있다. 그렇더라도, 줄리아는 단지 의욕이 덜한 자신의 동료들 기분을 맞추려고 2류의 작업물을 내놓는 것을 용인하지 않을 것이다.

why 정답? 빈칸 앞 동사 tolerate는 동명사를 목적어로 취하므로 동명사 (d) producing이 정답이다.

핵심 개념 콕콕 동명사를 목적어로 취하는 동사

recommend -ing ~하는 것을 추천하다, 권장하다
admit -ing ~하는 것을 인정하다
avoid -ing ~하는 것을 피하다
tolerate -ing ~하는 것을 용인하다, 참다
keep -ing 계속 ~하다
consider -ing ~하는 것을 생각하다, 고려하다

mind -ing ~하는 것을 꺼리다
suggest -ing ~하는 것을 제안하다
involve -ing ~하는 것을 포함하다
imagine -ing ~하는 것을 상상하다
deny -ing ~하지 않았다고 말하다
enjoy -ing ~하는 것을 즐기다

| 어휘 | praise 칭찬   management 경영진, 관리진   drive 욕구, 투지, 추진력   excel at ~에 뛰어나다, 탁월하다   alienate 멀어지게 만들다   workmate 동료   nonetheless 그럼에도   tolerate 용인하다, 참다   second-rate 2류의, 열등한   motivated 의욕을 가진, 동기부여된   colleague 동료

02 가정법 — 가정법 과거완료

KEY 빈칸 문장의 if를 통해 가정법 문제임을 알 수 있으므로 가정법 시제 관련 단서를 파악한다.

Casey lost her chance to impress Harvard University's admissions officers because she was late for her interview. If she _____ in Cambridge the night before, she would have made the interview on time.

(a) was arriving
(b) arrived
(c) would arrive
(d) had arrived

케이시는 면접에 늦었기 때문에 하버드 대학교 입학 사정관들에게 좋은 인상을 줄 기회를 잃었다. 만약 그녀가 전날 밤에 케임브리지에 도착했다면, 제때 면접에 도착했을 것이다.

why 정답? 주절의 동사가 '조동사의 과거 + have + p.p.' 형태인 would have made이므로 If절의 동사는 'had + p.p.' 형태가 되어 가정법 과거완료 구문을 완성해야 한다. 따라서 (d) had arrived가 정답이다.

핵심 개념 콕콕 가정법 과거완료

형태: If + 주어 + had + p.p., 주어 + 조동사의 과거 + have + p.p.
Had + 주어 + p.p., 주어 + 조동사의 과거 + have + p.p. (If 생략)
→ 과거에 있었던 사실을 반대로 가정하여 말한다.

| 어휘 | impress 깊은 인상을 주다 admissions officer 입학 사정관 on time 제때, 제시간에

03 시제 — 과거완료진행

🔑 **KEY** 보기를 통해 시제 문제임을 알 수 있으므로 시간 표현 관련 단서를 파악한다.

After working for Western National Bank as an assistant manager for 20 years, Paul was fired from his job. He _____ company funds for quite some time before an external audit revealed the irregularity.

(a) misused
(b) had misused
(c) had been misusing
(d) was misusing

웨스턴 국립 은행에서 20년간 대리로 근무한 뒤 폴은 직장에서 해고되었다. 그는 외부 회계 감사가 부정을 밝혀내기 전 꽤 한동안 회사 자금을 오용해오고 있었다.

💡 **why 정답?** 빈칸 뒤에 과거의 특정 시점을 기준으로 그 이전부터 진행되어 온 일을 나타낼 때 쓰는 'for + 기간 표현 + before + 과거 동사'가 있으므로 과거완료진행 시제인 (c) had been misusing이 정답이다.

❌ **why 오답?** (b) had misused는 과거완료 시제로, 과거 시점에 완료된 동작을 나타내는 데 초점을 맞춘다. 따라서 이 문제에서처럼 대과거로부터 과거의 특정 시점까지 진행 중이던 동작에 초점을 맞출 때는 과거완료진행 시제가 더 적절하다.

핵심 개념 콕콕 과거완료진행

형태: had been + -ing
함께 쓰이는 시간 표현: 'for + 기간 표현'과 'before[until/by the time] + 과거 동사/시점'이 함께 온다.
→ 과거의 특정 시점을 기준으로 그 이전에 시작된 행위가 기준 시점까지 계속 진행 중임을 나타낸다.

| 어휘 | assistant manager 대리, 부팀장 fire 해고하다 fund 자금, 기금 external 외부의 audit 회계 감사 reveal 밝히다, 드러내다 irregularity 부정, 변칙, 이상 misuse 오용[악용]하다

04 관계사 — 주격 관계대명사 who

🔑 **KEY** 보기를 통해 관계사 문제임을 알 수 있으므로 빈칸 앞 선행사를 먼저 확인한다.

Jay originally wanted to buy a new car. However, his friend Carl, _____, advised him to buy one that's been lightly used. Pre-owned cars, according to Carl, have lower up-front costs and insurance premiums.

(a) when he had just bought a car himself
(b) who had just bought a car himself
(c) that had just bought a car himself
(d) which had just bought a car himself

제이는 원래 새 차를 사고 싶었다. 그러나 이제 막 직접 차를 구입한 친구 칼이 얼마 안 쓴 차를 사라고 조언했다. 칼에 따르면, 중고 차량은 초기 비용과 보험료가 더 적게 든다고 한다.

💡 **why 정답?** 사람 선행사 his friend Carl을 수식하고, 관계사절 내에서 동사 had bought의 주어 역할을 하면서 콤마(,) 뒤에 올 수 있는 관계대명사가 필요하므로 (b) who had just bought a car himself가 정답이다.

❌ **why 오답?** (c)의 that도 사람 선행사를 수식하는 주격 관계대명사이지만, 콤마 뒤에 올 수 없으므로 오답이다.
(d)의 which는 사물 선행사를 수식하므로 오답이다.

핵심 개념 콕콕 관계대명사의 계속적 용법

관계대명사의 계속적 용법(관계대명사 앞에 콤마가 있는 경우)은 선행사에 대한 보충 설명으로, that은 계속적 용법으로 쓸 수 없다.
She had two sons, who became teachers. = She had two sons, and they became teachers.
그녀는 교사가 된 두 아들이 있었다.　　　　　　　그녀는 두 아들이 있었는데, 그들은 교사가 되었다.
She had two sons, that became teachers. (X)

| 어휘 | originally 원래, 본래   advise 조언하다, 충고하다   lightly 약간, 조금   pre-owned 중고의, 다른 사람이 소유하고 있던   up-front cost 초기 비용, 선지급 비용   insurance premium 보험료

05 연결어 — 접속사

KEY 보기를 통해 연결어 문제임을 알 수 있으므로 전체 문맥을 파악한다.

I'm glad that Diane has promised to go with us to the beach next weekend. I really hope she doesn't change her mind _____ we hardly go out anymore. Diane is always working overtime nowadays.

(a) although
(b) so
(c) because
(d) but

다이앤이 다음 주말에 우리와 함께 해변에 가기로 약속해서 기쁘다. 우리는 요새 거의 외출을 하지 않기 때문에 나는 정말로 그녀가 마음을 바꾸지 않기를 바란다. 다이앤은 요즘 항상 초과 근무를 하고 있다.

why 정답? 다이앤이 해변에 가기로 한 약속을 바꾸지 않길 바라는 이유는 요새 거의 함께 외출을 하지 못하기 때문이라는 의미가 되어야 자연스럽다. 따라서 이유를 나타내는 접속사 (c) because가 정답이다.

핵심 개념 콕콕 부사절 접속사의 종류와 의미

양보	though, even though, although(비록 ~일지라도)
이유	because, since, as(~때문에), now that(~이니까)
조건	if(만약 ~라면), unless(만약 ~가 아니라면), as long as(~하는 한)
목적	so that, in order that(~하기 위해)
대조	while(~하는 반면에)

| 어휘 | promise to do ~하기로 약속하다   change one's mind 생각을 바꾸다   hardly 거의 ~않다[아니다]   work overtime 초과 근무를 하다   nowadays 요즘에

06 조동사 — 조동사 must

KEY 보기를 통해 조동사 문제임을 알 수 있으므로 전체 문맥을 파악한다.

The *ketogenic diet* requires a person to obtain energy from protein and fat instead of carbohydrates. Although an effective way to lose weight quickly, one _____ remember that little has been documented about the diet's long-term effects.

(a) must
(b) will
(c) can
(d) might

'케톤체 다이어트'는 사람들이 탄수화물 대신 단백질과 지방으로부터 에너지를 얻을 것을 요구한다. 빨리 체중을 줄이는 효과적인 방법일지라도, 이 다이어트의 장기 효과에 관해서는 거의 기록으로 입증된 것이 없음을 기억해야 한다.

> **why 정답?** 문맥상 '빨리 체중을 줄이는 방법일지라도 케톤체 다이어트의 장기 효과에 관해서는 입증된 기록이 거의 없음을 기억해야 한다'라는 의미가 적합하므로 '~해야 한다'라는 뜻의 당위를 나타내는 (a) must가 정답이다.
>
> **why 오답?** (b) will은 '~할 것이다'라는 미래를, (c) can은 '~할 수 있다'라는 가능성을, (d) might는 '~일지도 모른다'라는 추측을 나타내므로 모두 문맥에 적합하지 않아 오답이다.

핵심 개념 콕콕 | 의무/당위를 나타내는 조동사 must vs. should

must: ~해야 한다(= have to) → 강한 의무, 주의사항이나 지시사항을 말할 때 사용
should: ~해야 한다, ~하는 게 좋겠다(= ought to) → 권장하는 뉘앙스

| 어휘 | ketogenic diet 케톤체 생성성 식사(저탄수화물, 고지방식에 있어서 케톤체 생성을 재촉하는 식사) require 요구하다 obtain 얻다, 획득하다 protein 단백질 fat 지방 instead of ~대신에 carbohydrate 탄수화물 effective 효과적인 document 기록하다, 서류로 입증하다 long-term 장기간의 effect 효과

07 연결어 - 접속부사

KEY 보기와 빈칸 뒤 콤마를 통해 접속부사 문제임을 알 수 있으므로 전체 문맥을 파악한다.

Michael is very happy with the reviews he received about his first directorial job. _____, one critic even said that Michael's movie was so well made, it outshined the work of many veteran directors. (a) Thus (b) In short (c) Still **(d) In fact**	마이클은 자신의 첫 번째 감독 작업에 대해 받은 논평들에 매우 만족한다. 사실, 한 평론가는 심지어 마이클의 영화가 아주 잘 만들어져서 많은 베테랑 감독들의 작품보다 더 뛰어나다고 말했다.

> **why 정답?** 빈칸 앞 문장은 마이클이 감독한 영화가 좋은 평가를 받았다는 내용이고, 뒤 문장은 구체적인 평가 내용이다. 따라서 앞에 제시된 내용에 대한 구체적 사실을 나열할 때 쓰는 접속부사인 (d) In fact가 정답이다.
>
> **why 오답?** (a) Thus는 '따라서, 그러므로'라는 뜻으로 인과 관계를, (b) In short는 '요컨대'라는 뜻으로 앞 내용의 요약을, (c) Still은 '그런데도, 그럼에도 불구하고'라는 뜻으로 양보를 나타내므로 모두 문맥에 적합하지 않아 오답이다.

핵심 개념 콕콕 | 접속부사의 종류

대조/양보	nevertheless, nonetheless, however, on the other hand, in contrast, still, otherwise
첨가/부연	furthermore, in addition, moreover, in fact
강조	above all, first of all
인과	therefore, thus, hence, so, consequently, as a result
요약	in short, in brief, to summarize

| 어휘 | review 논평, 비평 directorial (영화) 감독의 critic 평론가, 비평가 outshine ~보다 더 뛰어나다 veteran 베테랑, 전문가 director 감독

08 시제 — 과거진행

🔑 **KEY** 보기를 통해 시제 문제임을 알 수 있으므로 시간 표현 관련 단서를 파악한다.

Gary is featured in the *Greenfield Gazette* today for surrendering an envelope full of money to the authorities. While he _____ home from work the other night, he found the envelope lying on the pavement. (a) was walking (b) had walked (c) walked (d) would walk	게리는 돈이 가득 든 봉투를 당국에 넘겨준 것으로 오늘 <그린필드 가제트> 지에 크게 실렸다. 며칠 전 밤 그는 퇴근해서 집으로 걸어가는 중에 보도 위에 놓인 그 봉투를 발견했다.

💡 **Why 정답?** 접속사 While(~하는 동안)과 과거 시점 표현 the other night가 쓰였다. 따라서 과거 시점에서 동작의 진행을 강조하는 과거진행 시제인 (a) was walking이 정답이다.

❌ **Why 오답?** (c) walked는 단순 과거 시제로 진행의 의미가 없다. 또한, 이 문제에서처럼 과거에 동시에 일어난 일을 묘사할 때는 먼저 일어나 진행 중이던 일은 과거진행 시제로, 도중에 일어난 일은 과거 시제로 나타내므로 오답이다.
(d) 'would + 동사원형'은 '~하곤 했었다'라는 의미로 과거의 습관이나 반복적인 행동을 나타내므로 오답이다.

📌 **핵심 개념 콕콕** **과거진행**

형태: was/were + -ing
함께 쓰이는 시간 표현: at the moment / at that time / when[while] + 과거 동사
→ 과거 어느 때에 동작이 진행 중이었음을 나타낸다.

| 어휘 | feature (신문 따위가) ~을 특종[특집]으로 하다, 대서특필하다 surrender 넘겨주다 authorities 당국, 관계자 pavement 보도, 인도

09 가정법 — 가정법 과거

🔑 **KEY** 빈칸 문장의 if를 통해 가정법 문제임을 알 수 있으므로 가정법 시제 관련 단서를 파악한다.

Malik is not looking forward to his intercontinental flight, since he has never been able to sleep on airplanes. He could rest peacefully if only the plane _____ at 30 feet instead of 30,000. (a) is flying (b) were flying (c) does fly (d) will fly	말리크는 대륙 간 비행을 기대하지 않는데, 왜냐하면 비행기에서 잠을 제대로 자본 적이 한 번도 없기 때문이다. 비행기가 3만 피트가 아닌 30피트 상공에서 비행하기만 한다면 그는 평화롭게 쉴 수 있을 것이다.

💡 **Why 정답?** if절이 if only로 시작하는 가정법 구문으로, 주절의 동사가 '조동사의 과거형 + 동사원형'이다. 따라서 if절에는 과거 동사가 와서 가정법 과거 구문을 완성해야 하므로 (b) were flying이 정답이다.

📌 **핵심 개념 콕콕** **가정법 과거**

형태: If + 주어 + 과거 동사, 주어 + 조동사의 과거 + 동사원형
→ 현재의 사실을 반대로 가정하여 말한다.

| 어휘 | intercontinental 대륙 간의 peacefully 평화롭게

10 조동사 — 조동사 should 생략

> **KEY** 보기가 동사 형태이고 빈칸 앞에 that이 있으므로 that절 앞에 쓰인 동사나 형용사를 확인한다.

Marianne's boss has asked her to interview five applicants for the position of store manager. He is advising that she _____ the interviews short so she can make a recommendation as soon as possible.

(a) will keep
(b) keeps
(c) is keeping
(d) keep

메리앤의 사장은 그녀에게 점장 자리를 위해 지원자 다섯 명을 면접할 것을 요청했다. 그는 가능한 한 빨리 추천할 수 있도록 면접을 짧게 하라고 그녀에게 조언하고 있다.

why 정답? advise는 제안을 나타내는 동사이므로 뒤에 오는 that절의 동사는 should가 생략된 동사원형 형태를 취한다. 따라서 (d) keep이 정답이다.

핵심 개념 콕콕 주장/요구/제안/명령의 동사 + that절

| 주어 + | ask/order/demand/insist/request/
propose/suggest/recommend/advise | + that + 주어 + (should) + 동사원형 |

| **어휘** | applicant 지원자 position (일)자리, 직위 advise 조언하다, 충고하다 make a recommendation 추천하다 as soon as possible 가능한 한 빨리

11 가정법 — 가정법 과거

> **KEY** 빈칸 문장의 if절을 통해 가정법 문제임을 알 수 있으므로 가정법 시제 관련 단서를 파악한다.

Greenpeace has a fleet of ships that volunteers use to stop environmental crimes, such as the transport of illegal timber. If efforts like this did not exist, Earth's decline _____ unchecked.

(a) would continue
(b) is continuing
(c) has continued
(d) continues

그린피스는 자원봉사자들이 불법 목재 수송 같은 환경 범죄를 막기 위해 사용하는 함대를 보유하고 있다. 이와 같은 노력이 존재하지 않는다면 지구의 쇠퇴는 손쓰지 않은 상태로 계속될 것이다.

why 정답? If절이 'if + 주어 + 과거 동사'로 이루어진 가정법 과거 구문이다. 따라서 빈칸이 포함된 주절은 '주어 + 조동사의 과거 + 동사원형' 형태가 되어야 하므로 (a) would continue가 정답이다.

| **어휘** | a fleet of ships 함대 volunteer 자원봉사자 environmental 환경의 transport 수송, 이동 illegal 불법의 timber 목재, 수목 effort 노력 exist 존재하다 decline 쇠퇴, 퇴보 unchecked 손을 쓰지 않고 놔둔

12 시제 — 미래진행

🔑 **KEY** 보기를 통해 시제 문제임을 알 수 있으므로 시간 표현 관련 단서를 파악한다.

Trevor's parents just called and said they are on their way to his apartment. He is now hastily tidying up, but there's just not enough time. Trevor _____ his apartment when his parents arrive.

(a) will still clean
(b) has still cleaned
(c) will still be cleaning
(d) was still cleaning

트레버의 부모님이 막 전화를 하셔서 그의 아파트로 오는 중이라고 말씀하셨다. 그는 지금 서둘러 치우는 중이지만, 시간이 충분하지 않다. 부모님이 도착할 때면 트레버는 아직 아파트를 청소하는 중일 것이다.

💡 **why 정답?** 시간 부사절에서는 현재 동사로 미래의 의미를 나타낸다. when이 이끄는 시간 부사절의 동사가 현재형 arrive이고, '부모님이 도착할 때쯤이면 트레버는 아직 아파트를 청소하는 중일 것'이라는 의미가 적합하므로 미래진행 시제인 (c) will still be cleaning이 정답이다.

❌ **why 오답?** 단순 미래 시제인 (a) will still clean이 오면 '부모님이 도착한 후에 청소할 것이다'라는 의미가 되므로 문맥에 적합하지 않아 오답이다.

🧠 **핵심 개념 콕콕** 미래진행

형태: will be + -ing
함께 쓰이는 시간 표현: when + 현재 동사
→ 미래에 어떤 동작이 계속 진행 중일 것을 나타낸다.

| 어휘 | hastily 서둘러서, 급히 tidy up 깨끗이 하다, 정돈하다

13 시제 — 현재완료진행

🔑 **KEY** 보기를 통해 시제 문제임을 알 수 있으므로 시간 표현 관련 단서를 파악한다.

Artist Rafael Smith made a sculpture of his dog out of marble. Since unveiling the work, Smith _____ offers from people who want to buy the piece, but he claims that it will always guard his studio.

(a) has been receiving
(b) will receive
(c) receives
(d) is receiving

예술가 라파엘 스미스는 대리석으로 자신의 강아지 조각품을 만들었다. 작업물을 공개한 이후로 스미스는 그 작품을 사고 싶다는 사람들로부터 금전적 제의를 받아왔지만, 그는 그것이 항상 자신의 작업실을 지켜줄 것이라고 주장한다.

💡 **why 정답?** 작품을 공개한 이후(Since unveiling the work), 즉 과거의 특정 시점에서 현재까지 계속되고 있는 일을 서술하고 있으므로 현재완료진행 시제인 (a) has been receiving이 정답이다.

🧠 **핵심 개념 콕콕** 현재완료진행

형태: has/have been + -ing
함께 쓰이는 시간 표현: since + 과거 시점 / for + 기간 / for[over] the past + 기간 표현 / in[during] the last + 기간 표현
→ 과거부터 현재까지 계속되는 동작의 진행을 강조한다.

| 어휘 | sculpture 조각품 marble 대리석 unveil 처음 공개하다 offer (금전적) 제의, 제의한 액수 piece 작품 claim 주장하다 guard 지키다, 보호하다

14 준동사 — 동명사를 목적어로 취하는 동사

> **KEY** 보기를 통해 준동사 문제임을 알 수 있으므로 빈칸 앞뒤를 먼저 확인한다.

Anthropologists used to assume that early humans captured wooly mammoths by chasing and injuring them. However, recent discoveries show that catching the mammoths also involved _____ the giant beasts into man-made pits.

(a) to herd
(b) having herded
(c) herding
(d) would herd

인류학자들은 초기 인류가 털이 뒤덮인 매머드를 추격하고 다치게 만들어서 포획했다고 추정하곤 했다. 그러나 최근 발견은 매머드를 잡는 것에는 또한 사람이 만든 구덩이로 그 거대한 짐승을 모는 것이 포함되었다는 것을 보여준다.

why 정답? 빈칸 앞 동사 involve는 동명사를 목적어로 취하므로 동명사 (c) herding이 정답이다.

why 오답? (b) having herded도 동명사이기는 하지만, 완료 동명사를 쓸 경우 '포함되는' 시점보다 '짐승을 몬' 시점이 앞선다는 의미가 되어 문맥에 적합하지 않으므로 오답이다.

| 어휘 | anthropologist 인류학자 used to do ~하곤 했다 assume 추정하다 capture 포획하다 wooly 털이 뒤덮인, 털북숭이의 mammoth 매머드(멸종한 코끼리과의 포유동물) chase 추격하다, 뒤쫓다 injure 부상을 입히다 discovery 발견 involve 포함[수반]하다 pit 구덩이 herd (짐승을) 몰다

15 관계사 — 주격 관계대명사 that

> **KEY** 보기를 통해 관계사 문제임을 알 수 있으므로 빈칸 앞 선행사를 먼저 확인한다.

The art show has been postponed until next week. One of the glass mosaics _____ was accidentally dropped and is now badly damaged. The artist has been attempting to restore it for three days now.

(a) when it will be featured among the main attractions
(b) who will be featured among the main attractions
(c) which it will be featured among the main attractions
(d) that will be featured among the main attractions

그 미술 전시회가 다음 주로 연기되었다. 주요 전시물에 포함될 예정이던 유리 모자이크 중 하나가 뜻하지 않게 떨어졌고 현재 심하게 파손된 상태다. 작가는 지금 3일째 그것을 복원하려고 하는 중이다.

why 정답? 사물 선행사 One of the glass mosaics를 수식하면서 관계사절 안에서 동사 will be featured의 주어 역할을 하는 관계대명사가 필요하므로 (d) that will be featured among the main attractions가 정답이다.

why 오답? (c)의 which도 사물 선행사를 수식하지만, 주격 관계대명사로 쓰이려면 관계사절에 주어 it이 없어야 하므로 오답이다.

핵심 개념 콕콕 관계대명사의 종류와 격

선행사	주격	소유격	목적격
사람	who	whose	who(m)
사물	which	whose(of which)	which
사람/사물	that	-	that
사물(선행사 포함)	what	-	what

| 어휘 | postpone 연기하다 mosaic 모자이크 accidentally 뜻하지 않게, 우연히 damaged 파손된 attempt to do ~하기를 시도하다 restore 복원[복구]하다 feature 특별히 포함하다 attraction 명물

16 준동사 — 동명사와 to부정사 모두 목적어로 취하는 동사

🔑 **KEY** 보기를 통해 준동사 문제임을 알 수 있으므로 빈칸 앞뒤를 먼저 확인한다.

Miss Harris is advising John to study for the final exam instead of attending basketball practice today. She warns that he may regret _____ his classes, since maintaining good grades is a precondition for his sports scholarship. (a) to fail (b) being failed **(c) failing** (d) to be failing	해리스 씨는 존에게 오늘 농구 연습에 참석하는 대신 기말시험 공부를 하라고 조언하는 중이다. 그녀는 좋은 성적을 유지하는 것이 그의 스포츠 장학금을 위한 전제 조건이기 때문에 그가 낙제한 것을 후회할지도 모른다고 주의를 준다.

why 정답? 빈칸 앞 동사 regret는 목적어가 동명사일 때는 과거의 일(~한 것을 후회하다)을 나타내고, to부정사일 때는 미래의 일(~하게 되어 유감이다)을 나타낸다. '낙제한 것을 후회하게 될지도 모른다'라는 의미가 되어야 하므로 (c) failing이 정답이다.

why 오답? (b) being failed도 동명사이기는 하지만, 수동태 구문으로 뒤에 목적어가 올 수 없으므로 오답이다.

핵심 개념 콕콕 목적어가 동명사일 때와 to부정사일 때 의미가 달라지는 동사

remember -ing ~한 것을 기억하다 — remember to do ~할 것을 기억하다
forget -ing ~한 것을 잊어버리다 — forget to do ~할 것을 잊어버리다
regret -ing ~한 것을 후회하다 — regret to do ~하게 되어 유감이다

| 어휘 | attend 참석하다 practice 연습 warn 주의를 주다, 경고하다 regret 후회하다 maintain 유지하다 grade 성적 precondition 전제 조건 scholarship 장학금 fail 낙제하다

17 가정법 — 가정법 과거완료

🔑 **KEY** 빈칸 문장의 if절을 통해 가정법 문제임을 알 수 있으므로 가정법 시제 관련 단서를 파악한다.

Sandra woke up this morning with chest pain, so we rushed her to the hospital. If we hadn't done so, we _____ that she has angina, which is pain caused by insufficient blood flow to the heart. **(a) wouldn't have learned** (b) didn't learn (c) were not learning (d) have not learned	샌드라가 오늘 아침 일어났을 때 가슴 통증이 있어 우리는 급히 그녀를 병원으로 이송했다. 만약 그렇게 하지 않았다면, 우리는 그녀에게 '협심증'이 있다는 것을 알지 못했을 것인데, 이것은 심장으로 가는 혈류가 불충분해 일어나는 통증이다.

why 정답? If절의 동사가 'had + p.p.' 형태인 hadn't done이므로 빈칸이 포함된 주절의 동사는 '조동사의 과거 + have + p.p.' 형태가 되어 가정법 과거완료 구문을 이루어야 한다. 따라서 (a) wouldn't have learned가 정답이다.

| 어휘 | chest pain 가슴 통증 rush A to B A를 급히 B로 보내다 angina 협심증 cause ~을 야기하다 insufficient 불충분한 blood flow 혈류 learn ~을 알게 되다

18 조동사 — 조동사 should 생략

● **KEY** 보기가 동사 형태이고 빈칸 앞에 that이 있으므로 that절 앞에 쓰인 동사나 형용사를 확인한다.

Marge has to revise her thesis because Professor Thomas thinks that her argument is unclear. The professor recommends that she _____ with him before revising so he can give her detailed feedback.

(a) will consult
(b) consult
(c) consults
(d) is consulting

마지는 토마스 교수가 그녀의 논거가 불명확하다고 생각하기 때문에 자신의 논문을 수정해야 한다. 교수는 그녀에게 자세한 의견을 줄 수 있도록 수정하기 전에 자신과 상의할 것을 권한다.

● **why 정답?** recommend는 제안을 나타내는 동사이므로 뒤에 오는 that절의 동사는 should가 생략된 동사원형 형태를 취한다. 따라서 (b) consult가 정답이다.

| 어휘 | revise 수정하다 thesis 논문 argument 논거, 주장 unclear 불명확한 recommend 권고[권장]하다 detailed 상세한 feedback 의견, 피드백 consult 상의하다, 상담하다

19 조동사 — 조동사 will

● **KEY** 보기를 통해 조동사 문제임을 알 수 있으므로 전체 문맥을 파악한다.

Many people are eagerly awaiting B.E. Phonic's fifth generation smartphone. The electronics giant guarantees that its 5G phones _____ be significantly faster than 4G models without sacrificing compatibility with older phones.

(a) may
(b) can
(c) must
(d) will

많은 사람들이 B.E. 포닉의 5세대 스마트폰을 간절히 기다리고 있다. 이 거대 전자 업체는 자사의 5G 전화기가 기존 전화기와의 호환성을 희생하지 않고도 4G 모델보다 상당히 더 빠를 것임을 보장한다.

● **why 정답?** 문맥상 아직 출시되지 않은 5G 전화기에 대해 '5G 전화기가 기존 전화기와의 호환성을 희생하지 않고도 4G 모델보다 상당히 더 빠를 것임을 보장한다'라는 의미이므로 '~할 것이다'라는 미래/예정을 나타내는 (d) will이 정답이다.

● **why 오답?** (a) may는 '~일지도 모른다'라는 추측, (b) can은 '~할 수 있다'라는 가능성, (c) must는 '~해야 한다'라는 의무 또는 '~임에 틀림없다'라는 강한 추측을 나타내므로 모두 문맥에 적합하지 않아 오답이다.

핵심 개념 콕콕 | 조동사 will의 쓰임
① 미래/예정을 나타낸다. (=be going to)
② 주어의 확실한 의지를 나타낸다.

| 어휘 | eagerly 간절히, 열망하여 await 기다리다 generation 세대 giant 거대 조직[기업] guarantee 보장하다 significantly 상당히, 중요하게 sacrifice 희생하다 compatibility 호환성, 양립 가능성

20 가정법 — 가정법 과거완료

🔑 KEY 빈칸 문장의 if절을 통해 가정법 문제임을 알 수 있으므로 가정법 시제 관련 단서를 파악한다.

News reports said that a bus driving along Highway 7 went out of control because one of its tires burst. People say that the accident _____ if the bus company had been performing stricter pre-trip inspections.

(a) did not happen
(b) would not have happened
(c) had not happened
(d) would not happen

뉴스 보도에 따르면 7번 고속 도로를 따라 주행하던 버스가 타이어 파열로 인해 제동력을 잃었다고 한다. 사람들은 버스 회사가 더 엄격하게 출발 전 점검을 실시했다면 그런 사고는 일어나지 않았을 거라고 말한다.

❓ why 정답? if절이 'if + 주어 + had + p.p.' 형태인 가정법 과거완료 구문이다. 따라서 빈칸이 포함된 주절은 '주어 + 조동사의 과거 + have + p.p.' 형태가 되어야 하므로 (b) would not have happened가 정답이다.

| 어휘 | out of control 통제 불능의 burst 파열 accident 사고 perform 실시하다, 수행하다 strict 엄격한 pre-trip 출발 전의 inspection 점검, 검사

---

21 준동사 — to부정사의 부사적 용법

🔑 KEY 보기를 통해 준동사 문제임을 알 수 있으므로 빈칸 앞뒤를 먼저 확인한다.

The profits earned by tobacco companies should have decreased when higher taxes were imposed on their products. However, these companies have raised the prices of their cigarettes and other tobacco products _____ their losses.

(a) offsetting
(b) to have offset
(c) having offset
(d) to offset

담배 회사 제품에 더 높은 세금이 부과되었을 때 그들이 벌어들이는 수익은 감소했을 것이다. 그러나 이 회사들은 손실을 상쇄하기 위해 담배 및 기타 담배 제품들의 가격을 인상했다.

❓ why 정답? 빈칸 앞에 주어(these companies), 동사(have raised), 목적어(the prices)를 갖춘 완전한 문장이 왔으므로 빈칸 뒤는 수식어구에 해당한다. 문맥상 목적을 나타내는 to부정사가 와서 '손실을 상쇄하기 위해서'라는 의미가 되는 것이 적합하므로 (d) to offset이 정답이다.

❌ why 오답? (b) to have offset도 to부정사이기는 하지만, 완료 부정사로 쓰이면 '가격을 인상한' 시점보다 '손실을 상쇄한' 시점이 더 앞서게 되어 의미가 어색하므로 오답이다.

🌱 핵심 개념 콕콕 to부정사의 부사적 용법

① 목적: ~하기 위해서 ex) We left early **to catch** the train. 우리는 기차를 타기 위해 일찍 출발했다.
② 감정의 원인: ~해서, ~하게 되어 ex) I was surprised **to hear** the news. 나는 그 소식을 듣고 놀랐다.
③ 판단의 근거: ~하다니 ex) He must be kind **to help** the old lady. 그가 그 노부인을 돕다니 분명 친절할 것이다.
④ 형용사 수식: ~하기에 ex) That problem seems very easy **to solve**. 그 문제는 해결하기가 매우 쉬워 보인다.
⑤ 결과: ~하게 되도록, ~해서 …하다 ex) She lived **to be** one hundred. 그녀는 백 살까지 살았다.

| 어휘 | profit 수익, 이익 earn (돈을) 벌다, (수익을) 올리다 tobacco 담배 decrease 감소하다 tax 세금 impose 부과하다 raise 인상하다, 올리다 loss 손실 offset 상쇄[벌충]하다

22 시제 — 미래완료진행

KEY 보기를 통해 시제 문제임을 알 수 있으므로 시간 표현 관련 단서를 파악한다.

Greg is in his last year as a medical student and is looking forward to graduation. By the time he finishes this semester, he _____ nothing but diseases and their treatments for more than six years!

(a) was studying
(b) would have studied
(c) will have been studying
(d) studied

그레그는 의대생으로 마지막 학년이고 졸업을 고대하고 있다. 그가 이번 학기를 마칠 무렵이면 6년 넘게 오직 질병과 그 치료법만 공부해오고 있는 것이다.

why 정답? 미래의 특정 시점까지(By the time he finishes ~) 일정 기간(for more than six years) 지속되는 일에 관해 서술하고 있으므로 미래완료진행 시제인 (c) will have been studying이 정답이다.

핵심 개념 콕콕 미래완료진행

형태: will have been + -ing
함께 쓰이는 시간 표현: 'by[by the time] + 미래 시점'과 'for + 기간 표현'이 함께 온다.
→ 미래의 특정 시점까지 어떤 행위가 계속되는 경우로, 특히 동작의 진행을 강조한다.

어휘 medical student 의대생 graduation 졸업 semester 학기 nothing but 오직, 그저 ~일 뿐인 disease 질병 treatment 치료(법)

23 준동사 — to부정사를 목적어로 취하는 동사

KEY 보기를 통해 준동사 문제임을 알 수 있으므로 빈칸 앞뒤를 먼저 확인한다.

Cindy asked me to go with her to the newly opened clothing boutique on Madison Street. She will be hosting a company dinner for special guests tonight, and needs _____ a nice dress for the occasion.

(a) to buy
(b) having bought
(c) buying
(d) to have bought

신디가 내게 매디슨 가에 새로 문을 연 의상실에 함께 가달라고 부탁했다. 그녀는 오늘 밤 특별한 손님들을 위해 회사 만찬을 주최하는데, 그 행사를 위한 괜찮은 드레스를 사야 한다.

why 정답? 빈칸 앞 동사 need는 to부정사를 목적어로 취하므로 (a) to buy가 정답이다.
why 오답? need는 일반적으로 to부정사를 목적어로 취하지만 때에 따라 동명사가 오기도 하는데, 주어와 동명사 목적어가 의미상 수동 관계를 이룰 때이다. 이 문제에서는 주어 She가 buy의 주체이므로 (c) buying은 오답이다.
(d) to have bought도 to부정사이기는 하지만, 완료 부정사로 쓰일 경우 '필요한' 시점보다 '드레스를 구매하는' 시점이 더 앞서게 되어 의미가 어색하므로 오답이다.

핵심 개념 콕콕 to부정사를 목적어로 취하는 동사

want to do ~하기를 원하다	decide to do ~하기로 결정하다
hope to do ~하기를 바라다	expect to do ~하기를 기대하다
promise to do ~하기로 약속하다	need to do ~할 필요가 있다
fail to do ~하는 데 실패하다	choose to do ~하는 것을 선택하다

어휘 clothing 옷, 의복 boutique 부티크, 양품점(값비싼 옷이나 선물류를 파는 작은 가게) host (행사를) 주최하다 occasion (특별한) 행사

24 조동사 — 조동사 should 생략

KEY 보기가 동사 형태이고 빈칸 앞에 that이 있으므로 that절 앞에 쓰인 동사나 형용사를 확인한다.

The launch of a new Nibblet Pastry branch on Steinway Street will be held this weekend. To attract a crowd, the company president is requiring that all employees _____ the launch to act as eager customers.

(a) will attend
(b) attend
(c) have attended
(d) are attending

스타인웨이 가에 있는 니블렛 페이스트리 신규 지점의 개점 행사가 이번 주말에 열릴 것이다. 많은 사람들을 끌어모으기 위해, 사장은 전 직원이 행사에 참석하여 열성적인 손님의 역할을 할 것을 요구하고 있다.

why 정답? 주절의 동사 require는 요구를 나타내는 동사이므로 목적어로 오는 that절의 동사는 should가 생략된 동사원형 형태를 취한다. 따라서 (b) attend가 정답이다.

|어휘| launch 개점 (행사) branch 지점, 분점 attract 끌어들이다, 끌어모으다 act as ~로서의 역할을 하다 eager 열렬한, 간절히 바라는 attend 참석하다

25 가정법 — 가정법 과거

KEY 빈칸 문장의 if를 통해 가정법 문제임을 알 수 있으므로 가정법 시제 관련 단서를 파악한다.

The *Gigantopithecus blacki* is an extinct bipedal ape that lived in Southeast Asia millions of years ago. Standing ten feet tall, *Gigantopithecus* would surely dwarf a gorilla if it _____ today.

(a) is still alive
(b) were still alive
(c) had been still alive
(d) has been still alive

'Gigantopithecus blacki'는 수백만 년 전에 동남아시아에 살았던 멸종된 이족 보행 유인원이다. 키가 10피트인 'Gigantopithecus'가 오늘날 아직도 살아 있다면 분명히 고릴라를 작아 보이게 할 것이다.

why 정답? 주절의 동사가 '조동사의 과거 + 동사원형' 형태인 가정법 과거 구문이므로 if절의 동사는 과거가 되어야 한다. 따라서 (b) were still alive가 정답이다.

|어휘| extinct 멸종된 bipedal 두 발로 걷는 ape 유인원 stand (높이가) ~이다 surely 분명히, 확실히 dwarf ~을 작아 보이게 하다 alive 살아 있는

26 시제 — 현재진행

KEY 보기를 통해 시제 문제임을 알 수 있으므로 시간 표현 관련 단서를 파악한다.

A restaurant customer was upset because she was served an entrée that she didn't order. To avoid further mix-ups, the restaurant's waiters now make sure that the chef _____ track of the correct order slips while preparing dishes.

(a) will keep
(b) is keeping
(c) has kept
(d) was keeping

한 음식점 고객이 자신이 주문하지 않은 메인 요리가 나와 기분이 상했다. 더는 혼동이 생기지 않도록 이 음식점의 종업원들은 이제 셰프가 요리를 준비하면서 주문서가 맞는지 파악하고 있는지 확인한다.

♥ why 정답? 현재를 나타내는 시간 표현 now가 쓰였고, 문맥상 '확인하는(make sure)' 시점(현재)에 일어나고 있는 일을 설명하여 '주문서가 맞는지 파악하고 있는지'라는 의미가 되어야 하므로 현재진행 시제인 (b) is keeping이 정답이다.

> **핵심 개념 콕콕** 현재진행
>
> 형태: am/are/is + -ing
>
> 함께 쓰이는 시간 표현: now / right now / currently / at this very moment
>
> → 현재 시점에서 진행되고 있는 동작을 나타낸다.

| 어휘 | upset 마음이 상한, 속상한 serve (음식을) 내다, 차려주다 entrée 메인 요리, 앙트레 order 주문하다 avoid 피하다 mix-up 혼동 make sure (~임을) 확인하다 keep track of ~에 대해 계속 파악하고 있다 correct 맞는, 정확한 order slip 주문서 prepare (음식을) 준비[마련]하다

LISTENING SECTION

PART 1 27-33 일상 대화 변호사 시험 준비 정보

F: Hey, Charlie!
M: Hello, Gail! I dropped by your house the other night to invite you to dinner. But your mom said you were spending the night at the Jade Hotel with your cousins.
F: Oh, sorry. You see, [27]my cousin Lisa passed her bar exam, so we had a celebration for her at the Jade Hotel.
M: That's wonderful news! Please congratulate Lisa for me. She's the one working at that law firm Brady and Hill, right?
F: That's right. She works as a legal assistant. How did you know?
M: Well, my friend Andrew just started there. He's working in the mailroom for now. He mentioned that one of the firm's employees just passed the bar exam.
F: Really? What a coincidence! Anyway, we are really proud of Lisa. In fact, [28]she wasn't able to spend much time with her family for several months because she was so busy reviewing for the bar. All her efforts paid off, though!
M: Yeah, Andrew told me how seriously Lisa was studying.
F: She really was. So, is your friend Andrew going to take the bar?
M: Yeah, next year. He's already studying for it. By the way, would you happen to know if Lisa enrolled in a review course? [29]Andrew said that he's thinking of enrolling in a formal law review course to help him prepare.
F: Yeah, she did, but only for two months.
M: Why is that? I thought it takes at least five months to study for the bar at a review center.
F: Well, her job at the firm often required her to work overtime, and sometimes, even during weekends. [30]She wasn't able to attend the review classes regularly, so she decided to drop the classes and study on her own instead.
M: I see… She must have had a hard time studying on her own.
F: She did, actually. But she had no choice because she didn't want to risk her job at the firm. [31]Her boss and the other senior associates helped her, though. They tutored her when they had free time.

여: 안녕, 찰리!
남: 안녕, 게일! 며칠 전 밤에 널 저녁 식사에 초대하려고 너희 집에 들렀어. 그런데 너희 어머니께서 네가 사촌들과 함께 제이드 호텔에서 밤을 보낸다고 하시더라.
여: 아, 미안. 있잖아, [27]사촌 리사가 변호사 시험에 합격해서 제이드 호텔에서 축하 파티를 했어.
남: 정말 좋은 소식이다! 리사에게 축하한다고 전해줘. 법률사무소 브래디 앤 힐에서 일하는 그 사촌 맞지?
여: 맞아. 법률사무소 직원으로 일하고 있어. 어떻게 알았어?
남: 음, 내 친구 앤드루가 거기서 일을 막 시작했거든. 지금은 우편물실에서 근무 중이야. 그가 회사 직원 중 한 명이 막 변호사 시험에 합격했다고 했어.
여: 진짜? 정말 우연이네! 어쨌든, 우린 리사가 정말 자랑스러워. 사실, [28]리사는 변호사 시험 대비로 너무 바빠서 몇 달 동안 가족과 많은 시간을 보내지 못했어. 하지만 모든 노력이 결실을 보았지!
남: 그래, 앤드루가 리사가 얼마나 열심히 공부했는지 얘기해줬어.
여: 정말 그랬어. 그래서 네 친구 앤드루는 변호사 시험을 보는 거야?
남: 응, 내년에. 이미 시험공부를 하고 있어. 그런데 리사가 시험 대비 과정에 등록했는지 혹시 너 아니? [29]앤드루가 시험 준비를 도와주는 공식적인 법률 시험 대비 과정에 등록할 생각이라고 했거든.
여: 응, 그랬지, 그런데 두 달만 들었어.
남: 왜 그랬어? 시험 대비 센터에서 변호사 시험을 공부하는 데 적어도 다섯 달은 걸리는 줄 알았는데.
여: 음, 회사 업무는 종종 초과 근무하는 것이 필요했고, 때로는 주말에도 일해야 했거든. [30]정기적으로 시험 대비반에 출석할 수 없어서 수강을 중단하고 대신 혼자 공부하기로 한 거야.
남: 그렇구나… 혼자 공부하느라 고생이 많았겠다.
여: 응, 정말 그랬어. 하지만 리사는 회사 업무에 지장을 주고 싶지 않았기 때문에 선택의 여지가 없었어. [31]그래도 상사와 다른 선배 동료들이 리사를 도와줬어. 그들은 시간이 날 때 그녀를 지도해줬어.

M: Wow, she must be really good to pass the bar by just studying on her own. I think Andrew is really suited for his work, but I guess he already knows the pressures of working in a firm like Brady and Hill. Last night, I saw him reading one of those thick law books his boss lent him.
F: Yeah, that really is a common sight during bar exam month. Lisa used to spend the whole weekend inside her room just studying. Fortunately, ³²a week before the exam, her boss allowed her to take a one-week vacation.
M: Good for her. She's lucky to have such a supportive boss.
F: I think so, too. Hey, do you want me to call Lisa and ask her if she can lend Andrew some of her books and notes? I'm sure she won't mind.
M: That'd be great, Gail. Andrew would appreciate that. By the way, ³³are you free for dinner Saturday night?
F: ³³Yes, I am, Charlie.
M: Great! I'll pick you up at your house at eight.
F: Eight's fine. I'll see you then.

| 어휘 | drop by ~에 들르다 cousin 사촌 bar exam 변호사 시험 legal 법률의, 법률에 관한 assistant 조수, 보조원 coincidence 우연의 일치 be proud of ~을 자랑스럽게 여기다 pay off 결실을 보다, 성공하다 seriously 진지하게, 진심으로 enroll in ~에 등록하다 prepare 준비하다, 대비하다 work overtime 초과 근무하다 regularly 정기적으로 drop (하던 일을) 중단하다[그만두다] on one's own 혼자, 혼자 힘으로 senior associate 선임 사원, 선배 tutor (개별적으로) 가르치다 be suited for ~에 맞다[적합하다] pressure 스트레스, 압박 common 흔한 fortunately 다행히, 운이 좋게 allow A to do A가 ~하게 하다 supportive 도와주는, 지원하는 appreciate 고마워하다 by the way 그나저나, 그런데

27 특정 세부사항 문제

KEY 질문을 들으며 키워드 what / Gail doing / Hotel을 노트테이킹한다.

What was Gail doing at the Jade Hotel the other night?

(a) She was reviewing for her bar exam.
(b) She was having dinner with Charlie.
(c) She was celebrating Lisa's achievement.
(d) She was attending a reunion with her cousins.

♀ **why 정답?** 변호사 시험에 합격한 리사를 제이드 호텔에서 축하해줬다고 했으므로 (c)가 정답이다.

» Lisa passed her bar exam → Lisa's achievement

⊗ **why 오답?** (d) 사촌들이 언급되긴 했지만, 사촌들과 동창회가 아니라 리사의 변호사 시험 합격 축하 파티에 참석했다고 분명히 언급했으므로 오답이다.

| 어휘 | achievement 성공, 업적 reunion 동창회

28 특정 세부사항 문제

KEY 질문을 들으며 키워드 why / Gail unable / spend time / Lisa를 노트테이킹한다.

Why was Gail unable to spend time with her cousin Lisa for several months?	왜 게일은 사촌 리사와 몇 달 동안 시간을 보낼 수 없었는가?
(a) Lisa was focusing on her work. (b) Lisa was hanging out with friends. (c) Lisa was looking for a review center. **(d) Lisa was preparing for the bar exam.**	(a) 리사는 일에 집중하고 있었다. (b) 리사는 친구들과 놀고 있었다. (c) 리사는 시험 대비 센터를 찾고 있었다. **(d) 리사는 변호사 시험을 준비하고 있었다.**

why 정답? 변호사 시험 준비 때문에 몇 달 동안 가족과 많은 시간을 보내지 못했다고 했으므로 (d)가 정답이다.

》 reviewing for the bar → preparing for the bar exam

| 어휘 | focus on ~에 집중하다 hang out with ~와 놀다, 어울리다

29 특정 세부사항 문제

KEY 질문을 들으며 키워드 what / Andrew planning을 노트테이킹한다.

According to Charlie, what is his friend Andrew planning to do?	찰리에 따르면, 그의 친구 앤드루는 무엇을 할 계획인가?
(a) register for a course at a review center (b) ask Lisa for help with his studies (c) apply for work at the Brady and Hill firm (d) review for the bar exam on his own	**(a) 시험 대비 센터 과정에 등록** (b) 리사에게 공부에 대한 도움 요청 (c) 브래디 앤 힐에 입사 지원 (d) 독학으로 변호사 시험 대비

why 정답? 앤드루가 시험 준비를 위해 공식적인 법률 시험 대비 과정에 등록할 생각을 하고 있다고 했으므로 (a)가 정답이다.

》 enrolling in a formal law review course → register for a course at a review center

why 오답? (c) 앤드루가 브래디 앤 힐에서 일을 막 시작했다고 했으므로 오답이다.

| 어휘 | register for ~에 등록하다 apply for ~에 지원하다

30 특정 세부사항 문제

KEY 질문을 들으며 키워드 why / Lisa stop studying / review center를 노트테이킹한다.

Why did Lisa stop studying for the bar exam at the review center?	리사가 시험 대비 센터에서의 변호사 시험공부를 중단한 이유는 무엇인가?
(a) because she couldn't attend the classes regularly (b) because she wasn't satisfied with the classes (c) because she learned better through self-study (d) because her boss prevented her from doing so	**(a) 정기적으로 수업에 출석할 수 없었기 때문에** (b) 수업이 만족스럽지 않았기 때문에 (c) 독학으로 더 잘 배웠기 때문에 (d) 상사가 그렇게 하지 못하게 했기 때문에

why 정답? 정기적으로 출석할 수 없어서 수강을 중단하고 혼자 공부하기로 결심했다고 했으므로 (a)가 정답이다.

why 오답? (d) 회사에서 초과 근무를 해야 했지만, 상사는 공부를 못하게 한 게 아니라 오히려 공부를 할 수 있게 배려해주었다고 했으므로 오답이다.

| 어휘 | stop -ing ~하는 것을 중단하다 be satisfied with ~에 만족하다 prevent ~하지 못하게 하다

31 특정 세부사항 문제

KEY 질문을 들으며 키워드 how / associates / help / exam을 노트테이킹한다.

How did associates at the law firm help Lisa prepare for the bar exam?	법률사무소의 동료들은 어떻게 리사가 변호사 시험을 준비하는 것을 도왔는가?
(a) by giving her law books (b) by sending her to a review center **(c) by coaching her during their free time** (d) by decreasing her weekly workload	(a) 법전을 줌으로써 (b) 시험 대비 센터에 보내줌으로써 **(c) 시간이 날 때 지도해줌으로써** (d) 주간 업무량을 줄여줌으로써

why 정답? 상사와 선배들이 시간이 날 때 리사를 지도해줬다고 했으므로 (c)가 정답이다.

» tutored her when they had free time → coaching her during their free time

why 오답? (a) 법전을 빌려준 사람은 앤드루의 상사이므로 오답이다.

| 어휘 | coach 지도하다 decrease 줄이다, 감소시키다 workload 업무량

32 추론 문제

KEY 질문을 들으며 키워드 what / boss / allow / week before / exam을 노트테이킹한다.

What did her boss most likely allow Lisa to do the week before her bar exam?	리사의 상사는 변호사 시험 일주일 전에 그녀가 무엇을 하도록 허락했겠는가?
(a) review for the exam during office hours **(b) take time off to study** (c) receive exam tutorials during the weekend (d) travel for a one-week vacation	(a) 근무 시간에 시험공부하는 것 **(b) 공부하기 위해 휴가를 내는 것** (c) 주말에 시험 개인 지도를 받는 것 (d) 일주일 휴가 동안 여행하는 것

why 정답? 리사는 주말 내내 공부만 했었는데 시험 일주일 전에 상사가 휴가를 줬다고 했으므로 공부하기 위해 휴가를 내게 했음을 유추할 수 있다. 따라서 (b)가 정답이다.

» take a one-week vacation → take time off

why 오답? (d) 상사가 일주일간 휴가를 준 것은 맞지만, 리사는 여행이 아니라 시험공부를 했다고 했으므로 오답이다.

| 어휘 | time off 휴가, 휴식 receive 받다, 받아들이다 tutorial 개인 지도

33 추론 문제

KEY 질문을 들으며 키워드 what / Gail / do / Saturday night를 노트테이킹한다.

Based on the conversation, what will Gail probably do on Saturday night?	대화에 근거하면, 게일은 토요일 밤에 무엇을 하겠는가?
(a) lend Andrew Lisa's books (b) rest at Lisa's house (c) introduce Charlie to Lisa **(d) have dinner with Charlie**	(a) 앤드루에게 리사의 책을 빌려준다. (b) 리사의 집에서 쉰다. (c) 찰리를 리사에게 소개한다. **(d) 찰리와 저녁 식사를 한다.**

why 정답? 토요일 밤에 저녁을 먹자는 찰리의 제안에 게일이 좋다고 했으므로 (d)가 정답이다.

| 어휘 | rest 쉬다 introduce 소개하다

Soda is one of the world's most popular beverages. People enjoy soda to quench their thirst and to celebrate joyous occasions. You can buy soda off the shelf almost anywhere, but have you ever considered brewing your own?

There is a growing industry today called craft brewing, which involves producing and selling soda in small amounts. However, [34]you can also make soda for your own personal consumption. Producing your own soda has never been easier. In fact, thousands of soda lovers start home brewing every year.

[34]We at First Craft Soda School can help you produce your first batch of home-brewed soda. You can make the beverage for your own enjoyment, and perhaps even start a lucrative business in the future. All you need to do is enroll in our Soda Solutions 101 course and you'll be good to go!

[34]Here are some reasons why you should start making soda at home:

First of all, it's a fun hobby. [35]Making your own soda can bring out your creativity. Once you've learned the basic process, you'll start creating your own recipes. Ever had watermelon soda? What about tangerine-ginger? You'll realize that the sky's the limit when it comes to developing techniques to satisfy your taste.

Making soda is easy, as it doesn't involve a complicated process. It is therefore an ideal way to chill out and get some quality "me time." Or if you want to brew with a partner, that's just as fun, too.

Another reason for making your own soda is to learn how to better appreciate good flavor. Have you ever wondered how your favorite soda is made? [36]Once you understand home brewing, you'll develop a deeper understanding of how high-quality soda is produced and start appreciating it more.

[37]The next reason for learning home brewing is to avoid ever running out of your favorite. Next time, you won't get disappointed when the grocery store is sold out of your preferred brand! In the mood for some vanilla-almond soda? Or maybe a bottle of maple-cola? [37]When you're a brewmaster, you'll always have what you need.

Being your own brewmaster and making soda according to your taste is easier than you think. All you need to do is get the right ingredients and take your time with the process.

[38]Home brewing can also save you money. It's true that you'll have to buy the equipment and ingredients to get started, but you'll be able to recover your expenses through your savings.

[30]At the grocery store, a twelve-ounce bottle of all-natural soda can cost two dollars or more. When you brew your own batch, a bottle can cost as low as ten cents to produce! Plus, your soda will be high-quality and fresh.

Finally, [39]brewing your own soda will give you an ideal excuse to throw a party. Once you've learned to make soda to your satisfaction, you can invite your friends and family over to enjoy your homebrew. [39]What better way to amaze your favorite people than to craft a unique and great-tasting soda?

Parties can also offer you opportunities to make new friends, and there's a chance you'll meet someone who'll be interested in buying your product or even financing a manufacturing venture with you.

So, get into making your very own soda. Enroll in Soda Solutions 101, and discover the fun and fulfillment that home brewing can bring.

[37]집에서 소다수 만들기를 배워야 하는 다음 이유는 여러분이 좋아하는 소다수가 다 떨어지는 일을 피하기 위해서입니다. 다음번에 여러분은 선호하는 브랜드가 슈퍼마켓에서 매진되었을 때 실망하지 않을 것입니다. 바닐라 아몬드 소다수를 드시고 싶으신가요? 아니면 메이플 콜라 한 병? [37]브루마스터가 되면, 여러분은 필요한 것을 항상 가질 겁니다.

자기 자신만의 브루마스터가 되어 취향에 따라 소다수를 만드는 일은 생각보다 쉽습니다. 여러분이 해야 할 일은 올바른 재료를 구해서 그 과정을 천천히 해보는 것뿐입니다.

[38]집에서 소다수를 만들면 돈도 절약할 수 있습니다. 시작하기 위해서 장비와 재료를 구입해야 하는 것은 사실이지만, 절약을 통해 비용을 만회할 수 있을 것입니다.

[38]슈퍼마켓에서는 12온스짜리 천연 소다 한 병에 2달러 이상이 들 수 있습니다. 소다수 일 회분을 직접 만들면, 한 병을 만드는 데 10센트 정도의 비용이면 됩니다! 게다가 여러분의 소다는 품질이 좋고 신선할 것입니다.

끝으로 [39]소다수를 직접 만드는 일은 파티를 열 이상적인 구실이 될 것입니다. 일단 여러분이 만족스럽도록 소다수 만드는 법을 배우면, 여러분은 친구들과 가족들을 초대해서 여러분이 직접 만든 음료를 즐길 수 있습니다. [39]독특하고 맛있는 소다수를 만드는 것보다 좋아하는 사람들을 놀라게 하는 더 좋은 방법이 있을까요?

파티는 또한 여러분에게 새로운 친구를 사귈 기회를 제공할 수 있고, 그곳에서 여러분은 여러분의 제품을 사거나 심지어 여러분과 함께 제조 사업 자금을 조달하는 데 관심이 있는 누군가를 만날 수도 있습니다.

그러니 자신만의 소다수를 직접 만들어 보세요. 소다 솔루션 101에 등록하셔서 홈 브루잉이 주는 재미와 성취감을 발견하세요.

| 어휘 | quench (갈증을) 풀다 thirst 갈증, 목마름 joyous 기쁜 occasion 때[기회/경우], 행사 off the shelf 바로 살 수 있는 brew 끓이다, 만들다 craft brewing 수제 양조 involve 포함[수반]하다 consumption 소비 batch 한 회분(한 번에 만들어 내는 음식 등의 양) home-brewed 자가 양조의 lucrative 수익성이 좋은 bring out (재능을) 발휘하다 creativity 창의력, 독창성 tangerine 감귤 ginger 생강 the sky's the limit 한계가 없다, 하지 못할 게 없다 complicated 복잡한 chill out 긴장을 풀다, 진정하다 appreciate (음식을) 음미하다 flavor 맛, 풍미, 향미 run out of ~이 바닥나다, 떨어지다 disappoint 실망시키다, 실망하다 grocery store 슈퍼마켓, 식료품점 brewmaster 브루마스터, 양조 기술자 ingredient 재료, 성분 equipment 장비, 용품 recover 만회하다, 메우다 expense 비용, 지출 excuse 구실, 변명, 이유 throw a party 파티를 열다 unique 독특한 finance 자금을 조달하다 manufacturing venture 제조 사업 discover 발견하다 fulfillment 성취

34 주제/목적 문제

🔑 **KEY** 질문을 들으며 키워드 what / speaker asking / audience를 노트테이킹한다.

What is the speaker asking the audience to do?

(a) buy the speaker's home-brewed soda
(b) learn how to produce their own soda
(c) identify good commercial soda
(d) appreciate home-made soda

화자는 청중에게 무엇을 하라고 요청하는가?

(a) 화자의 수제 소다수를 구입하라고
(b) 자신만의 소다수 만드는 법을 배우라고
(c) 좋은 상업용 소다수를 식별하라고
(d) 집에서 만든 소다수를 음미하라고

💡 **why 정답?** 담화 초반에서 개인적으로 소다수를 만들 수 있다고 하며 화자가 퍼스트 크래프트 소다 스쿨에서 집에서 소다수 만드는 것을 도와줄 수 있다고 했다. 뒤이어 소다수를 직접 만들어 마셔야 하는 이유, 즉 소다수 만들기 강좌를 들어야 하는 이유를 나열하고 있으므로 (b)가 정답이다.

| 어휘 | audience 청중 identify 식별하다, 확인하다 commercial 상업의, 상업적인

35 특정 세부사항 문제

🔑 **KEY** 질문을 들으며 키워드 how / own soda bring out / creativity를 노트테이킹한다.

How can making one's own soda bring out a person's creativity?

(a) It lets a person overcome a difficult process.
(b) It gives a person a chance to relax.
(c) It encourages a person to try out various recipes.
(d) It allows a person to brew with a partner.

자신만의 소다수를 만드는 일은 어떻게 창의력을 발휘하게 하는가?

(a) 어려운 과정을 극복하게 해준다.
(b) 긴장을 풀 수 있는 기회를 제공한다.
(c) 다양한 제조법을 시도하도록 격려한다.
(d) 파트너와 함께 만들어볼 수 있게 한다.

💡 **why 정답?** 기본 과정을 배우고 나면 자신만의 소다수 제조법을 만들면서 창의력을 발휘할 수 있다고 했으므로 (c)가 정답이다.

» start creating your own recipes → try out various recipes

⊗ **why 오답?** (d) 파트너와 함께 소다수를 만드는 활동은 재미있을 거라고 했지 창의력을 발휘할 수 있을 거라고 하지 않았으므로 오답이다.

| 어휘 | overcome 극복하다 encourage 격려하다, 용기를 북돋우다

36 특정 세부사항 문제

🔑 **KEY** 질문을 들으며 키워드 how / learn / appreciate good soda를 노트테이킹한다.

How does one learn to better appreciate good soda?

(a) by being aware of how good soda is made
(b) by drinking nothing but high-quality soda
(c) by trying bad soda once in a while
(d) by avoiding brewing bad soda altogether

어떻게 하면 좋은 소다수를 더 잘 음미하는 법을 배울 수 있는가?

(a) 좋은 소다수가 만들어지는 방법을 알게 됨으로써
(b) 고품질의 소다수만 마심으로써
(c) 가끔 나쁜 소다수를 마셔봄으로써
(d) 나쁜 소다수를 양조하는 것을 완전히 피함으로써

💡 **why 정답?** 집에서 소다수 만드는 법을 알게 되면, 고품질의 소다수가 어떻게 생산되는지 더 깊게 이해하고 더 잘 음미하기 시작할 것이라고 했으므로 (a)가 정답이다.

» understanding of how high-quality soda is produced → aware of how good soda is made

| 어휘 | be aware of ~을 알다 once in a while 가끔 altogether 완전히, 전적으로

37 특정 세부사항 문제

🔑 **KEY** 질문을 들으며 키워드 what / do / avoid disappointment / running out을 노트테이킹한다.

What can a person do to avoid disappointment over running out of soda? **(a) brew a sufficient supply of soda** (b) buy soda from a well-stocked store (c) drink as much homebrew as possible (d) buy extra soda supplies	소다수가 품절되었을 때 실망하지 않기 위해 무엇을 할 수 있는가? **(a) 충분한 양의 소다수를 양조한다.** (b) 재고가 풍부한 상점에서 소다수를 구입한다. (c) 가능한 한 많이 수제 음료를 마신다. (d) 여분의 소다수를 구입한다.

💡 **why 정답?** 집에서 소다수를 만들어야 하는 이유로 좋아하는 소다수가 다 떨어지는 일을 피할 수 있고, 원하는 소다수를 항상 보유할 것이라고 했으므로 (a)가 정답이다.

| 어휘 | disappointment 실망, 낙심 sufficient 충분한 supply 공급(량) well-stocked 재고가 풍부한, 풍부하게 갖춰진 extra 여분의

38 추론 문제

🔑 **KEY** 질문을 들으며 키워드 why / homemade / cost less를 노트테이킹한다.

Based on the talk, why most likely does homemade soda ultimately cost less? (a) Homebrews are low quality. (b) There are no equipment expenses. (c) The ingredients can be purchased in bulk. **(d) There are no extra fees to pay the supplier.**	담화에 근거하면, 수제 소다수가 궁극적으로 비용이 적게 드는 이유는 무엇이겠는가? (a) 자가 양조 음료는 품질이 낮다. (b) 장비 비용이 들지 않는다. (c) 재료를 대량으로 구입할 수 있다. **(d) 공급자에게 지불하는 추가 비용이 없다.**

💡 **why 정답?** 슈퍼마켓에서 12온스짜리 천연 소다는 한 병에 2달러 또는 그 이상이 들지만, 직접 양조하면 한 병에 10센트 정도의 비용이면 된다고 했으므로 공급업체에게 가는 비용이 없다는 것을 유추할 수 있다. 따라서 (d)가 정답이다.

» the grocery store → the supplier

❌ **why 오답?** (c) 처음에 재료를 구입한 뒤 절약을 통해 비용을 만회할 수 있다고는 했지만, 재료를 대량 구입한다는 말은 없으므로 오답이다.

| 어휘 | ultimately 궁극적으로, 결국 in bulk 대량으로 supplier 공급자, 공급업체

39 특정 세부사항 문제

🔑 **KEY** 질문을 들으며 키워드 reason / party once / learned / make soda를 노트테이킹한다.

What is a reason for throwing a party once one has learned how to make soda? (a) to sell soda during the event (b) to teach attendees how to make soda **(c) to impress friends with one's brewing skills** (d) to find a buyer for one's soda company	일단 소다수 제조법을 배우고 나면 파티를 여는 이유는 무엇인가? (a) 행사 동안 소다수를 팔기 위해 (b) 참석자들에게 소다수 제조법을 가르치기 위해 **(c) 양조 기술로 친구들을 감동시키기 위해** (d) 소다수 회사의 구매자를 찾기 위해

💡 **why 정답?** 파티에서 독특하고 맛있는 소다수로 좋아하는 사람들을 놀라게 할 수 있다는 점을 강조했으므로 (c)가 정답이다.

» amaze your favorite people ~ craft a unique and great-tasting soda → impress friends with one's brewing skills

❌ **why 오답?** (a) 소다수를 살 사람을 만날 수도 있다고는 했지만, 파티를 여는 주된 이유는 가족과 친구들에게 기쁨을 주기 위함이라고 했으므로 (c)가 더 적절하다.

LISTENING SECTION **133**

| 어휘 | attendee 참석자   impress 감동시키다, 깊은 인상을 주다

PART 3 40-45 일상 대화 교내 기숙사 거주와 대학교 인근 아파트 거주 비교

M: Hi, Jackie! You only have a month before high school ends. Are you excited?

F: Oh, hi, Gary! Yes, I'm so excited. I'm actually rushing to get every requirement for graduation done. I can't wait to graduate, take a vacation for a few weeks, and then move on to college!

M: Oh, I'm excited about college as well. But it's going to be a big change, and I'm still trying to [40]figure out my living situation.

F: [40]You know, I've been thinking about that too. Living at home is not an option because my university in Brighton City is too far away. I will either be renting an apartment or staying in the college dormitory.

M: I see... Have you tried weighing the advantages and disadvantages of each option? Perhaps doing that can help you make a choice.

F: Yes, I've been doing that. I'm thinking I may want to have some privacy, and living in an apartment could give me that since I won't be required to have a roommate. I'll probably live alone or with just a few friends who will have their own rooms.

M: That's true. And [41]when you're living in an apartment, you can come and go as you please because apartments don't have many restrictions. You can invite people anytime and even have them sleep over.

F: Good point. However, there are some downsides to renting an apartment. I've checked out several apartments, and I found one that I really like. But the rent's not cheap — $700 a month.

M: Ouch. Getting your own apartment can be pricey. Aside from paying higher rents, you have to set aside money for water, electricity, Internet connection, and other bills.

F: [42]Another thing about renting an apartment is that I'll have to commute to school. I've done some online searches, and the nearest apartment to the university — within my price range! — is about 30 minutes away by bus.

M: Wow — that's pretty far. I guess the apartments close to campus are all super expensive. Well, if you stay in the college dormitory, you can just walk to your classes from the dorm.

F: Right — I won't be late for school and I can get some exercise. And much as I'd enjoy my privacy by living in an apartment, [43]I might make more friends by living in the dorm.

남: 안녕, 재키! 고등학교 졸업이 한 달밖에 남지 않았네. 신이 나니?

여: 아, 안녕, 개리! 응, 정말 신나. 사실 졸업에 필요한 모든 요건을 서둘러 끝내려고 해. 빨리 졸업하고 몇 주 동안 쉰 다음 대학에 가고 싶어!

남: 오, 나도 대학을 생각하니 정말 흥분돼. 하지만 큰 변화가 있을 거고, 나는 여전히 [40]내 주거 환경을 알아보려고 노력 중이야.

여: [40]알다시피, 나도 그 부분을 생각해 봤어. 내가 다닐 브라이턴 시티에 있는 대학은 너무 머니까 집에서 다니는 건 선택 사항이 아니야. 나는 아파트를 빌리거나 대학 기숙사에서 살 거야.

남: 그렇구나… 각각의 장단점을 따져 봤어? 그러는 게 아마도 선택하는 데 도움이 될 거야.

여: 응, 그렇게 하고 있어. 난 사생활을 보장받고 싶은데 아파트에 사는 건 룸메이트가 필요하지 않으니까 사생활 보장될 듯해. 아마도 혼자 살거나 따로 방이 있는 친구들 몇 명 정도 같이 살 거야.

남: 맞아. 그리고 [41]아파트에 살면, 네가 원하는 때 오갈 수 있지. 아파트에는 많은 제약이 없으니까 말이야. 언제든 사람들을 초대할 수 있고 심지어 그들을 재워줄 수도 있어.

여: 좋은 점이야. 하지만 아파트를 빌리면 안 좋은 점도 있어. 내가 아파트 몇 군데를 살펴봤는데, 정말 마음에 드는 곳을 찾았거든. 그런데 임대료가 저렴하지 않아. 한 달에 700달러이더라고.

남: 저런, 너 혼자 쓸 아파트를 얻는 건 비용이 많이 들 수 있어. 임대료를 더 많이 내야 할 뿐만 아니라 수도, 전기, 인터넷 연결 및 다른 공과금을 위한 돈도 따로 있어야 해

여: [42]아파트를 빌리는 것의 또 다른 문제는 통학해야 한다는 점이야. 온라인으로 찾아봤는데 내 예산으로 구할 수 있는 학교와 가장 가까운 아파트가 버스로 약 30분 거리에 있어!

남: 와, 꽤 머네. 캠퍼스 근처에 있는 아파트는 모두 엄청 비싼 거 같아. 음, 만약 학교 기숙사에 있으면 기숙사에서 강의실까지 걸어갈 수 있잖아.

여: 맞아. 학교에 늦지 않고 운동도 좀 할 수 있을 거야. 그리고 아파트에서 살면 사생활을 즐기겠지만, [43]기숙사에서 살면 더 많은 친구들을 사귈 수 있겠지.

M: ⁴³That's true. Dormitories usually have a common room where students relax, watch TV, gather for meetings or parties, or have group studies.
F: Yeah, I'm sure that I'd get to know the whole floor before long. However, living in a dormitory won't give me as much freedom as I'd like. Dorms usually have curfews and set a time when all students have to be in at night. ⁴⁴They also restrict visiting hours and visitor privileges.
M: Not to mention you'll also have to share bathrooms and other facilities.
F: Ugh, that sounds so inconvenient — especially if I'm ever late for class. I never knew there were so many things to consider when deciding where to live. However, I think I've reached a decision.
M: Really? What is it?
F: ⁴⁵I prefer the setup where my friends can drop by anytime and stay as long as they want.
M: That seems like a great choice, Jackie. Does that mean our friends and I would be able to check out the nightlife in Brighton City with you?
F: You bet, Gary!

남: ⁴³그렇지. 기숙사에는 보통 학생들이 쉬거나, TV를 보거나, 모임 또는 파티를 하거나, 그룹 스터디를 하는 공용 공간이 있지.
여: 그래, 머지않아 층 전체를 알게 될 거야. 하지만 기숙사에 살면 내가 원하는 만큼의 자유를 가질 수 없어. 기숙사는 보통 통금이 있어서 모든 학생들이 밤에 들어와야 하는 시간을 정해놓잖아. ⁴⁴방문 시간과 방문객 권한도 제한하지.
남: 물론 욕실과 다른 시설도 함께 써야 할 거야.
여: 윽, 정말 불편하겠다. 특히 수업에 늦기라도 한다면 말이야. 살 곳을 결정할 때 고려해야 할 게 그렇게 많은지 몰랐어. 하지만 나 결정한 것 같아.
남: 정말? 그게 뭔데?
여: ⁴⁵난 내 친구들이 언제든지 들러서 원하는 만큼 머물 수 있는 장소가 더 좋아.
남: 좋은 선택인 것 같아, 재키. 그럼 우리 친구들과 내가 너와 함께 브라이튼 시티의 밤 문화를 즐길 수 있다는 걸 뜻하지?
여: 물론이야, 게리!

| 어휘 | requirement for graduation 졸업 요건 figure out ~을 알아내다, 파악하다 rent 세내다, 빌리다 dormitory(= dorm) 기숙사 weigh 따져 보다, 저울질하다 make a choice 선택하다 privacy 사생활 require 필요하다, 요구하다 restriction 제약, 제한 sleep over (남의 집에서) 자고 가다[오다] downside 부정적인 면 cheap 저렴한 pricey 값비싼 electricity 전기 commute 통학[통근]하다 get exercise 운동하다 common 공용의 curfew 통행금지 시간 restrict 제한하다 privilege 특권, 권리 not to mention ~은 말할 것도 없고 facility 시설 inconvenient 불편한 setup 사는 장소

40 주제/목적 문제

🔑 KEY 질문을 들으며 키워드 what / Jackie / decide를 노트테이킹한다.

What is Jackie trying to decide?

(a) how to spend summer vacation
(b) which university to enroll in
(c) what to do after school ends
(d) where to reside while in college

재키는 무엇을 결정하려고 하는가?

(a) 여름 방학을 어떻게 보낼지
(b) 어떤 대학교에 등록할지
(c) 졸업 후에 무엇을 할지
(d) 대학을 다니는 동안 어디에 거주할지

❓ **why 정답?** 재키가 자기도 주거 환경에 관해 생각해 봤다며 대학 생활을 하면서 아파트를 빌리거나 기숙사에 살 거라고 했으므로 (d)가 정답이다.

| 어휘 | spend (시간을) 보내다 reside 거주하다, 살다

41 특정 세부사항 문제

🔑 **KEY** 질문을 들으며 키워드 Gary / how / benefit / renting / apartment를 노트테이킹한다.

According to Gary, how could Jackie benefit from renting an apartment?	개리에 따르면, 재키는 아파트를 빌려서 어떻게 이익을 얻을 수 있는가?
(a) by being able to visit her parents frequently	(a) 부모님을 자주 방문할 수 있게 됨으로써
(b) by being able to move about without much restriction	**(b) 많은 제약 없이 이동할 수 있게 됨으로써**
(c) by being able to spend the night in the apartment	(c) 아파트에서 밤을 보낼 수 있게 됨으로써
(d) by being able to choose a roommate	(d) 룸메이트를 선택할 수 있게 됨으로써

why 정답? 아파트에 살면 많은 제약이 없으니 원하는 때 오갈 수 있다고 했으므로 (b)가 정답이다.

» you can come and go as you please → being able to move about without much restriction

why 오답? (d) 재키는 아파트에 살면 룸메이트 없이 혼자 살거나 따로 방이 있는 사람들과 살 수 있다고 했지 룸메이트를 선택할 수 있다고 언급한 것은 아니므로 오답이다.

| 어휘 | benefit from ~로부터 이익을 얻다 frequently 자주, 흔히

42 특정 세부사항 문제

🔑 **KEY** 질문을 들으며 키워드 why / apartment / inconvenience를 노트테이킹한다.

Why might living in an apartment be an inconvenience to Jackie?	왜 아파트에 사는 것이 재키에게 불편할 수 있는가?
(a) She won't have basic utilities installed.	(a) 기본적인 공공 설비가 설치되어 있지 않을 것이다.
(b) She won't be able to have company.	(b) 손님이 올 수 없을 것이다.
(c) She'll have to commute to school.	**(c) 통학해야 할 것이다.**
(d) She'll have to go to school on foot.	(d) 걸어서 학교에 가야 할 것이다.

why 정답? 재키의 예산에서 구할 수 있는 아파트는 학교에서 버스로 30분 거리에 있기 때문에 통학해야 한다는 점이 아파트를 빌리는 것의 또 다른 문제라고 했으므로 (c)가 정답이다.

| 어휘 | inconvenience 불편 utility (수도·전기·가스 등) 공익 설비 install 설치하다 company 손님, 방문자 on foot 걸어서, 도보로

43 특정 세부사항 문제

🔑 **KEY** 질문을 들으며 키워드 how / dormitory / make friends를 노트테이킹한다.

How could living in the college dormitory allow Jackie to make friends?	대학교 기숙사에 살면 재키는 어떻게 친구를 사귈 수 있겠는가?
(a) by sharing common areas with people	**(a) 사람들과 공용 구역을 공유함으로써**
(b) by having company on her way to classes	(b) 수업 가는 길에 동행이 있음으로써
(c) by exercising with a roommate	(c) 룸메이트와 운동함으로써
(d) by setting up her own group study sessions	(d) 그녀만의 그룹 스터디 시간을 구성함으로써

why 정답? 기숙사에는 학생들이 쉬거나, TV를 보거나, 모임 또는 파티를 하거나, 그룹 스터디를 하는 공용 공간이 있어 더 많은 친구들을 사귈 수 있을 거라고 했으므로 (a)가 정답이다.

» common room → common areas

| 어휘 | share 공유하다, 함께 쓰다 on one's way to ~로 가는 길에

44 추론 문제

KEY 질문을 들으며 키워드 what / do / visiting / dormitory를 노트테이킹한다.

What can people probably do when visiting someone residing in a dormitory?	기숙사에 거주하는 누군가를 방문할 때 사람들은 아마도 무엇을 할 수 있는가?
(a) arrive and leave whenever they want **(b) stay only for an allotted amount of time** (c) take residents out on an all-nighter (d) enjoy the same privileges as residents	(a) 원할 때 언제든지 오고 간다. **(b) 지정된 시간 동안만 머무른다.** (c) 밤새도록 거주자를 데리고 나간다. (d) 거주자와 동일한 특권을 누린다.

why 정답? 기숙사는 방문 시간과 방문객의 권한을 제한한다고 했으므로 (b)가 정답이다.
» restrict visiting hours → stay only for an allotted amount of time
why 오답? (a) 원할 때 언제든지 오고 가는 것은 아파트 거주의 장점이므로 오답이다.

| 어휘 | allotted 할당된 resident 거주자, 주민

45 추론 문제

KEY 질문을 들으며 키워드 what / Jackie / decided / college housing을 노트테이킹한다.

What has Jackie probably decided to do about her college housing?	아마도 재키는 대학에 다니는 동안 어디에서 거주하기로 결정했겠는가?
(a) stay in a dormitory on campus (b) attend school near her home (c) live at home and commute **(d) rent an apartment off campus**	(a) 캠퍼스에 있는 기숙사에 머물기로 (b) 집 근처 학교에 다니기로 (c) 집에서 생활하면서 통학하기로 **(d) 캠퍼스 밖에 있는 아파트를 빌리기로**

why 정답? 재키는 아파트를 직접 언급하지 않았지만 친구들이 언제든지 들러서 원하는 만큼 머물 수 있는 장소가 더 좋다고 했고, 대화의 맥락상 해당 장소는 제한 없이 오갈 수 있는 아파트를 의미하므로 (d)가 정답이다.

| 어휘 | attend 다니다

PART 4 46-52 일반 설명 영화 제작 수업

Good morning, everyone! Thank you for participating in today's filmmaking program. Let's begin with an overview of what filmmaking is. Afterwards, I'll discuss the stages involved in making a film.

So, what is filmmaking? Simply put, filmmaking is the process of making a movie. [46]Contrary to popular belief, you don't need millions of dollars to make a good film. As long as you have a good script, a competent cast and crew, and proper filming and editing equipment, you can produce a good movie.

여러분, 좋은 아침입니다! 오늘 영화 제작 프로그램에 참여해 주셔서 감사합니다. 영화 제작이란 무엇인가에 관한 개요로 시작하겠습니다. 그 뒤에 영화 제작에 관련된 단계를 이야기할 것입니다.

그럼, 영화 제작이란 무엇일까요? 간단히 말하면, 영화 제작은 영화를 만드는 과정입니다. [46]일반적인 생각과 달리, 좋은 영화를 만들기 위해 수백만 달러가 필요하지는 않습니다. 좋은 각본, 유능한 배우와 제작진, 그리고 적절한 촬영과 편집 장비를 갖추기만 하면 여러분은 좋은 영화를 제작할 수 있습니다.

There are five stages involved in filmmaking. The first of these is the development stage. This is where you set down your ideas for a film on paper. It is also when you come up with the script to follow during the filming.

Many of you may already have ideas for a film. [47]When creating a movie, you have to write these ideas down. But before you do that, imagine that your ideas have already been made into a film, and then ask yourself: "Is this movie good enough that I'd bother to sit through it?"

[47]If your answer is "no," then it's time to rethink your story. Remember, the story is the first thing that captures the producer's and, ultimately, the audience's attention. It has to be worth telling and interesting to watch.

Next is the pre-production, or planning stage. Pre-production is when you plan details like setting a budget and choosing cast members and a production team. It also involves picking possible locations and scheduling your shoots. Once you've planned everything out, you can start producing your movie.

The third and most demanding part of the process is the production stage. You may have to spend long hours on the set filming just three or four pages of the script. [48]Depending on how long your film is or how well you want to execute scenes, this stage could last for several weeks or even months.

Proper filming equipment, camera shots, and lighting are important elements in film production. So, make sure all your cameras are working properly, and that the lighting and camera angles are just right for your shots. You will learn more about these in your production class.

Next is the post-production stage. This is where you arrange the shots according to the script. [49]Post-production involves editing and, if there's a need, re-shoots. At this point, the pictures and dialogues are edited and unnecessary shots are deleted.

Post-production is also when you add the soundtrack, sound effects, and visual effects. After editing the film, you can convert your film into several formats, such as those for cell phone or TV viewing. [50]In our case, the format should be for theater viewing. We'll also discuss this process in more detail later in the program.

영화 제작에는 다섯 가지 단계가 있습니다. 그 중 첫 번째는 개발 단계입니다. 이 단계는 종이에 영화와 관련된 아이디어를 적어 두는 단계입니다. 또한, 촬영하는 동안 따라야 할 각본을 짜는 시기이기도 합니다.

여러분 중 다수는 이미 영화에 대한 아이디어가 있을 것입니다. [47]영화를 만들 때, 여러분은 이 아이디어를 적어야 합니다. 하지만 그렇게 하기 전에 여러분의 아이디어가 이미 영화로 만들어졌다고 상상하고, 스스로에게 질문해보십시오. "이 영화가 내가 굳이 끝까지 앉아서 볼 만큼 충분히 괜찮은가?"

[47]만약 여러분의 답이 "아니요"라면 여러분의 이야기를 다시 생각할 때입니다. 기억하십시오. 이야기는 제작자, 그리고 궁극적으로는 관객의 관심을 사로잡는 첫 번째 단계입니다. 그것은 얘기할 가치가 있고, 보기에 흥미로워야 합니다.

다음은 제작 준비 단계, 즉 기획 단계입니다. 제작 준비 단계에서는 예산 책정과 출연진 및 제작진 선정 등과 같은 세부 사항을 계획합니다. 촬영 가능한 장소 섭외와 촬영 일정을 잡는 일도 포함됩니다. 일단 이 모든 것을 계획하면, 여러분은 영화 제작을 시작할 수 있습니다.

세 번째이자 이 과정의 가장 까다로운 부분은 제작 단계입니다. 여러분은 각본 서너 쪽에 해당하는 장면만을 촬영하면서 촬영장에서 오랜 시간을 보내야 할지도 모릅니다. [48]영화가 얼마나 긴지, 또는 장면들을 얼마나 잘 만들어내고 싶은지에 따라 이 단계는 몇 주, 심지어 몇 달 동안 지속될 수도 있습니다.

적절한 촬영 장비, 카메라 촬영과 조명은 영화 제작에서 중요한 요소입니다. 그러므로 여러분의 모든 카메라가 제대로 작동하는지, 그리고 조명과 카메라 각도가 여러분의 촬영 장면에 딱 맞는지 확인해야 합니다. 여러분은 제작 수업에서 이런 부분들에 관해 더 많이 배울 것입니다.

다음은 후반 작업 단계입니다. 이 단계는 각본에 따라 촬영 장면을 정리하는 단계입니다. [49]후반 작업에는 편집과, 필요한 경우 재촬영이 포함됩니다. 이때, 화면과 대사가 편집되고 불필요한 촬영 장면이 삭제됩니다.

후반 작업은 또한 사운드트랙, 음향 효과와 시각 효과를 추가하는 단계입니다. 필름을 편집한 후에 휴대 전화 또는 TV 시청용과 같은 몇몇 형식으로 영화 필름을 변동할 수 있습니다. [50]우리의 경우, 형식은 극장 관람용이어야 합니다. 이 과정은 프로그램 후반부에서도 더 자세히 논의할 것입니다.

Finally, there's the distribution stage. [51]You need to create and implement a marketing campaign to sell your film to distributors or film festival organizers. Then, you have to produce several copies of the movie for distribution to theaters. You also need posters and other advertising materials to promote it.

But [52]you don't have to worry about the distribution stage yet. We still have a long way to go before we get to that point. For now, let's take a short break before you proceed to your first class.

마지막은 배급 단계입니다. [51]여러분은 배급사들이나 영화제 주최자들에게 여러분의 영화를 팔기 위해 마케팅 전략을 세우고 시행해야 합니다. 그러고 나서, 극장에 배급하기 위해 영화의 여러 복사본을 제작해야 합니다. 또한, 영화를 홍보하기 위해 포스터와 다른 광고 자료들이 필요합니다.

하지만 [52]아직 배급 단계는 걱정하지 않으셔도 됩니다. 그 지점에 도달하기까지 우리는 아직 갈 길이 멉니다. 일단, 첫 수업을 시작하기 전에 잠시 휴식을 취하겠습니다.

| 어휘 | participate in ~에 참여[참가]하다 overview 개요, 개관 involved in ~에 관련된 contrary to ~에 반대로[반하여] competent 유능한, 능력이 있는 proper 적절한, 제대로 된 set down ~을 적어 두다 imagine 상상하다 bother 일부러 ~하다 rethink 다시 생각하다 capture (관심을) 사로잡다 attention 관심, 주의, 흥미 be worth -ing ~할 가치가 있다 budget 예산 demanding 까다로운, 힘든 depending on ~에 따라 execute 만들어내다 properly 제대로, 적절히 arrange 정리하다 re-shoot 재촬영 delete 삭제하다 convert 변환하다 distribution 배급, 유통 implement 시행하다 distributor 배급사 organizer 주최자 advertising 광고 material 자료 promote 홍보하다 proceed 진행하다, 시작하다

46 특정 세부사항 문제

KEY 질문을 들으며 키워드 what / not / needed / good film을 노트테이킹한다.

According to the talk, what is not really needed to make a good film?

(a) a skilled production team
(b) a highly competent cast
(c) an extremely big budget
(d) high-quality equipment

담화에 따르면, 좋은 영화를 만드는 데 그다지 필요하지 않은 것은 무엇인가?

(a) 숙달된 제작팀
(b) 매우 유능한 배우
(c) 엄청나게 많은 예산
(d) 고급 장비

why 정답? 좋은 영화를 만드는 데 수백만 달러가 필요하지는 않다고 했으므로 (c)가 정답이다.

» millions of dollars → extremely big budget

| 어휘 | extremely 아주, 대단히, 몹시

47 특정 세부사항 문제

KEY 질문을 들으며 키워드 development / when / writing / ideas를 노트테이킹한다.

In the development stage, when should one start writing down ideas?

(a) after determining a good story for the script
(b) after securing a sufficient budget for the film
(c) after hiring ideal cast members for the film
(d) after finding the ideal locations for shooting

개발 단계에서 언제 아이디어를 기록하기 시작해야 하는가?

(a) 각본을 위한 좋은 이야기를 결정한 후
(b) 영화를 위한 충분한 예산을 확보한 후
(c) 영화를 위한 최적의 출연진을 섭외한 후
(d) 촬영을 위한 이상적인 장소를 찾은 후

why 정답? 개발 단계에서 아이디어를 적기 전에 영화가 충분히 괜찮을지 상상해서 아니라고 판단되면 다시 생각하라고 했다. 즉, 이야기가 좋다고 생각되면 아이디어를 적으라는 의미이므로 (a)가 정답이다.

why 오답? (b) 충분한 예산 확보, (c) 최적의 출연진, (d) 이상적인 장소가 언급되기는 했지만, 개발 단계가 아닌 제작 준비 단계에 해당하므로 헷갈리지 않도록 주의하자.

| 어휘 | determine 결정하다 secure 확보하다

48 추론 문제

🔑 **KEY** 질문을 들으며 키워드 why / film take / long time / complete를 노트테이킹한다.

Why most likely might a film take a long time to complete? **(a) because scenes have to be shot flawlessly** (b) because the equipment breaks down often (c) because the actors lack natural talent (d) because scenes must be shot in daylight	영화가 완성되는 데 오랜 시간이 걸릴 것 같은 이유는 무엇인가? **(a) 장면들을 완벽하게 찍어야 하기 때문에** (b) 장비가 자주 고장 나기 때문에 (c) 배우들의 타고난 재능이 부족하기 때문에 (d) 장면들을 반드시 낮에 찍어야 하기 때문에

why 정답? 장면들을 얼마나 잘 만들어내고 싶은지에 따라 제작 단계가 몇 주, 심지어 몇 달 동안 지속될 수도 있다는 부분에서 장면들을 결점 없이(완벽하게) 찍으면 시간이 오래 걸릴 것이라는 점을 유추할 수 있다. 따라서 (a)가 정답이다.

» how well you want to execute → be shot flawlessly
» last for several weeks or even months → take a long time

| 어휘 | flawlessly 완벽하게, 흠 없이 break down 고장 나다 lack 부족하다 natural 타고난 daylight 낮

49 특정 세부사항 문제

🔑 **KEY** 질문을 들으며 키워드 what happens / post-production을 노트테이킹한다.

What happens during the post-production stage? (a) The cameras are checked. **(b) The unneeded shots are edited out.** (c) The script undergoes a final revision. (d) The film's music is composed.	후반 작업 단계에는 어떤 일을 하는가? (a) 카메라를 점검한다. **(b) 불필요한 촬영 장면을 삭제한다.** (c) 각본을 최종 수정한다. (d) 영화 음악을 작곡한다.

why 정답? 후반 작업 단계에서 편집과 재촬영을 하며, 화면과 대사를 편집하고 불필요한 촬영 장면을 삭제한다고 했으므로 (b)가 정답이다.

» unnecessary shots are deleted → unneeded shots are edited out

| 어휘 | unneeded 불필요한 edit out ~을 삭제하다[잘라 내다] undergo ~을 받다, 겪다 revision 수정, 변경 compose 작곡하다

50 특정 세부사항 문제

🔑 **KEY** 질문을 들으며 키워드 what format / participants / film / converted를 노트테이킹한다.

What format should the participants' finished film be converted to? (a) one that can be viewed on a mobile phone (b) one that fits a TV screen **(c) one that is suitable for theater viewing** (d) one that can be played on all media	참석자들이 완성한 영화는 어떤 형식으로 변환되어야 하는가? (a) 휴대 전화로 볼 수 있는 형식 (b) TV 화면에 적합한 형식 **(c) 극장 관람에 적합한 형식** (d) 모든 매체에서 재생할 수 있는 형식

why 정답? 화자가 참석자들의 경우 변환 형식은 극장 상영용이어야 한다고 언급했으므로 (c)가 정답이다.

why 오답? (a) 휴대 전화로 볼 수 있는 형식, (b) TV 화면에 적합한 형식 등으로 필름을 변환할 수 있다고는 했지만, 청자(참석자)들이 변환해야 하는 형식은 아니므로 오답이다.

| 어휘 | participant 참석자 fit 맞다, 적절하다 be suitable for ~에 적합하다

51 특정 세부사항 문제

🔑 **KEY** 질문을 들으며 키워드 how / film / marketed / distribution을 노트테이킹한다.

How can a film be marketed during the distribution stage?	배급 단계에서 영화는 어떻게 판매될 수 있는가?
(a) by hosting free screenings of the film	(a) 무료 영화 상영을 주최함으로써
(b) by selling the film to theater owners	(b) 극장 소유주들에게 영화를 판매함으로써
(c) by organizing a film festival	(c) 영화제를 준비함으로써
(d) by looking for potential film distributors	**(d) 잠재적 영화 배급사들을 찾음으로써**

◉ **why 정답?** 배급사들이나 영화제 주최자들에게 영화를 팔기 위해 마케팅 전략을 세우고 시행해야 한다고 했으므로 (d)가 정답이다.

⊗ **why 오답?** (c) 영화제 주최자들(organizers)에게 영화를 팔 수 있다고 했지 영화제를 준비한다(organizing)고 한 것은 아니므로 오답이다.

| 어휘 | market (시장에서) 거래하다, 팔다   screening 상영   organize 준비하다, 조직하다   potential 잠재적인, 가능성 있는

52 특정 세부사항 문제

🔑 **KEY** 질문을 들으며 키워드 why don't / listeners / concerned / distribution yet을 노트테이킹한다.

Why don't the listeners have to be concerned about distribution yet?	왜 청자들은 아직 배급에 신경 쓰지 않아도 되는가?
(a) They will get help selling their first film.	(a) 첫 영화를 파는 데 도움을 받을 것이다.
(b) They have to learn the earlier stages first.	**(b) 우선 앞 단계를 배워야 한다.**
(c) They have to take a short break first.	(c) 우선 짧은 휴식을 취해야 한다.
(d) Their films will not be marketed at first.	(d) 그들의 영화는 처음에는 시판되지 않을 것이다.

◉ **why 정답?** 배급 단계에 도달하기까지 아직 갈 길이 머니까 배급은 걱정하지 않아도 된다고 했으므로 (b)가 정답이다.

» worry about → be concerned about

| 어휘 | be concerned about ~에 대해 신경 쓰다[걱정하다]

READING & VOCABULARY SECTION

PART 1 53-59 인물의 일대기 미국 적십자를 설립한 클라라 바튼

CLARA BARTON

Clara Barton was an American educator, nurse, and humanitarian. She is best known as the founder of the American Red Cross. Barton was called the "Angel of the Battlefield" for tirelessly comforting and nursing soldiers in army camps and on battlefields.

Clarissa Harlowe Barton was born on December 25, 1821, in Oxford, Massachusetts. The youngest among five children, Barton excelled in school even though she was a shy child. She was 11 years old when her brother fell off the barn roof, and [53]she spent the next two years helping to nurse him back to health. During that period, Barton learned how to administer medicine, and thus, her interest in nursing began.

Barton started teaching in several schools before she turned 18. Soon she was able to open a free public school in Bordentown, New Jersey. However, [54]when town officials chose a male principal over her, she left the school and went to Washington D.C. to work as a clerk for the U.S. Patent Office.

At the outbreak of the American Civil War in 1861, Barton volunteered to help by collecting food and medical supplies that people had donated, and distributing these supplies to the battlefield. She also served as a nurse and [58]treated wounded soldiers. [55]After the war, Barton worked for the War Department to help find missing soldiers and reunite them with their families.

[56]Her untiring wartime efforts took a toll on Barton's health. She was recuperating in Geneva, Switzerland, when the Franco-Prussian War broke out in 1870. She then worked behind German lines, this time for a relief organization known as the International Committee of the Red Cross. Upon her return to the U.S. three years later, Barton began to lobby for an American branch of the international organization. The American Red Cross was founded in 1881. Barton served as its first president, overseeing relief work for [59]victims of floods, famines, and earthquakes.

클라라 바튼

클라라 바튼은 미국의 교육자, 간호사이자 인도주의자였다. 그녀는 미국 적십자의 창립자로 가장 잘 알려져 있다. 바튼은 병영과 전쟁터에서 지칠 줄 모르고 병사들을 위로하고 간호하였기에 '전장의 천사'로 불렸다.

클라리사 할로 바튼은 1821년 12월 25일 매사추세츠주의 옥스퍼드에서 태어났다. 다섯 자녀 중 막내였던 바튼은 수줍음 많은 아이였지만, 학교에서 성적이 뛰어났다. 그녀가 11살 때 오빠가 헛간 지붕에서 떨어졌는데, [53]오빠의 건강이 회복되도록 간호를 도우면서 다음 두 해를 보냈다. 그 기간 동안 바튼은 약을 투여하는 법을 배웠고, 그러면서 그녀는 간호직에 대해 관심을 갖기 시작했다.

바튼은 18세가 되기 전에 몇몇 학교에서 교사로 일하기 시작했다. 머지않아 그녀는 뉴저지주의 보든타운에 무료 공립 학교를 열 수 있었다. 그러나 [54]시 공무원이 그녀 대신 남자 교장을 뽑자, 그녀는 학교를 떠나 워싱턴 디시로 향하여 미국 특허청의 사무원으로 일했다.

1861년에 남북 전쟁이 발발하자, 바튼은 사람들이 기부한 식량 및 의료용품을 모아 이 물품들을 전쟁터에 나눠주는 일을 자원하여 도왔다. 그녀는 또한 간호사 역할을 했으며 다친 병사들을 [58]치료했다. [55]전쟁이 끝난 후에, 바튼은 미 육군성에서 일하면서 실종된 병사들을 찾아 가족과 다시 만나게 해주는 일을 도왔다.

[56]그녀의 지칠 줄 모르는 전시의 노력은 바튼의 건강에 타격을 입혔다. 그녀가 스위스 제네바에서 건강을 되찾고 있던 때인 1870년에 프로이센 프랑스 전쟁이 발발했다. 그녀는 그때 독일 전선 후방에서 일했는데, 이번에는 국제 적십자 위원회로 알려진 구호 단체에서 일했다. 3년 뒤 미국으로 돌아오자마자 바튼은 이 국제단체의 미국 지사 설립을 위한 통과 운동을 하기 시작했다. 미국 적십자는 1881년에 설립되었다. 바튼은 초대 총재를 역임했으며, 홍수, 기근, 지진 [59]피해자들을 위한 구호 작업을 감독했다.

In 1904, Barton resigned from the American Red Cross. After she passed away in 1912, the Clara Barton Birthplace Museum was established in her honor to support the families of children with diabetes. [57]In 1975, Barton's home in Maryland, where she spent the last 15 years of her life, was instituted as the Clara Barton National Historic Site.

1904년에 바턴은 미국 적십자에서 사임했다. 1912년 그녀가 사망한 후에, 그녀를 기리는 의미에서 당뇨병을 앓는 자녀를 둔 가정을 후원하기 위해 '클라라 바턴 출생지 박물관'이 설립되었다. [57]1975년, 그녀가 삶의 마지막 15년을 보냈던 메릴랜드의 자택이 '클라라 바턴 국립 유적지'로 조성되었다.

| 어휘 | educator 교육자 humanitarian 인도주의자 founder 창립자 battlefield 전쟁터, 전장 tirelessly 지칠 줄 모르고, 끊임없이 comfort 위로[위안]하다 nurse 간호하다 excel in ~에서 뛰어나다 barn 헛간 period 기간, 시기 administer (약을) 투여하다 medicine 약, 약물 principal 교장, 학장, 총장 patent office 특허청 outbreak 발발, 발생 American Civil War 남북 전쟁 volunteer 자원[자진]하다, 자원봉사로 하다 medical supplies 의약용품 donate 기부[기증]하다 distribute 배부[배포]하다 serve as ~의 역할을 하다 treat 치료하다 wounded 다친, 부상을 입은 War Department 미 육군성 reunite 재회[재결합]시키다 untiring 지칠 줄 모르는 take a toll on ~에 타격[피해]을 주다 recuperate (건강을) 되찾다, 회복하다 Franco-Prussian War 프로이센 프랑스 전쟁 break out 발발[발생]하다 line (전쟁에 참가한 병사들의) 전선[전열] relief organization 구호 단체 lobby (법안의) 통과 운동을 하다, 로비를 하다 branch 지점, 지사 oversee 감독하다 victim 피해자, 희생자 famine 기근 earthquake 지진 resign from ~에서 사임하다 pass away 사망하다, 돌아가시다 establish 설립하다 in one's honor ~에게 경의를 표하여 support 후원하다, 지지하다 diabetes 당뇨병 institute 세우다, 설립하다 historic site 유적지

53 특정 세부사항 문제

KEY 질문의 키워드 interest가 언급된 곳 주변을 읽는다.

When did Clara Barton's interest in the medical care profession begin?

(a) when she founded the American Red Cross
(b) when she helped wounded soldiers
(c) when she took care of her injured brother
(d) when she started excelling in school

의료직에 대한 클라라 바턴의 관심은 언제 시작되었는가?

(a) 미국 적십자를 설립했을 때
(b) 부상을 입은 병사들을 도왔을 때
(c) 다친 그녀의 오빠를 돌봤을 때
(d) 학교에서 뛰어난 성적을 거두기 시작했을 때

why 정답? 두 번째 단락에서 다친 오빠를 간호하는 일을 도우면서 간호직에 대한 관심이 시작되었다고 했으므로 (c)가 정답이다.

» helping to nurse → took care of
» nursing → medical care

| 어휘 | medical care 의료, 건강 관리 profession 직업, 직종 take care of ~를 돌보다 injured 다친, 부상을 입은

54 특정 세부사항 문제

KEY 질문의 키워드 New Jersey와 Washington D.C.가 언급된 곳 주변을 읽는다.

Why did Barton leave New Jersey and move to Washington D.C.?

(a) She was passed over for a school position.
(b) She couldn't find a teaching job.
(c) She was unable to open a free school.
(d) She always wanted to work at the U.S. Patent Office.

바턴은 왜 뉴저지를 떠나 워싱턴 디시로 이주했는가?

(a) 학교 직위에서 제외되었다.
(b) 교사직 일자리를 찾을 수 없었다.
(c) 무료 학교를 열 수 없었다.
(d) 항상 미국 특허청에서 일하고 싶었다.

why 정답? 세 번째 단락에서 뉴저지에 공립 학교를 열었는데 시 공무원이 그녀 대신 남자 교장을 뽑자, 그녀는 학교를 떠나 워싱턴 디시로 갔다고 했으므로 (a)가 정답이다.

» principal → school position

| 어휘 | pass over ~를 제외시키다 position (일)자리, 직위

55 특정 세부사항 문제

🔑 **KEY** 남북 전쟁 이후의 상황이 언급된 곳을 읽는다.

How did Barton help with the war efforts after the Civil War?	바턴은 남북 전쟁 후 전시의 노력을 어떻게 도왔는가?
(a) by volunteering to rehabilitate wounded soldiers **(b) by helping to locate missing combatants** (c) by distributing supplies to war casualties (d) by consoling orphaned children	(a) 자원하여 다친 병사들을 재활 치료함으로써 **(b) 실종된 전투원들을 찾는 것을 도움으로써** (c) 전쟁 사상자들에게 물품을 나눠줌으로써 (d) 고아가 된 아이들을 위로함으로써

why 정답? 네 번째 단락에서 바턴은 전쟁이 끝난 후 실종된 병사들을 찾아 가족과 다시 만나게 해주는 일을 했다고 했으므로 (b)가 정답이다.

» find missing soldiers → locate missing combatants

why 오답? (a) 다친 병사들을 치료하는 일을 한 시기는 남북 전쟁이 끝난 뒤가 아니라 전쟁 중일 때이므로 오답이다.

| 어휘 | war effort 전쟁에 기울이는 총력 rehabilitate 재활 치료를 하다 locate ~의 정확한 위치를 찾아내다 combatant 전투원 casualty 사상자 console 위로하다 orphaned 고아가 된

56 추론 문제

🔑 **KEY** 질문의 키워드 Switzerland가 언급된 곳 주변을 읽는다.

What was probably the original reason for Barton's stay in Switzerland?	바턴이 스위스에 머문 원래 이유는 아마도 무엇이었겠는가?
(a) to stop the oncoming Franco-Prussian War (b) to work for the International Red Cross (c) to set up the American Red Cross **(d) to gain her health once again**	(a) 다가오는 프로이센 프랑스 전쟁을 막기 위해 (b) 국제 적십자에서 일하기 위해 (c) 미국 적십자를 세우기 위해 **(d) 건강을 되찾기 위해**

why 정답? 다섯 번째 단락에서 바턴이 전시 상황에서 행한 노력으로 건강에 타격을 입었고 스위스 제네바에서 건강을 되찾고 있었다고 했으므로 (d)가 정답이다.

» recuperating → gain her health once again

| 어휘 | original 원래의, 처음의 oncoming 다가오는 set up ~을 세우다, 설치하다 gain (원래 상태를) 회복하다, 얻다

57 특정 세부사항 문제

🔑 **KEY** 바턴이 사망한 이후의 일들이 언급된 마지막 단락을 읽는다.

Which serves as a recognition of Barton's contributions to society?	바턴의 사회 공헌을 인정하는 역할을 하는 것은 무엇인가?
(a) Her museum was established in Maryland. **(b) Her home was designated a heritage site.** (c) She was honored by children with diabetes. (d) Her Red Cross presidency was never relinquished.	(a) 메릴랜드에 그녀의 박물관이 설립되었다. **(b) 그녀의 자택이 유적지로 지정되었다.** (c) 당뇨병을 앓는 아이들로부터 존경을 받았다. (d) 그녀의 적십자 총재직이 한 번도 철회되지 않았다.

why 정답? 마지막 단락에서 바턴은 생애 마지막 15년을 메릴랜드에 있는 자택에서 보냈는데, 이곳이 '클라라 바턴 국립 유적지'로 조성되었다고 했으므로 (b)가 정답이다.

» instituted as the Clara Barton National Historic Site → designated a heritage site

⊗ why 오답? (a) 1912년에 '클라라 바턴 출생지 박물관'이 설립되긴 했지만, 두 번째 단락에서 그녀의 출생지는 매사추세츠주 옥스퍼드라고 했으므로 지문의 내용과 일치하지 않는다.

(c) '클라라 바턴 출생지 박물관'이 당뇨병 자녀를 둔 가정을 후원한다고는 했지만, 아이들이 존경을 표했는지는 직접적으로 언급되지 않았으므로 오답이다.

(d) 바턴은 1904년에 미국 적십자에서 사임했으므로 지문의 내용과 일치하지 않는다.

| 어휘 | recognition (공로 등에 대한) 인정, 표창 contribution 공헌 designate 지정하다 heritage site 유적지 honor 존경하다 presidency 회장직 relinquish (지위·직을) 사퇴하다

58 동의어 문제

KEY treated가 포함된 부분을 읽고 문맥을 파악한다.

In the context of the passage, treated means _____.

(a) healed
(b) regarded
(c) provided
(d) protected

지문의 문맥에서, treated는 -을 의미한다.

(a) 치유하다
(b) ~으로 여기다
(c) 제공하다
(d) 보호하다

♀ why 정답? treated가 포함된 부분은 '다친 병사들을 치료했다'라는 의미이므로 treated가 '치료하다'라는 의미로 사용되었음을 알 수 있다. 따라서 같은 의미의 (a) healed가 정답이다.

59 동의어 문제

KEY victims가 포함된 부분을 읽고 문맥을 파악한다.

In the context of the passage, victims means _____.

(a) targets
(b) losers
(c) sufferers
(d) suspects

지문의 문맥에서, victims는 -을 의미한다.

(a) 목표물
(b) 실패자
(c) 고통받는 사람
(d) 용의자

♀ why 정답? victims가 포함된 부분은 '홍수, 기근, 지진 피해자들을 위한 구호 작업을 감독했다'라는 의미이므로 victims가 '피해자, 희생자'라는 의미로 사용되었음을 알 수 있다. 따라서 이와 유사하게 '고통받는 사람, 이재민, 피해자'를 의미하는 (c) sufferers가 정답이다.

EATING WHILE WATCHING TELEVISION IS UNHEALTHY FOR CHILDREN

Several studies have found a link between weight problems and children watching television while eating. [60]The studies showed that children who often have meals in front of the television are likely to develop obesity, heart disease, and other diseases [65]associated with being overweight. One way to avoid these problems, the studies said, is to turn off the television as well as the laptop and other devices during dinner.

Based on a survey conducted by Lynn Edmunds, a dietitian at the New York State Department of Health, children tend to tune out their natural hunger when watching television to focus on the show. They are also likely to request the food products that are frequently advertised during the television program. However, unlike fresh fruits, vegetables, and other healthy foods, many of these products are low in nutritional value. [61]Since lifelong food preferences are established early in life, Edmunds advises parents to promote mealtime environments that encourage healthy eating.

A Texas Medical Center news article also emphasized the risks of patronizing advertised food products. [62]Behavioral nutritionist Dr. Karen Cullen said in a statement that food ads often imply the use of food for purposes of fun or boosting one's self-image, rather than to satisfy hunger or promote health. Television commercials seldom show how the advertised food fits into a healthy diet.

Meanwhile, a survey by the National Institute of Child Health and Human Development revealed that children who watch television while eating could develop habits that lead to future chronic diseases, including obesity, heart problems, and diabetes. Moreover, aside from getting poor nutrition from unhealthy foods, [63]these children tend to [66]engage in less exercise and fewer physical activities needed to keep their bodies healthy.

Children who watch television during dinnertime likewise miss important opportunities to bond with their families. According to the New York State Department of Health, dinnertime provides an opportunity for the family to talk to each other and interact in a meaningful way. [64]Dinnertime is an ideal time to explain to children the benefits of good nutrition. Moreover, children often take the lead of their parents, and are more likely to eat healthier foods if their parents do so as well.

| 어휘 | unhealthy 건강에 해로운 link 관련(성), 관계 develop (병·문제가) 생기다 obesity 비만 associated with ~와 관련된 overweight 과체중 device 기기, 장치 based on ~에 근거하여 survey (설문) 조사 conduct (업무 따위를) 실시하다 dietitian 영양학자, 영양사 tend to do ~하는 경향이 있다 tune out ~을 무시하다[듣지 않다] hunger 굶주림, 배고픔 frequently 자주, 빈번하게 advertise 광고하다 nutritional value 영양가 lifelong 일생의 preference 선호(도), 애호 establish (습관 따위를) 확립하다 promote 조성하다, 증진시키다 environment 환경 encourage 장려[권장]하다 emphasize 강조하다 patronize 애용하다 behavioral 행동의, 행동에 관한 nutritionist 영양학자, 영양사 statement 성명서, 진술 imply 암시하다 boost 신장시키다, 북돋우다 commercial 광고 방송 seldom 거의 ~않는 fit into ~에 적합하다[꼭 들어맞다] reveal 밝히다, 드러내다 chronic disease 만성 질병 diabetes 당뇨병 aside from ~뿐만 아니라 nutrition 영양 (섭취) engage in exercise (정기적으로) 운동하다 physical activity 신체 활동 dinnertime 식사 시간 likewise 또한 opportunity 기회 bond with ~와 유대감을 형성하다 interact 소통하다, 교류하다 meaningful 의미 있는 ideal 이상적인 benefit 이점, 이득 take the lead of ~의 예를 따르다

60 주제/목적 문제

KEY 아이들이 식사 중 TV를 시청하는 것에 관한 조사 결과가 언급된 곳을 읽는다.

What is the result of children watching television while having dinner?

(a) their having difficulty putting on weight
(b) their getting illnesses related to weight gain
(c) their understanding of the show being affected
(d) their becoming dependent on technology

식사하면서 TV를 시청하는 어린이들에게 발생하는 결과는 무엇인가?

(a) 체중을 늘리는 데 어려움을 겪는다.
(b) 체중 증가와 관련된 질병에 걸린다.
(c) 프로그램의 이해에 영향을 받는다.
(d) 기술에 의존하게 된다.

why 정답? 첫 번째 단락에서 TV를 보면서 식사하는 아이들은 비만, 심장병 및 기타 과체중 상태와 관련이 있는 질병에 걸릴 가능성이 있다고 했으므로 (b)가 정답이다.

» develop obesity, heart disease, and other diseases associated with being overweight → getting illnesses related to weight gain

| 어휘 | have difficulty -ing ~하는 데 어려움을 겪다 put on weight 체중이 늘다 related to ~와 관련 있는 weight gain 체중 증가 affect 영향을 미치다 dependent on ~에 의존하는

61 추론 문제

KEY 어린 시절의 식사 습관이 중요한 이유가 언급된 곳을 읽는다.

What could happen if children's practice of watching television while eating meals is not controlled?

(a) They could develop bad dietary habits for life.
(b) They might stop eating products that are not advertised.
(c) They might start ignoring their parents' advice.
(d) They could stop feeling hunger.

만약 아이들이 식사하면서 TV를 시청하는 습관을 통제하지 않는다면 어떤 일이 생길 수 있는가?

(a) 평생 나쁜 식사 습관이 굳어질 수 있다.
(b) 광고되지 않는 제품은 먹지 않을 수 있다.
(c) 부모의 조언을 무시하기 시작할 수 있다.
(d) 허기를 느끼지 못할 수 있다.

why 정답? 두 번째 단락에서 일생의 식품 기호는 어린 시절에 확립된다고 했으므로 어릴 때 잘못된 식사 습관을 방치하면 이것이 평생 이어질 수 있음을 추론할 수 있다. 따라서 (a)가 정답이다.

» lifelong food preferences → dietary habits for life

why 오답? (d) 아이들은 TV에 집중하기 위해 배가 고파도 무시하는 경향이 있다고 했는데, 이는 식사 중 TV 시청 습관으로 인해 허기를 느끼지 못한다는 말은 아니므로 오답이다.

| 어휘 | practice 습관 control 통제하다 dietary 식사의 ignore 무시하다

READING & VOCABULARY SECTION   147

62 특정 세부사항 문제

🔑 **KEY** 캐런 컬런 박사가 한 말이 언급된 곳을 읽는다.

According to Dr. Karen Cullen, how do television ads promote food products? (a) as a means to relieve hunger (b) as the best way to enhance health **(c) as a source of joy and good status** (d) as the items that television characters eat	캐런 컬런 박사에 따르면, TV 광고는 어떻게 식품을 홍보하는가? (a) 배고픔을 덜어주는 수단으로 (b) 건강을 증진시키는 가장 좋은 방법으로 **(c) 즐거움과 좋은 지위의 원천으로** (d) TV 등장인물들이 먹는 제품으로

why 정답? 세 번째 단락에서 캐런 컬런 박사가 식품 광고는 종종 재미나 자기 이미지를 끌어올릴 목적으로 식품을 이용함을 암시한다고 했으므로 (c)가 정답이다.

» for purposes of fun or boosting one's self-image ➜ a source of joy and good status

why 오답? (a)와 (b)는 오히려 식품 광고가 중점을 두지 않는 부분으로 언급되었으므로 오답이다.

| 어휘 | means 수단, 방법 relieve 덜어주다, 없애다 enhance 높이다, 향상시키다 source 원천, 근원 status 지위, 상태 character 등장인물

63 특정 세부사항 문제

🔑 **KEY** 질문의 키워드 further weight problems와 관련된 내용이 언급된 곳을 읽는다.

Why can having meals in front of the television lead to further weight problems among children? (a) because their appetites will increase (b) because television shows encourage poor health (c) because they will forget how much they have eaten **(d) because they tend to be less active**	TV 앞에서 식사하는 것이 추후에 아이들에게 체중 문제를 가져올 수 있는 이유는 무엇인가? (a) 식욕이 증가할 것이기 때문에 (b) TV 프로그램이 나쁜 건강 상태를 조장하기 때문에 (c) 자신이 얼마나 많이 먹었는지 잊어버릴 것이기 때문에 **(d) 덜 움직이는 경향이 있기 때문에**

why 정답? 네 번째 단락에서 식사하면서 TV를 시청하는 습관이 있는 아이들은 건강한 신체를 유지하는 데 필요한 운동과 육체 활동이 부족한 경향이 있다는 점을 지적했으므로 (d)가 정답이다.

» less exercise and fewer physical activities ➜ less active

| 어휘 | appetite 식욕 active 활동적인

64 특정 세부사항 문제

🔑 **KEY** 질문의 키워드 dinnertime with their parents와 관련된 내용이 언급된 곳을 읽는다.

How can children benefit from spending dinnertime with their parents? (a) by being served what they want to eat (b) by having company while watching television (c) by being encouraged to eat less **(d) by having role models who support proper diets**	부모와 식사 시간을 함께 보내는 것이 어떻게 아이들에게 이득이 되는가? (a) 먹고 싶은 것을 제공받음으로써 (b) TV를 보는 동안 같이 있음으로써 (c) 덜 먹으라는 권고를 받음으로써 **(d) 적절한 식사를 도와주는 역할 모델을 가짐으로써**

why 정답? 마지막 단락에서 식사 시간에 아이들에게 충분한 영양 섭취의 중요성을 설명할 수 있을 뿐 아니라 부모가 건강에 좋은 음식을 먹으면 아이들도 그렇게 따라 할 가능성이 더 크다고 했으므로 (d)가 정답이다.

» take the lead of their parents ➜ having role models

⊗ **why 오답?** (c) 식사 시간이 아이들이 건강한 식습관을 갖게 만들기에 이상적인 시간이지만, 건강한 식습관이 무조건 덜 먹는 것을 의미하지는 않으므로 오답이다.

| **어휘** | benefit from ~로부터 이익을 얻다   serve (음식을) 제공하다, 차려주다   company 함께 있음   role model 역할 모델   proper 적절한

65 동의어 문제

🔑 **KEY** associated가 포함된 부분을 읽고 문맥을 파악한다.

In the context of the passage, associated means _____.	지문의 문맥에서, associated는 -을 의미한다.
(a) combined	(a) 결합된
(b) related	**(b) 관련된**
(c) equivalent	(c) 동등한
(d) isolated	(d) 고립된

💡 **why 정답?** associated가 포함된 부분은 'TV 앞에서 식사하는 아이들에게 비만, 심장병 및 기타 과체중 상태와 관련이 있는 질병이 생길 가능성이 있다'라는 의미이므로 associated가 '관련된'이라는 의미로 사용되었음을 알 수 있다. 따라서 같은 의미의 (b) related가 정답이다.

66 동의어 문제

🔑 **KEY** engage가 포함된 부분을 읽고 문맥을 파악한다.

In the context of the passage, engage means _____.	지문의 문맥에서, engage는 -을 의미한다.
(a) partake	**(a) 참가하다**
(b) hold	(b) 유지하다
(c) connect	(c) 연결하다
(d) result	(d) (~의 결과로) 발생하다

💡 **why 정답?** engage가 포함된 부분은 '운동에 덜 참여하는 경향이 있다'라는 의미이므로 engage가 '참여하다'라는 의미로 사용되었음을 알 수 있다. 따라서 같은 의미의 (a) partake가 정답이다.

BASTILLE

The Bastille was a medieval fortress and state prison on the eastern side of Paris. Originally known as Bastion de Saint-Antoine, the fortress was built from 1370 to 1382. [67]Its initial purpose was to defend Paris from English attacks during the Hundred Years' War.

The Bastille had eight towers, each about 100 feet high and linked by 5-foot-thick walls. The rectangular structure was 220 feet in length and 90 feet in width. It contained two courtyards and houses that were built against the walls. The fortress was surrounded by an 80-foot-wide moat.

Aside from protecting Paris from foreign invasion, the Bastille also served as a prison to house those who committed treason and stirred up rebellion against the government. [68]It was used to detain people who were believed to be insane, were involved in scandals, or were voluntarily surrendered by their own families.

During the reign of King Louis XIV (1661 to 1723), the Bastille earned a dark reputation for keeping prisoners who were arrested under *lettres de cachet,* or [69]secret warrants. These letters contained direct orders from the king to arrest not only suspected rebels but also subjects who merely differed with him on personal matters. They were imprisoned indefinitely and without the benefit of a fair trial. A famous example of these Bastille prisoners was a [72]mysterious Frenchman known only as the "Man in the Iron Mask."

On July 14, 1789, [70]an angry mob composed mainly of the French middle class stormed the Bastille, demanding that the prison governor surrender the weapons stored within. When the governor [73]declined, they captured the prison, which had become a symbol of dictatorial rule. The Bastille was demolished two days after its capture. [71]The Storming of the Bastille marked the beginning of the French Revolution.

The site is now a square called Place de la Bastille, which features the Bastille Opera, the Colonne de Juillet, as well as cafés, bars, and concert halls. Every July 14, the French celebrate Bastille Day to commemorate the event that gave birth to the French Republic.

| 어휘 | medieval 중세의 fortress 요새 state prison 국사범 교도소, (미) 주 교도소 initial 초기의, 처음의 purpose 목적 defend 방어하다 attack 공격 link 연결[접속]하다 rectangular 직사각형의 structure 구조(물) contain ~을 포함하다, ~이 들어 있다 courtyard 뜰, 마당 be surrounded by ~로 둘러싸이다 moat 해자(성 주위에 둘러 판 못) aside from ~외에도 invasion 침략 serve as ~의 역할을 하다 house 수용하다 commit (범죄를) 저지르다 treason 반역죄 stir up (문제 등을) 일으키다 rebellion 반란, 모반 government 정부 detain 구금[억류]하다 insane 정신 이상의, 미친 involved in ~에 연루된 scandal 추문, 스캔들 voluntarily 자발적으로 surrender 자수[항복]하다, 인도하다, 넘겨주다 reign 통치 기간 earn a reputation 평판을 얻다 arrest 체포하다 warrant (체포·수색) 영장 suspected 의심이 가는, 미심쩍은 rebel 반역자 subject (특히 군주국의) 국민, 신하 merely 단지, 그저 differ with ~와 의견이 다르다 imprison 투옥하다, 감금하다 indefinitely 무기한으로 benefit 혜택, 이득 fair trial 공정한 재판 mysterious 신비에 싸인, 신비한 mob 군중 composed of ~으로 구성된 storm 습격[급습]하다 demand 요구하다 prison governor 교도소장 decline 거절하다 capture 함락시키다; 함락 dictatorial 독재의 rule 통치, 지배 demolish 무너뜨리다, 철거하다 mark (새로운 일의) 전조이다, ~일 것임을 보여주다 French Revolution 프랑스 혁명 feature ~의 특색을 이루다 the Colonne de Juillet 7월 혁명 기념비 celebrate 축하하다, 기념하다 Bastille Day 프랑스 혁명 기념일 commemorate (중요 인물·사건을) 기념하다 give birth to ~을 일으키다, ~의 원인이 되다

67 특정 세부사항 문제

KEY 질문의 키워드 originally built와 관련된 내용이 언급된 곳을 읽는다.

Why was the Bastille originally built?

(a) to serve as a residence for royalty
(b) to serve as a prison for war captives
(c) to serve as a deterrent against enemy attacks
(d) to serve as a model of medieval architecture

바스티유 감옥은 처음에 왜 건설되었는가?

(a) 왕족의 거주지 역할을 하기 위해
(b) 전쟁 포로들을 위한 감옥 역할을 하기 위해
(c) 적의 공격에 대항하는 제지물 역할을 하기 위해
(d) 중세 건축술의 모델 역할을 하기 위해

why 정답? 첫 번째 단락에서 바스티유 감옥은 원래 백년 전쟁 동안 영국의 공격으로부터 파리를 방위하는 것이 목적이었다고 했으므로 (c)가 정답이다.

» defend Paris from English attacks → a deterrent against enemy attacks

| 어휘 | residence 거주지 royalty 왕족 captive 포로 deterrent 제지하는 것, 방해물 enemy 적 architecture 건축(술)

68 특정 세부사항 문제

KEY 바스티유 감옥에 어떤 사람들이 수감되었는지 나열된 곳을 읽는다.

In addition to rebels, who else were imprisoned in the Bastille?

(a) those who were deemed mentally unstable
(b) those who ran away from their families
(c) those who were proven to be English subjects
(d) those who accused others of involvement in scandals

반역자들뿐 아니라, 그 밖에 누가 바스티유 감옥에 수감되었는가?

(a) 정신적으로 불안정한 것으로 여겨진 사람들
(b) 가족으로부터 도망친 사람들
(c) 영국 국민으로 입증된 사람들
(d) 다른 사람들을 추문 연루 혐의로 고발한 사람들

why 정답? 세 번째 단락에서 반역죄를 저지르거나 반란을 일으킨 사람들 외에도 정신 이상이 있다고 여겨졌거나, 추문에 연루되었거나, 가족들에 의해 자발적으로 자수한 사람들을 구금했다고 했으므로 (a)가 정답이다.

» people who were believed to be insane → those who were deemed mentally unstable

why 오답? (d) 다른 사람들을 추문 연루 혐의로 고발한 사람들이 아닌 직접 연루된 사람들이 구금되었으므로 오답이다.

| 어휘 | deem ~로 여기다 mentally 정신적으로 unstable 불안정한 run away from ~에서 도망치다 prove 입증하다 accuse A of B A를 B 혐의로 고발[고소]하다 involvement 연루, 관여

69 추론 문제

🔑 **KEY** 질문의 키워드 secret warrants가 언급된 곳 주변을 읽는다.

Based on the article, what did the secret warrants probably cause? (a) people openly disagreeing with the king **(b) the imprisonment of innocent people** (c) masked prisoners dying from lack of air (d) the popularity of King Louis XIV	이 글에 따르면, 비밀 체포 영장은 아마도 무엇을 야기했겠는가? (a) 사람들이 왕과 의견이 다름을 솔직하게 드러내는 것 **(b) 무고한 사람들의 투옥** (c) 마스크를 쓴 수감자들이 산소 부족으로 사망한 것 (d) 루이 14세의 인기

💡 **why 정답?** 네 번째 단락에서 이 비밀 체포 영장에는 반역자로 의심되는 사람들 외에도 단지 왕과 의견이 다른 국민들까지 체포하라는 명령이 포함되어 있었다고 했으므로 무고한 사람들이 투옥되었을 것으로 추론할 수 있다. 따라서 (b)가 정답이다.

» subjects who merely differed with him → innocent people

| 어휘 | openly 솔직하게, 드러내 놓고 disagree with ~와 의견이 맞지 않다 imprisonment 투옥, 구금 innocent 무고한, 무죄인, 결백한 masked 마스크를 쓴 die from ~으로 죽다 popularity 인기

70 특정 세부사항 문제

🔑 **KEY** 질문의 키워드 French middle class가 언급된 곳 주변을 읽는다.

Why did the French middle class capture the Bastille? (a) They had acquired the weapons there. (b) Their comrades were detained there. (c) They wanted to destroy the structure. **(d) Their demand was not granted.**	왜 프랑스의 중산 계급이 바스티유 감옥을 함락했는가? (a) 그곳에서 무기를 획득했다. (b) 그들의 동료가 그곳에 구금되었다. (c) 그 구조물을 파괴하기를 원했다. **(d) 그들의 요구가 승인되지 않았다.**

💡 **why 정답?** 다섯 번째 단락에서 프랑스의 중산 계급으로 구성된 군중이 바스티유 감옥의 교도소장에게 내부에 보관된 무기들을 인도할 것을 요구했으나, 교도소장이 이를 거부하자 감옥을 함락했다고 했으므로 (d)가 정답이다.

» the governor declined → Their demand was not granted.

❌ **why 오답?** (a) 바스티유 감옥 안의 무기를 인도하라는 요구를 거절당했으므로 지문의 내용과 일치하지 않는다.

| 어휘 | acquire 획득하다 comrade 동료, 전우 destroy 파괴하다 grant 승인하다

71 추론 문제

🔑 **KEY** 질문의 키워드 the Storming of the Bastille가 언급된 곳 주변을 읽는다.

What is the significance of the Storming of the Bastille? (a) It signified France's liberation from English occupation. (b) It inspired the reformation of France's prison system. **(c) It led to a new form of the French government.** (d) It transformed the area into a diverse cultural center.	바스티유 감옥 습격 사건의 의의는 무엇인가? (a) 프랑스가 영국의 점령으로부터 해방되었음을 의미했다. (b) 프랑스의 교도소 체제 개혁을 촉진시켰다. **(c) 새로운 형태의 프랑스 정부로 이어졌다.** (d) 이 구역을 다양한 문화의 중심지로 변모시켰다.

👉 **why 정답?** 다섯 번째 단락에서 독재 정치의 상징이었던 바스티유 감옥을 습격한 사건은 프랑스 혁명이 시작되는 전조였다고 했으므로 (c)가 정답이다.

👉 **why 오답?** (d) 바스티유 감옥이 있던 자리가 현재 바스티유 광장으로 바뀌어 여러 문화 시설들이 자리하고 있다고는 했으나, 이는 시간에 흐름에 따라 변한 것이지 의의라고 볼 수 없으므로 오답이다.

| 어휘 | significance 의의, 중요성   signify 의미하다, 뜻하다   liberation 해방   occupation 점령 (기간)   inspire 부추기다, 고취시키다   reformation 개혁   lead to ~로 이어지다   transform 변형시키다   diverse 다양한   cultural 문화의

72 동의어 문제

🔑 **KEY** mysterious가 포함된 부분을 읽고 문맥을 파악한다.

In the context of the passage, mysterious means _____.

(a) **nameless**
(b) cagey
(c) guiltless
(d) infamous

지문의 문맥에서, mysterious는 –을 의미한다.

(a) 이름을 밝히지 않은
(b) 말을 안 하는
(c) 죄가 없는, 무고한
(d) 악명 높은

👉 **why 정답?** mysterious가 포함된 부분은 '신비에 싸인 프랑스인이었다'라는 의미이므로 mysterious가 '신비에 싸인, 비밀스러운'이라는 의미로 사용되었음을 알 수 있다. 따라서 이와 유사한 '이름을 밝히지 않은, 익명의'라는 뜻의 (a) nameless가 정답이다.

👉 **why 오답?** (b) cagey는 자신의 신분을 드러내지 않는다기보다는 '무언가에 대해 말을 안 하는'이라는 뜻이므로 오답이다.

73 동의어 문제

🔑 **KEY** declined가 포함된 부분을 읽고 문맥을 파악한다.

In the context of the passage, declined means _____.

(a) appeared
(b) **refused**
(c) descended
(d) agreed

지문의 문맥에서, declined는 –을 의미한다.

(a) 나타나다
(b) 거절하다
(c) 내려가다
(d) 동의하다

👉 **why 정답?** declined가 포함된 부분은 '교도소장이 이를 거부하자 그들은 전제 정치의 상징이 되었던 이 감옥을 함락했다'라는 의미이므로 declined가 '거절하다'라는 뜻으로 사용되었음을 알 수 있다. 따라서 같은 뜻인 (b) refused가 정답이다.

PART 4 74-80 비즈니스 편지 중고 사무 가구 판매 업체 홍보

James Chandler
Purchasing Manager
Telstar Trading

Dear Mr. Chandler:

[74]NBC Office Interiors would like to help your company save on office workstations and other office furniture.

As a sign of our respect for your business and our readiness to meet your furniture needs, we can offer up to 70% off popular brands such as Office Cloud, High Point, and Miller Steel Cases. [74]We sell high-quality office furniture that is pre-owned but has been expertly refurbished. We [79]guarantee that our items are in excellent working condition and look as good as new.

As you may know, our company is affiliated with several wholesalers and distributors. All of our reputable partners offer an extensive range of office furniture and equipment that fits your budget. [75]We will not only deliver your orders to your doorstep, we will also install them free of charge. Plus, all of your purchases will come with a one-year warranty.

[76]To find out more about our products, you can visit our showroom at 1207 Mahogany Avenue, or you may request a copy of our product catalog by e-mailing us at info@nbcinterior.com.

If you are not currently looking for additional office furniture but instead [77]have surplus office furniture that you would like to sell, we would be happy to offer you a reasonable price. We are well known for restoring such items to excellent working condition, and then providing them to other businesses.

[78]If you are interested in doing business with us, please call us at 893-7712 and ask for Warren Matthews, our sales coordinator. We are here to [80]accommodate you in all your office furniture needs.

Yours truly,

Erica Winston
Director, NBC Office Interiors

| 어휘 | save on ~을 절약하다 workstation (사무실 등의) 한 명의 근로자가 작업하기 위한 자리 respect 존경, 경의 readiness 준비가 되어 있음, 기꺼이 하려는 상태 high-quality 고급의 pre-owned 중고의, 다른 사람이 소유하고 있던 expertly 전문적으로, 훌륭하게 refurbish 새로 꾸미다, 재단장하다 guarantee 보장하다 be affiliated with ~와 제휴하다 wholesaler 도매업자 reputable 평판이 좋은 extensive 광범위한, 대규모의 a range of 다양한 equipment 장비, 용품 fit (꼭) 맞다, 적합하다 budget 예산 doorstep 현관 계단 install 설치하다 free of charge 무료로 purchase 구매(품) come with ~이 딸려 있다 warranty 품질 보증(서) showroom 전시장 currently 현재 additional 추가적인 surplus 여분의

reasonable 합리적인   well known for ~로 잘 알려진   restore 복원[복구]하다   interested in ~에 관심이 있는   do business with ~와 거래하다
coordinator 코디네이터, 책임자   accommodate (요구 등에) 부응하다

74 주제/목적 문제

KEY 편지를 쓴 목적이 드러나는 초반부를 잘 읽는다.

Why is Erica Winston writing James Chandler a letter? **(a) to offer restored office furnishings** (b) to sell brand-new office furniture (c) to offer to repair his broken office furniture (d) to inquire about the products he sells	에리카 윈스턴은 왜 제임스 챈들러에게 편지를 쓰는가? **(a) 복원된 사무 가구를 제공하기 위해** (b) 신제품 사무 가구를 판매하기 위해 (c) 고장 난 사무 가구를 수리해주겠다고 제안 하기 위해 (d) 그가 판매하는 제품들에 관해 문의하기 위해

why 정답? 첫 번째와 두 번째 단락에서 제임스 챈들러에게 사무 가구에 드는 비용을 절약하게 도와주겠다고 하며 자신의 회사는 사용하던 사무 가구를 전문적으로 개조하여 판매한다고 했으므로 (a)가 정답이다.

» office furniture that is pre-owned but has been expertly refurbished → restored office furnishings

| 어휘 | furnishing 가구, 비품 brand-new 신제품의 repair 수리하다 inquire about ~에 관해 문의하다

75 특정 세부사항 문제

KEY 질문의 키워드 delivering a product와 관련된 내용이 언급된 곳을 읽는다.

What does NBC Office Interiors offer to do after delivering a product? (a) increase the product's warranty (b) give the customer a discount **(c) set up the product without extra charges** (d) ask the customer to be a distributor	NBC 사무실 인테리어는 제품 배송 후 무엇을 해주겠다고 제안하는가? (a) 제품 보증 기간을 늘려준다. (b) 고객에게 할인을 해준다. **(c) 추가 요금 없이 제품을 설치해준다.** (d) 고객에게 유통업자가 되어 달라고 부탁한다.

why 정답? 세 번째 단락에서 주문품을 현관 앞까지 배달해줄 뿐만 아니라 무료로 설치도 해준다고 했으므로 (c)가 정답이다.

» install them free of charge → set up the product without extra charges

| 어휘 | increase 늘리다 set up ~을 설치하다 extra charge 추가 요금

76 특정 세부사항 문제

KEY 질문의 키워드 more about the products가 언급된 곳 주변을 읽는다.

How can Chandler learn more about the products? (a) by going to the company's website (b) by placing a call to Erica (c) by reading the enclosed product catalog **(d) by visiting the company's display area**	어떻게 하면 챈들러가 제품들에 관해 더 알 수 있는가? (a) 회사 웹사이트를 방문함으로써 (b) 에리카에게 전화함으로써 (c) 동봉된 제품 카탈로그를 읽음으로써 **(d) 회사의 전시장을 방문함으로써**

why 정답? 네 번째 단락에서 제품에 대해 더 알아보려면 전시장을 방문하거나 이메일로 제품 카탈로그를 요청하라고 했으므로 (d)가 정답이다.

» showroom → display area

⊗ **why 오답?** (c) 제품 카탈로그는 이메일에 동봉되어 있는 것이 아니라 이메일로 요청해야 받을 수 있으므로 지문의 내용과 일치하지 않는다.

| 어휘 | place a call 전화를 걸다   enclosed 동봉된

77 특정 세부사항 문제

🔑 **KEY** 질문의 키워드 surplus office furniture가 언급된 곳 주변을 읽는다.

Why is Winston offering to buy Chandler's surplus office furniture?	왜 윈스턴은 챈들러의 여분의 사무 가구를 사겠다고 제안하는가?
(a) to restore them for Chandler **(b) to repair and resell them** (c) to sell them as brand new (d) to use them in her office	(a) 챈들러를 위해 복원해주기 위해 **(b) 수리하여 되팔기 위해** (c) 신제품으로 팔기 위해 (d) 자신의 사무실에서 사용하기 위해

💡 **why 정답?** 다섯 번째 단락에서 누군가 여분의 사무 가구를 판다면 사서 좋은 상태로 복원한 다음 다른 업체에 공급한다고 했으므로 (b)가 정답이다.

» restoring such items to excellent working condition, and then providing them to other businesses → repair and resell them

⊗ **why 오답?** (c) 중고 가구를 복원하고 나면 보기에 새것과 다름없다고는 했지만, 완전한 신제품으로 판다는 말은 아니므로 오답이다.

78 추론 문제

🔑 **KEY** 질문의 키워드 call the company와 관련된 내용이 언급된 곳을 읽는다.

Based on the letter, what could be Chandler's reason for wanting to call the company?	편지에 따르면, 챈들러가 이 회사에 전화하기를 원하는 이유는 무엇이겠는가?
(a) He may want to buy the furniture business. (b) He may be interested in being a wholesaler. **(c) He may decide to recover costs from unused furniture.** (d) He may decide to offer Winston his services.	(a) 가구 업체를 사고 싶을 수도 있다. (b) 도매업자가 되는 것에 관심이 있을 수도 있다. **(c) 쓰지 않는 가구에서 비용을 회수하기로 결정할 수도 있다.** (d) 윈스턴에게 자신의 서비스를 제공하기로 결정할 수도 있다.

💡 **why 정답?** 마지막 단락에서 자신의 업체와 거래할 의향이 있으면 전화해서 판매 코디네이터를 찾으라고 했으므로 챈들러는 중고 가구를 팔거나 살 의사가 있을 때 전화를 할 것이다. 따라서 (c)가 정답이다.

| 어휘 | recover 회수하다, 되찾다   cost 비용   unused 쓰지 않는

79 동의어 문제

🔑 **KEY** guarantee가 포함된 부분을 읽고 문맥을 파악한다.

In the context of the passage, guarantee means _____.	지문의 문맥에서, guarantee는 ~을 의미한다.
(a) assure (b) claim (c) expect (d) refund	**(a) 보장하다** (b) 주장하다, 청구하다 (c) 기대하다 (d) 환불하다

156 TEST 3

◎ **why 정답?** guarantee가 포함된 부분은 '작동 상태가 매우 우수하며, 보기에도 새것이나 다름없음을 보장한다'라는 의미이므로 guarantee가 '보장하다'라는 의미로 사용되었음을 알 수 있다. 따라서 같은 의미인 (a) assure가 정답이다.

80 동의어 문제

🔑 **KEY** accommodate가 포함된 부분을 읽고 문맥을 파악한다.

In the context of the passage, <u>accommodate</u> means _____.	지문의 문맥에서, <u>accommodate</u>는 −을 의미한다.
(a) adapt **(b) help** (c) entertain (d) lodge	(a) 적응시키다 **(b) 돕다** (c) 즐겁게 해주다 (d) 숙박시키다

◎ **why 정답?** accommodate가 포함된 부분은 '사무 가구에 대한 모든 니즈에 부응한다'라는 의미이므로 accommodate가 '(요구 등에) 부응하다, 협조하다'라는 의미로 사용되었음을 알 수 있다. 따라서 이와 유사하게 '어떤 상황이나 일에 도움이 되다'를 뜻하는 (b) help가 정답이다.

⊗ **why 오답?** (a) adapt는 보통 adapt A to/for B의 형태로 쓰여 'A를 B에 적응[순응]시키다'라는 뜻으로 사용된다.

TEST 4 정답 모아보기

GRAMMAR SECTION

1 (b)　2 (a)　3 (c)　4 (d)　5 (b)　6 (a)　7 (d)　8 (a)　9 (c)　10 (b)　11 (a)　12 (d)　13 (d)　14 (a)
15 (b)　16 (b)　17 (c)　18 (d)　19 (c)　20 (c)　21 (d)　22 (a)　23 (b)　24 (d)　25 (b)　26 (c)

LISTENING SECTION

27 (c)　28 (b)　29 (d)　30 (a)　31 (d)　32 (a)　33 (c)　34 (c)　35 (a)　36 (a)　37 (c)　38 (b)　39 (d)　40 (d)
41 (b)　42 (c)　43 (a)　44 (b)　45 (d)　46 (c)　47 (a)　48 (b)　49 (c)　50 (b)　51 (a)　52 (d)

READING & VOCABULARY SECTION

53 (c)　54 (b)　55 (a)　56 (a)　57 (c)　58 (d)　59 (b)　60 (b)　61 (d)　62 (a)　63 (b)　64 (c)　65 (c)　66 (d)
67 (d)　68 (d)　69 (c)　70 (a)　71 (c)　72 (b)　73 (a)　74 (a)　75 (d)　76 (c)　77 (b)　78 (b)　79 (a)　80 (c)

G-TELP 최신 기출문제

TEST 4

- GRAMMAR SECTION
- LISTENING SECTION
- READING & VOCABULARY SECTION

TEST 4 나의 점수는?

점수 계산법 p.011
문제(책속책) p.074

GRAMMAR _____ / 26
LISTENING _____ / 26
READING & VOCABULARY _____ / 28

총점 _____ 점 (_____ / 80)

※ 틀린 문제/헷갈렸던 문제는 반드시 **복습**하고 다음 **TEST**로 넘어가세요.

GRAMMAR SECTION

01 가정법 — 가정법 과거

KEY 빈칸 문장의 if를 통해 가정법 문제임을 알 수 있으므로 가정법 시제 관련 단서를 파악한다.

It is estimated that only one out of every thousand young sea turtles survives into adulthood. The species would be extinct by now if they _____ offspring so abundantly—as many as 800 hatchlings per season.

(a) is not producing
(b) could not produce
(c) does not produce
(d) will not produce

어린 바다거북 천 마리당 단 한 마리만이 성년기까지 살아남는 것으로 추산된다. 이 종이 계절마다 많게는 갓 부화한 것들이 800마리에 이르는, 그렇게 많은 양의 새끼를 낳지 못한다면 지금쯤 멸종되었을 것이다.

why 정답? 주절의 동사가 '조동사의 과거 + 동사원형' 형태인 가정법 과거 구문이므로 if절의 동사는 과거가 되어야 한다. 따라서 (b) could not produce가 정답이다.

핵심 개념 콕콕 | 가정법 과거

형태: If + 주어 + 과거 동사, 주어 + 조동사의 과거 + 동사원형
→ 현재의 사실을 반대로 가정하여 말한다.

| 어휘 | estimate 추산하다 sea turtle 바다거북 survive 살아남다, 생존하다 adulthood 성년 species 종 extinct 멸종된 offspring (동식물의) 새끼, 자식 abundantly 풍부하게 hatchling 갓 부화한 새[동물] produce 낳다

02 시제 — 미래완료진행

KEY 보기를 통해 시제 문제임을 알 수 있으므로 시간 표현 관련 단서를 파악한다.

Patrick just bought the novel *The Mayor Is My Mom* by the daughter of the town's former mayor. He started reading this morning, and hasn't put the book down yet. He _____ for 10 hours by dinnertime.

(a) will have been reading
(b) is reading
(c) has read
(d) will be reading

패트릭은 이전 시장의 딸이 쓴 소설 <시장님은 우리 엄마>를 방금 샀다. 오늘 아침에 읽기 시작했는데 아직 책을 내려놓지 않았다. 그는 저녁 식사 시간이 되면 10시간 동안 읽어온 것이 될 것이다.

why 정답? 미래의 특정 시점까지(by dinnertime) 일정 기간(for 10 hours) 지속되는 일에 관해 서술하고 있으므로 미래완료진행 시제인 (a) will have been reading이 정답이다.

핵심 개념 콕콕 | 미래완료진행

형태: will have been + -ing
함께 쓰이는 시간 표현: 'by[by the time] + 미래 시점'과 'for + 기간 표현'이 함께 온다.
→ 미래의 특정 시점까지 어떤 행위가 계속되는 경우로, 특히 동작의 진행을 강조한다.

| 어휘 | novel 소설 former 이전의 mayor 시장 put down ~을 내려놓다 dinnertime 저녁 식사 시간

03 준동사 – 동명사를 목적어로 취하는 동사

> **KEY** 보기를 통해 준동사 문제임을 알 수 있으므로 빈칸 앞뒤를 먼저 확인한다.

Jean is disappointed that she cannot go with her friends on a weekend trip. She is considering _____ them after her shift is over, but is worried that she will not be able to catch up.

(a) to be joining
(b) having joined
(c) joining
(d) to join

진은 친구들과 함께 주말여행을 갈 수 없어 낙담한 상태이다. 그녀는 자신의 교대 근무가 끝난 후에 그들과 합류하는 것을 고려 중이지만, 그들을 따라잡을 수 없을까 봐 걱정한다.

why 정답? 빈칸 앞 동사 consider는 동명사를 목적어로 취하므로 동명사 (c) joining이 정답이다.

why 오답? (b) having joined도 동명사이지만, 완료 동명사를 쓸 경우 '고려하는' 시점보다 '합류하는' 시점이 앞선다는 의미가 되므로 문맥에 적합하지 않아 오답이다.

핵심 개념 콕콕 동명사를 목적어로 취하는 동사

recommend -ing ~하는 것을 추천하다, 권장하다	mind -ing ~하는 것을 꺼리다
admit -ing ~하는 것을 인정하다	suggest -ing ~하는 것을 제안하다
avoid -ing ~하는 것을 피하다	involve -ing ~하는 것을 포함하다
tolerate -ing ~하는 것을 용인하다, 참다	imagine -ing ~하는 것을 상상하다
keep -ing 계속 ~하다	deny -ing ~하지 않았다고 말하다
consider -ing ~하는 것을 생각하다, 고려하다	enjoy -ing ~하는 것을 즐기다

| 어휘 | disappointed 낙담한, 실망한 shift 교대 근무 (시간) catch up (먼저 간 사람을) 따라잡다, 따라가다

04 조동사 – 조동사 should 생략

> **KEY** 보기가 동사 형태이고 빈칸 앞에 that이 있으므로 that절 앞에 쓰인 동사나 형용사를 확인한다.

Expect a huge crowd at the final basketball playoff game tomorrow. To ensure getting a good seat, it is best that you _____ at the venue at least two hours before the game begins.

(a) to arrive
(b) will arrive
(c) have arrived
(d) arrive

내일 최종 농구 결승전 경기에 엄청난 수의 군중이 몰릴 것을 예상하세요. 좋은 자리를 반드시 확보하기 위해서는 경기 시작하기 적어도 두 시간 전에 현장에 도착하는 것이 최선입니다.

why 정답? 주절의 보어로 주관적인 판단을 나타내는 형용사(best)가 올 때 that절의 동사는 should가 생략된 동사원형 형태로 쓰이므로 (d) arrive가 정답이다.

핵심 개념 콕콕 당위/강조/중요/당연을 나타내는 형용사 + that절

It is + essential/necessary/important/imperative/inevitable/mandatory/best/vital/advisable + that + 주어 + (should) + 동사원형

| 어휘 | expect 예상[기대]하다 huge crowd 엄청난 수의 군중 playoff 결승전 ensure 반드시 ~하게 하다, 보장하다 venue (행사의) 현장, 장소

05 연결어 – 접속부사

🔑 **KEY** 보기와 빈칸 뒤 콤마를 통해 접속부사 문제임을 알 수 있으므로 전체 문맥을 파악한다.

The city council has just approved an ordinance to make hospital services more affordable. _____, the councilors have allocated a budget to provide free medicine to the city's impoverished citizens. (a) Instead **(b) Moreover** (c) Regardless (d) Otherwise	시 의회는 방금 병원의 의료 서비스를 보다 저렴하게 만드는 조례를 승인했다. 게다가, 시 의원들은 빈곤한 시민들에게 무료 의약품을 제공하기 위한 예산을 배당했다.

💡 **why 정답?** '의료 서비스 가격 인하' 내용에 이어 '무료 의약품 제공' 내용이 이어지고 있으므로, '게다가, 더욱이'라는 의미로 추가적인 내용을 제시할 때 쓰는 (b) Moreover가 정답이다.

❌ **why 오답?** (a) Instead는 '대신에,' (c) Regardless는 '개의치 않고', (d) Otherwise는 '그렇지 않으면'이라는 뜻으로 모두 문맥에 적합하지 않으므로 오답이다.

핵심 개념 콕콕 | 접속부사의 종류

대조/양보	nevertheless, nonetheless, however, on the other hand, in contrast, still, otherwise
첨가/부연	furthermore, in addition, moreover, in fact
강조	above all, first of all
인과	therefore, thus, hence, so, consequently, as a result
요약	in short, in brief, to summarize

| **어휘** | city council 시 의회 approve 승인하다 ordinance 조례, 법령 affordable (가격이) 알맞은 councilor (시 의회 등의) 의원 allocate 할당하다 budget 예산 medicine 약, 약물 impoverished 빈곤한 citizen 시민

---

06 시제 – 현재진행

🔑 **KEY** 보기를 통해 시제 문제임을 알 수 있으므로 시간 표현 관련 단서를 파악한다.

Nowadays, Sandra comes home so tired after work that she can't seem to sit through a TV show. No matter how good the show is, Sandra often falls asleep on the couch while she _____ the television. **(a) is watching** (b) has watched (c) watched (d) will watch	요즘, 샌드라는 퇴근 후 너무 피곤한 상태로 집에 와서 TV 프로그램을 끝까지 앉아서 볼 수 없는 것 같다. 아무리 좋은 프로그램이더라도, 샌드라는 종종 TV를 보다가 소파에서 잠이 들어 버린다.

💡 **why 정답?** 현재의 시간을 나타내는 nowadays가 쓰였고, 문맥상 주절의 동사 falls asleep과 동일한 현재 시점에 이뤄지는 일임을 강조하여 'TV를 보는 도중에 잠이 든다'라는 의미가 되어야 하므로 현재진행 시제인 (a) is watching이 정답이다.

핵심 개념 콕콕 | 현재진행

형태: am/are/is + -ing
함께 쓰이는 시간 표현: now / right now / currently / at this very moment / nowadays
→ 현재 시점에서 진행되고 있는 동작을 나타낸다.

| **어휘** | nowadays 요즘에는 sit through 끝까지 앉아서 보다[듣다] no matter how 아무리 ~해도 fall asleep 잠들다

07 가정법 — 가정법 과거완료

KEY 빈칸 문장의 if를 통해 가정법 문제임을 알 수 있으므로 가정법 시제 관련 단서를 파악한다.

Allan had to rush to his 8 a.m. class. However, it was already one past eight when he reached the classroom. If only Allan _____ a minute earlier, his professor would not have marked him as late.

(a) was arriving
(b) has arrived
(c) would arrive
(d) had arrived

앨런은 아침 8시 수업에 달려가야 했다. 그러나 그가 교실에 도착했을 때 이미 8시 1분이었다. 앨런이 1분 더 일찍 도착하기만 했더라면, 교수님이 그가 지각한 것으로 표시하지 않았을 것이다.

why 정답? 주절의 동사가 '조동사의 과거 + have + p.p.' 형태인 would not have marked이므로 If절의 동사는 'had + p.p.' 형태가 되어 가정법 과거완료 구문을 완성해야 한다. 따라서 (d) had arrived가 정답이다.

핵심 개념 콕콕 | 가정법 과거완료

형태: If + 주어 + had + p.p., 주어 + 조동사의 과거 + have + p.p.
　　　Had + 주어 + p.p., 주어 + 조동사의 과거 + have + p.p. (If 생략)
→ 과거에 있었던 사실을 반대로 가정하여 말한다.

| 어휘 | rush to ~로 달려가다　reach ~에 도착하다　mark 표시하다

08 시제 — 현재완료진행

KEY 보기를 통해 시제 문제임을 알 수 있으므로 시간 표현 관련 단서를 파악한다.

Lawrence University has announced that Stephanie will be representing the school in the gymnastics events during the World University Games. Ever since the announcement, she _____ hard every day to prepare for the competition.

(a) has been training
(b) was training
(c) had been training
(d) will be training

로렌스 대학은 스테파니가 유니버시아드 중 체조 종목에서 학교 대표로 출전할 것임을 발표했다. 발표 이후 줄곧 그녀는 대회를 준비하기 위해 매일 열심히 훈련을 해오고 있다.

why 정답? 과거의 특정 시점에서(Ever since the announcement) 현재까지 계속되고 있는 일을 서술하고 있으므로 현재완료진행 시제인 (a) has been training이 정답이다.

핵심 개념 콕콕 | 현재완료진행

형태: has/have been + -ing
함께 쓰이는 시간 표현: since[ever since] + 과거 시점 / for + 기간 / for[over] the past + 기간 표현 / in[during] the last + 기간 표현
→ 과거부터 현재까지 계속되는 동작의 진행을 강조한다.

| 어휘 | announce 발표하다　represent 대표[대신]하다　gymnastics 체조　World University Games 유니버시아드(세계 대학생 스포츠 대회)　ever since ~ 이후로 줄곧　announcement 발표, 소식　prepare for ~을 준비하다　competition 대회, 경쟁

09 관계사 — 주격 관계대명사 that

🔑 **KEY** 보기를 통해 관계사 문제임을 알 수 있으므로 빈칸 앞 선행사를 먼저 확인한다.

Mrs. Jenkins will fly to Canada in May to attend the Ottawa Tulip Festival. Aside from admiring the bright blossoms, another reason _____ is her desire to renew ties with her Canadian relatives.

(a) what inspired Mrs. Jenkins to make the trip
(b) which it inspired Mrs. Jenkins to make the trip
(c) that inspired Mrs. Jenkins to make the trip
(d) who inspired Mrs. Jenkins to make the trip

젠킨스 씨는 오타와 튤립 축제에 참석하기 위해 5월에 비행기를 타고 캐나다로 갈 것이다. 활짝 핀 꽃을 감상하는 것 외에 젠킨스 씨가 이 여행을 가도록 고무시킨 또 다른 이유는 캐나다 친척들과의 관계를 새롭게 하기를 바라는 마음 때문이다.

why 정답? 사물 선행사 another reason을 수식하면서 관계사절 안에서 동사 inspired의 주어 역할을 하는 관계대명사가 필요하므로 (c) that inspired Mrs. Jenkins to make the trip이 정답이다.

why 오답? (a)의 what은 선행사를 포함한 관계대명사이다. 즉, 선행사가 있으면 안 되므로 오답이다.
(b)의 which도 사물 선행사를 수식하지만, 주격 관계대명사로 쓰이려면 관계사절에 주어 it이 없어야 하므로 오답이다.

핵심 개념 콕콕 관계대명사의 종류와 격

선행사	주격	소유격	목적격
사람	who	whose	who(m)
사물	which	whose(of which)	which
사람/사물	that	-	that
사물(선행사 포함)	what	-	what

| 어휘 | attend 참석하다 aside from ~이외에도 admire 감탄하여 바라보다 blossom 꽃, 만발 desire 바람, 욕구 renew 다시 시작하다, 재개하다 tie 유대 관계 relative 친척 inspire 고무하다

10 시제 — 과거진행

🔑 **KEY** 보기를 통해 시제 문제임을 알 수 있으므로 시간 표현 관련 단서를 파악한다.

Did you know that Margaret has already returned from her European honeymoon? I saw her this morning while she _____ oranges at the fruit stand down the street.

(a) bought
(b) was buying
(c) would buy
(d) had bought

마거릿이 이미 유럽 신혼여행에서 돌아온 거 알았어요? 오늘 아침 길 아래 과일 좌판에서 그녀가 오렌지를 사고 있는 것을 봤어요.

why 정답? 과거 시점 표현 this morning과 접속사 while(~하는 동안)이 쓰였다. 문맥상 '오늘 아침에 과일을 사고 있는 그녀를 보았다'라는 의미가 적합하므로 과거 시점에서 동작의 진행을 강조하는 과거진행 시제인 (b) was buying이 정답이다.

why 오답? (a) bought는 단순 과거 시제로 진행의 의미가 없으므로 오답이다.
(c) 'would + 동사원형'은 '~하곤 했다'라는 의미로 과거의 불규칙한 습관이나 반복적인 행동을 나타내므로 오답이다.

핵심 개념 콕콕 과거진행

형태: was/were + -ing
함께 쓰이는 시간 표현: at the moment / at that time / when[while] + 과거 동사
→ 과거 어느 때에 동작이 진행 중이었음을 나타낸다.

| 어휘 | honeymoon 신혼여행 stand 좌판, 가판대

11 준동사 — 동명사를 목적어로 취하는 동사

KEY 보기를 통해 준동사 문제임을 알 수 있으므로 빈칸 앞뒤를 먼저 확인한다.

At the bus stop, Jane was catching up with her friend Tanya, whom she hadn't seen in years. Their conversation was cut short, though. They hadn't finished _____ about their last encounter when Jane's bus arrived.

(a) reminiscing
(b) having reminisced
(c) to reminisce
(d) to be reminiscing

버스 정류장에서, 제인은 몇 년간 보지 못했던 친구 타냐를 만나 근황을 듣고 있었다. 하지만 그들의 대화는 갑자기 끝났다. 제인의 버스가 도착했을 때 그들은 마지막 만남에 대한 추억담을 다 나누지 못했었다.

why 정답? 빈칸 앞 동사 finish는 동명사를 목적어로 취하므로 동명사 (a) reminiscing이 정답이다.

why 오답? (b) having reminisced도 동명사이기는 하지만, 완료 동명사를 쓸 경우 '끝내는' 시점보다 '추억담을 나눈' 시점이 앞선다는 의미가 되므로 문맥에 적합하지 않아 오답이다.

| 어휘 | catch up with 오랜만에 ~와 만나 근황을 듣다 cut short 갑자기 끝내다 encounter 만남 reminisce 추억담을 나누다

12 조동사 — 조동사 should 생략

KEY 보기가 동사 형태이고 빈칸 앞에 that이 있으므로 that절 앞에 쓰인 동사나 형용사를 확인한다.

Ronald still has a lot to do before he can finish his science project. His teacher recommends that Ronald _____ extra time in the science laboratory so he can complete his experiment on time.

(a) will spend
(b) spends
(c) is spending
(d) spend

로널드는 과학 과제를 끝낼 수 있기 전에 해야 할 일이 아직 많다. 그의 선생님은 로널드에게 실험을 제시간에 끝마칠 수 있도록 과학 실험실에서 좀 더 시간을 보낼 것을 권한다.

why 정답? recommend는 제안을 나타내는 동사이므로 뒤에 오는 that절의 동사는 should가 생략된 동사원형 형태를 취한다. 따라서 (d) spend가 정답이다.

핵심 개념 콕콕 주장/요구/제안/명령의 동사 + that절

주어 + ask/order/demand/insist/request/propose/suggest/recommend/advise + that + 주어 + (should) + 동사원형

| 어휘 | laboratory 실험실 complete 끝마치다, 완료하다 experiment 실험 on time 시간을 어기지 않고, 정각에

13 시제 — 과거완료진행

🔑 **KEY** 보기를 통해 시제 문제임을 알 수 있으므로 시간 표현 관련 단서를 파악한다.

| Because Mr. Atkinson had such a tiring day at work yesterday, he was still sound asleep in bed at ten o'clock this morning. He _____ for over 12 hours when his wife finally woke him up.

(a) slept
(b) was sleeping
(c) would sleep
(d) had been sleeping | 앳킨슨 씨는 어제 직장에서 매우 피곤한 하루를 보냈기 때문에 오늘 아침 10시에도 여전히 침대에서 깊이 잠들어 있었다. 그의 아내가 결국 그를 깨웠을 때 그는 12시간 넘게 자고 있었던 중이었다. |

💡 **why 정답?** 아내가 깨우러 온 시점(과거)을 기준으로 그 이전부터 12시간 동안 잠을 자고 있었다는 의미이므로 과거완료진행 시제가 적합하다. 따라서 (d) had been sleeping이 정답이다.

❌ **why 오답?** (b) was sleeping은 과거진행 시제로, 과거의 기준 시점을 중심으로 하는 짧은 기간 동안에 일어난 일을 나타내므로 오답이다.

🧠 **핵심 개념 콕콕** 과거완료진행

형태: had been + -ing
함께 쓰이는 시간 표현: 'for + 기간 표현'과 'before[when/by the time] + 과거 동사/시점'이 함께 온다.
→ 과거의 특정 시점을 기준으로 그 이전에 시작된 행위가 기준 시점까지 계속 진행 중임을 나타낸다.

| 어휘 | tiring 피곤하게 만드는 sound asleep 깊이 잠든

14 조동사 — 조동사 must

🔑 **KEY** 보기를 통해 조동사 문제임을 알 수 있으므로 전체 문맥을 파악한다.

| George has been feeling exhausted lately, but the doctor told him that there really wasn't anything wrong with him. Nonetheless, the doctor told George that he _____ eat and sleep adequately to regain strength.

(a) must
(b) will
(c) might
(d) would | 조지는 최근 심한 피로감을 느꼈으나, 의사는 그에게 실제로는 아무런 이상이 없다고 말했다. 그럼에도 불구하고, 의사는 조지에게 기운을 되찾기 위해 잘 먹고 충분히 자야 한다고 말했다. |

💡 **why 정답?** 문맥상 '의사가 충분히 먹고 자야 한다고 말했다'라는 의미이므로 '~해야 한다'는 뜻으로 강한 의무나 충고를 나타내는 (a) must가 정답이다.

❌ **why 오답?** (b) will은 '~할 것이다'라는 미래를, (c) might는 '~일지도 모른다'라는 추측을, (d) would는 '~하곤 했었다'라는 과거의 습관을 나타내므로 모두 문맥에 적합하지 않아 오답이다.

🧠 **핵심 개념 콕콕** 의무/당위를 나타내는 조동사 must vs. should

must: ~해야 한다(= have to) → 강한 의무, 주의사항이나 지시사항을 말할 때 사용
should: ~해야 한다, ~하는 게 좋겠다(= ought to) → 권장하는 뉘앙스

| 어휘 | exhausted 기진맥진한 nonetheless 그럼에도 불구하고 adequately 충분히, 적절히 regain 되찾다, 회복하다 strength 기운, 힘

15 준동사 — 동명사를 목적어로 취하는 동사

KEY 보기를 통해 준동사 문제임을 알 수 있으므로 빈칸 앞뒤를 먼저 확인한다.

Fred was listening to loud music on the radio when his wife came rushing down the stairs. "Haven't we agreed to avoid _____ loud music when the baby is sleeping?" she reminded Fred.

(a) having played
(b) playing
(c) to play
(d) to be playing

아내가 급히 계단을 내려왔을 때 프레드는 라디오로 음악을 크게 듣는 중이었다. "우리 아기가 잘 때는 음악을 크게 틀지 않기로 하지 않았나요?"라고 그녀가 프레드에게 다시 한번 알려주었다.

why 정답? 빈칸 앞 동사 avoid는 동명사를 목적어로 취하므로 동명사 (b) playing이 정답이다.

why 오답? (a) having played도 동명사이기는 하지만, 완료 동명사로 쓰일 경우 '피하는' 시점보다 '음악을 크게 트는' 시점이 앞선다는 의미가 되므로 문맥에 적합하지 않아 오답이다.

| 어휘 | rush down the stairs 계단을 급하게 내려가다 agree to do ~하기로 동의하다 remind 다시 한번 알려주다

16 가정법 — 가정법 과거

KEY 빈칸 문장의 if절을 통해 가정법 문제임을 알 수 있으므로 가정법 시제 관련 단서를 파악한다.

I'm glad that I joined the study group our class formed early this semester. I usually prefer studying alone. However, if it weren't for the study group, I _____ trouble understanding lessons on my own.

(a) was having
(b) would be having
(c) am having
(d) will be having

나는 이번 학기 초에 우리 반에서 만든 스터디 그룹에 가입해서 기쁘다. 나는 보통 혼자서 공부하는 것을 더 좋아한다. 하지만 스터디그룹이 없다면 나는 혼자 힘으로 수업을 이해하는 데 어려움을 겪고 있을 것이다.

why 정답? if절이 'if + 주어 + 과거 동사'로 이루어진 가정법 과거 구문이다. 따라서 빈칸이 포함된 주절은 '주어 + 조동사의 과거 + 동사원형' 형태가 되어야 하므로 (b) would be having이 정답이다.

| 어휘 | form 형성하다, 구성하다 semester 학기 alone 혼자 have trouble -ing ~하는 데 어려움을 겪다 on one's own 혼자, 혼자 힘으로

17 준동사 — to부정사의 부사적 용법

KEY 보기를 통해 준동사 문제임을 알 수 있으므로 빈칸 앞뒤를 먼저 확인한다.

The Lycurgus Cup is a fascinating ancient artifact made by Roman artisans in the 4th century. The cup's glass was painstakingly cut and ground _____ blood-red when lit from behind and jade-green when lit from the front.

(a) appearing
(b) having appeared
(c) to appear
(d) to have appeared

'리쿠르구스의 컵'은 4세기에 로마의 장인들이 만든 매혹적인 고대 공예품이다. 이 컵의 유리는 빛을 뒤에서 비출 때는 선홍색으로, 앞에서 비출 때는 비취색으로 보이도록 공들여서 절단되고 갈렸다.

why 정답? 빈칸 앞에 주어(The cup's glass)와 동사(was cut and ground)를 갖춘 완전한 문장이 왔으므로 빈칸 뒤는 수식어구에 해당한다. 문맥상 목적을 나타내는 to부정사가 와서 '빛을 비추는 위치에 따라 다른 색으로 보이기 위해서 공들여 절단되고 갈렸다'라는

의미가 되는 것이 적합하므로 (c) to appear가 정답이다.

why 오답? (d) to have appeared도 to부정사이기는 하지만, 완료 부정사로 쓰이면 '절단되고 갈린' 시점보다 '빛을 비추는 위치에 따라 다른 색으로 보이는' 시점이 앞서게 되어 의미가 어색하므로 오답이다.

> **핵심 개념 콕콕** to부정사의 용법 구별
> ① 명사적 용법: 주어/보어/목적어로 쓰일 때 ex) His goal is **to be** rich. 그의 목표는 부자가 되는 것이다.
> ② 형용사적 용법: 명사를 뒤에서 수식할 때 ex) We need more chairs **to sit** on. 우리는 앉을 의자가 더 필요하다.
> ③ 부사적 용법: 목적/감정의 원인/판단의 근거/결과를 나타내거나 형용사를 수식할 때
> ex) I studied hard **to pass** the exam. 나는 시험에 합격하기 위해 열심히 공부했다.

| 어휘 | fascinating 매력적인, 흥미로운 ancient 고대의 artifact 공예품, 인공물 artisan 장인 painstakingly 공들여, 힘들여 grind(-ground-ground) 갈다, 빻다 light(-lighted-lighted/-lit-lit) (빛을) 비추다 jade-green 비취색의 appear ~같이 보이다

18 연결어 — 전치사

KEY 보기를 통해 전치사 문제임을 알 수 있으므로 빈칸 앞뒤 문맥을 파악한다.

While my parents were on vacation, my mom kept on calling to remind me to pick up her suits at the dry cleaners. _____ her constant reminders, however, I still forgot to do the task.

(a) Rather than
(b) Besides
(c) Because of
(d) Despite

부모님이 휴가 중일 때, 엄마는 내게 계속 전화해서 세탁소에서 정장을 찾아오라고 알려주었다. 그러나 엄마가 끊임없이 상기해주었음에도 불구하고, 나는 그 일을 하는 것을 잊어버렸다.

why 정답? however 앞뒤의 두 내용이 서로 대조되므로 '~에도 불구하고'라는 의미로 두 내용을 연결하는 전치사 (d) Despite가 정답이다.

why 오답? (a) Rather than은 '~보다는 오히려', (b) Besides는 '~외에', (c) Because of는 '~때문에'라는 의미의 전치사(구)로 모두 문맥에 적합하지 않아 오답이다.

| 어휘 | be on vacation 휴가 중이다 keep on -ing 계속 ~하다 suit 정장 dry cleaners 세탁소 constant 끊임없는, 변함없는 reminder 상기시키는[생각나게 하는] 것 task 일, 과업, 과제

19 가정법 — 가정법 과거완료

KEY 빈칸 문장의 if절을 통해 가정법 문제임을 알 수 있으므로 가정법 시제 관련 단서를 파악한다.

We had an extra ticket to the New York Philharmonic's performance at Avery Fisher Hall last weekend. If you had told us that you wanted to come, we _____ you the ticket.

(a) would give
(b) gave
(c) would have given
(d) had given

우리에게는 지난 주말 에버리 피셔 홀에서 열린 뉴욕 필하모닉 연주회 티켓이 한 장 더 있었어요. 당신이 우리에게 오고 싶다고 말했다면, 우리가 당신에게 티켓을 주었을 거예요.

why 정답? If절의 동사가 'had + p.p.' 형태인 had told이므로 빈칸이 포함된 주절의 동사는 '조동사의 과거 + have + p.p.' 형태가 되어 가정법 과거완료 구문을 이루어야 한다. 따라서 (c) would have given이 정답이다.

| 어휘 | performance 연주회, 공연

20 시제 — 미래진행

🔑 **KEY** 보기를 통해 시제 문제임을 알 수 있으므로 시간 표현 관련 단서를 파악한다.

It's already four o'clock in the afternoon, and I still have a lot of studying to do for my exams. I _____ in my room until midnight reviewing my geometry and physics notes. (a) am staying (b) have stayed **(c) will be staying** (d) stay	벌써 오후 4시인데, 나는 시험을 위해 공부해야 할 게 아직 많다. 나는 기하학과 물리학 노트를 복습하면서 자정까지 내 방에 있을 것이다.

💡 **why 정답?** 'until + 미래 시점'이 쓰였고, 문맥상 '자정까지 시험공부를 하면서 방에 머물러 있을 것'이라는 의미가 적합하므로 미래진행 시제인 (c) will be staying이 정답이다.

📌 **핵심 개념 콕콕** | **미래진행**

형태: will be + -ing
함께 쓰이는 시간 표현: when + 현재 동사 / until + 미래 시점
→ 미래에 어떤 동작이 계속 진행 중일 것을 나타낸다.

| **어휘** | review 복습하다, 검토하다 geometry 기하학 physics 물리학 stay 계속 있다, 머무르다

21 관계사 — 주격 관계대명사 which

🔑 **KEY** 보기를 통해 관계사 문제임을 알 수 있으므로 빈칸 앞 선행사를 먼저 확인한다.

Tom bought an elegant red dress for his wife to wear for her birthday party. The dress, _____, cost Tom quite a sum of money. The fabric is a special blend of silk and synthetic fibers. (a) what is made from Duchess satin (b) how it is made from Duchess satin (c) that is made from Duchess satin **(d) which is made from Duchess satin**	톰은 아내에게 그녀의 생일 파티를 위해 입을 우아한 붉은 드레스를 사주었다. 이 드레스는 뒤세스 새틴으로 만들어졌는데, 톰이 꽤 많은 돈을 들였다. 이 직물은 실크와 합성 섬유가 특별하게 혼합된 것이다.

💡 **why 정답?** 사물 선행사 The dress 뒤에 콤마가 있으므로 사물 선행사를 뒤에서 수식하면서 계속적 용법이 가능한 which 관계사절이 와야 한다. 따라서 (d) which is made from Duchess satin이 정답이다.

❌ **why 오답?** (c)의 that도 사물 선행사를 수식하는 주격 관계대명사로 쓰이지만, 콤마 뒤에 올 수 없으므로 오답이다.

📌 **핵심 개념 콕콕** | **관계대명사의 계속적 용법**

관계대명사의 계속적 용법(관계대명사 앞에 콤마가 있는 경우)은 선행사에 대한 보충 설명으로, that은 계속적 용법으로 쓸 수 없다.
She had two sons, who became teachers. = She had two sons, and they became teachers.
그녀는 교사가 된 두 아이들이 있었다.   그녀는 두 아들이 있었는데, 그들은 교사가 되었다.
She had two sons, that became teachers. (X)

| **어휘** | elegant 우아한 cost A(사람) + B(금액) A에게 B의 금액을 쓰게 하다 sum 액수 fabric 직물, 천 blend 혼합 synthetic fiber 합성 섬유 be made from ~으로 만들어지다 Duchess satin 뒤셰스 새틴(부드러운 고급 공단 직물)

22 준동사 — to부정사의 부사적 용법

KEY 보기를 통해 준동사 문제임을 알 수 있으므로 빈칸 앞뒤를 먼저 확인한다.

> Randy and Sue made a stopover at a roadside diner a few hours after they started their backpacking journey. Soon they will be traveling up north _____ the mountains of Montana.
>
> **(a) to climb**
> (b) to have climbed
> (c) climbing
> (d) will climb

랜디와 수는 배낭여행을 시작하고 몇 시간 뒤에 길가 식당에 잠시 들렀다. 곧 그들은 몬태나주 산들에 오르기 위해 북부로 이동할 것이다.

why 정답? 빈칸 앞에 주어(they)와 동사(will be traveling)를 갖춘 완전한 문장이 왔으므로 빈칸 뒤는 수식어구에 해당한다. 문맥상 목적을 나타내는 to부정사가 와서 '몬태나 산들에 오르기 위해 북부로 이동할 것'이라는 의미가 되는 것이 적합하므로 (a) to climb이 정답이다.

why 오답? (b) to have climbed도 to부정사이기는 하지만, 완료 부정사로 쓰이면 '북부로 이동하는' 시점보다 '산에 오르는' 시점이 앞서게 되어 의미가 어색하므로 오답이다.

핵심 개념 콕콕 | to부정사의 부사적 용법

① 목적: ~하기 위해서 ex) We left early **to catch** the train. 우리는 기차를 타기 위해 일찍 출발했다.
② 감정의 원인: ~해서, ~하게 되어 ex) I was surprised **to hear** the news. 나는 그 소식을 듣고 놀랐다.
③ 판단의 근거: ~하다니 ex) He must be kind **to help** the old lady. 그가 그 노부인을 돕다니 분명 친절할 것이다.
④ 형용사 수식: ~하기에 ex) That problem seems very easy **to solve**. 그 문제는 해결하기가 매우 쉬워 보인다.
⑤ 결과: ~하게 되도록, ~해서 …하다 ex) She lived **to be** one hundred. 그녀는 백 살까지 살았다.

| 어휘 | make a stopover at ~에서 잠시 머무르다, 도중하차하다 roadside 길가, 노변 diner 작은 식당 backpacking journey 배낭여행 climb 오르다

23 조동사 — 조동사 could

KEY 보기를 통해 조동사 문제임을 알 수 있으므로 전체 문맥을 파악한다.

> Bulgarian athlete Stefka Kostadinova set the world record for the women's high jump event in 1987. At the height of her career, Kostadinova _____ almost jump as high as seven feet.
>
> (a) will
> **(b) could**
> (c) may
> (d) should

불가리아의 육상 선수 스테프카 코스타디노바가 1987년에 여자 높이뛰기 경기에서 세계 기록을 세웠다. 그녀의 경력이 최고조일 때, 코스타디노바는 거의 7피트 높이까지 점프할 수 있었다.

why 정답? 문맥상 '그녀의 경력이 최고조일 때에는 거의 7피트 높이까지 점프할 수 있었다'라는 의미이므로 가능을 나타내는 조동사인 (b) could가 정답이다.

why 오답? (a) will은 '~할 것이다'라는 미래를, (c) may는 '~일지도 모른다'라는 추측을, (d) should는 '~해야 한다'라는 당위를 나타내므로 모두 문맥에 적합하지 않아 오답이다.

핵심 개념 콕콕 조동사 can/could의 쓰임

① 능력/가능: ~할 수 있다 (= be able to) ex) I **couldn't** finish the report on time. 나는 제시간에 보고서를 끝낼 수 없었다.
② 허가: ~해도 된다, ~해도 될까요? ex) **Can** I ask you a question? 질문 하나 해도 될까요?
③ 요청: ~해 줄래요? ex) **Could** you do this for me? 이것 좀 해 주실래요?
④ 추측: (과연) ~일까?, ~일 리가 없다 ex) That **cannot** be true. 그게 사실일 리가 없다.

| 어휘 | athlete (운동)선수, 육상 경기 선수 set a record 기록을 세우다 high jump 높이뛰기 height 최고조, 절정 career 경력, 직업

24 가정법 — 가정법 과거

KEY 빈칸 문장의 even if절을 통해 가정법 문제임을 알 수 있으므로 가정법 시제 관련 단서를 파악한다.

Professor Whitmore's final exam in history is very difficult. Even if the brightest students in the class were allotted three hours for the test, they _____ more time to complete it.

(a) will still have needed
(b) are still needing
(c) still need
(d) would still need

휘트모어 교수의 역사 기말시험은 너무 어렵다. 만약 그 수업에서 가장 똑똑한 학생들에게 시험 시간 3시간을 할당할지라도, 그들은 그래도 시험을 끝마치는 데 더 많은 시간이 필요할 것이다.

why 정답? 조건절인 Even if절의 동사가 과거(were allotted)이므로 주절의 동사는 '조동사의 과거 + 동사원형' 형태가 되어 가정법 과거 구문을 이루어야 한다. 따라서 (d) would still need가 정답이다.

| 어휘 | even if 비록 ~일지라도 allot (시간 등을) 할당하다 complete 끝마치다, 완료하다

25 가정법 — 가정법 과거완료

KEY 빈칸 문장의 if를 통해 가정법 문제임을 알 수 있으므로 가정법 시제 관련 단서를 파악한다.

Claire just found out that she is in the running for a promotion to sales manager. If she _____ her co-workers talking about it in the cafeteria, she wouldn't have known about the good news.

(a) did not overhear
(b) had not overheard
(c) would not overhear
(d) was not overhearing

클레어는 자신이 영업부장으로 승진할 가능성이 매우 크다는 것을 방금 알게 되었다. 만약 그녀의 동료들이 구내식당에서 그것에 관해 얘기하는 것을 우연히 듣지 않았다면, 그녀는 이 좋은 소식에 관해서 알지 못했을 것이다.

why 정답? 주절의 동사가 '조동사의 과거 + have + p.p.' 형태이므로 If절의 동사는 'had + p.p.' 형태가 되어 가정법 과거완료 구문을 완성해야 한다. 따라서 (b) had not overheard가 정답이다.

| 어휘 | find out ~을 알아내다, 발견하다 in the running for ~에 대한 승산이 있는 promotion 승진 co-worker 동료 overhear 우연히 듣다

26 조동사 — 조동사 should 생략

KEY 보기가 동사 형태이고 빈칸 앞에 that이 있으므로 that절 앞에 쓰인 동사나 형용사를 확인한다.

Beth has her final interview for an internship at a law firm tomorrow. Seeing her apparent anxiety, her roommate has advised that Beth _____ since she is more than qualified for the position.

(a) loosens up
(b) is loosening up
(c) loosen up
(d) will loosen up

베스는 내일 법률 사무소 인턴십을 위한 최종 면접이 있다. 그녀가 눈에 띄게 긴장한 것을 보고 그녀의 룸메이트는 베스에게 그 자리에 더할 나위 없는 적임자이니 긴장을 풀라고 조언했다.

why 정답? advise는 제안을 나타내는 동사이므로 뒤에 오는 that절의 동사는 should가 생략된 동사원형 형태를 취한다. 따라서 (c) loosen up이 정답이다.

| 어휘 | law firm 법률 사무소 apparent 분명한, 누가 봐도 알 수 있는 anxiety 불안, 염려 qualified for ~에 적임인 position (일)자리, 직위 loosen up 긴장을 풀다

LISTENING SECTION

PART 1 27-33 일상 대화 휴가지에서 있었던 일

F: Hello, Mathew! It's nice to see you!
M: Hi, Amy! It's been a month since I last saw you. Where have you been?
F: Oh, my husband and I just returned from a vacation in North Bay City.
M: That's your old hometown, right?
F: That's right. [27]We decided to visit because I wanted to show my husband North Bay's beautiful coastline.
M: That must have been nice.
F: It was. I hadn't been back there ever since getting married and moving here. And that was almost seven years ago. The visit really brought back a lot of memories.
M: So, it was good then... but you don't sound so thrilled. What happened?
F: Honestly, I was disappointed. North Bay has changed so much over the last seven years. [28]For one thing, more people are living there now. It is no longer the old sleepy beach town that I found so charming. In fact, it is now a busy tourist destination.
M: Well, I guess many things can happen in seven years.
F: That is true. There are now many hotels, restaurants, and bars in North Bay City, and definitely more stores, both big and small. There were huge crowds of tourists everywhere we went.
M: Did that spoil your vacation?
F: Well, yes it did somehow. I guess it's because we had gone there expecting to enjoy the peaceful natural surroundings. Nonetheless, we still managed to get away from all the tourists and enjoy ourselves.
M: So, how did you spend your vacation?
F: [29]We stayed at a hotel which had its own private beach, so we were able to spend most days at the beach sunbathing and swimming. It was so relaxing just to sit by the sea and breathe in the fresh air.
M: That sounds nice. At least you got some time to yourselves.
F: Yeah, you're right. And that wasn't all. We decided to go diving and explore the coral reef in the area.
M: Wow! I would have loved to do that.

여: 안녕, 매튜! 만나서 반가워!
남: 안녕, 에이미! 마지막으로 본 지 한 달이 됐네. 어디에 있었어?
여: 아, 남편과 노스 베이 시티에서 휴가를 보내고 방금 돌아왔어.
남: 네 옛 고향이지, 맞지?
여: 맞아. [27]남편에게 노스 베이의 아름다운 해안가를 보여주고 싶어서 그곳을 방문하기로 한 거야.
남: 좋았겠다.
여: 좋았지. 결혼하고 여기로 이사한 이후로는 그곳에 가본 적이 없어. 거의 7년 전 일이네. 이번 방문은 정말 많은 추억을 기억나게 했어.
남: 그래, 좋았던 거구나 그럼… 그런데 너 그렇게 신이 나게 말하는 것 같지가 않아. 무슨 일 있었어?
여: 솔직히, 실망했어. 노스 베이는 지난 7년간 너무 많이 변했더라. [28]우선 한 가지는 지금 더 많은 사람들이 그곳에 살고 있어. 더 이상 내가 매력을 느꼈던 오래되고 조용한 바닷가 마을이 아니야. 실제로, 지금은 북적거리는 관광지야.
남: 음, 7년 안에 많은 일이 일어날 수 있는 것 같네.
여: 맞아. 노스 베이 시티에는 이제 많은 호텔과 음식점, 주점들이 있는데 크고 작은 가게들도 확실히 더 많아졌어. 우리가 가는 곳마다 엄청난 수의 관광객들이 있었어.
남: 그것 때문에 휴가를 망쳤어?
여: 글쎄, 응, 아무래도 그렇긴 했어. 우리가 평화로운 자연환경을 즐기는 걸 기대하고 갔기 때문에 그런 것 같아. 그렇지만 우린 어떻게든 관광객들로부터 벗어나서 우리끼리 즐겁게 보냈지.
남: 그래서 어떻게 휴가를 보냈는데?
여: [29]전용 해변이 있는 호텔에 묵었거든, 그래서 우리는 대부분의 날들을 해변에서 일광욕과 수영을 하며 보낼 수 있었어. 그냥 바닷가에 앉아서 신선한 공기를 마시는 것만으로도 정말 편안했어.
남: 좋았겠다. 적어도 너희들만의 시간을 가졌구나.
여: 응, 맞아. 근데 그게 다가 아니야. 우린 그곳에서 다이빙하고 산호초를 탐험하러 가기로 했어.
남: 왜! 나도 그거 해보고 싶었는데.

F: Well, ³⁰you should go sometime. North Bay City still has beautiful corals. Exploring the reef was like being on a different planet!
M: Really? Why is that?
F: Oh, the corals looked like giant colorful brains of various sizes surrounded by different kinds of fish. ³¹Some fish were small and swam together, while others were big and swam alone. Many of them had really striking colors. It was amazing!
M: It sounds like you had a lot of fun! Was it your first time exploring that reef?
F: ³²I have gone diving in North Bay many times before; it's just that I'd forgotten how beautiful the underwater scenes could be.
M: Well, it seems like you were able to enjoy your hometown visit after all.
F: Now that I think about it, we really did! I can't believe I waited seven years to go back to North Bay. ³³Hey, maybe we should return next summer, Matthew. You should come with us.
M: That would be great, Amy! I'm sure I will love it there, too.

여: 음, ³⁰언제 한번 꼭 가봐. 노스 베이 시티에는 여전히 아름다운 산호들이 있어. 암초를 탐험하는 건 마치 다른 행성에 있는 것 같았어!
남: 정말? 왜 그런데?
여: 아, 산호들은 여러 종류의 물고기에 둘러싸인 다양한 크기의 거대하고 화려한 뇌처럼 보였어. ³¹어떤 물고기들은 작아서 무리 지어 헤엄친 반면, 큰 물고기들은 홀로 헤엄쳐 다녔어. 대다수의 물고기들은 굉장히 눈에 띄는 색을 띠고 있었어. 정말 멋졌지!
남: 정말 즐거웠던 것 같네! 그 암초 탐험은 처음이었어?
여: ³²전에 여러 번 노스 베이에 다이빙하러 갔었어. 물속 풍경이 얼마나 아름다운지 잊고 지냈던 것뿐이야.
남: 음, 결국 고향 방문을 즐길 수 있었던 것 같은데.
여: 지금 생각해보니, 정말 그랬어! 노스 베이에 다시 가기까지 7년을 기다렸다는 사실이 믿기지 않아. ³³내년 여름에 다시 가야 할 것 같아, 매튜. 우리랑 함께 가자.
남: 그거 좋겠다, 에이미! 나도 분명 그곳을 정말 좋아할 거야.

| 어휘 | hometown 고향 coastline 해안가 ever since ~이후로 줄곧 bring back ~을 기억나게 하다 thrilled 신이 난 honestly 솔직히 disappointed 실망한, 낙담한 for one thing 우선 한 가지는 sleepy 조용한, 활기 없는 charming 매력적인, 멋진 in fact 사실은 tourist destination 관광지 definitely 확실히, 분명히 spoil 망치다, 버려놓다 somehow 아무래도, 어쩐지 expect 기대[예상]하다 natural surrounding 자연환경 nonetheless 그렇기는 하지만 manage to do 어떻게든 ~하다 get away from ~에서 벗어나다 private (특정 집단) 전용의, 사유의 sunbathe 일광욕을 하다 relaxing 편안한 breathe in ~을 들이마시다 fresh 신선한 explore 탐험하다 coral reef 산호초 reef 암초 planet 행성 brain 뇌 surrounded by ~로 둘러싸인 striking 눈에 띄는, 두드러진 underwater 물속의, 수중의

27 특정 세부사항 문제

🔑 **KEY** 질문을 들으며 키워드 why / Amy / visit North Bay City를 노트테이킹한다.

Why did Amy and her husband visit North Bay City?	왜 에이미와 남편은 노스 베이 시티를 방문했는가?
(a) to visit her hometown acquaintances (b) because her family will be moving to the city **(c) to let her husband see the city's beautiful shores** (d) because her husband was missing his hometown	(a) 그녀 고향의 지인들을 방문하기 위해 (b) 그녀의 가족이 그 도시로 이사할 예정이라서 **(c) 남편에게 그 도시의 아름다운 해안을 보여주기 위해** (d) 남편이 고향을 그리워했기 때문에

💡 **why 정답?** 에이미는 남편에게 노스 베이의 아름다운 해안가를 보여주고 싶어서 그곳을 방문했다고 했으므로 (c)가 정답이다.

» show my husband North Bay's beautiful coastline → let her husband see the city's beautiful shores

| 어휘 | acquaintance 지인, 아는 사람 shore 해안, 해변

28 특정 세부사항 문제

KEY 질문을 들으며 키워드 what / changed / North Bay City를 노트테이킹한다.

According to Amy, what has changed about North Bay City?

(a) Her old friends don't visit the place anymore.
(b) It now attracts many sightseers.
(c) It is now an old sleepy town.
(d) There are only a few residents left there.

에이미에 따르면, 노스 베이 시티의 어떤 점이 변했는가?

(a) 그녀의 옛 친구들이 더 이상 그곳을 방문하지 않는다.
(b) 지금은 많은 관광객을 끌어들이고 있다.
(c) 지금은 오래되고 조용한 마을이다.
(d) 소수의 거주자들만 그곳에 남아 있다.

why 정답? 노스 베이가 지금은 많은 사람이 살고 북적거리는 관광지로 변했다고 했으므로 (b)가 정답이다.
» a busy tourist destination → attracts many sightseers
why 오답? (c) 지금이 아니라 예전에 오래되고 조용한 바닷가 마을이었다고 했으므로 오답이다.
| 어휘 | attract 끌어들이다, 끌어보다 sightseer 관광객 a few 소수의, 약간의 resident 거주자, 주민

29 추론 문제

KEY 질문을 들으며 키워드 how / Amy / husband / enjoy themselves를 노트테이킹한다.

How most likely did Amy and her husband manage to enjoy themselves?

(a) by staying in their hotel room throughout their stay
(b) by sunbathing with all the other tourists
(c) by visiting the different tourist establishments
(d) by relaxing on a beach without the other tourists

에이미와 남편은 어떻게 해서 그들끼리 즐겁게 보냈을 것 같은가?

(a) 머무는 내내 호텔방에 있음으로써
(b) 다른 모든 관광객들과 함께 일광욕을 함으로써
(c) 다른 관광 시설들을 방문함으로써
(d) 다른 관광객들이 없는 해변에서 쉼으로써

why 정답? 전용 해변이 있는 호텔에 묵으면서 해변에서 일광욕과 수영을 하며 보냈다고 했으므로 (d)가 정답이다.
» its own private beach → a beach without the other tourists
| 어휘 | throughout ~동안 쭉, 내내 establishment 시설, 기관

30 추론 문제

KEY 질문을 들으며 키워드 why / Matthew / exploring / coral reef를 노트테이킹한다.

According to Amy, why should Matthew try exploring the coral reef?

(a) because the corals are still unspoiled
(b) because the corals will soon disappear
(c) because the reef came from a different planet
(b) because the reef doesn't get crowded

에이미에 따르면, 왜 매튜는 산호초를 탐험해보아야 하는가?

(a) 산호가 아직 훼손되지 않았으므로
(b) 산호가 곧 사라질 것이므로
(c) 암초가 다른 행성에서 왔으므로
(d) 암초는 붐비지 않으므로

why 정답? 산호초 탐험을 해보고 싶었다는 매튜에게 에이미가 노스 베이 시티에는 여전히 아름다운 산호들이 있다며 가볼 것을 권유했다. 이를 토대로 이곳의 산호들이 훼손되지 않은 채 아름다움을 유지하고 있음을 유추할 수 있으므로 (a)가 정답이다.
| 어휘 | unspoiled 훼손되지 않은 disappear 사라지다 crowded 붐비는, 복잡한

31 특정 세부사항 문제

🔑 **KEY** 질문을 들으며 키워드 what / small fish / do를 노트테이킹한다.

What did the small fish living in the reefs do?	암초에 사는 작은 물고기들은 무엇을 했는가?
(a) They swam alone. (b) They changed colors. (c) They avoided the corals. **(d) They swam in groups.**	(a) 홀로 헤엄쳤다. (b) 색깔을 바꾸었다. (c) 산호를 피했다. **(d) 떼를 지어 헤엄쳤다.**

why 정답? 산호를 둘러싼 여러 종류의 물고기가 있는데, 작은 물고기들은 무리 지어 헤엄친 반면 큰 물고기들은 홀로 돌아다녔다고 했으므로 (d)가 정답이다.

» swam together → swam in groups

why 오답? (a) 큰 물고기들이 홀로 헤엄쳐 다닌다고 했으므로 오답이다.

| 어휘 | in groups 떼를 지어

32 특정 세부사항 문제

🔑 **KEY** 질문을 들으며 키워드 what / Amy forgotten / diving을 노트테이킹한다.

What has Amy forgotten about diving among North Bay City's coral reef?	에이미가 노스 베이 시티 산호초 사이에서 다이빙했던 것에 대해 잊고 있던 점은 무엇인가?
(a) how lovely the underwater sights are (b) how long ago her last dive had been (c) how excited she was on her first dive (d) how varied the marine life used to be	**(a) 물속 광경이 얼마나 아름다운지** (b) 마지막 다이빙이 얼마나 오래전이었는지 (c) 첫 다이빙에서 얼마나 신이 났었는지 (d) 해양 생물이 얼마나 다양했었는지

why 정답? 에이미는 전에 여러 번 노스 베이에 다이빙하러 간 적이 있으나, 물속 풍경이 얼마나 아름다운지 잊고 지냈다고 했으므로 (a)가 정답이다.

» how beautiful the underwater scenes → how lovely the underwater sights

| 어휘 | sight 광경, 모습   varied 다양한   marine 해양의, 바다의

33 특정 세부사항 문제

🔑 **KEY** 질문을 들으며 키워드 what / Amy suggesting / Mathew / next summer를 노트테이킹한다.

What is Amy suggesting that Mathew do next summer?	에이미가 매튜에게 내년 여름에 하라고 제안하는 것은 무엇인가?
(a) tour North Bay City by himself (b) explore other coral reefs **(c) visit North Bay City with them** (d) return to his hometown	(a) 혼자 노스 베이 시티를 여행하기 (b) 다른 산호초를 탐험하기 **(c) 함께 노스 베이 시티를 방문하기** (d) 그의 고향으로 돌아가기

why 정답? 에이미는 내년 여름에 다시 노스 베이 시티를 가야겠다고 하면서 매튜에게 함께 가자고 제안했으므로 (c)가 정답이다.

PART 2 ³⁴⁻³⁹ 공식적 담화 자전거 동호회 회원 모집

Hello, everyone! I would like to invite you all to join a club that can benefit you in a number of ways. The Milford Bikers Club is an organization whose members ride bicycles regularly. They bike when they visit friends, run errands, go to work, or just want to have fun.

I'm sure many of you already know how to ride a bicycle. However, ³⁴only a few may have taken to riding a bike regularly. Some may find cycling too tiring, and some may be too busy to engage in the activity on a regular basis.

Joining the club can change all that. In fact, club membership can help you save money, attain good health, engage in recreation, and more. But first, let us discuss some of the reasons why you should ride a bike regularly.

Riding a bicycle is fun. ³⁵When cruising on country trails, you can feel the rush of cool wind in your face and attain a great sense of freedom. Cycling can also promote your social life through activities like riding through the park with your partner or mountain biking with your friends.

Another reason for cycling is it is efficient. In this city, chances are you get stuck in heavy traffic when you drive a car or take public transportation to go places. Not when you're biking, though. ³⁶We have bike-friendly infrastructure here in Milford, and the bicycle lanes built almost everywhere in the city help people reach their destinations as quickly as possible.

Riding a bike is cost effective, too. When you take a bike to work, you don't have to spend money on gasoline or on taxi and bus fares. Over time, your savings could allow you to buy that electronic gadget you've always wanted, or take that special vacation you've been dreaming of.

Cycling is also environmentally friendly. Bicycles are a lot better for the environment than motorized vehicles. ³⁷Since you provide the power for a bike, it doesn't burn fossil fuels that contribute to air pollution. Biking also doesn't create noise pollution for the same reason. Moreover, bikes require fewer raw materials to manufacture, reducing the demand for natural resources.

여러분, 안녕하십니까! 저는 여러 면에서 여러분에게 도움이 되는 클럽에 모두 가입하실 것을 청하고자 합니다. 밀퍼드 바이커스 클럽은 회원들이 정기적으로 자전거를 타는 단체입니다. 친구를 방문하거나, 심부름을 하거나, 출근을 하거나, 그냥 즐기고 싶을 때 자전거를 탑니다.

많은 분들이 이미 자전거 타는 법을 알고 있으리라 생각합니다. 그러나 ³⁴소수의 사람들만 정기적으로 자전거 타는 습관이 생겼을 겁니다. 일부는 자전거 타기를 너무 피곤하다고 생각하고, 일부는 너무 바빠서 정기적으로 이런 활동에 참여할 수 없을지도 모릅니다.

클럽에 가입하면 그 모든 것을 바꿀 수 있습니다. 사실, 클럽 회원제는 돈을 절약하고, 건강을 얻고, 레크리에이션에 참여하는 것 등을 도울 수 있습니다. 그러나 우선, 자전거를 정기적으로 타야 하는 이유를 몇 가지 말씀드리겠습니다.

자전거 타기는 즐겁습니다. ³⁵시골길을 달릴 때, 얼굴에 시원한 바람이 훅 닿는 것을 느끼며 자유로운 기분을 만끽할 수 있습니다. 자전거 타기는 파트너와 함께 공원을 돌기 또는 친구들과 함께 산악자전거 타기 같은 활동을 통해 여러분의 사회생활을 증진할 수도 있습니다.

자전거를 타야 하는 또 다른 이유는 효율적이기 때문입니다. 이 도시에서는 어딘가를 가기 위해 차를 운전하거나 대중교통을 이용할 때 심한 교통 체증에 빠질 수 있습니다. 하지만 자전거를 타면 그렇지 않습니다. ³⁶여기 밀퍼드는 자전거 친화적인 사회 기반 시설을 갖추고 있으며, 이 도시 거의 전역에 만들어놓은 자전거 전용 도로는 사람들이 가능한 한 빠르게 목적지에 도달할 수 있도록 도와줍니다.

자전거를 타는 것은 비용 면에서도 효율적입니다. 자전거를 타고 출근하면, 휘발윳값이나 택시비 또는 버스 요금을 쓸 필요가 없습니다. 시간이 지나면 절약한 돈으로 여러분이 항상 원했던 전자기기를 구입하거나 여러분이 꿈꿔왔던 특별한 휴가를 갈 수 있게 될 것입니다.

자전거 타기는 또한 환경친화적입니다. 자전거는 자동차보다 훨씬 더 환경에 좋습니다. ³⁷여러분이 자전거에 동력을 제공하기 때문에 대기 오염의 원인이 되는 화석 연료를 태우지 않습니다. 자전거 타기는 또한 같은 이유로 소음 공해도 유발하지 않습니다. 게다가, 자전거는 생산에 필요한 원자재가 적어 천연자원에 대한 수요를 감소시킵니다.

Riding a bike promotes health. There are many ways that cycling can improve your overall well-being. Like any form of exercise, the activity can help your body burn calories and lose weight. ³⁸Biking likewise exposes you to natural light, allowing your skin to produce vitamin D, which helps strengthen your bones and reduces the risk of various diseases. Biking can also relieve stress and promote feel-good hormones.

Last but not least, riding a bicycle is fashionable. Cycling is no longer associated only with low-income individuals who can't afford a car; it is now an urban trend. ³⁹A growing number of professionals in cities around the world are taking the bicycle to work. Even in the most sophisticated cities in the U.S., Europe, Asia, and other places, office workers, business owners, and even executives pedal their way to work daily. So when you bike to the office, you're in good company.

But don't just take my word for it. Join the Milford Bikers Club and be among its hundreds of members who have adopted a healthy and rewarding lifestyle just by riding a bike to their destinations every day!

| 어휘 | benefit ~에게 도움이 되다, 이롭다 organization 단체, 조직 regularly 정기[규칙]적으로 bike 자전거[오토바이]로 가다; 자전거, 오토바이 run an errand 심부름하다 take to ~하는 습관이 생기다 cycling 자전거 타기 tiring 피곤하게 만드는 engage in ~에 참여[관여]하다 on a regular basis 정기적으로 attain 획득하다, 이루다 cruise 천천히 달리다, 돌아다니다 trail (시골의) 오솔길, 산길 rush 갑자기 나타나기, 돌발 promote 증진하다, 촉진하다, 활성화하다 efficient 효율적인 stuck in traffic 교통이 막힌[정체된] public transportation 대중교통 infrastructure 사회 기반 시설 destination 목적지, 도착지 cost effective 비용 효율이 높은 fare (교통) 요금 savings 절약된 금액 electronic gadget 전자장치 environmentally friendly 환경친화적인 environment 환경 motorized 엔진이 달린 vehicle 탈것, 차량 fossil fuel 화석 연료 contribute to ~의 원인이 되다 air pollution 대기 오염 noise pollution 소음 공해 moreover 게다가, 더욱이 raw material 원자재, 원료 manufacture 생산[제조]하다 reduce 감소시키다 demand 수요, 요구 natural resource 천연자원 improve 향상시키다, 개선하다 overall 전반적인, 종합적인 likewise 게다가, 또한 expose 노출시키다 strengthen 강화하다 bone 뼈 disease 질병 relieve 줄이다, 완화하다 last but not least 마지막이지만 중요한 것은 fashionable 유행하는, 유행에 따르는 associated with ~와 관련된 low-income 저소득 individual 개인 afford ~할 여유가 있다 urban 도시의 professional 전문직 종사자 sophisticated 복잡한, 세련된 executive 임원, 경영 간부 pedal 페달을 밟다, (자전거를) 타고 가다 in good company 걱정할 필요가 없는 take one's word for it ~의 말을 그대로[곧이곧대로] 받아들이다 adopt 택하다, 채택하다 rewarding 보람 있는

34 특정 세부사항 문제

● **KEY** 질문을 들으며 키워드 why don't / ride / bike / regularly를 노트테이킹한다.

According to the talk, why don't some people ride a bike regularly?	담화에 따르면, 왜 일부 사람들은 자전거를 정기적으로 타지 않는가?
(a) because they don't have many places to go	(a) 갈 곳이 많지 않기 때문에
(b) because bicycles are too difficult to ride	(b) 자전거는 타기 너무 어렵기 때문에
(c) because biking can be exhausting	**(c) 자전거 타기는 피곤하게 할 수 있기 때문에**
(d) because biking can make them busy	(d) 자전거 타기는 바쁘게 할 수 있기 때문에

● **why 정답?** 정기적으로 자전거를 타는 사람들이 적은 이유로 일부 사람들이 자전거 타기를 너무 피곤하다고 생각하기 때문이라고 했으므로 (c)가 정답이다.

» too tiring → exhausting

● **why 오답?** (d) 자전거를 타면 바빠져서가 아니라, 바빠서 자전거를 못 타는 사람들도 있을 것이라고 했으므로 오답이다.

| 어휘 | exhausting 피로하게 하는

35 특정 세부사항 문제

● **KEY** 질문을 들으며 키워드 which / attain / freedom / cycling을 노트테이킹한다.

Which can cause one to attain a sense of freedom while cycling?	자전거를 타는 동안 자유를 느낄 수 있게 하는 것은 무엇인가?
(a) experiencing refreshing wind	**(a) 상쾌한 바람을 느끼는 것**
(b) cruising along the crowded sidewalks	(b) 붐비는 인도를 따라가는 것
(c) riding in the park with a partner	(c) 파트너와 공원에서 자전거를 타는 것
(d) riding on rough terrain with friends	(d) 친구들과 험한 지형에서 자전거를 타는 것

● **why 정답?** 자전거를 타고 시골길을 달릴 때, 얼굴에 시원한 바람을 맞으며 자유로운 기분을 만끽할 수 있다고 했으므로 (a)가 정답이다.

» feel the rush of cool wind → experiencing refreshing wind

● **why 오답?** (c) 파트너와 공원에서 자전거를 타거나, (d) 친구들과 산악자전거를 타는 것의 장점은 사회생활을 장려한다는 것이지 자유를 느끼게 하는 것은 아니므로 오답이다.

| 어휘 | refreshing 상쾌한, 신선한 sidewalk 인도, 보도 rough 험한, 매끈하지 않은 terrain 지형, 지역

36 추론 문제

● **KEY** 질문을 들으며 키워드 what / bikers / do / reach places quickly를 노트테이킹한다.

Based on the talk, what can bikers probably do to reach places quickly?	담화에 근거하면, 자전거를 타는 사람들은 장소에 빨리 도착하기 위해 아마도 무엇을 할 수 있겠는가?
(a) take the designated lanes for bicycles	**(a) 자전거 전용 도로 이용하기**
(b) go around bigger vehicles when stuck in traffic	(b) 교통 체증에 걸렸을 때 큰 차량들을 돌아서 가기
(c) transfer to a mass transit system	(c) 대중교통 체계로 갈아타기
(d) pass the other vehicles on the road	(d) 도로 위의 다른 차들을 지나쳐 가기

● **why 정답?** 밀퍼드 전역에 자전거 전용 도로가 있어 자전거를 타면 빠르게 목적지에 도달할 수 있다고 했으므로 (a)가 정답이다.

» bike-friendly infrastructure / bicycle lanes → designated lanes for bicycles

| 어휘 | designated 지정된 lane 도로, 길 go around ~을 돌아가다, 돌다 transfer to ~로 갈아타다 mass transit system 대중교통 체계

37 특정 세부사항 문제

🔑 **KEY** 질문을 들으며 키워드 why / bicycles environmentally friendly를 노트테이킹한다.

Why are bicycles environmentally friendly?	왜 자전거는 환경친화적인가?
(a) They run on nature-friendly fuels. (b) They don't use natural materials to produce. **(c) They don't cause air and noise pollution.** (d) They allow bikers to save on fuel.	(a) 자연친화적 연료로 달린다. (b) 생산하는 데 천연 자재를 사용하지 않는다. **(c) 대기 오염과 소음 공해를 일으키지 않는다.** (d) 자전거를 타는 사람이 연료를 절약하게 한다.

🔍 **why 정답?** 자전거를 타는 사람 스스로가 자전거에 동력을 제공하기 때문에 대기 오염이나 소음 공해를 유발하지 않는다고 했으므로 (c)가 정답이다.

» contribute to air pollution / create noise pollution → cause air and noise pollution

❌ **why 오답?** (b) 자전거는 생산할 때 필요한 원자재가 적어 천연자원에 대한 수요를 줄일 수 있다고는 했지만, 천연 자재를 아예 사용하지 않는다는 말은 없으므로 오답이다.

| 어휘 | nature-friendly 자연친화적인 natural material 천연 자재 cause ~을 일으키다 save on ~을 절약하다

38 특정 세부사항 문제

🔑 **KEY** 질문을 들으며 키워드 how / cycling help / stronger bones를 노트테이킹한다.

How does cycling help one develop stronger bones?	자전거 타기는 어떻게 뼈를 더 튼튼하게 하는 데 도움이 되는가?
(a) through hormones developed while cycling **(b) through a vitamin created from sun exposure** (c) by burning calories and losing weight (d) by causing less strain on the bones	(a) 자전거를 타면서 생긴 호르몬을 통해서 **(b) 햇볕 노출로 생성된 비타민을 통해서** (c) 칼로리를 연소하여 살이 빠지게 함으로써 (d) 뼈에 부담을 덜 줌으로써

🔍 **why 정답?** 자전거를 타면 자연광에 노출되어 피부가 비타민 D를 생성하게 되고, 이것이 뼈를 튼튼하게 한다고 했으므로 (b)가 정답이다.

» exposes you to natural light → sun exposure
» strengthen your bones → develop stronger bones

| 어휘 | exposure 노출 strain 부담, 압박

39 특정 세부사항 문제

🔑 **KEY** 질문을 들으며 키워드 what / biking fashionable을 노트테이킹한다.

According to the speaker, what makes biking fashionable?	화자에 따르면, 무엇이 자전거 타기를 유행시키는가?
(a) It is now as costly as driving a car. (b) It represents wealth in many cities. (c) It keeps people in great shape. **(d) It is popular among people from all walks of life.**	(a) 이젠 자동차 운전만큼 많은 비용이 든다. (b) 많은 도시에서 부를 상징한다. (c) 사람들의 건강을 유지시켜 준다. **(d) 각계각층의 사람들 사이에서 인기가 있다.**

🔍 **why 정답?** 전 세계 도시의 많은 전문직 종사자들이 자전거를 타고 출근하며, 미국, 유럽, 아시아 등지의 도시에서도 회사원, 사업주, 심지어 임원들까지도 매일 출근길에 자전거를 탄다고 했으므로 (d)가 정답이다.

» office workers, business owners, and even executives → people from all walks of life

| 어휘 | costly 많은 비용이 드는 represent ~을 상징하다, 나타내다 wealth 부, 부유함 in great shape (몸의) 상태가 매우 좋은 all walks of life 사회 각계각층

PART 3 40-45 일상 대화 종합 비타민 섭취 vs. 음식을 통한 영양소 섭취

M: Hey, Lizzie! I'm glad to see you. I need your help with something.

F: Hi, David! How can I help you?

M: You see, [40]I hear that multivitamins can provide increased energy and better concentration, and I could really use both for my work. Since you're a nutritionist, perhaps you could give me advice on taking multivitamins.

F: Sure. But why would you need food supplements when you can also get enhanced energy and concentration by eating healthy food?

M: Well, I really don't have time to cook much even though I work at home. I usually rely on takeout like pizza and pasta, but I know they're not that healthy.

F: I see… Well, multivitamins indeed have benefits. First, these products can prevent vitamin deficiencies.

M: How does that work?

F: [41]When you're not getting enough of a certain vitamin, let's say vitamin C, from food, multivitamins can provide that. That's because these food supplements contain several vitamins and minerals in one pill.

M: That could work in my case, since I usually just eat fast food. And taking multivitamins could also be convenient. I wouldn't have to worry about what types of food to eat to get essential nutrients. All I have to do is take a pill daily and my needs will be covered.

F: That's true. However, taking multivitamins has disadvantages, too. For one thing, it can cause a drug overdose that results in nausea, sweating, heart problems, and other symptoms.

M: But how exactly can a food supplement cause a drug overdose?

F: Let me give you an example: [42]if you're already getting enough vitamin A from food, all the extra vitamin A that you get from multivitamins is excessive. This can eventually lead to an overdose.

M: I see…

F: Not only that. Some people may have adverse reactions to certain ingredients of multivitamins in whatever amounts. For instance, some food supplements contain hidden ingredients like soy or shellfish that can cause allergic reactions in people.

남: 안녕, 리지! 만나서 반가워. 네 도움이 좀 필요해.

여: 안녕, 데이비드! 뭘 도와줄까?

남: 있잖아, [40]종합 비타민이 활력을 돋우고 집중력을 좋게 해준다고 들었는데, 난 정말 이 두 가지 모두 내 일에 필요해. 네가 영양사니까 종합 비타민 섭취에 관한 조언을 좀 해줄 수 있지 싶어서.

여: 물론이지. 그런데 몸에 좋은 음식을 먹는 걸로 활력과 집중력을 증진시킬 수도 있는데 왜 식품 보충제가 필요해?

남: 음, 내가 집에서 일을 하긴 하지만, 요리할 시간이 정말로 없어. 보통은 피자나 파스타같이 포장해서 가져와 먹는 음식에 의존하는데, 그게 그렇게 몸에 좋지는 않다는 걸 알아.

여: 그렇구나… 음, 종합 비타민은 확실히 이점이 있어. 우선, 이 제품들은 비타민 결핍을 예방할 수 있지.

남: 어떻게 작용하는데?

여: [41]예를 들면, 비타민 C 같은 특정 비타민을 음식으로부터 충분히 섭취하지 못할 때, 종합 비타민이 그것을 제공해줄 수 있지. 이 식품 보충제는 한 알에 여러 가지 비타민과 미네랄을 포함하고 있기 때문이야.

남: 나는 주로 패스트푸드를 먹으니까 내 경우에는 효과가 있을 거야. 그리고 종합 비타민은 섭취하기도 간편할 것 같아. 필수 영양소를 섭취하기 위해서 어떤 종류의 음식을 먹어야 하는지 고민할 필요도 없겠어. 매일 한 알만 먹으면 되고, 그러면 내가 필요한 것은 충족될 거야.

여: 사실이야. 하지만 종합 비타민 섭취에는 단점도 있어. 우선, 약물 과다 복용을 일으켜 메스꺼움, 식은땀, 심장 질환 및 다른 증상들을 유발할 수도 있어.

남: 하지만 정확히 어떻게 식품 보충제가 약물 과다 복용을 야기할 수 있어?

여: 예를 들어 볼게. [42]만일 네가 음식으로 충분한 비타민 A를 이미 섭취하고 있다면, 네가 종합 비타민에서 얻은 모든 여분의 비타민 A는 과잉이 되는 거야. 이게 결국은 약물 과다 복용으로 이어질 수 있는 거지.

남: 그렇구나…

여: 그게 다가 아니야. 어떤 사람들은 양이 얼마든 종합 비타민의 특정 성분에 거부 반응을 보일 수도 있어. 예를 들면, 어떤 식품 보충제는 사람들에게 알레르기 반응을 일으킬 수 있는 콩이나 조개류와 같은 숨겨진 성분을 함유하고 있거든.

M: Hmmm… Perhaps I could try getting nutrients by cooking my own meals. I'm getting a bit tired of eating fast food all the time anyway, and I would enjoy having full meals regularly.
F: Home-cooked meals are definitely more appetizing and enjoyable. Moreover, [43]the nutrients obtained from food are not synthetically manufactured, and are absorbed by the body better.
M: Sounds great. However, cooking my own food would be inconvenient. [44]Since I'm usually busy working on clients' projects at home, cooking my own meals — not to mention shopping for ingredients — could be a hassle.
F: Cooking good food does take time and effort.
M: Yes. Besides, it can also be more expensive, especially if I have to buy a variety of foods, like fruits and vegetables, meats, and grains, to cover all my nutritional needs.
F: I guess that's literally the price you have to pay for getting a wholesome meal! Ha-ha!
M: You're right. Hey, this conversation has really been helpful.
F: I'm glad I could help. So, have you decided whether to get your nutrients by taking multivitamins or by eating home-cooked food?
M: I think I have. [45]I would like to go natural to improve my work performance. It would mean having to make some adjustments to my schedule, but it's worth the try. Thanks, Lizzie!
F: Anytime, David. Good luck with your decision!

| 어휘 | concentration 집중(력) could use ~가 필요하다 nutritionist 영양사, 영양학자 food supplement 식품 보충제 enhance 향상시키다, 강화하다 rely on ~에 의지하다 indeed 확실히, 정말 benefit 이득, 혜택 prevent 예방하다, 막다 deficiency 결핍, 부족 work 작용하다 let's say 예를 들면 pill 알약 convenient 간편한 essential 필수적인 nutrient 영양소, 영양분 disadvantage 단점 for one thing 우선 한 가지는 overdose 과다 복용 result in (결과적으로) ~을 야기하다 nausea 메스꺼움 symptom 증상, 징후 exactly 정확하게 excessive 과잉의, 지나친 lead to ~로 이어지다 adverse reaction 거부 반응 ingredient 성분, 요소 for instance 예를 들면 hidden 숨은, 감춰진 shellfish 조개류, 갑각류 allergic 알레르기(성)의 get tired of ~에 싫증이 나다 have a full meal 밥을 든든히 먹다 definitely 확실히, 분명히 appetizing 식욕을 돋우는, 맛있어 보이는 obtain 얻다, 구하다 synthetically 합성적으로 manufacture 만들다, 제조하다 absorb 흡수하다 inconvenient 귀찮은, 불편한 hassle 번거로운[귀찮은] 일 effort 노력 besides 게다가, 뿐만 아니라 a variety of 다양한 grain 곡물 nutritional 영양상의 literally 말 그대로 wholesome 건강에 좋은 improve 향상하다, 개선하다 work performance 업무 수행 능력 make adjustments to ~을 조정하다, 조절하다 worth ~의 가치가 있는

40 추론 문제

🔑 **KEY** 질문을 들으며 키워드 what / David consider / multivitamins를 노트테이킹한다.

What makes David consider taking multivitamins?	무엇이 데이비드가 종합 비타민을 섭취하는 것을 고려하게 하는가?
(a) his need to improve his failing health (b) his lack of skill in preparing healthy meals (c) his preference for food that has no nutrition **(d) his desire to be more productive**	(a) 허약한 건강 상태를 개선해야 할 필요성 (b) 건강한 식사를 준비하는 데 부족한 기술 (c) 영양가 없는 음식의 선호 **(d) 더 생산적이고자 하는 바람**

💡 **why 정답?** 종합 비타민이 활력을 돋우고 집중력을 좋게 해준다고 들었는데 이 두 가지가 데이비드의 일에 정말 필요하다는 말로 보아, 데이비드는 일을 좀 더 생산적으로 하기 위해서 종합 비타민 섭취를 고려하고 있음을 알 수 있으므로 (d)가 정답이다.

❌ **why 오답?** (a), (b), (c) 모두 종합 비타민 섭취를 고려할 만한 이유로 타당해 보이지만, 반드시 대화에서 언급된 내용을 근거로 정답을 골라야 한다는 점에 유의하자.

| 어휘 | consider 고려하다 failing health 허약한 건강 상태 lack of ~의 부족 prepare 준비하다 preference 선호(도) desire 바람, 욕구 productive 생산적인

41 특정 세부사항 문제

🔑 **KEY** 질문을 들으며 키워드 how / multivitamins prevent / deficiency를 노트테이킹한다.

According to Lizzie, how can multivitamins prevent vitamin deficiency?	리지에 따르면, 종합 비타민은 어떻게 비타민 결핍을 예방할 수 있는가?
(a) by replacing meals with vitamins **(b) by providing nutrients lacking in one's diet** (c) by making fast food healthier (d) by stimulating one to eat more healthy food	(a) 식사를 비타민으로 대체함으로써 **(b) 식사에서 부족한 영양소를 공급함으로써** (c) 패스트푸드를 더 건강하게 만듦으로써 (d) 더 건강한 음식을 먹도록 자극함으로써

💡 **why 정답?** 음식으로부터 특정 비타민을 충분히 섭취하지 못할 때, 종합 비타민이 그것을 제공해줄 수 있다고 했으므로 (b)가 정답이다.

» not getting enough of a certain vitamin ~ from food → nutrients lacking in one's diet

| 어휘 | replace A with B A를 B로 대체하다 stimulate 자극하다

42 특정 세부사항 문제

🔑 **KEY** 질문을 들으며 키워드 when / supplements / cause / overdose를 노트테이킹한다.

When can taking food supplements eventually cause an overdose of a vitamin?	언제 식품 보충제를 복용하면 결국 비타민을 과다 복용하게 될 수 있는가?
(a) when one is allergic to the vitamin (b) when one takes too many types of vitamins **(c) when one is already getting enough vitamins from food** (d) when one takes the vitamin while not feeling well	(a) 비타민에 알레르기가 있을 때 (b) 너무 많은 종류의 비타민을 섭취할 때 **(c) 음식으로 이미 충분한 비타민을 섭취하고 있을 때** (d) 몸이 좋지 않은 상태에서 비타민을 섭취할 때

💡 **why 정답?** 음식으로 특정 비타민을 이미 충분히 섭취하고 있는데 종합 비타민을 먹을 경우 해당 비타민을 지나치게 많이 섭취하게 되어 약물 과다 복용으로 이어질 수 있다고 했으므로 (c)가 정답이다.

❌ **why 오답?** (b) 여러 종류의 비타민을 섭취하는 것 자체에 원인이 있다기보다는 이미 음식에서 충분히 비타민을 섭취하고 있는데도 비타민 보충제를 섭취하는 것이 문제가 되는 것이므로 오답이다.

43 특정 세부사항 문제

KEY 질문을 들으며 키워드 why / nutrients / from food better absorbed를 노트테이킹한다.

Why are the nutrients obtained from food better absorbed by the body?	음식에서 얻은 영양소가 몸에 더 잘 흡수되는 이유는 무엇인가?
(a) They occur naturally.	**(a) 자연적으로 발생한다.**
(b) They are artificially made.	(b) 인위적으로 만들어진다.
(c) Food is easily broken down.	(c) 음식이 쉽게 분해된다.
(d) Food contains only one type of nutrient.	(d) 음식에 한 가지 영양소만 함유되어 있다.

why 정답? 음식에서 얻은 영양소는 합성하여 만들어진 것이 아니어서 몸에 더 잘 흡수된다고 했으므로 (a)가 정답이다.

» not synthetically manufactured → occur naturally

| 어휘 | occur 발생하다, 일어나다   naturally 자연적으로   artificially 인위적으로   break down ~을 분해하다   contain 함유되어 있다, 들어 있다

44 특정 세부사항 문제

KEY 질문을 들으며 키워드 why / preparing / meals / inconvenient / David를 노트테이킹한다.

Why could preparing full meals be inconvenient for David?	왜 제대로 된 식사를 준비하는 것이 데이비드에게 불편할 수 있는가?
(a) He wouldn't know what ingredients to buy.	(a) 어떤 재료를 사야 할지 모를 것이다.
(b) He is mostly preoccupied with work at home.	**(b) 집에서는 주로 일에 몰두한다.**
(c) He usually comes home late from the office.	(c) 보통 사무실에서 늦게 집에 온다.
(d) He is not very fond of cooking food.	(d) 요리하는 것을 별로 좋아하지 않는다.

why 정답? 데이비드는 보통 집에서 고객의 일을 처리하느라 바쁘기 때문에 직접 요리하는 건 번거로울 것이라고 했으므로 (b)가 정답이다.

» usually busy working on clients' projects → mostly preoccupied with work

| 어휘 | mostly 주로, 일반적으로   preoccupied with ~에 몰두한   be fond of ~을 좋아하다

45 추론 문제

KEY 질문을 들으며 키워드 what / David / do / improve / work performance를 노트테이킹한다.

Based on the conversation, what will David probably do to improve his work performance?	대화에 근거하면, 데이비드는 그의 업무 수행 능력을 향상시키기 위해 아마도 무엇을 하겠는가?
(a) take multivitamins daily	(a) 매일 종합 비타민을 섭취하다.
(b) concentrate on his tasks	(b) 그의 업무에 집중한다.
(c) order energy-boosting foods	(c) 에너지 촉진 식품을 주문한다.
(d) cook nutritious food	**(d) 영양가 있는 음식을 요리한다.**

why 정답? 데이비드가 자연적인 방식으로 업무 수행 능력을 향상시키겠다고 한 것으로 보아 종합 비타민을 섭취하기보다는 직접 음식을 해 먹는 방법으로 영양소를 보충하기로 결정했음을 유추할 수 있다. 따라서 (d)가 정답이다.

| 어휘 | concentrate on ~에 집중하다   task 일, 과업   boost 신장시키다, 북돋우다   nutritious 영양분이 많은

PART 4 46-52 일반 설명 현대 실내 장식 강좌

Good morning! I'm a senior associate at Jonas & Wells, one of the country's top interior design firms. [46]I am here today to share with you some tips on how to give your home a more modern look.

I would like to talk about the basic principles of contemporary, or modern, interior decorating. Then, I would like to teach you how to apply these principles to make your living room, dining room, and other areas of the house as stylish as possible.

Many people have the impression that modern interior decorating is too cold and unwelcoming. Well, it does not have to be. When done correctly, modern décor can be casual, comfortable, and inviting without sacrificing style. So, how can this be done?

[47]The first thing to do is remember the following key words: simplicity and cleanliness. Simplicity and cleanliness are the main features of modern interior decoration. The focus isn't on the furnishings themselves, but rather on their colors, shapes, and texture. Modern interior decoration highlights space and clean lines to produce a sleek and fresh look.

Let's take it one by one.

Regarding space and clean lines, follow the rule "less is more." This means that to achieve a modern feel for your home, go simple. [48]When it comes to space, windows are better when they're bare because the incoming light gives a feeling of spaciousness. High ceilings are also preferable because they provide a room with more visible space.

Now, let's talk about lines. Art pieces on or near the walls should feature geometric lines to have a modern feel. Do not overdecorate, though. The bare space on a wall is just as important as the space that has paintings covering it. Remember: less is more. [49]Use a minimal number of simple decorative items, such as picture frames and figurines, to avoid clutter and to make each item stand out.

Now with regard to color, white, black, gray, and the lighter shades of brown are the basic colors of contemporary décor. [50]These are called neutral colors and should be used as the base colors for your rooms. They are great for painting wide surfaces, such as walls or doors, and bringing out room features, such as windows. Use pastel colors for all the other surfaces in the room.

좋은 아침입니다! 저는 국내 최고 인테리어 디자인 회사 중 하나인 조나스 앤 웰스의 선임 직원입니다. [46]저는 오늘 여기서 여러분의 집을 좀 더 현대적으로 보이게 하는 법에 관한 몇 가지 팁을 공유하려고 합니다.

저는 동시대, 즉 현대 실내 장식의 기본 원리에 관해 이야기하고자 합니다. 그런 다음, 여러분 자택의 거실, 식당 및 다른 공간들을 가능한 한 스타일리시하게 만드는 데 이 원리를 적용하는 방법을 알려드리고 싶습니다.

많은 사람들이 현대 실내 장식은 너무 차갑고 안락해 보이지 않는다고 느낍니다. 음, 꼭 그럴 필요는 없습니다. 올바르게 적용되면, 현대 실내 장식은 스타일을 해치지 않고 캐주얼하고, 편안하며, 매력적일 수 있습니다. 그렇다면, 어떻게 이렇게 할 수 있을까요?

[47]가장 먼저 해야 할 일은 다음 키워드를 기억하는 것입니다: 단순함과 깔끔함. 단순함과 깔끔함은 현대 실내 장식의 주요 특징입니다. 가구 자체보다는 가구의 색상, 모양 및 질감에 중점을 둡니다. 현대 실내 장식은 매끄럽고 산뜻한 느낌을 주는 공간과 깔끔한 선을 강조합니다.

하나씩 살펴봅시다.

공간과 깔끔한 선과 관련해서는, '적을수록 좋다' 규칙을 따르세요. 이는 여러분의 집에 모던한 느낌을 주려면 단순하게 가라는 것을 뜻합니다. [48]공간에 관해서는, 빛이 들어오면 더 넓은 느낌을 주기 때문에 창문을 가리지 않을 때가 더 낫습니다. 높은 천장 또한 선호되는데, 방의 공간이 더 많이 보이게 해주기 때문입니다.

이제 선에 관해 이야기해보죠. 벽에 또는 벽 가까이에 있는 예술품들은 현대적인 느낌을 지니기 위해 기하학적인 선을 특색으로 해야 합니다. 하지만 지나치게 꾸미지는 마세요. 벽의 빈 공간은 그림이 걸린 공간만큼 중요합니다. 기억하세요. 적을수록 좋습니다. [49]어수선함을 피하고 각 아이템을 돋보이게 하기 위해서는 액자와 작은 조각상 같은 간단한 장식용품을 최소한으로 사용하십시오.

색에 관해서는, 흰색, 검은색, 회색 그리고 밝은 갈색 색조가 현대 실내 장식의 기본 색상입니다. [50]이를 중성색이라고 하며 여러분 방의 기본색으로 사용해야 합니다. 그 색들은 벽이나 문과 같은 넓은 표면을 칠하고, 창문과 같은 공간의 특징을 살리는 데 좋습니다. 방의 다른 모든 표면에는 파스텔 색상을 사용하십시오.

Let us now talk about furniture. The pieces you choose should be smooth and clean, and feature geometric shapes. [51]Furniture must also be plain and simple, with minimal curves and decorations.

The fabric used for the upholstery, that is, the materials used to cushion and cover furniture, should have a natural look. Couches and chairs are best covered with wool, cotton, linen, or silk because of their smooth texture.

[51]For individual furniture items, such as center tables, side tables, and cabinets, choose those that are made of metal, stone, or glass. These materials often work well in a room decorated in a contemporary style.

Finally, [52]with regard to lighting, soft and indirect light is preferred. This can be accomplished by hiding lights, or putting them in areas where they won't attract too much attention. Consider placing lights on ledges, shelves, or high on the walls of a room. This placement provides a soft, even, and warm light.

Well, that ends my talk, everybody. Please feel free to consult with us for your home décor needs.

이젠 가구에 관해 이야기하겠습니다. 여러분이 고른 가구들은 매끄럽고 깔끔해야 하며, 기하학적 모양을 특징으로 해야 합니다. [51]가구는 또한 최소한의 곡선과 장식이 있는 무늬가 없고 단순한 것이어야 합니다.

실내 장식품에 사용되는 직물, 즉 가구를 보호하거나 덮는 데 사용되는 천은 자연스러워 보여야 합니다. 소파와 의자는 질감이 부드러운 울, 면, 리넨이나 실크로 덮인 게 가장 좋습니다.

[51]중앙 식탁, 보조 식탁, 캐비닛과 같은 개별 가구 품목은 금속이나 석재 또는 유리로 만든 것을 고르세요. 이 재료들은 종종 현대적인 스타일로 꾸며진 방에 잘 어울립니다.

마지막으로, [52]빛에 관해서는 부드러운 간접 조명이 더 좋습니다. 조명을 가리거나 너무 많은 주의를 끌지 않는 곳에 두면 됩니다. 선반이나 책꽂이 또는 방 벽의 높은 곳에 조명을 두는 것을 고려해보세요. 이 배치는 부드럽고 고르며 따뜻한 빛을 제공합니다.

자, 제 이야기는 끝입니다, 여러분. 가정의 실내 장식 요구 사항에 대해 저희와 자유롭게 상담해주세요.

| 어휘 | senior 선임의, 상급의 modern 현대의, 현대적인 principle 원리, 원칙 contemporary 동시대의, 현대의 decorating 장식 apply 적용하다 impression 느낌, 인상 unwelcoming 안락해 보이지 않는 correctly 바르게, 정확하게 décor 실내 장식, 인테리어 inviting 매력적인 sacrifice 희생하다 simplicity 단순함 feature 특징; ~을 특징으로 삼다 furnishing 가구, 비품 texture 질감 highlight 강조하다 sleek 매끈한, 날렵한 regarding ~와 관련된 when it comes to ~에 관해서는 bare 아무것도 안 가려진 incoming 들어오는 spaciousness 널찍함 preferable 선호되는, 더 좋은 visible 보이는, 알아볼 수 있는 art piece 예술품 geometric 기하학적인 overdecorate 지나치게 장식하다 minimal 최소의 decorative item 장식품 figurine (장식용) 작은 조각상 clutter 어수선함, 잡동사니 stand out 돋보이다 with regard to ~에 관해서는 shade 색조 neutral color 중성색, 무채색 bring out ~을 드러나게 하다 smooth 매끈한, 부드러운 plain 무늬가 없는 curve 곡선 fabric 직물, 천 upholstery 실내 장식품(커튼, 쿠션 따위) material 직물, 천, 재료 cushion 보호하다, 완충 작용을 하다 individual 개별적인, 개개의 indirect 간접의 accomplish 성취하다, 완수하다 attract (주의·흥미 등을) 끌다 attention 주의, 관심 ledge (창문 아래 벽에 붙인) 선반 placement 배치 consult with ~와 상담[협의]하다

46 주제/목적 문제

KEY 질문을 들으며 키워드 what topic / discussing을 노트테이킹한다.

What topic is the speaker discussing?
(a) different modern house designs
(b) the history of interior decoration
(c) how to give the home a modern style
(d) how to make homes welcoming to visitors

화자는 어떤 주제에 관해 이야기하고 있는가?
(a) 서로 다른 현대식 주택 디자인들
(b) 실내 장식의 역사
(c) 집을 현대적인 스타일로 꾸미는 방법
(d) 방문객에게 안락해 보이는 집을 만드는 방법

why 정답? 담화 시작 부분에서 집을 좀 더 현대적으로 보이게 하는 법에 관한 몇 가지 팁을 알려주려고 한다는 말로 담화의 주제를 소개했으므로 (c)가 정답이다.

» a more modern look → a modern style

| 어휘 | welcoming 안락해 보이는

47 특정 세부사항 문제

🔑 **KEY** 질문을 들으며 키워드 what / first / remember / home decoration을 노트테이킹한다.

What is the first thing to remember about home decoration?	집 장식에 대해 가장 먼저 기억해야 할 것은 무엇인가?
(a) that it must strive for simplicity	**(a) 단순함을 위해 노력해야 하는 것**
(b) that it must achieve a colorful look	(b) 다채로운 외관을 갖추어야 하는 것
(c) that it should highlight the furniture	(c) 가구를 강조해야 하는 것
(d) that it should make the home look larger	(d) 집을 더 커 보이게 만들어야 하는 것

💡 **why 정답?** 가장 먼저 해야 할 일은 '단순함과 청결함'이라는 키워드를 기억하는 것이라고 했으므로 (a)가 정답이다.
❌ **why 오답?** (c) 현대 실내 장식에서는 가구 자체보다는 가구의 색상, 모양, 질감에 중점을 둔다고 했으므로 오답이다.

| 어휘 | strive for ~을 얻으려고 노력하다 colorful 다채로운, 색채가 풍부한

48 특정 세부사항 문제

🔑 **KEY** 질문을 들으며 키워드 how / more window space를 노트테이킹한다.

How can more window space be achieved?	어떻게 더 많은 창문 공간을 확보할 수 있는가?
(a) by installing ceiling-high windows	(a) 천장 높이의 창문을 설치함으로써
(b) by covering the windows with curtains	(b) 커튼으로 창문을 가림으로써
(c) by leaving the windows open all the time	(c) 창문을 항상 열어놓음으로써
(d) by leaving the windows uncovered	**(d) 창문을 가리지 않음으로써**

💡 **why 정답?** 공간에 관해 얘기하면서, 빛이 들어오면 더 넓은 느낌을 주기 때문에 창문을 가리지 않는 것이 좋다고 했으므로 (d)가 정답이다.

» bare → uncovered

| 어휘 | install 설치하다 uncovered 가려[덮여] 있지 않은

49 특정 세부사항 문제

🔑 **KEY** 질문을 들으며 키워드 why / display / a few / items를 노트테이킹한다.

Why should one display only a few decorative items?	왜 장식용품은 몇 점만 진열해야 하는가?
(a) to make the items barely noticeable	(a) 장식용품이 거의 눈에 띄지 않게 하려고
(b) to make the items look simple	(b) 장식용품을 단순하게 보이게 하려고
(c) for each item to stand out	**(c) 각 장식용품을 부각시키기 위해**
(d) for the items to feel artistic	(d) 장식용품에 예술적인 느낌을 주기 위해

💡 **why 정답?** 어수선하지 않으면서 각 아이템이 돋보이도록 액자 및 작은 조각상 같은 장식용품을 최소한으로 두라고 했으므로 (c)가 정답이다.

» Use a minimal number of simple decorative items → display only a few decorative items

| 어휘 | display 진열[전시]하다 barely 거의 ~ 아니게 noticeable 눈에 띄는 artistic 예술적인

50 특정 세부사항 문제

🔑 **KEY** 질문을 들으며 키워드 what / neutral colors best used를 노트테이킹한다.

According to the talk, what are neutral colors best used for?	담화에 따르면, 중성색은 무엇에 가장 적합한가?
(a) coloring figurines **(b) painting broad surfaces** (c) painting window frames (d) highlighting narrow areas	(a) 작은 조각상을 채색하는 것 **(b) 넓은 표면을 칠하는 것** (c) 창틀을 칠하는 것 (d) 좁은 영역을 강조하는 것

💡 **why 정답?** 중성색은 벽이나 문과 같은 넓은 표면을 칠하고 창문과 같은 공간의 특징을 살리는 데 좋다고 했으므로 (b)가 정답이다.

» wide surfaces → broad surfaces

| 어휘 | broad (폭이) 넓은 window frame 창틀 narrow 좁은

51 특정 세부사항 문제

🔑 **KEY** 질문을 들으며 키워드 which furniture / go well with modern interior를 노트테이킹한다.

Based on the talk, which furniture item would go well with modern interior décor?	담화에 근거하면, 어떤 가구가 현대 실내 장식에 잘 어울리는가?
(a) a simple side table made of metal (b) an extra-large reclining chair (c) a couch covered with rugged fabric (d) a wooden cabinet with complex designs	**(a) 금속으로 만들어진 단순한 보조 탁자** (b) 초대형 안락의자 (c) 튼튼한 천으로 덮인 소파 (d) 복잡한 디자인의 나무 캐비닛

💡 **why 정답?** 가구는 곡선과 장식이 적고 단순해야 하며, 금속이나 석재 또는 유리로 만든 것을 고르라고 했으므로 (a)가 정답이다.

❌ **why 오답?** (c) 소파와 의자는 울, 면, 리넨, 실크 같은 부드러운 질감의 직물로 덮인 것이 좋다고 했으므로 오답이다.
(d) 가구는 금속, 석재, 유리 재질로 단순한 디자인이 좋다고 했으므로 오답이다.

| 어휘 | go well with ~와 잘 어울리다 reclining chair 안락의자 rugged 튼튼한, 질긴 complex 복잡한

52 특정 세부사항 문제

🔑 **KEY** 질문을 들으며 키워드 how / lighting / provide soft indirect light를 노트테이킹한다.

How can a lighting system provide soft indirect light?	조명 시스템은 어떻게 부드러운 간접 조명을 제공할 수 있는가?
(a) by using bulbs that don't produce strong light (b) by switching on one light source at a time (c) by installing a minimal number of lights **(d) by having concealed light sources for the room**	(a) 강한 빛을 내지 않는 전구를 사용함으로써 (b) 한 번에 하나의 광원을 켬으로써 (c) 최소한의 조명을 설치함으로써 **(d) 방에 광원을 감춰 둠으로써**

💡 **why 정답?** 조명을 가리거나 주의를 많이 끌지 않는 곳에 두는 식으로 부드러운 간접 조명을 만들 수 있다고 했으므로 (d)가 정답이다.

» hiding lights → having concealed light sources

| 어휘 | bulb 전구 switch on 스위치를 켜다 light source 광원 conceal 감추다, 숨기다

READING & VOCABULARY SECTION

PART 1 53-59 인물의 일대기 사회 정의를 위해 애쓴 엘리노어 루스벨트

ELEANOR ROOSEVELT

[53]Eleanor Roosevelt was an American political figure best remembered for her relentless campaigns for social justice. Also notable for being the wife of former U.S. President Franklin Roosevelt, Eleanor Roosevelt had a political career that continued well beyond that of her husband.

Anna Eleanor Roosevelt was born on October 11, 1884, in New York City. She was a niece of former President Theodore Roosevelt. When her mother died in 1892, her grandmother took care of her and her two younger brothers. [54]At 15, Roosevelt went to England to study at Allenswood Academy. There, she became close to the school's founder and headmistress, Marie Souvestre, who took her along in her travels throughout Europe. Roosevelt went back to New York City when she turned 18. It was around that time that she met Franklin Roosevelt, a distant cousin and a lawyer whom she married in 1905.

Roosevelt first took an active role in society when her husband became a state senator in 1911. She often [58]appeared in place of him during political meetings and other official events. [55]Her involvement in politics intensified in 1921, when her husband was confined to a wheelchair due to a paralytic illness. During the next few years, Roosevelt became an important figure in the women's rights campaign. She became the director of the Bureau of Women's Activities for the Democratic National Committee.

[56]When Roosevelt's husband became president in 1933, she became even more politically active. She was the first presidential spouse to hold press conferences. She also gave lectures throughout the country, hosted a radio program, and regularly wrote a newspaper column. Additionally, Roosevelt actively promoted the civil rights of African-Americans. During the Second World War, she co-chaired a national committee on civil defense and visited Allied military bases around the world.

When her husband died in 1945, Roosevelt became a delegate to the United Nations, and helped found the United Nations Children's Fund. [57]She also played an important role in [59]drafting the Universal Declaration of Human Rights, which is widely considered her greatest accomplishment.

Roosevelt resigned from the UN in 1952, but continued serving the American public. In recognition of her efforts in promoting social justice, she was awarded the United Nations Prize in the Field of Human Rights in 1968, six years after her death.

1945년에 그녀의 남편이 세상을 떠나자 루스벨트는 유엔 대표가 되었으며, 유엔 아동 기금 창설을 도왔다. [57]그녀는 또한 세계 인권 선언문의 [59]초안을 작성하는 데 중요한 역할을 했으며, 이것은 그녀의 가장 위대한 업적으로 널리 여겨진다.

루스벨트는 1952년에 유엔에서 사임했으나, 계속하여 미국 국민을 위해 봉사했다. 사회 정의 촉진에 대한 노고를 인정받아, 그녀는 세상을 떠나고 6년 후인 1968년에 유엔 인권상을 받았다.

| 어휘 | political 정치의, 정치적인 figure 인물 relentless 끈질긴 social justice 사회 정의 notable for ~으로 유명한 former 이전의 well beyond 훨씬 넘어선 niece 조카딸 founder 설립자, 창립자 headmistress 여교장 distant 먼 (친척 관계인) take a role 역할을 맡다 senator 상원 의원 appear 모습을 드러내다, 나타나다 in place of ~대신에 official 공식적인 involvement in ~에 대한 관여 politics 정치 intensify 강해지다, 심해지다 be confined to (질병으로) 휠체어 등에 얽매이다 paralytic illness 마비성 질환 bureau (미국 정부의) 부서[국] Democratic National Committee 민주당 전국위원회 presidential 대통령의 spouse 배우자 press conference 기자 회견 host 진행하다, 주최하다 additionally 게다가 actively 활발하게 promote 촉진[조장]하다, 증진하다 civil rights 시민권 co-chair 공동 의장을 맡다 civil defense 민방위 allied 연합한, 동맹한 military base 군 기지 delegate 대표 draft 초안을 작성하다 the Universal Declaration of Human Rights 세계 인권 선언 consider ~로 여기다 accomplishment 업적 resign from ~에서 사임하다 in recognition of ~을 인정하여 effort 노고, 노력 award 상을 수여하다

53 특정 세부사항 문제

🔑 **KEY** 질문의 키워드 best remembered가 언급된 곳 주변을 읽는다.

How is Eleanor Roosevelt best remembered?	엘리너 루스벨트는 어떻게 가장 잘 기억되는가?
(a) as the wife of a U.S. president	(a) 미국 대통령의 아내로
(b) as a relentless activist with a brief career	(b) 짧은 경력의 끈질긴 활동가로
(c) as an advocate of social equality	**(c) 사회 평등의 옹호자로**
(d) as a female U.S. president	(d) 여성 미국 대통령으로

💡 **why 정답?** 첫 번째 단락에서 엘리너 루스벨트는 사회 정의를 위해 끈질기게 활동한 것으로 가장 많이 기억되는 정치인이라고 했으므로 (c)가 정답이다.

» her relentless campaigns for social justice → an advocate of social equality

❌ **why 오답?** (a) 전 미국 대통령의 아내로도 유명하다고 언급되긴 했으나, 이걸로 그녀를 가장 많이 기억하는 것은 아니므로 오답이다.

| 어휘 | brief 짧은, 간단한 advocate 옹호자, 지지자 equality 평등

54 특정 세부사항 문제

🔑 **KEY** 질문의 키워드 went to England to study가 언급된 곳 주변을 읽는다.

What happened when Roosevelt went to England to study? (a) She became the head teacher of a school. **(b) She befriended the founder of a school.** (c) She went on to study all over Europe. (d) She came to know Franklin Roosevelt.	루스벨트가 공부하기 위해 영국으로 갔을 때 무슨 일이 있었는가? (a) 학교 교장이 되었다. **(b) 학교 설립자와 친구가 되었다.** (c) 유럽 여기저기에서 공부를 계속했다. (d) 프랭클린 루스벨트를 알게 되었다.

💡 **why 정답?** 두 번째 단락에서 15살 때 알렌스우드 아카데미에서 공부하기 위해 영국으로 갔고, 그곳에서 그 학교의 설립자이자 여교장인 마리 수베스트르와 가까워졌다고 했으므로 (b)가 정답이다.

» became close to the school's founder → befriended the founder of a school

❌ **why 오답?** (d) 남편 프랭클린 루스벨트를 만나게 된 건 뉴욕시로 돌아온 후이므로 오답이다.

| 어휘 | head teacher 교장 befriend ~의 친구가 되다 go on to do 계속해서 ~을 하다 come to know 알게 되다

55 추론 문제

🔑 **KEY** 질문의 키워드 involvement in politics와 in 1921이 언급된 곳 주변을 읽는다.

Why most likely did Roosevelt's involvement in politics increase in 1921? **(a) She represented her husband more often.** (b) She took over her husband's senatorial position. (c) She began campaigning for women's rights. (d) She started hosting a political radio show.	1921년에 루스벨트의 정치 관여가 늘어난 이유는 무엇일 것 같은가? **(a) 더욱 자주 남편을 대신했다.** (b) 남편의 상원 의원직을 넘겨받았다. (c) 여성 인권 운동을 벌이기 시작했다. (d) 정치 관련 라디오 프로그램을 진행하기 시작했다.

💡 **why 정답?** 세 번째 단락에서 1921년에 루스벨트의 정치 관여가 깊어졌는데, 남편이 마비성 질환 때문에 휠체어에 앉아 있어야 했을 때였다고 한 것으로 보아 남편을 대신해서 정치 활동을 한 것으로 유추할 수 있으므로 (a)가 정답이다.

» intensified → increase

| 어휘 | represent 대신[대표]하다 take over 인계받다 senatorial 상원 의원의 campaign 운동[캠페인]을 벌이다

56 특정 세부사항 문제

🔑 **KEY** 질문의 키워드 husband became president가 언급된 곳 주변을 읽는다.

What was Roosevelt noted for when her husband became president? **(a) as the first lady who first held press conferences** (b) as the first lady who fought with the Allied forces (c) as the only first lady to support African-American rights (d) as the most traveled first lady in U.S. history	루스벨트는 남편이 대통령이 되었을 때 무엇으로 유명했는가? **(a) 최초로 기자 회견을 연 대통령 부인으로** (b) 연합군과 싸운 대통령 부인으로 (c) 미국 흑인 인권을 지지한 유일한 대통령 부인으로 (d) 미국 역사상 가장 많이 여행한 대통령 부인으로

💡 **why 정답?** 네 번째 단락에서 루스벨트의 남편이 대통령이 되었을 때 대통령의 배우자로서는 최초로 기자 회견을 가졌다고 했으므로 (a)가 정답이다.

» presidential spouse → the first lady

> ⓧ **why 오답?** (c) 미국 흑인 인권 신장을 위해 노력한 것은 맞지만, 이 일을 한 유일한 대통령 부인이라는 말은 없으므로 오답이다.
>
> | 어휘 | first lady 대통령 부인 fight with ~와 싸우다 allied forces 연합군 support 지지하다, 후원하다

57 특정 세부사항 문제

🗝 **KEY** 질문의 키워드 greatest achievement와 관련된 내용이 언급된 곳을 읽는다.

Which is widely regarded as Eleanor Roosevelt's greatest achievement?	엘리노어 루스벨트의 가장 위대한 업적으로 널리 여겨지는 것은 무엇인가?
(a) raising funds for children's welfare worldwide	(a) 전 세계의 아동 복지를 위한 기금을 모금한 것
(b) being a productive U.S. first lady	(b) 생산적인 미국 대통령 부인이었던 것
(c) helping to write a global human rights document	**(c) 세계 인권 문서의 작성을 도운 것**
(d) becoming a United Nations representative	(d) 유엔 대표가 된 것

> ⓞ **why 정답?** 다섯 번째 단락에서 루스벨트는 세계 인권 선언문의 초안을 작성하는 데 중요한 역할을 했는데, 이것이 그녀의 가장 위대한 업적이라고 했으므로 (c)가 정답이다.
>
> » drafting the Universal Declaration of Human Rights → write a global human rights document
> » widely considered her greatest accomplishment → widely regarded as Eleanor Roosevelt's greatest achievement
>
> ⓧ **why 오답?** (d) 엘리노어 루스벨트가 한 일이지만, '가장 위대한 업적'은 세계 인권 선언문 초안을 작성한 것이므로 오답이다.
>
> | 어휘 | be regarded as ~로 여겨지다 achievement 업적, 성취한 것 raise fund 기금을 모으다 welfare 복지 productive 생산적인, 결실 있는 document 문서 representative 대표

58 동의어 문제

🗝 **KEY** appeared가 포함된 부분을 읽고 문맥을 파악한다.

In the context of the passage, appeared means _____.	지문의 문맥에서, appeared는 –을 의미한다.
(a) seemed	(a) ~인 것처럼 보이다
(b) happened	(b) (일이) 일어나다
(c) vanished	(c) 사라지다
(d) performed	**(d) 수행하다**

> ⓞ **why 정답?** appeared가 포함된 부분은 '정치 회의와 그 밖의 공식 행사에 남편을 대신하여 모습을 드러냈다'라는 의미이므로 appeared가 '나타나다, 출현하다'라는 의미로 사용되었음을 알 수 있다. 이 말은 루스벨트가 공식적인 자리에서 남편이 해야 할 일을 대신했다는 뜻이므로 '수행하다, 행하다'라는 뜻의 (d) performed가 정답이다.
>
> ⓧ **why 오답?** appear를 '~인 것 같다'라는 뜻으로만 알고 있었다면 (a) seemed를 정답으로 고를 수 있으니 주의하자.

59 동의어 문제

🗝 **KEY** drafting이 포함된 부분을 읽고 문맥을 파악한다.

In the context of the passage, drafting means _____.	지문의 문맥에서, drafting은 –을 의미한다.
(a) enlisting	(a) 징병하다
(b) writing	**(b) 쓰다**
(c) reporting	(c) 보고하다
(d) reciting	(d) 암송하다

> **why 정답?** drafting이 포함된 부분은 '세계 인권 선언문의 초안을 작성하는 데 중요한 역할을 했다'라는 의미이므로 drafting이 '초안을 작성하다'라는 의미로 사용되었음을 알 수 있다. 따라서 이와 유사한 '쓰다, 작성하다'라는 뜻의 (b) writing이 정답이다.

PART 2 60-66 기사 소설 속 흡혈귀 피해자들의 증상에 대한 현대적 고찰

FICTIONAL VAMPIRE VICTIMS SHOW SYMPTOMS OF ACUTE LEUKEMIA

[60]A study has found that the victims of vampire attacks in 19th-century vampire novels show symptoms of acute leukemia. Conducted by researchers from the University of Southern Denmark and Odense University Hospital, the study analyzed the symptoms caused by the attacks depicted in three fictional novels: *The Vampyre* (1819), *Carmilla* (1879), and *Dracula* (1897).

[61]According to European folklore, a vampire is a dead person who rises at night to feed on the blood of the living. The novels all portray formerly living persons "turning" into vampires after being bitten by one and undergoing weakening physical changes. *Carmilla* and *Dracula*, in particular, describe the symptoms as fatigue, fever, paleness, difficulty in breathing, and chest pain. *Dracula* mentions further symptoms including loss of appetite and weight.

The researchers noted that the illnesses described in the novels are very similar to the symptoms of acute leukemia, a type of cancer that affects white blood cells and causes susceptibility to infection. Leukemia had not yet been [65]identified by the 19th century, leading the researchers to speculate that the authors may have attributed its symptoms to supernatural causes.

The study also considered other illnesses as [66]potential explanations for the symptoms of vampire victims. However, [62]some of these diseases, such as tuberculosis and diphtheria, were already well known at the time. Furthermore, these illnesses produce symptoms not described in the novels. For example, diphtheria may cause symptoms resembling acute leukemia, but its other indications — coughing and discolored patches around the mouth — are not mentioned in the novels.

[63]The researchers also ruled out anemia, a deficiency in red blood cells that can also cause fatigue and unusual paleness. Despite being known to 19th-century doctors, [63]anemia was not mentioned by any of the doctors in the three novels as the probable cause of the symptoms experienced by the vampire victims. In fact, a victim in *Dracula* is even described as "bloodless, but not anemic."

소설 속의 흡혈귀 피해자들은 급성 백혈병 증상을 보인다

[60]한 연구는 19세기 흡혈귀 소설에서 흡혈귀의 공격을 받은 피해자들이 급성 백혈병 증상을 보인다고 밝혔다. 덴마크 남부 대학교와 오덴세 대학 병원의 연구자들이 실시한 이 연구는 세 권의 소설 <흡혈귀>(1819), <카밀라>(1879), <드라큘라>(1897)에서 묘사된 공격으로 인한 증상들을 분석했다.

[61]유럽의 민속에 따르면, 흡혈귀는 살아 있는 것들의 피를 먹고살기 위해 밤에 일어나는 죽은 사람이다. 이 소설들은 모두 이전에는 살아 있던 사람들이 흡혈귀에게 물린 후에 흡혈귀로 '변하고' 육체가 허약해지는 변화를 겪는 것을 묘사한다. 특히 <카밀라>와 <드라큘라>는 피로감, 발열, 창백함, 호흡 곤란 및 가슴 통증 증상을 묘사한다. <드라큘라>는 식욕 부진과 체중 감소를 포함한 더 심한 증상을 언급한다.

연구자들은 소설에서 묘사된 질환들이 백혈구에 영향을 주고 감염에 대한 민감성을 일으키는 암의 일종인 급성 백혈병의 증상과 매우 비슷하다고 언급했다. 19세기까지는 백혈병이 아직 [65]확인되지 않았기에, 작가들이 그 증상을 초자연적인 원인 때문이라고 여겼을 것이라고 연구자들은 추측한다.

이 연구는 그 밖의 질환들도 흡혈귀 피해자들의 증상에 대한 [66]가능성 있는 설명으로 간주했다. 그러나 [62]결핵과 디프테리아 같은 일부 질병은 당시에 이미 잘 알려져 있었다. 더욱이, 이 질환들은 소설에서 묘사되지 않은 증상을 보인다. 예를 들어, 디프테리아가 급성 백혈병과 비슷한 증상을 일으킬 수는 있지만, 기침과 입 주변이 여기저기 변색되는 것 같은 다른 징후들은 소설에서 언급되지 않는다.

[63]연구자들은 또한 빈혈을 배제했는데, 이는 마찬가지로 피로감과 지나친 창백함의 원인일 수 있는 적혈구 결핍증이다. 빈혈이 19세기의 의사들에게 알려져 있었음에도 불구하고, [63]이 세 소설에서 어느 의사도 흡혈귀 피해자들이 겪은 증상의 원인일 가능성이 있는 것으로 빈혈을 언급하지 않았다. 사실 <드라큘라>의 피해자는 심지어 '핏기가 없지만 빈혈은 아니다'라고 묘사되어 있다.

⁶⁴The study concluded that real-life acute leukemia patients were most likely the inspiration for the victims in 19th-century vampire literature. The findings reflect how traditional superstitious beliefs about physical human suffering arose due to the lack of scientific understanding of their causes.

⁶⁴이 연구는 실제 급성 백혈병 환자들이 아마도 19세기 흡혈귀 문학에 나오는 피해자들에게 영감을 주었을 것이라고 결론 내렸다. 연구 결과는 그 원인에 대한 과학적인 이해의 부족으로 인해 어떻게 인간의 육체적 고통에 대한 전통적인 미신적 믿음이 생겼는지를 보여준다.

| 어휘 | fictional 소설의, 허구적인 vampire 흡혈귀 victim 피해자, 희생자 symptom 증상, 징후 acute 급성의 leukemia 백혈병 analyze 분석하다 depict 묘사하다, 그리다 novel 소설 folklore 민속, 민간전승 feed on ~을 먹고살다 portray 묘사하다, 그리다 formerly 이전에 undergo (안 좋은 일을) 겪다 weaken 약해지다 physical 신체적인 in particular 특히 describe 묘사하다, 서술하다 fatigue 피로 fever 열 paleness 창백함 chest pain 가슴 통증 appetite 식욕 note 언급하다 illness 질환, 병 similar to ~와 비슷한 cancer 암 affect 영향을 미치다 white blood cell 백혈구 susceptibility 민감성 infection 감염, 전염병 identify 확인하다, 발견하다 lead A to do A가 ~하게 하다 speculate 추측[짐작]하다 attribute A to B A를 B 때문이라 여기다 supernatural 초자연적인 consider A as B A를 B로 간주하다, 여기다 potential 가능성이 있는, 잠재적인 explanation 설명 tuberculosis 결핵 indication 징후, 표시 coughing 기침 discolored 변색된 patch 부분, 조각 rule out ~을 배제하다, 제외시키다 anemia 빈혈증 deficiency 결핍[부족](증) red blood cell 적혈구 unusual 특이한, 흔치 않은 probable 사실일 것 같은, 개연성 있는 bloodless 핏기가 없는 anemic 빈혈의 conclude 결론을 내리다 inspiration 영감, 영감을 주는 것 literature 문학 finding 조사 결과 reflect 나타내다, 반영하다 superstitious 미신적인 suffering 고통, 괴로움 arise 생기다, 발생하다 lack 부족, 결핍

60 주제/목적 문제

🔑 **KEY** 기사가 전달하고자 하는 전반적인 내용을 제시하는 초반부를 읽는다.

What does the article say about the victims of vampire attacks depicted in 19th-century novels?

(a) that the symptoms they show are unrealistic
(b) that they show signs of an actual disease
(c) that they do not actually turn into vampires
(d) that the symptoms are unique to the times

19세기 소설에서 묘사된, 흡혈귀의 공격을 받은 피해자들에 관해서 기사는 무엇이라고 하는가?

(a) 그들이 보이는 증상이 비현실적이다.
(b) 그들이 실제 질병의 징후를 보인다.
(c) 그들이 실제로는 흡혈귀로 변하지 않는다.
(d) 증상들이 그 시기에만 나타난다.

why 정답? 첫 번째 단락에서 19세기 흡혈귀 소설에서 흡혈귀의 공격을 받은 피해자들이 보이는 증상이 급성 백혈병 증상과 유사하다고 했다. 즉, 소설 속 등장인물이 실제 질병의 징후를 보인다는 것이므로 (b)가 정답이다.

» symptoms of acute leukemia → signs of an actual disease

| 어휘 | unrealistic 비현실적인 actual 실제의 unique 유일무이한

61 특정 세부사항 문제

🔑 **KEY** 질문의 키워드 European folklore가 언급된 곳 주변을 읽는다.

According to European folklore, when does a person turn into a vampire?

(a) after they undergo weakening physical changes
(b) when they become pale and feverish
(c) after they begin rising at night to feed
(d) when they are bitten by an undead being

유럽의 민속에 따르면, 언제 사람이 흡혈귀로 변하는가?

(a) 육체가 허약해지는 변화를 겪은 후에
(b) 창백해지고 열이 날 때
(c) 먹을 것을 찾아 밤에 일어나기 시작할 때
(d) 완전히 죽지 않은 존재에게 물렸을 때

why 정답? 두 번째 단락에서 이전에는 살아 있던 사람들이 흡혈귀에게 물린 후에 흡혈귀로 변한다고 했는데, 흡혈귀는 피를 먹기 위해 밤에 일어나는 죽은 사람이라고 했으므로 (d)가 정답이다.

» a vampire ➜ an undead being

why 오답? (a) 육체가 허약해지는 것은 흡혈귀에게 물린 후에 나타나는 증상이므로 오답이다.

| 어휘 | feverish 열이 나는 undead 완전히 죽지 않은 being 존재, 실재

62 특정 세부사항 문제

KEY 질문의 키워드 diphtheria가 언급된 곳 주변을 읽는다.

Which disqualifies diphtheria as an explanation of vampire attack symptoms?

(a) its other effects being unstated in the novels
(b) the authors being unfamiliar with the illness
(c) its symptoms being similar to leukemia
(d) the victims not suffering from its effects

어떤 점에서 디프테리아가 흡혈귀 공격의 증상이라는 설명으로 부적합한가?

(a) 소설에서 그것의 다른 영향이 설명되지 않는 것
(b) 작가들이 이 질병에 대해 잘 모르는 것
(c) 그 증상이 백혈병과 유사한 것
(d) 피해자들이 그 영향으로 고통받지 않는 것

why 정답? 네 번째 단락에서 결핵과 디프테리아 같은 질병은 당시에 이미 잘 알려져 있었을 뿐만 아니라 소설에서 급성 백혈병과는 다른 이 질병들의 증상이 묘사되지 않았다고 했으므로 (a)가 정답이다.

» symptoms not described ➜ effects being unstated

why 오답? (b) 결핵과 디프테리아 같은 질병은 당시 이미 알려져 있었다고 했으므로 오답이다.
(c) 디프테리아와 급성 백혈병의 증상이 비슷하다는 점은 오히려 디프테리아가 흡혈귀 공격의 증상이라고 설명하는 데 적합한 요소이므로 오답이다.

| 어휘 | disqualify 부적격이라고 판정하다 effect 영향, 결과 unstated 설명되지 않은 unfamiliar with ~을 잘 모르는 suffer from ~으로 고통받다

63 특정 세부사항 문제

KEY 질문의 키워드 anemia가 언급된 곳 주변을 읽는다.

Why did the researchers dismiss anemia as the cause of the symptoms?

(a) Its effects are not blood related.
(b) It was ruled out in one of the texts.
(c) It produced symptoms not described in the novels.
(d) It does not cause extreme tiredness.

왜 연구자들은 그 증상의 원인으로 빈혈을 염두에 두지 않았는가?

(a) 그 영향이 혈액과 관련이 없다.
(b) 원문 중 하나에서 배제되었다.
(c) 소설에서 묘사되지 않은 증상을 보였다.
(d) 극심한 피로감을 일으키지 않는다.

why 정답? 다섯 번째 단락에서 세 소설에서 흡혈귀 피해자들의 증상의 원인으로 빈혈을 언급한 의사가 전혀 없었으며, 심지어 <드라큘라>에서는 피해자에 대해 '핏기가 없지만 빈혈은 아니다'라고 묘사했다고 했으므로 (b)가 정답이다.

» ruled out ➜ dismiss

» not mentioned ➜ ruled out

why 오답? (c) <드라큘라>에서 흡혈귀 공격의 피해자에 대해 핏기가 없다고 묘사했는데, 이것은 빈혈이 있을 때 나타나는 '창백함'과 유사한 증상이므로 오답이다.

| 어휘 | dismiss 묵살[일축]하다 extreme 극심한, 극도의 tiredness 피로, 권태

64 추론 문제

🔑 **KEY** 이 연구가 갖는 의의를 설명한 마지막 단락을 읽는다.

Based on the article, what could be said about the vampire novels? (a) They affected the diagnosis of modern illnesses. (b) They show that early authors did not care for science. **(c) They were influenced by real-life patients.** (d) They proved the validity of superstitious beliefs.	기사에 따르면, 흡혈귀 소설에 관해 어떻게 설명할 수 있겠는가? (a) 현대 질병의 진단에 영향을 주었다. (b) 초기의 작가들은 과학에 관심을 가지지 않았음을 보여준다. **(c) 실제 환자들의 영향을 받았다.** (d) 미신적인 믿음의 타당성을 입증했다.

why 정답? 마지막 단락에서 실제 급성 백혈병 환자들이 19세기 흡혈귀 문학에 나오는 피해자들에게 영감을 주었을 것이라고 했으므로 (c)가 정답이다.

》 were most likely the inspiration for → were influenced by

| 어휘 | diagnosis 진단 care for ~에 관심을 가지다, 상관하다 influence 영향을 주다 prove 입증하다 validity 타당성, 유효함

65 동의어 문제

🔑 **KEY** identified가 포함된 부분을 읽고 문맥을 파악한다.

In the context of the passage, identified means _____. (a) existing (b) observed **(c) known** (d) disproved	지문의 문맥에서, identified는 –을 의미한다. (a) 존재하다 (b) 관찰하다 **(c) 알다** (d) 틀렸음을 입증하다

why 정답? identified가 포함된 부분은 '19세기까지는 백혈병이 아직 확인되지 않았었다'라는 의미이므로 identified가 '확인하다, 알아보다'라는 의미로 사용된 것을 알 수 있다. 따라서 이와 유사한 '알다, 인식하다'라는 뜻의 (c) known이 정답이다.

66 동의어 문제

🔑 **KEY** potential이 포함된 부분을 읽고 문맥을 파악한다.

In the context of the passage, potential means _____. (a) capable (b) unlikely (c) original **(d) possible**	지문의 문맥에서, potential은 –을 의미한다. (a) ~을 할 수 있는 (b) ~할 것 같지 않은 (c) 원래의 **(d) 가능한**

why 정답? potential이 포함된 부분은 '그 밖의 질환들도 흡혈귀 피해자들의 증상에 대한 가능성 있는 설명으로 간주했다'라는 의미이므로 potential이 '가능성이 있는'이라는 의미로 사용된 것을 알 수 있다. 따라서 이와 같은 뜻인 (d) possible이 정답이다.

PART 3 67-73 지식 백과 마틴 루터 킹의 연설

'I HAVE A DREAM'

"I Have a Dream" is the title assigned to the historic speech by African-American civil rights activist Dr. Martin Luther King, Jr. King delivered this speech on August 28, 1963, on the steps of the Lincoln Memorial in Washington, D.C. [67]It was the highlight of a political protest rally organized by the African-American Civil Rights Movement and dubbed the "March on Washington for Jobs and Freedom."

"I Have a Dream" was delivered before some 250,000 civil rights supporters who attended the march — the largest demonstration the nation had ever seen at the time. [68]It called for an end to racism against African-Americans, who were demanding meaningful reforms to civil rights laws and an end to discriminatory practices in employment and public education.

The speech is considered one of the greatest and most important speeches in history. In it, King spoke of his desire to live in a world where equality and brotherhood prevailed. He articulated a future in which civil rights were finally [72]afforded to all people, regardless of their ethnic backgrounds or social standings.

[69]King used words and phrases from historically important American texts, including the Declaration of Independence, the United States Constitution, and former President Lincoln's equally famous speech, the "Gettysburg Address." King also cited numerous passages from the Bible, which the phrase "I have a dream" comes from.

The speech so impressed then-President Kennedy that he invited the protest leaders to the White House. The highly successful march, which also showed support for the proposed civil rights legislation by the Kennedy administration, is credited for helping to pass the Civil Rights Act of 1964. [70]Ratified by the United States Congress the following year, the act [73]outlawed discrimination based on race, religion, sex, and national origin.

Time magazine named King "Man of the Year" in 1964. He was also awarded the Nobel Peace Prize the following year, becoming the youngest person at the time to receive the honor. [71]Today, an engraving on the steps of the Lincoln Memorial marks the spot where King delivered the iconic speech.

'나에게는 꿈이 있습니다'

'나에게는 꿈이 있습니다'는 흑인 민권 운동가인 마틴 루터 킹 주니어 박사의 역사적인 연설에 붙은 제목이다. 킹은 1963년 8월 28일 워싱턴 디시의 링컨 기념관 계단에서 이 연설을 했다. [67]그것은 미국 흑인 민권 운동에 의해 조직되고 '일자리와 자유를 위한 워싱턴 가두시위'라는 별칭이 붙여진 정치적 시위 집회의 가장 중요한 부분이었다.

'나에게는 꿈이 있습니다'는 이 가두시위(당시 미국에서 있었던 가장 큰 규모의 시위였다)에 참가한 약 25만 명의 민권 지지자들 앞에서 연설한 것이다. [68]그것은 미국 흑인에 대한 인종 차별의 종식을 요구했는데, 이들은 시민권법의 의미 있는 개혁과 고용과 공교육에서 차별적 관행의 종식을 요구했다.

이 연설은 역사상 가장 훌륭하고 중요한 연설 중 하나로 여겨진다. 연설에서, 킹은 평등과 인류애가 널리 퍼진 세상에서 살고 싶다는 바람에 대해 이야기했다. 그는 인종적 배경이나 사회적 지위와 상관없이 민권이 마침내 모든 사람들에게 [72]주어지는 미래를 명확히 표명했다.

[69]킹은 독립 선언서, 미국의 헌법, 링컨 전 대통령의 마찬가지로 유명한 연설인 '게티즈버그 연설'을 포함하여 역사적으로 중요한 미국의 원문들에서 단어와 어구를 활용했다. 킹은 또한 성서에서도 많은 구절을 인용했는데, '나에게는 꿈이 있습니다' 구절이 여기에서 나온 것이다.

이 연설은 당시의 케네디 대통령을 매우 감동시켜서 그는 시위 주도자들을 백악관으로 초청했다. 그 매우 성공한 가두시위는 또한 케네디 행정부의 민권법 제정 제안에 대한 지지를 보여주었으며, 1964년 민권법 통과를 도운 공로로 인정받았다. [70]다음 해 미국 의회가 비준한 이 법률은 인종, 종교, 성별, 출신 국가에 기반한 차별을 [73]금지했다.

1964년에 <타임> 지는 킹을 '올해의 인물'로 지명했다. 그는 또한 다음 해에 노벨 평화상을 수상하여, 당시 이 상을 받는 최연소 수상자가 되었다. [71]오늘날, 링컨 기념관의 계단에 새겨진 음각은 킹이 그 상징적인 연설을 한 자리를 나타낸다.

| 어휘 | assign 부여하다, 할당하다 civil rights 시민권 activist 운동가, 활동가 deliver (연설·강연 등을) 하다 highlight 가장 중요한 부분 political 정치적인 protest 시위, 항의 rally 집회 organize 조직하다 dub 별명을 붙이다 march 가두시위, 가두 행진 demonstration 시위, 데모 call for ~을 요구하다 racism 인종 차별(주의) demand 요구하다 meaningful 의미 있는, 중요한 reform 개혁, 개선 discriminatory 차별적인 practice 관행, 관례 employment 고용, 취업 public education 공교육, 학교 교육 desire 바람, 갈망 equality 평등, 균등 brotherhood 인류애, 형제애

prevail 널리 퍼지다[행해지다]   articulate 명확히 표현하다[설명하다]   afford 주다, 제공하다   regardless of ~에 상관없이   ethnic 인종[민족]의   social standing 사회적 지위   phrase 구, 구절   declaration 선언, 공표   independence 독립   constitution 헌법   former 이전의   equally 마찬가지로, 동일하게   cite 인용하다   the Bible 성서   impress 감명을 주다   propose 제안[제의]하다   legislation 법률의 제정, 입법 행위   administration 행정, 관리   be credited for ~에 대해 공로를 인정받다   act (국회를 통과한) 법률   ratify 비준[재가]하다   outlaw 금지하다, 불법화하다   discrimination 차별   based on ~에 기반한   race 인종   religion 종교   national origin 출신 국가   name 지명[임명]하다   honor 명예상, 훈장   engraving 음각, 조각(술)   mark (위치를) 나타내다, 표시하다   spot (특정한) 곳[장소]   iconic 상징적인

67 특정 세부사항 문제

KEY 마틴 루터 킹의 연설문을 소개하는 도입부를 읽는다.

What can be said about the delivery of the speech "I Have a Dream"?	'나에게는 꿈이 있습니다'라는 연설문의 발표에 관해 어떻게 설명할 수 있는가?
(a) It started a mass movement.	(a) 대중 운동이 시작되게 했다.
(b) It was delivered by civil rights officials.	(b) 민권 공무원들이 연설했다.
(c) It inspired Martin Luther King, Jr.	(c) 마틴 루터 킹 주니어에게 영감을 주었다.
(d) It was the high point of a protest rally.	**(d) 시위 집회의 가장 중요한 부분이었다.**

why 정답? 첫 번째 단락에서 그 연설은 미국 흑인 민권 운동에 의해 조직되고 '일자리와 자유를 위한 워싱턴 가두시위'라는 별칭이 붙여진 정치적 시위 집회의 가장 중요한 부분이었다고 했으므로 (d)가 정답이다.

» the highlight of a political protest rally → the high point of a protest rally

| 어휘 | mass movement 대중 운동   official 공무원, 관리   inspire 영감을 주다   high point 중요한 점, 가장 두드러진 부분

68 특정 세부사항 문제

KEY 연설의 목적을 밝힌 곳을 읽는다.

Why did Martin Luther King, Jr. deliver the speech?	마틴 루터 킹 주니어는 왜 연설을 했는가?
(a) to demand free education	(a) 무료 교육을 요구하기 위해
(b) to request preferential treatment in employment	(b) 고용에서 우대를 요청하기 위해
(c) to set a record for protest rally attendance	(c) 시위 집회 참석률의 기록을 세우기 위해
(d) to call for an end to racial injustice	**(d) 인종적 불평등의 종식을 요구하기 위해**

why 정답? 두 번째 단락에서 이 연설은 미국 흑인에 대한 인종 차별의 종식을 요구했다고 했으므로 (d)가 정답이다.

» racism against African-Americans → racial injustice

| 어휘 | request 요청하다   preferential 우선권[특혜]을 주는   treatment 대우, 처우   set a record 기록을 세우다   attendance 참석(률)   injustice 불평등, 부당함

69 특정 세부사항 문제

KEY 마틴 루터 킹이 연설문을 작성한 방법이 언급된 곳을 읽는다.

What did King do to develop "I Have a Dream"?
(a) He made sure to keep his material original.
(b) He read straight from a religious book.
(c) He made use of quotes from prominent texts.
(d) He kept a record of what he dreamed each night.

'나에게는 꿈이 있습니다'를 만들어내기 위해 킹은 무엇을 했는가?
(a) 소재가 독창적이도록 했다.
(b) 종교 서적에서 그대로 읽었다.
(c) 유명한 원문들에서 인용문을 이용했다.
(d) 매일 밤 꿈으로 꾸었던 것을 기록해 두었다.

why 정답? 네 번째 단락에서 킹은 독립 선언서, 미국의 헌법, 링컨 전 대통령의 '게티즈버그 연설' 등 역사적으로 중요한 미국의 원문들에 나오는 말들을 활용했다고 했으므로 (c)가 정답이다.

» used words and phrases from historically important American texts → made use of quotes from prominent texts

why 오답? (b) 성서에서도 많은 구절을 인용했다고는 했으나, 그대로 읽은 것은 아니므로 오답이다.

| 어휘 | material (책 등의) 소재 original 독창적인 religious 종교적인 make use of ~을 이용하다 quote 인용문 prominent 유명한, 중요한 keep a record of ~을 기록에 남기다

70 추론 문제

KEY 질문의 키워드 the Civil Rights Act of 1964가 언급된 곳 주변을 읽는다.

Based on the article, how does the Civil Rights Act of 1964 most likely benefit workers?
(a) by forbidding racial preference in hiring
(b) by creating American jobs in other nations
(c) by requiring industries to be associated with religion
(d) by ordering the hiring of a specific gender

이 글에 의하면, 1964년 민권법은 어떻게 노동자들에게 이로울 것 같은가?
(a) 고용할 때 인종에 대한 선호를 금지함으로써
(b) 다른 나라에서 미국인의 일자리를 창출함으로써
(c) 업체들에게 종교와 관련될 것을 요구함으로써
(d) 특정 성별의 고용을 지시함으로써

why 정답? 다섯 번째 단락에 1964년 민권법은 인종, 종교, 성별, 출신 국가에 기반한 차별을 금지하는 법이라고 나와 있으므로 (a)가 정답이다.

» outlawed discrimination based on race → forbidding racial preference

| 어휘 | benefit ~에게 이롭다, 도움이 되다 forbid 금(지)하다 preference 선호, 애호 require A to do A에게 ~할 것을 요구하다 be associated with ~와 관련되다 order 지시[명령]하다 specific 특정한, 구체적인 gender 성, 성별

71 특정 세부사항 문제

KEY 질문의 키워드 engraving이 언급된 곳 주변을 읽는다.

Why was King given an engraving on the Lincoln Memorial?
(a) He had been *Time* magazine's "Man of the Year."
(b) He had gained influence at the White House.
(c) He had given his speech from that location.
(d) He had received his Nobel Prize there.

왜 킹을 위해 링컨 기념관에 음각이 새겨졌는가?
(a) <타임> 지의 '올해의 인물'이었다.
(b) 백악관에서 신망을 얻었다.
(c) 그 위치에서 연설을 했다.
(d) 그곳에서 노벨상을 받았다.

why 정답? 마지막 단락에서 오늘날 링컨 기념관의 계단에 새겨진 음각은 킹이 상징적인 연설을 한 자리를 나타낸다고 했으므로 (c)가 정답이다.

» the spot where King delivered the iconic speech → given his speech from that location

why 오답? (a) <타임>지의 '올해의 인물'로 선정된 것, (b) 백악관 초청을 받은 것, (d) 노벨상을 수상한 것 모두 지문의 내용과 일치하기는 하지만, 링컨 기념관에 음각이 새겨진 이유와는 무관하므로 오답이다.

| 어휘 | gain 얻다, 쌓다   influence 신망, 영향(력)

72 동의어 문제

KEY afforded가 포함된 부분을 읽고 문맥을 파악한다.

From the context of the passage, afforded means _____.	지문의 문맥에서, afforded는 –을 의미한다.
(a) sold	(a) 팔다
(b) given	**(b) 주다**
(c) donated	(c) 기증하다
(d) taken	(d) 가지고 가다

why 정답? afforded가 포함된 부분은 '인종적 배경이나 사회적 지위와 상관없이 민권이 모든 사람들에게 주어지는 미래'라는 의미이므로 afforded가 '주다, 제공하다'라는 의미로 쓰였음을 알 수 있다. 따라서 이와 같은 뜻인 (b) given이 정답이다.

73 동의어 문제

KEY outlawed가 포함된 부분을 읽고 문맥을 파악한다.

From the context of the passage, outlawed means _____.	지문의 문맥에서, outlawed는 –을 의미한다.
(a) disallowed	**(a) 인가하지 않다**
(b) encouraged	(b) 격려하다
(c) dismissed	(c) 묵살하다
(d) prosecuted	(d) 기소하다

why 정답? outlawed가 포함된 부분은 '이 법률은 인종, 종교, 성별, 출신 국가에 기반한 차별을 금지했다'라는 의미이므로 outlawed가 '금지하다, 불법화하다'라는 의미로 쓰였음을 알 수 있다. 따라서 이와 유사한 '인가하지 않다'라는 뜻의 (a) disallowed가 정답이다.

PART 4 74-80 비즈니스 편지   교사직에 채용되길 강력히 희망하는 편지

Helena Clarkson
Headmistress
Fullerton Academy
875 Main Street
Spring County, GA 30328

Dear Ms. Clarkson:

[74]Thank you for considering my application for the vacant teaching spot in your History Department. I am grateful for the chance to share with you the reasons why I believe I am the [79]ideal candidate for the position.

헬레나 클라크슨
여교장
풀러턴 아카데미
메인 가 875번지
30328 조지아주, 스프링 카운티

클라크슨 씨께:

[74]귀 역사학부의 공석인 교사직에 제 지원을 고려해주셔서 감사합니다. 제가 이 자리에 [79]이상적인 후보자라고 생각하는 이유를 귀하와 나눌 기회를 주셔서 감사합니다.

[75]It was a real pleasure to finally meet you last week. I had been looking forward to meeting you after all the enjoyable e-mails and telephone conversations we had. Making your acquaintance was one of the best parts of my visit to your school.

[76]I would also like to thank you for showing me around your picturesque and well-maintained campus, as well as your stately school buildings. I was able to see with my own eyes why they say Fullerton Academy is one of the most delightful schools to teach in. I am certain it will be a real [80]privilege to work in such magnificent surroundings.

Our meeting last Monday helped me understand how your school values excellence in education, and what you expect from your faculty members. [77]I have had experience working for institutions with similar standards, and I assure you that I will meet the level of progressiveness, efficiency, and professionalism you demand.

[78]I understand that filling this position is a priority for the school, given that the new school year begins in about three weeks. This is why I am taking the opportunity to state once again my great desire and willingness to be a part of your organization.

I look forward to hearing your final decision.

Sincerely,

Lois Stevens

[75]지난주에 드디어 귀하를 만나게 되어 진심으로 기뻤습니다. 저는 우리가 나눴던 모든 유쾌한 이메일과 전화 통화 후에 귀하를 만나기를 고대해왔습니다. 귀하와 알게 된 것은 귀하의 학교를 방문해서 가장 좋은 점 중 하나였습니다.

[76]제게 그림 같은, 잘 관리된 캠퍼스와 위엄 있는 학교 건물들을 구경시켜 주신 것에 대해서도 감사드리고 싶습니다. 왜 풀러턴 아카데미가 교편을 잡기에 가장 매력적인 학교 중 하나라고 하는지 제 눈으로 확인할 수 있었습니다. 그렇게 훌륭한 환경에서 근무하는 것은 진정한 [80]특권일 것임을 확신합니다.

지난 월요일 우리의 만남은 귀하의 학교가 어떻게 교육의 우수성을 평가하는지, 그리고 귀하의 교사진으로부터 무엇을 기대하는지 이해하는 데 도움이 되었습니다. [77]저는 비슷한 수준의 기관들에서 근무한 경험이 있으며, 제가 귀하가 요구하는 진보성, 효율성, 전문성 수준을 충족시킬 것임을 확신합니다.

[78]약 3주 후에 새 학년이 시작한다는 점을 고려하면, 이 자리를 충원하는 것이 학교의 우선 사항임을 이해하고 있습니다. 이것이 제가 이 기회를 빌려 귀 조직의 일원이 되고자 하는 간절한 바람과 의지를 다시 한번 말씀드리는 이유입니다.

귀하의 최종 결정을 기대하겠습니다.

진심을 담아,

로이스 스티븐스

| 어휘 | **headmistress** 여교장 **application** 지원[신청](서) **vacant** 결원의, 비어 있는 **be grateful for** ~을 고맙게 여기다 **share with** ~와 나누다 **ideal** 이상적인 **candidate** (일자리의) 후보자 **make one's acquaintance** ~를 알게 되다 **picturesque** 그림 같은 **well-maintained** 잘 관리된 **stately** 위엄 있는 **privilege** 특권, 특전 **magnificent** 훌륭한, 장대한 **surroundings** 환경 **value** 평가하다, 중시하다 **excellence** 뛰어남, 탁월함 **education** 교육 **expect** 기대[예상]하다 **faculty** (학부의) 교수진 **experience** 경험 **institution** 기관, 협회 **standard** 수준, 기준 **assure** 장담하다, 확언하다 **progressiveness** 진보적임, 혁신적 태도 **efficiency** 효율(성) **professionalism** 전문성, 뛰어난 기량 **demand** 요구하다 **priority** 우선 사항, 우선권 **given that** ~을 고려하면 **opportunity** 기회 **state** (정식으로) 말하다 **desire** 바람, 욕구 **willingness** 기꺼이 하는 마음 **organization** 조직, 단체

74 특정 세부사항 문제

🔑 **KEY** 편지의 수신자에게 감사를 표하는 부분을 읽는다.

Why is Lois Stevens thanking Helena Clarkson in the letter?

(a) for considering her job application
(b) for telling her the requirements for a job
(c) for hiring her as a history teacher
(d) for offering her a teaching job

편지에서 로이스 스티븐스는 왜 헬레나 클락슨에게 감사하는가?

(a) 구직 지원을 고려해주어서
(b) 일자리의 자격 요건을 설명해주어서
(c) 역사 교사로 채용해주어서
(d) 교사직을 제안해주어서

❓ **why 정답?** 첫 번째 단락에서 역사학부의 공석인 교사직에 자신의 지원을 고려해주어서 감사하다고 했으므로 (a)가 정답이다.

» application for the vacant teaching spot → job application
| 어휘 | requirement 자격 요건   hire 채용하다

75 특정 세부사항 문제

KEY 질문의 키워드 last week이 언급된 곳 주변을 읽는다.

What were Stevens and Clarkson finally able to do last week?
(a) get to know each other through e-mail
(b) write one another a letter
(c) talk to each other on the phone
(d) see one another in person

스티븐스와 클라크슨은 지난주에 드디어 무엇을 할 수 있었는가?
(a) 이메일을 통해 서로 알게 되기
(b) 서로에게 편지 쓰기
(c) 전화로 서로 얘기하기
(d) 서로 직접 만나기

why 정답? 두 번째 단락에서 지난주에 드디어 만나게 되어 진심으로 기뻤다고 했으므로 (d)가 정답이다.
» meet you → see one another in person
why 오답? (a) 이메일과 (c) 전화 통화는 이들이 실제로 만난 시점인 지난주 이전에 서로 연락을 취했던 방법이므로 오답이다.
| 어휘 | in person 직접

76 특정 세부사항 문제

KEY 풀러턴 아카데미의 장점이 언급된 세 번째 단락을 읽는다.

What is one of the things that Fullerton Academy is known for?
(a) its widely renowned faculty
(b) its enormous campus
(c) its beautiful school grounds
(d) its friendly school principal

풀러턴 아카데미가 알려진 한 가지 특징은 무엇인가?
(a) 널리 알려진 교사진
(b) 광대한 캠퍼스
(c) 아름다운 교정
(d) 친절한 학교 총장

why 정답? 세 번째 단락에서 이 학교를 '캠퍼스가 그림 같고 잘 관리되어 있으며 위엄 있는 학교 건물들'이라고 묘사하고 왜 매력적인 학교 중 하나라고 하는지 확인할 수 있었다고 했으므로 (c)가 정답이다.
» picturesque and well-maintained campus, as well as your stately school buildings → beautiful school grounds
| 어휘 | be known for ~로 알려져 있다   widely renowned 널리 알려진   enormous 엄청나게 큰, 거대한   school grounds 학교 구내   principal 총장, 교장

77 추론 문제

KEY 질문의 키워드 meet the academy's expectations와 관련된 내용이 언급된 곳을 읽는다.

Why most likely does Stevens say that she will be able to meet the academy's expectations?
(a) She has complete knowledge of the school's objectives.
(b) She has worked in schools with high standards.
(c) She will be learning from the other teachers.
(d) She went to a teachers college that had high standards.

스티븐스가 이 학교의 기대를 충족시킬 수 있을 것이라고 말하는 이유는 무엇이겠는가?
(a) 학교의 목표에 대해 완벽히 알고 있다.
(b) 수준 높은 학교들에서 일했다.
(c) 다른 교사들로부터 배울 것이다.
(d) 수준이 높은 교육 대학에 다녔다.

why 정답? 네 번째 단락에서 풀러턴 아카데미와 비슷한 수준의 기관들에서 근무한 경험이 있어 학교 측에서 요구하는 능력을 충족할 것으로 확신한다고 했다. 이는 자신이 풀러턴 아카데미만큼 수준 높은 학교에서 근무해왔기에 학교의 기대를 충족시킬 수 있다는 뜻이므로

(b)가 정답이다.

» meet the level of progressiveness, efficiency, and professionalism you demand → meet the academy's expectations

why 오답? (a) 클라크슨과의 만남을 통해 학교가 교육의 우수성을 평가하는 방법이나 교사에게 요구하는 바에 대해 이해할 수 있었다고는 했으나, 그것이 곧 이 학교의 목표라고 할 수는 없으므로 오답이다.

| 어휘 | expectation 기대, 예상 complete 완벽한, 완전한 knowledge 알고 있음, 지식 objective 목표, 목적

78 추론 문제

KEY 질문의 키워드 academy's present concern과 관련된 내용이 언급된 곳을 읽는다.

Based on the letter, what is probably the academy's present concern?	편지에 근거하면, 이 학교의 현재 관심사는 아마도 무엇이겠는가?
(a) improving its teachers' efficiency **(b) finding a new history teacher** (c) raising its teaching standards (d) maintaining the beauty of its campus	(a) 교사들의 효율성을 개선하는 것 **(b) 새로운 역사 교사를 찾는 것** (c) 수업 수준을 끌어올리는 것 (d) 캠퍼스의 아름다움을 유지하는 것

why 정답? 다섯 번째 단락에서 곧 새 학년이 시작되므로 이 자리(역사학부 교사직)를 충원하는 것이 학교의 우선 사항임을 이해하고 있다고 했으므로 (b)가 정답이다.

» filling this position → finding a new history teacher
» a priority for the school → the academy's present concern

| 어휘 | concern 관심사, 우려, 걱정 improve 개선하다, 향상시키다 maintain 유지하다

79 동의어 문제

KEY ideal이 포함된 부분을 읽고 문맥을 파악한다.

In the context of the passage, ideal means _____.	지문의 문맥에서, ideal은 −을 의미한다.
(a) best (b) certain (c) only (d) absolute	**(a) 가장 알맞은** (b) 확실한 (c) 유일한 (d) 완전한

why 정답? ideal이 포함된 부분은 '역사학부 교사직에 이상적인 후보자라고 생각하는 이유'라는 의미이므로 ideal이 '이상적인'이라는 의미로 쓰였음을 알 수 있다. 따라서 이와 유사한 '가장 알맞은, 최고의'라는 뜻의 (a) best가 정답이다.

80 동의어 문제

KEY privilege가 포함된 부분을 읽고 문맥을 파악한다.

In the context of the passage, privilege means _____.	지문의 문맥에서, privilege는 −을 의미한다.
(a) chance (b) help **(c) honor** (d) claim	(a) 기회 (b) 도움 **(c) 특권** (d) 주장

why 정답? privilege가 포함된 부분은 '그렇게 멋진 환경에서 근무하는 것은 진정한 특권일 것'이라는 의미이므로 privilege가 '특권'이라는 의미로 쓰였음을 알 수 있다. 따라서 이와 같은 '특권, 영예'라는 뜻의 (c) honor가 정답이다.

TEST 5 정답 모아보기

GRAMMAR SECTION

1 (a)　2 (d)　3 (c)　4 (b)　5 (c)　6 (b)　7 (c)　8 (b)　9 (b)　10 (d)　11 (a)　12 (a)　13 (c)　14 (a)
15 (d)　16 (c)　17 (d)　18 (b)　19 (a)　20 (b)　21 (c)　22 (d)　23 (a)　24 (c)　25 (b)　26 (b)

LISTENING SECTION

27 (d)　28 (b)　29 (a)　30 (d)　31 (c)　32 (b)　33 (a)　34 (c)　35 (a)　36 (a)　37 (c)　38 (d)　39 (b)　40 (b)
41 (b)　42 (d)　43 (c)　44 (a)　45 (d)　46 (a)　47 (c)　48 (b)　49 (d)　50 (a)　51 (d)　52 (c)

READING & VOCABULARY SECTION

53 (c)　54 (d)　55 (b)　56 (c)　57 (b)　58 (a)　59 (d)　60 (b)　61 (a)　62 (a)　63 (d)　64 (d)　65 (b)　66 (c)
67 (d)　68 (a)　69 (c)　70 (c)　71 (a)　72 (b)　73 (d)　74 (c)　75 (a)　76 (d)　77 (d)　78 (d)　79 (b)　80 (a)

G-TELP 최신 기출문제

TEST 5

- GRAMMAR SECTION
- LISTENING SECTION
- READING & VOCABULARY SECTION

TEST 5 나의 점수는?

GRAMMAR _____ / 26
LISTENING _____ / 26
READING & VOCABULARY _____ / 28

총점 _____ 점 (_____ / 80)

※ 틀린 문제/헷갈렸던 문제는 반드시 **복습**하고 다음 **TEST**로 넘어가세요.

점수 계산법 p.011
문제(책속책) p.098

GRAMMAR SECTION

01 준동사 – 동명사를 목적어로 취하는 동사

🔑 **KEY** 보기를 통해 준동사 문제임을 알 수 있으므로 빈칸 앞뒤를 먼저 확인한다.

Even with governmental education subsidies, Hastings College still won't have enough funds to maintain its operations this year. School officials have therefore recommended _____ student tuitions if they are to continue operating.

(a) raising
(b) to be raising
(c) to raise
(d) having raised

정부의 교육 보조금에도 불구하고, 헤이스팅스 대학은 올해 운영을 지속할 자금이 여전히 충분하지 않을 것이다. 따라서 학교 임원들은 그들이 계속해서 운영하려면 학생 등록금을 인상할 것을 권장했다.

why 정답? 빈칸 앞 동사 recommend는 동명사를 목적어로 취하므로 동명사 (a) raising이 정답이다.

why 오답? (d) having raised도 동명사이기는 하지만, 완료 동명사를 쓸 경우 '권장하는' 시점보다 '등록금을 인상한' 시점이 앞선다는 것이 되어 문맥상 적합하지 않아 오답이다.

핵심 개념 콕콕 | 동명사를 목적어로 취하는 동사

recommend -ing ~하는 것을 추천하다, 권장하다
admit -ing ~하는 것을 인정하다
avoid -ing ~하는 것을 피하다
tolerate -ing ~하는 것을 용인하다, 참다
keep -ing 계속 ~하다
consider -ing ~하는 것을 생각하다, 고려하다

resist -ing ~하는 것을 참다
suggest -ing ~하는 것을 제안하다
involve -ing ~하는 것을 포함하다
imagine -ing ~하는 것을 상상하다
deny -ing ~하지 않았다고 말하다
enjoy -ing ~하는 것을 즐기다

어휘 | governmental 정부의 education 교육 subsidy 보조금 fund 자금, 기금 maintain 지속[계속]하다 operation 운영, 경영 official 임원 tuition 등록금, 수업료 continue -ing 계속 ~하다 operate 운영하다 raise 인상하다, 올리다

02 가정법 – 가정법 과거완료

🔑 **KEY** 빈칸 문장의 if절을 통해 가정법 문제임을 알 수 있으므로 가정법 시제 관련 단서를 파악한다.

I really envy Dennis and Mary. I'm sure they're having a wonderful time at the concert right now. I _____ with them if I had known earlier that my exams were going to be postponed.

(a) was going
(b) would go
(c) went
(d) would have gone

나는 데니스와 메리가 정말 부럽다. 분명히 그들은 지금 콘서트에서 즐거운 시간을 보내고 있을 것이다. 만약 내가 시험이 연기될 것을 더 일찍 알았더라면 그들과 함께 갔을 것이다.

why 정답? if절의 동사가 'had + p.p.' 형태이므로 빈칸이 포함된 주절의 동사는 '조동사의 과거 + have + p.p.' 형태가 되어 가정법 과거완료 구문을 이루어야 한다. 따라서 (d) would have gone이 정답이다.

핵심 개념 콕콕 | 가정법 과거완료

형태: If + 주어 + had + p.p., 주어 + 조동사의 과거 + have + p.p.
　　　Had + 주어 + p.p., 주어 + 조동사의 과거 + have + p.p. (If 생략)
→ 과거에 있었던 사실을 반대로 가정하여 말한다.

| 어휘 | envy 부러워하다 exam 시험 postpone 연기하다

03 시제 — 과거완료진행

KEY 보기를 통해 시제 문제임을 알 수 있으므로 시간 표현 관련 단서를 파악한다.

Will Samantha ever stop being late for appointments? Yesterday, we missed almost a quarter of the movie because she arrived after it started. We _____ for almost 30 minutes before she finally showed up.

(a) waited
(b) have waited
(c) had been waiting
(d) are waiting

사만다가 약속에 늦는 걸 멈추기나 할까? 어제, 영화가 시작된 후에 그녀가 도착했기 때문에 우리는 그 영화의 거의 4분의 1을 놓쳤다. 우리는 그녀가 마침내 나타나기 전까지 거의 30분 동안 기다리고 있었다.

why 정답? 사만다가 나타난 과거의 특정 시점을 기준으로 그 이전부터 거의 30분 동안 기다리고 있었다는 의미이다. 따라서 과거완료진행 시제인 (c) had been waiting이 정답이다.

핵심 개념 콕콕 과거완료진행

형태: had been + -ing
함께 쓰이는 시간 표현: 'for + 기간 표현'과 'before[until/by the time] + 과거 동사/시점'이 함께 온다.
→ 과거의 특정 시점을 기준으로 그 이전에 시작된 행위가 기준 시점까지 계속 진행 중임을 나타낸다.

| 어휘 | be late for ~에 늦다 appointment 약속, 예약 quarter 4분의1 show up 나타나다

04 관계사 — 목적격 관계대명사 whom

KEY 보기를 통해 관계사 문제임을 알 수 있으므로 빈칸 앞 선행사를 먼저 확인한다.

Martin invited Anna to watch his soccer game yesterday. Although she isn't really a soccer fan, Anna was happy that she accepted the invitation. She was finally able to meet Coach Albert, _____.

(a) which she has a crush on
(b) whom she has a crush on
(c) what she has a crush on him
(d) that she has a crush on

마틴은 어제 자신의 축구 경기를 보러 오라고 안나를 초대했다. 안나는 사실 축구 팬은 아니지만, 기꺼이 그 초대를 받아들였다. 그녀는 자신이 홀딱 반한 앨버트 코치를 드디어 만날 수 있었다.

why 정답? 사람 선행사 Coach Albert를 수식하고, 관계사절 내에서 전치사 on의 목적어 역할을 하면서 콤마(,) 뒤에 올 수 있는 관계대명사가 필요하므로 (b) whom she has a crush on이 정답이다.

why 오답? (d)의 that도 사람 선행사를 수식하는 목적격 관계대명사로 쓰이지만, 콤마 뒤에서 계속적 용법으로 쓰일 수 없으므로 오답이다.

핵심 개념 콕콕 관계대명사의 계속적 용법

관계대명사의 계속적 용법(관계대명사 앞에 콤마가 있는 경우)은 선행사에 대한 보충 설명으로, that은 계속적 용법으로 쓸 수 없다.

She had two sons, who became teachers. = She had two sons, and they became teachers.
그녀는 교사가 된 두 아들이 있었다.   그녀는 두 아들이 있었는데, 그들은 교사가 되었다.

She had two sons, that became teachers. (X)

| 어휘 | invite 초대하다 accept 받아들이다 invitation 초대(장) have a crush on ~에게 홀딱 반하다

05 시제 — 현재완료진행

KEY 보기를 통해 시제 문제임을 알 수 있으므로 시간 표현 관련 단서를 파악한다.

DC Comics is one of the oldest comic book publishers in the U.S. Through its direct predecessor, National Allied Publications, the company _____ comic books since the mid-1930s, creating well-loved superhero characters like Superman and Batman.

(a) publishes
(b) is publishing
(c) has been publishing
(d) published

DC 코믹스는 미국에서 가장 오래된 만화책 출판사 중 하나다. 그 전신인 내셔널 얼라이드 퍼블리케이션즈를 거치면서, 이 회사는 1930년대 중반 이후로 만화책을 출판하여 슈퍼맨과 배트맨 같은 많은 사랑을 받는 슈퍼히어로 캐릭터들을 창조해왔다.

why 정답? 1930년대 중반 이후로 계속 출판하고 있다는 의미이므로, 과거의 특정 시점부터 현재까지 계속되고 있는 일을 나타내는 현재완료진행 시제인 (c) has been publishing이 정답이다.

핵심 개념 콕콕 현재완료진행
형태: has/have been + -ing
함께 쓰이는 시간 표현: since + 시점 / for + 기간 / for[over] the past + 기간 표현 / in[during] the last + 기간 표현
→ 과거부터 현재까지 계속되는 동작의 진행을 강조한다.

어휘 comic book 만화책 publisher 출판사 direct 직접의 predecessor 이전 것, 전임자 create 창작하다 well-loved 아주 사랑받는 character 등장인물 publish 출판[발행]하다

06 가정법 — 가정법 과거

KEY 빈칸 문장의 if절을 통해 가정법 문제임을 알 수 있으므로 가정법 시제 관련 단서를 파악한다.

Some cultures use neck rings to make their necks longer and achieve status. However, the rings merely make necks *appear* longer. If the neck were really stretched, a person _____ from paralysis or even death.

(a) has suffered
(b) would suffer
(c) suffered
(d) would have suffered

어떤 문화에서는 목을 더 길게 만들어서 높은 지위를 얻기 위해 목에 고리들을 건다. 그러나 이 고리들은 단지 목을 더 길어 '보이게' 할 뿐이다. 만약 목이 정말로 늘어난다면, 사람은 마비로 고통받거나 심지어 사망하게 될 것이다.

why 정답? If절의 동사가 과거(were)이므로 주절의 동사는 '조동사의 과거 + 동사원형' 형태가 되어 가정법 과거 구문을 완성해야 한다. 따라서 (b) would suffer가 정답이다.

핵심 개념 콕콕 가정법 과거
형태: If + 주어 + 과거 동사, 주어 + 조동사의 과거 + 동사원형
→ 현재의 사실을 반대로 가정하여 말한다.

어휘 achieve status 지위를 얻다 merely 단지, 그저 stretch 늘이다 paralysis 마비 suffer (from) ~로 고통받다

07 시제 - 과거진행

🔑 **KEY** 보기를 통해 시제 문제임을 알 수 있으므로 시간 표현 관련 단서를 파악한다.

Sam was late for work yesterday. He had to go back home to get the papers, contracts, and other materials he'd left on the kitchen counter. He _____ on the freeway when he remembered about the documents.

(a) would already drive
(b) already drove
(c) was already driving
(d) had already driven

샘은 어제 직장에 늦었다. 그는 부엌 조리대에 두고 온 서류, 계약서 및 그 밖의 자료들을 가지러 집으로 돌아가야 했다. 그는 그 서류들에 대해 생각이 났을 때 이미 고속도로를 달리고 있었다.

why 정답? 문맥상 '집에 두고 온 서류들이 생각났을 때는 이미 고속도로를 달리고 있었다'라는 의미가 되어야 자연스러우므로 과거 시점에서 동작의 진행을 강조하는 과거진행 시제가 적합하다. 따라서 (c) was already driving이 정답이다.

why 오답? (b) already drove를 쓰면 집에 두고 온 서류를 기억한 것이 고속도로를 달린 것보다 먼저 일어난 일이 되어 문맥에 맞지 않는다. 과거에 동시에 일어난 일을 묘사할 때는 먼저 일어나 진행 중이던 일은 과거진행 시제로, 도중에 일어난 일은 과거 시제로 나타낸다.

핵심 개념 콕콕 과거진행

형태: was/were + -ing
함께 쓰이는 시간 표현: at the moment / at that time / when[while] + 과거 동사
→ 과거 어느 때에 동작이 진행 중이었음을 나타낸다.

| 어휘 | contract 계약서　material 자료　kitchen counter 부엌 조리대　freeway 고속도로　document 서류, 문서

08 가정법 - 가정법 과거완료

🔑 **KEY** 빈칸 문장의 if를 통해 가정법 문제임을 알 수 있으므로 가정법 시제 관련 단서를 파악한다.

Gary had to borrow money from his sister to get his car fixed. If he _____ most of his money on an expensive smart phone, he would not have needed to borrow money for the repair.

(a) was not spending
(b) had not spent
(c) would not spend
(d) did not spend

게리는 자신의 차를 고치기 위해 여동생에게 돈을 빌려야 했다. 만약 그가 비싼 스마트폰에 그의 돈 대부분을 쓰지 않았다면 수리비를 빌릴 필요가 없었을 것이다.

why 정답? 주절의 동사가 would not have needed로 '조동사의 과거 + have + p.p.' 형태인 가정법 과거완료 구문이다. 따라서 If절의 동사는 'had + p.p.' 형태가 되어야 하므로 (b) had not spent가 정답이다.

| 어휘 | borrow 빌리다　fix 고치다　expensive 비싼　repair 수리　spend (돈·시간을) 쓰다

09 시제 — 미래진행

🔑 **KEY** 보기를 통해 시제 문제임을 알 수 있으므로 시간 표현 관련 단서를 파악한다.

Jerome can't wait to finish working in their garden. His mom is now preparing a hearty breakfast for him. He is sure their kitchen _____ of fried eggs, bacon, and toast when he gets there later.

(a) is smelling
(b) will be smelling
(c) smells
(d) has smelled

제롬은 어서 빨리 정원에서 하는 일을 끝내고 싶다. 그의 어머니가 지금 그를 위해 푸짐한 아침 식사를 준비하고 있다. 그는 이따가 부엌에 가면 달걀 프라이, 베이컨, 토스트 냄새가 나고 있을 것이라고 확신한다.

why 정답? 시간 부사절에서는 현재 동사로 미래의 의미를 나타낸다. when이 이끄는 시간 부사절의 동사가 현재형 gets이고, '이따가 그곳에 가면 부엌에서 음식 냄새가 나고 있을 것'이라는 의미가 적합하므로 미래진행 시제인 (b) will be smelling이 정답이다.

🧠 **핵심 개념 콕콕** 미래진행
형태: will be + -ing
함께 쓰이는 시간 표현: when + 현재 동사
→ 미래에 어떤 동작이 계속 진행 중일 것을 나타낸다.

| 어휘 | can't wait to do 어서 빨리 ~하고 싶어 하다   prepare 준비하다, 조리하다   hearty 푸짐한

10 준동사 — to부정사의 부사적 용법

🔑 **KEY** 보기를 통해 준동사 문제임을 알 수 있으므로 빈칸 앞뒤를 먼저 확인한다.

Sarah was unable to renew her financial aid for next semester. She now works part-time at Tom's Diner so as _____ her tuition. She also babysits for the Andersons whenever they go out of town.

(a) to have afforded
(b) affording
(c) having afforded
(d) to afford

세라는 다음 학기를 위한 학자금 지원을 연장할 수 없었다. 그녀는 등록금을 감당하기 위하여 지금 톰스 다이너에서 시간제 근무를 한다. 또한, 앤더슨 씨 부부가 교외에 갈 때마다 아이를 봐준다.

why 정답? 빈칸 앞의 so as는 to부정사와 결합하여 '~하기 위하여'라는 의미로 목적을 나타내므로 to부정사인 (d) to afford가 정답이다.

why 오답? (a) to have afforded도 to부정사이기는 하지만, 완료 부정사가 쓰이면 '시간제 근무를 한' 시점보다 '등록금을 감당한' 시점이 앞서게 되어 의미가 어색하므로 오답이다.

🧠 **핵심 개념 콕콕** 목적을 나타낼 때 to부정사 대신 쓸 수 있는 표현
목적의 의미를 확실하게 나타내기 위해 so as to나 in order to를 쓸 수 있으며, 각각 접속사 that을 이용하여 절로 바꿔 표현할 수 있다.
so as to + 동사원형 → so that + 주어 + 동사
in order to + 동사원형 → in order that + 주어 + 동사

| 어휘 | unable to do ~할 수 없는   renew 연장[갱신]하다   financial aid 학자금 지원   semester 학기   work part-time 시간제 근무를 하다   tuition 등록금, 수업료   babysit 아이를 봐주다   afford (~을 할[살]) 여유[형편]가 되다

11 조동사 - 조동사 will

🔑 **KEY** 보기를 통해 조동사 문제임을 알 수 있으므로 전체 문맥을 파악한다.

Our marketing director wants to double the number of attendees to our product launch. He is now expecting 200 more guests. Consequently, the marketing department _____ have to book a bigger venue for the event. **(a) will** (b) can (c) might (d) must	우리 마케팅 부장은 제품 출시 행사의 참석자 수를 두 배로 늘리기를 원한다. 그는 현재 손님이 200명 더 올 것으로 예상한다. 따라서 마케팅부는 이 행사를 위해 더 큰 장소를 예약해야 할 것이다.

why 정답? 문맥상 제품 출시 행사는 아직 일어나지 않은 일이므로 '행사를 위해 더 큰 장소를 예약해야 할 것이다'라는 의미가 적합하다. 따라서 미래/예정을 나타내는 조동사 (a) will이 정답이다.

why 오답? (b) can은 '~할 수 있다'라는 가능성, (c) might는 '~일지도 모른다'라는 약한 추측, (d) must는 '~해야 한다'라는 의무 또는 '~임에 틀림없다'라는 강한 추측을 나타내므로 문맥에 적합하지 않아 모두 오답이다.

핵심 개념 콕콕 조동사 will의 쓰임

① 미래/예정을 나타낸다. (=be going to)
② 주어의 확실한 의지를 나타낸다.

| 어휘 | double 두 배로 하다 attendee 참석자 launch 출시(하는 행사) expect 예상[기대]하다 consequently 따라서, 그 결과 book 예약하다 venue (행사의) 장소

12 연결어 - 접속사

🔑 **KEY** 보기를 통해 연결어 문제임을 알 수 있으므로 전체 문맥을 파악한다.

A survey has concluded that online videos are a powerful marketing tool. This is _____ 84% of the respondents said that they are often convinced to buy a product after watching its video advertisement. **(a) because** (b) however (c) while (d) unless	한 설문 조사는 온라인 영상이 매우 효과적인 마케팅 도구라고 결론 내렸다. 이는 응답자의 84%가 제품의 영상 광고를 시청한 후에 종종 그것을 사야겠다는 확신이 든다고 말했기 때문이다.

why 정답? 온라인 영상이 매우 효과적인 마케팅 도구라는 결론을 내린 이유는 응답자의 대다수가 영상 광고 시청 후 해당 제품을 사야겠다는 확신이 든다고 말했기 때문이라는 의미가 되어야 자연스럽다. 따라서 이유를 나타내는 접속사 (a) because가 정답이다.

핵심 개념 콕콕 부사절 접속사의 종류와 의미

양보	though, even though, although(비록 ~일지라도)
이유	because, since, as(~때문에), now that(~이니까)
조건	if(만약 ~라면), unless(만약 ~가 아니라면), as long as(~하는 한)
목적	so that, in order that(~하기 위해)
대조	while(~하는 반면에)

| 어휘 | survey (설문) 조사 conclude 결론을 내리다 tool 도구, 수단 respondent 응답자 convinced 확신하는 advertisement 광고

13 시제 — 현재진행

🔑 **KEY** 보기를 통해 시제 문제임을 알 수 있으므로 시간 표현 관련 단서를 파악한다.

Blue Oak High School's cheerleading squad will be performing next. Right now, the cheerleaders _____ for their routine by doing hamstring, shoulder, and chest stretches to increase their flexibility.

(a) warm up
(b) have warmed up
(c) are warming up
(d) would warm up

블루 오크 고등학교의 응원단은 다음에 공연을 할 것이다. 지금은 치어리더들이 유연성을 키우기 위해 오금, 어깨, 가슴 스트레칭을 함으로써 늘 하는 준비 운동을 하고 있다.

why 정답? 현재를 나타내는 시간 표현 right now가 쓰였고, 문맥상 다음에 있을 공연에 대비하여 '지금 준비 운동을 하는 중'이라는 의미가 되어야 하므로 현재진행 시제인 (c) are warming up이 정답이다.

why 오답? (a) warm up은 단순 현재 시제로서 반복되는 일이나 습관을 나타낼 때 쓰이므로, 지금 당장 일어나고 있는 일을 설명할 때 사용하면 어색하다.

핵심 개념 콕콕 | 현재진행

형태: am/are/is + -ing
함께 쓰이는 시간 표현: now / right now / currently / at this very moment
→ 현재 시점에서 진행되고 있는 동작을 나타낸다.

| 어휘 | cheerleading squad 응원단　perform 공연하다　routine 판에 박힌 일, 일과　hamstring 오금의 힘줄　chest 가슴　flexibility 유연성　warm up 준비 운동을 하다

---

14 조동사 — 조동사 should 생략

🔑 **KEY** 보기가 동사 형태이고 빈칸 앞에 that이 있으므로 that절 앞에 쓰인 동사나 형용사를 확인한다.

Now that Brandon is a college freshman, he may be excited about the touchstones of college life, like those "crazy college parties." However, it is best that Brandon _____ that college is first and foremost about academics.

(a) remember
(b) will remember
(c) remembers
(d) is remembering

브랜든은 대학 신입생이어서 '광란의 대학 파티' 같은 대학 생활을 대표하는 것들에 대해 들떠 있을지도 모른다. 그러나 브랜든은 대학이 다른 무엇보다도 학문에 관한 곳임을 명심하는 것이 가장 바람직하다.

why 정답? 주절에 보어로 주관적인 판단을 나타내는 형용사 best(가장 바람직한, 최선의)가 왔으므로 that절의 동사는 should가 생략된 동사원형 형태로 쓰여야 한다. 따라서 (a) remember가 정답이다.

핵심 개념 콕콕 | 당위/강조/중요/판단을 나타내는 형용사 + that절

It is + essential/necessary/important/inevitable/mandatory/urgent/vital/advisable/best + that + 주어 + (should) + 동사원형

| 어휘 | now that ~이므로, ~이기 때문에　freshman 신입생　touchstone 시금석, 기준　first and foremost 다른 무엇보다도　academics 학문

15 준동사 – to부정사를 목적보어로 취하는 동사

KEY 보기를 통해 준동사 문제임을 알 수 있으므로 빈칸 앞뒤를 먼저 확인한다.

The United Nations is trying to solve the problem of environmental migration. In many countries, climate change is causing sea levels to rise, forcing people _____ coastal flooding by migrating to safer places.

(a) having escaped
(b) escaping
(c) to have escaped
(d) to escape

유엔은 환경적 이주 문제를 해결하기 위해 노력하고 있다. 많은 나라에서 기후 변화가 해수면 상승을 일으키고 있어, 사람들은 더 안전한 곳으로 이주함으로써 해안 침수를 피할 수밖에 없다.

why 정답? 빈칸 앞 동사 force는 'force + 목적어 + 목적보어'의 5형식으로 쓰이며, 목적보어로 to부정사를 취하므로 to부정사인 (d) to escape가 정답이다.

why 오답? (c) to have escaped도 to부정사이기는 하지만, 완료 부정사로 쓰일 경우 '그렇게 할 수밖에 없는' 시점보다 '피하는' 시점이 더 앞서게 되어 의미가 어색하므로 오답이다.

핵심 개념 콕콕 to부정사를 목적보어로 취하는 동사

allow A to do A가 ~하는 것을 허락하다
ask A to do A에게 ~해달라고 부탁하다
enable A to do A가 ~할 수 있게 하다
persuade A to do A가 ~하도록 설득하다
permit A to do A가 ~하는 것을 허용하다
want A to do A가 ~하기를 원하다
force A to do A가 ~하도록 강요하다
require A to do A가 ~하도록 요구하다

| 어휘 | environmental 환경의 migration (대규모) 이주, 이동 climate change 기후 변화 cause ~을 일으키다, 야기하다 force A to do A가 ~하게 하다 coastal 해안의 flooding 범람, 홍수 migrate 이주[이동]하다 escape 피하다, 벗어나다

16 조동사 – 조동사 should 생략

KEY 보기가 동사 형태이고 빈칸 앞에 that이 있으므로 that절 앞에 쓰인 동사나 형용사를 확인한다.

Let's wear hard hats at the construction site. The building is almost finished, and the chance of bricks falling on our heads is slim. Nonetheless, I suggest that we _____ precautionary measures just to be safe.

(a) will follow
(b) have followed
(c) follow
(d) are following

공사 현장에서는 안전모를 착용합시다. 건물이 거의 완공되었으므로 머리 위로 벽돌이 떨어질 가능성은 희박합니다. 그럼에도 불구하고, 혹시 모르니 우리가 예방책을 따를 것을 제안합니다.

why 정답? 주절의 동사 suggest는 제안을 나타내는 동사이므로 목적어로 오는 that절의 동사는 should가 생략된 동사원형 형태를 취해야 한다. 따라서 (c) follow가 정답이다.

핵심 개념 콕콕 주장/요구/제안/명령의 동사 + that절

주어 + ask/order/demand/insist/request/propose/suggest/recommend/advise + that + 주어 + (should) + 동사원형

| 어휘 | hard hat 안전모 construction site 공사 현장 brick 벽돌 slim (가능성 등이) 희박한 nonetheless 그럼에도 불구하고 precautionary 예방의 measure 방안, 조치 just to be safe 혹시 모르니까 follow 따르다

17 가정법 — 가정법 과거완료

KEY 빈칸 문장의 if절을 통해 가정법 문제임을 알 수 있으므로 가정법 시제 관련 단서를 파악한다.

Last week, I helped out at Mr. Wilson's grocery store for five days. I had to pay for his window, which I accidentally shattered with my baseball. If I had been more careful, I _____ the window.

(a) wouldn't break
(b) didn't break
(c) wasn't breaking
(d) wouldn't have broken

지난주에 나는 5일 동안 윌슨 씨의 식료품점에서 일을 거들었다. 나는 어쩌다가 내 야구공으로 산산조각 낸 그의 유리창 값을 지불해야 했다. 만약 내가 좀 더 조심했더라면, 그 유리창을 깨뜨리지 않았을 것이다.

why 정답? If절의 동사가 had been인 'had + p.p.' 형태이므로 주절의 동사는 '조동사의 과거 + have + p.p.' 형태가 되어 가정법 과거완료 구문을 완성해야 한다. 따라서 (d) wouldn't have broken이 정답이다.

| 어휘 | help out 거들다, 도와주다 grocery store 식료품점 pay for ~에 대한 대가를 지불하다 accidentally 우연히, 잘못하여 shatter 산산조각 내다

18 관계사 — 목적격 관계대명사 that

KEY 보기를 통해 관계사 문제임을 알 수 있으므로 빈칸 앞 선행사를 먼저 확인한다.

For their 10th anniversary celebration, the Broadway Dance Company will sponsor a series of free dance concerts for one week. The first performance _____ is *Cinderella*, to be staged at the Richmond Theater next Saturday.

(a) what the company will be presenting
(b) that the company will be presenting
(c) when the company will be presenting
(d) who the company will be presenting

10주년을 기념하기 위해, 브로드웨이 무용단은 일주일 동안 일련의 무료 댄스 콘서트를 후원할 것이다. 이 무용단이 선보일 첫 번째 공연은 <신데렐라>로, 다음 주 토요일에 리치몬드 극장에서 공연될 것이다.

why 정답? 사물 선행사 The first performance를 수식하면서 관계사절 안에서 동사 will be presenting의 목적어 역할을 하는 관계대명사가 필요하므로 (b) that the company will be presenting이 정답이다.

why 오답? (a)의 what은 선행사를 포함하는 관계대명사이므로 앞에 선행사가 올 수 없고, (d)의 who는 선행사가 사람일 때 쓰므로 오답이다.

핵심 개념 콕콕 관계대명사의 종류와 격

선행사	주격	소유격	목적격
사람	who	whose	who(m)
사물	which	whose(of which)	which
사람/사물	that	-	that
사물(선행사 포함)	what	-	what

| 어휘 | anniversary 기념일 celebration 축하, 기념 sponsor 후원하다 a series of 일련의 performance 공연, 연주 stage (공연을) 무대에 올리다 present (연극·방송 등을) 공연[방송]하다

19 연결어 — 접속부사

> **KEY** 보기와 빈칸 뒤 콤마를 통해 접속부사 문제임을 알 수 있으므로 전체 문맥을 파악한다.

Just this morning, a strong earthquake struck our city. Emergency response teams have finally gotten everything under control. _____, local officials are still instructing residents to evacuate their homes in case of aftershocks. (a) **Even so** (b) Therefore (c) Moreover (d) In fact	바로 오늘 아침, 강한 지진이 우리 시를 강타했다. 긴급 대응팀이 마침내 모든 상황을 통제했다. 그렇기는 하지만, 지방 관리들은 여전히 주민들에게 여진이 있을 경우에는 집 밖으로 대피하라고 지시하고 있다.

why 정답? '긴급 대응팀이 마침내 모든 상황을 통제했지만, 지방 관리들은 여진에 대비하라고 지시한다'라는 의미가 되어야 자연스럽다. 따라서 앞 내용과 일부 상반되는 견해를 제시할 때 대조/양보의 의미로 쓰는 접속부사인 (a) Even so가 정답이다.

why 오답? (b) Therefore는 '따라서', (c) Moreover는 '더욱이', (d) In fact는 '사실은'이라는 뜻으로 모두 문맥에 적합하지 않아 오답이다.

핵심 개념 콕콕 | 접속부사의 종류

대조/양보	nevertheless, nonetheless, however, on the other hand, in contrast, still, even so
첨가/부연	furthermore, in addition, moreover, in fact
강조	above all, first of all
인과	therefore, thus, hence, so, consequently, as a result
요약	in short, in brief, to summarize

| **어휘** | earthquake 지진 strike 강타하다 response 대응 get A under control A를 통제[제어]하다 local official 지방의 관리, 관료 instruct 지시하다 resident 주민 evacuate (위험 지역 등에서) 대피하다 in case of ~의 경우 aftershock 여진

---

20 준동사 — 동명사를 목적어로 취하는 동사

> **KEY** 보기를 통해 준동사 문제임을 알 수 있으므로 빈칸 앞뒤를 먼저 확인한다.

Emma puts just enough ingredients into the pan while cooking. She avoids _____ the pan when frying moist vegetables because they tend to steam and become soggy instead of crispy. (a) to overcrowd (b) **overcrowding** (c) to be overcrowding (d) having overcrowded	엠마는 요리할 때 팬에 딱 적당한 만큼만 재료를 넣는다. 그녀는 수분이 많은 채소를 기름에 볶을 때 팬에 채소를 너무 많이 넣지 않으려고 하는데, 채소가 증기에 쪄서 아삭하지 않고 물컹해지는 경향이 있기 때문이다.

why 정답? 빈칸 앞 동사 avoid는 동명사를 목적어로 취하므로 동명사 (b) overcrowding이 정답이다.

why 오답? (d) having overcrowded도 동명사이기는 하지만, 완료 동명사를 쓸 경우 '피하는' 시점보다 '너무 많이 넣는' 시점이 앞선다는 의미가 되어 어색하므로 오답이다.

| **어휘** | ingredient 재료 avoid ~하지 않도록 하다 moist (음식 등이) 물기가 있는 vegetable 채소 tend to do ~하는 경향이 있다 steam (음식이) 쪄지다 soggy 질척한 crispy 바삭바삭한 overcrowd ~에 너무 많이 넣다, ~을 혼잡하게 하다

21 조동사 — 조동사 might

KEY 보기를 통해 조동사 문제임을 알 수 있으므로 전체 문맥을 파악한다.

James didn't report to work this entire week. I wanted to call him at his house to check on him. However, we're not really friends, and I was afraid James _____ consider the call an intrusion.

(a) can
(b) will
(c) might
(d) must

제임스는 이번 주 내내 출근하지 않았다. 나는 그의 집에 전화를 걸어 이상이 없는지 확인해 보고 싶었다. 그러나 우리가 그다지 친하지 않아서 제임스가 그 전화를 사생활 침범으로 여길지도 모를까 봐 걱정스러웠다.

why 정답? 문맥상 '제임스가 그 전화를 사생활 침범으로 여길지도 모를까 봐 걱정스러웠다'라는 의미이므로 불확실한 추측을 나타내는 조동사인 (c) might가 정답이다.

why 오답? (d) must도 추측을 나타내는 조동사로 쓰이지만 '~임에 틀림없다'라는 의미의 강한 추측을 나타내므로 문맥에 적합하지 않아 오답이다.

핵심 개념 콕콕 추측을 나타내는 조동사

may/might: (약한 추측) ~일지도 모른다 ex) It **may/might** be true. 그것은 사실일지도 모른다.
must: (강한 추측) ~임에 틀림없다 ex) It **must** be true. 그것은 사실임에 틀림없다.
can: (부정문으로) ~일 리가 없다 ex) It **cannot** be true. 그것은 사실일 리가 없다.
　　 (의문문으로) ~일까? ex) **Can** it be true? 그것은 사실일까?

| 어휘 | report to work 출근하다 entire 전체의 check on ~을 (이상이 없는지) 확인하다 consider A B A를 B로 여기다 intrusion (사생활에 대한) 침범, 침입

---

22 조동사 — 조동사 should 생략

KEY 보기가 동사 형태이고 빈칸 앞에 that이 있으므로 that절 앞에 쓰인 동사나 형용사를 확인한다.

As a newly promoted department head, Matthew still tends to personally handle minor tasks to ensure satisfactory results. The company president advises that Matthew _____ such work to his staff so he can tackle more pressing matters.

(a) delegates
(b) will delegate
(c) is delegating
(d) delegate

새로 승진한 부서장인 매튜는 만족스러운 결과를 보장하기 위해서 비교적 중요하지 않은 일들을 여전히 직접 처리하는 경향이 있다. 사장은 매튜에게 더욱 긴급한 문제들을 다룰 수 있도록 그런 일은 그의 직원들에게 위임하라고 조언한다.

why 정답? 주절에 제안을 나타내는 동사 advise가 왔으므로 뒤에 오는 that절의 동사는 should가 생략된 동사원형 형태를 취해야 한다. 따라서 (d) delegate가 정답이다.

| 어휘 | promoted 승진한 department head 부서 책임자 tend to do ~하는 경향이 있다 personally 직접, 개인적으로 handle 처리하다, 다루다 minor 비교적 중요하지 않은 task 일, 과제 ensure 보장하다 satisfactory 만족스러운 tackle (문제 등을) 다루다 pressing 긴급한 delegate 위임하다

23 준동사 — 동명사를 목적어로 취하는 동사

🔑 **KEY** 보기를 통해 준동사 문제임을 알 수 있으므로 빈칸 앞뒤를 먼저 확인한다.

Several studies have proven that overexposure to the sun is dangerous. Even though many are already aware of this, it's a wonder that people still can't resist _____ to the beach during summer.

(a) flocking
(b) having flocked
(c) to flock
(d) to be flocking

몇몇 연구는 햇빛에 과도하게 노출되면 위험하다는 것을 입증했다. 많은 사람들이 이미 이에 대해 알고 있지만, 그런데도 사람들이 여름철에 해변으로 몰려드는 것을 참지 못하는 것은 놀랍다.

why 정답? 빈칸 앞 동사 resist는 동명사를 목적어로 취하므로 동명사 (a) flocking이 정답이다.

why 오답? (b) having flocked도 동명사이기는 하지만, 완료 동명사를 쓸 경우 '참지 못하는' 시점보다 '해변으로 몰려드는' 시점이 앞선다는 의미가 되어 어색하므로 오답이다.

| 어휘 | prove 입증[증명]하다 overexposure 노출 과다 be aware of ~을 알다 wonder 놀라움 resist (하고 싶은 것을 하지 않고) 참다 flock to ~로 몰려들다

24 가정법 — 가정법 과거

🔑 **KEY** 빈칸 문장의 if절을 통해 가정법 문제임을 알 수 있으므로 가정법 시제 관련 단서를 파악한다.

I'm glad to have a physics teacher who makes learning the subject so fun and easy. If it weren't for her simple and clear explanations, physics _____ a mystery to me!

(a) would still have been
(b) is still
(c) would still be
(d) still has been

나는 물리학을 배우는 것을 아주 재미있고 쉽게 해주시는 물리학 선생님이 계셔서 기쁘다. 그분의 간단하고 명쾌한 설명이 없었다면, 물리학은 내게 여전히 미스터리일 것이다!

why 정답? If절에 과거 동사 weren't가 왔으므로 주절의 동사는 '조동사의 과거 + 동사원형' 형태가 되어 가정법 과거 구문을 완성해야 한다. 따라서 (c) would still be가 정답이다.

| 어휘 | physics 물리학 subject 학과, 과목 clear 명쾌한, 명확한 explanation 설명 mystery 미스터리, 수수께끼

25 시제 — 미래완료진행

🔑 **KEY** 보기를 통해 시제 문제임을 알 수 있으므로 시간 표현 관련 단서를 파악한다.

Last month, Jay went to the doctor because he had trouble breathing. The doctor ordered him to lose some weight. By this time next week, Jay _____ nothing but fruits and vegetables for 20 days.

(a) will eat
(b) will have been eating
(c) would have eaten
(d) is eating

지난달, 제이는 호흡 곤란으로 병원에 갔다. 의사는 그에게 체중을 좀 줄이라고 지시했다. 다음 주 이맘때쯤이면 제이는 20일 동안 과일과 채소만 먹어오는 중일 것이다.

why 정답? 미래의 특정 시점까지(By this time next week) 일정 기간 동안(for 20 days) 지속되는 일에 관해 서술하고 있으므로 미래완료진행 시제인 (b) will have been eating이 정답이다.

> **핵심 개념 콕콕 미래완료진행**
>
> 형태: will have been + -ing
> 함께 쓰이는 시간 표현: 'by[by the time] + 미래 시점'과 'for + 기간 표현'이 함께 온다.
> → 미래의 특정 시점까지 어떤 행위가 계속되는 경우로, 특히 동작의 진행을 강조한다.

| 어휘 | have trouble -ing ~하는 데 곤란을 겪다 order 지시[명령]하다 lose weight 체중을 줄이다 nothing but 오직, 그저

26 가정법 – 가정법 과거

🔑 **KEY** 빈칸 문장의 if절을 통해 가정법 문제임을 알 수 있으므로 가정법 시제 관련 단서를 파악한다.

Sales of paper road maps are declining in many states because drivers are now using GPS navigation to reach their destinations. If GPS technology did not exist today, paper maps _____ popular.

(a) has remained
(b) would remain
(c) would have remained
(d) remains

이제 운전자들이 목적지에 도착하기 위해 GPS 내비게이션을 이용하고 있기 때문에 많은 나라에서 종이 지도의 판매가 줄고 있다. 만약 오늘날 GPS 기술이 존재하지 않았다면 종이 지도는 여전히 인기 있을 것이다.

why 정답? If절에 과거 동사 did not exist가 왔으므로 주절의 동사는 '조동사의 과거 + 동사원형' 형태가 되어 가정법 과거 구문을 완성해야 한다. 따라서 (b) would remain이 정답이다.

| 어휘 | decline 줄어들다, 감소하다 reach 도달하다 destination 목적지 technology 기술 exist 존재하다 remain 여전히 ~한 상태이다

LISTENING SECTION

PART 1 27-33 일상 대화 영화 제작 경험담

F: Hi, Henry! It's been a while since I last saw you. When did you get back from New York?
M: Hi, Cindy! I just got back the other day. What's keeping you busy nowadays?
F: [27]I'm taking postgraduate courses in business administration at Washington University.
M: That's great!
F: Yes, I hope it gives my career a boost. So, how's New York?
M: Oh, it's great. With the help of some friends, I entered an amateur filmmaking contest sponsored by the Broadway Film Institute.
F: Really? What did you submit to the contest?
M: [28]It's an hour-long film about the misadventures of Alfonso, a good-hearted but incompetent knight on a quest for the Holy Grail.
F: Sounds interesting. The character sounds like the literary character Don Quixote, another good knight who made a lot of mistakes!
M: Don Quixote was actually the inspiration for my character, but Alfonso's misadventures are quite different.
F: I see… It must have been difficult to make the film.
M: It was difficult, especially the editing. The judges are veteran filmmakers and movie critics, so we had to make sure that our story and the film itself would capture their interest.
F: Was it expensive to make the film?
M: Oh, [29]we didn't spend that much because our film professor lent us video cameras and other equipment.
F: Lucky for you!
M: Yes, and we also did our own editing, which cut down on costs even more.
F: It sounds like you really made the most out of what you had. How long did it take to make the film?
M: It took us over seven months to finish it. [30]It would have taken longer had we not had a script ready. Still, it took us a month to make changes to the script and develop the story. After that, we spent another month on casting, location hunting, and props preparation.
F: How long did filming take?
M: The actual filming only took two months. [31]The longest and most tiring part was the editing and other post-production requirements of the film. That took us over three months to complete!

여: 안녕, 헨리! 마지막으로 만난 지 한참 됐어. 뉴욕에서 언제 돌아왔어?
남: 안녕, 신디! 며칠 전에 막 돌아왔어. 요즘은 무슨 일로 바빠?
여: [27]워싱턴 대학교에서 경영학 대학원 과정을 밟고 있어.
남: 잘됐네!
여: 응, 그게 내 경력에 도움이 됐으면 좋겠어. 그런데 뉴욕은 어때?
남: 아, 좋아. 몇몇 친구들의 도움으로 브로드웨이 영화 협회가 후원하는 아마추어 영화 제작 콘테스트에 참가했어.
여: 정말? 콘테스트에 어떤 걸 출품했어?
남: [28]성배를 찾아다니는, 마음씨는 착하지만 무능한 기사 알폰소의 불운에 관한 한 시간짜리 영화야.
여: 재미있겠는데. 등장인물이 문학 속 인물인 돈키호테 같아. 많은 실수를 했던 또 다른 착한 기사 말이야!
남: 사실 돈키호테가 내 등장인물에 영감이 되긴 했지만, 알폰소의 불운은 많이 달라.
여: 그렇구나… 그 영화를 만들기 어려웠을 것 같아.
남: 특히 편집이 어려웠어. 심사위원들이 베테랑 영화 제작자들과 영화 평론가들이어서 반드시 우리의 이야기와 영화 자체가 그들의 관심을 사로잡게 해야 했어.
여: 그 영화 만드는 데 돈이 많이 들었니?
남: 아, [29]우리 영화 교수님이 비디오카메라와 다른 장비를 빌려주셔서 우린 그렇게 많은 돈을 쓰지 않았어.
여: 다행이다!
남: 응, 그리고 우리가 직접 편집도 해서 비용을 훨씬 많이 줄였지.
여: 정말 너희가 가진 것을 최대한 활용한 것 같아. 그 영화를 만드는 데 얼마나 걸렸어?
남: 끝내는 데 7개월이 넘게 걸렸어. [30]만약 우리가 대본을 준비해 두지 않았더라면 더 오래 걸렸을 거야. 그래도 대본을 고치고 이야기를 풀어나가는 데 한 달이 걸렸어. 그 후에 캐스팅, 장소 헌팅, 소품 준비에 또 한 달을 보냈어.
여: 촬영에는 기간이 얼마나 걸렸어?
남: 실제 촬영은 두 달밖에 안 걸렸어. [31]가장 길고 제일 피곤한 부분은 영화의 편집과 그 밖에 후반 작업이 필요한 것들이었지. 그걸 다 마치는 데 3개월이 넘게 걸렸다니까!

F: Wow! That long?
M: Actually, most films take even longer to produce. We were able to finish quickly because we had a short script and the story required a simple setting.
F: I see… So, do you think it's possible for anyone to make a film?
M: Oh, absolutely. ³²A good film doesn't need to cost much. It just needs to have a good story that is presented well.
F: That's good to hear. So, when will you know the results of the contest?
M: In two weeks. The winning entries will be shown in cinemas, and the filmmakers will get cash prizes.
F: Well, good luck! I'm sure you made a great movie. Hey, will you let me see it before it hits the cinemas?
M: Ha-ha. Yeah, of course. ³³I can bring a copy to your place tomorrow night. We can watch it together.
F: Sounds great, Henry. Why don't you come over around seven? I'll cook dinner.
M: OK! See you tomorrow, Cindy.

여: 우와! 그렇게 오래?
남: 사실, 대부분의 영화는 제작하는 데 훨씬 더 오래 걸려. 우리는 대본이 짧았고 이야기에 필요한 배경 무대가 간단했기 때문에 빨리 끝낼 수 있었어.
여: 그렇구나… 그럼, 누구든 영화를 만들 수 있다고 생각해?
남: 아, 물론이지. ³²좋은 영화라고 돈을 많이 들여야 하는 건 아니야. 그냥 잘 표현된 좋은 이야기만 있으면 돼.
여: 반가운 얘기다. 그래서 콘테스트 결과는 언제 알게 되는 거야?
남: 2주 뒤에. 수상작은 극장에서 상영되고, 영화 제작자들은 상금을 받게 될 거야.
여: 음, 행운을 빌어! 분명히 너는 좋은 영화를 만들었을 거야. 야, 극장에서 상영되기 전에 나한테 보여줄래?
남: 하하. 응, 물론이지. ³³내일 밤에 너희 집으로 복사본을 가지고 갈게. 같이 보면 되겠다.
여: 그거 괜찮겠다, 헨리. 7시쯤 오는 게 어때? 내가 저녁 식사를 준비할게.
남: 좋아! 내일 봐, 신디.

| 어휘 | postgraduate 대학원의 business administration 경영학 career 경력, 직업 give a boost to ~에 힘이 되다, 활력을 불어넣다 enter 참가[출전]하다 amateur 아마추어의 filmmaking 영화 제작 sponsor 후원하다 institute 협회, 기관 submit 제출하다 misadventure 불운, 작은 사고 good-hearted 마음씨가 고운 incompetent 무능한 on a quest 탐색 중인 Holy Grail 성배 literary 문학의 knight 기사 inspiration 영감(을 주는 것) editing 편집 judge 심사위원, 심판 veteran (어떤 분야의) 베테랑 filmmaker 영화 제작자 critic 평론가 make sure 반드시 (~하도록) 하다 capture ~의 관심[흥미]을 사로잡다 interest 관심, 흥미 equipment 장비 cut down on ~을 줄이다 make the most out of ~을 최대한 활용하다 develop (이야기 등을) 전개시키다 location hunting (영화) 장소 헌팅 prop (연극·영화에 쓰이는) 소품 preparation 준비 tiring 피곤하게 만드는, 피곤한 post-production 후반 작업 requirement 필요한 것 complete 완료하다, 끝마치다 require 요구하다 setting 배경 무대 absolutely 물론이지 present 보여 주다, 묘사하다 winning entry 수상작 cash prize 상금 hit the cinema 극장에서 상영되다 come over (누구의 집에) 들르다

27 특정 세부사항 문제

KEY 질문을 들으며 키워드 why / Cindy busy를 노트테이킹한다.

Why is Cindy busy these days?	신디는 요즘 왜 바쁜가?
(a) She is teaching business courses.	(a) 경영학 과정을 가르치고 있다.
(b) She is studying filmmaking.	(b) 영화 제작을 공부하고 있다.
(c) She is managing her business.	(c) 자신의 사업을 경영하고 있다.
(d) She is earning a postgraduate degree.	**(d) 석사 학위를 취득하고 있다.**

why 정답? 헨리가 신디에게 요즘은 무슨 일로 바쁜지 묻자 워싱턴 대학교에서 경영학 대학원 과정을 밟고 있다고 한 것으로 보아 석사 학위를 취득하는 과정임을 알 수 있으므로 (d)가 정답이다.

» taking postgraduate courses → earning a postgraduate degree

why 오답? (b) 영화 제작 공부는 헨리가 하는 일이므로 오답이다. 남자가 하는 말과 여자가 하는 말을 혼동하지 않도록 주의하자.

| 어휘 | manage a business 사업을 경영하다 earn a degree 학위를 받다 postgraduate degree 석사 학위

28 특정 세부사항 문제

🔑 **KEY** 질문을 들으며 키워드 what / Henry's entry / about을 노트테이킹한다.

What is Henry's entry in the filmmaking contest about?	영화 제작 콘테스트에 헨리가 출품한 작품은 무엇에 관한 것인가?
(a) a retelling of the life of Don Quixote **(b) the misadventures of a character with a good heart** (c) the successful journey of a wicked knight (d) a prince's failed search for the Holy Grail	(a) 돈키호테의 삶을 재조명한 것 **(b) 착한 마음씨를 가진 한 등장인물의 불운** (c) 사악한 기사의 성공적인 여정 (d) 한 왕자의 성배 찾기 실패

💡 **why 정답?** 신디가 헨리에게 영화 내용에 관해 묻자 '성배를 찾아다니는, 마음씨는 착하지만 무능한 기사 알폰소의 불운에 관한 영화'라고 했으므로 (b)가 정답이다.

❌ **why 오답?** (a) 돈키호테는 헨리 영화의 등장인물이 만들어지는 데 영감을 주었을 뿐, 영화 내용과는 무관하므로 오답이다.

| 어휘 | retelling 다시 쓴 이야기 journey 여정, 여행 wicked 사악한, 못된 failed 실패한 search 찾기, 수색

29 특정 세부사항 문제

🔑 **KEY** 질문을 들으며 키워드 how / cut down / production costs를 노트테이킹한다.

When making his film, how was Henry able to cut down on production costs?	헨리가 영화를 만들 때 어떻게 제작비를 줄일 수 있었는가?
(a) by borrowing equipment from his professor (b) by getting help from expert filmmakers (c) by renting cheap film equipment (d) by enlisting his professor's help to edit the film	**(a) 그의 교수에게 장비를 빌림으로써** (b) 전문 영화 제작자에게 도움을 받음으로써 (c) 저렴한 영화 장비를 대여함으로써 (d) 영화를 편집하는 데 교수의 도움을 요청함으로써

💡 **why 정답?** 교수님이 비디오카메라와 기타 장비를 빌려주어서 영화 제작에 그렇게 많은 돈을 쓰지 않았다고 했으므로 (a)가 정답이다.

» our film professor lent us video cameras and other equipment → borrowing equipment from his professor

| 어휘 | borrow 빌리다 expert 전문가인 rent 빌리다 enlist 요청하여 얻다

30 특정 세부사항 문제

🔑 **KEY** 질문을 들으며 키워드 why didn't / take longer / complete를 노트테이킹한다.

Why didn't the film take longer to complete?	왜 영화가 완성되는 데 더 오래 걸리지 않았는가?
(a) They didn't have any troubling casting actors. (b) The film locations were already secured. (c) They could improvise without having a script. **(d) The script had already been prepared.**	(a) 배우들을 캐스팅하는 데 전혀 어려움이 없었다. (b) 영화 촬영 장소가 이미 확보되어 있었다. (c) 대본 없이 즉석에서 만들 수 있었다. **(d) 대본이 이미 준비되어 있었다.**

💡 **why 정답?** 영화를 만드는 데 7개월 이상이 걸렸는데, 대본을 준비해 두지 않았더라면 더 오래 걸렸을 거라고 했으므로 헨리는 이미 대본을 준비해 둔 상태였음을 알 수 있다. 따라서 (d)가 정답이다.

| 어휘 | secure 확보하다 improvise 즉석에서 하다 prepare 준비하다

31 특정 세부사항 문제

🔑 **KEY** 질문을 들으며 키워드 which / filmmaking / most tiring을 노트테이킹한다.

According to Henry, which part of the filmmaking project was the most tiring?	헨리에 따르면, 영화 제작 프로젝트의 어느 부분이 가장 피곤했는가?
(a) the location hunting (b) the creation of the story **(c) the video editing** (d) the actual filming	(a) 장소 헌팅 (b) 이야기 창작 **(c) 영상 편집** (d) 실제 촬영

💡 **why 정답?** 가장 길고 제일 피곤한 부분은 편집과 후반 작업이 필요한 것들이었다고 했으므로 (c)가 정답이다.

| 어휘 | creation 창작, 창조 actual 실제의

32 특정 세부사항 문제

🔑 **KEY** 질문을 들으며 키워드 what / necessary / good film을 노트테이킹한다.

Based on the conversation, what qualities are necessary in a good film?	대화에 근거하면, 좋은 영화는 어떤 특징이 필수적인가?
(a) an original plot and a great twist ending **(b) an interesting story and a capable presentation** (c) a big budget and extended time for filming (d) a large cast of intriguing characters	(a) 독창적인 줄거리와 훌륭한 반전 **(b) 흥미로운 이야기와 솜씨 좋은 표현** (c) 많은 예산과 긴 촬영 시간 (d) 아주 흥미로운 등장인물들의 대규모 캐스팅

💡 **why 정답?** 좋은 영화는 돈을 많이 들여서 만들어야 하는 것이 아니라 좋은 이야기가 잘 표현되어야 한다고 했으므로 (b)가 정답이다.

≫ a good story that is presented well → an interesting story and a capable presentation

| 어휘 | quality 특징, 특성 necessary 필수적인 original 독창적인 plot 줄거리, 구성 twist ending 반전 capable 수완 있는 presentation 표현, 설명 budget 예산 extended 길어진, 늘어난 intriguing 아주 흥미로운

33 특정 세부사항 문제

🔑 **KEY** 질문을 들으며 키워드 what / do tomorrow night를 노트테이킹한다.

What are Henry and Cindy planning to do tomorrow night?	헨리와 신디는 내일 밤에 무엇을 할 계획인가?
(a) watch the film at Cindy's house (b) wait for the results of the contest (c) watch the film at a cinema (d) make a film together	**(a) 신디의 집에서 영화를 본다.** (b) 콘테스트 결과를 기다린다. (c) 극장에서 영화를 본다. (d) 함께 영화를 만든다.

💡 **why 정답?** 내일 밤 헨리가 자신이 만든 영화의 복사본을 가지고 신디의 집으로 가서 함께 보기로 했으므로 (a)가 정답이다.

❌ **why 오답?** (b) 콘테스트 결과는 2주 뒤에 알게 될 것이라고 했으므로 오답이다.

| 어휘 | plan to do ~할 계획이다

PART 2 34-39 공식적 담화 직업 교육 기관 홍보

Hello, everybody. I am from Claremont Institute of Technology. Our school provides an education to all who would like to have a satisfying career in the field of their choice. But what is vocational education?

[34]Vocational education, also known as technical education, is a formal training program that provides students with a specific set of skills and knowledge they need to pursue a career. Unlike academic programs, technical education is usually completed in just one to two years. This is because the training focuses on specialized knowledge rather than on a wide range of information.

Some people associate vocational training merely with jobs that require manual skills, such as carpentry, electrical repair, and plumbing. [35]It's true that these labor-intensive occupations are covered by vocational education. Nonetheless, technical education also provides training for non-manual jobs, such as accounting, drafting and design, and information technology. In fact, our institution also offers programs in the fields of business and medicine.

Today, I would like to talk to you about the many benefits of vocational education.

First, you can have immediate employment. [36]Vocational training equips students with skills that they can put to use right away. In many cases, graduates of vocational schools find jobs more readily than college degree holders. This is due to the focused training of skills that are directly applicable to your field of interest.

Second, you can engage in your passion. One of the reasons people enroll in vocational schools is to gain hands-on experience in fields they have always been interested in. This natural desire to take part in a certain job shows that you may actually have a hidden talent for it. Vocational training therefore gives you a chance to get a job that you both love and will excel in.

Third, your skill will be in high demand. Vocational programs usually offer courses based on the demands of the economy. Today, there is a growing need for services in many areas, including consumer products, healthcare, information technology, construction, and many others. So, [37]having vocational training will not only provide you with immediate employment, it can also give you a steady source of income by offering a service that's consistently in high demand.

안녕하세요, 여러분. 저는 클레어몬트 기술 연구원에서 나왔습니다. 저희 학교는 자신이 선택한 분야에서 만족스러운 경력을 갖고자 하는 모든 분들에게 교육을 제공합니다. 그런데 직업 교육이란 무엇일까요?

[34]직업 교육은 기술 교육이라고도 알려져 있으며, 학생들이 경력을 추구하는 데 필요한 특정한 기술과 지식을 제공하는 공식적인 교육 프로그램입니다. 학문적인 프로그램과는 달리 기술 교육은 보통 1~2년이면 끝납니다. 이는 교육이 광범위한 정보보다는 전문 지식에 중점을 두기 때문입니다.

어떤 사람들은 직업 교육을 단지 목수일, 전기 보수, 배관 작업 같은 손기술이 필요한 직업에만 연관시킵니다. [35]이런 노동 집약적인 직종이 직업 교육에 포함되는 것은 사실입니다. 그렇기는 하지만, 기술 교육은 회계, 제도 및 설계, 정보 기술 같은 비육체 노동직을 위한 교육 또한 제공합니다. 사실 저희 기관은 경영과 의학 분야의 프로그램도 제공합니다.

오늘, 저는 여러분에게 직업 교육의 많은 이점에 대해 말씀드리려고 합니다.

첫째, 여러분은 즉시 취업이 가능합니다. [36]직업 교육은 학생들이 당장 이용할 수 있는 기술을 갖추게 합니다. 많은 경우에, 직업 학교 졸업자들이 대학 학위 소지자들보다 더욱 순조롭게 취업을 합니다. 이것은 여러분의 관심 분야에 바로 적용할 수 있는 기술에 대한 집중적인 교육 때문입니다.

둘째, 여러분의 열정을 쏟을 수 있습니다. 사람들이 직업 학교에 등록하는 이유 중 하나는 늘 관심을 가져오던 분야에서 직접적인 경험을 하기 위해서입니다. 어떤 일에 참여하고 싶다는 자연스러운 욕구는 여러분이 실제로 그 일에 숨은 재능이 있을지도 모른다는 것을 보여줍니다. 따라서 직업 교육은 여러분이 매우 좋아하면서 동시에 아주 잘하게 될 일을 찾을 기회를 줍니다.

셋째, 여러분의 기술은 수요가 많을 것입니다. 직업 프로그램은 보통 경제적인 요구에 기초하여 교육 과정을 제공합니다. 오늘날, 소비재, 건강 관리, 정보 기술, 건설 및 기타 많은 것들을 포함한 여러 방면의 서비스에 대한 요구가 증가하고 있습니다. 따라서 [37]직업 교육을 받는 것은 여러분이 즉시 취업을 하게 해줄 뿐만 아니라 항상 수요가 많은 서비스를 제공함으로써 꾸준한 소득원을 만들어줄 수 있습니다.

Fourth, you'll attain an education at a lower cost. ³⁸Because technical programs can be completed within a shorter period of time, it is generally more affordable than academic programs. This means little to zero student debt. Free of the pressures of having to work just to finance your studies, you can focus on mastering your vocational skills instead. You can then immediately apply these skills to a job once you've finished your program.

With all these rewarding reasons, you may now realize the many advantages of a vocational education. We at Claremont Institute of Technology are here to help you. ³⁹If you are unsure of what course to study, we can even help assess your talents so you can identify a program in which you will excel. Best of all, we'll help you begin your new career as soon as possible.

So, join the countless Americans who are getting a vocational education, and enroll at Claremont Institute of Technology today. If you have any inquiries, please see our advisors posted at the entrance. They'll be here all day to answer any questions you might have.

넷째, 여러분은 더 적은 비용으로 교육을 받을 것입니다. ³⁸기술 교육은 더 짧은 기간 내에 마칠 수 있어서, 학문적인 프로그램보다 일반적으로 비용이 더 저렴합니다. 이것은 학자금 대출이 아주 적거나 아예 없다는 의미입니다. 단지 학비를 대기 위해 일을 해야 하는 압박에서 벗어나서, 대신 여러분의 직업 기술을 완전히 익히는 데 집중할 수 있습니다. 일단 여러분이 프로그램을 마치고 나면, 그때는 바로 이 기술을 일에 적용할 수 있습니다.

이 모든 할 만한 가치가 있는 이유로, 이제 여러분은 직업 교육의 많은 이점을 알게 되셨을 겁니다. 저희 클레어몬트 기술 연구원이 여러분을 도와드리기 위해 여기 있습니다. ³⁹어떤 과정을 공부해야 할지 잘 모르시겠다면, 여러분이 잘할 수 있을 만한 프로그램을 찾을 수 있도록 저희가 여러분의 자질을 평가하는 걸 도와드릴 수도 있습니다. 무엇보다도, 저희는 가능한 한 빨리 여러분이 새로운 경력을 시작하도록 도와드리겠습니다.

그러니 직업 교육을 받고 있는 수많은 미국인들에 동참하셔서 오늘 클레어몬트 기술 연구원에 등록하세요. 문의 사항이 있으시면, 입구에 배치되어 있는 저희 조언자들을 찾아 가세요. 그들이 종일 이곳에서 궁금하실 수 있는 어떤 질문에도 답해드릴 것입니다.

| 어휘 | institute (교육·전문 직종 관련) 연구원, 기관　career 경력, 직업　field 분야　vocational 직업과 관련된　technical 기술적인　formal 공식적인　specific 특정한　knowledge 지식　pursue a career 경력을 추구하다　academic 학문의　focus on ~에 중점을 두다　specialized 전문적인　a wide range of 광범위한, 다양한　associate A with B A를 B와 연관 짓다　merely 단지, 그저　manual 손으로 하는, 육체노동의　carpentry 목수일　electrical 전기의　plumbing 배관 작업　labor-intensive 노동 집약적인　occupation 직종, 직업　cover 포함시키다　nonetheless 그렇기는 하지만　accounting 회계　drafting 제도　medicine 의학, 의술　benefit 이점, 혜택　immediate 즉각적인　employment 취업, 고용　equip A with B A가 B를 갖추게 하다　put to use 이용하다, 사용하다　graduate 대학 졸업자　readily 순조롭게, 손쉽게　degree 학위　holder 소지자　focused 집중적인, 집중한　directly 바로, 직접적으로　applicable to ~에 적용할 수 있는　engage in ~에 몰두하다　passion 열정　enroll in ~에 등록하다　gain 얻다, 획득하다　hands-on 직접 해보는　desire 욕구, 바람　take part in ~에 참여하다　hidden talent 숨은 재능　excel in ~에서 뛰어나다　in high demand 수요가 많은　based on ~에 기초한　economy 경제　consumer product 소비재　healthcare 건강 관리, 의료　construction 건설, 공사　steady 꾸준한　source of income 수입원　consistently 항상, 끊임없이　attain 이루다, 획득하다　period 기간　affordable (가격이) 알맞은　student debt 학자금 대출　free of ~에서 벗어나서　pressure 압박, 압력　finance 지급[지원]을 대다　master 완전히 익히다　immediately 즉시　rewarding (~할 만한) 가치가 있는, 보람 있는　advantage 이점, 장점　unsure of ~에 확신이 없는　assess 평가하다　identify 찾다, 발견하다　countless 셀 수 없이 많은　advisor 조언자, 고문　post 배치[파견]하다　entrance 출입구

34 특정 세부사항 문제

🗝 **KEY** 질문을 들으며 키워드 what / vocational education provide를 노트테이킹한다.

What does vocational education provide?
(a) a short college degree
(b) free job-placement services
(c) focused training on a specific skill
(d) broad education in a field

직업 교육은 무엇을 제공하는가?
(a) 단기 대학 학위
(b) 무료 취업 알선 서비스
(c) 특정 기술에 대한 집중적인 교육
(d) 어떤 분야에 대한 폭넓은 교육

◎ **why 정답?** 직업 교육은 특정한 기술과 지식을 제공하는 공식적인 교육 프로그램이라고 했으므로 (c)가 정답이다.
⊗ **why 오답?** (b) 이 기관에서 직업 교육을 받고 나면 바로 취업이 가능하다고 했을 뿐 무료로 취업을 알선해준다는 내용은 없으므로 오답이다.

| 어휘 | job-placement 취업 알선의, 직업 소개의 broad 폭넓은

35 True/Not true 문제

🔑 **KEY** 질문을 들으며 키워드 which / true를 노트테이킹한다.

According to the speaker, which is true about vocational training?	화자에 따르면, 직업 교육에 관해 사실인 것은?
(a) that it is not restricted to manual jobs	**(a) 손으로 하는 일로 국한되지 않는다.**
(b) that it specializes in office skills	(b) 사무 기술을 전문으로 한다.
(c) that it is not applicable to business careers	(c) 사업 경력에 적용할 수 없다.
(d) that it focuses on physical labor	(d) 육체노동에 집중한다.

◎ **why 정답?** 노동 집약적인 직종은 물론 회계, 제도 및 설계, 정보 기술 같은 비육체 노동직 교육과 경영 및 의학 분야의 프로그램까지도 제공한다고 했으므로 (a)가 정답이다.
⊗ **why 오답?** (b) 회계, 제도 및 설계, 정보 기술 등의 직무를 위한 교육이 포함된다고 했지 이런 교육만 제공한다고 하지 않았으므로 오답이다.
(c) 경영과 의학 분야의 프로그램도 제공한다고 언급했으므로 오답이다.

| 어휘 | restrict to ~로 제한하다 specialize in ~을 전문으로 하다 physical labor 육체노동

36 특정 세부사항 문제

🔑 **KEY** 질문을 들으며 키워드 why / vocational schools / find jobs right away를 노트테이킹한다.

Why are graduates of vocational schools more likely to find jobs right away?	왜 직업 학교 졸업자들은 바로 취업할 가능성이 더 큰가?
(a) They can apply their training immediately.	**(a) 받은 교육을 바로 적용할 수 있다.**
(b) They have a wider range of skills.	(b) 광범위한 기술을 보유하고 있다.
(c) They are willing to accept lower wages.	(c) 더 적은 급여를 기꺼이 받아들인다.
(d) They are better educated than college graduates.	(d) 대학 졸업자들보다 교육을 더 많이 받는다.

◎ **why 정답?** 직업 교육은 당장 이용할 수 있는 기술을 갖추도록 해서 직업 학교 졸업자들이 대학 학위 소지자들보다 순조롭게 취업을 하는 경우가 많다고 했으므로 (a)가 정답이다.

» put to use right away ➔ apply their training immediately

⊗ **why 오답?** (b) 직업 교육 기관에서 제공하는 교육의 범위가 다양한 것이지 직업 교육을 받는 학생이 다양한 기술을 익히는 것은 아니다. 오히려 특정한 기술을 집중적으로 익힌다고 했으므로 지문의 내용과 일치하지 않는다.

| 어휘 | be willing to do 기꺼이 ~하다 accept 받아들이다 wage 급여, 임금

37 추론 문제

🔑 **KEY** 질문을 들으며 키워드 how / technical training / attain / steady / income을 노트테이킹한다.

How can people with technical training probably attain a steady source of income? (a) by having a constant passion for their fields (b) by specializing in as many fields as they can **(c) by being hired regularly for their services** (d) by routinely discovering their hidden talents	기술 교육을 받은 사람들은 어떻게 꾸준한 수입원을 얻을 수 있을 것 같은가? (a) 자신의 분야에 대한 꾸준한 열정을 가짐으로써 (b) 가능한 한 많은 분야를 전문으로 함으로써 **(c) 자신의 서비스에 대해 정기적으로 고용됨으로써** (d) 일상적으로 자신의 숨은 재능을 발견함으로써

💡 **why 정답?** 직업 교육을 받는 것은 즉시 취업하게 해줄 뿐만 아니라 항상 수요가 많은 서비스를 제공함으로써 꾸준한 소득원을 만들어줄 수 있다고 했다. 항상 수요가 많은 서비스라는 말은 즉 정기적으로 고용이 될 수 있는 서비스라는 의미이므로 (c)가 정답이다.

| 어휘 | constant 꾸준한 hire 고용하다 regularly 정기[규칙]적으로 routinely 일상적으로

38 특정 세부사항 문제

🔑 **KEY** 질문을 들으며 키워드 what / vocational education affordable을 노트테이킹한다.

According to the talk, what makes vocational education affordable? (a) the high-paying jobs available to students (b) the low tuition of a four-year course (c) the availability of student loans **(d) the short period of time it requires**	담화에 따르면, 무엇이 직업 교육을 저렴하게 하는가? (a) 학생들이 구할 수 있는 고보수 일자리 (b) 4년 과정의 낮은 수업료 (c) 학자금 대출이 가능함 **(d) 요구하는 기간이 짧음**

💡 **why 정답?** 기술 교육은 짧은 기간 내에 이수할 수 있어서 학문적인 프로그램보다 일반적으로 비용이 더 저렴하다고 했으므로 (d)가 정답이다.

❌ **why 오답?** (c) 학자금 대출이 아주 적거나 아예 없다고 하며 오히려 학자금 대출이 불필요함을 언급했으므로 오답이다.

| 어휘 | high-paying 고보수의 available to ~가 이용 가능한 tuition 수업료, 등록금 availability 이용할 수 있음, (입수) 가능성 student loan 학자금 대출, 학생 융자

39 특정 세부사항 문제

🔑 **KEY** 질문을 들으며 키워드 how / Claremont / assist would-be students를 노트테이킹한다.

How is Claremont Institute of Technology offering to assist would-be students? (a) by providing them with financial aid **(b) by helping to evaluate their potential** (c) by arranging job interviews (d) by enrolling them in the most promising courses	클레어몬트 기술 연구원은 예비 학생들에게 어떻게 도움을 주는가? (a) 재정적 지원을 해줌으로써 **(b) 그들의 잠재력을 평가하도록 도움으로써** (c) 취업 면접을 주선해줌으로써 (d) 가장 유망한 과정에 등록시킴으로써

💡 **why 정답?** 어떤 과정을 공부해야 할지 잘 모르겠다면 잘할 수 있는 프로그램을 찾을 수 있도록 개인의 자질 평가를 도와주겠다고 했으므로 (b)가 정답이다.

≫ assess your talents → evaluate their potential

| 어휘 | assist 돕다, 도움이 되다 would-be ~이 되려고 하는 financial 재정의 aid 지원, 원조 evaluate 평가하다 potential 잠재력, 가능성 arrange 주선하다, 마련하다 promising 유망한

PART 3 40-45 일상 대화 조기 퇴직 vs. 정년 퇴직

F: There you are, Wayne. I was hoping to see you!
M: Hello, Rhonda. How can I help you?
F: I need some advice. [40]My company is downsizing, and management is now offering employees early retirement plans. I can't decide if I should accept the plan they're offering me or just keep on working for the company.
M: I see… As a financial adviser, I counsel many people who are in similar situations. What does your retirement package include?
F: The severance package they're proposing includes one month's salary for every year I've worked in the company, which is ten years! I'll also get my yearly bonus, plus payment for any vacation time I have left.
M: That's a good offer.
F: I know. I'd be more financially independent if I were to accept it. I could put the money in a bank, let it earn interest, then draw on that interest for some of my family's expenses.
M: That's true. You could also earn higher profits by investing the money in stocks.
F: I'm considering that. Another thing is, [41]if I agree to the retirement plan, I won't need to report to work every day. I'll be able to spend more time with my family.
M: Yeah, I know how much you've always wanted to go on a family trip to Europe. Those are good reasons for accepting the offer. So, what's making you hesitate to do it?
F: Well, I've been employed by this company for most of my working life. [42]I'm afraid I may have trouble doing away with the daily routine of my nine-to-five job. I may also miss working with my colleagues, since they've become like family to me.
M: I understand. Don't forget, some people still worry about financial security even after getting generous retirement packages. That money won't last forever.
F: Exactly. With frequent increases in the cost of living, my money might not last so long. Also, there isn't a guarantee that the investments I'll make will turn a profit.
M: That's true. Meanwhile, [43]if you continue working for your company, you'll keep feeling financially secure, right?
F: [43]That's right. I'll continue receiving a monthly salary, bonuses, and paid leave. The company will also keep paying for my health insurance — something that the retirement package doesn't cover.
M: And I know how hard you've worked to attain the executive position you now hold.

여: 여기 있었구나, 웨인. 정말 만나고 싶었어!
남: 안녕, 론다. 내가 뭘 도와줄까?
여: 조언이 좀 필요해. [40]우리 회사가 인원을 감축하고 있는데, 지금 경영진이 직원들에게 조기 퇴직 연금 제도를 제안하고 있어. 내가 그들이 제안하는 그 방안을 받아들여야 할지 그냥 회사에 계속 다녀야 할지 결정하질 못하겠어.
남: 그렇구나… 재정 고문으로서 난 비슷한 상황에 처한 사람들을 많이 상담해. 네가 말한 퇴직금 제도에는 무엇이 포함되니?
여: 그들이 제안하는 퇴직금에는 회사 재직 연수마다 한 달 급여가 포함되는데, 그게 10년이야! 또 내게 남아 있는 휴가 기간에 대한 지급액에 더해 연간 보너스도 받게 돼.
남: 그건 괜찮은 제안이네.
여: 맞아. 만약 내가 그걸 받아들인다면 좀 더 재정적으로 자립하게 될 거야. 그 돈을 은행에 넣어서 이자가 붙게 한 다음 우리 가족의 생활비 일부를 그 이자로 충당할 수 있겠지.
남: 맞아. 또 그 돈을 주식에 투자해서 더 많은 수익을 거둘 수도 있어.
여: 그 점을 고려하고 있어. 다른 면을 보자면, [41]만약 내가 이 퇴직 연금 제도에 동의하면, 매일 출근할 필요가 없을 거야. 가족과 더 많은 시간을 보낼 수 있게 되겠지.
남: 그래, 네가 늘 얼마나 유럽으로 가족 여행을 가고 싶어 했는지 알고 있어. 그게 그 제안을 받아들이기에 타당한 이유네. 그런데 무엇 때문에 그렇게 하는 걸 주저하는 거야?
여: 음, 나는 직장 생활의 대부분을 이 회사에서 근무해왔어. [42]매일 9시부터 5시까지 일상적으로 하던 일을 놓아버리는 게 힘들까 봐 두려워. 또한 내 동료들과 함께 일하는 게 그리워질지도 몰라. 그들은 내게 가족이나 마찬가지거든.
남: 이해해. 잊지 마, 어떤 사람들은 후한 퇴직금을 받고도 재정적인 안정에 대해 여전히 걱정해. 그 돈은 영원히 지속되지 않을 거야.
여: 정확해. 생활비가 빈번하게 늘어나면 내 돈은 그렇게 오래가지 않을지도 몰라. 또, 내가 하는 투자가 수익을 낼 거라는 보장도 없어.
남: 맞는 말이야. 한편, [43]네가 계속 그 회사에서 근무하면 재정적으로는 계속 안심이 되겠지, 맞지?
여: [43]맞아. 계속해서 월급, 보너스, 유급 휴가를 받을 거야. 회사에서는 또 건강보험료를 계속 대줄 거야. 퇴직금에는 포함되지 않는 것이지.
남: 그리고 나는 네가 지금 맡은 임원직을 얻기 위해 얼마나 열심히 일했는지 알아.

F: Yes, and one reason for all my promotions is I love my job. I really enjoy my work, and I'm not sure if I'd be able to do something as fulfilling if I took the early retirement.
M: I see…
F: Then again, if I keep working, I'll continue being subjected to work-related stress. My work can be so demanding that, sometimes, I hardly see my husband and kids during the week.
M: Well, the early retirement plan they're offering you is quite attractive. ⁴⁴If you turn it down now and continue working for your company, you may not get the same offer when you reach your true retirement age.
F: That could really happen, couldn't it? Well, Wayne, I think I've made my decision. Thanks for the help.
M: So, what have you decided, Rhonda?
F: ⁴⁵I think I'll go with the option that will allow me and my family to finally vacation in Switzerland, after all!

여: 응, 그리고 내 모든 승진의 한 가지 이유는 내가 내 일을 사랑한다는 거지. 나는 내 일을 정말 즐기고 있어서 만약 조기 퇴직을 택한다면 이만큼 성취감을 주는 무언가를 할 수 있을지 잘 모르겠어.
남: 그렇구나…
여: 그렇지 않고, 내가 계속 일을 한다면, 계속해서 업무와 관련한 스트레스를 받을 거야. 내 일은 아주 힘든 일이어서 가끔은 일주일 내내 남편과 아이들 얼굴을 거의 못 봐.
남: 음, 그들이 네게 제안한 조기 퇴직 연금 제도는 꽤 매력적이야. ⁴⁴만약 네가 그걸 지금 거절하고 계속 회사에 다닌다면, 진짜 정년이 되어서는 똑같은 제안을 받지 못할 수도 있어.
여: 진짜 그럴 수 있을 거야, 그렇지? 음, 웨인, 나 결정한 것 같아. 도와줘서 고마워.
남: 그럼, 어떻게 하기로 결정한 거야, 론다?
여: ⁴⁵나는 결국 우리 가족이랑 드디어 스위스에서 휴가를 보낼 수 있는 쪽을 선택할 생각이야!

| 어휘 | downsize (인원을) 축소하다 management 경영, 관리 retirement plan 퇴직자 연금 제도 keep on -ing 계속 ~하다 financial adviser 재정 고문 counsel 상담하다 retirement package 퇴직금 제도 severance package 퇴직금, 퇴직 수당 propose 제안하다 payment 지불(금) financially 재정적으로 independent 자립적인 earn interest 이자를 벌다 draw on ~에 의지하다 expense 비용, 경비 profit 수익, 이익 invest 투자하다 stock 주식 report to work 출근하다 hesitate to do ~하기를 주저하다 be employed by ~에 고용되다 have trouble -ing ~하느라 곤란을 겪다 do away with ~을 버리다, 처분하다 daily routine 일상 업무 financial security 재정적 안정 generous 후한, 넉넉한 exactly 맞아, 바로 그거야 frequent 빈번한, 잦은 increase 증가, 인상 cost of living 생활비 guarantee 보장 investment 투자 turn a profit 수익을 내다 meanwhile 한편 continue -ing 계속 ~하다 secure 안심하는 paid leave 유급 휴가 health insurance 건강 보험 cover 포함하다, 보장하다 attain 얻다, 획득하다 executive position 임원직, 경영직 promotion 승진 fulfilling 성취감을 주는 then again 그렇지 않고, 또 한편으로는 be subjected ~을 받다[당하다] demanding 힘든, 부담이 큰 hardly 거의 ~않는 attractive 매력적인 turn down ~을 거절하다 go with (계획·제의 등을) 받아들이다 allow A to do A가 ~하는 것을 허락[허용]하다 vacation 휴가를 보내다

40 특정 세부사항 문제

🔑 **KEY** 질문을 들으며 키워드 why / offering early retirement plans를 노트테이킹한다.

Why is the company offering early retirement plans?	회사는 왜 조기 퇴직 연금 제도를 제안하고 있는가?
(a) because it is replacing senior employees **(b) because it is reducing its workforce** (c) because some workers have reached retirement age (d) because some workers are no longer productive	(a) 고참 사원들을 대체하고 있기 때문에 **(b) 직원을 줄이고 있기 때문에** (c) 일부 직원들이 정년에 이르렀기 때문에 (d) 일부 직원들이 더 이상 생산적이지 않기 때문에

❓ **why 정답?** 회사에서 인원 감축을 하고 있어서 직원들에게 조기 퇴직 연금 제도를 제안하고 있다고 했으므로 (b)가 정답이다.

» downsizing → reducing its workforce

| 어휘 | replace 대체하다 senior employee 고참 사원, 상급 직원 workforce (모든) 직원, 노동자 productive 생산적인

41 특정 세부사항 문제

🔑 **KEY** 질문을 들으며 키워드 what / retirement plan allow를 노트테이킹한다.

What could accepting the retirement plan allow Rhonda to do?	이 퇴직 연금 제도를 받아들이면 론다는 무엇을 할 수 있게 되는가?
(a) buy shares of a bank's stock **(b) devote more time to her loved ones** (c) take as many paid vacations as she wants (d) go on a solo trip to Europe	(a) 은행의 주식을 산다. **(b) 사랑하는 사람들에게 더 많은 시간을 쏟는다.** (c) 원하는 만큼 유급 휴가를 얻는다. (d) 혼자 유럽 여행을 간다.

💡 **why 정답?** 퇴직 연금 제도에 동의하면 매일 출근할 필요가 없어 가족과 더 많은 시간을 보낼 수 있을 거라고 했으므로 (b)가 정답이다.

» spend more time with my family → devote more time to her loved ones

| 어휘 | share 주식 devote (노력·시간·돈을) 쏟다, 바치다 paid vacation 유급 휴가

42 특정 세부사항 문제

🔑 **KEY** 질문을 들으며 키워드 why / undecided / early retirement를 노트테이킹한다.

Why is Rhonda undecided about taking an early retirement?	왜 론다는 조기 퇴직을 하는 것에 대해 결정을 내리지 못하고 있는가?
(a) Her colleagues may miss her at the office. (b) She has no idea how to invest her money. (c) She is worried about the increased interest rate. **(d) She may long for her daily work practices.**	(a) 직장 동료들이 그녀를 그리워할지도 모른다. (b) 자신의 돈을 투자하는 방법을 전혀 모른다. (c) 증가한 이자율에 대해 걱정한다. **(d) 매일 하던 일상적인 업무를 간절히 바라게 될지도 모른다.**

💡 **why 정답?** 조기 퇴직을 할 경우 매일 9시부터 5시까지 일상적으로 하던 일을 놓아버리는 게 힘들까 봐 두렵다고 했으므로 (d)가 정답이다.

» daily routine of my nine-to-five job → daily work practices

❌ **why 오답?** (a) 동료들이 론다를 그리워하는 게 아니라 론다가 동료들을 그리워할지도 모른다고 했으므로 오답이다.
(b) 투자 방법을 모르는 것이 아니라 투자가 반드시 수익으로 이어진다는 보장이 없다는 점을 걱정하는 것이므로 오답이다.

| 어휘 | undecided 결정하지 못한 interest rate 이자율 long for ~을 간절히 바라다 practice (늘 하는) 일상적인 업무[행위]

43 특정 세부사항 문제

🔑 **KEY** 질문을 들으며 키워드 how / benefit / continuing to work를 노트테이킹한다.

How will Rhonda benefit from continuing to work?	론다는 계속해서 일함으로써 어떻게 이득을 보겠는가?
(a) by being assured of more future promotions (b) by being able to get better insurance benefits **(c) by not having to worry about her finances** (d) by not having to work out a retirement plan	(a) 앞으로 더 많이 승진할 것임을 확신함으로써 (b) 더 나은 보험 혜택을 받을 수 있게 됨으로써 **(c) 재정에 대해 고민할 필요가 없게 됨으로써** (d) 퇴직 연금을 따져볼 필요가 없게 됨으로써

♥ **why 정답?** 계속 회사에 다니면 월급, 보너스, 유급 휴가는 물론 건강보험 혜택을 받을 수 있어 재정적으로 안심할 수 있다고 했으므로 (c)가 정답이다.

≫ keep feeling financially secure → not having to worry about her finances

| 어휘 | benefit from ~로부터 득을 보다, 이익을 얻다   be assured of ~을 확신하다   finance 재정, 자금   work out ~을 계산[산출]하다

44 특정 세부사항 문제

🔑 **KEY** 질문을 들으며 키워드 what opportunity / miss if / keeps working을 노트테이킹한다.

According to Wayne, what opportunity could Rhonda miss if she keeps working for the company?	웨인에 따르면, 론다가 계속 회사에 다닐 경우 어떤 기회를 놓칠 수 있는가?
(a) being offered another favorable retirement plan	(a) 또 다른 유리한 퇴직 연금 제도를 제안받는 것
(b) having the chance to be self-employed	(b) 독자적으로 일할 기회를 가지는 것
(c) being able to spend weekends with her family	(c) 가족과 주말을 보낼 수 있는 것
(d) overcoming the challenges of a household	(d) 가정의 힘든 일들을 극복하는 것

♥ **why 정답?** 회사를 계속 다니다가 정년 시기가 되어 퇴직할 때는 지금과 똑같은 퇴직 연금을 제안받지 못할 수도 있다고 했으므로 (a)가 정답이다.

≫ get the same offer → being offered another favorable retirement plan

⊗ **why 오답?** (c) 회사 일이 바빠 가족과 보내는 시간이 적다는 말은 웨인이 아닌 론다 본인이 한 것이므로 혼동하지 않도록 주의하자.

| 어휘 | favorable 유리한   self-employed 독자적으로 일을 하는, 자영업을 하는   overcome 극복하다   challenge 도전   household 가정

45 추론 문제

🔑 **KEY** 질문을 들으며 키워드 what will Rhonda / do를 노트테이킹한다.

What will Rhonda probably do following the conversation?	론다는 대화 후에 아마도 무엇을 할 것 같은가?
(a) continue performing her current job	(a) 현재 일을 계속한다.
(b) consult with her family before deciding	(b) 결정하기 전에 가족과 상의한다.
(c) demand a larger severance payment	(c) 더 많은 퇴직금을 요구한다.
(d) accept the proposed retirement plan	**(d) 제안받은 퇴직 연금 제도를 수락한다.**

♥ **why 정답?** 대화 마지막에서 자신과 가족이 스위스에서 휴가를 보낼 수 있는 쪽을 선택할 생각이라고 한 것으로 보아 조기 퇴직을 하기로 결정했음을 알 수 있으므로 (d)가 정답이다.

| 어휘 | perform 수행하다   current 현재의   accept 수락하다   demand 요구하다   proposed 제안받은

PART 4 46-52 일반 설명 새 자동차를 구입할 때 주의할 점

Buying a new car can be easy and it can be difficult — your experience will probably depend on the amount of research you do. As we always say on the Car Conversations radio program: You get what you plan for! ⁴⁶You have to decide which car among numerous models and brands on the market suits your needs. That's why it's important that you plan well before even visiting a car dealership.

새 차를 구입하는 것은 쉬울 수도 있고 어려울 수도 있습니다. 당신의 경험은 아마도 당신이 얼마나 조사했는지에 따라 달라질 것입니다. 라디오 프로그램 '자동차 이야기'에서 저희가 늘 얘기한 것이기도 하죠. 여러분은 계획한 것을 얻을 것입니다! ⁴⁶시중에 나와 있는 여러 모델과 브랜드 중에서 어떤 차가 여러분의 요구에 부합하는지 결정해야 합니다. 바로 그것이 자동차 대리점에 방문하기도 전에 계획을 잘 세우는 것이 중요한 이유입니다.

Here are the steps to follow when buying a new car:

[47]The first step is to choose the car that's right for you. Decide what you will be using the car for, and how many people it will transport. If you're looking to impress people with the car's elegant appearance and comfortable features, look for a luxury car.

If you value speed over comfort, then consider a high-performance sports car. Just make sure that you don't need much space for passengers or cargo, and that you aren't too concerned about the high fuel costs.

If you just need a fuel-efficient vehicle to take you around the city, then a basic passenger car — commonly known as a sedan — would make a good choice. On the other hand, if you will be regularly carrying a lot of cargo or driving through rough terrain, get a "sports utility vehicle" or SUV.

Lastly, [48]if you are looking for a vehicle that can comfortably transport a large number of passengers, then a van would be best.

Once you've decided what type car to buy, the next step — and we've said this many times on Car Conversations, but we feel this is the most important step — is to shop around. Talk to different sales agents. Browse the Internet. Find out how much the car generally costs. [49]Cars have a "sticker price," or the price that manufacturers have set as the car's suggested retail value. Knowing a car's sticker price will help you negotiate a better deal.

The third step is to raise the money to finance your car. If you can pay in cash, then do so. Cash payments are easier and will help you avoid paying interest charges. However, most people prefer arranging financing plans either with the car dealer or with financial institutions like banks.

[50]A car-financing plan lets you pay for the vehicle on a monthly basis, which is a good option if you don't have much cash available. However, you will have to pay interest charges.

The fourth step is to look for a car dealership. Find a car distributor that will allow you to make the best deal. Some offer great financing plans, warranty plans, and after-sales support. Others give away car accessories to encourage sales. Take advantage of as many perks as you can, and then agree on a price.

다음은 새 차를 살 때 따라야 할 단계입니다.

[47]첫 번째 단계는 여러분에게 딱 맞는 차를 고르는 것입니다. 무슨 목적으로 차를 이용할 것인지, 몇 명을 태울 것인지 결정하세요. 만약 자동차의 우아한 외관과 안락한 사양으로 사람들에게 깊은 인상을 주기를 바란다면 고급 대형 승용차를 찾아보세요.

만약 여러분이 안락함보다는 속도를 가치 있게 생각한다면, 고성능 스포츠카를 고려해보세요. 단, 탑승자나 짐을 위한 공간이 많이 필요하지 않아야 하고, 비싼 연료비에 대해 너무 신경 쓰지 않아야 합니다.

시내 곳곳을 다니기 위해 연료 효율이 좋은 차량이 필요할 뿐이라면, 보통 세단이라고 하는 기본적인 승용차가 좋은 선택입니다. 반면에, 정기적으로 짐을 많이 나르거나 거친 지형을 주행한다면 '스포츠 레저용 차량', 즉 SUV를 구매하세요.

마지막으로, [48]많은 탑승자들을 안락하게 태울 수 있는 차량을 찾고 계신다면, 승합차가 최적일 것입니다.

일단 어떤 종류의 차를 살지 결정했다면, 다음 단계는, 저희가 '자동차 이야기'에서 이에 대해 여러 번 얘기했습니다만 이것이 가장 중요한 단계라고 생각하는데요, 매장을 돌아다니는 것입니다. 여러 판매 대리인들과 얘기해보세요. 인터넷을 검색해보세요. 그 차가 일반적으로 가격이 얼마나 하는지 알아보세요. [49]차에는 '표시 가격', 즉 제조사에서 해당 차량의 권장 소매가격으로 정해 놓은 가격이 있습니다. 차의 표시 가격을 아는 것은 더 나은 거래를 협상하는 데 도움이 될 것입니다.

세 번째 단계는 차 값을 댈 돈을 마련하는 것입니다. 만약 현금으로 지불할 수 있다면, 그렇게 하세요. 현금 지불은 더 간편하고 이자를 내지 않게 해줄 것입니다. 그러나 대부분의 사람들은 자동차 판매원이나 은행 같은 금융 기관과 자금 조달 계획을 세우는 것을 선호합니다.

[50]자동차 자금 조달 계획은 여러분이 월 단위로 차량 대금을 지불하게 해주는데, 만약 여러분이 보유한 현금이 많지 않다면 이것이 좋은 선택입니다. 그러나 이자를 지불해야 할 것입니다.

네 번째 단계는 자동차 대리점을 찾는 것입니다. 최선의 거래를 하게 해줄 자동차 유통업체를 찾으세요. 어떤 곳은 훌륭한 자금 조달 계획, 보증 제도, 판매 후 서비스를 제공합니다. 다른 곳은 판매를 독려하기 위해 자동차 액세서리를 무료로 줍니다. 가능한 한 많은 혜택을 이용하신 다음 가격에 합의하세요.

Once you've settled on the price, prepare to pay for the car and sign the contract. It's important that you read the contract carefully. It should state details like the car's price, the minimum down payment, and the sales tax. It should also include the warranty and whatever coverage you have agreed upon. [51]Make sure that the contract doesn't include any additional costs that you haven't discussed.

Finally, [52]before driving away with your new car, inspect it. Look for any damage like scratches or dents. If there are any, the dealer should have them fixed or replaced at no extra cost. Thanks for listening to Car Conversations, and we hope you find a great new car.

일단 가격을 결정했다면, 자동차 대금을 지불하고 계약서에 서명할 준비를 하세요. 계약서를 주의 깊게 읽는 것이 중요합니다. 자동차 가격, 최소 계약금, 판매세 같은 세부사항이 명시되어 있어야 합니다. 또한, 보증과 여러분이 합의한 모든 보장 내용이 포함되어 있어야 합니다. [51]계약서에 여러분이 논의한 적 없는 어떤 추가 비용이 포함되어 있지 않은지 반드시 확인하세요.

마지막으로, [52]새 차를 몰고 가기 전에 꼼꼼히 살펴보세요. 긁힌 곳이나 움푹 들어간 곳 같은 손상이 있는지 찾아보세요. 만약 있다면, 판매원이 추가 비용 없이 수리해주거나 교체해주어야 합니다. '자동차 이야기'를 들어주셔서 감사드리며, 훌륭한 새 차를 찾으시기 바랍니다.

| 어휘 | depend on ~에 달려 있다, 좌우되다 do research 조사하다 on the market 시중에 나와 있는 suit ~에게 맞다, 어울리다 needs 요구, 필요한 것 car dealership 자동차 판매 대리점 transport 수송하다 look to do ~하기를 바라다 impress 깊은 인상을 주다 elegant 우아한, 고상한 appearance (겉)모습, 외관 feature 특색, 특징 value 가치 있게 생각하다 comfort 안락, 편안 high-performance 고성능의 cargo 화물 concerned about ~을 염려하는 fuel cost 연료비 fuel-efficient 연료 효율이 좋은, 저연비의 vehicle 차량, 탈것 passenger car 승용차 sedan 세단형 자동차 on the other hand 반면에, 다른 한편으로는 regularly 정기적으로, 자주 rough 거친 terrain 지형 sports utility vehicle 스포츠 레저용 차량, 밴 van 승합차, 밴 shop around 가게를 돌아다니다 sales agent 판매 대리점, 판매 대리인 browse (웹 등의 정보를) 검색하다 sticker price 표시 가격 manufacturer 제조업체 set 정하다 suggested retail value 희망 소매가격 negotiate 협상하다 deal 거래 raise money 돈을 마련하다 finance 자금을 대다 payment 지불, 납입 interest charge 이자 prefer 선호하다 arrange 계획하다, 준비하다 financing plan 자금 조달 계획 car dealer 자동차 판매원 financial institution 금융 기관 on a monthly basis 월 단위로 distributor 유통업체 warranty 보증 give away 거저 주다 encourage 독려하다, 권장하다 take advantage of ~을 이용하다 perks 비금전적 혜택 agree on ~에 합의하다 settle on ~을 결정하다 contract 계약(서) state 명시하다 minimum 최소의 down payment 계약금, 착수금 coverage 보상 범위 additional 추가적인 inspect 면밀하게 살피다, 점검하다 damage 손상, 피해 scratch 긁힌 자국 dent 움푹 들어간[찌그러진] 곳 fix 수리하다 replace 교체하다

46 특정 세부사항 문제

🔑 **KEY** 질문을 들으며 키워드 why / buying / car require / planning을 노트테이킹한다.

According to the talk, why does buying a new car require careful planning?

(a) There are numerous options to choose from.
(b) It's difficult to find a good dealership.
(c) There are few car models on the market.
(d) The buying process is always challenging.

담화에 따르면, 왜 새 차를 구입하는 것은 주의 깊은 계획이 필요한가?

(a) 골라야 하는 수많은 선택사항들이 있다.
(b) 좋은 대리점을 찾기가 어렵다.
(c) 시중에 나와 있는 자동차 모델이 매우 적다.
(d) 구매 과정은 언제나 힘들다.

why 정답? 자동차 대리점에 방문하기 전에 계획을 잘 세워야 하는 것이 중요한 이유는 시중에 나와 있는 여러 모델과 브랜드 중에서 어떤 차가 자신의 요구에 부합하는지 결정해야 하기 때문이라고 했으므로 (a)가 정답이다.

» numerous models and brands on the market → numerous options to choose from

| 어휘 | numerous 수많은 choose from ~에서 선택하다 process 과정, 절차 challenging 힘든, 간단하지 않은

47 특정 세부사항 문제

🔑 **KEY** 질문을 들으며 키워드 what / first step을 노트테이킹한다.

What is the first step in buying a new car? (a) saving enough money to buy the car (b) deciding if one really needs a car **(c) determining the car type based on one's needs** (d) testing all types of car to decide one's requirements	새 차를 구매하는 첫 단계는 무엇인가? (a) 차를 사기에 충분한 돈을 저축하기 (b) 자신에게 차가 정말로 필요한지 판단하기 **(c) 자신이 필요한 것에 근거해서 차종 결정하기** (d) 자신에게 필요한 것을 결정하기 위해 모든 차종을 테스트하기

📍 **why 정답?** 첫 번째 단계는 용도와 탑승 인원수를 결정하여 자신에게 딱 맞는 차를 고르는 것이라고 했으므로 (c)가 정답이다.

» choose the car that's right for you ➝ determining the car type based on one's needs

| 어휘 | determine 결정하다 based on ~에 근거하여 requirement 필요한 것, 필요조건

48 추론 문제

🔑 **KEY** 질문을 들으며 키워드 why / buy / van을 노트테이킹한다.

Why most likely would one choose to buy a van? (a) The person usually drives on rough roads. **(b) The person often drives around with many people.** (c) The person prioritizes comfort in a vehicle. (d) The person wants to save on fuel when driving.	왜 승합차를 구매하기로 결정할 것 같은가? (a) 보통 거친 도로를 주행하는 사람이다. **(b) 종종 많은 사람들을 태우고 주행하는 사람이다.** (c) 차량의 안락함을 우선시하는 사람이다. (d) 주행할 때 연료를 절약하기를 원하는 사람이다.

📍 **why 정답?** 많은 탑승자들을 안락하게 태울 수 있는 차량을 찾고 있다면 승합차가 최적이라고 했으므로 (b)가 정답이다.

» transport a large number of passengers ➝ drives around with many people

❌ **why 오답?** (a) 거친 지형을 주행할 경우에는 SUV 차량을, (c) 차량의 안락함에 중점을 둔다면 고급 대형 승용차를, (d) 연비가 좋은 차가 필요하다면 기본적인 승용차를 추천했으므로 오답이다.

| 어휘 | prioritize 우선시하다 save on (식량·연료 따위를) 절약하다

49 특정 세부사항 문제

🔑 **KEY** 질문을 들으며 키워드 what / sticker price를 노트테이킹한다.

According to the speaker, what is a car's "sticker price"? (a) the price the car dealer assigns to the car (b) the price when buying the car through a bank (c) the price that Internet users jointly agree upon **(d) the retail price the carmakers suggest**	화자에 따르면, 자동차의 '표시 가격'이란 무엇인가? (a) 자동차 판매원이 차에 배정하는 가격 (b) 은행을 통해 차를 구매할 때의 가격 (c) 인터넷 사용자들이 공동으로 합의한 가격 **(d) 자동차 제조업체가 권장하는 소매가격**

📍 **why 정답?** 차에는 제조사에서 해당 차량의 희망 소매가격으로 정해 놓은 '표시 가격'이 있다고 했으므로 (d)가 정답이다.

» the price that manufacturers have set as the car's suggested retail value ➝ the retail price the carmakers suggest

| 어휘 | assign 배정하다, 할당하다 jointly 공동으로 retail price 소매가격 carmaker 자동차 제조업체

50 특정 세부사항 문제

🔑 **KEY** 질문을 들으며 키워드 how / benefit / financing plan을 노트테이킹한다.

How can one benefit from buying a car through a financing plan?	자금 조달 계획을 통해 차를 구입함으로써 어떻게 이득을 볼 수 있는가?
(a) by paying on an installment basis	**(a) 할부로 지불함으로써**
(b) by not paying interest charges	(b) 이자를 지불하지 않음으로써
(c) by settling the payment all at once	(c) 한꺼번에 대금을 정산함으로써
(d) by securing a lower car price	(d) 더 저렴한 자동차 가격을 확보함으로써

💡 **why 정답?** 자동차 자금 조달 계획을 이용하면 월 단위로 자동차 대금을 지불할 수 있다고 했으므로 (a)가 정답이다.

≫ monthly basis → installment basis

❌ **why 오답?** (b), (c) 자금 조달 계획은 차량 대금을 나누어 지불하는 대신 이자를 내야 한다고 했으므로 둘 다 오답이다.

| **어휘** | installment 할부 settle 정산하다, 지불[계산]하다 all at once 한꺼번에 secure 확보하다

51 특정 세부사항 문제

🔑 **KEY** 질문을 들으며 키워드 what / ensure before signing / contract를 노트테이킹한다.

What should a buyer ensure before signing the contract?	계약서에 서명하기 전에 구매자는 무엇을 확실하게 해야 하는가?
(a) that the car has a lifetime warranty	(a) 차량이 평생 품질 보증이 된다는 것
(b) that the car has free accessories	(b) 차량에 무료 액세서리가 있다는 것
(c) that the contract has no down payment	(c) 계약서에 계약금이 없다는 것
(d) that the contract has no hidden charges	**(d) 계약서에 숨겨진 비용이 없다는 것**

💡 **why 정답?** 계약서에 논의한 적 없는 추가 비용이 포함되어 있지 않은지 반드시 확인하라고 했으므로 (d)가 정답이다.

≫ the contract doesn't include any additional costs that you haven't discussed → the contract has no hidden charges

| **어휘** | ensure 확실하게 하다 lifetime warranty 평생 품질 보증 hidden 숨겨진

52 특정 세부사항 문제

🔑 **KEY** 질문을 들으며 키워드 what / do before driving away를 노트테이킹한다.

What should a buyer do before driving away with the car?	구매자는 차를 몰고 가기 전에 무엇을 해야 하는가?
(a) ensure that the car runs	(a) 차가 움직이는지 확인한다.
(b) check the car's mileage	(b) 차의 주행 거리를 확인한다.
(c) inspect the car for damages	**(c) 차에 손상이 있는지 점검한다.**
(d) confirm that the car is new	(d) 차가 새것임을 확인한다.

💡 **why 정답?** 새 차를 몰고 가기 전해 긁힌 곳이나 움푹 들어간 곳 같은 손상이 있는지 꼼꼼히 살펴보라고 했으므로 (c)가 정답이다.

| **어휘** | mileage 주행 거리 confirm 확인하다

READING & VOCABULARY SECTION

PART 1 53-59 인물의 일대기 유튜브 공동 창립자 조드 카림

JAWED KARIM

Jawed Karim is an American computer scientist and entrepreneur of Bangladeshi-German descent. He is one of the co-founders of the popular video-sharing website, YouTube. [53]Karim is also noted as the first person to upload a video to the website.

Jawed Karim was born on October 28, 1979, in the former East German city of Merseburg. His family crossed the old East-West German border in 1981, and lived in Neuss, Germany, until 1992. Afterward, they migrated to Saint Paul, Minnesota, where Karim graduated from high school. [54]He then attended the University of Illinois but left to work at PayPal. He eventually continued his university coursework, and earned a degree in computer science.

While at PayPal, Karim founded YouTube with his co-workers Chad Hurley and Steven Chen in 2005. [55]He was enrolled in a graduate program at Stanford University at the time, and arranged to work not as a regular employee but as an informal adviser at YouTube. This arrangement resulted in Karim consenting to a much lower share of the company's stock. Nonetheless, he received a [58]sizeable amount of money — around $64 million — when Google eventually acquired YouTube.

Upon YouTube's formation, Karim created an 18-second video entitled "Me at the Zoo." The video shows Karim in front of elephants at the San Diego Zoo making a casual, offhanded comment about the elephants' long trunks. In April 2005, Karim set up a YouTube account with the username "jawed," and uploaded the video on the same day.

Filmed with an ordinary point-and-shoot type camera, "Me at the Zoo" has been described as of poor quality and unremarkable. Even so, as the first YouTube upload ever, [56]the *Los Angeles Times* recognized the video's important role in changing people's perceptions and use of media. The newspaper also acknowledged the video's influence in [59]introducing a "golden era of the 60-second video."

조드 카림

조드 카림은 미국의 컴퓨터 과학자이자 방글라데시-독일계 기업인이다. 그는 인기 있는 동영상 공유 웹사이트 유튜브의 공동 창립자 중 한 명이다. [53]카림은 또한 이 웹사이트에 동영상을 업로드한 최초의 인물로 잘 알려져 있다.

조드 카림은 1979년 10월 28일 옛 동독 도시 메르제부르크에서 태어났다. 그의 가족은 1981년에 구 동-서독의 경계를 건넜고, 1992년까지 독일의 노이스에서 살았다. 그 후, 미네소타의 세인트폴로 이주했는데, 그곳에서 카림은 고등학교를 졸업했다. [54]그는 이후 일리노이 대학에 다녔으나 학교를 떠나 페이팔에서 근무했다. 그는 결국 대학 과정을 이어서 이수했으며 컴퓨터 공학 학사 학위를 취득했다.

페이팔에 있는 동안, 카림은 2005년에 동료인 채드 헐리와 스티븐 첸과 함께 유튜브를 창립했다. [55]당시 그는 스탠퍼드 대학의 대학원 프로그램에 등록한 상태였기에, 유튜브에서 정규 직원이 아니라 비공식 고문으로 일하기로 했다. 이 같은 협의의 결과 카림은 이 회사 주식의 지분을 훨씬 낮춰 갖는 데 동의했다. 그럼에도 불구하고 구글이 마침내 유튜브를 인수했을 때 그는 약 6,400만 달러에 달하는 [58]상당한 금액을 받았다.

유튜브를 만들자마자 카림은 '동물원에 있는 나'라는 제목의 18초짜리 동영상을 만들었다. 이 동영상은 카림이 샌디에이고 동물원의 코끼리들 앞에서 코끼리의 긴 코에 대해 대충 건성으로 즉석에서 말하는 것을 보여준다. 2005년 4월, 카림은 사용자 이름이 'jawed'인 유튜브 계정을 설정했고, 같은 날 이 동영상을 업로드했다.

초점을 맞춰 셔터만 누르면 되는 평범한 카메라로 촬영한 '동물원에 있는 나'에 대해 질이 떨어지고 특별할 것이 없다고들 말한다. 그렇기는 하지만, 사상 최초의 유튜브 업로드로서, [56]<로스앤젤레스 타임즈>는 미디어에 대한 사람들의 인식과 사용을 변화시키는 데 이 동영상이 중요한 역할을 했음을 인정했다. 이 신문에서는 또한 '60초 동영상의 황금기'를 [59]시작하는 데 있어 이 동영상의 영향력을 인정했다.

Karim has entered into various ventures since YouTube's acquisition. He launched a fund called Youniversity to help university students and graduates start businesses. He was also one of the initial investors in Airbnb, a company that brokers lodging for clients online. ⁵⁷His brief video, "Me at the Zoo," has inspired countless amateur filmmakers and vloggers to post their work online. It has been ranked by media institutions as the most important YouTube video of all time.

유튜브의 인수 이후 카림은 다양한 벤처 사업에 관여해왔다. 그는 대학생 및 대학원생들의 창업을 돕기 위해 '유니버시티'라는 펀드를 출시했다. 또한, 온라인으로 고객들에게 숙소를 중개해주는 업체인 에어비앤비의 초기 투자자들 중 한 명이었다. ⁵⁷그의 짧은 동영상 '동물원에 있는 나'는 수많은 아마추어 영상 제작자와 비디오 블로거들이 작업물을 온라인에 올리도록 고무시켰다. 그것은 언론 기관들에 의해 지금껏 가장 중요한 유튜브 동영상으로 평가되어 왔다.

| 어휘 | entrepreneur 기업가, 사업가   descent 혈통, 가계   co-founder 공동 창립자   noted 잘 알려져 있는, 유명한   former 예전의, 이전의   border 경계, 국경   afterward 그 후에   migrate 이주하다   eventually 결국   coursework 교과 학습   earn a degree 학위를 받다   arrange 정하다, 예정을 세우다   regular employee 정규 직원   informal 비공식의, 정식이 아닌   adviser 고문, 조언자   arrangement 협의, 합의   result in 그 결과 ~이 되다   consent to ~에 동의하다   share 지분, 주식   stock 주식   nonetheless 그럼에도 불구하고   sizeable 상당한, 꽤 많은   acquire 매입하다, 취득하다   formation 형성, 조성   entitle 제목을 붙이다   casual 무심코 한, 즉석의   offhanded 준비 없는, 즉석에서의   comment 논평, 언급   set up ~을 설정하다   account 계정   film 촬영하다, 찍다   ordinary 보통의, 일상적인   point-and-shoot 보고 찍기만 하면 되는, 사용하기 쉬운   describe 말하다, 묘사하다   unremarkable 특별할 것 없는   recognize 인정하다, 알아보다   perception 지각, 자각   acknowledge 인정하다   influence 영향(력)   introduce (새로운 것을) 시작하다   enter into ~에 관여하다   venture 벤처 사업   acquisition (기업) 인수   launch 출시하다, 개시하다   initial 초기의, 처음의   investor 투자자   broker 중개하다   lodging 임시 숙소   inspire 고무하다, 격려하다   filmmaker 영화 제작자   vlogger 비디오 블로거   post 게시하다   rank 평가하다, (순위를) 매기다   institution 기관, 협회

53 특정 세부사항 문제

🔑 **KEY** 질문의 키워드 Jawed Karim의 핵심 약력이 소개된 첫 단락을 읽는다.

What is Jawed Karim known for?
(a) being the sole founder of YouTube
(b) being the first popular YouTube personality
(c) being the first to post a YouTube video
(d) being the inventor of online video sharing

조드 카림은 무엇으로 알려져 있는가?
(a) 유튜브의 단독 창립자
(b) 최초의 인기 유튜브 유명인사
(c) 유튜브에 최초로 동영상을 업로드한 사람
(d) 온라인 동영상 공유를 발명한 사람

why 정답? 첫 번째 단락에서 카림은 유튜브의 공동 창립자 중 한 명이자 이 웹사이트에 동영상을 업로드한 최초의 인물로 잘 알려져 있다고 했으므로 (c)가 정답이다.

» the first person to upload a video to the website → the first to post a YouTube video

why 오답? (a) 조드 카림은 동료 두 명과 함께 유튜브를 창립했다고 했으므로 지문의 내용과 일치하지 않는다.

| 어휘 | be known for ~로 알려져 있다   sole 단독의, 혼자의   personality 유명인   inventor 발명가

54 추론 문제

KEY 질문의 키워드 computer science가 언급된 곳 주변을 읽는다.

When most likely did Karim receive a degree in computer science?	카림은 언제 컴퓨터 공학 학위를 받았을 것 같은가?
(a) before he left for Minnesota (b) upon establishing YouTube (c) after resigning from PayPal **(d) while he was working at PayPal**	(a) 미네소타로 떠나기 전에 (b) 유튜브를 설립하자마자 (c) 페이팔에서 사직한 후에 **(d) 페이팔에 근무하는 동안**

why 정답? 두 번째 단락에서 카림은 일리노이 대학을 다니다 말고 페이팔에서 일을 했는데, 결국 대학 과정을 이수하여 컴퓨터 공학 학사 학위를 취득했다고 했고, 이후 유튜브 창업 시기인 2005년까지 페이팔에 계속 있었던 것으로 보아 이 회사에 근무하면서 학위를 받았을 것으로 유추할 수 있으므로 (d)가 정답이다.

| 어휘 | establish 설립하다 resign from ~에서 사직[퇴직]하다

55 추론 문제

KEY 질문의 키워드 lower share of YouTube stock이 언급된 곳 주변을 읽는다.

Why most likely did Karim agree to receive a lower share of YouTube stock?	왜 카림은 유튜브 주식의 지분을 낮춰 받는 데 동의했을 것 같은가?
(a) He was earning more from his PayPal share. **(b) He couldn't commit to working at YouTube full-time.** (c) He had an insignificant role in creating YouTube. (d) He expected the value of his share to increase.	(a) 자신의 페이팔 주식에서 더 많은 수익을 얻고 있었다. **(b) 유튜브에서 풀타임으로 근무하겠다고 약속할 수 없었다.** (c) 유튜브를 만드는 데 그다지 중요한 역할을 하지 않았다. (d) 자신이 가진 주식의 가치가 인상될 것으로 기대했다.

why 정답? 세 번째 단락에서 카림은 당시 대학원에 등록한 상태여서 유튜브에서 정규 직원이 아니라 비공식 자문으로 일하기로 했기 때문에 유튜브 주식의 지분을 훨씬 낮춰 갖는 데 동의했다고 했으므로 (b)가 정답이다.

» arranged to work not as a regular employee → couldn't commit to working at YouTube full-time

| 어휘 | earn (수익을) 올리다, (돈을) 벌다 commit to ~을 약속하다, ~의 의무를 지다 insignificant 중요하지 않은, 보잘것없는 expect 기대하다, 예상하다 value 가치

56 특정 세부사항 문제

KEY 질문의 키워드 *Los Angeles Times*가 언급된 곳 주변을 읽는다.

How did the *Los Angeles Times* acknowledge the video "Me at the Zoo"?	<로스앤젤레스 타임즈>는 '동물원에 있는 나' 동영상을 어떻게 인정했는가?
(a) as a short but well-made video (b) as a superb documentary on captive wildlife **(c) as a video that set a new media trend** (d) as a poor and unremarkable video	(a) 짧지만 잘 만든 동영상 (b) 포획된 야생 동물에 관한 대단히 뛰어난 다큐멘터리 **(c) 새로운 미디어 트렌드를 만든 동영상** (d) 조악하고 특별할 것 없는 동영상

why 정답? 다섯 번째 단락에서 <로스앤젤레스 타임즈>는 이 동영상이 미디어에 대한 사람들의 인식과 사용을 변화시키는 데 중요한

역할을 했음을 인정했다고 했으므로 (c)가 정답이다.
» changing people's perceptions and use of media → set a new media trend

⊗ why 오답? (d) 질이 떨어지고 특별할 것이 없다는 것은 사람들이 하는 얘기였지, <로스앤젤레스 타임즈>의 견해가 아니므로 오답이다.

| 어휘 | superb 대단히 훌륭한 captive 사로잡힌, 억류된 wildlife 야생 동물

57 특정 세부사항 문제

🔑 **KEY** 질문의 키워드 content creators가 패러프레이징된 곳 주변을 읽는다.

How has Karim influenced the next generation of content creators?

(a) by encouraging them to attend university
(b) by stimulating them to upload their work
(c) by inspiring them to invest in new companies
(d) by hiring them to join his businesses

카림은 다음 세대의 콘텐츠 창작자들에게 어떻게 영향을 주었는가?

(a) 대학에 다닐 것을 권장함으로써
(b) 그들의 작업물을 업로드하도록 고무시킴으로써
(c) 신생 회사들에 투자하도록 고무시킴으로써
(d) 그의 사업에 함께하도록 그들을 고용함으로써

💡 why 정답? 마지막 단락에서 그가 유튜브에 올린 짧은 동영상은 수많은 아마추어 영상 제작자와 비디오 블로거들이 작업물을 온라인에 올리도록 고무시켰다고 했으므로 (b)가 정답이다.

» amateur filmmakers and vloggers → the next generation of content creators
» inspired ~ to post → stimulating them to upload

| 어휘 | encourage 권장하다, 장려하다 stimulate 고무하다, 격려하다 invest in ~에 투자하다 hire 고용하다

58 동의어 문제

🔑 **KEY** sizeable이 포함된 부분을 읽고 문맥을 파악한다.

In the context of the passage, sizeable means _____.

(a) large
(b) crucial
(c) small
(d) equal

지문의 문맥에서, sizeable은 –을 의미한다.

(a) 많은
(b) 결정적인
(c) 적은
(d) 동등한

💡 why 정답? sizeable이 포함된 부분은 '약 6,400만 달러에 달하는 상당한 금액을 받았다'라는 의미이므로 sizeable이 '꽤 많은, 상당한'이라는 뜻으로 사용되었음을 알 수 있다. 따라서 같은 의미의 (a) large가 정답이다.

59 동의어 문제

🔑 **KEY** introducing이 포함된 부분을 읽고 문맥을 파악한다.

In the context of the passage, introducing means _____.

(a) honoring
(b) naming
(c) finishing
(d) starting

지문의 문맥에서, introducing은 –을 의미한다.

(a) 존경하다
(b) 명명하다
(c) 끝내다
(d) 시작하다

why 정답? introducing이 포함된 부분은 '60초 동영상의 황금기를 시작하는 데 있어 이 동영상의 영향력을 인정했다'라는 의미이므로 introducing이 '시작하다'라는 뜻으로 사용되었음을 알 수 있다. 따라서 같은 의미인 (d) starting이 정답이다.

PART 2 [60-66] 기사 다이아몬드 불법 거래를 막기 위한 노력

PROGRESS MADE ON CONFLICT DIAMONDS

Conflict diamonds, also known as "blood diamonds," are diamonds mined in African countries, so-called because they originate from areas of conflict and bloodshed. During the 1990s, civil wars were rampant in countries like Angola, the Democratic Republic of the Congo, and Sierra Leone. [60]To finance their rebellions, rebel groups mined and sold diamonds illegally.

The money from the sale of conflict diamonds was used to purchase military equipment and recruit fighters, which prolonged and intensified the civil wars. The practice also encouraged corruption, political repression, and human rights violations. Among the first to [65]recognize the connection between the illegal diamond trade and conflicts in Africa was Global Witness, an organization that aims to stop wars, corruption, and human rights abuses resulting from the exploitation of natural resources.

International laws were subsequently passed to prohibit the illicit sale of the diamonds. However, [61]smugglers were able to get around these laws by bringing the diamonds into neighboring countries illegally, and then selling them as the products of those countries. At that time, conflict diamonds represented about four percent of the world's diamond production.

In 2000, South African nations, the diamond industry, and non-governmental organizations including Amnesty International, Global Witness, and Partnership Africa Canada, convened in Kimberley, South Africa, to [66]address the issue. [62]They established the Kimberley Process Certification Scheme, or KPCS, which sought to eliminate the trade of conflict diamonds by tracing and certifying the origins of the diamonds. KPCS was later mandated by the United Nations in 2002.

KPCS only allows participating countries to export or import rough diamonds. Under the process, rough diamonds are monitored at every point in the diamond pipeline: from mining to retail. KPCS also requires participating countries to present government-certified documents that prove that the rough diamonds they are shipping out are conflict-free. [63]Several member countries, including the Republic of the Congo, the Republic of Côte d'Ivoire, and Venezuela, have been expelled from the initiative for non-compliance.

컨플릭트 다이아몬드 해결 과정

'블러드 다이아몬드'로도 알려진 컨플릭트 다이아몬드는 아프리카 국가에서 채굴되는 다이아몬드로, 분쟁 지역과 유혈 사태 지역에서 생산되기 때문에 그런 이름이 붙여졌다. 1990년대에는 앙골라, 콩고 민주 공화국, 시에라리온 같은 국가들에서 걷잡을 수 없을 정도로 내전이 빈발했다. [60]반란 자금을 대기 위해, 반군은 불법적으로 다이아몬드를 채굴해서 팔았다.

컨플릭트 다이아몬드를 팔아 얻은 돈은 군사 장비를 구입하고 전투 인력을 모집하는 데 사용되었는데, 이로 인해 내전이 장기화되고 격렬해졌다. 그런 관행은 또한 부패, 정치적 탄압, 인권 침해를 조장했다. 불법적인 다이아몬드 거래와 아프리카 분쟁의 관계를 처음으로 [65]알아챈 곳 중에는 천연자원의 개발에 따른 전쟁, 부패, 인권 유린을 종식하는 것을 목표로 하는 기구인 글로벌 위트니스가 있었다.

후에 다이아몬드의 불법 판매를 금지하는 국제법이 통과되었다. 그러나 [61]밀수업자들은 다이아몬드를 인접 국가들에 불법적으로 반입시킨 다음, 해당 국가들의 상품으로 판매함으로써 이 법을 피해 갈 수 있었다. 당시 컨플릭트 다이아몬드는 전 세계 다이아몬드 생산량의 약 4%에 해당했다.

2000년에, 남아프리카 국가들, 다이아몬드 업계, 그리고 국제 사면 위원회, 글로벌 위트니스, 파트너십 아프리카 캐나다를 포함한 비정부 기구들이 이 사안을 [66]다루기 위해 남아프리카 킴벌리에 모였다. [62]그들은 다이아몬드의 출처를 추적하고 증명함으로써 컨플릭트 다이아몬드의 거래를 없애기 위한 킴벌리 프로세스 인증 체제, 즉 KPCS를 확립했다. KPCS는 그 후 2002년에 유엔으로부터 권한을 부여받았다.

KPCS는 참가국에만 다이아몬드 원석을 수출하거나 수입하는 것을 허용한다. 이 과정하에서는, 채굴에서부터 소매에 이르기까지 다이아몬드 유통 루트의 모든 지점에서 다이아몬드 원석을 감시한다. KPCS는 또한 참가국에게 그들이 해외로 보내는 다이아몬드 원석이 컨플릭트 다이아몬드가 아님을 증명하는 정부 인증 서류를 제출할 것을 요구한다. [63]콩고 민주 공화국, 코트디부아르, 베네수엘라를 포함한 몇몇 회원국은 규정 불이행을 이유로 주도권에서 제명되었다.

READING & VOCABULARY SECTION **239**

Today, more than 80 countries participate in KPCS, and a number of other countries are working toward the requirements for membership. [64]KPCS reports that members account for almost one hundred percent of the global production of rough diamonds.

오늘날, 80개국 이상이 KPCS에 참여하고 있으며, 그 밖의 많은 나라들이 회원 자격 요건이 되기 위해 노력하고 있다. [64]KPCS는 회원국들이 전 세계 다이아몬드 원석 생산량의 거의 100%를 차지한다고 보고한다.

| 어휘 | conflict 갈등, 충돌 mine (광물질을) 채굴하다, 캐다 originate from ~에서 비롯되다 bloodshed 유혈 사태 civil war 내전 rampant 걷잡을 수 없는, 만연한 rebellion 반란, 모반 rebel 반역자 illegally 불법적으로 equipment 장비, 용품 recruit 모집하다 fighter 싸우는 사람, 전사 prolong 연장시키다 intensify 심화시키다, 강화하다 practice 관행, 관례 encourage 조장하다, 부추기다 corruption 부패, 타락 political 정치적인 repression 탄압, 진압 violation 침해, 위반 connection 관련성, 연관성 illegal 불법의 trade 거래 aim to do ~하는 것을 목표로 하다 abuse 학대, 혹사 result from ~이 원인이다 exploitation 개발, 이용 natural resource 천연자원 international law 국제법 subsequently 그 뒤에, 나중에 prohibit 금지하다 illicit 불법의 smuggler 밀수업자 get around the law 법을 피하다 neighboring 인접한 represent (~에) 해당[상당]하다 convene 모이다, 회합하다 address 다루다 issue 사안, 쟁점 establish 확립하다 certification 인증, 증명 scheme 계획, 제도 seek to do ~하도록 시도하다 eliminate 제거하다 trace 추적하다 certify 증명하다 origin 출처, 기원 mandate 권한을 주다 export 수출하다 import 수입하다 monitor 감시하다 pipeline (상품의) 유통 루트, 수송 루트 retail 소매 require 요구하다 present 제시하다, 보여주다 ship out ~을 외국에 보내다 expel A from B A를 B에서 제명[축출]하다 initiative 주도권, 주도 non-compliance (규정 등의) 불이행 requirement 필요조건, 요건 account for (부분·비율을) 차지하다

60 특정 세부사항 문제

🔑 KEY 컨플릭트 다이아몬드가 생겨난 배경이 소개된 초반부를 읽는다.

What brought about the existence of "conflict diamonds"?

(a) the high demand for African diamonds
(b) the need to fund wars in some countries
(c) the widespread violence caused by the diamond trade
(d) the abundant diamond supplies in Africa

무엇이 '컨플릭트 다이아몬드'의 존재를 유발했는가?

(a) 아프리카 다이아몬드에 대한 높은 수요
(b) 일부 국가에서 전쟁 자금 마련의 필요성
(c) 다이아몬드 거래로 인해 만연한 폭력
(d) 아프리카의 풍부한 다이아몬드 공급

why 정답? 첫 번째 단락에서 내전이 빈발하던 아프리카 일부 국가에서 반란 자금을 대기 위해 반군이 불법적으로 컨플릭트 다이아몬드를 채굴해서 팔았다고 했으므로 (b)가 정답이다.

》 finance their rebellions → fund wars

| 어휘 | bring about ~을 유발하다 existence 존재, 실재 demand 수요 widespread 널리 퍼진, 광범위한 violence 폭력 caused by ~으로 인한 abundant 풍부한

61 특정 세부사항 문제

🔑 KEY 질문의 키워드 smugglers가 언급된 곳 주변을 읽는다.

How were smugglers able to bypass international laws banning the sale of conflict diamonds?

(a) by giving false countries of origin for the diamonds
(b) by selling the diamonds to neighboring countries
(c) by avoiding human rights violations while trading
(d) by declaring just a portion of the actual diamond sales

밀수업자들은 어떻게 컨플릭트 다이아몬드의 판매를 금지하는 국제법을 회피할 수 있었는가?

(a) 다이아몬드의 출처인 국가를 위조함으로써
(b) 인접 국가에 다이아몬드를 판매함으로써
(c) 거래 중에 인권 유린을 피함으로써
(d) 실제 다이아몬드 매출량의 일부만 신고함으로써

🔑 **why 정답?** 세 번째 단락에서 밀수업자들은 다이아몬드를 인접 국가들에 불법적으로 반입시킨 다음 해당 국가들의 상품으로 판매함으로써 다이아몬드의 불법 판매를 금지하는 국제법을 피할 수 있었다고 했으므로 (a)가 정답이다.

» get around these laws → bypass international laws
» bringing the diamonds into neighboring countries illegally, and then selling them as the products of those countries → giving false countries of origin for the diamonds

❌ **why 오답?** (b) 인접 국가에 다이아몬드를 판매한 것이 아니라 인접 국가로 반입해 그 나라 상품인 것처럼 판매했다고 했으므로 오답이다.

| 어휘 | bypass 회피하다 ban 금(지)하다 false 틀린, 사실이 아닌 declare (소득을) 신고하다 portion 부분 actual 실제의

62 추론 문제

🔑 **KEY** 질문의 키워드 Kimberley Process Certification Scheme이 언급된 곳 주변을 읽는다.

What does the Kimberley Process Certification Scheme, or KPCS, probably verify?

(a) that a diamond is not mined by abusing natural resources
(b) that a rough diamond will not undergo polishing
(c) that a diamond is not from regions with civil wars
(d) that wars are funded through legitimate ways

킴벌리 프로세스 인증 체제, 즉 KPCS는 아마도 무엇을 확인할 것 같은가?

(a) 천연자원을 남용하는 식으로 다이아몬드를 채굴하지 않는 것
(b) 다이아몬드 원석을 연마하지 않는 것
(c) 내전 지역에서 나온 다이아몬드가 아니라는 것
(d) 적법한 방법을 통해 전쟁 자금을 마련하는 것

🔑 **why 정답?** 네 번째 단락에서 킴벌리 프로세스 인증 체제는 컨플릭트 다이아몬드의 거래를 막는 것이 목적이라고 했는데, 컨플릭트 다이아몬드는 내전이 빈발하는 아프리카 지역에서 불법적으로 생산되는 다이아몬드를 가리키므로 (c)가 정답이다.

❌ **why 오답?** (a) 천연자원의 과도한 개발로 인한 전쟁, 부패, 인권 유린의 종식이 목표인 단체는 글로벌 위트니스이므로 오답이다.

| 어휘 | verify 확인하다, 입증하다 undergo 겪다, 받다 polishing 연마 legitimate 적법한, 합법적인

63 추론 문제

🔑 **KEY** 질문의 키워드 expelled from이 언급된 곳 주변을 읽는다.

Why most likely were some countries expelled from KPCS?

(a) They refused to join the United Nations.
(b) They established their own certification schemes.
(c) They sold diamonds directly from the local mines.
(d) They failed to conduct a conflict-free diamond trade.

일부 국가는 왜 KPCS에서 제명되었을 것 같은가?

(a) 유엔에 가입하기를 거절했다.
(b) 독자적인 인증 체제를 만들었다.
(c) 지역 광산에서 직접 다이아몬드를 팔았다.
(d) 컨플릭트 다이아몬드가 아닌 다이아몬드를 거래하기로 한 것을 어겼다.

🔑 **why 정답?** 다섯 번째 단락에서 콩고 민주 공화국, 코트디부아르, 베네수엘라를 포함한 몇몇 회원국이 규정 불이행을 이유로 제명되었다고 했는데, 그 규정이란 '컨플릭트 다이아몬드 거래 금지'일 것이므로 (d)가 정답이다.

» non-compliance → failed to conduct

| 어휘 | refuse 거절하다 directly 직접, 곧바로 conduct 행하다, 실시하다

READING & VOCABULARY SECTION *241*

64 특정 세부사항 문제

🔑 **KEY** 질문의 키워드 KPCS report가 언급된 곳 주변을 읽는다.

What does the KPCS report declare?	KPCS 보고는 무엇이라고 공표하는가?
(a) that the organization is gaining membership (b) that the world demand for raw diamonds has increased (c) that members profit more from the diamond trade than war **(d) that most rough diamonds have been certified**	(a) 이 기구가 회원 자격을 얻으리라는 것 (b) 다이아몬드 원석에 대한 전 세계적인 수요가 증가했다는 것 (c) 회원국들이 전쟁보다 다이아몬드 거래로 더 많은 이익을 얻는다는 것 **(d) 대부분의 다이아몬드 원석들이 인증을 받았다는 것**

💡 **why 정답?** 마지막 단락에서 KPCS는 전 세계 다이아몬드의 거의 100%를 회원들이 생산한다고 보고했는데, 회원국들의 다이아몬드는 모두 인증받은 것들이므로 (d)가 정답이다.

| 어휘 | gain 얻다, 획득하다　raw 원자재의, 가공되지 않은　increase 증가하다　profit from ~로부터 이익을 얻다

65 동의어 문제

🔑 **KEY** recognize가 포함된 부분을 읽고 문맥을 파악한다.

In the context of the passage, recognize means _____.	지문의 문맥에서, recognize는 -을 의미한다.
(a) value **(b) realize** (c) overlook (d) receive	(a) 소중하게 여기다 **(b) 알아차리다** (c) 간과하다 (d) 받다

💡 **why 정답?** recognize가 포함된 부분은 '불법적인 다이아몬드 거래와 아프리카 분쟁의 관계를 처음으로 알아차렸다'라는 의미이므로 recognize가 '알아보다, 인식하다'라는 의미로 사용되었음을 알 수 있다. 따라서 이와 유사한 '깨닫다, 알아차리다'라는 뜻의 (b) realize가 정답이다.

66 동의어 문제

🔑 **KEY** address가 포함된 부분을 읽고 문맥을 파악한다.

In the context of the passage, address means _____.	지문의 문맥에서, address는 -을 의미한다.
(a) greet (b) identify **(c) discuss** (d) arrange	(a) 환영하다 (b) 확인하다 **(c) 논의하다** (d) 마련하다

💡 **why 정답?** address가 포함된 부분은 '이 사안을 다루기 위해 남아프리카 킴벌리에 모였다'라는 의미이므로 address가 '(사안·의제 등을) 다루다[토의하다]'라는 의미로 사용되었음을 알 수 있다. 따라서 이와 유사한 '논의하다'라는 뜻의 (c) discuss가 정답이다.

PART 3 67-73 지식 백과 보사노바 장르의 탄생 배경과 발전

BOSSA NOVA

Bossa nova is a popular Brazilian musical form that developed in the late 1950s. Meaning "new way" or "new trend," the genre focuses more on melody and harmony than the beat of the music. [67/68]A passionate and romantic type of music, bossa nova was [72]influenced by samba, another famous Brazilian musical style with an upbeat and playful rhythm, and jazz, a musical form that involves the improvisation of lyrics, melodies, or both.

Guitarist-vocalist João Gilberto, composer Antonio Carlos Jobim, and lyricist Vinicius de Moraes are credited for developing the bossa nova style in the late 1950s. [68]They blended the elements of samba rhythms with the harmonic approach of jazz to create a slower and more romantic musical genre.

Bossa nova started to become popular when Gilberto released the very first bossa nova album, *Chega de Saudade*, in 1958. More people became aware of the new musical style when Jobim composed the musical score for the 1959 film *Black Orpheus*. However, [69]it was not until the song "The Girl from Ipanema" was released several years later that bossa nova became famous worldwide. The song was recorded by Gilberto's ex-wife, Astrud Gilberto, as part of the *Getz/Gilberto* album. The album won a Grammy award for "Record of the Year" in 1965.

Bossa nova songs are usually performed with the artist playing a nylon-string classical guitar. Another important instrument, though not as common, is the piano. The drum is not considered an essential element in bossa nova, although the music does have a [73]distinctive drumbeat sound. To obtain this beat, the artist uses claves, an instrument consisting of a pair of short, thick pieces of wood. [70]The claves produce a light clicking noise when struck together, a sound that is bright and clear without the punchy "thump" that drums produce.

Over the years, the bossa nova style has had a considerable impact on other popular music in Brazil. [71]Artists have combined bossa nova with electronic music and produced "bossa electrica" or "techno bossa," which is now popular in Europe and Asia.

보사노바

보사노바는 1950년대 후반에 발달한 브라질의 인기 있는 음악 형식이다. '새로운 방식' 또는 '새로운 경향'이라는 뜻의 이 장르는 음악의 비트보다는 멜로디와 하모니에 더욱 중점을 둔다. [67/68]열정적이고 낭만적인 음악 유형인 보사노바는 긍정적이고 쾌활한 리듬을 가진 또 다른 유명한 브라질 음악 스타일인 삼바와 가사나 멜로디, 또는 둘 다를 즉석에서 만드는 것을 포함하는 음악 형식인 재즈의 [72]영향을 받았다.

기타 연주자이자 가수인 조앙 질베르토, 작곡가 안토니오 카를로스 조빔, 그리고 작사가 비니시우스 데 모라에스가 1950년대 후반 보사노바 스타일을 발전시킨 것으로 인정받는다. [68]그들은 삼바 리듬의 요소를 재즈의 화성적인 접근법과 혼합하여 더 느리고 더욱 낭만적인 음악 장르를 창조했다.

보사노바는 질베르토가 1958년에 최초의 보사노바 앨범인 <슬픔은 이제 그만>을 발표했을 때 인기를 얻기 시작했다. 조빔이 1959년 영화 <흑인 오르페>를 위한 음악을 작곡했을 때는 더 많은 사람들이 이 새로운 음악 스타일에 대해 알게 되었다. 그러나, [69]몇 년 뒤 '이파네마에서 온 소녀'라는 노래가 발표되었을 때야 보사노바는 전 세계적으로 유명해졌다. 이 노래는 질베르토의 전 부인인 아스트루드 질베르토가 <게츠/질베르토> 앨범의 일부로 녹음한 것이었다. 이 앨범은 1965년에 '올해의 앨범'으로 그래미상을 받았다.

보사노바 곡들은 보통 나일론 현 클래식 기타를 연주하는 아티스트와 함께 공연된다. 또 다른 중요한 악기는 일반적인 것은 아니지만 피아노다. 이 음악에 [73]독특한 드럼 소리가 분명히 있기는 하지만, 드럼은 보사노바에서 필수 요소로 여겨지지는 않는다. 이 비트를 얻기 위해, 아티스트는 짧고 두꺼운 나무 조각 한 쌍으로 이루어진 악기인 클라베스를 사용한다. [70]클라베스는 함께 부딪치면 가볍게 딸깍하는 소리를 만들어내는데, 드럼이 만들어내는 '쿵' 하는 힘찬 소리가 없는 밝고 맑은 소리다.

세월이 흐르면서 보사노바 스타일은 브라질의 다른 대중음악에 상당한 영향을 주었다. [71]아티스트들이 보사노바와 전자음악을 결합하여 '보사 일렉트로니카' 혹은 '테크노 보사'를 만들어냈는데, 이것은 현재 유럽과 아시아에서 인기가 많다.

| **어휘** | develop 발달하다, 발전시키다 genre (예술 작품의) 장르 focus on ~에 중점을 두다 passionate 열정적인 influence 영향을 주다 upbeat 긍정적인, 낙관적인 playful 쾌활한 involve 포함하다 improvisation 즉흥 연주 vocalist 보컬리스트, 가수 composer 작곡가 lyricist 작사가 be credited for ~한 공로를 인정받다 blend 혼합하다, 섞다 element 요소 harmonic 화성의, 화음의 approach 접근 방법 release 발표하다 be aware of ~을 알다 compose 작곡하다 score (영화·연극 등의) 배경 음악 worldwide 전 세계적으로 perform 연주하다 string (악기의)

현[줄] instrument 악기 common 일반적인, 공통의 consider (~로) 여기다[생각하다] essential 필수적인 distinctive 독특한, 특유한 drumbeat 북[드럼]소리 obtain 얻다 claves 클라베스(두 개가 한 벌인 긴 막대기 모양의 타악기) consist of ~로 구성되다 clicking noise 딸깍하는 소리 strike (세게) 치다, 부딪치다 punchy 힘찬, 박력 있는 thump 쿵 하는 소리 considerable 상당한, 많은 impact 영향, 충격 combine A with B A와 B를 결합하다 electronic 전자의

67 특정 세부사항 문제

🔑 **KEY** 보사노바 장르의 기본적 특징을 서술한 초반부를 읽는다.

According to the article, which best describes bossa nova?	이 글에 따르면, 보사노바를 가장 잘 설명하는 것은 무엇인가?
(a) a livelier version of samba	(a) 삼바의 더 쾌활한 버전
(b) a beat-based musical form	(b) 비트를 기본으로 하는 음악 형식
(c) an improved version of jazz	(c) 재즈의 개선된 버전
(d) a blend of jazz and samba	**(d) 재즈와 삼바의 혼합**

💡 **why 정답?** 첫 번째 단락에서 보사노바는 긍정적이고 쾌활한 리듬의 삼바와 가사나 멜로디를 즉석에서 만드는 재즈의 영향을 받았다고 했으므로 (d)가 정답이다.

❌ **why 오답?** (b) 보사노바는 음악의 비트보다는 멜로디와 하모니에 더욱 중점을 둔다고 했으므로 지문의 내용과 일치하지 않는다.

| 어휘 | lively 쾌활한, 떠들썩한 improved 개선된, 향상된

68 특정 세부사항 문제

🔑 **KEY** 보사노바의 탄생 배경이 언급된 곳을 읽는다.

What is the result of fusing certain traits of Brazilian musical styles into bossa nova?	브라질 음악 스타일의 특정 특성을 보사노바에 융합시킨 결과는 무엇인가?
(a) passionate and unhurried music	**(a) 열정적이면서 느긋한 음악**
(b) songs with improvised lyrics and tunes	(b) 즉석에서 만들어진 가사와 곡조의 노래
(c) dark and realistic music	(c) 어둡고 현실적인 음악
(d) upbeat and optimistic songs	(d) 긍정적이고 낙관적인 노래

💡 **why 정답?** 보사노바가 브라질 음악 스타일인 삼바와 재즈의 영향을 받았다고 했는데, 첫 번째 단락에서는 보사노바 음악을 '열정적이고 낭만적'이라고 묘사했고, 두 번째 단락에서는 '더욱 느리고 낭만적인 장르'라고 설명했다. 따라서 이를 종합한 (a)가 정답이다.

» blended the elements → fusing certain traits
» slower → unhurried

❌ **why 오답?** (b)는 재즈 음악의 특징이고, (d)는 삼바 음악의 특징이므로 둘 다 오답이다.

| 어휘 | fuse 융합시키다 trait 특성 unhurried 느긋한 improvised 즉석에서 지은 lyrics 노랫말 tune 곡조 realistic 현실적인 optimistic 낙관적인

69 특정 세부사항 문제

KEY 질문의 키워드 global recognition과 관련된 내용이 언급된 곳을 읽는다.

When did bossa nova gain global recognition? (a) after the *Getz/Gilberto* album won an award (b) after the movie *Black Orpheus* was shown **(c) when the song "The Girl from Ipanema" was aired** (d) when João Gilberto reunited with his former wife	언제 보사노바가 세계적인 인정을 받았는가? (a) <게츠/질베르토> 앨범이 상을 받은 후 (b) 영화 <흑인 오르페>가 상영된 후 **(c) '이파네마에서 온 소녀'라는 노래가 방송에 나왔을 때** (d) 조앙 질베르토가 전처와 재결합했을 때

why 정답? 세 번째 단락에서 '이파네마에서 온 소녀'라는 노래가 발표되었을 때 보사노바가 전 세계적으로 유명해졌다고 했으므로 (c)가 정답이다.

» became famous worldwide → gain global recognition

| 어휘 | gain 얻다, 획득하다 recognition 인정 air 방송하다 reunite 재결합하다

70 추론 문제

KEY 질문의 키워드 claves가 언급된 곳 주변을 읽는다.

Based on the article, why most likely are claves used in bossa nova instead of drums? (a) to do away with a beat for the song (b) because the artists prefer a punchier sound **(c) to give the song a lighter feel** (d) because claves are louder than drums	이 글에 근거하면, 보사노바에 드럼 대신 클라베스가 사용된 이유는 무엇일 것 같은가? (a) 곡의 비트를 없애기 위해 (b) 아티스트들이 더 힘찬 소리를 선호하기 때문에 **(c) 곡에 더 가벼운 느낌을 주기 위해** (d) 클라베스가 드럼보다 더 소리가 크기 때문에

why 정답? 네 번째 단락에서 클라베스는 가볍게 딸깍하는 소리를 만들어내는데, 드럼의 '쿵' 하는 힘찬 소리가 없는 밝고 맑은 소리라고 했으므로 (c)가 정답이다.

| 어휘 | do away with ~을 없애다, 처리하다 loud (소리가) 큰, 시끄러운

71 True/Not true 문제

KEY 보기의 키워드와 지문 내용을 대조하며 보기를 하나씩 소거한다.

Based on the article, what is true about bossa nova? **(a) It has branched out into more modern musical forms.** (b) It is more famous than bossa electrica in Europe. (c) It has retained its traditional traits through the years. (d) It is an older musical form than jazz.	이 글에 근거하면, 보사노바에 관해 사실인 것은? **(a) 더욱 현대적인 음악 형식으로 확장했다.** (b) 유럽에서는 보사 일렉트로니카보다 더 유명하다. (c) 수년간 전통적인 특징을 유지해왔다. (d) 재즈보다 오래된 음악 형식이다.

why 정답? 마지막 단락에서 보사노바와 전자음악이 결합된 '보사 일렉트로니카' 혹은 '테크노 보사'가 현재 유럽과 아시아에서 인기가 많다고 했으므로 (a)가 정답이다.

why 오답? (b) 현재 유럽과 아시아에서는 보사 일렉트로니카의 인기가 많다고 했으므로 지문의 내용과 일치하지 않는다.
(d) 보사노바는 재즈의 영향을 받아 탄생한 음악 장르라고 했으므로 지문의 내용과 반대된다.

| 어휘 | branch out into ~로 확장하다 retain 유지하다

72 동의어 문제

🔑 **KEY** influenced가 포함된 부분을 읽고 문맥을 파악한다.

From the context of the passage, influenced means _____.	지문의 문맥에서, influenced는 –을 의미한다.
(a) imitated **(b) inspired** (c) pressured (d) completed	(a) 모방하다 **(b) 영감을 주다** (c) 압력을 가하다 (d) 완료하다

💡 **why 정답?** influenced가 포함된 부분은 '보사노바는 삼바와 재즈의 영향을 받았다'라는 의미이므로 influenced가 '영향을 주다'라는 의미로 사용되었음을 알 수 있다. 따라서 이와 유사한 '영감을 주다'라는 뜻의 (b) inspired가 정답이다.

73 동의어 문제

🔑 **KEY** distinctive가 포함된 부분을 읽고 문맥을 파악한다.

From the context of the passage, distinctive means _____.	지문의 문맥에서, distinctive는 –을 의미한다.
(a) popular (b) familiar (c) usual **(d) particular**	(a) 인기 있는 (b) 친숙한 (c) 보통의 **(d) 특별한**

💡 **why 정답?** distinctive가 포함된 부분은 '이 음악에 독특한 드럼 소리가 있다'라는 의미이므로 distinctive가 '독특한'이라는 의미로 쓰였음을 알 수 있다. 따라서 이와 유사한 '특별한, 특유의'라는 뜻의 (d) particular가 정답이다.

PART 4 74-80 비즈니스 편지 **불량 구매품에 대한 조치를 요구하는 편지**

David Sanders
Manager
Brick Furniture Store

Dear Mr. Sanders:

[74]I would like to inform you of a purchase I made at your store, which I have come to regret ever since. Three months ago, I bought a black leather couch set that cost $1,500 from your store. For something that expensive, I was expecting that the product would be of high quality.

I was disappointed when, after only a month, the set's leather upholstery started peeling off. I called your customer service center and informed them of the problem. [75]James Finch, the employee whom I spoke with, told me that your company would send a replacement for the faulty product. He also [79]assured me that it would arrive within two weeks.

데이비드 샌더스
매니저
브릭 가구점

샌더스 씨께:

[74]귀하의 상점에서 세품을 구매한 이후로 줄곧 후회하고 있다는 것을 알려드리려고 합니다. 3개월 전에 저는 귀하의 상점에서 1,500달러를 들여 검은색 가죽 소파 세트를 샀습니다. 그렇게 비싼 물건이니 저는 제품의 품질이 좋을 것으로 기대했습니다.

겨우 한 달 만에 소파 세트의 가죽 커버가 벗겨지기 시작하자 저는 실망했습니다. 저는 귀하의 고객 서비스 센터에 전화해서 이 문제를 알렸습니다. [75]저와 통화한 제임스 핀치라는 직원이 귀사에서 결함 있는 제품에 대해 대체품을 보내줄 것이라고 말했습니다. 그는 또한 그것이 2주 이내에 도착할 것이라고 저에게 [79]확실히 말했습니다.

246 TEST 5

I waited for two weeks, but no replacement arrived. So, I called customer service again to remind your company of its promise. This time, [76]I was told that I would have to wait another week because the manufacturer needed more time to deliver a new couch set. Had I not called, I would have been kept waiting longer, but still in vain.

Since your company [80]claims to take pride in providing superior customer service in order to guarantee customer satisfaction, I am urging you to resolve this concern promptly. [77/78]Provide me with a refund immediately; otherwise, I will file a formal complaint with the Better Business Bureau.

[78]I have enclosed in this letter a copy of the order receipt and a photograph of the defective product. You can e-mail your response to me at karenhunter@email.com or call me at 220-555-8050.

Karen Hunter

제가 2주 동안 기다렸으나, 그 대체품은 도착하지 않았습니다. 그래서 저는 고객 서비스 센터에 다시 전화를 걸어 귀사에게 그 약속을 거듭 알려주었습니다. 이번에는, [76]제조업체가 새 소파 세트를 배송하려면 시간이 더 필요하기 때문에 한 주 더 기다려야 한다는 얘기를 들었습니다. 제가 전화를 하지 않았다면 저는 더 오래 기다리고 있었겠지만, 여전히 헛수고였겠죠.

귀사가 고객 만족을 보장하기 위해 뛰어난 고객 서비스를 제공함을 자부한다고 [80]주장하므로, 귀하에게 이 우려를 즉시 해결해줄 것을 강력히 촉구하는 바입니다. [77/78]저에게 즉시 환불을 해주세요. 그렇지 않으면 소비자 고발 센터에 공식적으로 고소할 것입니다.

[78]이 편지에 주문 영수증 사본과 결함 있는 제품의 사진을 동봉했습니다. karenhunter@email.com으로 이메일로 회신 주시거나 220-555-8050으로 전화 주셔도 됩니다.

캐런 헌터

| 어휘 | inform A of B A에게 B에 대해서 알리다 make a purchase 구매하다 come to ~하게 되다 regret 후회 cost (값이) ~이다 of high quality 질이 좋은 disappointed 실망한, 낙담한 upholstery (소파 등의) 커버[덮개] peel off 벗겨지다 employee 직원 replacement 대체(물) faulty 결함[흠]이 있는 assure 장담하다, 확언하다 remind 상기시키다 manufacturer 제조업체 in vain 헛되이 claim 주장하다 take pride in ~을 자랑하다 provide 제공하다 superior 우수한 guarantee 보장하다 satisfaction 만족 urge 강력히 촉구[권고]하다 resolve 해결하다 concern 우려, 걱정 promptly 즉시 refund 환불 immediately 즉시 otherwise 그렇지 않으면 file a complaint with ~에 고소하다 formal 공식적인 Better Business Bureau 소비자 고발 센터, 거래 개선 협회 enclose 동봉하다 order 주문 receipt 영수증 defective 결함 있는 response 회신, 응답

74 주제/목적 문제

KEY 편지의 목적이 주로 제시되는 지문 초반부를 읽는다.

Why is Karen Hunter writing a letter to David Sanders?	캐런 헌터는 왜 데이비드 샌더스에게 편지를 쓰는가?
(a) to inquire about furniture products	(a) 가구 제품에 관해 문의하기 위해
(b) to order a leather couch set	(b) 가죽 소파 세트를 주문하기 위해
(c) to protest about a faulty product	**(c) 결함 있는 제품에 대해 항의하기 위해**
(d) to request a delivery date for her order	(d) 주문의 배달 날짜를 요청하기 위해

why 정답? 첫 번째 단락에서 편지의 수신인인 샌더스 씨의 상점에서 제품을 구매한 이후로 줄곧 후회하고 있다는 것으로 보아 제품에 대한 불만 사항을 제기하는 편지임을 알 수 있으므로 (c)가 정답이다.

| 어휘 | inquire about ~에 관해 문의하다 protest 항의하다 request 요청하다

75 특정 세부사항 문제

🔑 **KEY** 질문의 키워드 James Finch가 언급된 곳 주변을 읽는다.

What did James Finch tell Hunter that the company would do about her concern? (a) exchange the item with a new one (b) restore the item to its original condition (c) give back the $1,500 she paid (d) confirm if her concern was valid	제임스 핀치는 헌터에게 회사가 그녀의 우려에 대해 무엇을 해줄 것이라고 말했는가? (a) 해당 제품을 새것으로 교환해준다. (b) 해당 제품을 원래의 상태로 복원해준다. (c) 그녀가 지불한 1,500달러를 돌려준다. (d) 그녀의 우려가 타당한지 확인한다.

💡 **why 정답?** 두 번째 단락에서 제임스 핀치는 헌터와 통화한 직원으로, 회사에서 결함 있는 제품에 대한 대체품을 보내줄 것이라고 말했다고 했으므로 (a)가 정답이다.

» send a replacement for the faulty product ➝ exchange the item with a new one

| 어휘 | exchange 교환하다 restore 복구하다 confirm 확인하다 valid 타당한, 유효한

76 추론 문제

🔑 **KEY** 질문의 키워드 deliver the new couch set가 언급된 곳 주변을 읽는다.

Why most likely was Brick Furniture Store unable to deliver the new couch set? (a) All the couches in the store were defective. (b) The manufacturer no longer makes the couch set. (c) The deliveryman was not available that week. (d) **The store did not have a set ready to deliver.**	브릭 가구점은 왜 새 소파 세트를 배송할 수 없었을 것 같은가? (a) 그 매장의 모든 소파에 결함이 있었다. (b) 제조업체가 더 이상 소파 세트를 만들지 않는다. (c) 그 주에 배달원이 시간이 없었다. (d) 그 상점은 배송 준비가 된 세트가 없었다.

💡 **why 정답?** 세 번째 단락에서 제조업체가 새 소파 세트를 배송하는 데 시간이 더 필요하다고 했다는 고객 서비스 센터 측의 말로 보아 이 상점은 아직 배송할 수 있는 소파 세트가 준비되지 않은 상태임을 알 수 있으므로 (d)가 정답이다.

| 어휘 | deliveryman 상품 배달원 available 시간이 있는

77 특정 세부사항 문제

🔑 **KEY** 질문의 키워드 refund가 언급된 곳 주변을 읽는다.

How will Hunter respond if she doesn't get a refund for her purchase soon? (a) by fetching the replacement furniture set herself (b) by buying the same couch set from another store (c) by demanding an appointment to meet with Sanders (d) **by filing a formal case against the store**	헌터는 구매품에 대해 곧 환불받지 못하면 어떻게 대응할 것인가? (a) 직접 교체 가구 세트를 가지고 오는 것으로 (b) 똑같은 소파 세트를 다른 상점에서 구매하는 것으로 (c) 샌더스와 만나는 약속을 요구하는 것으로 (d) 그 상점을 상대로 공식적인 소송을 제기하는 것으로

💡 **why 정답?** 네 번째 단락에서 즉시 환불을 해주지 않으면 소비자 고발 센터에 공식적으로 고소할 것이라고 했으므로 (d)가 정답이다.

» file a formal complaint ➝ filing a formal case

| 어휘 | respond 대응하다, 응답하다 fetch (직접 가서) 가지고 오다 demand 요구하다 appointment 약속 file a case against ~을 상대로 소송을 제기하다

78 추론 문제

🔑 **KEY** 질문의 키워드 a picture of the product와 관련된 곳 주변을 읽는다.

Why most likely is Hunter enclosing a picture of the product?	헌터는 왜 제품 사진을 동봉하는 것 같은가?
(a) She wants the replacement to match perfectly.	(a) 완벽하게 일치하는 대체품을 원한다.
(b) She wants to know if they have any similar products.	(b) 비슷한 제품이 있는지 알고 싶다.
(c) She intends to publish it in an online review.	(c) 온라인 후기에 게재할 작정이다.
(d) She intends to use it as proof of her complaint.	**(d) 그것을 고소의 증거로 사용할 작정이다.**

why 정답? 네 번째 단락에서 즉시 환불받지 못하면 고소하겠다는 의사를 밝힌 후, 다섯 번째 단락에서 영수증 사본과 결함 있는 제품 사진을 동봉했다고 언급한 것으로 보아 이를 고소를 위한 증거 자료로 활용할 것임을 추론할 수 있으므로 (d)가 정답이다.

» a photograph of the defective product → a picture of the product

why 오답? (a) 헌터가 처음에는 제품 교체 제안을 수락했지만, 교체품을 받지 못한 지금은 강력하게 환불을 요청하는 상황이므로 맥락에 맞지 않는 내용이다.

| 어휘 | match 일치하다 perfectly 완벽하게, 완전히 intend to do ~할 작정[의도]이다 publish (인터넷에) 발표[공개]하다 proof 증거(물)

79 동의어 문제

🔑 **KEY** assured가 포함된 부분을 읽고 문맥을 파악한다.

In the context of the passage, assured means _____.	지문의 문맥에서, assured는 -을 의미한다.
(a) persuaded	(a) 설득하다
(b) guaranteed	**(b) 보장하다**
(c) informed	(c) 알려주다
(d) affected	(d) 영향을 미치다

why 정답? assured가 포함된 부분은 '그것이 2주 이내에 도착할 것이라고 확실히 말했다'라는 의미이므로 assured가 '장담하다, 확언하다'라는 뜻으로 사용되었음을 알 수 있다. 따라서 이와 유사한 '보장하다, 약속하다'라는 뜻의 (b) guaranteed가 정답이다.

80 동의어 문제

🔑 **KEY** claims가 포함된 부분을 읽고 문맥을 파악한다.

In the context of the passage, claims means _____.	지문의 문맥에서, claims는 -을 의미한다.
(a) professes	**(a) 주장하다**
(b) defends	(b) 방어하다
(c) argues	(c) 논증하다
(d) requests	(d) 요청하다

why 정답? claims가 포함된 부분은 '뛰어난 고객 서비스를 제공함을 자부한다고 주장한다'라는 의미이므로 claims가 '(~이 사실이라고) 주장하다'라는 뜻으로 사용되었음을 알 수 있다. 따라서 같은 뜻인 (a) professes가 정답이다.

why 오답? (c) argues에도 '주장하다'라는 의미가 있지만, '논거를 들어 주장하다, 논증하다'의 의미이므로 정답이 될 수 없다.

TEST 6 정답 모아보기

GRAMMAR SECTION
1 (a) 2 (c) 3 (c) 4 (a) 5 (d) 6 (b) 7 (d) 8 (a) 9 (b) 10 (c) 11 (b) 12 (a) 13 (a) 14 (a)
15 (d) 16 (b) 17 (c) 18 (c) 19 (d) 20 (c) 21 (b) 22 (d) 23 (a) 24 (b) 25 (b) 26 (c)

LISTENING SECTION
27 (b) 28 (c) 29 (c) 30 (b) 31 (a) 32 (d) 33 (d) 34 (a) 35 (b) 36 (c) 37 (a) 38 (d) 39 (b) 40 (d)
41 (a) 42 (c) 43 (c) 44 (a) 45 (d) 46 (d) 47 (c) 48 (a) 49 (d) 50 (b) 51 (a) 52 (b)

READING & VOCABULARY SECTION
53 (c) 54 (b) 55 (c) 56 (a) 57 (d) 58 (d) 59 (a) 60 (a) 61 (d) 62 (a) 63 (b) 64 (c) 65 (d) 66 (c)
67 (b) 68 (d) 69 (a) 70 (c) 71 (b) 72 (c) 73 (d) 74 (a) 75 (b) 76 (d) 77 (c) 78 (d) 79 (c) 80 (a)

G-TELP 최신 기출문제

TEST 6

- GRAMMAR SECTION
- LISTENING SECTION
- READING & VOCABULARY SECTION

TEST 6 나의 점수는?

점수 계산법 p.011
문제(책속책) p.122

GRAMMAR _____ / 26
LISTENING _____ / 26
READING & VOCABULARY _____ / 28

총점 _____ 점 (_____ / 80)

※ 틀린 문제/헷갈렸던 문제는 반드시 **복습**하고 다음 **TEST**로 넘어가세요.

GRAMMAR SECTION

01 준동사 — 동명사를 목적어로 취하는 동사

🗝️ **KEY** 보기를 통해 준동사 문제임을 알 수 있으므로 빈칸 앞뒤를 먼저 확인한다.

Bobby is known as the scientist of the family. He enjoys _____ with broken electronic gadgets, combining their parts together to create new machines that actually work. **(a) tinkering** (b) to tinker (c) having tinkered (d) to have tinkered	바비는 가족의 과학자로 알려져 있다. 그는 고장 난 전자 장치를 만지작거리는 것을 즐기는데, 그 부품들을 함께 결합하여 실제로 작동하는 새로운 기계들을 만든다.

💡 **why 정답?** 빈칸 앞 동사 enjoy는 동명사를 목적어로 취하므로 동명사 (a) tinkering이 정답이다.

❌ **why 오답?** (c) having tinkered도 동명사이기는 하지만, 완료 동명사를 쓸 경우 '즐기는' 시점보다 '전자 장치를 만지작거리는' 시점이 앞선다는 것을 나타내므로 문맥에 적합하지 않아 오답이다.

🧠 **핵심 개념 콕콕** 동명사를 목적어로 취하는 동사

recommend -ing ~하는 것을 추천하다, 권장하다
admit -ing ~하는 것을 인정하다
avoid -ing ~하는 것을 피하다
tolerate -ing ~하는 것을 용인하다, 참다
keep -ing 계속 ~하다
consider -ing ~하는 것을 생각하다, 고려하다
mind -ing ~하는 것을 꺼리다
suggest -ing ~하는 것을 제안하다
involve -ing ~하는 것을 포함하다
experience -ing ~하는 경험을 하다
deny -ing ~하지 않았다고 말하다
enjoy -ing ~하는 것을 즐기다

| 어휘 | be known as ~로 알려져 있다 broken 고장 난 electronic gadget 전자 장치 combine 결합하다 tinker with ~을 서투르게 만지작거리다

02 시제 — 현재완료진행

🗝️ **KEY** 보기를 통해 시제 문제임을 알 수 있으므로 시간 표현 관련 단서를 파악한다.

The company Bernard works for is losing money, and he is very worried. He _____ there for ten years now, and is afraid it might close down before he is eligible for retirement and a pension. (a) is working (b) works **(c) has been working** (d) will work	버나드가 일하는 회사가 손실을 보고 있어서, 그는 매우 걱정스럽다. 그는 그곳에서 현재 10년간 근무해오고 있는데, 정년퇴직과 연금에 대한 자격이 생기기 전에 회사가 폐업할까 봐 걱정한다.

💡 **why 정답?** 빈칸 뒤에 'for + 기간'이 있고 과거의 특정 시점 이후로 현재까지 계속 진행 중인 일(10년간 근무해오고 있다)을 서술하고 있으므로 현재완료진행 시제가 적합하다. 따라서 (c) has been working이 정답이다.

❌ **why 오답?** (a) is working은 현재 시점에서 진행 중인 동작을 강조하는 현재진행 시제이고, (b) works는 동작의 지속성을 나타내지 못하는 단순 현재 시제이므로 오답이다.

핵심 개념 콕콕 현재완료진행

형태: has/have been + -ing
함께 쓰이는 시간 표현: since + 과거 시점 / for + 기간 / for[over] the past + 기간 표현 / in[during] the last + 기간 표현
→ 과거부터 현재까지 계속되는 동작의 진행을 강조한다.

| 어휘 | lose money 손해를 보다   close down 폐업하다   be eligible for ~에 대한 자격이 있다   retirement 퇴직   pension 연금

03 가정법 — 가정법 과거

KEY 빈칸 문장의 if절을 통해 가정법 문제임을 알 수 있으므로 가정법 시제 관련 단서를 파악한다.

Living in an inner city apartment is starting to depress Stella because there is hardly any greenery around. She thinks that if she had a big garden, she _____ every afternoon there.

(a) would have spent
(b) spends
(c) would spend
(d) will spend

주변에 푸른 잎이 거의 없기 때문에 도심 지역의 아파트에 사는 것이 스텔라를 우울하게 하기 시작하고 있다. 그녀는 만약 큰 정원이 있다면, 매일 오후 그곳에서 시간을 보낼 거라고 생각한다.

why 정답? if절의 동사가 과거(had)이므로 빈칸이 포함된 주절의 동사는 '조동사의 과거 + 동사원형' 형태가 되어 가정법 과거 구문을 이루어야 한다. 따라서 (c) would spend가 정답이다.

why 오답? (a) would have spent는 가정법 과거완료 구문에서 주절의 동사 형태이므로 오답이다.

핵심 개념 콕콕 가정법 과거

형태: If + 주어 + 과거 동사, 주어 + 조동사의 과거 + 동사원형
→ 현재의 사실을 반대로 가정하여 말한다.

| 어휘 | inner city 도심 지역   depress 우울하게 만들다   hardly 거의 ~ 아니다[없다]   greenery 푸른 잎, 나무

04 시제 — 현재진행

KEY 보기를 통해 시제 문제임을 알 수 있으므로 시간 표현 관련 단서를 파악한다.

The principal finds Bill in the hallway and assures him that he won't get in trouble for arriving late to school. But he reminds Bill to walk softly, and refrain from talking too loudly because classes _____.

(a) are still going on
(b) have still gone on
(c) will still go on
(d) still go on

교장은 복도에서 빌을 발견하고 학교에 늦게 왔다고 혼나지는 않을 거라고 그를 안심시킨다. 그러나 그는 빌에게 아직 수업이 계속되는 중이니 조용히 걷고 너무 크게 얘기하지 말라고 상기시킨다.

why 정답? 보기에 '아직, 여전히'라는 의미의 부사 still이 쓰였고, 주절의 동사 reminds와 동일한 현재 시점에 이뤄지는 일임을 강조하여 '수업이 아직 계속되는 중이다'라는 의미가 되어야 하므로 현재진행 시제인 (a) are still going on이 정답이다.

핵심 개념 콕콕 현재진행

형태: am/are/is + -ing
함께 쓰이는 시간 표현: now / right now / currently / still
→ 현재 시점에서 진행되고 있는 동작을 나타낸다.

| 어휘 | **principal** 교장, 총장 **assure** ~를 안심하게 하다, ~에게 확신시키다 **refrain from** ~을 삼가다 **go on** (어떤 상황이) 계속되다

05 연결어 — 접속사

KEY 보기를 통해 연결어 문제임을 알 수 있으므로 전체 문맥을 파악한다.

Elizabeth is currently very busy. She is doing online searches for countries with the best programs for foreign students. This is _____ she wants to apply to schools abroad.

(a) but
(b) unless
(c) so
(d) because

엘리자베스는 현재 아주 바쁘다. 그녀는 외국인 학생들을 위한 가장 좋은 프로그램이 있는 나라들을 온라인으로 조사하고 있다. 이것은 그녀가 해외에 있는 학교에 지원하고 싶기 때문이다.

why 정답? 문맥상 '외국인 학생을 위한 좋은 프로그램이 있는 나라를 조사하는 것은 해외 유학을 원하기 때문'이라는 의미가 되어야 적합하다. 따라서 이유를 나타내는 접속사 (d) because가 정답이다.

핵심 개념 콕콕 부사절 접속사의 종류와 의미

양보	though, even though, although (비록 ~일지라도)
이유	because, since, as (~때문에), now that (~이니까)
조건	if (만약 ~라면), unless (만약 ~가 아니라면), as long as (~하는 한)
목적	so that, in order that (~하기 위해)
대조	while (~하는 반면에)

| 어휘 | **currently** 현재, 지금 **foreign** 외국의 **apply to** ~에 지원하다 **abroad** 해외에, 해외로

06 시제 — 과거진행

KEY 보기를 통해 시제 문제임을 알 수 있으므로 시간 표현 관련 단서를 파악한다.

The lights flickered for a minute, and then the power went out. Much to his disappointment, Robert _____ on his computer when the power failure occurred, and he wasn't able to save his work.

(a) typed
(b) was typing
(c) would type
(d) had typed

전등이 잠시 깜박거렸고, 그런 다음 전기가 나갔다. 대단히 실망스럽게도, 정전이 일어났을 때 로버트는 컴퓨터로 입력 중이었고, 그는 자신의 작업을 저장하지 못했다.

why 정답? 정전이 발생한 것과 로버트가 컴퓨터로 작업하고 있는 동작이 동시에 일어난 상황이므로 과거 시점에서 동작의 진행을 강조하는 과거진행 시제가 적합하다. 따라서 (b) was typing이 정답이다.

why 오답? (a) typed는 단순 과거 시제로 진행의 의미가 없다. 또한 과거에 동시에 일어난 일을 묘사할 때는 먼저 일어나 진행 중이던 일은 과거진행 시제로, 도중에 일어난 일은 과거 시제로 나타낸다.
(c) 'would + 동사원형'은 '~하곤 했었다'라는 의미로 과거의 습관이나 반복적인 행동을 나타낸다.

핵심 개념 콕콕 과거진행

형태: was/were + -ing
함께 쓰이는 시간 표현: at the moment / at that time / when[while] + 과거 동사
→ 과거 어느 때에 동작이 진행 중이었음을 나타낸다.

| 어휘 | flicker 깜박거리다 go out (불·전깃불이) 꺼지다[나가다] to one's disappointment 실망스럽게도 power failure 정전 occur 일어나다, 발생하다 save 저장하다

07 가정법 — 가정법 과거완료

🔑 **KEY** 빈칸 문장의 if절을 통해 가정법 문제임을 알 수 있으므로 가정법 시제 관련 단서를 파악한다.

Luther wishes that he had better self-control around snack foods. If he had not eaten all those cookies before dinner, he _____ his family for a buffet at Hotel Remington.

(a) could be joining
(b) was joining
(c) joined
(d) could have joined

루터는 간식에 대한 자제력이 좀 더 있었으면 좋았을 것이라고 생각한다. 저녁 식사 전에 그 쿠키들을 다 먹지 않았더라면, 그는 가족들과 함께 호텔 레밍턴의 뷔페에 갔을 것이다.

why 정답? If절의 동사가 had not eaten으로 'had + p.p.' 형태이므로 가정법 과거완료 구문이다. 따라서 주절의 동사는 '조동사의 과거 + have + p.p.' 형태가 되어야 하므로 (d) could have joined가 정답이다.

핵심 개념 콕콕 가정법 과거완료

형태: If + 주어 + had + p.p., 주어 + 조동사의 과거 + have + p.p.
　　　Had + 주어 + p.p., 주어 + 조동사의 과거 + have + p.p. (If 생략)
→ 과거에 있었던 사실을 반대로 가정하여 말한다.

| 어휘 | self-control 자제력 join 함께하다[합류하다]

08 준동사 — to부정사를 목적보어로 취하는 동사

🔑 **KEY** 보기를 통해 준동사 문제임을 알 수 있으므로 빈칸 앞뒤를 먼저 확인한다.

Ryan was accused of cheating during the final exam, but he denied it. When he told his family what really happened, they urged him _____ his teacher to admit his mistake.

(a) to visit
(b) to have visited
(c) having visited
(d) visiting

라이언은 기말시험 중에 부정행위를 하여 비난을 받았으나 이를 부인했다. 그가 가족들에게 진짜로 무슨 일이 있었는지 말하자, 그들은 그에게 선생님을 찾아가서 잘못을 인정하라고 거듭 권유했다.

why 정답? 빈칸 앞 동사 urge는 'urge + 목적어 + 목적보어'의 5형식으로 쓰이며, 목적보어로 to부정사를 취하므로 to부정사인 (a) to visit이 정답이다.

why 오답? (b) to have visited도 to부정사이기는 하지만, 완료 부정사로 쓰일 경우 '권유하는' 시점보다 '선생님을 찾아가는' 시점이 더 앞서는 것이 되어 문맥에 맞지 않으므로 오답이다.

핵심 개념 콕콕 to부정사를 목적보어로 취하는 동사

allow A to do　A가 ~하는 것을 허락하다
ask A to do　A에게 ~해달라고 부탁하다
enable A to do　A가 ~할 수 있게 하다
persuade A to do　A가 ~하도록 설득하다
permit A to do　A가 ~하는 것을 허용하다
urge A to do　A가 ~하도록 거듭 권유하다
force A to do　A가 ~하도록 강요하다
require A to do　A가 ~하도록 요구하다

| 어휘 | be accused of ~로 비난을 받다 cheat 부정행위를 하다 deny 부인하다 admit 인정하다

09 시제 — 미래완료진행

> 🔑 **KEY** 보기를 통해 시제 문제임을 알 수 있으므로 시간 표현 관련 단서를 파악한다.

Cerexol Laboratories has long developed a new drug for arthritis. However, the FDA is still evaluating the drug's safety. By August, the company _____ for FDA approval for three years before they can market the drug. (a) will wait **(b) will have been waiting** (c) has waited (d) would have waited	세렉솔 연구소는 오랫동안 관절염을 위한 신약을 개발해왔다. 그러나 FDA는 여전히 그 약의 안전성을 평가하고 있는 중이다. 8월 무렵이면, 회사는 이 약을 시장에 내놓을 수 있기 전에 3년 동안 FDA의 승인을 기다려오고 있는 중일 것이다.

why 정답? 미래의 특정 시점까지(By August) 일정 기간 동안(for three years) 지속될 일에 대해 서술하고 있으므로 미래완료진행 시제인 (b) will have been waiting이 정답이다.

핵심 개념 콕콕 미래완료진행

형태: will have been + -ing
함께 쓰이는 시간 표현: 'by[by the time] + 미래 시점'과 'for + 기간 표현'이 함께 온다.
→ 미래의 특정 시점까지 어떤 행위가 계속되는 경우로, 특히 동작의 진행을 강조한다.

| 어휘 | laboratory 연구소, 실험실 develop 개발하다 arthritis 관절염 evaluate 평가하다 market (상품을) 내놓다[광고하다]

10 준동사 — 동명사를 목적어로 취하는 동사

> 🔑 **KEY** 보기를 통해 준동사 문제임을 알 수 있으므로 빈칸 앞뒤를 먼저 확인한다.

Rudy is on an assignment abroad and has been away from his wife for several months now. He hopes that she doesn't mind _____ online every night, since that is their only means of communication. (a) to be chatting (b) having chatted **(c) chatting** (d) to chat	루디는 해외에서 업무를 수행 중이어서 지금 그의 아내와 몇 달 동안 떨어져 지내고 있다. 그는 그녀가 매일 밤 온라인으로 채팅하는 걸 싫어하지 않기를 바라는데, 그것이 그들의 유일한 연락 수단이기 때문이다.

why 정답? 빈칸 앞 동사 mind는 동명사를 목적어로 취하므로 동명사 (c) chatting이 정답이다

why 오답? (b) having chatted도 동명사이기는 하지만, 완료 동명사를 쓸 경우 '싫어하는' 시점보다 '온라인으로 채팅하는' 시점이 앞선다는 의미가 되어 문맥상 적합하지 않아 오답이다.

| 어휘 | assignment 임무, 과제 means 수단, 방법

11 조동사 — 조동사 should 생략

> **KEY** 보기가 동사 형태이고 빈칸 앞에 that이 있으므로 that절 앞에 쓰인 동사나 형용사를 확인한다.

It was so cold this morning, I called my roommate immediately when I returned to our building and requested her help. I asked that she please, please _____ to help bring the groceries up to our flat.

(a) came down
(b) come down
(c) would come down
(d) was coming down

오늘 아침은 몹시 추웠고, 나는 우리 건물로 돌아가자마자 바로 내 룸메이트에게 전화를 걸어 그녀의 도움을 요청했다. 나는 그녀에게 제발 좀 내려와서 식료품을 우리 아파트로 가지고 올라가는 걸 도와 달라고 부탁했다.

why 정답? 주절에 요구를 나타내는 동사 ask가 왔으므로 that절의 동사는 should가 생략된 동사원형 형태를 취해야 한다. 따라서 (b) come down이 정답이다.

핵심 개념 콕콕 주장/요구/제안/명령의 동사 + that절

| 주어 + | ask/order/demand/insist/request/
propose/suggest/recommend/advise | + that + 주어 + (should) + 동사원형 |

| 어휘 | immediately 즉시 request 요청하다 grocery 식료품 flat 아파트식 주거지

12 준동사 — 동명사를 목적어로 취하는 동사

> **KEY** 보기를 통해 준동사 문제임을 알 수 있으므로 빈칸 앞뒤를 먼저 확인한다.

Frank was very anxious when he first started driving in Italy. Being from California, he had never experienced _____ on the left side of the road before. He has now gotten used to it though.

(a) driving
(b) to be driving
(c) having driven
(d) to drive

프랭크가 이탈리아에서 처음으로 운전을 시작했을 때 그는 몹시 불안했다. 캘리포니아 출신이기 때문에 그는 전에 왼쪽 도로에서 운전을 해본 경험이 전혀 없었다. 하지만 이제는 그것에 익숙해졌다.

why 정답? 빈칸 앞 동사 experience는 동명사를 목적어로 취하므로 동명사 (a) driving이 정답이다.

why 오답? (c) having driven도 동명사이기는 하지만, 완료 동명사로 쓰일 경우 '경험해 본 적이 없는' 시점보다 '운전한' 시점이 앞선다는 의미가 되어 문맥에 적합하지 않아 오답이다.

| 어휘 | anxious 불안해하는, 염려하는 experience -ing ~하는 경험을 하다 get used to ~에 익숙해지다

13 조동사 — 조동사 will

🔑 **KEY** 보기를 통해 조동사 문제임을 알 수 있으므로 전체 문맥을 파악한다.

| Penny has just left the office, and is on her way to the Orion Theater. Given how close her office is to the theater, I'm sure she _____ be there in time for the movie's start.

(a) will
(b) should
(c) may
(d) could | 페니는 방금 사무실을 나와서 오리온 극장으로 가는 중이다. 그녀의 사무실과 그 극장이 얼마나 가까운지 고려해볼 때, 분명히 그녀는 영화 시작에 맞춰 제시간에 그곳에 도착할 것이다. |

💡 **why 정답?** 문맥상 '그녀가 영화 시작에 맞춰 제시간에 도착할 것이라고 확신한다'라는 의미가 되어야 자연스럽다. 따라서 미래/예정을 나타내는 조동사 (a) will이 정답이다.

❌ **why 오답?** (c) may는 '~일지도 모른다'라는 약한 추측을 나타내므로 '그녀가 영화 시작에 맞춰 제시간에 도착할지도 모른다'라는 의미가 되어 확신을 나타내는 I'm sure와 어울리지 않아 오답이다.
(b) should는 '~해야 한다'라는 당위성, (d) could는 '~할 수 있다'라는 가능성을 나타내므로 모두 문맥에 적합하지 않다.

🌱 **핵심 개념 콕콕** **조동사 will의 쓰임**
① 미래/예정을 나타낸다. (=be going to)
② 주어의 확실한 의지를 나타낸다.

| **어휘** | on one's way to ~로 가는 중인 given (that) ~을 고려해볼 때 in time 제시간에

14 시제 — 과거완료진행

🔑 **KEY** 보기를 통해 시제 문제임을 알 수 있으므로 시간 표현 관련 단서를 파악한다.

| I was supposed to lead my study group yesterday, but my last class went longer than expected. They grew restless because they _____ for 45 minutes by the time I finally got out of class.

(a) had been waiting
(b) waited
(c) was waiting
(d) would have waited | 나는 어제 우리 스터디 그룹을 이끌기로 되어 있었지만 내 마지막 수업이 예상보다 오래 진행되었다. 내가 마침내 수업에서 나왔을 때쯤 그들은 45분 동안 기다려오던 중이었기 때문에 좀이 쑤셔 했다. |

💡 **why 정답?** 과거의 특정 시점, 즉 '내가 수업에서 나온 때'를 기준으로 그 이전부터 45분 동안 계속 기다리고 있었다는 것이므로 과거완료진행 시제가 적합하다. 따라서 (a) had been waiting이 정답이다.

❌ **why 오답?** (b) waited는 단순 과거 시제로, 과거의 어느 시점에 끝난 일을 말할 때 쓰므로 행위의 지속성을 나타내지 못한다.
(c) was waiting은 과거진행 시제로, 과거의 기준 시점을 중심으로 짧은 시간 동안에 일어난 일을 나타낸다.

🌱 **핵심 개념 콕콕** **과거완료진행**
형태: had been + -ing
함께 쓰이는 시간 표현: 'for + 기간 표현'과 'before[until/by the time] + 과거 동사/시점'이 함께 온다.
→ 과거의 특정 시점을 기준으로 그 이전에 시작된 행위가 기준 시점까지 계속 진행 중임을 나타낸다.

| **어휘** | be supposed to do ~하기로 되어 있다 restless 가만히 못 있는, 들썩이는

15 조동사 — 조동사 should 생략

> **KEY** 보기가 동사 형태이고 빈칸 앞에 that이 있으므로 that절 앞에 쓰인 동사나 형용사를 확인한다.

The line supervisor seems to be very strict lately. He now insists that an employee completely _____ a task before having lunch so that a new task can be assigned after the break.

(a) will finish
(b) is finishing
(c) finishes
(d) finish

작업 라인 감독관이 최근 매우 엄격해진 듯하다. 그는 이제 휴식 후에 새로운 업무가 배정될 수 있도록 직원들이 점심 식사 전에 업무를 완전히 끝내야 한다고 주장한다.

> **why 정답?** 주절에 주장을 나타내는 동사 insist가 왔으므로 that절의 동사는 should가 생략된 동사원형 형태를 취해야 한다. 따라서 (d) finish가 정답이다.

| 어휘 | line (공장의) 작업 라인[조립 공정] supervisor 감독관, 관리자 strict 엄격한 insist 주장하다 employee 직원 completely 완전히 task 일, 과업 assign (일을) 배정하다, 맡기다

16 가정법 — 가정법 과거

> **KEY** 빈칸 문장의 if를 통해 가정법 문제임을 알 수 있으므로 가정법 시제 관련 단서를 파악한다.

A rough sketch depicting a banana has been valued at $3,000. That's because it was made by a gorilla. If the sketch _____ by my little sister, I wonder how much it would be worth.

(a) is to be drawn
(b) were to be drawn
(c) had been to be drawn
(d) will be drawn

바나나를 대강 그린 스케치가 3,000달러로 평가되었다. 그 이유는 그것이 고릴라가 그린 것이었기 때문이다. 만약 그 스케치가 내 여동생이 그린 것이었다면, 얼마의 가치가 있을지 나는 궁금하다.

> **why 정답?** 주절에 속한 동사(would be)가 '조동사의 과거 + 동사원형' 형태이므로 가정법 과거 구문이다. 따라서 If절에는 과거 동사가 와야 하므로 (b) were to be drawn이 정답이다.

| 어휘 | rough sketch 대강의 스케치 depict 그리다, 묘사하다 be valued at (가치·가격이) ~로 평가되다 worth ~의 가치가 있는

17 준동사 — to부정사를 목적보어로 취하는 동사

> **KEY** 보기를 통해 준동사 문제임을 알 수 있으므로 빈칸 앞뒤를 먼저 확인한다.

The police wanted to make sure that their primary suspect was definitively the one who committed the crime. Thus, several witnesses were asked _____ the man from a police line-up.

(a) to have identified
(b) identifying
(c) to identify
(d) having identified

경찰은 그들의 주요 용의자가 그 범행을 저지른 사람이 분명하다는 것을 확실히 하고 싶었다. 그래서, 몇몇 목격자들이 범인 식별 절차에서 그 남자를 확인해 달라는 요청을 받았다.

> **why 정답?** 빈칸 앞 동사 ask는 'ask + 목적어 + 목적보어'의 구조로 쓰이는데, 목적보어로 to부정사를 취한다. 빈칸 문장은 이 구문이 수동태로 전환되어 목적어 several witnesses가 문장 맨 앞에 온 경우인데, 수동태가 되어도 목적보어 자리의 to부정사는 그대로 유지되므로 (c) to identify가 정답이다.

why 오답? (a) to have identified도 to부정사이기는 하지만, 완료 부정사로 쓰일 경우 '요청받은' 시점보다 '확인하는' 시점이 더 앞서는 것이 되어 문맥에 적합하지 않아 오답이다.

| 어휘 | make sure 확실하게 하다 primary 주된, 주요한 suspect 용의자 definitively 결정적으로, 명확하게 commit a crime 범행을 저지르다 witness 목격자 police line-up 범인 식별 절차 identify 확인하다, 알아보다

18 가정법 — 가정법 과거완료

KEY 빈칸 문장의 if절을 통해 가정법 문제임을 알 수 있으므로 가정법 시제 관련 단서를 파악한다.

Sharon is regretting buying a new mobile phone too soon because the phone is now selling at a much lower price. If she had waited a little longer, she _____ a lot of money on the purchase.

(a) would save
(b) was saving
(c) would have saved
(d) saved

샤론은 새 휴대폰을 너무 빨리 산 것을 후회하고 있는데, 왜냐하면 그 전화기가 현재 훨씬 저렴한 가격에 판매되고 있기 때문이다. 만약 그녀가 조금 더 기다렸다면, 구매하는 데 많은 돈을 절약했을 것이다.

why 정답? If절의 동사가 had waited로 'had + p.p.' 형태이므로 가정법 과거완료 구문이다. 따라서 주절의 동사는 '조동사의 과거 + have + p.p.' 형태가 되어야 하므로 (c) would have saved가 정답이다.

| 어휘 | regret -ing ~한 것을 후회하다 purchase 구매, 구매한 것 save 절약하다

19 연결어 — 접속부사

KEY 보기와 빈칸 뒤 콤마를 통해 접속부사 문제임을 알 수 있으므로 전체 문맥을 확인한다.

Actors auditioning for the play were required to perform a song for the director. _____, Kylie simply showed the director some of her online music videos, and she was cast in a major role.

(a) Besides
(b) Therefore
(c) In fact
(d) However

그 연극을 위해 오디션을 보는 배우들은 감독 앞에서 노래를 하라는 요구를 받았다. 그러나 카일리는 감독에게 그저 인터넷상에 있는 자신의 뮤직비디오의 일부를 보여주었고, 주요 배역에 캐스팅되었다.

why 정답? '감독 앞에서 노래를 하라는 요구를 받았다'라는 앞 문장과 '그냥 자신의 뮤직비디오의 일부를 보여주었다'라는 뒤 문장이 서로 대조를 이루므로 '그러나'라는 의미로 두 문장을 이어주는 접속부사인 (d) However가 정답이다.

why 오답? (a) Besides는 '게다가', (b) Therefore는 '따라서', (c) In fact는 '사실은'이라는 뜻으로 모두 문맥에 적합하지 않아 오답이다.

핵심 개념 콕콕 | 접속부사의 종류

대조/양보	nevertheless, nonetheless, however, on the other hand, in contrast, still, otherwise
첨가/부연	furthermore, in addition, moreover, in fact
강조	above all, first of all
인과	therefore, thus, hence, so, consequently, as a result
요약	in short, in brief, to summarize

| 어휘 | audition 오디션을 보다, 오디션을 실시하다 be required to do ~하라는 요구를 받다 perform (연주 등을) 해 보이다, 공연하다 simply 그저, 그냥 cast 배역을 맡기다, 캐스팅을 하다 major 주요한 role 배역, 역할

20　관계사 — 목적격 관계대명사 that

KEY 보기를 통해 관계사 문제임을 알 수 있으므로 빈칸 앞 선행사를 확인한다.

Our school's chess team has been competing with other schools to qualify for the national tournament. They have beaten Bowen High and Wells Community Academy so far, but the school _____ is Eagle Ridge Academy.

(a) what they really hope to outperform
(b) whom they really hope to outperform
(c) that they really hope to outperform
(d) when they really hope to outperform

우리 학교 체스팀은 전국 대회 출전 자격을 놓고 다른 학교와 겨루어 오는 중이다. 그들은 지금까지 보웬 고등학교와 웰스 커뮤니티 아카데미를 이겼으나 그들이 정말로 앞서기를 희망하는 학교는 이글 리지 아카데미이다.

why 정답? 사물 선행사 the school을 수식하면서 관계사절 안에서 동사 outperform의 목적어 역할을 하는 관계대명사가 필요하므로 (c) that they really hope to outperform이 정답이다.

why 오답? (a) what은 선행사를 포함하는 관계대명사이므로 앞에 선행사가 올 수 없다.
(b) whom은 선행사가 사람일 때 쓴다.

핵심 개념 콕콕　관계대명사의 종류와 격

선행사	주격	소유격	목적격
사람	who	whose	who(m)
사물	which	whose(of which)	which
사람/사물	that	-	that
사물(선행사 포함)	what	-	what

| 어휘 | compete with ~와 겨루다　qualify for ~에 대한 자격을 얻다　national 전국의　tournament 토너먼트, 시합　beat (시합에서) 이기다　outperform ~보다 기량이 뛰어나다

21　시제 — 미래진행

KEY 보기를 통해 시제 문제임을 알 수 있으므로 시간 표현 관련 단서를 파악한다.

Samantha has just returned from a long vacation, and has neglected her garden for three weeks. I want to visit her, but I'm concerned that she _____ in her garden when I get there.

(a) will work
(b) will be working
(c) is working
(d) works

사만다는 방금 장기 휴가에서 돌아왔고 3주 동안 자신의 정원을 방치해 두었다. 나는 그녀를 방문하고 싶지만 내가 그곳에 갈 때쯤 그녀가 정원에서 일하는 중일까 봐 걱정된다.

why 정답? 시간 부사절에서는 현재 동사로 미래의 의미를 나타낸다. when이 이끄는 시간 부사절의 동사가 현재형 get이고, '내가 그곳에 갈 때쯤이면 그녀가 정원에서 일하는 중일 것이다'라는 의미가 적합하므로 미래진행 시제인 (b) will be working이 정답이다.

핵심 개념 콕콕　미래진행

형태: will be + -ing
함께 쓰이는 시간 표현: when + 현재 동사
→ 미래에 어떤 동작이 계속 진행 중일 것을 나타낸다.

| 어휘 | neglect 방치하다　concerned 걱정[염려]하는

22 가정법 — 가정법 과거완료

KEY 빈칸 문장의 if절을 통해 가정법 문제임을 알 수 있으므로 가정법 시제 관련 단서를 파악한다.

My son Peter knocked over a carton of milk while I was in the kitchen baking. If he had not spilled the milk, I _____ enough cupcakes to serve everyone for dessert.

(a) baked
(b) had been baking
(c) would bake
(d) would have baked

내가 부엌에서 빵을 굽는 동안 내 아들 피터가 우유 한 통을 엎었다. 만약 그가 우유를 쏟지 않았다면, 나는 모든 사람들에게 디저트로 내놓을 컵케이크를 충분히 구웠을 것이다.

why 정답? If절의 동사(had not spilled)가 'had + p.p.' 형태이므로 가정법 과거완료 구문이다. 따라서 주절의 동사는 '조동사의 과거 + have + p.p.' 형태가 되어야 하므로 (d) would have baked가 정답이다.

| 어휘 | knock over 뒤엎다 a carton of 한 통[갑]의 spill 쏟다, 흘리다 serve (음식을 상에) 차려 주다[내다]

23 조동사 — 조동사 should 생략

KEY 보기가 동사 형태이고 빈칸 앞에 that이 있으므로 that절 앞에 쓰인 동사나 형용사를 확인한다.

Wendy is reluctant to ride the cable car because she is afraid of heights. Her friends are suggesting that she _____ that the cable car is just near the ground for her to enjoy the ride.

(a) pretend
(b) is pretending
(c) will pretend
(d) pretends

웬디는 높은 곳을 무서워하기 때문에 케이블카를 타는 것을 주저한다. 그녀의 친구들은 그녀가 탑승을 즐길 수 있도록 그녀에게 케이블카가 지면 바로 가까이에 있다고 상상할 것을 제안하고 있다.

why 정답? 주절에 제안을 나타내는 동사 suggest가 왔으므로 that절의 동사는 should가 생략된 동사원형 형태를 취해야 한다. 따라서 (a) pretend가 정답이다.

| 어휘 | be reluctant to do ~하는 것을 주저하다 ride 타다; 타기 heights 높은 곳 suggest 제안[제의]하다 pretend ~라고 상상하다

24 관계사 — 목적격 관계대명사 which

KEY 보기를 통해 관계사 문제임을 알 수 있으므로 빈칸 앞 선행사를 확인한다.

Carl's supervisor is very particular about punctuality. In fact, she said that getting stuck in traffic, _____ for tardiness, is the last explanation she wants to hear when someone is late for work.

(a) what she never accepts as an excuse
(b) which she never accepts as an excuse
(c) that she never accepts as an excuse
(d) whom she never accepts as an excuse

칼의 상사는 시간 엄수에 대해 아주 까다롭다. 사실, 그녀는 차가 막혔다는 것을, 이것은 지각에 대한 변명으로 그녀가 절대 받아주지 않는 것인데, 누군가 회사에 지각할 때 가장 듣고 싶지 않은 해명이라고 말했다.

why 정답? 선행사로 앞의 어구 getting stuck in traffic을 수식하고, 관계사절 내에서 동사 accepts의 목적어 역할을 하면서 콤마(,) 뒤에 올 수 있는 관계대명사가 필요하므로 (b) which she never accepts as an excuse가 정답이다.

핵심 개념 콕콕 관계대명사의 계속적 용법

관계대명사의 계속적 용법(관계대명사 앞에 콤마가 있는 경우)은 선행사에 대한 보충 설명으로, that은 계속적 용법으로 쓸 수 없다.
She had two sons, who became teachers. = She had two sons, and they became teachers.
그녀는 교사가 된 두 아들이 있었다.   그녀는 두 아들이 있었는데, 그들은 교사가 되었다.
She had two sons, that became teachers. (X)

| 어휘 | supervisor 상사, 감독관   particular about ~에 대해 까다로운   punctuality 시간 엄수   stuck in traffic 차가 막힌, 교통이 정체된   tardiness 느림, 지각   explanation 해명, 설명   accept 받아들이다   excuse 변명

25 조동사 — 조동사 must

KEY 보기를 통해 조동사 문제임을 알 수 있으므로 전체 문맥을 파악한다.

We couldn't believe how impressive Randall's performance was during last night's football game. Compared to his previous games, he _____ have prepared really well for that match.

(a) would
(b) must
(c) should
(d) will

우리는 어젯밤 축구 경기 동안 랜들의 기량이 얼마나 인상적이었는지 믿을 수가 없었다. 이전 경기들에 비해, 그가 그 경기를 정말 잘 준비했던 게 틀림없다.

why 정답? 문맥상 '그가 그 경기를 정말 잘 준비했던 게 틀림없다'라는 의미이므로 'must have + p.p.'의 형태로 과거의 사실에 대한 강한 추측을 나타내는 조동사 (b) must가 정답이다.

why 오답? (c) should가 'should have + p.p.' 형태로 쓰이면 '~했어야 했는데 하지 못했다'라는 의미로 과거의 사실에 대한 후회를 나타내므로 문맥에 적합하지 않다.

핵심 개념 콕콕 추측을 나타내는 '조동사 + have + p.p.'

may/might have p.p. ~했는지도 모른다
could have p.p. ~했을 수도 있다
must have p.p. ~했던 게 틀림없다

may/might not have p.p. ~하지 않았는지도 모른다
can/could not have p.p. ~했을 리가 없다
must not have p.p. ~하지 않았음에 틀림없다

| 어휘 | impressive 인상적인   compared to ~에 비해   previous 이전의   prepare 준비하다   match 경기, 시합

26 가정법 — 가정법 과거

KEY 빈칸 문장의 if절을 통해 가정법 문제임을 알 수 있으므로 가정법 시제 관련 단서를 파악한다.

Reginald's expenses for ongoing household repairs have just reached $2,000. He is short on cash nowadays, and if he could make the repairs himself, he _____ to use that $2,000 to pay next semester's tuition.

(a) would have been able
(b) was able
(c) would be able
(d) has been able

레지널드가 계속 진행 중인 집수리 비용이 이제 막 2,000달러에 이르렀다. 그는 요즘 현금이 부족한데, 만약 그가 직접 수리를 할 수 있다면, 다음 학기 등록금을 내는 데 그 2,000달러를 쓸 수 있을 것이다.

why 정답? if절의 동사가 could make로 과거이므로 주절의 동사는 '조동사의 과거 + 동사원형' 형태가 되어 가정법 과거 구문을 완성해야 한다. 따라서 (c) would be able이 정답이다.

| 어휘 | expense 비용   ongoing 계속 진행 중인   household 가정   repair 수리, 보수   short on ~이 부족하여   nowadays 요즘에는   semester 학기   tuition 수업료, 등록금

LISTENING SECTION

PART 1 27-33 일상 대화 밸런타인데이 휴가 계획

F: Hello, Dale! What brings you here to the mall?

M: Hi, Allyson! [27]I'm here shopping for an upcoming vacation. My girlfriend Jenny and I are going to the island of Santorini in Greece for a week to celebrate Valentine's Day.

F: That's great! I've heard that Santorini is the ideal destination for fun and relaxation.

M: Well, we hope so! What about you and your boyfriend? Are you going anywhere for Valentine's Day?

F: Yes, we are, [28]but Andrew doesn't know about it yet. I'm surprising him. [27]I booked us a week-long vacation in Rio de Janeiro in Brazil.

M: Rio de Janeiro. That's cool!

F: I know. Andrew and I will also be celebrating our fifth anniversary that week, so I thought it would be nice to go somewhere exciting.

M: I see… Well, Jenny and I decided to go to Santorini after reading about the beautiful sights and the wide range of activities for tourists on the island.

F: So we're all going abroad for Valentine's Day! By the way, what is there to do in Santorini? I can't say I know a lot about the place.

M: As I've said, Santorini is an island, so there are a lot of beautiful beaches there. [29]There's even a black beach that we're curious about.

F: Interesting. What else are you going to see there?

M: Well, there's also an open-air cinema, wineries, beautiful volcanoes, museums, and many other things. I'm a little worried a week won't be enough time to explore the whole island.

F: [30]Greece is also known to be a very romantic place. I'm sure Santorini is an ideal destination for couples.

M: That's true. What about you? What are you looking forward to doing while you're in Brazil?

F: For one thing, [31]Andrew is very interested in world-famous statues, and there's that famous Christ the Redeemer statue in Rio de Janeiro.

M: I've read that the statue was built on top of a mountain that overlooks the city.

여: 안녕, 데일! 여기 쇼핑몰에는 어쩐 일이야?

남: 안녕, 앨리슨! [27]디오는 휴가를 위해서 여기서 쇼핑을 하는 중이야. 나는 밸런타인데이를 기념하기 위해 여자친구 제니와 일주일간 그리스 산토리니 섬에 가려고 해.

여: 멋지다! 산토리니가 재미와 휴식을 위한 이상적인 목적지라고 들었어.

남: 음, 우리도 그러길 바라! 너와 네 남자친구는 어때? 밸런타인데이를 맞아 어디 가니?

여: 응, 그러려고 해. [28]그런데 앤드류는 그것에 대해 아직 몰라. 그를 놀라게 할거거든. [27]내가 우리를 위해 브라질 리우데자네이루로 일주일간의 휴가 여행을 예약했어.

남: 리우데자네이루. 멋지다!

여: 맞아. 앤드류와 나는 또 그 주에 우리의 5주년을 기념할 거라서 신나는 곳에 가는 게 좋겠다고 생각했어.

남: 그렇구나… 음, 제니와 나는 이 섬이 풍경이 아름답고 할 거리가 아주 다양하다는 것을 읽은 뒤에 산토리니에 가기로 결정했어.

여: 그러고 보니 우리 모두 밸런타인데이를 위해 외국에 가네! 그런데, 산토리니에 가면 할 게 뭐가 있어? 난 그곳에 대해 많이 안다고 할 수가 없거든.

남: 내가 말했듯이, 산토리니는 섬이어서 아름다운 해변들이 많아. [29]심지어 우리가 궁금해하는 검은 해변도 있어.

여: 흥미롭다. 거기서 그 밖에 또 무엇을 볼 거야?

남: 음, 야외극장, 포도주 양조장, 아름다운 화산, 박물관과 그 밖에 많은 것들이 있어. 섬 전체를 둘러보는 데 일주일로는 충분하지 않을까 봐 조금 걱정돼.

여: [30]그리스는 또 아주 낭만적인 장소로 알려져 있어. 산토리니는 커플들에게 최적의 장소일 거라고 확신해.

남: 맞아. 너희는 어때? 브라질에 있을 때 무얼 하는 게 기대돼?

여: 우선 한 가지는, [31]앤드류가 세계적으로 유명한 조각상에 관심이 아주 많은데, 리우데자네이루에 그 유명한 구세주 그리스도상이 있어.

남: 그 조각상이 도시가 내려다보이는 산 정상에 세워졌다고 읽은 적이 있어.

F: That's right! Anyway, Andrew and I also both love to eat, so I can't wait for us to try local Brazilian cuisine in one of the open-air restaurants. I also want to visit the botanical gardens and of course, relax and swim at the beaches.
M: I'm sure it won't be long before you guys get that distinct Brazilian tan that everyone is so crazy about, ha-ha!
F: You bet, ha-ha! It seems like our vacation spots aren't so different from each other.
M: ³²I'm sure they have many similarities, but I get the impression that Santorini is a more relaxed spot because it's surrounded by beaches and is a quiet island.
F: ³²Yeah. Rio is a big city, so I'm sure it will be bustling with thousands of people.
M: Right. So, when are you leaving?
F: ³³We'll be flying to Rio on February 12, two days before Valentine's Day. What about you?
M: ³³We're leaving on the 10th, and then we're coming back home on the 16th.
F: Well, I hope you guys have a great time, Dale!
M: You too, Allyson!

여: 맞다! 게다가, 앤드류와 나는 또 둘 다 먹는 걸 아주 좋아해서 야외 음식점 중 한 곳에서 현지 브라질 요리를 먹어보는 게 너무 기대돼. 또, 식물원에 가고 싶고, 당연히 해변에서 쉬면서 수영하고 싶어.
남: 분명히 얼마 안 있으면 너희는 모든 사람들이 그렇게 열광하는 독특한 브라질 선탠을 하겠구나, 하하!
여: 당연하지, 하하! 우리의 휴가지가 서로 그렇게 다르지 않은 것 같아.
남: ³²비슷한 점이 많은 건 분명하지만, 해변에 둘러싸여 있고 조용한 섬이기 때문에 산토리니가 더 여유로운 곳이라는 인상이 드네.
여: ³²응. 리우는 대도시여서 분명히 수많은 사람들로 북적거릴 거야.
남: 맞아. 그래서, 언제 떠나?
여: ³³우리는 밸런타인데이 이틀 전인 2월 12일에 항공편으로 리우로 가. 너희는?
남: ³³우리는 10일에 떠나서 16일에 집으로 돌아와.
여: 음, 너희들 즐거운 시간 보내길 바라, 데일!
남: 너희도, 앨리슨!

| 어휘 | upcoming 다가오는, 곧 있을 ideal 이상적인 destination 목적지, 도착지 relaxation 휴식 book 예약하다 anniversary 기념일 sight 광경, 모습 a wide range of 다양한 go abroad 외국에 가다 curious about ~에 대해 궁금해하는 open-air 야외의 winery 포도주 양조장 volcano 화산 whole 전체의 statue 조각상 overlook 내려다보다 local 현지의, 지역의 cuisine (비싼 식당의) 요리, 요리법 botanical garden 식물원 distinct 독특한, 뚜렷이 다른 get a tan 선탠을 하다 crazy about ~에 (푹) 빠져 있는, ~에 열광하는 spot 곳, 장소 similarity 유사성, 닮은 점 get the impression that ~한 인상을 받다 relaxed 여유 있는, 느긋한 bustling with ~로 북적거리는

27 주제/목적 문제

KEY 질문을 들으며 키워드 what / discussing을 노트테이킹한다.

What are Allyson and Dale discussing?	앨리슨과 데일은 무엇에 대해 얘기하고 있는가?
(a) their favorite vacation spots **(b) their upcoming vacations** (c) their special interests (d) their Valentine's Day practices	(a) 그들이 가장 좋아하는 휴가지 **(b) 다가오는 그들의 휴가** (c) 그들의 특별한 관심사 (d) 그들이 밸런타인데이에 하는 일들

why 정답? 다가오는 밸런타인데이를 맞아 앨리슨과 데일이 각자의 휴가 계획에 대해 얘기하고 있으므로 (b)가 정답이다.
why 오답? (a) 각자 밸런타인데이를 보낼 휴가지에 대해 얘기하고 있지만 이들이 '가장 좋아하는' 휴가지라는 말은 하지 않았으므로 오답이다.

| 어휘 | interest 관심사, 취미 practice (평상시 늘 하는) 일상적 행위

28 특정 세부사항 문제

🔑 **KEY** 질문을 들으며 키워드 why doesn't Allyson's boyfriend know / vacation을 노트테이킹한다.

Why doesn't Allyson's boyfriend know about their vacation yet?	앨리슨의 남자친구는 왜 그들의 휴가에 대해 아직 알지 못하는가?
(a) She hasn't booked the vacation yet. (b) She hasn't chosen a destination yet. **(c) She wants to surprise him with the vacation.** (d) Her boyfriend doesn't like Rio de Janeiro.	(a) 그녀가 아직 휴가 여행을 예약하지 않았다. (b) 그녀가 아직 목적지를 결정하지 않았다. **(c) 그녀가 휴가로 그를 놀라게 해주고 싶어 한다.** (d) 그녀의 남자친구는 리우데자네이루를 좋아하지 않는다.

💡 **why 정답?** 앨리슨은 남자친구를 놀라게 해주려고 휴가 계획을 알리지 않았으므로 (c)가 정답이다.

❌ **why 오답?** (a) 이미 일주일간의 휴가 여행을 예약해 놓은 상태이다.
(b) 휴가지는 브라질의 리우데자네이루로 결정했다고 했다.

29 특정 세부사항 문제

🔑 **KEY** 질문을 들으며 키워드 what aspect / Santorini / curious about을 노트테이킹한다.

What aspect of Santorini are Dale and his girlfriend curious about?	데일과 그의 여자친구는 산토리니의 어떤 점에 대해 궁금해하는가?
(a) its open-air movie house (b) its wine factories **(c) a beach with black sand** (d) a museum on a volcanic island	(a) 야외 영화관 (b) 와인 공장 **(c) 검은 모래가 있는 해변** (d) 화산섬에 있는 박물관

💡 **why 정답?** 데일은 산토리니에는 아름다운 해변이 많은데, 자신과 여자친구가 궁금해하는 검은 해변도 있다고 말했으므로 (c)가 정답이다.

» a black beach → a beach with black sand

❌ **why 오답?** (a) 야외극장, (b) 포도주 양조장, (d) 박물관 모두 산토리니에 있는 것들이지만, 데일과 여자친구가 궁금해하는 것으로 분명히 언급된 것은 검은 해변이다.

| **어휘** | aspect 측면, 양상 movie house 영화관 volcanic 화산의

30 특정 세부사항 문제

🔑 **KEY** 질문을 들으며 키워드 how / Santorini / described를 노트테이킹한다.

Being a Greek island, how can Santorini be described?	그리스의 섬이라는 점에서, 산토리니를 어떻게 묘사할 수 있는가?
(a) as an isolated region **(b) as a romantic place** (c) as a crowded area (d) as an ancient place	(a) 외딴 지역으로 **(b) 낭만적인 장소로** (c) 붐비는 지역으로 (d) 고대의 장소로

💡 **why 정답?** 그리스가 낭만적인 장소로 알려져 있다고 한 후 산토리니가 커플들에게 최적의 장소라고 강조한 것으로 보아 (b)가 정답이다.

| **어휘** | isolated 외딴, 고립된 region 지역 crowded (사람들이) 붐비는, 복잡한 ancient 고대의, 아주 오래된

31 추론 문제

🔑 **KEY** 질문을 들으며 키워드 what / Allyson's boyfriend / do first / Rio de Janeiro를 노트테이킹한다.

What will Allyson's boyfriend most likely do first in Rio de Janeiro?	앨리슨의 남자친구는 리우데자네이루에서 제일 먼저 무엇을 할 것 같은가?
(a) see a famous statue (b) visit the botanical garden (c) eat popular Brazilian dishes (d) swim at the beach	**(a) 유명한 조각상을 본다.** (b) 식물원을 방문한다. (c) 인기 있는 브라질 요리를 먹는다. (d) 해변에서 수영한다.

💡 **why 정답?** 앨리슨의 남자친구인 앤드류가 리우데자네이루에 있는 세계적으로 유명한 구세주 그리스도상에 관심이 아주 많다고 했으므로 제일 먼저 이 조각상을 보러 갈 것으로 유추할 수 있다. 따라서 (a)가 정답이다.

| 어휘 | dish 요리

32 특정 세부사항 문제

🔑 **KEY** 질문을 들으며 키워드 what / differentiates Rio de Janeiro를 노트테이킹한다.

What best differentiates Rio de Janeiro from Santorini?	리우데자네이루가 산토리니와 가장 잘 구별되는 점은 무엇인가?
(a) its friendliness to tourists (b) its lack of appeal to couples (c) the tan people get from its beaches **(d) its being more crowded**	(a) 관광객에 대한 호의 (b) 커플들을 끌어당기는 매력의 부족 (c) 사람들이 해변에서 하는 선탠 **(d) 더 붐비는 것**

💡 **why 정답?** 산토리니는 해변에 둘러싸인 조용한 섬인 반면 리우데자네이루는 대도시여서 많은 사람들로 북적거릴 것이라고 했으므로 (d)가 정답이다.

» bustling with thousands of people → more crowded

| 어휘 | differentiate 구별하다, 구분 짓다 friendliness 호의, 친절 lack of ~의 부족, 결핍 appeal 매력

33 특정 세부사항 문제

🔑 **KEY** 질문을 들으며 키워드 when / both / leave를 노트테이킹한다.

According to the conversation, when will Allyson and Dale both leave for their trips?	대화에 따르면, 앨리슨과 데일 모두 언제 여행을 떠날 것인가?
(a) on Valentine's Day (b) on February 12 (c) after Valentine's Day **(d) before February 14**	(a) 밸런타인데이에 (b) 2월 12일에 (c) 밸런타인데이 이후에 **(d) 2월 14일 이전에**

💡 **why 정답?** 앨리슨은 2월 12일에, 데일은 2월 10일에 여행을 떠난다고 했으므로 둘 다 밸런타인데이인 2월 14일 이전에 출발할 것임을 알 수 있다. 따라서 (d)가 정답이다.

PART 2 34-39 공식적 담화 초고층 주상복합 아파트의 임대 광고

Good afternoon, ladies and gentlemen. I am a marketing representative for Bloomfield Towers. As you know, it's difficult to find a place in the city that fits your preferences perfectly. You have to consider how the place looks, its location and [34-(c)] facilities, and [34-(b)] its proximity to various establishments. Most importantly, [34-(d)] you have to consider if you can afford the unit. Well, I believe Bloomfield Towers is a fit for you in more ways than you can imagine.

We at the "Towers" believe in providing the ideal calming environment for our residents. We understand that living in the city can be tiring, and our residents need a space that lets them relax at the end of the day.

Bloomfield Towers is located in the heart of the city near Hudson Park, which is surrounded by trees, and contains gardens, ponds, and lots of open spaces. [35]This close proximity to nature allows residents to live in the city while experiencing the peace and quiet of the countryside.

Bloomfield Towers is made up of Tower A and Tower B, each of which has seventy-five floors. [36]Unlike other condominiums, which build as many as thirty cramped units on each floor, ours have a maximum of four units per floor. We offer studio-type units, one-bedroom to three-bedroom units, and four-bedroom suites. You have a choice of renting a fully-furnished unit or an empty one if you prefer to furnish it yourself.

If it's facilities you're after, you will not be disappointed with the Towers. Our premises contain all the amenities you could ever need. We have well-equipped gyms, Olympic-sized swimming pools, basketball and badminton courts, and saunas. These facilities can be found in both Towers A and B.

[37]On the rooftop of Tower A, there is a function deck that can be used for parties and meetings. On the top of Tower B, there is a jogging path and facilities for yoga, aerobics, dance, and other fitness activities. To allow residents to conveniently move from one building to the other, these rooftops are connected by an air-conditioned skybridge.

신사 숙녀 여러분, 안녕하세요. 저는 블룸필드 타워의 마케팅 책임자입니다. 아시다시피, 도시에서 여러분의 취향에 완벽하게 들어맞는 집을 찾기는 어렵습니다. 그 집의 외관, 위치와 [34-(c)]편의 시설, 그리고 [34-(b)]다양한 공공시설과의 접근성을 고려해야 합니다. 가장 중요하게는, [34-(d)]여러분이 그 집을 살 여유가 있는지 고려해야 합니다. 음, 저는 블룸필드 타워가 여러분이 상상하는 것보다 더 많은 면에서 여러분에게 딱 맞는 것이라고 생각합니다.

저희 '타워'는 거주자들에게 이상적인 차분한 환경을 제공하는 것이 옳다고 믿습니다. 도시에서 사는 것이 피곤할 수 있으며, 저희 거주자들이 하루 일과를 마치고 편안하게 쉬게 해줄 공간을 필요로 한다는 것을 저희는 이해합니다.

블룸필드 타워는 허드슨 공원 인근 도심 한가운데 위치하고 있는데, 이 공원은 나무들로 둘러싸여 있으며, 그 안에 정원, 연못, 그리고 많은 녹지가 있습니다. [35]이렇게 자연에 아주 가깝다는 점은 거주자들이 교외의 평화로움과 조용함을 느끼면서 도시에서 살도록 해줍니다.

블룸필드 타워는 A 타워와 B 타워로 이루어져 있는데, 각각 75층입니다. [36]각 층에 많게는 최대 30개의 비좁은 세대를 짓는 다른 아파트들과는 달리, 저희는 층마다 최대 4세대가 있습니다. 원룸형, 침실 1개부터 3개짜리 세대, 그리고 침실이 4개인 특별 세대까지 제공합니다. 여러분은 내부가 완비된 세대나, 직접 가구를 비치하는 것을 선호한다면 비어 있는 세대 중에서 임대할 수 있는 선택권이 있습니다.

이것이 여러분이 찾는 시설이라면, 여러분은 이 타워에 실망하지 않으실 것입니다. 저희 구내에는 여러분이 필요로 할 만한 모든 생활 편의 시설들이 있습니다. 잘 갖춰진 체육관, 올림픽 규격의 수영장, 농구장, 배드민턴장, 사우나가 있습니다. 이 시설들은 A 타워와 B 타워 모두에서 찾으실 수 있습니다.

[37]A 타워의 옥상에는 파티와 모임을 위해 사용할 수 있는 행사용 데크가 있습니다. B 타워의 꼭대기에는 조깅용 트랙과, 요가, 에어로빅, 춤 및 그 밖의 피트니스 활동을 위한 시설들이 있습니다. 거주자들이 한 건물에서 다른 건물로 편리하게 이동할 수 있도록, 이 옥상은 냉난방 시설이 된 구름 다리로 연결되어 있습니다.

Each tower is equipped with six spacious state-of-the-art elevators. Residents have access to excellent housecleaning services as well. Bloomfield Towers is also furnished with several restaurants and cafes. Moreover, [38]there are stores that sell all kinds of products on the first floors of both buildings. You will have everything you need at Bloomfield Towers.

Commuting to and from the towers is very easy, too. For one thing, construction has just been completed on a subway station that is within walking distance of the towers. For residents who have cars, ample parking facilities are provided.

Residents of Bloomfield Towers also receive free and unlimited access to the Internet. You no longer need to apply for Internet service because it is included in the package when you become a resident of Bloomfield Towers.

[39]If you are interested in buying a condominium unit at a convenient rate, we are affiliated with financing institutions that will be able to assist you. I'm sure they will be able to construct a financing plan that will suit your particular needs.

So, would you like to live a comfortable, hassle-free life in the midst of a busy city? Sign up to get your condominium unit at Bloomfield Towers now!

각 타워는 6개의 넓은 최신식 엘리베이터를 갖추고 있습니다. 거주자들은 훌륭한 청소 서비스도 이용할 수 있습니다. 블룸필드 타워는 또한 음식점과 카페도 여러 곳 구비되어 있습니다. 게다가, [38]두 건물 모두 1층에는 모든 종류의 제품을 판매하는 상점들이 있습니다. 여러분은 블룸필드 타워에서 필요한 모든 것을 구할 수 있을 것입니다.

타워에서 출퇴근하기도 매우 쉽습니다. 우선 한 가지 이유는, 타워에서 걸어서 갈 수 있는 거리에 있는 지하철역 공사가 막 완료되었습니다. 차량을 소유한 거주자들을 위해서는, 충분한 주차 시설이 제공됩니다.

블룸필드 타워의 거주자들은 또한 무료로 무제한 인터넷을 이용할 수 있습니다. 여러분이 블룸필드 타워의 거주자가 될 때 일괄 계약에 이것이 포함되어 있기 때문에 더 이상 인터넷 서비스를 신청할 필요가 없습니다.

[39]만약 알맞은 가격에 아파트 한 세대를 구매하는 데 관심이 있으시다면, 저희가 여러분들을 도와드릴 수 있는 금융 기관과 제휴하고 있습니다. 그들이 여러분의 특정한 요구에 맞는 자금 조달 계획을 구성해드릴 수 있을 것이라고 확신합니다.

자, 혼잡한 도시 한가운데서 안락하고 성가시지 않은, 삶을 살고 싶으신가요? 지금 블룸필드 타워에서 여러분의 아파트를 계약하세요!

| 어휘 | fit (꼭) 맞다, 적합하다　preference 선호(도), 애호　location 위치, 장소　facilities 편의 시설, 설비　proximity to ~에 가까움　establishment 공공시설, 기관　afford (~을 살·할) 여유[형편]가 되다　unit (아파트 같은 공동 주택 내의) 한 가구　ideal 이상적인　calming 차분한　environment 환경　resident 거주자, 주민　tiring 피곤하게 만드는　be located in ~에 위치하다　be surrounded by ~로 둘러싸이다　open space 빈터, 녹지　be made up of ~로 이루어지다, 구성되다　condominium 아파트　cramped 비좁은　studio 원룸　suite (호텔 등의) 특별실[스위트룸]　fully-furnished 내부가 완비된　empty 비어 있는　furnish (가구를) 비치하다　be after ~을 추구하다　disappointed with ~에 실망한　premises 구내, 부지　amenity 생활 편의 시설　well-equipped 잘 갖춰진, 준비가 잘 된　rooftop 옥상　function 행사　conveniently 편리하게　skybridge (두 빌딩 사이를 잇는) 구름 다리　be equipped with ~을 갖추고 있다　spacious 넓은　state-of-the-art 최신의, 최신 기술의　access to ~의 이용, ~에의 접근　commute 통근하다　construction 건설, 공사　within walking distance 걸어서 갈 수 있는 거리에　ample 충분한　apply for ~을 신청하다　package 일괄 계약[거래]　at a convenient rate 알맞은 가격에　be affiliated with ~와 제휴하다　financing institution 금융 기관　assist 돕다, 지원하다　construct 구성하다, 고안하다　financing plan 자금 조달 계획　suit ~에게 맞다　particular 특정한, 특별한　hassle-free 성가시지 않은　in the midst of ~의 한가운데에　sign up 계약하다, 가입하다

34 True/Not true 문제

KEY 질문을 들으며 키워드 which / not / as / consideration을 노트테이킹한다.

Which is not mentioned as a consideration when looking for a home in the city?	도시에서 집을 구할 때 고려 사항으로 언급되지 않은 것은?
(a) safety of the neighborhood (b) closeness to establishments (c) availability of facilities (d) suitability to one's budget	**(a) 동네의 안전** (b) 공공시설과의 가까움 (c) 편의 시설의 이용 가능성 (d) 예산에 대한 적합성

why 정답? 집을 구할 때는 위치, 편의 시설, 여러 공공시설과의 접근성, 구매 자금 보유 여부 등을 고려해야 한다고 했으므로 담화에서 언급되지 않은 (a)가 정답이다.

» its proximity to various establishments → closeness to establishments
» if you can afford the unit → suitability to one's budget

| 어휘 | consideration 고려 사항 neighborhood 이웃, 인근 availability 이용 가능성, 유효성 suitability 적합, 어울림 budget 예산

35 특정 세부사항 문제

KEY 질문을 들으며 키워드 what / be said / location을 노트테이킹한다.

According to the talk, what can be said about the location of Bloomfield Towers?	담화에 따르면, 블룸필드 타워의 위치에 대해 뭐라고 말할 수 있는가?
(a) It is in the countryside. **(b) It is in a quiet part of the city.** (c) It is on the outskirts of the city. (d) It is surrounded by a forest.	(a) 교외에 있다. **(b) 도시의 조용한 곳에 있다.** (c) 도시 외곽에 있다. (d) 숲으로 둘러싸여 있다.

why 정답? 블룸필드 타워는 허드슨 공원 인근에 위치하고 있어 자연과 매우 가까운데, 이 덕분에 도시에 살면서도 교외의 평화로움과 조용함을 느낄 수 있다고 했으므로 (b)가 정답이다.

why 오답? (d) 허드슨 공원이 나무로 둘러싸여 있는 것이므로 오답이다.

| 어휘 | on the outskirts of ~의 교외에

36 추론 문제

KEY 질문을 들으며 키워드 what / four units per floor / suggest를 노트테이킹한다.

What does the Towers' having only four units per floor most likely suggest?	타워 각 층에 4세대만 있다는 것은 무엇을 시사하겠는가?
(a) that all the units are fully furnished (b) that all the units are suites **(c) that all the units are spacious** (d) that the condominium is small	(a) 모든 세대의 내부가 완비되어 있다. (b) 모든 세대가 특별 세대다. **(c) 모든 세대가 넓다.** (d) 아파트가 작다.

why 정답? 각 층에 많게는 30세대를 지어 비좁은 다른 아파트들과는 달리, 블룸필드 타워는 층마다 최대 4세대가 있다고 했으므로 각 세대가 모두 매우 널찍할 것으로 추론할 수 있다. 따라서 (c)가 정답이다.

| 어휘 | suggest 시사[암시]하다

37 특정 세부사항 문제

🔑 **KEY** 질문을 들으며 키워드 where / hold social gatherings를 노트테이킹한다.

Where can residents hold social gatherings at Bloomfield Towers?	거주자들은 블룸필드 타워 어디에서 사교 모임을 가질 수 있는가?
(a) on one of the towers' rooftops (b) in the basketball and badminton courts (c) in one of the towers' large gyms (d) by the Olympic-sized swimming pools	**(a) 타워의 옥상 중 한 곳에서** (b) 농구장과 배드민턴장에서 (c) 타워의 대형 체육관 중 한 곳에서 (d) 올림픽 규격의 수영장 옆에서

💡 **why 정답?** A 타워의 옥상에는 파티나 모임을 위해 사용할 수 있는 행사용 데크가 있다고 했으므로 (a)가 정답이다.

≫ parties and meetings → social gatherings

| 어휘 | social gathering 사교 모임

38 특정 세부사항 문제

🔑 **KEY** 질문을 들으며 키워드 why / easy / shop / whatever를 노트테이킹한다.

Why is it easy for residents of the Towers to shop for whatever they need?	타워의 거주자들이 필요한 것은 무엇이든 쇼핑을 하기 쉬운 이유는 무엇인가?
(a) The buildings have restaurants and pubs. (b) There's a shopping center across the street. (c) There are plenty of parking spaces. **(d) The buildings have stores of all kinds.**	(a) 건물에 음식점과 술집이 있다. (b) 길 건너편에 쇼핑센터가 있다. (c) 주차 공간이 많다. **(d) 건물 안에 모든 종류의 상점이 있다.**

💡 **why 정답?** 두 건물 모두 1층에는 모든 종류의 제품을 판매하는 상점들이 있어서 필요한 모든 것을 살 수 있다고 했으므로 (d)가 정답이다.

❌ **why 오답?** (a) 건물에 음식점과 카페가 많이 있다는 점과 (c) 주차 시설이 충분한 점도 블룸필드 타워의 장점으로 언급되었으나 문제의 핵심은 '쇼핑 편의성'에 있으므로 모두 오답이다.

| 어휘 | pub 펍(술·음료·음식 등을 파는 대중적인 술집)　plenty of 많은　parking space 주차장

39 특정 세부사항 문제

🔑 **KEY** 질문을 들으며 키워드 how / buy / convenient rate를 노트테이킹한다.

According to the speaker, how can one buy a condominium at a convenient rate?	화자에 따르면, 어떻게 알맞은 가격에 아파트를 구매할 수 있는가?
(a) by getting a single-bedroom unit **(b) by consulting with a financing affiliate** (c) by making a cash purchase (d) by making a sizeable down payment	(a) 침실 1개짜리 세대를 구함으로써 **(b) 금융 관련 회사와 상의함으로써** (c) 현금으로 구매함으로써 (d) 많은 금액의 계약금을 지불함으로써

💡 **why 정답?** 알맞은 가격에 아파트를 구매하는 데 관심이 있으면 블룸필드 타워 측과 제휴하고 있는 금융기관이 자금 조달 계획을 구성해줄 수 있다고 했으므로 (b)가 정답이다.

≫ financing institutions → a financing affiliate

| 어휘 | consult with ~와 상의[상담]하다　financing 금융, 자금 조달　affiliate 관련[계열] 회사　make a cash purchase 현금으로 구매하다　sizeable 꽤 큰[많은], 상당한　down payment (할부의) 첫 납입금, 계약금

PART 3 40-45 일상 대화 대학 졸업 후 1년 쉬기 vs. 바로 취직하기

F: Hey, Brad! It's your last semester before graduation, right? What are you planning to do after you finish college?

M: Oh hello, Quinn. Yes, it's only six months until I graduate, but frankly, I'm still deciding what to do afterward.

F: Really? What are you trying to decide on?

M: Well, I'm thinking if I should take a gap year first after graduation, or start working right away. You see, nowadays, many new graduates take a year-long break after they finish college for recreational and other purposes.

F: Yeah, I've heard of that. So, why do you think you should spend a year to yourself first after you graduate?

M: I've read that taking a year off after graduation could give me a chance to figure out what career path to follow. It may allow me some time to think about my career options before I start applying for jobs.

F: That makes sense as far as starting your career is concerned.

M: That's right. Plus, [40]if I take a gap year, I may finally be able to travel and explore other cultures. That's something I may never get a chance to do once I start working.

F: I agree. However, traveling will definitely cost you money, especially if you're planning to visit other countries. And you might feel the financial strain more if you do it for a whole year.

M: I was also thinking of that. I still have my student loans to worry about, after all.

F: Precisely. Besides, taking a gap year could make it hard for you to join the workforce afterward. [41]My dad says that some employers hesitate to hire graduates who have taken a post-university gap year as they may have lost touch with the work ethic and dedication they learned in college.

M: Oh, really? So, if I start applying for jobs straight out of university, companies will be more willing to hire me? They'll think it's more likely that I still have the enthusiasm to apply my education?

F: Well, that's what my dad told me. But [42]there's one thing I know for sure: the sooner you start working after graduation, the sooner you'll start getting paid. Even your vacation leave will be covered by the company.

여: 안녕, 브래드! 졸업 전 네 마지막 학기구나, 맞지? 대학을 마친 후에 뭘 할 계획이야?

남: 안녕, 퀸. 응, 졸업하기까지 6개월밖에 안 남았는데, 솔직히 말하면 그 후에 무엇을 할지 아직 결정하는 중이야.

여: 그래? 어느 쪽으로 결정하려고 하는데?

남: 음, 졸업 후에 일단 1년간 시간을 가질지 아니면 바로 일을 시작할지 생각 중이야. 있잖아, 요즘에는 많은 새로운 졸업생들이 기분 전환이나 다른 목적으로 대학을 마친 후에 1년간 쉬어.

여: 응, 나도 그것에 대해 들었어. 그런데, 너는 왜 졸업 후에 먼저 너 자신을 위해 1년을 보내야 한다고 생각해?

남: 졸업 후에 1년을 쉬는 것이 앞으로 내가 어떤 진로를 따라가야 할지 알아볼 기회를 줄 수 있다고 읽었어. 그건 내가 입사 지원을 시작하기 전에 내 직업 선택에 대해 생각할 시간을 좀 가지게 해줄 수 있어.

여: 네 경력을 시작하는 것에 관한 한 그건 이해가 된다.

남: 맞아. 게다가, [40]만약 1년을 쉬면 난 드디어 다른 문화권을 여행하고 탐방할 수 있을지도 몰라. 일단 일을 시작하면 그럴 기회가 전혀 없을지도 모르기 때문에 그건 굉장한 거야.

여: 동의해. 하지만 특히 네가 다른 나라를 방문할 계획이라면 여행하는 데는 분명히 돈이 들 거야. 그리고 네가 1년 내내 그렇게 한다면 더 많은 재정적인 부담을 느낄 수도 있어.

남: 나도 그 점을 생각하고 있어. 어쨌든, 난 아직도 걱정해야 할 학자금 대출이 있거든.

여: 바로 그거야. 게다가, 1년을 쉬면 나중에 네가 노동시장에 합류하기 힘들 수도 있어. [41]우리 아빠 말씀으로는 일부 고용주들은 대학 졸업 후 1년을 쉰 졸업자들을 채용하기를 주저하는데, 이들이 대학에서 배운 직업의식과 헌신도 면에서 뒤처질 수도 있기 때문이야.

남: 아, 정말이야? 그럼, 만약 내가 대학 졸업 후 바로 일자리에 지원하기 시작하면, 회사들이 나를 더 채용하려고 할까? 내가 배운 걸 적용하고자 하는 열정을 아직 가지고 있을 가능성이 더 크다고 생각할까?

여: 음, 그게 바로 우리 아빠가 내게 말씀하신 거야. 하지만 [42]내가 확실하게 알고 있는 한 가지는 네가 졸업 후에 일을 더 빨리 시작할수록, 더 빨리 급여를 받기 시작할 거라는 거지. 심지어 네 휴가도 회사에서 챙겨줄 거야.

M: Those are indeed very attractive prospects. However, ⁴³if I start working immediately, I'll be pressured to follow a strict nine-to-five work schedule right after graduation. I won't be able to take a break from the demanding class schedules I have to stick to nowadays!

F: You have a point. And speaking of pressure, ⁴⁴if you start working right after you graduate, you'll also have to start paying back your student loans sooner.

M: Yeah, that's what facing the real world means to new graduates like me — loan payments! After I've gotten a job, there's a six-month period where I wouldn't have to make any payments. However, I can delay that further if I take a gap year first.

F: I guess you could use the year-long breather! So, have you decided what you'd like to do after graduating from college?

M: Hmmm… I think I have. ⁴⁵Your dad's a smart guy, and if he says that I might lose my enthusiasm for applying what I learned at school, then I think I should take his advice. Thanks for helping me out, Quinn!

F: You're welcome, Brad. Good luck!

| 어휘 | be planning to do ~할 계획이다 frankly 솔직히 afterward 그 후에 decide on ~으로 결정하다 gap year 갭이어(고교 졸업 후 대학 입학 전 또는 대학 졸업 후 취업 전까지 쉬는 1년) nowadays 요즘에는 graduate 졸업자 recreational 기분 전환의 purpose 목적 figure out ~을 알아내다[이해하다] career 직업, 경력 apply for ~에 지원하다 makes sense 이해가 되다, 타당하다 as far as A is concerned A에 관한 한 definitely 분명히, 확실히 strain 부담, 중압감 student loan 학자금 대출 after all 결국에는, 어쨌든 precisely (동의를 나타내어) 바로 그거야 besides 게다가, 뿐만 아니라 workforce 노동 인구, 노동력 employer 고용주 hesitate to do ~하기를 주저하다 hire 고용하다 lose touch with ~에 뒤지다, ~에 대한 현실 감각을 잃다 work ethic 직업의식 dedication 헌신, 전념 be willing to do 기꺼이 ~하다 enthusiasm 열정, 열의 get paid 급여[봉급]를 받다 vacation leave 휴가 cover (무엇을 하기에 충분한 돈을) 대다 indeed 정말, 확실히 attractive 매력적인 prospect 전망, 예상 immediately 즉시 pressured 압박감을 느끼는 strict 엄격한 demanding 부담이 큰, 힘든 stick to ~을 고수하다, 지키다 pressure 압박감 pay back 돈을 갚다 face ~에 직면하다 loan payment 대출금 상환 period 기간 delay 미루다, 연기하다 breather (짧은) 휴식

---

40 특정 세부사항 문제

KEY 질문을 들으며 키워드 how / benefit from / gap year를 노트테이킹한다.

How would Brad benefit from taking a gap year after college?	브래드가 대학 졸업 후 1년을 쉬면 어떻게 이득을 보겠는가?
(a) by having a chance to forget all about college	(a) 대학에 대한 모든 것을 잊을 기회를 가짐으로써
(b) by having a chance to find employment abroad	(b) 해외에서 직업을 얻을 기회를 가짐으로써
(c) by being able to work in his preferred field	(c) 그가 선호하는 분야에서 일할 수 있음으로써
(d) by being able to experience different cultures	**(d) 다른 문화를 경험할 수 있음으로써**

why 정답? 졸업 후에 1년을 쉬면 다른 문화권을 여행하고 탐방할 수 있을지도 모른다고 했으므로 (d)가 정답이다.

why 오답? (b) 졸업 후 1년을 쉬면서 앞으로의 진로나 어떤 직업을 선택할지에 대해 생각할 시간을 가질 수 있다는 점을 언급했으나 그것이 반드시 해외 취업을 가리키는 것은 아니므로 오답이다.

| 어휘 | benefit from ~에서 이득을 보다   find employment 직업을 얻다   field 분야   abroad 해외에(서)

41 특정 세부사항 문제

🔑 **KEY** 질문을 들으며 키워드 why / hesitate / hire graduates / gap year를 노트테이킹한다.

Why does Quinn say that some employers hesitate to hire graduates who have taken a gap year? (a) They may not be as motivated as fresh graduates. (b) They may have forgotten their education. (c) They prioritize leisure over finding work. (d) They often have poor academic records.	퀸은 왜 일부 고용주들이 1년을 쉰 졸업자들을 고용하길 주저한다고 말하는가? (a) 막 졸업한 사람들만큼 의욕적이지 않을지도 모른다. (b) 배운 것을 잊어버렸을지도 모른다. (c) 취직보다 여가를 우선시한다. (d) 대개 학과 성적이 나쁘다.

💡 **why 정답?** 퀸은 아빠의 말씀을 빌려 대학 졸업 후 1년을 쉰 졸업자들은 직업의식과 헌신도 면에서 뒤처질 수 있다고 생각해 일부 고용주들이 채용을 주저한다고 했으므로 (a)가 정답이다.

» have lost touch with the work ethic and dedication → not be as motivated

| 어휘 | motivated 의욕을 가진, 동기가 부여된   prioritize 우선순위를 매기다   leisure 여가   academic record 학과 성적

42 특정 세부사항 문제

🔑 **KEY** 질문을 들으며 키워드 what / Brad / able / job right after graduation을 노트테이킹한다.

According to Quinn, what will Brad be able to do if he gets a job right after graduation? (a) pay off his student loan at once (b) get as much paid leave as he wants (c) achieve financial productivity (d) work according to his preferred schedule	퀸에 따르면, 브래드가 졸업 후 바로 일자리를 구하면 무엇을 할 수 있을 것인가? (a) 즉시 학자금 대출을 다 갚는다. (b) 원하는 만큼 유급휴가를 받는다. (c) 재정적으로 여유가 생긴다. (d) 그가 선호하는 일정에 따라 일한다.

💡 **why 정답?** 퀸은 브래드에게 졸업 후에 일을 더 빨리 시작할수록 더 빨리 급여를 받기 시작할 것이라고 했으므로 (c)가 정답이다.

» start getting paid → achieve financial productivity

💡 **why 오답?** (a) 취업 후 학자금 대출을 상환하는 문제에 대해서도 얘기하긴 했으나 취업 후 6개월 동안은 납부하지 않아도 된다고 했으므로 오답이다.

| 어휘 | pay off ~을 다 갚다[청산하다]   at once 즉시   paid leave 유급 휴가   according to ~에 따라

43 추론 문제

🔑 **KEY** 질문을 들으며 키워드 what / Brad / want / do / gap year를 노트테이킹한다.

What does Brad most likely want to do during a gap year? (a) avoid unscheduled work (b) earn money without working (c) take a break from structured work (d) conclude his academic pursuits	브래드는 1년간 쉬면서 무엇을 하고 싶어 할 것 같은가? (a) 계획에 없던 일은 하지 않는다. (b) 일하지 않고 돈을 번다. (c) 꽉 짜인 업무에서 벗어나 휴식을 취한다. (d) 학업을 마친다.

💡 **why 정답?** 졸업 후 바로 일을 시작하면 9시부터 5시까지 엄격히 짜인 일정을 따르느라 압박을 받을 것을 우려하고 있으므로 (c)가 정답이다.

» a strict nine-to-five work schedule → structured work

| 어휘 | unscheduled 계획에 없던   earn money 돈을 벌다   structured 구조적인, 조직적인   conclude 마치다, 끝내다   academic 학문적인
pursuit 일, 활동

44 추론 문제

KEY 질문을 들으며 키워드 when / start paying back / student loans를 노트테이킹한다.

When are graduates probably required to start paying back their student loans?	졸업자들은 아마도 언제 학자금 대출을 갚기 시작하라는 요구를 받겠는가?
(a) only when they've started working (b) right after they've graduated (c) six months before they find a job (d) a year after they finish college	**(a)** 일을 시작했을 때만 (b) 졸업한 직후 (c) 직장을 갖기 6개월 전 (d) 대학을 마친 1년 후

why 정답? 졸업 후 바로 일을 시작하면 학자금 대출을 더 빨리 상환하기 시작해야 한다는 말과 일을 하지 않고 1년을 쉬면 상환 시기를 더 미룰 수 있다는 말로 보아, 일단 취업을 한 후에는 학자금 대출을 갚아야 함을 알 수 있으므로 (a)가 정답이다.

| 어휘 | be required to do ~하도록 요구되다

45 특정 세부사항 문제

KEY 질문을 들으며 키워드 what / Brad decided를 노트테이킹한다.

What has Brad decided to do after finishing college?	브래드는 대학을 마친 후에 무엇을 하기로 결정했는가?
(a) He will seek career counselling. (b) He will take a one-year vacation. (c) He will apply for a postgraduate degree. **(d) He will start searching for work.**	(a) 진로 상담을 알아볼 것이다. (b) 1년간 휴가를 가질 것이다. (c) 대학원에 지원할 것이다. **(d) 일자리를 찾기 시작할 것이다.**

why 정답? 대화 마지막에서 브래드는 퀸의 아버지의 조언을 받아들이겠다고 했는데, 앞서 퀸의 아버지는 졸업 후 1년을 쉬면 취업하기 어렵다고 했다. 따라서 브래드는 졸업 후 바로 취직하는 쪽으로 결정했음을 알 수 있으므로 (d)가 정답이다.

| 어휘 | seek 찾다, 구하다   counselling 상담, 카운슬링   postgraduate 대학원의   degree 학위   search for ~을 찾다

PART 4 46-52 일반 설명   그림을 잘라 물건에 붙이는 미술 기법인 데쿠파주

Welcome to our Arts & Crafts class. Today, I'm going to teach you how to make a decoupage project. Decoupage is the art of sticking pictures on an object to make it look like the pictures are part of the natural design. ⁴⁶Decoupage can result in the creation of beautiful artworks, so I'm sure you will be very happy with the skills you'll learn today.

'미술과 공예' 수업에 오신 것을 환영합니다. 오늘, 저는 데쿠파주 작업을 하는 방법을 가르쳐드리겠습니다. 데쿠파주는 물건에 그림을 붙여 그 그림이 본래 디자인의 일부인 것처럼 보이게 하는 기법입니다. ⁴⁶데쿠파주는 아름다운 예술품을 만들어낼 수 있으므로 여러분이 오늘 배울 기술에 매우 만족하실 것이라고 확신합니다.

[47]You will only use ordinary household items for our project, so it will be very easy. In making a decoupage piece, you will need an object with a hard, smooth surface. You will also need small pictures, a pair of scissors, clear glue, and paintbrushes.

The first thing you have to do when making a decoupage is to choose an object to stick the pictures on. The object must have a hard, smooth surface. It can be glass, metal, or something made of pottery, like a vase. It can even be a smooth stone, a wooden bowl, or a box.

[48]The second step is to prepare the pictures. Pictures can be of flowers, animals, people, or anything else you can think of. You can also use stamps or printed words. Just make sure that these pictures are cut from a thin type of paper, like pages from magazines or standard printer paper. Choose a lot of pictures, then cut them out until you accumulate a large pile of picture cutouts.

The third step is to try out the cutouts on the surface of your chosen material. Let's imagine that you are using a small wooden bowl for your project. [49]Place the paper cutouts on the bowl without gluing them yet. This way, you can determine how to best position the pictures on the bowl's surface so that they complement one another. This will also give you an idea of how many pictures and how much glue you will need for the project.

Next, start gluing the cutouts onto the bowl. Using your paintbrush, apply a small amount of glue to the surface of the object or the back of a picture cutout, whichever works for you. It is important not to smear too much glue onto the pictures to avoid soaking and ruining them.

[50]After placing a cutout on the surface, gently smooth it out with your finger. Smooth out any areas where there are bubbles, wrinkles, or folds. Apply all the other cutouts to the bowl in the same manner.

You can overlap pictures by placing the edge of a cutout over that of another. However, [51]don't overlap pictures too much, especially at the base of the bowl, so that it will be stable when you put it down.

[47]우리 작업에는 일상적인 생활용품만을 사용할 것이므로 아주 쉬울 것입니다. 데쿠파주 작품을 만들 때는, 표면이 단단하고 매끄러운 물건이 필요합니다. 또한 작은 그림들, 가위, 투명 접착제, 그리고 붓이 필요합니다.

데쿠파주를 만들 때 가장 먼저 해야 할 일은 그림을 붙일 물건을 고르는 것입니다. 이 물건은 표면이 단단하고 매끈해야 합니다. 유리, 금속 또는 꽃병과 같이 도자기로 만든 것이 가능합니다. 심지어 매끈한 돌, 나무 그릇 또는 상자도 가능합니다.

[48]두 번째 단계는 그림을 준비하는 것입니다. 그림은 꽃, 동물, 사람 또는 여러분이 생각할 수 있는 그 밖에 다른 것도 가능합니다. 또한 우표나 인쇄물도 사용할 수 있습니다. 다만 반드시 이 그림들이 잡지의 페이지나 표준 프린트 용지처럼 얇은 종류의 종이에서 자른 것이어야 합니다. 그림을 많이 고른 다음, 잘라낸 것들이 많이 모일 때까지 그림을 오려내세요.

세 번째 단계는 여러분이 선택한 재료의 표면에 잘라낸 것들을 시험 삼아 대보는 것입니다. 여러분이 작업을 위해 작은 나무 그릇을 사용한다고 상상해 봅시다. [49]잘라낸 것을 아직 붙이지 말고 그 그릇 표면에 올려놓아 보세요. 이렇게 하면, 어떻게 그릇의 표면에 그림을 가장 잘 배치하여 서로를 보완하도록 할지 결정할 수 있습니다. 이것은 또한 여러분이 이 작업에 그림과 접착제가 얼마나 필요할지 알게 해줄 것입니다.

다음으로, 잘라낸 것들을 그릇에 붙이기 시작하세요. 붓을 이용해서 물건의 표면이든 잘라낸 그림의 뒷면이든 여러분에게 맞는 쪽에 소량의 접착제를 바르세요. 그림을 흠뻑 적시거나 엉망으로 만드는 일이 없도록 그림에 너무 많은 접착제를 마구 바르지 않는 것이 중요합니다.

[50]잘라낸 것을 (물건의) 표면에 놓은 후 손가락으로 부드럽게 펴주세요. 기포, 주름, 접힌 곳이 있는 부분은 모두 펴주세요. 같은 방식으로 나머지 잘라낸 것들 모두를 그릇에 붙이세요.

잘라낸 것의 끝부분을 다른 것의 끝부분 위에 올려놓음으로써 그림들을 겹치게 해도 됩니다. 하지만, [51]그릇을 내려놓을 때 안정적이 되도록(움직이지 않도록) 특히 그릇의 맨 아래에는 그림을 너무 많이 겹치게 하지 마세요.

After your piece has dried completely, the final step is to apply finishing coats to the bowl. Apply thin, even coats of the clear glue to the bowl's surface. Do this three times, but wait until the bowl is completely dry between coatings. [52]After the third coating has dried, the bowl will look shiny and smooth to touch.

Now that you have an idea of how to make decoupage, I'm sure you have plenty of ideas for projects. Try your hand at decoupage at home. You can show me your projects next week, and we'll display them in this lecture theater.

여러분의 작품이 완전히 마르고 난 후, 마지막 단계는 그릇에 마무리 칠을 하는 것입니다. 그릇의 표면에 투명한 접착제를 얇고 고르게 칠하세요. 이 작업을 세 번 하세요. 하지만 칠과 칠 사이에는 그릇이 완전히 마를 때까지 기다리세요. [52]세 번째 칠이 마르고 나면, 그릇이 반짝거리고 매끄러워 보일 것입니다.

이제 여러분은 데쿠파주를 만드는 방법에 대해 아셨으니 분명히 많은 작업 아이디어를 가지고 계실 겁니다. 집에서 직접 데쿠파주를 해보세요. 다음 주에 여러분의 작업을 저에게 보여주시면 저희가 이 계단식 강의실에 전시할 것입니다.

| 어휘 | decoupage 데쿠파주(종잇조각을 오려 붙이는 장식법) stick 붙이다 object 물건, 사물 result in 그 결과 ~이 되다 ordinary 일상적인, 보통의 household item 생활용품, 가정용품 piece 작품 glue 접착제; 붙이다 paintbrush 그림 그리는 붓 pottery 도자기 printed word 인쇄물 standard 일반적인, 보통의 cut out 오려내다 accumulate 모으다, 축적하다 pile 무더기 cutouts 잘라[오려]낸 것 try out 시험 삼아 해보다 material 재료 place 놓다, 두다, 배치하다 determine 결정하다 position 배치하다, 두다, ~의 자리를 잡다 complement 보완하다 apply 바르다 smear 마구 바르다; 얼룩, 자국 soak 흠뻑 적시다, 담그다 ruin 엉망으로 만들다, 망치다 gently 부드럽게 smooth out 주름을 펴다 bubble 거품, 기포 wrinkle 주름 fold 접힌 부분 manner 방식 overlap 겹치게 하다 edge 끝, 가장자리 base 맨 아랫부분 stable 안정적인, 안정된 put down 내려 놓다 completely 완전히 even 고른, 평평한 coat (표면을 덮는) 칠; (막 같은 것을) 덮다[입히다] now that ~이기 때문에 plenty of 많은 try one's hand (~을) 해보다, 시도하다 lecture theater 계단식 강의실

46 주제/목적 문제

○━ KEY 질문을 들으며 키워드 what / explaining을 노트테이킹한다.

What is the speaker explaining to the audience?	화자는 청자들에게 무엇을 설명하고 있는가?
(a) how to take natural-looking pictures (b) how to make inexpensive objects more valuable (c) how to bring out one's artistic talents **(d) how to create a beautiful artwork**	(a) 자연스럽게 보이는 사진을 찍는 법 (b) 비싸지 않은 물건을 보다 값비싸게 만드는 법 (c) 개인의 예술적 재능을 드러내게 하는 법 **(d) 아름다운 예술품을 만드는 법**

♀ why 정답? 화자는 '데쿠파주'라는 미술 기법에 대해 설명하고 있으며, 데쿠파주를 이용해 아름다운 예술품을 만들 수 있다고 하며 그 방법을 알려주고 있으므로 (d)가 정답이다.

| 어휘 | inexpensive 비싸지 않은 valuable 값비싼, 귀중한 bring out 드러나게 하다, 내놓다 artistic talent 예술적 재능

47 특정 세부사항 문제

○━ KEY 질문을 들으며 키워드 why / decoupage / easy를 노트테이킹한다.

Why does the speaker say that decoupage is easy?	화자는 왜 데쿠파주가 쉽다고 말하는가?
(a) Its materials are cheap to buy. (b) It can be done very quickly. **(c) It only requires common household items.** (d) Its surface is already polished well.	(a) 재료 구입 비용이 저렴하다. (b) 아주 빨리 끝낼 수 있다. **(c) 흔한 생활용품들만 필요로 한다.** (d) 그 표면이 이미 잘 닦여 있다.

♀ why 정답? 데쿠파주 작업에는 일상적인 생활용품만을 사용할 것이기 때문에 아주 쉬울 것이라고 했으므로 (c)가 정답이다.

» ordinary → common

| 어휘 | common 흔한   polish (윤이 나도록) 닦다

48 특정 세부사항 문제

🔑 **KEY** 질문을 들으며 키워드 what / second step / decoupage를 노트테이킹한다.

What is the second step in making a decoupage project?	데쿠파주 작업을 할 때 두 번째 단계는 무엇인가?
(a) preparing cutouts of pictures (b) choosing an object to stick pictures to (c) making a wooden bowl or a box (d) trying out pictures on an object	**(a) 잘라낸 그림들을 준비하는 것** (b) 그림을 붙일 물건을 고르는 것 (c) 나무 그릇이나 상자를 만드는 것 (d) 그림을 물건에 시험 삼아 대보는 것

💡 **why 정답?** 두 번째 단계는 그림을 준비하는 것이라고 했으므로 (a)가 정답이다.
❌ **why 오답?** (b) 그림을 붙일 물건을 고르는 것은 첫 번째로 해야 할 일이다.
(d) 선택한 물건의 표면에 그림을 시험 삼아 대보는 것은 세 번째 단계에서 할 일이다.

49 추론 문제

🔑 **KEY** 질문을 들으며 키워드 how / final appearance / determined before / completed를 노트테이킹한다.

How can the final appearance of the bowl be determined before the project is completed?	작업이 완료되기 전에 그릇의 최종 모양을 어떻게 판단할 수 있는가?
(a) by counting the cutouts to be used (b) by gluing the cutouts to the bowl (c) by looking at the pictures before they are cut out **(d) by placing the cutouts on the bowl unglued**	(a) 사용하기 위해 잘라낸 것들의 개수를 셈으로써 (b) 잘라낸 것들을 접착제로 그릇에 붙임으로써 (c) 잘라내기 전의 그림을 봄으로써 **(d) 잘라낸 것을 접착제를 바르지 않은 상태로 그릇에 올려놓음으로써**

💡 **why 정답?** 잘라낸 것을 아직 붙이지 말고 그릇 표면에 올려놓아 보면, 어떻게 그림을 배치하는 것이 가장 좋을지 결정할 수 있다고 했다. 따라서 최종 완성된 모양을 상상해볼 수 있다는 의미이므로 (d)가 정답이다.

» without gluing them yet → unglued

| 어휘 | appearance 모양, 외관   count 세다, 계산하다   unglue (접착이 강한 것에서) 떼어놓다

50 특정 세부사항 문제

🔑 **KEY** 질문을 들으며 키워드 what / do after / cutouts / glued를 노트테이킹한다.

What should one do after the cutouts are glued onto the bowl?	잘라낸 것들을 그릇에 붙인 후에 무엇을 해야 하는가?
(a) fill the empty spaces with small cutouts **(b) press the cutouts to make them flat and even** (c) trim the excess cutouts (d) remove smears with the paintbrush	(a) 빈 공간을 작게 잘라낸 것들로 채운다. **(b) 평평하고 고르게 만들기 위해 잘라낸 것들을 누른다.** (c) 여분의 잘라낸 것들을 다듬는다. (d) 붓으로 얼룩을 제거한다.

💡 **why 정답?** 물건의 표면에 잘라낸 것을 붙인 후 기포, 주름, 접힌 곳이 있는 부분 등을 부드럽게 펴주라고 했으므로 (b)가 정답이다.

» smooth it out → press the cutouts to make them flat and even

| 어휘 | fill A with B A를 B로 채우다   empty 비어 있는   press 누르다   flat 평평한   trim 다듬다, 손질하다   excess 여분의   remove 제거하다

51 추론 문제

🔑 **KEY** 질문을 들으며 키워드 why / avoid overlapping / base / bowl을 노트테이킹한다.

Why most likely should one avoid overlapping the cutouts at the base of the bowl? **(a) to make the bowl stand well on a surface** (b) to prevent the base from sticking to surfaces (c) to make the cutouts easy to smooth out (d) to ensure that there are enough cutouts to use	그릇의 맨 아래에는 잘라낸 것들을 겹치게 하지 않아야 하는 이유는 무엇일 것 같은가? **(a) 그릇이 표면에 잘 서게 하기 위해** (b) 밑면이 작업대 표면에 붙지 않도록 하기 위해 (c) 잘라낸 것들의 주름을 펴기 쉽게 하기 위해 (d) 잘라낸 것들이 사용하기에 충분하게 하기 위해

💡 **why 정답?** 그릇을 내려놓을 때 움직이지 않도록 특히 그릇의 맨 아랫부분에는 그림을 너무 많이 겹쳐 붙이지 말라고 했으므로 (a)가 정답이다.

» be stable when you put it down ➡ make the bowl stand well on a surface

| 어휘 | surface 표면   prevent A from -ing A가 ~하지 않도록 막다, 예방하다   ensure 반드시 ~하게 하다, 보장하다

52 특정 세부사항 문제

🔑 **KEY** 질문을 들으며 키워드 what / result / applying coatings를 노트테이킹한다.

What is the result of applying coatings to the bowl's surface? (a) pictures that stick better **(b) a bowl that is smooth and glossy** (c) a bowl that is dried thoroughly (d) pictures that blend together on the bowl	그릇 표면에 칠을 하는 것의 결과는 무엇인가? (a) 더 잘 붙어 있는 그림 **(b) 매끄럽고 광택이 나는 그릇** (c) 완전히 건조된 그릇 (d) 그릇에 어울리는 그림

💡 **why 정답?** 그릇에 잘라낸 그림을 붙인 후 총 세 번에 걸쳐 그릇에 얇고 투명한 칠을 해주면 그릇이 반짝거리고 매끄러워 보인다고 했으므로 (b)가 정답이다.

» look shiny and smooth to touch ➡ smooth and glossy

❌ **why 오답?** (c) 작품이 마르고 나면 그릇 전체에 세 번 칠을 하는데, 한 번 칠하고 그다음 칠할 때까지 그릇을 완전히 건조해야 한다고 했다. 즉, 그릇의 건조는 그릇에 칠을 하는 과정에서 거치는 단계일 뿐이므로 오답이다.

| 어휘 | glossy 윤[광]이 나는   thoroughly 완전히, 철저히   blend together 어울리다, 한데 섞이다

READING & VOCABULARY SECTION

PART 1 53-59 인물 소개 TV 만화 프로그램의 주인공 스쿠비 두

SCOOBY-DOO

Scooby-Doo is the main character in the cartoon TV show of the same title. The long-running animated series was created by Joe Ruby and Ken Spears in the late 1960s. [53]The cartoon tells of the adventures of a dog named "Scooby-Doo" and his teenage friends as they try to crack mysteries involving criminals disguised as ghosts and monsters. Scooby-Doo and his friends Fred Jones, Daphne Blake, Velma Dinkley, and Shaggy Rogers form the crime-solving group Mystery Inc.

Scooby-Doo is a big, brown Great Dane with black spots. He wears a blue collar and a diamond-shaped dog tag [58]bearing his initials "SD." [54-(a)]Scooby-Doo usually walks on four legs. However, he sometimes walks and runs on his hind legs when the situation calls for it. [54-(c)]He is a fun-loving dog that can be very clumsy, much like his best friend Shaggy. [54-(d)]Scooby-Doo's name is taken from the "doo-bee-doo-bee-doo" part of a Frank Sinatra song.

Scooby-Doo's character was created by artist and animator Iwao Takamoto. Takamoto consulted with a Great Dane breeder to learn about the breed's physical traits and personality before drafting the cartoon character. However, [54]he later gave Scooby-Doo the opposite of the traits typically found among the breed: a different fur color, a curved back, bowed legs, and a double chin. [55]Scooby-Doo is also very cowardly, and only becomes courageous in very specific situations. He becomes especially brave and confident when given a bone-shaped dog biscuit called a "Scooby Snack."

Scooby-Doo can talk, but often has trouble speaking fluently and pronouncing words correctly. For example, he often starts all words with "r" sounds, so that he calls himself "Rooby-Roo." [56]He usually keeps his sentences short and uses body gestures to make himself understood. The show also features a collection of Scooby-Doo's relatives, like his nephew Scrappy-Doo, cousin Scooby-Dum, and sister Ruby-Doo, all of whom are also speaking Great Danes.

스쿠비 두

스쿠비 두는 같은 제목의 TV 만화 프로그램의 주인공이다. 이 장기 방영된 만화영화 시리즈는 1960년대 말에 조 루비와 켄 스피어스가 창작한 것이다. [53]이 만화는 '스쿠비 두'라는 이름의 개와 그의 10대 친구들의 모험에 대해 이야기하는데, 그들은 유령이나 괴물로 변장한 범인이 연루된 미스터리를 해결하기 위해 노력한다. 스쿠비 두와 그의 친구들 프레드 존스, 대프니 블레이크, 벨마 딘클리, 섀기 로저스는 범죄 해결 단체인 미스터리 주식회사를 결성한다.

스쿠비 두는 몸집이 크고 검은색 반점이 있는 갈색의 그레이트데인 종이다. 그는 파란색 개목걸이와 자신의 이니셜 'SD'가 [58]있는 파란색 다이아몬드 모양의 개 식별표를 하고 있다. [54-(a)]스쿠비 두는 보통은 네 다리로 걷는다. 하지만 상황이 요구할 때는 종종 뒷다리로 걷고 달린다. [54-(c)]그는 아주 어설프면서도 잘 노는 개로, 가장 친한 친구 섀기와 아주 비슷하다. [54-(d)]스쿠비 두의 이름은 프랭크 시나트라의 노래 중 '두-비-두-비-두' 부분에서 따온 것이다.

스쿠비 두의 캐릭터는 화가이자 만화영화 제작자인 이와오 다카모토에 의해 만들어졌다. 다카모토는 만화 캐릭터의 초안을 그리기 전에 그레이트데인 견종의 신체적 특성과 성격에 대해 배우기 위해 이 견종의 사육자와 의논를 했다. 그러나 [54]그는 나중에 이 견종에서 전형적으로 발견되는 특징과 반대되는 특징, 즉 다른 털 색깔, 약간 굽은 등, 오다리, 이중 턱을 스쿠비 두에게 부여했다. [55]스쿠비 두는 또한 매우 겁이 많고 아주 특별한 상황에서만 용감해진다. 그는 '스쿠비 간식'이라는 뼈다귀 보양의 개 먹이용 비스킷을 받을 때 특히 용감해지고 자신감이 넘친다.

스쿠비 두는 말을 할 수 있지만 종종 유창하게 말하거나 단어를 정확하게 발음하기 힘들어한다. 예를 들어, 그는 종종 모든 단어를 'r' 소리로 시작해서 자신을 '루비 루'라고 부른다. [56]보통은 문장을 짧게 말하고, 자신의 말을 이해시키기 위해 몸짓을 사용한다. 이 프로그램은 또한 조카 스크래피 두, 사촌 스쿠비 덤, 여동생 루비 두 같은 스쿠비 두의 친척들이 떼로 나오는 것이 특징인데, 이들 역시 모두 말하는 그레이트데인 종이다.

Scooby-Doo has been on the air since 1969. Each episode involves the teenagers and Scooby-Doo playfully investigating a mysterious case, delivering the villains to the police, and making sure justice is done. Over the years, the show has had many changes in terms of animation, theme, and characters. It has also [59]spawned several spin-off shows, such as "Scooby's All-Star Laff-A-Lympics." [57]Movies, toys, and video games have also been made based on the show.

스쿠비 두는 1969년 이후 계속 방영되고 있다. 각 에피소드는 10대들과 스쿠비 두가 의문의 사건을 재미있게 수사하고, 경찰에 악당을 넘기고, 반드시 정의가 실현되도록 하는 것이 포함된다. 세월이 흐르면서, 이 프로그램은 애니메이션 스타일, 주제, 캐릭터 면에서 많은 변화가 있었다. 또한 '스쿠비의 올스타 라프알림픽' 같은 몇 편의 파생 프로그램도 [59]낳았다. [57]또한 이 프로그램을 기반으로 영화, 장난감, 비디오 게임도 만들어졌다.

| 어휘 | main character 주인공 cartoon 만화, 만화영화 long-running 오래 계속되어 온 animated 만화영화의 create 창작하다 adventure 모험 crack 해결하다 involve 관련시키다, 포함하다 criminal 범인; 범죄의 disguise 변장하다 form 결성[구성]하다 crime 범죄 collar (개 등의 목에 거는) 목걸이 bear (눈에 보이게) 있다[지니다] initial 이름의 머리글자 hind leg 뒷다리 call for ~을 요구하다 fun-loving 잘 노는 clumsy 어설픈, 서투른 breeder 사육자 physical 신체의 trait 특성 personality 성격 draft 초안을 그리다 opposite 반대(되는 것) typically 전형적으로 curved 약간 굽은, 곡선의 bowed legs 오 다리 double chin 이중 턱 cowardly 겁이 많은 courageous 용감한 specific 특정한 confident 자신감 있는 have trouble -ing ~하기 힘들어하다 fluently 유창하게 pronounce 발음하다 correctly 정확하게 sentence 문장 body gesture 몸짓 make oneself understood 자기 말을 남에게 이해시키다 feature 특별히 포함하다 collection 무리, 더미 relative 친척 on the air 방송 중인 playfully 재미있게, 농담으로 investigate 수사[조사]하다 deliver 넘겨주다, 인계하다 villain 악당 justice 정의 in terms of ~면에서 spawn (어떤 결과·상황을) 낳다 spin-off (영화 등의) 파생 상품, 파생 효과 based on ~을 기반으로

53 특정 세부사항 문제

KEY 스쿠비 두가 나오는 TV 만화영화의 주요 내용을 소개하는 초반부를 읽는다.

What do Scooby-Doo and his friends attempt to do in the show?
(a) catch ghostly beings
(b) work as undercover agents
(c) unravel mysterious crimes
(d) make friends with monsters

이 프로그램에서 스쿠비 두와 그 친구들은 무엇을 하려고 하는가?
(a) 유령 같은 존재 잡기
(b) 비밀 요원으로 일하기
(c) 비밀스러운 범죄 해결하기
(d) 괴물과 친구 되기

why 정답? 첫 번째 단락에서 '스쿠비 두'라는 개와 그의 10대 친구들이 귀신이나 괴물로 변장한 범인이 연루된 미스터리를 해결하기 위해 노력하는 내용이라고 했으므로 (c)가 정답이다.

» crack mysteries involving criminals → unravel mysterious crimes

why 오답? (a) 스쿠비 두와 친구들이 해결하는 사건의 범인들이 귀신이나 괴물로 변장한 것이지 이들이 유령을 잡으러 다니는 것은 아니므로 오답이다.

| 어휘 | attempt to do ~하려고 시도하다 catch 잡다 ghostly 유령 같은 being 존재(하는 것) undercover 비밀리에 하는, 위장근무의 unravel 해결하다, 풀다

54 True/Not true 문제

🔑 **KEY** 보기의 키워드와 지문 내용을 대조하며 보기를 하나씩 소거한다.

Which of the following is not true about Scooby-Doo?	다음 중 스쿠비 두에 관해 사실이 아닌 것은?
(a) He moves using either two or four legs. **(b) His physical coordination is superb.** (c) He likes to play around with his friends. (d) His name comes from a song.	(a) 두 다리 또는 네 다리를 사용해서 움직인다. **(b) 신체적 조화가 뛰어나다.** (c) 친구들과 노는 것을 좋아한다. (d) 그의 이름은 노래에서 따왔다.

💡 **why 정답?** 세 번째 단락에서 스쿠비 두는 약간 굽은 등, 오 다리, 이중 턱을 갖고 있다고 했는데, 이는 신체적 조화가 뛰어난 것과는 거리가 먼 특징이므로 (b)가 정답이다.

❌ **why 오답?** (a) 보통 때는 네 다리로 걷지만 특정한 상황에서는 뒷다리로 걷거나 달린다고 했다.
(c) 친구들과 함께 범죄를 해결하고, 어설프면서도 잘 노는 개라고 한 것으로 보아 친구들과 어울려 노는 걸 좋아함을 알 수 있다.
(d) '스쿠비 두'라는 이름은 프랭크 시나트라의 노래 중 일부에서 따온 것이라고 했다.

| 어휘 | coordination 조화, 일치 superb 뛰어난, 최고의 play around 놀러 다니다, 뛰어놀다

55 추론 문제

🔑 **KEY** 질문의 키워드 Great Dane이 언급된 곳 주변을 읽는다.

Based on the way Scooby-Doo was finally depicted, how could a real Great Dane be described?	스쿠비 두가 최종적으로 묘사된 방식에 근거하면, 실제 그레이트데인 종을 어떻게 설명할 수 있겠는가?
(a) as a mammal with a badly formed body (b) as a wild and aggressive animal **(c) as a brave and confident dog** (d) as a dog that avoids trouble	(a) 체형이 나쁜 포유동물로 (b) 거칠고 공격적인 동물로 **(c) 용감하고 자신감 넘치는 개로** (d) 말썽을 피하는 개로

💡 **why 정답?** 세 번째 단락에서 스쿠비 두에게는 그레이트데인 견종과 반대되는 특징이 부여되었는데, 성격적인 측면에서는 매우 겁이 많다고 했다. 따라서 실제 그레이트데인 종은 이와 반대로 용감한 기질을 가지고 있을 것이므로 (c)가 정답이다.

| 어휘 | depict 묘사하다, 그리다 mammal 포유동물 aggressive 공격적인

56 특정 세부사항 문제

🔑 **KEY** 질문의 키워드 body gestures가 언급된 곳 주변을 읽는다.

Why does Scooby-Doo use body gestures when communicating?	스쿠비 두는 의사소통을 할 때 왜 몸짓을 사용하는가?
(a) to make his message clearer (b) because his mouth is often full of "Scooby Snacks" (c) to avoid pronouncing the letter R (d) because he cannot verbally communicate	**(a) 자신의 메시지를 더 분명하게 하려고** (b) 입이 대개 '스쿠비 간식'으로 가득해서 (c) R 자를 발음하지 않으려고 (d) 말로 의사소통을 할 수 없어서

💡 **why 정답?** 네 번째 단락에서 자신의 말을 이해시키기 위해 몸짓을 사용한다고 했으므로 (a)가 정답이다.

» make himself understood → make his message clearer

❌ **why 오답?** (c) 스쿠비 두는 종종 모든 단어를 말할 때 'r' 소리로 시작한다고 했다.
(d) 스쿠비 두는 말을 할 수 있는데, 다만 종종 유창하게 말하거나 단어를 정확하게 발음하기 힘들어한다고 했다.

| 어휘 | communicate 의사소통을 하다 verbally 말로, 구두로

57 추론 문제

🔑 **KEY** 이 TV 만화영화의 '현재'에 관해 설명한 마지막 단락을 읽는다.

What can be said about the Scooby-Doo cartoon show?	스쿠비 두 만화 프로그램에 대해 무엇이라고 말할 수 있는가?
(a) Its animation style has remained consistent. (b) It has had a short run since being aired in 1969. (c) Scooby-Doo's family has been growing. **(d) Scooby-Doo's image is used to sell products.**	(a) 애니메이션 스타일이 그대로 유지되어 왔다. (b) 1969년에 방송된 이후로 단기간 흥행했다. (c) 스쿠비 두의 가족이 늘어나고 있다. **(d) 스쿠비 두의 이미지가 상품 판매에 이용된다.**

💡 **why 정답?** 마지막 단락에서 이 프로그램을 바탕으로 영화, 장난감, 비디오 게임도 만들어졌다고 했으므로 (d)가 정답이다.

» Movies, toys, and video games have also been made based on the show. → Scooby-Doo's image is used to sell products.

❌ **why 오답?** (a) 애니메이션 스타일, 주제, 캐릭터 면에서 많은 변화가 있었다고 했으므로 오답이다.
(b) 1969년 이후 계속해서 방영되고 있다고 했으므로 오답이다.

| 어휘 | remain 계속 ~이다 consistent 한결같은, 일관된 have a short run (영화·연극이) 단기 흥행되다 air 방송하다, 방송되다

58 동의어 문제

🔑 **KEY** bearing이 포함된 부분을 읽고 문맥을 파악한다.

In the context of the passage, bearing means _____.	지문의 문맥에서, bearing은 -을 의미한다.
(a) supporting (b) bringing (c) enduring **(d) showing**	(a) 지지하다 (b) 가져오다 (c) 견디다 **(d) 보여주다**

💡 **why 정답?** bearing이 포함된 부분은 '자신의 이니셜 SD가 있는 파란색 다이아몬드 모양의 개 식별표를 하고 있다'라는 의미이므로 bearing이 '(눈에 보이게) 있다[지니다]'의 뜻으로 사용되었음을 알 수 있다. 따라서 이와 유사한 '보여주다'라는 의미의 (d) showing이 정답이다.

59 동의어 문제

🔑 **KEY** spawned가 포함된 부분을 읽고 문맥을 파악한다.

In the context of the passage, spawned means _____.	지문의 문맥에서, spawned는 -을 의미한다.
(a) generated (b) emerged (c) processed (d) discovered	**(a) 만들어 내다** (b) 모습을 드러내다 (c) 처리하다 (d) 발견하다

💡 **why 정답?** spawned가 포함된 부분은 '몇 편의 파생 프로그램을 낳았다'라는 의미이므로 spawned가 '낳다'라는 뜻으로 사용되었음을 알 수 있다. 따라서 이와 유사한 '만들어 내다, 발생시키다'라는 의미의 (a) generated가 정답이다.

PART 2 60-66 기사 상황에 대처해 결정하는 능력이 있는 단세포 유기체

SINGLE-CELLED ORGANISMS SEEM ABLE TO "MAKE DECISIONS"

[60]Researchers have successfully recreated a previously dismissed experiment that suggested that single-celled organisms are capable of "making complex decisions."

In 1906, American zoologist Herbert Spencer Jennings published the results of his experiment on *Stentor roeselii,* large, trumpet-shaped organisms consisting of a single cell. Jennings subjected the *S. roeselii* to carmine powder, a substance expected to irritate the specimens. [61]The initial reaction was predictable, with the organisms bending their bodies around the substance to avoid it. When the maneuver failed, the *S. roeselii* used their "cilia" — hair-like appendages used for moving and feeding — to push the powder particles away. If that didn't work, the organisms contracted, or shrunk, to avoid the irritant. When all else failed, the organisms simply detached and swam away.

Researchers were unable to replicate Jennings' findings in the 1960s. In their experiment, the organisms merely avoided the irritant by swimming away rather than attempting different maneuvers. Jennings' findings were thus dismissed by the scientific community. However, a team of scientists from Harvard University recently succeeded in recreating the experiment. [62]They reviewed the study that supposedly [65]invalidated Jennings' findings, and learned that the researchers had not used the right organism.

The Harvard team sought out *S. roeselii* specimens and likewise exposed them to carmine powder. However, the organisms were not affected by the substance, presumably because its composition had changed since Jennings' time. [63]When they used microscopic plastic beads as an irritant, the organisms started behaving differently. Initially, the *S. roeselii* did not seem to respond in a specific [66]sequence, with some bending first, then contracting without any clear pattern. However, further analysis showed that the specimens generally behaved as Jennings' specimens had: bending first, then changing the direction of their cilia, and finally swimming away.

단세포 유기체, '결정'할 수 있는 것으로 보여

[60]연구자들은 이전에 묵살당했던, 단세포 유기체가 '복잡한 결정'을 할 수 있다고 시사했던 실험을 성공적으로 재현했다.

1906년에, 미국의 동물학자 허버트 스펜서 제닝스는 하나의 세포로 이루어진, 크고, 트럼펫 모양의 유기체인 Stentor roeselii에 대한 자신의 실험 결과를 발표했다. 제닝스는 표본을 자극할 것으로 예상되는 물질인 암적색 가루에 S. roeselii를 갖다 댔다. [61]처음 반응은 이 유기체가 가루를 피하기 위해 그 물질 주위로 몸을 굽힐 것으로 예측할 수 있었다. 이 책략이 실패하자 S. roeselii는 움직이거나 먹이를 먹을 때 사용하는 머리카락 같은 부속 기관인 '섬모'를 이용하여 가루 입자를 밀어냈다. 그것도 효과가 없을 경우에는 이 유기체는 자극물을 피하기 위해 수축, 즉 오그라들었다. 그 밖의 모든 방법들이 실패하자 이 유기체는 그냥 분리되어 헤엄쳐 가버렸다.

1960년대에 연구자들은 제닝스의 연구 결과를 복제할 수 없었다. 그들의 실험에서는 이 유기체들이 다른 책략을 시도하기보다는 헤엄쳐 가버림으로써 그저 자극물을 회피했다. 따라서 제닝스의 연구 결과는 과학계로부터 묵살당했다. 그러나 하버드대학의 과학자 팀이 최근 이 실험을 재현하는 데 성공했다. [62]그들은 짐작건대 제닝스의 연구 결과가 [65]틀렸음을 입증했던 연구를 재검토했고, 연구자들이 정확한 유기체를 사용하지 않았음을 알게 되었다.

하버드 팀은 S. roeselii 표본을 구해서 마찬가지로 암적색 가루에 노출시켰다. 그러나 이 유기체들은 이 물질의 영향을 받지 않았는데, 아마도 그것의 구조가 제닝스 때 이후로 변화했기 때문인 듯하다. [63]그들이 자극물로 미세한 플라스틱 구슬을 사용하자 이 유기체들은 다르게 행동하기 시작했다. 처음에는 S. roeselii가 일단 몸을 좀 굽혔다가 그다음에는 어떤 명확한 패턴 없이 수축하면서, 특정한 [66]순서대로 반응하는 것처럼 보이지 않았다. 그러나 추가적인 분석은 표본들이 일반적으로 제닝스의 표본이 그랬던 것처럼 행동한다는 것을 보여주었다. 즉, 처음에는 구부렸고, 그다음에는 섬모의 방향을 바꾸었고, 마지막에는 헤엄쳐서 가버렸다.

⁶⁴The study concluded that although single-celled organisms have no brains, they might have built-in mechanisms that let them "decide" between options when facing problems. This offers a new perspective on simple organisms, which could be more complex than previously thought. The findings even suggest that human cells might not merely be "programmed" to behave as the genes dictate, but may be capable of reacting independently to stimuli.

⁶⁴이 연구는 비록 단세포 유기체에게 뇌가 없을지라도 이들이 문제에 직면했을 때 선택 사항들 사이에서 '결정'을 하게 하는 내재된 기제가 있을지도 모른다고 결론 내렸다. 이것은 단순 유기체에 대한 새로운 관점, 즉 이들이 이전에 생각했던 것보다 더욱 복잡할 수 있음을 제시한다. 이 조사 결과는 심지어 인간의 세포는 그저 유전자가 명령하는 대로 행동하도록 '프로그램되어' 있는 것이 아니라 자극에 독립적으로 반응할 수 있을지도 모른다는 것을 시사한다.

| 어휘 | single-celled 단세포의 organism 유기체, 생물 make a decision 결정하다 recreate 되살리다, 재현하다 previously 이전에 dismiss 묵살하다, 일축하다 experiment 실험 be capable of ~할 수 있다 complex 복잡한 zoologist 동물학자 publish 게재하다, 발표하다 consist of ~로 구성되다 subject A to B A를 B에 대다[쬐다] carmine 암적색의 substance 물질 irritate 자극하다 specimen 표본 initial 처음의, 초기의 reaction 반응 predictable 예측할 수 있는 bend 굽히다, 휘게 하다 maneuver 책략, 술책 cilia 섬모 appendage 부속 기관 particle (아주 작은) 입자 contract 수축하다 shrink 줄어들다, 줄어들게 하다 irritant 자극물 detach 분리되다, 분리하다 replicate 복제하다 findings 조사[연구] 결과 merely 그저, 단지 attempt 시도하다 succeed in ~에 성공하다 supposedly 짐작건대, 아마도 invalidate 틀렸음을 입증하다, 무효화하다 seek out ~을 찾아내다 likewise 마찬가지로 expose A to B A를 B에 노출시키다 affect 영향을 미치다 presumably 아마, 짐작건대 composition 구조, 구성 요소 microscopic 미세한 bead 구슬 behave 행동[반응]을 보이다 respond 반응을 보이다 specific 특정한, 독특한 sequence (사건·행동 등의) 순서[차례] further 더 이상의, 추가의 analysis 분석 direction 방향 conclude 결론 내리다 built-in 타고난, 내장된 mechanism 기제, 구조 perspective 관점, 시각 gene 유전자 dictate 지시하다, 명령하다 independently 독립적으로 stimuli 자극 (stimulus의 복수)

60 주제/목적 문제

🗝️ **KEY** 연구 내용을 간략히 소개한 초반부를 읽는다.

What were researchers able to accomplish recently?

(a) repeat a previous experiment
(b) introduce new scientific findings
(c) apply new scientific methods
(d) discredit an existing theory

연구자들이 최근 성취할 수 있었던 것은 무엇인가?

(a) 이전의 실험 반복하기
(b) 새로운 과학 조사 결과 소개하기
(c) 새로운 과학적 방법 적용하기
(d) 기존 이론 부정하기

◉ **why 정답?** 첫 번째 단락에서 연구자들은 이전에는 묵살당했던, 단세포 유기체가 '복잡한 결정'을 할 수 있다고 시사했던 실험을 성공적으로 재현했다고 했으므로 (a)가 정답이다.

» recreated → repeat

⊗ **why 오답?** (d) 지문에서 소개하는 연구는 기존의 연구 결과가 틀렸음을 입증한 것이 아니라 오히려 타당함을 밝혀낸 연구이다.

| 어휘 | accomplish 성취하다, 완수하다 previous 이전의 introduce 소개하다 apply 적용하다 discredit ~의 신빙성을 상실케 하다 existing 기존의 theory 이론

61 특정 세부사항 문제

🔑 **KEY** 질문의 키워드 Jennings' experiment에 관해 구체적으로 언급된 곳을 읽는다.

How were the *Stentor roeselii* predicted to react to the irritant in Jennings' experiment?	제닝스의 실험에서 Stentor roeselii가 자극물에 어떻게 반응할 것으로 예측되었는가?
(a) by swimming away from it	(a) 그것을 피해 헤엄쳐 가버림으로써
(b) by shoving it out of the way	(b) 그것을 밀어내 버림으로써
(c) by shrinking their bodies to escape it	(c) 그것에서 벗어나기 위해서 몸을 수축시킴으로써
(d) by twisting their bodies to avoid it	**(d) 그것을 피하기 위해서 몸을 구부림으로써**

💡 **why 정답?** 두 번째 단락에서 초기 반응은 이 유기체가 가루를 피하기 위해 그 물질 주위로 몸을 굽힐 것으로 예측할 수 있었다고 했으므로 (d)가 정답이다.

» bending → twisting

| 어휘 | predict 예측하다 shove 밀치다 escape ~을 벗어나다 twist 구부리다, 휘다

62 추론 문제

🔑 **KEY** 질문의 키워드 the 1960s가 언급된 곳 주변을 읽는다.

Which could be a reason why the 1960s recreation of the experiment failed?	1960년대에 이 실험의 재현에 실패한 이유는 무엇이겠는가?
(a) The specimens were not exactly the same.	**(a) 표본이 정확히 일치하지 않았다.**
(b) The scientific community never accepted Jennings' findings.	(b) 과학계에서 제닝스의 조사 결과를 절대 받아들이지 않았다.
(c) The substance did not affect the specimens.	(c) 그 물질이 표본에 영향을 주지 않았다.
(d) The researchers did not use a powerful irritant.	(d) 연구자들이 강력한 자극물을 사용하지 않았다.

💡 **why 정답?** 세 번째 단락에서 실험의 재현에 성공한 하버드대학 팀이 밝혀낸 바에 따르면, 1960년대에 연구자들은 정확한 유기체, 즉 제닝스가 실험에서 사용한 것과 똑같은 표본을 사용하지 않았다고 했으므로 (a)가 정답이다.

» the researchers had not used the right organism → The specimens were not exactly the same.

| 어휘 | recreation 재현 exactly 정확하게 accept 받아들이다

63 특정 세부사항 문제

🔑 **KEY** 질문의 기워드 plastic beads가 언급된 곳 주변을 읽는다.

What did the Harvard researchers first observe about the *S. roeselii*'s behavior towards the plastic beads?	하버드 연구자들이 플라스틱 구슬에 대한 S. roeselii의 행동에 관해 제일 먼저 관찰한 것은?
(a) They reacted as Jennings' specimens did.	(a) 제닝스의 표본이 그랬던 것처럼 반응했다.
(b) They appeared to react in a random manner.	**(b) 무작위적인 방식으로 반응하는 것처럼 보였다.**
(c) They ignored the plastic beads.	(c) 플라스틱 구슬을 무시했다.
(d) They reacted more to carmine powder.	(d) 암적색 가루에 더 많이 반응했다.

💡 **why 정답?** 네 번째 단락에서 자극물로 미세한 플라스틱 구슬을 사용하자 처음에는 S. roeselii가 특정한 순서대로 반응하는 것 같지 않았다고 했으므로 (b)가 정답이다.

» did not seem to respond in a specific sequence → appeared to react in a random manner

| 어휘 | observe 관찰하다 behavior 행동, 습성 appear ~인 것 같다 random 무작위의 ignore 무시하다

64 추론 문제

🔑 **KEY** 질문의 키워드 conclusion과 관련된 내용이 언급된 곳을 읽는다.

What conclusion can be made about single-celled organisms?	단세포 유기체에 관해 어떤 결론을 내릴 수 있는가?
(a) They make decisions with their brains.	(a) 그들의 뇌로 결정한다.
(b) They behave as dictated by genes.	(b) 유전자가 지시하는 대로 행동한다.
(c) They react to specific situations accordingly.	**(c) 특정한 상황에 맞춰서 반응한다.**
(d) They make up multi-celled organisms.	(d) 다세포 유기체를 형성한다.

why 정답? 마지막 단락에서 단세포 유기체에 뇌가 없기는 하지만 문제에 직면했을 때 적절한 '결정'을 하게 하는 내재된 기제가 있을지도 모른다고 결론 내렸다고 했으므로 (c)가 정답이다.

why 오답? (a) 단세포 유기체는 뇌가 없다고 했다.
(b) 심지어 인간의 세포는 유전자의 명령대로 행동하는 것이 아니라 자극에 독립적으로 반응할 수 있을지도 모른다고 했다.

| 어휘 | conclusion 결론   accordingly (상황에) 부응하여, 그에 맞춰   make up ~을 형성하다[이루다]   multi-celled 다세포의

65 동의어 문제

🔑 **KEY** invalidated가 포함된 부분을 읽고 문맥을 파악한다.

In the context of the passage, invalidated means _____.	지문의 문맥에서, invalidated는 —을 의미한다.
(a) opposed	(a) 반대하다
(b) followed	(b) 따르다
(c) rejected	(c) 거부하다
(d) disproved	**(d) 틀렸음을 입증하다**

why 정답? invalidated가 포함된 부분은 '그들은 제닝스의 연구 결과가 틀렸음을 입증했던 연구를 재검토했다'라는 의미이므로 invalidated가 '틀렸음을 입증하다'라는 뜻으로 사용되었음을 알 수 있다. 따라서 같은 의미인 (d) disproved가 정답이다.

66 동의어 문제

🔑 **KEY** sequence가 포함된 부분을 읽고 문맥을 파악한다.

In the context of the passage, sequence means _____.	지문의 문맥에서, sequence는 —을 의미한다.
(a) cycle	(a) 순환, 주기
(b) system	(b) 체제
(c) order	**(c) 순서**
(d) display	(d) 전시, 진열

why 정답? sequence가 포함된 부분은 '특정한 순서대로 반응하다'라는 의미이므로 sequence가 '순서'라는 뜻으로 사용되었음을 알 수 있다. 따라서 같은 의미인 (c) order가 정답이다.

DODO BIRD

[67]The dodo was a flightless bird that was found in the island nation of Mauritius in the Indian Ocean. The bird was large at about a meter in height and 20 kilograms in weight. [69-(b)]Recognized as a distant relative of pigeons and doves, [67]the species became extinct before the start of the 1700s.

Most information about the dodos comes from the writings of Portuguese and Dutch settlers in Mauritius. No [72]reliable descriptions of the bird are available today. [68]The early illustrations of the dodo largely differ, and its fossil remains give very little information about its appearance. However, most drawings show it as a heavyset bird with grey or brown feathers, a strong, hooked beak, and [69-(d)]very small eyes at the sides of its head. It is also illustrated with short, stubby wings, stout yellow legs, and black claws. [69-(a)]Dodos were observed to have been fast runners [69-(c)]despite their fat, round bodies.

Scientists believe that the main reason the dodos did not fly was the [73]abundance of food on the island. [70]The birds simply ate fruit that fell from trees and did not need to fly. Also, they did not have any natural predators to escape from by flying. The dodos nested in grassy areas and laid only one egg at a time. They swallowed gizzard stones, which were used to help grind and digest food, as the dodos did not have any teeth to chew with. They were described as tame birds that were not fearful of humans.

The arrival of European settlers triggered the steady decline of the dodos' numbers and their eventual extinction. The settlers discovered that the birds were neither afraid of humans nor dangerous to them. [71]They killed the dodos indiscriminately for sport and food, even though the birds' meat had been described as foul-tasting. The birds were also hunted by dogs, cats, pigs, and other animals that were brought to the island by the settlers.

By around 1681, the last dodo bird had vanished. The bird's extinction has since been cited to promote the protection of endangered species.

삼키다 gizzard (조류의) 모래주머니 grind 갈다, 빻다 digest 소화하다 chew 씹다 tame 길들여진 fearful of ~을 두려워하는 trigger 촉발시키다 steady 꾸준한 decline 감소, 하락 eventual 궁극적인 extinction 멸종 indiscriminately 마구잡이로, 무차별하게 foul-tasting 불쾌한 맛이 나는 vanish 사라지다 cite 인용하다 promote 촉진[고취]하다 protection 보호 endangered 멸종 위기에 처한

67 주제/목적 문제

KEY 이 글에서 주로 다뤄질 내용을 소개하는 도입부를 읽는다.

What is the article describing?

(a) the extinction of various species
(b) an ancient bird that had died out
(c) the early birds of Mauritius
(d) the dangers of colonial expansion

이 글은 무엇에 대해 설명하는가?

(a) 다양한 종들의 멸종
(b) 멸종된 아주 오래된 새
(c) 모리셔스의 초기 조류
(d) 식민지 확장의 위험

why 정답? 1700년대 이전에 멸종한 도도새에 대한 글이므로 (b)가 정답이다.

» the species became extinct before the start of the 1700s → an ancient bird that had died out

| 어휘 | ancient 아주 오래된, 고대의 die out 멸종되다, 자취를 감추다 colonial 식민(지)의 expansion 확장, 팽창

68 특정 세부사항 문제

KEY 질문의 키워드 appearance가 언급된 곳 주변을 읽는다.

Why is there no clear agreement about the dodo's appearance?

(a) The bird did not really exist.
(b) There are no remains of the bird.
(c) The settlers did not actually see the bird.
(d) Records about the bird are not consistent.

도도새의 외양에 관해 분명한 의견 일치가 이루어지지 않는 이유는 무엇인가?

(a) 이 새는 실제로 존재하지 않았다.
(b) 이 새의 유해가 전혀 없다.
(c) 정착민들은 실제로는 이 새를 보지 못했다.
(d) 이 새에 관한 기록이 일관되지 않는다.

why 정답? 두 번째 단락에서 도도새에 대한 초기의 삽화들이 대체로 서로 다르고, 화석 유해에서 얻을 수 있는 정보도 거의 없다고 했으므로 (d)가 정답이다.

» The early illustrations of the dodo largely differ → Records about the bird are not consistent.

why 오답? (b) 도도새의 화석 유해는 있다고 했으므로 오답이다.

| 어휘 | clear 분명한, 확실한 agreement 동의, 합의 exist 존재하다 consistent 일관된, 한결같은

69 True/Not true 문제

KEY 보기의 키워드와 지문 내용을 대조하며 보기를 하나씩 소거한다.

Which of the following descriptions about the dodo is false?

(a) that it was weak and sluggish
(b) that it is related to the pigeon
(c) that it had a rounded, heavy body
(d) that it had particularly tiny eyes

다음 중 도도새에 대한 설명으로 틀린 것은?

(a) 허약하고 느릿느릿했다.
(b) 비둘기와 관련이 있다.
(c) 몸집이 둥글고 육중했다.
(d) 눈이 특히 아주 작았다.

why 정답? 두 번째 단락에서 도도새는 몸집이 크고 빨리 달렸다고 했으므로 이와 반대로 설명한 (a)가 정답이다.

» a distant relative of pigeons and doves → related to the pigeon
» very small eyes → tiny eyes

READING & VOCABULARY SECTION

» their fat, round bodies → a rounded, heavy body

| 어휘 | sluggish 느릿느릿 움직이는   related to ~와 관련된   rounded 둥근   particularly 특히, 특별히   tiny 아주 작은

70 특정 세부사항 문제

🔑 **KEY** 질문의 키워드 flightless와 관련된 내용이 언급된 곳을 읽는다.

What is the major reason for the dodo's evolution into a flightless bird?	도도새가 날지 못하는 새로 진화한 주요 이유는 무엇인가?
(a) its ability to easily defeat predators	(a) 쉽게 포식자를 물리치는 능력
(b) its body becoming too heavy	(b) 너무 육중해지는 몸
(c) its lack of need to fly to gather food	**(c) 먹이를 모으기 위해 날아야 할 필요성의 부족**
(d) its ability to run fast instead of flying	(d) 날아다니는 대신 빨리 달리는 능력

why 정답? 세 번째 단락에서 모리셔스 섬에는 먹을 것이 풍부해서 도도새는 그냥 나무에서 떨어진 열매를 먹었기 때문에 날아다닐 필요가 없었다고 했으므로 (c)가 정답이다.

» The birds simply ate fruit that fell from trees and did not need to fly. → its lack of need to fly to gather food

| 어휘 | evolution 진화   ability 능력   defeat 물리치다, 이기다   lack of ~의 부족   gather 모으다

71 추론 문제

🔑 **KEY** 도도새의 멸종 과정에 관해 다룬 지문 후반부를 읽는다.

How most likely did the dodo ultimately become extinct?	도도새는 궁극적으로 어떻게 멸종했을 것 같은가?
(a) through an absence of food on the island	(a) 섬에 먹을 것이 없어서
(b) through excessive hunting by humans	**(b) 인간의 과도한 사냥을 통해서**
(c) by being wiped out as a threat to humans	(c) 인간을 위협하는 존재로 여겨 몰살함으로써
(d) by being preyed on by the local wildlife	(d) 지역 야생동물의 먹이가 됨으로써

why 정답? 네 번째 단락에서 유럽에서 온 정착민들이 스포츠를 위해 혹은 식용으로 도도새를 마구잡이로 죽였다고 했으므로 (b)가 정답이다.

» They killed the dodos indiscriminately for sport and food → excessive hunting by humans

why 오답? (a) 모리셔스 섬에는 먹을 것이 풍부해 도도새는 그저 나무에서 떨어진 열매를 주워 먹었다.
(c) 도도새는 사람을 두려워하지도 않았고, 사람에게 위험하지도 않았다.
(d) 도도새는 정착민들이 섬에 들여온 동물들에게 사냥당했다.

| 어휘 | ultimately 궁극적으로   extinct 멸종한   absence 없음, 부재   excessive 과도한, 지나친   wipe out ~을 완전히 없애버리다   threat 위협   prey on ~을 먹이로 하다

72 동의어 문제

🔑 **KEY** reliable이 포함된 부분을 읽고 문맥을 파악한다.

In the context of the passage, reliable means _____.	지문의 문맥에서, reliable은 –을 의미한다.
(a) relative	(a) 상대적인
(b) sincere	(b) 진실된
(c) dependable	**(c) 믿을 수 있는**
(d) special	(d) 특별한

💡 **why 정답?** reliable이 포함된 부분은 '오늘날 이용할 수 있는 이 새에 대한 믿을 만한 묘사는 전혀 없다'라는 의미이므로 reliable이 '믿을 수 있는'이라는 뜻으로 사용되었음을 알 수 있다. 따라서 같은 의미의 (c) dependable이 정답이다.

73 동의어 문제

🔑 **KEY** abundance가 포함된 부분을 읽고 문맥을 파악한다.

In the context of the passage, abundance means _____.	지문의 문맥에서, abundance는 –을 의미한다.
(a) fortune	(a) 행운, 재산
(b) worth	(b) 가치
(c) substance	(c) 물질
(d) wealth	**(d) 풍부**

💡 **why 정답?** abundance가 포함된 부분은 '그 섬에 먹을 것이 풍부했다'라는 의미이므로 abundance가 '풍부'라는 뜻으로 사용되었음을 알 수 있다. 따라서 같은 의미의 (d) wealth가 정답이다.

PART 4 74-80 비즈니스 편지 온라인 뱅킹 재신청 절차 안내

Ms. Anita Day
23 Fordham Street
Chatham, London, TS10 0FJ

Dear Ms. Day,

[74]We regret to inform you that your application for AZG online banking has been denied as of July 27.

Our records show that when you signed up on the AZG Bank website on July 11, [75]you were given until July 15 to confirm your application. You were advised to do so by going to an AZG Bank automated teller machine and activating your account using the code sent to your email. [75]To date, we have not received confirmation of the activation of your account.

애니타 데이 씨
포드햄 가 23번지
채텀, 런던, TS10 0FJ

데이 씨 귀하

[74]7월 27일부로 귀하의 AZG 온라인 뱅킹 신청이 거부되었음을 알려드리게 되어 유감입니다.

저희 기록에 따르면, 귀하가 7월 11일에 AZG 은행 웹사이트에서 신청을 했을 때, [75]신청 확인을 하시도록 귀하에게 7월 15일까지 기한을 드렸습니다. 귀하에게 AZG 은행 현금 자동 입출금기로 가서 이메일로 보내드린 암호를 이용하여 귀하의 계좌를 활성화하면 된다고 알려드렸습니다. [75]지금까지, 저희는 귀하의 계좌가 활성화되었다는 확인을 받지 못했습니다.

In response to your complaint that you were unable to sign up for online banking, we would like to offer you another way to register for the service. ⁷⁶⁻⁽ᶜ⁾Please print out the online banking form found on our website. ⁷⁶⁻⁽ᵃ⁾Then, ⁷⁹furnish the necessary information, and ⁷⁶⁻⁽ᵇ⁾submit the completed form to an AZG Bank branch of your choosing. Our tellers will process your application, and you can start using online banking that same day.

⁷⁷Should you have any more concerns regarding your online banking application, please call us at 555-553-1274.

We would also like to inform you that as an AZG Bank customer, you are ⁸⁰guaranteed to receive a Points Plus membership that can be used together with your AZG Bank Credit Card. ⁷⁸Earn points every time you use your credit card, and qualify to win prizes such as home furniture and vacation packages.

Thank you very much, and we wish you well.

Carter Beaumont
Manager
AZG Bank
London Main Office

온라인 뱅킹 신청을 할 수 없었다는 귀하의 불만에 대응하여, 저희는 이 서비스에 등록하는 다른 방법을 알려드리려고 합니다. ⁷⁶⁻⁽ᶜ⁾웹사이트에 있는 온라인 뱅킹 서식을 출력해 주세요. ⁷⁶⁻⁽ᵃ⁾그런 다음, 필수 정보를 ⁷⁹제공하시고 ⁷⁶⁻⁽ᵇ⁾완전히 기입한 서식을 원하시는 AZG 은행 지점으로 제출하세요. 저희 창구 직원들이 귀하의 신청을 처리해드릴 것이며, 귀하는 당일에 온라인 뱅킹 이용을 시작하실 수 있습니다.

⁷⁷귀하의 온라인 뱅킹 신청과 관련하여 우려되는 점이 더 있으시면, 555-553-1274로 저희에게 전화 주시기 바랍니다.

또한 귀하는 AZG 은행의 고객으로서, AZG 은행 신용카드와 함께 사용할 수 있는 포인트 플러스 회원 자격을 받으실 것이 ⁸⁰확실함을 알려드립니다. ⁷⁸신용카드를 사용하실 때마다 포인트를 적립하시고 가정용 가구와 여행 패키지 상품 같은 경품을 탈 자격을 얻으세요.

대단히 감사드리며, 귀하의 평안을 기원합니다.

카터 보몬트
지점장
AZG 은행
런던 본점

| 어휘 | regret to do ~하게 되어 유감이다 inform 알리다, 통지하다 application 신청 deny 부인하다, 거부하다 as of ~일자로 sign up ~에 등록하다, ~에 신청하다 confirm 확인하다 automated teller machine 현금 자동 입출금기 activate 활성화하다 account 계좌, 계정 code 암호 to date 지금까지 confirmation 확인 activation 활성화 in response to ~에 대응하여 complaint 불평, 항의 register for ~에 등록하다 furnish 제공하다, 공급하다 submit 제출하다 completed 기입한, 작성한 branch 지점 teller (은행의) 창구 직원 process 처리하다 concern 우려, 걱정 regarding ~에 관하여 guarantee 확실하게 하다, 보장하다 earn 얻다, 받다 qualify to do ~할 자격을 얻다 win a prize 상을 타다

74 주제/목적 문제

KEY 편지의 목적이 주로 제시되는 초반부를 읽는다.

What is the main purpose of the letter?

(a) to tell a client of the rejection of her application
(b) to notify a client that her bank account was closed
(c) to offer a client a new banking service
(d) to inform that a client has been registered for a service

편지의 주요 목적은 무엇인가?

(a) 고객에게 신청이 거절되었음을 알려주기 위해
(b) 고객에게 은행 계좌가 해지되었음을 통보하기 위해
(c) 고객에게 새로운 은행 서비스를 제공하기 위해
(d) 고객이 서비스에 등록되었음을 알려주기 위해

why 정답? 첫 번째 단락에서 은행의 고객인 데이 씨의 온라인 뱅킹 신청이 거부되었음을 알린 후 이어지는 단락에서 그 이유를 설명하고 있으므로 (a)가 정답이다.

» your application for AZG online banking has been denied → the rejection of her application

| 어휘 | rejection 거절 notify 알리다, 통지하다

75 추론 문제

🔑 **KEY** Anita Day의 신청이 거부된 이유가 자세히 제시된 두 번째 단락을 읽는다.

Why most likely is AZG Bank sending Anita Day the notice?	왜 AZG 은행이 애니타 데이에게 이 통지를 보내는 것 같은가?
(a) She did not register on the bank's website.	(a) 그녀가 은행의 웹사이트에서 등록하지 않았다.
(b) She failed to confirm her application.	**(b) 그녀가 신청을 확인하지 않았다.**
(c) She has not opened an ATM account.	(c) 그녀가 ATM 계좌를 개설하지 않았다.
(d) She was not told how to apply for the service.	(d) 그녀가 서비스를 신청하는 법을 듣지 못했다.

💡 **why 정답?** 두 번째 단락에서 7월 15일까지 애니타가 온라인 뱅킹 신청 확인을 했어야 하는데 은행 측에서 7월 27일 현재 계좌가 활성화되었다는 확인을 받지 못했다는 것으로 보아, 애니타가 신청 확인을 하지 않았음을 추론할 수 있으므로 (b)가 정답이다.

| 어휘 | notice 통지   fail to do ~하지 못하다   open an account 계좌를 개설하다   apply for ~을 신청하다

76 True/Not true 문제

🔑 **KEY** 보기의 키워드와 지문 내용을 대조하며 보기를 하나씩 소거한다.

Which is not mentioned as another way to register for online banking?	온라인 뱅킹에 등록하는 또 다른 방법으로 언급되지 않은 것은 무엇인가?
(a) completing an application form	(a) 신청서 작성하기
(b) visiting a branch of AZG Bank	(b) AZG 은행의 지점 방문하기
(c) printing an online document	(c) 온라인 서류 프린트하기
(d) reapplying for the service online	**(d) 온라인으로 서비스 재신청하기**

💡 **why 정답?** 세 번째 단락에서 온라인 뱅킹 서식을 출력해 모두 기입한 다음 AZG 은행 지점으로 제출하라고 했으므로 (d)가 정답이다.

» print out the online banking form → printing an online document
» furnish the necessary information → completing an application form
» submit the completed form to an AZG Bank branch → visiting a branch of AZG Bank

| 어휘 | document 서류, 문서   reapply 재신청하다, 다시 지원하다

77 특정 세부사항 문제

🔑 **KEY** 질문의 키워드 concerns가 언급된 곳 주변을 읽는다.

How can Anita Day air her concerns about her application?	애니타 데이는 어떻게 자신의 신청에 대한 우려를 제기할 수 있는가?
(a) by logging on to a website	(a) 웹사이트에 접속함으로써
(b) by visiting a bank branch	(b) 은행 지점을 방문함으로써
(c) by giving the bank a call	**(c) 은행에 전화를 함으로써**
(d) by writing the bank a letter	(d) 은행에 편지를 씀으로써

💡 **why 정답?** 네 번째 단락에서 온라인 뱅킹 신청과 관련해 우려되는 점이 있으면 전화를 달라고 했으므로 (c)가 정답이다.

» please call us → giving the bank a call

❌ **why 오답?** (a) 웹사이트에 접속해야 하는 경우는 온라인 뱅킹 서식을 출력할 때이다.
(b) 은행 지점을 방문해야 하는 경우는 온라인 뱅킹 신청을 다시 할 때이다.

| 어휘 | air (의견을) 발표하다   log on to ~에 접속하다

78 특정 세부사항 문제

🔑 **KEY** 질문의 키워드 win prizes가 언급된 곳 주변을 읽는다.

What should Day do to win prizes from AZG Bank? (a) remain a loyal patron of AZG Bank (b) use her Points Plus card to make purchases (c) settle her outstanding loan balance **(d) use her AZG Credit Card to earn points**	데이가 AZG 은행으로부터 경품을 타려면 무엇을 해야 하는가? (a) AZG 은행의 충실한 고객으로 남아 있기 (b) 물건을 구입할 때 포인트 플러스 카드 사용하기 (c) 미지불 대출 잔금 정산하기 **(d) AZG 신용카드를 사용하여 포인트 적립하기**

❓ **why 정답?** 다섯 번째 단락에서 신용카드를 사용할 때마다 포인트를 적립하면 경품을 탈 자격이 된다고 했으므로 (d)가 정답이다.

❌ **why 오답?** (b) '포인트 플러스'는 AZG 신용카드와 연동되는 회원제의 이름으로, AZG 신용카드를 쓰면 여기에 포인트가 적립되는 것이지 이 자체가 물품 구입이 가능한 신용카드는 아니다.

| 어휘 | loyal 충실한, 충성스러운 patron 고객 make a purchase 물건을 사다 settle 지불[계산]하다, 정산하다 outstanding 미지불된 loan 대출금 balance 잔금

79 동의어 문제

🔑 **KEY** furnish가 포함된 부분을 읽고 문맥을 파악한다.

In the context of the passage, <u>furnish</u> means _____. (a) deliver (b) achieve **(c) provide** (d) finish	지문의 문맥에서, <u>furnish</u>는 –을 의미한다. (a) 배달하다, 전하다 (b) 성취하다 **(c) 제공하다** (d) 끝내다

❓ **why 정답?** furnish가 포함된 부분은 '필수 정보를 제공하다'라는 의미이므로 furnish가 '제공하다'라는 뜻으로 사용되었음을 알 수 있다. 따라서 같은 의미인 (c) provide가 정답이다.

80 동의어 문제

🔑 **KEY** guaranteed가 포함된 부분을 읽고 문맥을 파악한다.

In the context of the passage, <u>guaranteed</u> means _____. **(a) certain** (b) advised (c) liable (d) secure	지문의 문맥에서, <u>guaranteed</u>는 –을 의미한다. **(a) 확실한, 틀림없는** (b) (~하도록) 권고되는 (c) (~할) 책임이 있는 (d) 안심하는, 안전한

❓ **why 정답?** guaranteed가 포함된 부분은 '당신은 포인트 플러스 회원 자격을 받을 것이 확실하다'라는 의미이므로 guaranteed가 '확실한, 보장된'이라는 뜻으로 사용되었음을 알 수 있다. 따라서 이와 유사한 의미인 (a) certain이 정답이다.

영단기 대표 강사 권오경&조현주&제이드김

지텔프 문법 유형별 기출문제

해설강의 오픈!

지텔프 문법 유형별 기출문제
권오경, 제이드김, 조현주 선생님의 해설강의는
영단기에서 확인 가능합니다.

https://eng.conects.com

지텔프 기출문제집

G-TELP KOREA
6회분 제공
지텔프
기출문제

커넥츠 지텔프 연구소

LEVEL 2

문제집

커넥츠

G-TELP KOREA
6회분 제공
지텔프 기출문제

LEVEL 2

문제집

커넥츠

G-TELP 최신 기출문제

TEST 1

- GRAMMAR SECTION
- LISTENING SECTION
- READING & VOCABULARY SECTION

TEST 1. mp3 바로 듣기

시험 준비하기

컴퓨터용 사인펜

수정 테이프

Answer Sheet

시험시간 : 90분

시작 시각 : ___시 ___분
종료 시각 : ___시 ___분

TEST BOOKLET NUMBER: _____

General Tests of English Language Proficiency
G-TELP

Level 2

GRAMMAR SECTION

DIRECTIONS:

The following items need a word or words to complete the sentence. From the four choices for each item, choose the best answer. Then blacken in the correct circle on your answer sheet.

Example:

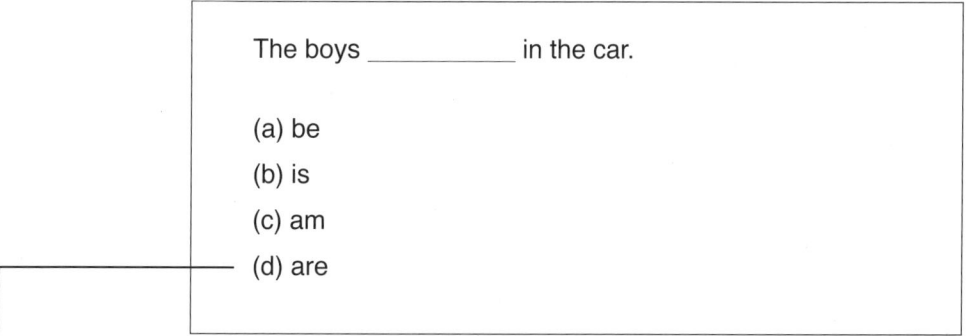

The correct answer is (d), so the circle with the letter (d) has been blackened.

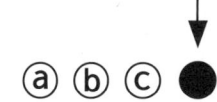

NOW TURN THE PAGE AND BEGIN

1. I'm not sure if Mr. Thompson will be giving an exam on Sumerian civilization today. However, I do remember _____ him advise us to be ready for an exam on the topic anytime this week.

   (a) to hear
   (b) to have heard
   (c) hearing
   (d) having to hear

2. Animal rights are being ignored by government institutions in many countries. It's a good thing that private organizations are advocating for the rights of animals and taking the necessary steps _____ this concern.

   (a) will address
   (b) to address
   (c) addressing
   (d) address

3. My whole body was aching yesterday from my workout. That's why I wasn't able to join my teammates for volleyball practice. If I had not felt so tired after exercising, I probably _____ in the practice.

   (a) did participate
   (b) have participated
   (c) would have participated
   (d) was participating

4. Josh is taking nursing courses at a private school in California. He is enjoying his studies because he _____ to work in a hospital to help the sick ever since he was a child.

   (a) has been wanting
   (b) will have wanted
   (c) is wanting
   (d) would want

5. When Anthony was growing up in Chicago, he wished that he was living in the countryside. His dream still holds true today. If he could live elsewhere, he _____ the charming rural town of Fulton.

   (a) is choosing
   (b) chooses
   (c) will choose
   (d) would choose

6. Sales experts recommend effective options to close a deal. For example, salespeople _____ either create a "sense of urgency" to convince a client to buy a product, or overcome objections by emphasizing the product's selling points.

   (a) would
   (b) can
   (c) shall
   (d) might

7. Heather is now applying online to a university. In front of her are all the reference documents she needs. It is important that she _____ the required information, or the online application process will not progress.

   (a) will fill out
   (b) fill out
   (c) has filled out
   (d) filled out

8. Since Henry Ford introduced the assembly line, car manufacturing has become one of the world's most efficient industries. By the year 2023, manufacturers _____ cars on a commercial scale for 110 years.

   (a) will have been producing
   (b) will produce
   (c) is producing
   (d) would have produced

9. Martin has always wanted to engage in other extreme sports aside from wall climbing and scuba diving. If only he had the money to be able to afford skydiving, he _____ the thrilling sport.

   (a) will pursue
   (b) is pursuing
   (c) would pursue
   (d) pursues

10. I really admire people who sacrifice much of what they have to be able to help the poor. One of those I admire is Father Matthews, who _____ charity work for the needy and homeless for 20 years now.

    (a) will do
    (b) does
    (c) is doing
    (d) has been doing

11. Kiwi is a fruit that's usually consumed peeled. However, many dieticians suggest that the fruit _____ unpeeled, since eating kiwi with its skin provides thrice the amount of fiber and vitamin C than eating the flesh alone.

    (a) be eaten
    (b) is eaten
    (c) is being eaten
    (d) will be eaten

12. The *stapes*, a stirrup-shaped bone located in the middle ear, is considered the smallest bone in the human body. If one were to cover a penny's surface with the bone, it _____ about six stapes to do it.

    (a) is taking
    (b) takes
    (c) would take
    (d) will take

13. Yesterday, Francis witnessed something that was so funny he couldn't stop telling everyone about it. He was having his car refueled when a small car stopped beside his, _____ about 12 clowns piled out of it!

    (a) although
    (b) so
    (c) because
    (d) and

14. After working overtime every day for three weeks, Dale can finally take a break. Since he has saved a lot of money, he is considering _____ in Hawaii to visit the Mauna Kea Observatories.

    (a) to vacation
    (b) will vacation
    (c) vacationing
    (d) having vacationed

15. Chris hasn't done any chores for weeks. His mother says that she's going to church, _____, and she expects the house to be spotless when she returns.

    (a) when she will pray for him to change his ways
    (b) where she will pray for him to change his ways
    (c) which she will pray for him to change his ways
    (d) that she will pray for him to change his ways

16. It is theorized that a giant asteroid wiped out the dinosaurs about 66 million years ago. If the catastrophic event had not happened, some researchers speculate that intelligent dinosaurs _____, replacing humans as the dominant species.

    (a) would have evolved
    (b) evolved
    (c) was evolving
    (d) had evolved

17. Although one of the world's most poisonous vertebrates, the blowfish still falls prey to other animals. It has therefore developed a defense mechanism _____ its predators—inflating itself by swallowing large amounts of water.

    (a) will scare away
    (b) having scared away
    (c) scaring away
    (d) to scare away

18. Last week's inauguration ceremonies for our school's football field were ruined. Nobody expected the sudden change in weather during the event. While the guest of honor _____ the ribbon, rain suddenly started to pour.

    (a) would cut
    (b) was cutting
    (c) is cutting
    (d) cuts

19. One can witness an amazing phenomenon in the southwestern marshlands of Denmark. "Sort sol," _____ is a natural occurrence in which around one million birds flock to the skies during sunset and block the sun.

    (a) that literally means "black sun,"
    (b) what literally means "black sun,"
    (c) which literally means "black sun,"
    (d) how it literally means "black sun,"

20. During his high school years, Christopher was among the top chess players in his city. He _____ successfully in tournaments for three consecutive years until he lost interest in the game in his senior year.

    (a) would compete
    (b) was competing
    (c) competed
    (d) had been competing

21. Mrs. Walter's transaction took an hour to finish because the bank was so busy. Her husband suggests that, next time, she _____ at the bank before it opens to avoid the long line.

    (a) arrive
    (b) will arrive
    (c) arrives
    (d) is arriving

22. Georgina quit her job over a petty reason, and is now still unemployed after months of job-hunting. If she _____ how difficult it is to find employment nowadays, she would not have resigned in the first place.

    (a) considered
    (b) was considering
    (c) had considered
    (d) would consider

23. The poem that Tyler submitted for his literature class has an uncanny similarity to Elinor Wylie's "The Eagle and the Mole." However, Tyler emphatically denies _____ the poem, and insists that it is original.

    (a) to be plagiarizing
    (b) plagiarizing
    (c) to plagiarize
    (d) will plagiarize

24. Milestone Recyclers does good business by recycling plastic and other synthetic materials they collect from commercial establishments. The company _____ be profit-oriented, but it plays an important role in helping conserve the environment.

    (a) will
    (b) can
    (c) may
    (d) must

25. While having dinner at a restaurant last night, my friends and I saw Paul walk in with a mysterious girl. We tried to appear uninterested. _____, he seemed to know that we were curiously glancing at them.

    (a) Indeed
    (b) Nonetheless
    (c) Instead
    (d) Therefore

26. Clarisse is rushing to complete all the necessary application forms and documents to register her business. She _____ to launch a clothing store that she will be managing on her own starting next month.

    (a) will now prepare
    (b) is now preparing
    (c) has now prepared
    (d) now prepares

THIS IS THE END OF THE GRAMMAR SECTION
DO NOT GO ON UNTIL TOLD TO DO SO

LISTENING SECTION

DIRECTIONS:

The Listening Section has four parts. In each part you will hear a spoken passage and a number of questions about the passage. First you will hear the questions. Then you will hear a passage. From the four choices for each question, choose the best answer. Then blacken in the correct circle on your answer sheet.

Now you will hear an example question. Then you will hear an example passage.

Now listen to the example question.

> (a) one
> (b) two
> (c) three
> (d) four

Bill Johnson has four brothers, so the best answer is (d). The circle with the letter (d) has been blackened.

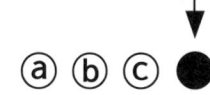

NOW TURN THE PAGE AND BEGIN

PART 1. *You will hear a conversation between two people. First you will hear questions 27 through 33. Then you will hear the conversation. Choose the best answer to each question in the time provided.*

27. (a) He came home late from school.
    (b) He attended a music performance.
    (c) He had band practice the night before.
    (d) He organized a concert.

28. (a) that the open field was a mess
    (b) that Tom was at school early
    (c) that there were rock bands on the campus
    (d) that the grounds were still crowded

29. (a) because the venue was spacious
    (b) because the event was well promoted
    (c) because the concert happened on a weekend
    (d) because the tickets were more affordable

30. (a) the number of tickets sold
    (b) the number of people the venue could hold
    (c) the popularity of the concert performers
    (d) the strength of the venue structure

31. (a) the audience dancing and singing wildly
    (b) the stage containing too many crew members
    (c) the crowd pressing against the stage
    (d) the number of people lining up at the gate

32. (a) The lead singer influenced them.
    (b) The band continued playing.
    (c) The safety marshal rescued them.
    (d) The organizers stopped the event.

33. (a) before the crowd was under control
    (b) when security rushed to the stage
    (c) after the bands started playing again
    (d) as soon as the wall was fixed

PART 2. You will hear a presentation by one person to a group of people. First you will hear questions 34 through 39. Then you will hear the talk. Choose the best answer to each question in the time provided.

34. (a) It introduces reconstructive surgery to the market
    (b) It organizes help for people with physical defects
    (c) It recruits disabled people for volunteer work
    (d) It informs people of the risks of plastic surgery

35. (a) people with defects who look like celebrities
    (b) famous people who once had physical defects
    (c) children being cured of upper lip defects
    (d) celebrities enhancing their looks

36. (a) by being injured as a baby during delivery
    (b) by maintaining a low sense of worth
    (c) by being injured through an animal attack
    (d) by getting cheap cosmetic surgery

37. (a) Only people in these places could afford it.
    (b) It was performed free in these places.
    (c) More people in these places needed it.
    (d) There were no patients in Asia and Africa.

38. (a) by inspiring them to become surgeons
    (b) by preparing them to be turned away by people
    (c) by allowing them to live regular lives
    (d) by ensuring that they don't get future defects

39. (a) former surgery patients
    (b) disadvantaged people
    (c) aspiring movie actors
    (d) potential sponsors

PART 3. You will hear a conversation between two people. First you will hear questions 40 through 45. Then you will hear the conversation. Choose the best answer to each question in the time provided.

40. (a) It has many software options.
    (b) It doesn't require colors and tools.
    (c) One does not make mistakes with it.
    (d) There are many websites about it.

41. (a) They cannot afford new digital equipment.
    (b) They are not familiar with new technology.
    (c) Digital painting software offers limited results.
    (d) Painting is normally a frustrating activity.

42. (a) a rewarding finished work
    (b) a coordinated color scheme
    (c) more precise brushstrokes
    (d) more natural techniques

43. (a) because many find them visually pleasing
    (b) because they are frequently copied
    (c) because some feel they require more skill
    (d) because they are always original

44. (a) buy new brushes and palettes
    (b) tidy up the resulting mess
    (c) replace the work surface
    (d) gather spilled paint for reuse

45. (a) by modifying existing paintings
    (b) by adopting the traditional way
    (c) by developing her own approach
    (d) by using the digital method

PART 4. You will hear an explanation of a process. First you will hear questions 46 through 52. Then you will hear the talk. Choose the best answer to each question in the time provided.

46. (a) the first beverage made using coffee
    (b) the coffee consumed by monks
    (c) a kind of milk with a foamy topping
    (d) a beverage that many people like

47. (a) People adhered to its original recipe.
    (b) More Italians began drinking it.
    (c) People made their own versions of it.
    (d) European cafés stopped serving it.

48. (a) when the milk used is sweetened
    (b) when the drink is improperly prepared
    (c) when the coffee beans are finely ground
    (d) when one wants the drink to be authentic

49. (a) by using different cups
    (b) by adding artificial flavors
    (c) by changing the amount of espresso
    (d) by altering the settings of the machine

50. (a) introducing it to cold air
    (b) bringing it to a boil
    (c) beating its large bubbles
    (d) stirring it with steam

51. (a) so its flavor can be retained
    (b) so one can enjoy it hot for a longer period
    (c) because the cup has a wider opening
    (d) because the cup will not get too hot to touch

52. (a) topping the drink with foam
    (b) stirring milk into the drink
    (c) drawing a monk on the surface
    (d) pouring the drink into a mug

THIS IS THE END OF THE LISTENING SECTION
DO NOT GO ON UNTIL TOLD TO DO SO

READING AND VOCABULARY SECTION

DIRECTIONS:

You will now read four different passages. Each passage is followed by comprehension and vocabulary questions. From the four choices for each item, choose the best answer. Then blacken in the correct circle on your answer sheet.

Read the following example passage and example question.

Example:

> Bill Johnson lives in New York. He is 25 years old. He has four brothers and two sisters.
>
> How many brothers does Bill Johnson have?
>
> (a) one
> (b) two
> (c) three
> (d) four

The correct answer is (d), so the circle with the letter (d) has been blackened.

NOW TURN THE PAGE AND BEGIN

PART 1. Read the following biographical narrative and answer the questions. The underlined words in the article are for vocabulary questions.

LONNIE JOHNSON

Lonnie Johnson is an American inventor and a former Air Force and NASA engineer. He is best known for creating the Super Soaker, a toy gun that shoots water with greater power, range, and accuracy.

Lonnie George Johnson was born on October 6, 1949, in Mobile, Alabama. Growing up, Johnson received lessons on repairing household items and working with electricity from his father. He performed experiments at home to learn how things worked, such as dolls and lawn mowers, and even prepared a batch of rocket fuel. As his curiosity grew and his experiments continued, he began to dream of becoming an inventor.

Johnson attended Williamson High School, an all-black institution, where he was nicknamed "The Professor." In 1968, he represented his school at a science fair. The only African-American student in the competition, he won first prize with his entry: a compressed-air-powered robot that he assembled from scrap. Johnson went on to attend Tuskegee University on a scholarship and earned a bachelor's degree in mechanical engineering and a master's degree in nuclear engineering.

After college, Johnson joined the U.S. Air Force and helped develop the stealth bomber program. He moved to NASA's Jet Propulsion Laboratory and worked as a systems engineer for various space missions before returning to the Air Force. During his spare time, Johnson pursued his own invention: a heat pump that used water instead of harmful chemical compounds. In 1982, he was testing a prototype of the pump, when the nozzle inadvertently <u>ejected</u> a powerful stream of water. Johnson realized how this discovery would make a great water gun.

After seven years of improvements and sales pitches, Johnson finally sold his water gun design to the Larami toy company. Originally called the Power Drencher, the toy sold <u>acceptably</u> well without marketing. However, after rebranding the toy as the Super Soaker and promoting it through television, it became an extremely successful product. For several years, it was the best-selling American toy. The success of the Super Soaker has earned Johnson a net worth of $360 million in royalties.

Johnson has since founded Johnson Research & Development. He is now working on a heat engine that would convert solar energy into electricity with higher efficiency. The holder of more than 100 patents, Johnson has received many accolades for his inventions and scientific contributions, including membership in the State of Alabama Engineering Hall of Fame.

53. What is Lonnie Johnson best known for?

    (a) his development of rocket fuel at NASA
    (b) his invention of a superior toy weapon
    (c) his improvement of electrical systems
    (d) his accomplishments in the Air Force

54. Which is not true about Johnson's participation in the science fair?

    (a) His machine was powered by compressed air.
    (b) His entry was a homemade robot.
    (c) He was his school's delegate to the event.
    (d) His entry was bested by those of other schools.

55. How did Johnson come up with a water gun that performed better than typical water guns?

    (a) by inventing a gun that was completely different
    (b) by basing the toy on weapons used at NASA
    (c) by chancing upon a discovery that had other applications
    (d) by building a heat pump into the toy

56. Why most likely did the Super Soaker become a huge commercial success?

    (a) because its original name was catchy
    (b) because customers had been waiting for its release
    (c) because its new name appealed to a wider audience
    (d) because it was improved after its release

57. What project is Johnson currently working on?

    (a) a machine that supplies efficient energy
    (b) a new research and development center
    (c) a patented network of solar panels
    (d) a program to support Alabama inventors

58. In the context of the passage, ejected means _____.

    (a) drove
    (b) took
    (c) removed
    (d) shot

59. In the context of the passage, acceptably means _____.

    (a) incredibly
    (b) reasonably
    (c) extremely
    (d) hugely

PART 2. *Read the following Web article and answer the questions. The underlined words in the article are for vocabulary questions.*

HOW SURFING DIED AND REVIVED

Surfing is a water sport where an athlete skims along the surface of a wave on a long, flat board. The first evidence of surfing is an account written in 1778 by Lieutenant James King, who observed some native Hawaiians on their surfboards. In his journals, King described the astonishment he felt at watching these natives balance on a piece of wood and ride the tallest and most fearsome waves in the sea.

Surfing in Hawaii was part of the *Kapu* system that held royalty above the commoners. Hawaiian chiefs used surfing as a form of competition to demonstrate their strength and agility, and to determine their fitness to rule. Surfing rituals continued under the Kapu system until 1820, when missionaries from New England began arriving.

The missionaries considered surfing and other Hawaiian sports as heathen activities and tried to stop them. They succeeded in their efforts, and by 1890, surfing was almost never practiced. However, some Hawaiian kings—who were advocates of the sport, and who felt it represented the history and culture of the people—fought hard for surfing to be resurrected.

In 1905, Hawaiian Olympic swimmer Duke Kahanamoku organized the first surfing club at Waikiki Beach. By this time, the missionaries' influence over the island was starting to wane, making it possible for surfing to make a comeback. Kahanamoku then brought surfing to the United States mainland and sparked wave after wave of new riders on the California shores. By 1955, Californians searching for the ideal surfing spot discovered the 25-foot waves of Walmea Bay, Hawaii. This led to a steady influx of surfers in the area.

Nowadays, the sport of surfing is alive and well in many parts of the world. Bali, Indonesia, attracts surfers who enjoy the mellow waves and emerald-green waters. Hossegor, France, has been called the surfing capital of Europe, and offers consistent and powerful tides. But the world's greatest surfers are drawn back to Hawaii, and to the Banzai Pipeline in Oahu, where the tallest and heaviest waves can be found. Riding the fierce waves of Oahu can feel like balancing on the nose of a train, and can remind even experienced surfers why this was once considered the sport of kings.

60. What is an indication that surfing was practiced in the 18th century?

    (a) A lieutenant described it in his journals.
    (b) A king invited surfers onto his ship.
    (c) The Hawaiians wrote about it.
    (d) Long boards were discovered by historians.

61. Why was surfing originally practiced in Hawaii?

    (a) to test if leaders were worthy of governing
    (b) to elevate the masses to the rank of royalty
    (c) to drill warriors to fight against New England
    (d) to allow kings to entertain the commoners

62. How might the missionaries from New England have regarded surfing in Hawaii?

    (a) as a thrilling physical activity
    (b) as an admirable tradition
    (c) as a sport worthy of emulation
    (d) as an undesirable practice

63. Which is not part of Duke Kahanamoku's contributions to surfing?

    (a) introducing surfing to the US
    (b) endorsing surfing as an Olympic event
    (c) paving the way for the revival of surfing as a sport
    (d) forming the first surfing group in Hawaii

64. According to the article, where can the world's greatest surfers be found?

    (a) among powerful emerald-green waters
    (b) in the surfing capital of Europe
    (c) on mellow and consistent tides
    (d) upon the waves of Hawaii

65. In the context of the passage, resurrected means _____.

    (a) improved
    (b) restored
    (c) played
    (d) repeated

66. In the context of the passage, wane means _____.

    (a) grow
    (b) leave
    (c) fade
    (d) work

PART 3. Read the following encyclopedia article and answer the questions. The underlined words in the article are for vocabulary questions.

GIANT SEQUOIA

The Giant Sequoia, or Sierra Redwood, is the world's largest tree in terms of trunk volume. It is also possibly the largest living organism on Earth. The Giant Sequoia is a cone-bearing tree found in America, Europe, Canada, and certain parts of Australia. It grows in areas with dry summers and snowy winters.

The Giant Sequoia grows to a height of 150 to 286 feet, but there are reports of other tree species reaching 307 feet in height. However, with a trunk ranging from 20 to 35 feet in diameter, it is among the world's most massive trees. The largest currently living tree is General Sherman in Sequoia National Park in California, which is about 275 feet in height and 36 feet in diameter at its base.

Giant Sequoias get so large because they live for a long time—the largest tree is approximately 2,200 years old—and they grow quickly. They need a great amount of water, which they receive when spring arrives and the snow melts and soaks deep into the earth. Giant Sequoias regenerate by dropping cones filled with seeds, and can disperse anywhere from 300,000 to 400,000 seeds per year.

The wood from Giant Sequoias is too brittle to use for construction purposes. Because of their size and weight, the massive trees would often shatter after loggers cut them and they came crashing to the ground. Despite the wastage leading to marginal profits, many logging companies still harvested the Giant Sequoia from the 1880s to the 1920s. It is estimated that only 50% of the timber reached the mill because of its relative fragility.

These days, the wood is mainly used for fence posts and matchsticks, as it is highly resistant to fire and decay. It can also be used for high-end furniture that showcases the tree's giant proportions, such as long tables made from a single uncut slab. In the northwest United States, some entrepreneurs have begun selling appropriately sized Giant Sequoias as alternatives for traditional Christmas trees.

Many Giant Sequoia groves are preserved in Kings Canyon National Park, Sequoia National Park, and Giant Sequoia National Monument in Sierra Nevada, California.

67. Which statement best characterizes the Giant Sequoia?

    (a) It thrives in tropical areas with humid summers.
    (b) It could be the world's largest living thing.
    (c) It is the world's tallest tree.
    (d) It is the first organism that ever lived.

68. What is the General Sherman tree noted for?

    (a) being the oldest known tree
    (b) being the tallest tree ever to exist
    (c) being the tree with the widest trunk
    (d) being the biggest living tree

69. Why is the Giant Sequoia not used to build houses?

    (a) because it easily catches fire
    (b) because it rarely generates new trees
    (c) because its wood easily breaks
    (d) because its wood is prone to decay

70. What was the result of logging Giant Sequoias between the 1880s and the 1920s?

    (a) half of the lumber going to waste
    (b) most of the timber being used
    (c) harvest of the tree being banned
    (d) the tree's population increasing

71. How most likely are some businesses profiting from the Giant Sequoia?

    (a) by marketing giant Christmas trees
    (b) by producing materials that will never decay
    (c) by selling fire-resistant homes
    (d) by making matches out of wood fragments

72. In the context of the passage, estimated means _____.

    (a) added
    (b) reviewed
    (c) calculated
    (d) planned

73. In the context of the passage, preserved means _____.

    (a) processed
    (b) protected
    (c) stored
    (d) prolonged

PART 4. Read the following business letter and answer the questions. The underlined words in the letter are for vocabulary questions.

Julia Warner
Vice President for Advertising
Book City, Inc.

Dear Ms. Warner,

My name is Martin James, a literature teacher at Harvey High School. I am also the faculty adviser of the school's Literary Club. Our organization offers an intellectual platform for students to exchange ideas through creative writing and debating. However, we want to take this a step further by exhibiting their literary skills.

It is for these reasons that we are planning a week-long series of activities next month. These activities will include a book fair, a short story writing contest, a poetry reading session, and a literary quiz. As our culminating event, we will be holding a creative writing workshop to be conducted by our guest literary expert, author Alice Kemp.

We are kindly asking that your company support our activities by providing financial donations, product giveaways, or materials for the contests. You may also choose to sponsor any of our events. In exchange, we will acknowledge your company as one of our supporters during the event's opening remarks. Additionally, you are welcome to set up your own booth at the fair and display your banners and posters inside the campus.

Should you have any inquiries or need more details of our activities, please do not hesitate to call our committee director, Sandra Stevens, at (204) 555-8939. You may also e-mail us at literaryclub@harveyhs.edu.

We look forward to your support and participation in this important undertaking. Thank you very much.

Martin James
Literary Club Adviser
Harvey High School

74. According to Martin James, what does the school's Literary Club mainly do?

    (a) sponsor school club activities
    (b) publish creative writing materials
    (c) join interschool quizzes and debates
    (d) provide a venue for literary discussions

75. Why is the club planning to hold a series of activities?

    (a) to showcase their members' talents
    (b) to generate funds for the club
    (c) to increase the number of their activities
    (d) to attract more members to the club

76. Based on the letter, what is the final activity in the week-long event?

    (a) a literary training course
    (b) a benefit show for aspiring artists
    (c) a public poetry reading
    (d) an essay writing competition

77. How can Julia Warner benefit from supporting the event?

    (a) by being able to make an opening remark
    (b) by receiving free products from other sponsors
    (c) by being able to promote her business
    (d) by getting discounts on her purchases at the fair

78. Based on the letter, what will Warner do if she wants to know more about the Literary Club?

    (a) attend the week-long literature series
    (b) donate various materials to the club
    (c) email the principal of the high school
    (d) get in touch with a committee head

79. In the context of the passage, conducted means _____.

    (a) seen
    (b) joined
    (c) led
    (d) created

80. In the context of the passage, acknowledge means _____.

    (a) answer
    (b) recognize
    (c) disregard
    (d) concede

THIS IS THE END OF THE TEST

G-TELP 최신 기출문제

TEST 2

- GRAMMAR SECTION
- LISTENING SECTION
- READING & VOCABULARY SECTION

TEST 2. mp3 바로 듣기

시험 준비하기

 컴퓨터용 사인펜
 수정 테이프
 Answer Sheet

시험시간 : 90분

시작 시각 : ___시___분
종료 시각 : ___시___분

TEST BOOKLET NUMBER: _____

General Tests of English Language Proficiency
G-TELP

Level 2

GRAMMAR SECTION

DIRECTIONS:

The following items need a word or words to complete the sentence. From the four choices for each item, choose the best answer. Then blacken in the correct circle on your answer sheet.

Example:

> The boys _____ in the car.
>
> (a) be
> (b) is
> (c) am
> (d) are

The correct answer is (d), so the circle with the letter (d) has been blackened.

NOW TURN THE PAGE AND BEGIN

1. Andrew Smith has directed and produced many successful Broadway plays throughout his career. However, _____ reaching his 30th anniversary in the business, Smith has yet to receive an important award for his achievements.

    (a) despite
    (b) rather than
    (c) instead of
    (d) when

2. My family has never stayed in one place for long. We are always moving to new places or migrating to different countries. In fact, we _____ from one city to the next since I was five.

    (a) move
    (b) had moved
    (c) have been moving
    (d) are moving

3. Mrs. Howard is proud that her son Kenneth is now managing the family restaurant. He had been working as an assistant chef at a small hotel downtown before he resigned _____ the family business.

    (a) to join
    (b) to be joining
    (c) having joined
    (d) joining

4. Jamal didn't tell his mother about his plans to go to the mall this afternoon. If he had told her about his plans this morning, she _____ a dental appointment for him.

    (a) did not schedule
    (b) was not scheduling
    (c) have not scheduled
    (d) would not have scheduled

5. Karen is very excited about her upcoming interview for admission at Caltech. But her high school's guidance counselor has advised that Karen _____ calm during the interview to present herself as a more serious candidate.

    (a) will remain
    (b) remain
    (c) is remaining
    (d) remains

6. Gravity does more than just pull things to the ground; it also allows the formation of life-giving substances. If Earth were to lose gravity, oxygen _____ into space, leaving H_2O without "O" to make water.

    (a) will escape
    (b) had escaped
    (c) would escape
    (d) would have escaped

7. It's been a couple of weeks now since Lisa lost her expensive watch. Nonetheless, she has avoided _____ her boyfriend about the loss because the watch was his first birthday gift to her.

   (a) to tell
   (b) will tell
   (c) having told
   (d) telling

8. Dr. Warner is widely respected not only for his contributions to the medical field, but also for his involvement in community service. He _____ in medical missions for over 20 years before he retired three years ago.

   (a) had been volunteering
   (b) would volunteer
   (c) has volunteered
   (d) is volunteering

9. The judges are having a difficult time choosing the best painting of this year's art competition. Many of the entries are equally impressive. Nevertheless, they promised _____ the winner at 3 p.m.

   (a) announcing
   (b) will announce
   (c) to have announced
   (d) to announce

10. Jenny did not realize that someone had entered the house until she saw an unfamiliar bag sitting by the front door. She _____ the bag when her cousin Meg sneaked up from behind to surprise her.

    (a) is checking out
    (b) was checking out
    (c) checked out
    (d) would check out

11. Martha is leaving on a trip to her hometown this Friday. _____ she is only taking a short vacation, she is bringing a large suitcase. Perhaps she plans to use the extra space to bring back gifts.

    (a) Even though
    (b) Because
    (c) As long as
    (d) Unless

12. Frank wants to play collegiate basketball, but at 5'5", his height puts him at a disadvantage. His brother recommends that he _____ for soccer instead, as some of the greatest players ever have been Frank's size.

    (a) tries out
    (b) try out
    (c) will try out
    (d) is trying out

13. I had no idea the start time of *The Premonition* had been moved from 8 p.m. to 7 p.m., so I missed the show. If I _____ about the rescheduling, I would have left the office earlier.

    (a) would know
    (b) was knowing
    (c) knew
    (d) had known

14. Martin is unable to make it to the bank before it closes. Luckily, his wife works near the bank. He _____ to her over the phone about a check she needs to deliver to the bank manager.

    (a) has now talked
    (b) now talks
    (c) would now talk
    (d) is now talking

15. Daniel found the online information on the Clovis people inadequate. Upon his history teacher's advice, he went to the library and borrowed a comprehensive book on the prehistoric civilization _____.

    (a) that once dominated North America
    (b) how they once dominated North America
    (c) what once dominated North America
    (d) which they once dominated North America

16. James started collecting stamps when he was eight years old. His collection has grown so large that he needs to keep it in a separate room. By the end of this month, James _____ stamps for 10 years.

    (a) has collected
    (b) will have been collecting
    (c) will collect
    (d) would have collected

17. My sister is at the doctor's office for a routine checkup. The doctor has finished examining her, and after a few inconclusive procedures, he suggests that she _____ tomorrow so he can run more tests.

    (a) is coming back
    (b) come back
    (c) comes back
    (d) will come back

18. Our cat Frisky is finally home. She had been missing for a whole week before she showed up this morning. We are still wondering, though, where she _____ have been during her absence.

    (a) can
    (b) should
    (c) might
    (d) will

19. Thomas White often gives talks on how to succeed in business. He shares many useful tips on starting and running an enterprise. However, his rags-to-riches story, _____, is what fascinates his audiences the most.

    (a) which is usually a part of his lectures
    (b) who is usually a part of his lectures
    (c) that is usually a part of his lectures
    (d) what is usually a part of his lectures

20. My grandparents have been together since they were classmates in college. They "tied the knot" soon after graduation. Since then, they have been enjoying _____ each other's company for the better part of 60 years.

    (a) will share
    (b) to share
    (c) having shared
    (d) sharing

21. Gilbert is taking violin lessons and has exhibited a flair for playing the instrument. His father is so proud that he thinks Gilbert _____ have a recital to display his talent to an audience.

    (a) should
    (b) will
    (c) may
    (d) would

22. Tiffany often arrives late to meetings with her clients because she has to take public transportation. If she could only overcome her fear of driving, she _____ to rely on mass transit to go to appointments.

    (a) doesn't have
    (b) isn't having
    (c) wouldn't have
    (d) hadn't had

23. Rob is angry because the package he was expecting has disappeared. When you arrive at his building, he _____ to the office attendant about his missing package.

    (a) probably complains
    (b) will probably be complaining
    (c) was probably complaining
    (d) is probably complaining

24. Brandon agreed to join in a student exchange program in Japan. However, he is actually fonder of the tropics. If he had been given the chance to select the country to study in, he _____ Brazil.

    (a) would choose
    (b) was choosing
    (c) would have chosen
    (d) has chosen

25. Laura is working on a fundraising project for cancer patients at Brookshire Town Hospital. Charitable at heart, she doesn't mind _____ her time and effort alleviating the conditions of patients suffering from the disease.

    (a) to have spent
    (b) spending
    (c) to spending
    (d) to spend

26. John has always dreamed of owning a sailboat so he can explore the islands off the coast of Maine. If he had one, he _____ the city behind and visit these islands for days on end.

    (a) will leave
    (b) would leave
    (c) would have left
    (d) had left

THIS IS THE END OF THE GRAMMAR SECTION
DO NOT GO ON UNTIL TOLD TO DO SO

LISTENING SECTION

DIRECTIONS:

The Listening Section has four parts. In each part you will hear a spoken passage and a number of questions about the passage. First you will hear the questions. Then you will hear a passage. From the four choices for each question, choose the best answer. Then blacken in the correct circle on your answer sheet.

Now you will hear an example question. Then you will hear an example passage.

Now listen to the example question.

(a) one
(b) two
(c) three
(d) four

Bill Johnson has four brothers, so the best answer is (d). The circle with the letter (d) has been blackened.

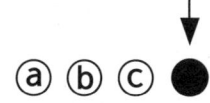

NOW TURN THE PAGE AND BEGIN

PART 1. *You will hear a conversation between two people. First you will hear questions 27 through 33. Then you will hear the conversation. Choose the best answer to each question in the time provided.*

27. (a) She is a member of a club he belonged to.
    (b) He went to the same high school as her.
    (c) They are applying to the same universities.
    (d) They are both going to graduate soon.

28. (a) that architecture is not an interesting course
    (b) that the projects are too difficult
    (c) that college life does not agree with him
    (d) that he cannot engage in his hobby often enough

29. (a) join the English Club
    (b) attend a Halloween event
    (c) organize a school event
    (d) create some graphic artwork

30. (a) to have enough time to promote an event
    (b) to have more opportunities to practice for the show
    (c) to give Tim more time to work on his school projects
    (d) to be able to post invitations on Halloween day

31. (a) a battle of the bands
    (b) a poetry reading by other students
    (c) a Halloween costume competition
    (d) a trick-or-treat activity for club members

32. (a) a lonely night under the moonlight
    (b) the East Richmond Hotel
    (c) Halloween characters celebrating
    (d) the price of the event's tickets

33. (a) once he gives her a phone call
    (b) after she visits the college
    (c) two weeks before the show
    (d) any time she wants to see it

PART 2. *You will hear a presentation by one person to a group of people. First you will hear questions 34 through 39. Then you will hear the talk. Choose the best answer to each question in the time provided.*

34. (a) those who speak English as their first language
    (b) those who are not native English speakers
    (c) those who want to replace their native language
    (d) those who want to teach English themselves

35. (a) Their speech skills are precise and natural.
    (b) They won't have difficulty learning English.
    (c) They can adopt their students' language easily.
    (d) They have a greater need to earn additional income.

36. (a) by teaching for a required number of hours
    (b) by teaching several students at a time
    (c) by doing personal tasks while teaching
    (d) by setting up a convenient teaching timetable

37. (a) pick students one is at ease with
    (b) choose students with higher skill levels
    (c) select students from one's own profession
    (d) opt for students with prior knowledge of English

38. (a) by taking over the tutor's class
    (b) by providing online assistance
    (c) by replacing the student
    (d) by giving the tutor on-the-spot training

39. (a) They can master English easily.
    (b) Their skill levels are the same as the learners'.
    (c) They already speak English fluently.
    (d) Their teaching tools have already been upgraded.

PART 3. *You will hear a conversation between two people. First you will hear questions 40 through 45. Then you will hear the conversation. Choose the best answer to each question in the time provided.*

40. (a) where to buy a birthday gift
    (b) how to make a birthday gift
    (c) what type of gift to give his mother
    (d) how to surprise his mother with a gift

41. (a) by eliminating the need for research
    (b) by ensuring that the recipient will like it
    (c) by using technology to make the best choice
    (d) by increasing the number of possible options

42. (a) It is seldom regarded as one of a kind.
    (b) It will turn out to be of inferior quality.
    (c) The receiver might not be able to use it.
    (d) The receiver will always get two of it.

43. (a) It requires artistry to make a gift by hand.
    (b) Handmade gifts can have extra emotional worth.
    (c) Handmade gifts fetch higher prices.
    (d) Only experts can make gifts by hand.

44. (a) by having to pay a craftsperson to make the gift
    (b) by having to develop a new skill
    (c) by having to use precious materials
    (d) by having to redo a failed project

45. (a) make her something by hand
    (b) buy a product from a store
    (c) ask Margaret for help with a new option
    (d) get her the same gift as last year

PART 4. You will hear an explanation of a process. First you will hear questions 46 through 52. Then you will hear the talk. Choose the best answer to each question in the time provided.

46. (a) how we run our homes
    (b) where we keep our garbage
    (c) why we should avoid waste
    (d) how we manage our trash

47. (a) Garbage collectors are not coming as regularly.
    (b) Households are producing too much plastic.
    (c) Dumpsites are now packed full of garbage.
    (d) Dump trucks are becoming overloaded.

48. (a) locating where the nearest recycling center is
    (b) identifying waste materials according to type
    (c) allowing food and plant waste to decompose
    (d) crushing plastic and metal materials

49. (a) by having individual bins for each waste type
    (b) by putting all waste into one container
    (c) by setting aside trash that can still be reused at home
    (d) by consuming different product types separately

50. (a) so other purposes can be found for them
    (b) so the facility's staff can use them again
    (c) so they can start decomposing
    (d) so they can be sorted further

51. (a) by throwing it directly on the plants
    (b) by turning it into plant food first
    (c) by mixing it with fertilizer
    (d) by adding nutrients to it

52. (a) recycling companies
    (b) small-scale agriculturists
    (c) garbage collectors
    (d) consumers in general

THIS IS THE END OF THE LISTENING SECTION
DO NOT GO ON UNTIL TOLD TO DO SO

READING AND VOCABULARY SECTION

DIRECTIONS:

You will now read four different passages. Each passage is followed by comprehension and vocabulary questions. From the four choices for each item, choose the best answer. Then blacken in the correct circle on your answer sheet.

Read the following example passage and example question.

Example:

> Bill Johnson lives in New York. He is 25 years old. He has four brothers and two sisters.
>
> How many brothers does Bill Johnson have?
>
> (a) one
> (b) two
> (c) three
> (d) four

The correct answer is (d), so the circle with the letter (d) has been blackened.

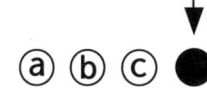

NOW TURN THE PAGE AND BEGIN

PART 1. Read the following biographical narrative and answer the questions. The underlined words in the article are for vocabulary questions.

JOSHUA SLOCUM

Joshua Slocum was an American seaman, adventurer, and writer. He is famous for being the first person to sail around the world on his own. He also authored the international best-selling memoir, *Sailing Alone Around the World*.

Born on February 20, 1844, in Nova Scotia, Canada, Slocum became fascinated with the sea at an early age. He ran away from home several times to work as a seaman, and was able to find employment as a cabin boy for fishermen at age 14. From his humble beginnings, Slocum steadily rose in rank to become chief mate of various British transport ships. He settled in San Francisco at age 21 and eventually became an American citizen. In 1869, Slocum became captain of his own sailing vessel, the *Washington*.

Long years at sea brought Slocum to different parts of the world and made him want to achieve what no seaman had done before: to sail around the world alone. The fulfillment of this dream began when he acquired a 37-foot sailboat called the *Spray*. He spent the next years planning and preparing for his solo voyage, and set sail from Boston, Massachusetts, in April 1895.

After spending four months crossing the Atlantic Ocean, Slocum arrived at Gibraltar near the southern tip of Spain. He originally planned to resume his voyage by sailing east through the Mediterranean Sea and the Suez Canal. However, an encounter with pirates forced him to sail west instead. Thus, he crossed the Atlantic again, sailing southwest on a heading that took him around the southern tip of South America and into the Straits of Magellan. It was there that Captain Slocum experienced his greatest challenge.

As Slocum was making his way to the Pacific Ocean through the strait, a great storm blew, creating huge waves that lashed the boat for four days. Fortunately, the *Spray* escaped with only minor damage. The rest of the voyage went smoothly. Slocum crossed the Pacific Ocean to the coast of Australia, sailed across the Indian Ocean to the Cape of Good Hope at the southern tip of Africa, and again crossed the Atlantic on his way home.

Slocum finally docked at Newport, Rhode Island, in June 1898, roughly three years after originally setting sail. The voyage covered a total distance of 74,000 kilometers.

53. Why did Joshua Slocum try to leave home a number of times?

    (a) He wanted to live in America.
    (b) He planned to start a career in fishing.
    (c) He was able to own a transport vessel.
    (d) He wanted to work aboard a ship.

54. When did Slocum start to realize his dream of a solo voyage around the world?

    (a) when he started traveling all over the world
    (b) when he became captain of the *Washington*
    (c) when he was able to have his own boat
    (d) when he traveled to Boston

55. What could be Slocum's reason for sailing west from Gibraltar?

    (a) to avoid further encounters with sea bandits
    (b) to adhere to his original route
    (c) to attempt sailing across the Atlantic Ocean twice
    (d) to be able to reach the Straits of Magellan

56. According to the article, what was Slocum's biggest test as a sailor?

    (a) repairing the extensive damage to the *Spray*
    (b) facing a devastating storm
    (c) fighting off pirates
    (d) reaching the Straits of Magellan

57. How did Slocum complete his voyage around the world?

    (a) by crossing the Indian Ocean to the Cape of Good Hope
    (b) by sailing the Atlantic Ocean to Rhode Island
    (c) by crossing the Pacific Ocean to Australia
    (d) by sailing back to Boston via the Atlantic Ocean

58. In the context of the passage, humble means _____.

    (a) simple
    (b) fearful
    (c) notable
    (d) early

59. In the context of the passage, resume means _____.

    (a) finish
    (b) restart
    (c) begin
    (d) continue

PART 2. Read the following Web article and answer the questions. The underlined words in the article are for vocabulary questions.

SCIENTISTS FAIL TO FIND MONSTER DNA IN LOCH NESS

A team of researchers failed to find traces of a "monster" that has been consistently reported to live in Loch Ness, a big freshwater lake in Scotland. Led by geneticist Neil Gemmell from New Zealand, the researchers conducted an environmental DNA survey of the lake to detect signs of any giant reptiles or aquatic dinosaurs, creatures that many have speculated to be the Loch Ness monster, or "Nessie."

The Loch Ness monster legend started in the sixth century, when an Irish monk was supposed to have commanded a "water beast" to desist from attacking a swimmer. The "sightings" continued through the centuries, and caught international attention in 1934, when a London newspaper published a photograph of Nessie in the lake. This was eventually proven to be a hoax and was dismissed. Recent efforts to track down the creature, including a sonar search, failed to produce positive results.

The scientists resorted to an environmental DNA survey, analyzing the DNA found in water samples from Loch Ness rather than from individual organisms. The team collected more than 250 samples of water gathered from the surface and deep regions of the lake, as well as water runoff coming from the adjacent lands. They then analyzed the genetic materials in the samples.

The results revealed DNA traces of over 3,000 species living in or beside Loch Ness, including humans, pigs, and cattle. However, the researchers did not find any trace of massive reptiles, nor of any reptiles for that matter. The team even failed to identify giant fish, such as overgrown sturgeon or catfish, which may explain the reports.

Some scientists suggest that the creatures sighted are actually giant eels. Although the survey did identify many eels in Loch Ness, the researchers could not determine whether the eels were gigantic or not. Nonetheless, due to the amount of eel DNA at every location sampled, they admitted that it is possible that some sightings may actually be those of overgrown eels.

Regardless of the failure to find signs of the Loch Ness monster, Gemmell stated that the search had given them a chance to show the world the importance of applying environmental DNA techniques to understand Earth's rich biodiversity.

60. What did the researchers fail to do at Loch Ness?

    (a) conduct an environmental study
    (b) confirm the existence of a creature
    (c) determine the species of local organisms
    (d) verify the nature of mysterious DNA

61. Why was a past report of a Loch Ness monster sighting rejected?

    (a) It was found to be a deception.
    (b) It had no visual proof.
    (c) It was spread by a monk.
    (d) It lacked sonar evidence.

62. How is an environmental DNA survey carried out?

    (a) by capturing all the species living in an area
    (b) by analyzing genetic materials from collective samples
    (c) by studying genetic materials from individual organisms
    (d) by interviewing the residents of a specific area

63. Which assertion about Loch Ness does the study probably confirm?

    (a) that the reptiles in the lake are regular in size
    (b) that cattle also live in the lake
    (c) that the sightings cannot be of giant reptiles
    (d) that eels do not reach gigantic proportions

64. According to the article, what was the study ultimately able to show?

    (a) a means to learn about Earth's various life forms
    (b) a technique to disprove local legends
    (c) a method to discover previously unknown organisms
    (d) a way to save endangered species

65. In the context of the passage, desist means _____.

    (a) disrupt
    (b) slow
    (c) postpone
    (d) refrain

66. In the context of the passage, adjacent means _____.

    (a) distant
    (b) related
    (c) sunken
    (d) nearby

PART 3. Read the following encyclopedia article and answer the questions. The underlined words in the article are for vocabulary questions.

ELECTRIC EEL

The electric eel is a freshwater fish native to South America. They can be found in the Amazon River, as well as in floodplains, swamps, and creeks. The fish is known for its ability to generate strong electric charges, hence its name.

A young electric eel can produce around 100 volts of electricity, which is almost enough to power electric appliances like toaster ovens. Meanwhile, an adult can produce as much as 600 volts of electricity, which can kill large prey with mere physical contact. In fact, an electric eel had been observed killing a full-grown horse with an electric shock.

With their long, round, scaleless bodies and short, flattened heads, electric eels are similar in appearance to other eels. However, the species actually belongs to the knifefish family. The fish can grow up to 2.5 meters and weigh as much as 20 kilograms. They have a dark grayish-green body with a yellowish underbelly. Electric eels typically prey on small mammals, fish, jellyfish, and worms. A male electric eel has an average lifespan of about 10 to 15 years, with the female living longer from 12 to 22 years.

Studies have shown that electric eels are capable of regulating the amount of electricity they produce. They maintain lower charges when communicating with other electric eels, hunting for food, or when at rest. They increase the voltage to stun prey or defend themselves. Electric eels can emit electricity for two consecutive hours when restless or agitated.

Because of their size and capacity to generate electricity, electric eels are often displayed in public aquariums as popular attractions. They are usually isolated from other fish, and are kept in big tanks with thick, non-conductive sides to protect observers.

Some fish collectors keep electric eels as special attractions despite the danger they pose. Since the eels need special care and can grow quite large, it is rare to find them in private collections. Some countries have placed restrictions on the ownership of electric eels to prevent the fish from becoming a public hazard.

67. What was an adult electric eel witnessed to have done?

    (a) bring down a large land mammal
    (b) provide power to kitchen appliances
    (c) live in different bodies of water
    (d) feed on a mature horse

68. According to the article, why is "electric eel" probably an unsuitable name for the fish?

    (a) because it doesn't really create electricity
    (b) because it looks different from an eel
    (c) because it belongs to a different fish family
    (d) because it should have been called a "knife eel"

69. When do electric eels increase their electric charges?

    (a) when they are interacting with their own species
    (b) when they are attacking their prey
    (c) when they are looking for food
    (d) when they are inactive

70. Why most likely are electric eels separated from other fish in tanks?

    (a) They cannot survive with other fish.
    (b) They are less popular.
    (c) They might electrocute the other fish.
    (d) They might not be noticed by people.

71. Why have some countries placed restrictions on the ownership of electric eels?

    (a) because they are not native to the country
    (b) to avoid exposing people to potential danger
    (c) because the species is endangered
    (d) to prevent them from growing too large

72. In the context of the passage, regulating means _____.

    (a) normalizing
    (b) monitoring
    (c) allowing
    (d) controlling

73. In the context of the passage, attractions means _____.

    (a) features
    (b) prizes
    (c) models
    (d) samples

READING & VOCABULARY SECTION 047

PART 4. Read the following business letter and answer the questions. The underlined words in the letter are for vocabulary questions.

Mrs. Laura Lane
54 Eldridge Street
New York City, NY 10002

Greetings! Mrs. Lane, our records show it has been more than one year since you booked a vacation with our agency. Are you ready for a break from the stress of daily life? If you are interested in seeing more of the world but <u>apprehensive</u> about the expense, we at Travel Spree Tours can help!

We offer a wide selection of Dream Travel Packages, from nature getaways and discount shopping trips to cultural and historical tours, all at very reasonable prices. So, if you have a dream vacation in mind, we can help you turn it into a <u>reality</u>. If you haven't decided on an ideal destination for your next vacation, we have created a list of special guided group tour packages to match your unique profile:

Package A (Bangkok, Thailand) – Three days, two nights. Includes airfare, hotel accommodations, breakfast, and guided tours.
Price: $1050* (USD) per person

Package B (Paris, France) – Four days, three nights. Includes airfare, theater tickets, hotel accommodations, breakfast, land transportation, and guided tours.
Price: $3,425* (USD) per person

Package C (Athens and Mykonos, Greece) – Six days, five nights. Includes airfare, airport transfers, hotel accommodations, breakfast and dinner, land transportation, and guided tours.
Price: $3,550* (USD) per person

does not include taxes

If you reserve any of these packages within March, we will give you a 25% discount. We have more vacation packages available on our website at www.travelspree.net. For other inquiries, you may contact our customer center at (564) 938-6356. We will be more than happy to help plan your trip of a lifetime.

Very truly yours,

Jessie Patrick
Sales Manager
Travel Spree Tours

74. What will a client not be able to do by booking any of the three travel packages?

    (a) take an all-expense-paid break
    (b) visit museums and old churches
    (c) swim or snorkel at the beach
    (d) shop for items at lower prices

75. What is not commonly included in the Dream Travel Packages?

    (a) regular meals
    (b) travel accommodations
    (c) guided tour activities
    (d) admission to shows

76. Aside from the main package price, what else do people have to pay for?

    (a) tour guide fees
    (b) additional taxes
    (c) booking charges
    (d) dinner buffet

77. Why most likely would Laura Lane choose to buy a travel package in March?

    (a) to qualify for a free trip to Paris
    (b) to pay only 75% of the total package price
    (c) to get discounts from shopping malls
    (d) to be exempted from levies

78. According to the letter, how can Lane get information on more vacation packages?

    (a) She can call the sales manager directly.
    (b) She can write the company back.
    (c) She can visit the company's website.
    (d) She can visit the company's office.

79. In the context of the passage, apprehensive means _____.

    (a) worried
    (b) confident
    (c) satisfied
    (d) surprised

80. In the context of the passage, reality means _____.

    (a) practicality
    (b) fantasy
    (c) actuality
    (d) accuracy

THIS IS THE END OF THE TEST

G-TELP 최신 기출문제

TEST 3

- GRAMMAR SECTION
- LISTENING SECTION
- READING & VOCABULARY SECTION

TEST 3. mp3 바로 듣기

시험 준비하기

컴퓨터용 사인펜

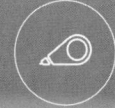
수정 테이프

Answer Sheet

시험시간 : 90분

시작 시각 : ____시____분
종료 시각 : ____시____분

TEST BOOKLET NUMBER: _____

General Tests of English Language Proficiency
G-TELP

Level 2

GRAMMAR SECTION

DIRECTIONS:

The following items need a word or words to complete the sentence. From the four choices for each item, choose the best answer. Then blacken in the correct circle on your answer sheet.

Example:

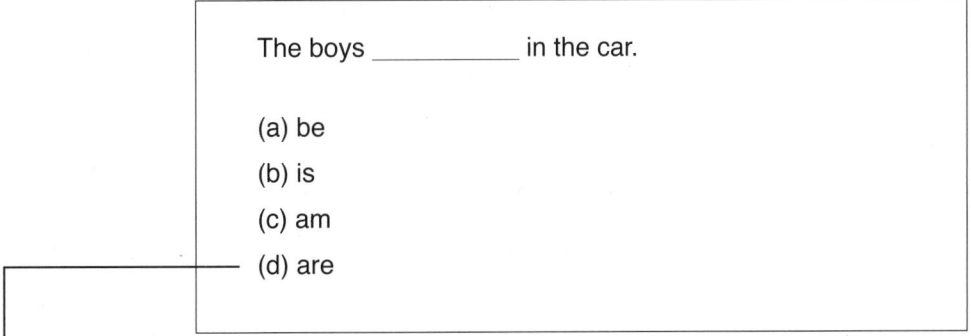

The correct answer is (d), so the circle with the letter (d) has been blackened.

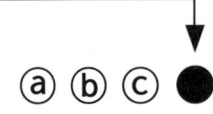

NOW TURN THE PAGE AND BEGIN

1. Despite the praise Julia has received from management, her drive to excel at work is alienating her from her workmates. Nonetheless, Julia will not tolerate _____ second-rate work just to please her less motivated colleagues.

   (a) to have produced
   (b) having to produced
   (c) to produce
   (d) producing

2. Casey lost her chance to impress Harvard University's admissions officers because she was late for her interview. If she _____ in Cambridge the night before, she would have made the interview on time.

   (a) was arriving
   (b) arrived
   (c) would arrive
   (d) had arrived

3. After working for Western National Bank as an assistant manager for 20 years, Paul was fired from his job. He _____ company funds for quite some time before an external audit revealed the irregularity.

   (a) misused
   (b) had misused
   (c) had been misusing
   (d) was misusing

4. Jay originally wanted to buy a new car. However, his friend Carl, _____, advised him to buy one that's been lightly used. Pre-owned cars, according to Carl, have lower up-front costs and insurance premiums.

   (a) when he had just bought a car himself
   (b) who had just bought a car himself
   (c) that had just bought a car himself
   (d) which had just bought a car himself

5. I'm glad that Diane has promised to go with us to the beach next weekend. I really hope she doesn't change her mind _____ we hardly go out anymore. Diane is always working overtime nowadays.

   (a) although
   (b) so
   (c) because
   (d) but

6. The *ketogenic diet* requires a person to obtain energy from protein and fat instead of carbohydrates. Although an effective way to lose weight quickly, one _____ remember that little has been documented about the diet's long-term effects.

   (a) must
   (b) will
   (c) can
   (d) might

7. Michael is very happy with the reviews he received about his first directorial job. _____, one critic even said that Michael's movie was so well made, it outshined the work of many veteran directors.

   (a) Thus
   (b) In short
   (c) Still
   (d) In fact

8. Gary is featured in the *Greenfield Gazette* today for surrendering an envelope full of money to the authorities. While he _____ home from work the other night, he found the envelope lying on the pavement.

   (a) was walking
   (b) had walked
   (c) walked
   (d) would walk

9. Malik is not looking forward to his intercontinental flight, since he has never been able to sleep on airplanes. He could rest peacefully if only the plane _____ at 30 feet instead of 30,000.

   (a) is flying
   (b) were flying
   (c) does fly
   (d) will fly

10. Marianne's boss has asked her to interview five applicants for the position of store manager. He is advising that she _____ the interviews short so she can make a recommendation as soon as possible.

    (a) will keep
    (b) keeps
    (c) is keeping
    (d) keep

11. Greenpeace has a fleet of ships that volunteers use to stop environmental crimes, such as the transport of illegal timber. If efforts like this did not exist, Earth's decline _____ unchecked.

    (a) would continue
    (b) is continuing
    (c) has continued
    (d) continues

12. Trevor's parents just called and said they are on their way to his apartment. He is now hastily tidying up, but there's just not enough time. Trevor _____ his apartment when his parents arrive.

    (a) will still clean
    (b) has still cleaned
    (c) will still be cleaning
    (d) was still cleaning

13. Artist Rafael Smith made a sculpture of his dog out of marble. Since unveiling the work, Smith _____ offers from people who want to buy the piece, but he claims that it will always guard his studio.

    (a) has been receiving
    (b) will receive
    (c) receives
    (d) is receiving

14. Anthropologists used to assume that early humans captured wooly mammoths by chasing and injuring them. However, recent discoveries show that catching the mammoths also involved _____ the giant beasts into man-made pits.

    (a) to herd
    (b) having herded
    (c) herding
    (d) would herd

15. The art show has been postponed until next week. One of the glass mosaics _____ was accidentally dropped and is now badly damaged. The artist has been attempting to restore it for three days now.

    (a) when it will be featured among the main attractions
    (b) who will be featured among the main attractions
    (c) which it will be featured among the main attractions
    (d) that will be featured among the main attractions

16. Miss Harris is advising John to study for the final exam instead of attending basketball practice today. She warns that he may regret _____ his classes, since maintaining good grades is a precondition for his sports scholarship.

    (a) to fail
    (b) being failed
    (c) failing
    (d) to be failing

17. Sandra woke up this morning with chest pain, so we rushed her to the hospital. If we hadn't done so, we _____ that she has angina, which is pain caused by insufficient blood flow to the heart.

    (a) wouldn't have learned
    (b) didn't learn
    (c) were not learning
    (d) have not learned

18. Marge has to revise her thesis because Professor Thomas thinks that her argument is unclear. The professor recommends that she _____ with him before revising so he can give her detailed feedback.

    (a) will consult
    (b) consult
    (c) consults
    (d) is consulting

19. Many people are eagerly awaiting B.E. Phonic's fifth generation smartphone. The electronics giant guarantees that its 5G phones _____ be significantly faster than 4G models without sacrificing compatibility with older phones.

    (a) may
    (b) can
    (c) must
    (d) will

20. News reports said that a bus driving along Highway 7 went out of control because one of its tires burst. People say that the accident _____ if the bus company had been performing stricter pre-trip inspections.

    (a) did not happen
    (b) would not have happened
    (c) had not happened
    (d) would not happen

21. The profits earned by tobacco companies should have decreased when higher taxes were imposed on their products. However, these companies have raised the prices of their cigarettes and other tobacco products _____ their losses.

    (a) offsetting
    (b) to have offset
    (c) having offset
    (d) to offset

22. Greg is in his last year as a medical student and is looking forward to graduation. By the time he finishes this semester, he _____ nothing but diseases and their treatments for more than six years!

    (a) was studying
    (b) would have studied
    (c) will have been studying
    (d) studied

23. Cindy asked me to go with her to the newly opened clothing boutique on Madison Street. She will be hosting a company dinner for special guests tonight, and needs _____ a nice dress for the occasion.

    (a) to buy
    (b) having bought
    (c) buying
    (d) to have bought

24. The launch of a new Nibblet Pastry branch on Steinway Street will be held this weekend. To attract a crowd, the company president is requiring that all employees _____ the launch to act as eager customers.

    (a) will attend
    (b) attend
    (c) have attended
    (d) are attending

25. The *Gigantopithecus blacki* is an extinct bipedal ape that lived in Southeast Asia millions of years ago. Standing ten feet tall, *Gigantopithecus* would surely dwarf a gorilla if it _____ today.

    (a) is still alive
    (b) were still alive
    (c) had been still alive
    (d) has been still alive

26. A restaurant customer was upset because she was served an entrée that she didn't order. To avoid further mix-ups, the restaurant's waiters now make sure that the chef _____ track of the correct order slips while preparing dishes.

    (a) will keep
    (b) is keeping
    (c) has kept
    (d) was keeping

*THIS IS THE END OF THE GRAMMAR SECTION
DO NOT GO ON UNTIL TOLD TO DO SO*

LISTENING SECTION

DIRECTIONS:

The Listening Section has four parts. In each part you will hear a spoken passage and a number of questions about the passage. First you will hear the questions. Then you will hear a passage. From the four choices for each question, choose the best answer. Then blacken in the correct circle on your answer sheet.

Now you will hear an example question. Then you will hear an example passage.

Now listen to the example question.

> (a) one
> (b) two
> (c) three
> (d) four

Bill Johnson has four brothers, so the best answer is (d). The circle with the letter (d) has been blackened.

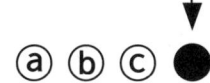

NOW TURN THE PAGE AND BEGIN

PART 1. You will hear a conversation between two people. First you will hear questions 27 through 33. Then you will hear the conversation. Choose the best answer to each question in the time provided.

27. (a) She was reviewing for her bar exam.
    (b) She was having dinner with Charlie.
    (c) She was celebrating Lisa's achievement.
    (d) She was attending a reunion with her cousins.

28. (a) Lisa was focusing on her work.
    (b) Lisa was hanging out with friends.
    (c) Lisa was looking for a review center.
    (d) Lisa was preparing for the bar exam.

29. (a) register for a course at a review center
    (b) ask Lisa for help with his studies
    (c) apply for work at the Brady and Hill firm
    (d) review for the bar exam on his own

30. (a) because she couldn't attend the classes regularly
    (b) because she wasn't satisfied with the classes
    (c) because she learned better through self-study
    (d) because her boss prevented her from doing so

31. (a) by giving her law books
    (b) by sending her to a review center
    (c) by coaching her during their free time
    (d) by decreasing her weekly workload

32. (a) review for the exam during office hours
    (b) take time off to study
    (c) receive exam tutorials during the weekend
    (d) travel for a one-week vacation

33. (a) lend Andrew Lisa's books
    (b) rest at Lisa's house
    (c) introduce Charlie to Lisa
    (d) have dinner with Charlie

PART 2. You will hear a presentation by one person to a group of people. First you will hear questions 34 through 39. Then you will hear the talk. Choose the best answer to each question in the time provided.

34. (a) buy the speaker's home-brewed soda
    (b) learn how to produce their own soda
    (c) identify good commercial soda
    (d) appreciate home-made soda

35. (a) It lets a person overcome a difficult process.
    (b) It gives a person a chance to relax.
    (c) It encourages a person to try out various recipes.
    (d) It allows a person to brew with a partner.

36. (a) by being aware of how good soda is made
    (b) by drinking nothing but high-quality soda
    (c) by trying bad soda once in a while
    (d) by avoiding brewing bad soda altogether

37. (a) brew a sufficient supply of soda
    (b) buy soda from a well-stocked store
    (c) drink as much homebrew as possible
    (d) buy extra soda supplies

38. (a) Homebrews are low quality.
    (b) There are no equipment expenses.
    (c) The ingredients can be purchased in bulk.
    (d) There are no extra fees to pay the supplier.

39. (a) to sell soda during the event
    (b) to teach attendees how to make soda
    (c) to impress friends with one's brewing skills
    (d) to find a buyer for one's soda company

PART 3. You will hear a conversation between two people. First you will hear questions 40 through 45. Then you will hear the conversation. Choose the best answer to each question in the time provided.

40. (a) how to spend summer vacation
    (b) which university to enroll in
    (c) what to do after school ends
    (d) where to reside while in college

41. (a) by being able to visit her parents frequently
    (b) by being able to move about without much restriction
    (c) by being able to spend the night in the apartment
    (d) by being able to choose a roommate

42. (a) She won't have basic utilities installed.
    (b) She won't be able to have company.
    (c) She'll have to commute to school.
    (d) She'll have to go to school on foot.

43. (a) by sharing common areas with people
    (b) by having company on her way to classes
    (c) by exercising with a roommate
    (d) by setting up her own group study sessions

44. (a) arrive and leave whenever they want
    (b) stay only for an allotted amount of time
    (c) take residents out on an all-nighter
    (d) enjoy the same privileges as residents

45. (a) stay in a dormitory on campus
    (b) attend school near her home
    (c) live at home and commute
    (d) rent an apartment off campus

PART 4. You will hear an explanation of a process. First you will hear questions 46 through 52. Then you will hear the talk. Choose the best answer to each question in the time provided.

46. (a) a skilled production team
    (b) a highly competent cast
    (c) an extremely big budget
    (d) high-quality equipment

47. (a) after determining a good story for the script
    (b) after securing a sufficient budget for the film
    (c) after hiring ideal cast members for the film
    (d) after finding the ideal locations for shooting

48. (a) because scenes have to be shot flawlessly
    (b) because the equipment breaks down often
    (c) because the actors lack natural talent
    (d) because scenes must be shot in daylight

49. (a) The cameras are checked.
    (b) The unneeded shots are edited out.
    (c) The script undergoes a final revision.
    (d) The film's music is composed.

50. (a) one that can be viewed on a mobile phone
    (b) one that fits a TV screen
    (c) one that is suitable for theater viewing
    (d) one that can be played on all media

51. (a) by hosting free screenings of the film
    (b) by selling the film to theater owners
    (c) by organizing a film festival
    (d) by looking for potential film distributors

52. (a) They will get help selling their first film.
    (b) They have to learn the earlier stages first.
    (c) They have to take a short break first.
    (d) Their films will not be marketed at first.

THIS IS THE END OF THE LISTENING SECTION
DO NOT GO ON UNTIL TOLD TO DO SO

READING AND VOCABULARY SECTION

DIRECTIONS:

You will now read four different passages. Each passage is followed by comprehension and vocabulary questions. From the four choices for each item, choose the best answer. Then blacken in the correct circle on your answer sheet.

Read the following example passage and example question.

Example:

> Bill Johnson lives in New York. He is 25 years old. He has four brothers and two sisters.
>
> How many brothers does Bill Johnson have?
>
> (a) one
> (b) two
> (c) three
> (d) four

The correct answer is (d), so the circle with the letter (d) has been blackened.

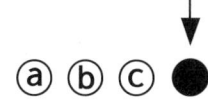

NOW TURN THE PAGE AND BEGIN

PART 1. Read the following biographical narrative and answer the questions. The underlined words in the article are for vocabulary questions.

CLARA BARTON

Clara Barton was an American educator, nurse, and humanitarian. She is best known as the founder of the American Red Cross. Barton was called the "Angel of the Battlefield" for tirelessly comforting and nursing soldiers in army camps and on battlefields.

Clarissa Harlowe Barton was born on December 25, 1821, in Oxford, Massachusetts. The youngest among five children, Barton excelled in school even though she was a shy child. She was 11 years old when her brother fell off the barn roof, and she spent the next two years helping to nurse him back to health. During that period, Barton learned how to administer medicine, and thus, her interest in nursing began.

Barton started teaching in several schools before she turned 18. Soon she was able to open a free public school in Bordentown, New Jersey. However, when town officials chose a male principal over her, she left the school and went to Washington D.C. to work as a clerk for the U.S. Patent Office.

At the outbreak of the American Civil War in 1861, Barton volunteered to help by collecting food and medical supplies that people had donated, and distributing these supplies to the battlefield. She also served as a nurse and treated wounded soldiers. After the war, Barton worked for the War Department to help find missing soldiers and reunite them with their families.

Her untiring wartime efforts took a toll on Barton's health. She was recuperating in Geneva, Switzerland, when the Franco-Prussian War broke out in 1870. She then worked behind German lines, this time for a relief organization known as the International Committee of the Red Cross. Upon her return to the U.S. three years later, Barton began to lobby for an American branch of the international organization. The American Red Cross was founded in 1881. Barton served as its first president, overseeing relief work for victims of floods, famines, and earthquakes.

In 1904, Barton resigned from the American Red Cross. After she passed away in 1912, the Clara Barton Birthplace Museum was established in her honor to support the families of children with diabetes. In 1975, Barton's home in Maryland, where she spent the last 15 years of her life, was instituted as the Clara Barton National Historic Site.

53. When did Clara Barton's interest in the medical care profession begin?

    (a) when she founded the American Red Cross
    (b) when she helped wounded soldiers
    (c) when she took care of her injured brother
    (d) when she started excelling in school

54. Why did Barton leave New Jersey and move to Washington D.C.?

    (a) She was passed over for a school position.
    (b) She couldn't find a teaching job.
    (c) She was unable to open a free school.
    (d) She always wanted to work at the U.S. Patent Office.

55. How did Barton help with the war efforts after the Civil War?

    (a) by volunteering to rehabilitate wounded soldiers
    (b) by helping to locate missing combatants
    (c) by distributing supplies to war casualties
    (d) by consoling orphaned children

56. What was probably the original reason for Barton's stay in Switzerland?

    (a) to stop the oncoming Franco-Prussian War
    (b) to work for the International Red Cross
    (c) to set up the American Red Cross
    (d) to gain her health once again

57. Which serves as a recognition of Barton's contributions to society?

    (a) Her museum was established in Maryland.
    (b) Her home was designated a heritage site.
    (c) She was honored by children with diabetes.
    (d) Her Red Cross presidency was never relinquished.

58. In the context of the passage, treated means _____.

    (a) healed
    (b) regarded
    (c) provided
    (d) protected

59. In the context of the passage, victims means _____.

    (a) targets
    (b) losers
    (c) sufferers
    (d) suspects

PART 2. Read the following Web article and answer the questions. The underlined words in the article are for vocabulary questions.

EATING WHILE WATCHING TELEVISION IS UNHEALTHY FOR CHILDREN

Several studies have found a link between weight problems and children watching television while eating. The studies showed that children who often have meals in front of the television are likely to develop obesity, heart disease, and other diseases associated with being overweight. One way to avoid these problems, the studies said, is to turn off the television as well as the laptop and other devices during dinner.

Based on a survey conducted by Lynn Edmunds, a dietitian at the New York State Department of Health, children tend to tune out their natural hunger when watching television to focus on the show. They are also likely to request the food products that are frequently advertised during the television program. However, unlike fresh fruits, vegetables, and other healthy foods, many of these products are low in nutritional value. Since lifelong food preferences are established early in life, Edmunds advises parents to promote mealtime environments that encourage healthy eating.

A Texas Medical Center news article also emphasized the risks of patronizing advertised food products. Behavioral nutritionist Dr. Karen Cullen said in a statement that food ads often imply the use of food for purposes of fun or boosting one's self-image, rather than to satisfy hunger or promote health. Television commercials seldom show how the advertised food fits into a healthy diet.

Meanwhile, a survey by the National Institute of Child Health and Human Development revealed that children who watch television while eating could develop habits that lead to future chronic diseases, including obesity, heart problems, and diabetes. Moreover, aside from getting poor nutrition from unhealthy foods, these children tend to engage in less exercise and fewer physical activities needed to keep their bodies healthy.

Children who watch television during dinnertime likewise miss important opportunities to bond with their families. According to the New York State Department of Health, dinnertime provides an opportunity for the family to talk to each other and interact in a meaningful way. Dinnertime is an ideal time to explain to children the benefits of good nutrition. Moreover, children often take the lead of their parents, and are more likely to eat healthier foods if their parents do so as well.

60. What is the result of children watching television while having dinner?

    (a) their having difficulty putting on weight
    (b) their getting illnesses related to weight gain
    (c) their understanding of the show being affected
    (d) their becoming dependent on technology

61. What could happen if children's practice of watching television while eating meals is not controlled?

    (a) They could develop bad dietary habits for life.
    (b) They might stop eating products that are not advertised.
    (c) They might start ignoring their parents' advice.
    (d) They could stop feeling hunger.

62. According to Dr. Karen Cullen, how do television ads promote food products?

    (a) as a means to relieve hunger
    (b) as the best way to enhance health
    (c) as a source of joy and good status
    (d) as the items that television characters eat

63. Why can having meals in front of the television lead to further weight problems among children?

    (a) because their appetites will increase
    (b) because television shows encourage poor health
    (c) because they will forget how much they have eaten
    (d) because they tend to be less active

64. How can children benefit from spending dinnertime with their parents?

    (a) by being served what they want to eat
    (b) by having company while watching television
    (c) by being encouraged to eat less
    (d) by having role models who support proper diets

65. In the context of the passage, associated means _____.

    (a) combined
    (b) related
    (c) equivalent
    (d) isolated

66. In the context of the passage, engage means _____.

    (a) partake
    (b) hold
    (c) connect
    (d) result

PART 3. Read the following encyclopedia article and answer the questions. The underlined words in the article are for vocabulary questions.

BASTILLE

The Bastille was a medieval fortress and state prison on the eastern side of Paris. Originally known as Bastion de Saint-Antoine, the fortress was built from 1370 to 1382. Its initial purpose was to defend Paris from English attacks during the Hundred Years' War.

The Bastille had eight towers, each about 100 feet high and linked by 5-foot-thick walls. The rectangular structure was 220 feet in length and 90 feet in width. It contained two courtyards and houses that were built against the walls. The fortress was surrounded by an 80-foot-wide moat.

Aside from protecting Paris from foreign invasion, the Bastille also served as a prison to house those who committed treason and stirred up rebellion against the government. It was used to detain people who were believed to be insane, were involved in scandals, or were voluntarily surrendered by their own families.

During the reign of King Louis XIV (1661 to 1723), the Bastille earned a dark reputation for keeping prisoners who were arrested under *lettres de cachet*, or secret warrants. These letters contained direct orders from the king to arrest not only suspected rebels but also subjects who merely differed with him on personal matters. They were imprisoned indefinitely and without the benefit of a fair trial. A famous example of these Bastille prisoners was a mysterious Frenchman known only as the "Man in the Iron Mask."

On July 14, 1789, an angry mob composed mainly of the French middle class stormed the Bastille, demanding that the prison governor surrender the weapons stored within. When the governor declined, they captured the prison, which had become a symbol of dictatorial rule. The Bastille was demolished two days after its capture. The Storming of the Bastille marked the beginning of the French Revolution.

The site is now a square called Place de la Bastille, which features the Bastille Opera, the Colonne de Juillet, as well as cafés, bars, and concert halls. Every July 14, the French celebrate Bastille Day to commemorate the event that gave birth to the French Republic.

67. Why was the Bastille originally built?

    (a) to serve as a residence for royalty
    (b) to serve as a prison for war captives
    (c) to serve as a deterrent against enemy attacks
    (d) to serve as a model of medieval architecture

68. In addition to rebels, who else were imprisoned in the Bastille?

    (a) those who were deemed mentally unstable
    (b) those who ran away from their families
    (c) those who were proven to be English subjects
    (d) those who accused others of involvement in scandals

69. Based on the article, what did the secret warrants probably cause?

    (a) people openly disagreeing with the king
    (b) the imprisonment of innocent people
    (c) masked prisoners dying from lack of air
    (d) the popularity of King Louis XIV

70. Why did the French middle class capture the Bastille?

    (a) They had acquired the weapons there.
    (b) Their comrades were detained there.
    (c) They wanted to destroy the structure.
    (d) Their demand was not granted.

71. What is the significance of the Storming of the Bastille?

    (a) It signified France's liberation from English occupation.
    (b) It inspired the reformation of France's prison system.
    (c) It led to a new form of the French government.
    (d) It transformed the area into a diverse cultural center.

72. In the context of the passage, mysterious means _____.

    (a) nameless
    (b) cagey
    (c) guiltless
    (d) infamous

73. In the context of the passage, declined means _____.

    (a) appeared
    (b) refused
    (c) descended
    (d) agreed

PART 4. Read the following business letter and answer the questions. The underlined words in the letter are for vocabulary questions.

James Chandler
Purchasing Manager
Telstar Trading

Dear Mr. Chandler:

NBC Office Interiors would like to help your company save on office workstations and other office furniture.

As a sign of our respect for your business and our readiness to meet your furniture needs, we can offer up to 70% off popular brands such as Office Cloud, High Point, and Miller Steel Cases. We sell high-quality office furniture that is pre-owned but has been expertly refurbished. We guarantee that our items are in excellent working condition and look as good as new.

As you may know, our company is affiliated with several wholesalers and distributors. All of our reputable partners offer an extensive range of office furniture and equipment that fits your budget. We will not only deliver your orders to your doorstep, we will also install them free of charge. Plus, all of your purchases will come with a one-year warranty.

To find out more about our products, you can visit our showroom at 1207 Mahogany Avenue, or you may request a copy of our product catalog by e-mailing us at info@nbcinterior.com.

If you are not currently looking for additional office furniture but instead have surplus office furniture that you would like to sell, we would be happy to offer you a reasonable price. We are well known for restoring such items to excellent working condition, and then providing them to other businesses.

If you are interested in doing business with us, please call us at 893 7712 and ask for Warren Matthews, our sales coordinator. We are here to accommodate you in all your office furniture needs.

Yours truly,

Erica Winston
Director, NBC Office Interiors

74. Why is Erica Winston writing James Chandler a letter?

    (a) to offer restored office furnishings
    (b) to sell brand-new office furniture
    (c) to offer to repair his broken office furniture
    (d) to inquire about the products he sells

75. What does NBC Office Interiors offer to do after delivering a product?

    (a) increase the product's warranty
    (b) give the customer a discount
    (c) set up the product without extra charges
    (d) ask the customer to be a distributor

76. How can Chandler learn more about the products?

    (a) by going to the company's website
    (b) by placing a call to Erica
    (c) by reading the enclosed product catalog
    (d) by visiting the company's display area

77. Why is Winston offering to buy Chandler's surplus office furniture?

    (a) to restore them for Chandler
    (b) to repair and resell them
    (c) to sell them as brand new
    (d) to use them in her office

78. Based on the letter, what could be Chandler's reason for wanting to call the company?

    (a) He may want to buy the furniture business.
    (b) He may be interested in being a wholesaler.
    (c) He may decide to recover costs from unused furniture.
    (d) He may decide to offer Winston his services.

79. In the context of the passage, guarantee means _____.

    (a) assure
    (b) claim
    (c) expect
    (d) refund

80. In the context of the passage, accommodate means _____.

    (a) adapt
    (b) help
    (c) entertain
    (d) lodge

THIS IS THE END OF THE TEST

G-TELP 최신 기출문제

TEST 4

- GRAMMAR SECTION
- LISTENING SECTION
- READING & VOCABULARY SECTION

TEST 4. mp3 바로 듣기

시험 준비하기

컴퓨터용 사인펜   수정 테이프   Answer Sheet

시험시간 : 90분

시작 시각 : ___시 ___분
종료 시각 : ___시 ___분

TEST BOOKLET NUMBER: _____

General Tests of English Language Proficiency
G-TELP

Level 2

GRAMMAR SECTION

DIRECTIONS:

The following items need a word or words to complete the sentence. From the four choices for each item, choose the best answer. Then blacken in the correct circle on your answer sheet.

Example:

> The boys _____ in the car.
>
> (a) be
> (b) is
> (c) am
> (d) are

The correct answer is (d), so the circle with the letter (d) has been blackened.

NOW TURN THE PAGE AND BEGIN

1. It is estimated that only one out of every thousand young sea turtles survives into adulthood. The species would be extinct by now if they _____ offspring so abundantly—as many as 800 hatchlings per season.

    (a) is not producing
    (b) could not produce
    (c) does not produce
    (d) will not produce

2. Patrick just bought the novel *The Mayor Is My Mom* by the daughter of the town's former mayor. He started reading this morning, and hasn't put the book down yet. He _____ for 10 hours by dinnertime.

    (a) will have been reading
    (b) is reading
    (c) has read
    (d) will be reading

3. Jean is disappointed that she cannot go with her friends on a weekend trip. She is considering _____ them after her shift is over, but is worried that she will not be able to catch up.

    (a) to be joining
    (b) having joined
    (c) joining
    (d) to join

4. Expect a huge crowd at the final basketball playoff game tomorrow. To ensure getting a good seat, it is best that you _____ at the venue at least two hours before the game begins.

    (a) to arrive
    (b) will arrive
    (c) have arrived
    (d) arrive

5. The city council has just approved an ordinance to make hospital services more affordable. _____, the councilors have allocated a budget to provide free medicine to the city's impoverished citizens.

    (a) Instead
    (b) Moreover
    (c) Regardless
    (d) Otherwise

6. Nowadays, Sandra comes home so tired after work that she can't seem to sit through a TV show. No matter how good the show is, Sandra often falls asleep on the couch while she _____ the television.

    (a) is watching
    (b) has watched
    (c) watched
    (d) will watch

7. Allan had to rush to his 8 a.m. class. However, it was already one past eight when he reached the classroom. If only Allan _____ a minute earlier, his professor would not have marked him as late.

   (a) was arriving
   (b) has arrived
   (c) would arrive
   (d) had arrived

8. Lawrence University has announced that Stephanie will be representing the school in the gymnastics events during the World University Games. Ever since the announcement, she _____ hard every day to prepare for the competition.

   (a) has been training
   (b) was training
   (c) had been training
   (d) will be training

9. Mrs. Jenkins will fly to Canada in May to attend the Ottawa Tulip Festival. Aside from admiring the bright blossoms, another reason _____ is her desire to renew ties with her Canadian relatives.

   (a) what inspired Mrs. Jenkins to make the trip
   (b) which it inspired Mrs. Jenkins to make the trip
   (c) that inspired Mrs. Jenkins to make the trip
   (d) who inspired Mrs. Jenkins to make the trip

10. Did you know that Margaret has already returned from her European honeymoon? I saw her this morning while she _____ oranges at the fruit stand down the street.

    (a) bought
    (b) was buying
    (c) would buy
    (d) had bought

11. At the bus stop, Jane was catching up with her friend Tanya, whom she hadn't seen in years. Their conversation was cut short, though. They hadn't finished _____ about their last encounter when Jane's bus arrived.

    (a) reminiscing
    (b) having reminisced
    (c) to reminisce
    (d) to be reminiscing

12. Ronald still has a lot to do before he can finish his science project. His teacher recommends that Ronald _____ extra time in the science laboratory so he can complete his experiment on time.

    (a) will spend
    (b) spends
    (c) is spending
    (d) spend

13. Because Mr. Atkinson had such a tiring day at work yesterday, he was still sound asleep in bed at ten o'clock this morning. He _____ for over 12 hours when his wife finally woke him up.

    (a) slept
    (b) was sleeping
    (c) would sleep
    (d) had been sleeping

14. George has been feeling exhausted lately, but the doctor told him that there really wasn't anything wrong with him. Nonetheless, the doctor told George that he _____ eat and sleep adequately to regain strength.

    (a) must
    (b) will
    (c) might
    (d) would

15. Fred was listening to loud music on the radio when his wife came rushing down the stairs. "Haven't we agreed to avoid _____ loud music when the baby is sleeping?" she reminded Fred.

    (a) having played
    (b) playing
    (c) to play
    (d) to be playing

16. I'm glad that I joined the study group our class formed early this semester. I usually prefer studying alone. However, if it weren't for the study group, I _____ trouble understanding lessons on my own.

    (a) was having
    (b) would be having
    (c) am having
    (d) will be having

17. The Lycurgus Cup is a fascinating ancient artifact made by Roman artisans in the 4th century. The cup's glass was painstakingly cut and ground _____ blood-red when lit from behind and jade-green when lit from the front.

    (a) appearing
    (b) having appeared
    (c) to appear
    (d) to have appeared

18. While my parents were on vacation, my mom kept on calling to remind me to pick up her suits at the dry cleaners. _____ her constant reminders, however, I still forgot to do the task.

    (a) Rather than
    (b) Besides
    (c) Because of
    (d) Despite

19. We had an extra ticket to the New York Philharmonic's performance at Avery Fisher Hall last weekend. If you had told us that you wanted to come, we _____ you the ticket.

    (a) would give
    (b) gave
    (c) would have given
    (d) had given

20. It's already four o'clock in the afternoon, and I still have a lot of studying to do for my exams. I _____ in my room until midnight reviewing my geometry and physics notes.

    (a) am staying
    (b) have stayed
    (c) will be staying
    (d) stay

21. Tom bought an elegant red dress for his wife to wear for her birthday party. The dress, _____, cost Tom quite a sum of money. The fabric is a special blend of silk and synthetic fibers.

    (a) what is made from Duchess satin
    (b) how it is made from Duchess satin
    (c) that is made from Duchess satin
    (d) which is made from Duchess satin

22. Randy and Sue made a stopover at a roadside diner a few hours after they started their backpacking journey. Soon they will be traveling up north _____ the mountains of Montana.

    (a) to climb
    (b) to have climbed
    (c) climbing
    (d) will climb

23. Bulgarian athlete Stefka Kostadinova set the world record for the women's high jump event in 1987. At the height of her career, Kostadinova _____ almost jump as high as seven feet.

    (a) will
    (b) could
    (c) may
    (d) should

24. Professor Whitmore's final exam in history is very difficult. Even if the brightest students in the class were allotted three hours for the test, they _____ more time to complete it.

    (a) will still have needed
    (b) are still needing
    (c) still need
    (d) would still need

25. Claire just found out that she is in the running for a promotion to sales manager. If she _____ her co-workers talking about it in the cafeteria, she wouldn't have known about the good news.

    (a) did not overhear
    (b) had not overheard
    (c) would not overhear
    (d) was not overhearing

26. Beth has her final interview for an internship at a law firm tomorrow. Seeing her apparent anxiety, her roommate has advised that Beth _____ since she is more than qualified for the position.

    (a) loosens up
    (b) is loosening up
    (c) loosen up
    (d) will loosen up

THIS IS THE END OF THE GRAMMAR SECTION
DO NOT GO ON UNTIL TOLD TO DO SO

LISTENING SECTION

DIRECTIONS:

The Listening Section has four parts. In each part you will hear a spoken passage and a number of questions about the passage. First you will hear the questions. Then you will hear a passage. From the four choices for each question, choose the best answer. Then blacken in the correct circle on your answer sheet.

Now you will hear an example question. Then you will hear an example passage.

Now listen to the example question.

Bill Johnson has four brothers, so the best answer is (d). The circle with the letter (d) has been blackened.

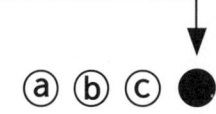

NOW TURN THE PAGE AND BEGIN

PART 1. You will hear a conversation between two people. First you will hear questions 27 through 33. Then you will hear the conversation. Choose the best answer to each question in the time provided.

27. (a) to visit her hometown acquaintances
    (b) because her family will be moving to the city
    (c) to let her husband see the city's beautiful shores
    (d) because her husband was missing his hometown

28. (a) Her old friends don't visit the place anymore.
    (b) It now attracts many sightseers.
    (c) It is now an old sleepy town.
    (d) There are only a few residents left there.

29. (a) by staying in their hotel room throughout their stay
    (b) by sunbathing with all the other tourists
    (c) by visiting the different tourist establishments
    (d) by relaxing on a beach without the other tourists

30. (a) because the corals are still unspoiled
    (b) because the corals will soon disappear
    (c) because the reef came from a different planet
    (d) because the reef doesn't get crowded

31. (a) They swam alone.
    (b) They changed colors.
    (c) They avoided the corals.
    (d) They swam in groups.

32. (a) how lovely the underwater sights are
    (b) how long ago her last dive had been
    (c) how excited she was on her first dive
    (d) how varied the marine life used to be

33. (a) tour North Bay City by himself
    (b) explore other coral reefs
    (c) visit North Bay City with them
    (d) return to his hometown

PART 2. *You will hear a presentation by one person to a group of people. First you will hear questions 34 through 39. Then you will hear the talk. Choose the best answer to each question in the time provided.*

34. (a) because they don't have many places to go
    (b) because bicycles are too difficult to ride
    (c) because biking can be exhausting
    (d) because biking can make them busy

35. (a) experiencing refreshing wind
    (b) cruising along the crowded sidewalks
    (c) riding in the park with a partner
    (d) riding on rough terrain with friends

36. (a) take the designated lanes for bicycles
    (b) go around bigger vehicles when stuck in traffic
    (c) transfer to a mass transit system
    (d) pass the other vehicles on the road

37. (a) They run on nature-friendly fuels.
    (b) They don't use natural materials to produce.
    (c) They don't cause air and noise pollution.
    (d) They allow bikers to save on fuel.

38. (a) through hormones developed while cycling
    (b) through a vitamin created from sun exposure
    (c) by burning calories and losing weight
    (d) by causing less strain on the bones

39. (a) It is now as costly as driving a car.
    (b) It represents wealth in many cities.
    (c) It keeps people in great shape.
    (d) It is popular among people from all walks of life.

PART 3. You will hear a conversation between two people. First you will hear questions 40 through 45. Then you will hear the conversation. Choose the best answer to each question in the time provided.

40. (a) his need to improve his failing health
    (b) his lack of skill in preparing healthy meals
    (c) his preference for food that has no nutrition
    (d) his desire to be more productive

41. (a) by replacing meals with vitamins
    (b) by providing nutrients lacking in one's diet
    (c) by making fast food healthier
    (d) by stimulating one to eat more healthy food

42. (a) when one is allergic to the vitamin
    (b) when one takes too many types of vitamins
    (c) when one is already getting enough vitamins from food
    (d) when one takes the vitamin while not feeling well

43. (a) They occur naturally.
    (b) They are artificially made.
    (c) Food is easily broken down.
    (d) Food contains only one type of nutrient.

44. (a) He wouldn't know what ingredients to buy.
    (b) He is mostly preoccupied with work at home.
    (c) He usually comes home late from the office.
    (d) He is not very fond of cooking food.

45. (a) take multivitamins daily
    (b) concentrate on his tasks
    (c) order energy-boosting foods
    (d) cook nutritious food

PART 4. You will hear an explanation of a process. First you will hear questions 46 through 52. Then you will hear the talk. Choose the best answer to each question in the time provided.

46. (a) different modern house designs
    (b) the history of interior decoration
    (c) how to give the home a modern style
    (d) how to make homes welcoming to visitors

47. (a) that it must strive for simplicity
    (b) that it must achieve a colorful look
    (c) that it should highlight the furniture
    (d) that it should make the home look larger

48. (a) by installing ceiling-high windows
    (b) by covering the windows with curtains
    (c) by leaving the windows open all the time
    (d) by leaving the windows uncovered

49. (a) to make the items barely noticeable
    (b) to make the items look simple
    (c) for each item to stand out
    (d) for the items to feel artistic

50. (a) coloring figurines
    (b) painting broad surfaces
    (c) painting window frames
    (d) highlighting narrow areas

51. (a) a simple side table made of metal
    (b) an extra-large reclining chair
    (c) a couch covered with rugged fabric
    (d) a wooden cabinet with complex designs

52. (a) by using bulbs that don't produce strong light
    (b) by switching on one light source at a time
    (c) by installing a minimal number of lights
    (d) by having concealed light sources for the room

THIS IS THE END OF THE LISTENING SECTION
DO NOT GO ON UNTIL TOLD TO DO SO

READING AND VOCABULARY SECTION

DIRECTIONS:

You will now read four different passages. Each passage is followed by comprehension and vocabulary questions. From the four choices for each item, choose the best answer. Then blacken in the correct circle on your answer sheet.

Read the following example passage and example question.

Example:

> Bill Johnson lives in New York. He is 25 years old. He has four brothers and two sisters.
>
> How many brothers does Bill Johnson have?
>
> (a) one
> (b) two
> (c) three
> (d) four

The correct answer is (d), so the circle with the letter (d) has been blackened.

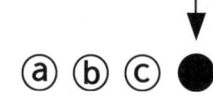

NOW TURN THE PAGE AND BEGIN

PART 1. Read the following biographical narrative and answer the questions. The underlined words in the article are for vocabulary questions.

ELEANOR ROOSEVELT

Eleanor Roosevelt was an American political figure best remembered for her relentless campaigns for social justice. Also notable for being the wife of former U.S. President Franklin Roosevelt, Eleanor Roosevelt had a political career that continued well beyond that of her husband.

Anna Eleanor Roosevelt was born on October 11, 1884, in New York City. She was a niece of former President Theodore Roosevelt. When her mother died in 1892, her grandmother took care of her and her two younger brothers. At 15, Roosevelt went to England to study at Allenswood Academy. There, she became close to the school's founder and headmistress, Marie Souvestre, who took her along in her travels throughout Europe. Roosevelt went back to New York City when she turned 18. It was around that time that she met Franklin Roosevelt, a distant cousin and a lawyer whom she married in 1905.

Roosevelt first took an active role in society when her husband became a state senator in 1911. She often appeared in place of him during political meetings and other official events. Her involvement in politics intensified in 1921, when her husband was confined to a wheelchair due to a paralytic illness. During the next few years, Roosevelt became an important figure in the women's rights campaign. She became the director of the Bureau of Women's Activities for the Democratic National Committee.

When Roosevelt's husband became president in 1933, she became even more politically active. She was the first presidential spouse to hold press conferences. She also gave lectures throughout the country, hosted a radio program, and regularly wrote a newspaper column. Additionally, Roosevelt actively promoted the civil rights of African-Americans. During the Second World War, she co-chaired a national committee on civil defense and visited Allied military bases around the world.

When her husband died in 1945, Roosevelt became a delegate to the United Nations, and helped found the United Nations Children's Fund. She also played an important role in drafting the Universal Declaration of Human Rights, which is widely considered her greatest accomplishment.

Roosevelt resigned from the UN in 1952, but continued serving the American public. In recognition of her efforts in promoting social justice, she was awarded the United Nations Prize in the Field of Human Rights in 1968, six years after her death.

53. How is Eleanor Roosevelt best remembered?

    (a) as the wife of a U.S. president
    (b) as a relentless activist with a brief career
    (c) as an advocate of social equality
    (d) as a female U.S. president

54. What happened when Roosevelt went to England to study?

    (a) She became the head teacher of a school.
    (b) She befriended the founder of a school.
    (c) She went on to study all over Europe.
    (d) She came to know Franklin Roosevelt.

55. Why most likely did Roosevelt's involvement in politics increase in 1921?

    (a) She represented her husband more often.
    (b) She took over her husband's senatorial position.
    (c) She began campaigning for women's rights.
    (d) She started hosting a political radio show.

56. What was Roosevelt noted for when her husband became president?

    (a) as the first lady who first held press conferences
    (b) as the first lady who fought with the Allied forces
    (c) as the only first lady to support African-American rights
    (d) as the most traveled first lady in U.S. history

57. Which is widely regarded as Eleanor Roosevelt's greatest achievement?

    (a) raising funds for children's welfare worldwide
    (b) being a productive U.S. first lady
    (c) helping to write a global human rights document
    (d) becoming a United Nations representative

58. In the context of the passage, appeared means _____.

    (a) seemed
    (b) happened
    (c) vanished
    (d) performed

59. In the context of the passage, drafting means _____.

    (a) enlisting
    (b) writing
    (c) reporting
    (d) reciting

PART 2. Read the following Web article and answer the questions. The underlined words in the article are for vocabulary questions.

FICTIONAL VAMPIRE VICTIMS SHOW SYMPTOMS OF ACUTE LEUKEMIA

A study has found that the victims of vampire attacks in 19th-century vampire novels show symptoms of acute leukemia. Conducted by researchers from the University of Southern Denmark and Odense University Hospital, the study analyzed the symptoms caused by the attacks depicted in three fictional novels: *The Vampyre* (1819), *Carmilla* (1879), and *Dracula* (1897).

According to European folklore, a vampire is a dead person who rises at night to feed on the blood of the living. The novels all portray formerly living persons "turning" into vampires after being bitten by one and undergoing weakening physical changes. *Carmilla* and *Dracula*, in particular, describe the symptoms as fatigue, fever, paleness, difficulty in breathing, and chest pain. *Dracula* mentions further symptoms including loss of appetite and weight.

The researchers noted that the illnesses described in the novels are very similar to the symptoms of acute leukemia, a type of cancer that affects white blood cells and causes susceptibility to infection. Leukemia had not yet been identified by the 19th century, leading the researchers to speculate that the authors may have attributed its symptoms to supernatural causes.

The study also considered other illnesses as potential explanations for the symptoms of vampire victims. However, some of these diseases, such as tuberculosis and diphtheria, were already well known at the time. Furthermore, these illnesses produce symptoms not described in the novels. For example, diphtheria may cause symptoms resembling acute leukemia, but its other indications—coughing and discolored patches around the mouth—are not mentioned in the novels.

The researchers also ruled out anemia, a deficiency in red blood cells that can also cause fatigue and unusual paleness. Despite being known to 19th-century doctors, anemia was not mentioned by any of the doctors in the three novels as the probable cause of the symptoms experienced by the vampire victims. In fact, a victim in *Dracula* is even described as "bloodless, but not anemic."

The study concluded that real-life acute leukemia patients were most likely the inspiration for the victims in 19th-century vampire literature. The findings reflect how traditional superstitious beliefs about physical human suffering arose due to the lack of scientific understanding of their causes.

60. What does the article say about the victims of vampire attacks depicted in 19th-century novels?

    (a) that the symptoms they show are unrealistic
    (b) that they show signs of an actual disease
    (c) that they do not actually turn into vampires
    (d) that the symptoms are unique to the times

61. According to European folklore, when does a person turn into a vampire?

    (a) after they undergo weakening physical changes
    (b) when they become pale and feverish
    (c) after they begin rising at night to feed
    (d) when they are bitten by an undead being

62. Which disqualifies diphtheria as an explanation of vampire attack symptoms?

    (a) its other effects being unstated in the novels
    (b) the authors being unfamiliar with the illness
    (c) its symptoms being similar to leukemia
    (d) the victims not suffering from its effects

63. Why did the researchers dismiss anemia as the cause of the symptoms?

    (a) Its effects are not blood related.
    (b) It was ruled out in one of the texts.
    (c) It produced symptoms not described in the novels.
    (d) It does not cause extreme tiredness.

64. Based on the article, what could be said about the vampire novels?

    (a) They affected the diagnosis of modern illnesses.
    (b) They show that early authors did not care for science.
    (c) They were influenced by real-life patients.
    (d) They proved the validity of superstitious beliefs.

65. In the context of the passage, identified means _____.

    (a) existing
    (b) observed
    (c) known
    (d) disproved

66. In the context of the passage, potential means _____.

    (a) capable
    (b) unlikely
    (c) original
    (d) possible

PART 3. Read the following encyclopedia article and answer the questions. The underlined words in the article are for vocabulary questions.

'I HAVE A DREAM'

"I Have a Dream" is the title assigned to the historic speech by African-American civil rights activist Dr. Martin Luther King, Jr. King delivered this speech on August 28, 1963, on the steps of the Lincoln Memorial in Washington, D.C. It was the highlight of a political protest rally organized by the African-American Civil Rights Movement and dubbed the "March on Washington for Jobs and Freedom."

"I Have a Dream" was delivered before some 250,000 civil rights supporters who attended the march—the largest demonstration the nation had ever seen at the time. It called for an end to racism against African-Americans, who were demanding meaningful reforms to civil rights laws and an end to discriminatory practices in employment and public education.

The speech is considered one of the greatest and most important speeches in history. In it, King spoke of his desire to live in a world where equality and brotherhood prevailed. He articulated a future in which civil rights were finally afforded to all people, regardless of their ethnic backgrounds or social standings.

King used words and phrases from historically important American texts, including the Declaration of Independence, the United States Constitution, and former President Lincoln's equally famous speech, the "Gettysburg Address." King also cited numerous passages from the Bible, which the phrase "I have a dream" comes from.

The speech so impressed then-President Kennedy that he invited the protest leaders to the White House. The highly successful march, which also showed support for the proposed civil rights legislation by the Kennedy administration, is credited for helping to pass the Civil Rights Act of 1964. Ratified by the United States Congress the following year, the act outlawed discrimination based on race, religion, sex, and national origin.

Time magazine named King "Man of the Year" in 1964. He was also awarded the Nobel Peace Prize the following year, becoming the youngest person at the time to receive the honor. Today, an engraving on the steps of the Lincoln Memorial marks the spot where King delivered the iconic speech.

67. What can be said about the delivery of the speech "I Have a Dream"?

    (a) It started a mass movement.
    (b) It was delivered by civil rights officials.
    (c) It inspired Martin Luther King, Jr.
    (d) It was the high point of a protest rally.

68. Why did Martin Luther King, Jr. deliver the speech?

    (a) to demand free education
    (b) to request preferential treatment in employment
    (c) to set a record for protest rally attendance
    (d) to call for an end to racial injustice

69. What did King do to develop "I Have a Dream"?

    (a) He made sure to keep his material original.
    (b) He read straight from a religious book.
    (c) He made use of quotes from prominent texts.
    (d) He kept a record of what he dreamed each night.

70. Based on the article, how does the Civil Rights Act of 1964 most likely benefit workers?

    (a) by forbidding racial preference in hiring
    (b) by creating American jobs in other nations
    (c) by requiring industries to be associated with religion
    (d) by ordering the hiring of a specific gender

71. Why was King given an engraving on the Lincoln Memorial?

    (a) He had been *Time* magazine's "Man of the Year."
    (b) He had gained influence at the White House.
    (c) He had given his speech from that location.
    (d) He had received his Nobel Prize there.

72. From the context of the passage, afforded means _____.

    (a) sold
    (b) given
    (c) donated
    (d) taken

73. From the context of the passage, outlawed means _____.

    (a) disallowed
    (b) encouraged
    (c) dismissed
    (d) prosecuted

PART 4. Read the following business letter and answer the questions. The underlined words in the letter are for vocabulary questions.

Helena Clarkson
Headmistress
Fullerton Academy
875 Main Street
Spring County, GA 30328

Dear Ms. Clarkson:

Thank you for considering my application for the vacant teaching spot in your History Department. I am grateful for the chance to share with you the reasons why I believe I am the <u>ideal</u> candidate for the position.

It was a real pleasure to finally meet you last week. I had been looking forward to meeting you after all the enjoyable e-mails and telephone conversations we had. Making your acquaintance was one of the best parts of my visit to your school.

I would also like to thank you for showing me around your picturesque and well-maintained campus, as well as your stately school buildings. I was able to see with my own eyes why they say Fullerton Academy is one of the most delightful schools to teach in. I am certain it will be a real <u>privilege</u> to work in such magnificent surroundings.

Our meeting last Monday helped me understand how your school values excellence in education, and what you expect from your faculty members. I have had experience working for institutions with similar standards, and I assure you that I will meet the level of progressiveness, efficiency, and professionalism you demand.

I understand that filling this position is a priority for the school, given that the new school year begins in about three weeks. This is why I am taking the opportunity to state once again my great desire and willingness to be a part of your organization.

I look forward to hearing your final decision.

Sincerely,

Lois Stevens

74. Why is Lois Stevens thanking Helena Clarkson in the letter?

    (a) for considering her job application
    (b) for telling her the requirements for a job
    (c) for hiring her as a history teacher
    (d) for offering her a teaching job

75. What were Stevens and Clarkson finally able to do last week?

    (a) get to know each other through e-mail
    (b) write one another a letter
    (c) talk to each other on the phone
    (d) see one another in person

76. What is one of the things that Fullerton Academy is known for?

    (a) its widely renowned faculty
    (b) its enormous campus
    (c) its beautiful school grounds
    (d) its friendly school principal

77. Why most likely does Stevens say that she will be able to meet the academy's expectations?

    (a) She has complete knowledge of the school's objectives.
    (b) She has worked in schools with high standards.
    (c) She will be learning from the other teachers.
    (d) She went to a teachers college that had high standards.

78. Based on the letter, what is probably the academy's present concern?

    (a) improving its teachers' efficiency
    (b) finding a new history teacher
    (c) raising its teaching standards
    (d) maintaining the beauty of its campus

79. In the context of the passage, ideal means _____.

    (a) best
    (b) certain
    (c) only
    (d) absolute

80. In the context of the passage, privilege means _____.

    (a) chance
    (b) help
    (c) honor
    (d) claim

THIS IS THE END OF THE TEST

G-TELP 최신 기출문제

TEST 5

- GRAMMAR SECTION
- LISTENING SECTION
- READING & VOCABULARY SECTION

 TEST 5. mp3 바로 듣기

시험 준비하기

 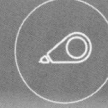 

컴퓨터용 사인펜   수정 테이프   Answer Sheet

시험시간 : 90분
시작 시각 : ___시___분
종료 시각 : ___시___분

TEST BOOKLET NUMBER: _____

General Tests of English Language Proficiency
G-TELP

Level 2

GRAMMAR SECTION

DIRECTIONS:

The following items need a word or words to complete the sentence. From the four choices for each item, choose the best answer. Then blacken in the correct circle on your answer sheet.

Example:

> The boys _____ in the car.
>
> (a) be
> (b) is
> (c) am
> (d) are

The correct answer is (d), so the circle with the letter (d) has been blackened.

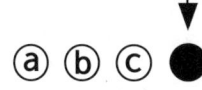

NOW TURN THE PAGE AND BEGIN

1. Even with governmental education subsidies, Hastings College still won't have enough funds to maintain its operations this year. School officials have therefore recommended _____ student tuitions if they are to continue operating.

   (a) raising
   (b) to be raising
   (c) to raise
   (d) having raised

2. I really envy Dennis and Mary. I'm sure they're having a wonderful time at the concert right now. I _____ with them if I had known earlier that my exams were going to be postponed.

   (a) was going
   (b) would go
   (c) went
   (d) would have gone

3. Will Samantha ever stop being late for appointments? Yesterday, we missed almost a quarter of the movie because she arrived after it started. We _____ for almost 30 minutes before she finally showed up.

   (a) waited
   (b) have waited
   (c) had been waiting
   (d) are waiting

4. Martin invited Anna to watch his soccer game yesterday. Although she isn't really a soccer fan, Anna was happy that she accepted the invitation. She was finally able to meet Coach Albert, _____.

   (a) which she has a crush on
   (b) whom she has a crush on
   (c) what she has a crush on him
   (d) that she has a crush on

5. DC Comics is one of the oldest comic book publishers in the U.S. Through its direct predecessor, National Allied Publications, the company _____ comic books since the mid-1930s, creating well-loved superhero characters like Superman and Batman.

   (a) publishes
   (b) is publishing
   (c) has been publishing
   (d) published

6. Some cultures use neck rings to make their necks longer and achieve status. However, the rings merely make necks *appear* longer. If the neck were really stretched, a person _____ from paralysis or even death.

   (a) has suffered
   (b) would suffer
   (c) suffered
   (d) would have suffered

7. Sam was late for work yesterday. He had to go back home to get the papers, contracts, and other materials he'd left on the kitchen counter. He _____ on the freeway when he remembered about the documents.

   (a) would already drive
   (b) already drove
   (c) was already driving
   (d) had already driven

8. Gary had to borrow money from his sister to get his car fixed. If he _____ most of his money on an expensive smart phone, he would not have needed to borrow money for the repair.

   (a) was not spending
   (b) had not spent
   (c) would not spend
   (d) did not spend

9. Jerome can't wait to finish working in their garden. His mom is now preparing a hearty breakfast for him. He is sure their kitchen _____ of fried eggs, bacon, and toast when he gets there later.

   (a) is smelling
   (b) will be smelling
   (c) smells
   (d) has smelled

10. Sarah was unable to renew her financial aid for next semester. She now works part-time at Tom's Diner so as _____ her tuition. She also babysits for the Andersons whenever they go out of town.

    (a) to have afforded
    (b) affording
    (c) having afforded
    (d) to afford

11. Our marketing director wants to double the number of attendees to our product launch. He is now expecting 200 more guests. Consequently, the marketing department _____ have to book a bigger venue for the event.

    (a) will
    (b) can
    (c) might
    (d) must

12. A survey has concluded that online videos are a powerful marketing tool. This is _____ 84% of the respondents said that they are often convinced to buy a product after watching its video advertisement.

    (a) because
    (b) however
    (c) while
    (d) unless

13. Blue Oak High School's cheerleading squad will be performing next. Right now, the cheerleaders _____ for their routine by doing hamstring, shoulder, and chest stretches to increase their flexibility.

    (a) warm up
    (b) have warmed up
    (c) are warming up
    (d) would warm up

14. Now that Brandon is a college freshman, he may be excited about the touchstones of college life, like those "crazy college parties." However, it is best that Brandon _____ that college is first and foremost about academics.

    (a) remember
    (b) will remember
    (c) remembers
    (d) is remembering

15. The United Nations is trying to solve the problem of environmental migration. In many countries, climate change is causing sea levels to rise, forcing people _____ coastal flooding by migrating to safer places.

    (a) having escaped
    (b) escaping
    (c) to have escaped
    (d) to escape

16. Let's wear hard hats at the construction site. The building is almost finished, and the chance of bricks falling on our heads is slim. Nonetheless, I suggest that we _____ precautionary measures just to be safe.

    (a) will follow
    (b) have followed
    (c) follow
    (d) are following

17. Last week, I helped out at Mr. Wilson's grocery store for five days. I had to pay for his window, which I accidentally shattered with my baseball. If I had been more careful, I _____ the window.

    (a) wouldn't break
    (b) didn't break
    (c) wasn't breaking
    (d) wouldn't have broken

18. For their 10th anniversary celebration, the Broadway Dance Company will sponsor a series of free dance concerts for one week. The first performance _____ is *Cinderella*, to be staged at the Richmond Theater next Saturday.

    (a) what the company will be presenting
    (b) that the company will be presenting
    (c) when the company will be presenting
    (d) who the company will be presenting

19. Just this morning, a strong earthquake struck our city. Emergency response teams have finally gotten everything under control. _____, local officials are still instructing residents to evacuate their homes in case of aftershocks.

(a) Even so
(b) Therefore
(c) Moreover
(d) In fact

20. Emma puts just enough ingredients into the pan while cooking. She avoids _____ the pan when frying moist vegetables because they tend to steam and become soggy instead of crispy.

(a) to overcrowd
(b) overcrowding
(c) to be overcrowding
(d) having overcrowded

21. James didn't report to work this entire week. I wanted to call him at his house to check on him. However, we're not really friends, and I was afraid James _____ consider the call an intrusion.

(a) can
(b) will
(c) might
(d) must

22. As a newly promoted department head, Matthew still tends to personally handle minor tasks to ensure satisfactory results. The company president advises that Matthew _____ such work to his staff so he can tackle more pressing matters.

(a) delegates
(b) will delegate
(c) is delegating
(d) delegate

23. Several studies have proven that overexposure to the sun is dangerous. Even though many are already aware of this, it's a wonder that people still can't resist _____ to the beach during summer.

(a) flocking
(b) having flocked
(c) to flock
(d) to be flocking

24. I'm glad to have a physics teacher who makes learning the subject so fun and easy. If it weren't for her simple and clear explanations, physics _____ a mystery to me!

(a) would still have been
(b) is still
(c) would still be
(d) still has been

25. Last month, Jay went to the doctor because he had trouble breathing. The doctor ordered him to lose some weight. By this time next week, Jay _____ nothing but fruits and vegetables for 20 days.

    (a) will eat
    (b) will have been eating
    (c) would have eaten
    (d) is eating

26. Sales of paper road maps are declining in many states because drivers are now using GPS navigation to reach their destinations. If GPS technology did not exist today, paper maps _____ popular.

    (a) has remained
    (b) would remain
    (c) would have remained
    (d) remains

THIS IS THE END OF THE GRAMMAR SECTION
DO NOT GO ON UNTIL TOLD TO DO SO

LISTENING SECTION

DIRECTIONS:

The Listening Section has four parts. In each part you will hear a spoken passage and a number of questions about the passage. First you will hear the questions. Then you will hear a passage. From the four choices for each question, choose the best answer. Then blacken in the correct circle on your answer sheet.

Now you will hear an example question. Then you will hear an example passage.

Now listen to the example question.

(a) one
(b) two
(c) three
(d) four

Bill Johnson has four brothers, so the best answer is (d). The circle with the letter (d) has been blackened.

NOW TURN THE PAGE AND BEGIN

PART 1. *You will hear a conversation between two people. First you will hear questions 27 through 33. Then you will hear the conversation. Choose the best answer to each question in the time provided.*

27. (a) She is teaching business courses.
    (b) She is studying filmmaking.
    (c) She is managing her business.
    (d) She is earning a postgraduate degree.

28. (a) a retelling of the life of Don Quixote
    (b) the misadventures of a character with a good heart
    (c) the successful journey of a wicked knight
    (d) a prince's failed search for the Holy Grail

29. (a) by borrowing equipment from his professor
    (b) by getting help from expert filmmakers
    (c) by renting cheap film equipment
    (d) by enlisting his professor's help to edit the film

30. (a) They didn't have any troubling casting actors.
    (b) The film locations were already secured.
    (c) They could improvise without having a script.
    (d) The script had already been prepared.

31. (a) the location hunting
    (b) the creation of the story
    (c) the video editing
    (d) the actual filming

32. (a) an original plot and a great twist ending
    (b) an interesting story and a capable presentation
    (c) a big budget and extended time for filming
    (d) a large cast of intriguing characters

33. (a) watch the film at Cindy's house
    (b) wait for the results of the contest
    (c) watch the film at a cinema
    (d) make a film together

PART 2. You will hear a presentation by one person to a group of people. First you will hear questions 34 through 39. Then you will hear the talk. Choose the best answer to each question in the time provided.

34. (a) a short college degree
    (b) free job-placement services
    (c) focused training on a specific skill
    (d) broad education in a field

35. (a) that it is not restricted to manual jobs
    (b) that it specializes in office skills
    (c) that it is not applicable to business careers
    (d) that it focuses on physical labor

36. (a) They can apply their training immediately.
    (b) They have a wider range of skills.
    (c) They are willing to accept lower wages.
    (d) They are better educated than college graduates.

37. (a) by having a constant passion for their fields
    (b) by specializing in as many fields as they can
    (c) by being hired regularly for their services
    (d) by routinely discovering their hidden talents

38. (a) the high-paying jobs available to students
    (b) the low tuition of a four-year course
    (c) the availability of student loans
    (d) the short period of time it requires

39. (a) by providing them with financial aid
    (b) by helping to evaluate their potential
    (c) by arranging job interviews
    (d) by enrolling them in the most promising courses

PART 3. *You will hear a conversation between two people. First you will hear questions 40 through 45. Then you will hear the conversation. Choose the best answer to each question in the time provided.*

40. (a) because it is replacing senior employees
    (b) because it is reducing its workforce
    (c) because some workers have reached retirement age
    (d) because some workers are no longer productive

41. (a) buy shares of a bank's stock
    (b) devote more time to her loved ones
    (c) take as many paid vacations as she wants
    (d) go on a solo trip to Europe

42. (a) Her colleagues may miss her at the office.
    (b) She has no idea how to invest her money.
    (c) She is worried about the increased interest rate.
    (d) She may long for her daily work practices.

43. (a) by being assured of more future promotions
    (b) by being able to get better insurance benefits
    (c) by not having to worry about her finances
    (d) by not having to work out a retirement plan

44. (a) being offered another favorable retirement plan
    (b) having the chance to be self-employed
    (c) being able to spend weekends with her family
    (d) overcoming the challenges of a household

45. (a) continue performing her current job
    (b) consult with her family before deciding
    (c) demand a larger severance payment
    (d) accept the proposed retirement plan

PART 4. You will hear an explanation of a process. First you will hear questions 46 through 52. Then you will hear the talk. Choose the best answer to each question in the time provided.

46. (a) There are numerous options to choose from.
    (b) It's difficult to find a good dealership.
    (c) There are few car models on the market.
    (d) The buying process is always challenging.

47. (a) saving enough money to buy the car
    (b) deciding if one really needs a car
    (c) determining the car type based on one's needs
    (d) testing all types of car to decide one's requirements

48. (a) The person usually drives on rough roads.
    (b) The person often drives around with many people.
    (c) The person prioritizes comfort in a vehicle.
    (d) The person wants to save on fuel when driving.

49. (a) the price the car dealer assigns to the car
    (b) the price when buying the car through a bank
    (c) the price that Internet users jointly agree upon
    (d) the retail price the carmakers suggest

50. (a) by paying on an installment basis
    (b) by not paying interest charges
    (c) by settling the payment all at once
    (d) by securing a lower car price

51. (a) that the car has a lifetime warranty
    (b) that the car has free accessories
    (c) that the contract has no down payment
    (d) that the contract has no hidden charges

52. (a) ensure that the car runs
    (b) check the car's mileage
    (c) inspect the car for damages
    (d) confirm that the car is new

THIS IS THE END OF THE LISTENING SECTION
DO NOT GO ON UNTIL TOLD TO DO SO

READING AND VOCABULARY SECTION

DIRECTIONS:

You will now read four different passages. Each passage is followed by comprehension and vocabulary questions. From the four choices for each item, choose the best answer. Then blacken in the correct circle on your answer sheet.

Read the following example passage and example question.

Example:

> Bill Johnson lives in New York. He is 25 years old. He has four brothers and two sisters.
>
> How many brothers does Bill Johnson have?
>
> (a) one
> (b) two
> (c) three
> (d) four

The correct answer is (d), so the circle with the letter (d) has been blackened.

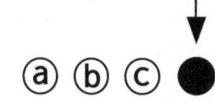

NOW TURN THE PAGE AND BEGIN

PART 1. Read the following biographical narrative and answer the questions. The underlined words in the article are for vocabulary questions.

JAWED KARIM

Jawed Karim is an American computer scientist and entrepreneur of Bangladeshi-German descent. He is one of the co-founders of the popular video-sharing website, YouTube. Karim is also noted as the first person to upload a video to the website.

Jawed Karim was born on October 28, 1979, in the former East German city of Merseburg. His family crossed the old East-West German border in 1981, and lived in Neuss, Germany, until 1992. Afterward, they migrated to Saint Paul, Minnesota, where Karim graduated from high school. He then attended the University of Illinois but left to work at PayPal. He eventually continued his university coursework, and earned a degree in computer science.

While at PayPal, Karim founded YouTube with his co-workers Chad Hurley and Steven Chen in 2005. He was enrolled in a graduate program at Stanford University at the time, and arranged to work not as a regular employee but as an informal adviser at YouTube. This arrangement resulted in Karim consenting to a much lower share of the company's stock. Nonetheless, he received a sizeable amount of money—around $64 million—when Google eventually acquired YouTube.

Upon YouTube's formation, Karim created an 18-second video entitled "Me at the Zoo." The video shows Karim in front of elephants at the San Diego Zoo making a casual, offhanded comment about the elephants' long trunks. In April 2005, Karim set up a YouTube account with the username "jawed," and uploaded the video on the same day.

Filmed with an ordinary point-and-shoot type camera, "Me at the Zoo" has been described as of poor quality and unremarkable. Even so, as the first YouTube upload ever, the *Los Angeles Times* recognized the video's important role in changing people's perceptions and use of media. The newspaper also acknowledged the video's influence in introducing a "golden era of the 60-second video."

Karim has entered into various ventures since YouTube's acquisition. He launched a fund called Youniversity to help university students and graduates start businesses. He was also one of the initial investors in Airbnb, a company that brokers lodging for clients online. His brief video, "Me at the Zoo," has inspired countless amateur filmmakers and vloggers to post their work online. It has been ranked by media institutions as the most important YouTube video of all time.

53. What is Jawed Karim known for?

    (a) being the sole founder of YouTube
    (b) being the first popular YouTube personality
    (c) being the first to post a YouTube video
    (d) being the inventor of online video sharing

54. When most likely did Karim receive a degree in computer science?

    (a) before he left for Minnesota
    (b) upon establishing YouTube
    (c) after resigning from PayPal
    (d) while he was working at PayPal

55. Why most likely did Karim agree to receive a lower share of YouTube stock?

    (a) He was earning more from his PayPal share.
    (b) He couldn't commit to working at YouTube full-time.
    (c) He had an insignificant role in creating YouTube.
    (d) He expected the value of his share to increase.

56. How did the *Los Angeles Times* acknowledge the video "Me at the Zoo"?

    (a) as a short but well-made video
    (b) as a superb documentary on captive wildlife
    (c) as a video that set a new media trend
    (d) as a poor and unremarkable video

57. How has Karim influenced the next generation of content creators?

    (a) by encouraging them to attend university
    (b) by stimulating them to upload their work
    (c) by inspiring them to invest in new companies
    (d) by hiring them to join his businesses

58. In the context of the passage, sizeable means _____.

    (a) large
    (b) crucial
    (c) small
    (d) equal

59. In the context of the passage, introducing means _____.

    (a) honoring
    (b) naming
    (c) finishing
    (d) starting

PART 2. Read the following Web article and answer the questions. The underlined words in the article are for vocabulary questions.

PROGRESS MADE ON CONFLICT DIAMONDS

Conflict diamonds, also known as "blood diamonds," are diamonds mined in African countries, so-called because they originate from areas of conflict and bloodshed. During the 1990s, civil wars were rampant in countries like Angola, the Democratic Republic of the Congo, and Sierra Leone. To finance their rebellions, rebel groups mined and sold diamonds illegally.

The money from the sale of conflict diamonds was used to purchase military equipment and recruit fighters, which prolonged and intensified the civil wars. The practice also encouraged corruption, political repression, and human rights violations. Among the first to recognize the connection between the illegal diamond trade and conflicts in Africa was Global Witness, an organization that aims to stop wars, corruption, and human rights abuses resulting from the exploitation of natural resources.

International laws were subsequently passed to prohibit the illicit sale of the diamonds. However, smugglers were able to get around these laws by bringing the diamonds into neighboring countries illegally, and then selling them as the products of those countries. At that time, conflict diamonds represented about four percent of the world's diamond production.

In 2000, South African nations, the diamond industry, and non-governmental organizations including Amnesty International, Global Witness, and Partnership Africa Canada, convened in Kimberley, South Africa, to address the issue. They established the Kimberley Process Certification Scheme, or KPCS, which sought to eliminate the trade of conflict diamonds by tracing and certifying the origins of the diamonds. KPCS was later mandated by the United Nations in 2002.

KPCS only allows participating countries to export or import rough diamonds. Under the process, rough diamonds are monitored at every point in the diamond pipeline: from mining to retail. KPCS also requires participating countries to present government-certified documents that prove that the rough diamonds they are shipping out are conflict-free. Several member countries, including the Republic of the Congo, the Republic of Côte d'Ivoire, and Venezuela, have been expelled from the initiative for non-compliance.

Today, more than 80 countries participate in KPCS, and a number of other countries are working toward the requirements for membership. KPCS reports that members account for almost one hundred percent of the global production of rough diamonds.

60. What brought about the existence of "conflict diamonds"?

    (a) the high demand for African diamonds
    (b) the need to fund wars in some countries
    (c) the widespread violence caused by the diamond trade
    (d) the abundant diamond supplies in Africa

61. How were smugglers able to bypass international laws banning the sale of conflict diamonds?

    (a) by giving false countries of origin for the diamonds
    (b) by selling the diamonds to neighboring countries
    (c) by avoiding human rights violations while trading
    (d) by declaring just a portion of the actual diamond sales

62. What does the Kimberley Process Certification Scheme, or KPCS, probably verify?

    (a) that a diamond is not mined by abusing natural resources
    (b) that a rough diamond will not undergo polishing
    (c) that a diamond is not from regions with civil wars
    (d) that wars are funded through legitimate ways

63. Why most likely were some countries expelled from KPCS?

    (a) They refused to join the United Nations.
    (b) They established their own certification schemes.
    (c) They sold diamonds directly from the local mines.
    (d) They failed to conduct a conflict-free diamond trade.

64. What does the KPCS report declare?

    (a) that the organization is gaining membership
    (b) that the world demand for raw diamonds has increased
    (c) that members profit more from the diamond trade than war
    (d) that most rough diamonds have been certified

65. In the context of the passage, recognize means _____.

    (a) value
    (b) realize
    (c) overlook
    (d) receive

66. In the context of the passage, address means _____.

    (a) greet
    (b) identify
    (c) discuss
    (d) arrange

PART 3. Read the following encyclopedia article and answer the questions. The underlined words in the article are for vocabulary questions.

BOSSA NOVA

Bossa nova is a popular Brazilian musical form that developed in the late 1950s. Meaning "new way" or "new trend," the genre focuses more on melody and harmony than the beat of the music. A passionate and romantic type of music, bossa nova was <u>influenced</u> by samba, another famous Brazilian musical style with an upbeat and playful rhythm, and jazz, a musical form that involves the improvisation of lyrics, melodies, or both.

Guitarist-vocalist João Gilberto, composer Antonio Carlos Jobim, and lyricist Vinicius de Moraes are credited for developing the bossa nova style in the late 1950s. They blended the elements of samba rhythms with the harmonic approach of jazz to create a slower and more romantic musical genre.

Bossa nova started to become popular when Gilberto released the very first bossa nova album, *Chega de Saudade*, in 1958. More people became aware of the new musical style when Jobim composed the musical score for the 1959 film *Black Orpheus*. However, it was not until the song "The Girl from Ipanema" was released several years later that bossa nova became famous worldwide. The song was recorded by Gilberto's ex-wife, Astrud Gilberto, as part of the *Getz/Gilberto* album. The album won a Grammy award for "Record of the Year" in 1965.

Bossa nova songs are usually performed with the artist playing a nylon-string classical guitar. Another important instrument, though not as common, is the piano. The drum is not considered an essential element in bossa nova, although the music does have a <u>distinctive</u> drumbeat sound. To obtain this beat, the artist uses claves, an instrument consisting of a pair of short, thick pieces of wood. The claves produce a light clicking noise when struck together, a sound that is bright and clear without the punchy "thump" that drums produce.

Over the years, the bossa nova style has had a considerable impact on other popular music in Brazil. Artists have combined bossa nova with electronic music and produced "bossa electrica" or "<u>techno bossa</u>," which is now popular in Europe and Asia.

67. According to the article, which best describes bossa nova?

    (a) a livelier version of samba
    (b) a beat-based musical form
    (c) an improved version of jazz
    (d) a blend of jazz and samba

68. What is the result of fusing certain traits of Brazilian musical styles into bossa nova?

    (a) passionate and unhurried music
    (b) songs with improvised lyrics and tunes
    (c) dark and realistic music
    (d) upbeat and optimistic songs

69. When did bossa nova gain global recognition?

    (a) after the *Getz/Gilberto* album won an award
    (b) after the movie *Black Orpheus* was shown
    (c) when the song "The Girl from Ipanema" was aired
    (d) when João Gilberto reunited with his former wife

70. Based on the article, why most likely are claves used in bossa nova instead of drums?

    (a) to do away with a beat for the song
    (b) because the artists prefer a punchier sound
    (c) to give the song a lighter feel
    (d) because claves are louder than drums

71. Based on the article, what is true about bossa nova?

    (a) It has branched out into more modern musical forms.
    (b) It is more famous than bossa electrica in Europe.
    (c) It has retained its traditional traits through the years.
    (d) It is an older musical form than jazz.

72. From the context of the passage, influenced means _____.

    (a) imitated
    (b) inspired
    (c) pressured
    (d) completed

73. From the context of the passage, distinctive means _____.

    (a) popular
    (b) familiar
    (c) usual
    (d) particular

PART 4. Read the following business letter and answer the questions. The underlined words in the letter are for vocabulary questions.

David Sanders
Manager
Brick Furniture Store

Dear Mr. Sanders:

I would like to inform you of a purchase I made at your store, which I have come to regret ever since. Three months ago, I bought a black leather couch set that cost $1500 from your store. For something that expensive, I was expecting that the product would be of high quality.

I was disappointed when, after only a month, the set's leather upholstery started peeling off. I called your customer service center and informed them of the problem. James Finch, the employee whom I spoke with, told me that your company would send a replacement for the faulty product. He also <u>assured</u> me that it would arrive within two weeks.

I waited for two weeks, but no replacement arrived. So, I called customer service again to remind your company of its promise. This time, I was told that I would have to wait another week because the manufacturer needed more time to deliver a new couch set. Had I not called, I would have been kept waiting longer, but still in vain.

Since your company <u>claims</u> to take pride in providing superior customer service in order to guarantee customer satisfaction, I am urging you to resolve this concern promptly. Provide me with a refund immediately; otherwise, I will file a formal complaint with the Better Business Bureau.

I have enclosed in this letter a copy of the order receipt and a photograph of the defective product. You can e-mail your response to me at karenhunter@email.com or call me at 220-555-8050.

Karen Hunter

74. Why is Karen Hunter writing a letter to David Sanders?

   (a) to inquire about furniture products
   (b) to order a leather couch set
   (c) to protest about a faulty product
   (d) to request a delivery date for her order

75. What did James Finch tell Hunter that the company would do about her concern?

   (a) exchange the item with a new one
   (b) restore the item to its original condition
   (c) give back the $1500 she paid
   (d) confirm if her concern was valid

76. Why most likely was Brick Furniture Store unable to deliver the new couch set?

   (a) All the couches in the store were defective.
   (b) The manufacturer no longer makes the couch set.
   (c) The deliveryman was not available that week.
   (d) The store did not have a set ready to deliver.

77. How will Hunter respond if she doesn't get a refund for her purchase soon?

   (a) by fetching the replacement furniture set herself
   (b) by buying the same couch set from another store
   (c) by demanding an appointment to meet with Sanders
   (d) by filing a formal case against the store

78. Why most likely is Hunter enclosing a picture of the product?

   (a) She wants the replacement to match perfectly.
   (b) She wants to know if they have any similar products.
   (c) She intends to publish it in an online review.
   (d) She intends to use it as proof of her complaint.

79. In the context of the passage, assured means _____.

   (a) persuaded
   (b) guaranteed
   (c) informed
   (d) affected

80. In the context of the passage, claims means _____.

   (a) professes
   (b) defends
   (c) argues
   (d) requests

THIS IS THE END OF THE TEST

G-TELP 최신 기출문제

TEST 6

- GRAMMAR SECTION
- LISTENING SECTION
- READING & VOCABULARY SECTION

TEST 6. mp3 바로 듣기

시험 준비하기

컴퓨터용 사인펜

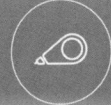
수정 테이프

Answer Sheet

시험시간 : 90분
시작 시각 : ____시 ____분
종료 시각 : ____시 ____분

TEST BOOKLET NUMBER: _____

**General Tests of English Language Proficiency
G-TELP**

Level 2

GRAMMAR SECTION

DIRECTIONS:

The following items need a word or words to complete the sentence. From the four choices for each item, choose the best answer. Then blacken in the correct circle on your answer sheet.

Example:

> The boys _____ in the car.
>
> (a) be
> (b) is
> (c) am
> (d) are

The correct answer is (d), so the circle with the letter (d) has been blackened.

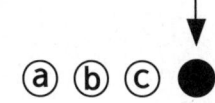

NOW TURN THE PAGE AND BEGIN

1. Bobby is known as the scientist of the family. He enjoys _____ with broken electronic gadgets, combining their parts together to create new machines that actually work.

   (a) tinkering
   (b) to tinker
   (c) having tinkered
   (d) to have tinkered

2. The company Bernard works for is losing money, and he is very worried. He _____ there for ten years now, and is afraid it might close down before he is eligible for retirement and a pension.

   (a) is working
   (b) works
   (c) has been working
   (d) will work

3. Living in an inner city apartment is starting to depress Stella because there is hardly any greenery around. She thinks that if she had a big garden, she _____ every afternoon there.

   (a) would have spent
   (b) spends
   (c) would spend
   (d) will spend

4. The principal finds Bill in the hallway and assures him that he won't get in trouble for arriving late to school. But he reminds Bill to walk softly, and refrain from talking too loudly because classes _____.

   (a) are still going on
   (b) have still gone on
   (c) will still go on
   (d) still go on

5. Elizabeth is currently very busy. She is doing online searches for countries with the best programs for foreign students. This is _____ she wants to apply to schools abroad.

   (a) but
   (b) unless
   (c) so
   (d) because

6. The lights flickered for a minute, and then the power went out. Much to his disappointment, Robert _____ on his computer when the power failure occurred, and he wasn't able to save his work.

   (a) typed
   (b) was typing
   (c) would type
   (d) had typed

7. Luther wishes that he had better self-control around snack foods. If he had not eaten all those cookies before dinner, he _____ his family for a buffet at Hotel Remington.

   (a) could be joining
   (b) was joining
   (c) joined
   (d) could have joined

8. Ryan was accused of cheating during the final exam, but he denied it. When he told his family what really happened, they urged him _____ his teacher to admit his mistake.

   (a) to visit
   (b) to have visited
   (c) having visited
   (d) visiting

9. Cerexol Laboratories has long developed a new drug for arthritis. However, the FDA is still evaluating the drug's safety. By August, the company _____ for FDA approval for three years before they can market the drug.

   (a) will wait
   (b) will have been waiting
   (c) has waited
   (d) would have waited

10. Rudy is on an assignment abroad and has been away from his wife for several months now. He hopes that she doesn't mind _____ online every night, since that is their only means of communication.

    (a) to be chatting
    (b) having chatted
    (c) chatting
    (d) to chat

11. It was so cold this morning, I called my roommate immediately when I returned to our building and requested her help. I asked that she please, please _____ to help bring the groceries up to our flat.

    (a) came down
    (b) come down
    (c) would come down
    (d) was coming down

12. Frank was very anxious when he first started driving in Italy. Being from California, he had never experienced _____ on the left side of the road before. He has now gotten used to it though.

    (a) driving
    (b) to be driving
    (c) having driven
    (d) to drive

13. Penny has just left the office, and is on her way to the Orion Theater. Given how close her office is to the theater, I'm sure she _____ be there in time for the movie's start.

    (a) will
    (b) should
    (c) may
    (d) could

14. I was supposed to lead my study group yesterday, but my last class went longer than expected. They grew restless because they _____ for 45 minutes by the time I finally got out of class.

    (a) had been waiting
    (b) waited
    (c) was waiting
    (d) would have waited

15. The line supervisor seems to be very strict lately. He now insists that an employee completely _____ a task before having lunch so that a new task can be assigned after the break.

    (a) will finish
    (b) is finishing
    (c) finishes
    (d) finish

16. A rough sketch depicting a banana has been valued at $3,000. That's because it was made by a gorilla. If the sketch _____ by my little sister, I wonder how much it would be worth.

    (a) is to be drawn
    (b) were to be drawn
    (c) had been to be drawn
    (d) will be drawn

17. The police wanted to make sure that their primary suspect was definitively the one who committed the crime. Thus, several witnesses were asked _____ the man from a police line-up.

    (a) to have identified
    (b) identifying
    (c) to identify
    (d) having identified

18. Sharon is regretting buying a new mobile phone too soon because the phone is now selling at a much lower price. If she had waited a little longer, she _____ a lot of money on the purchase.

    (a) would save
    (b) was saving
    (c) would have saved
    (d) saved

19. Actors auditioning for the play were required to perform a song for the director. _____, Kylie simply showed the director some of her online music videos, and she was cast in a major role.

   (a) Besides
   (b) Therefore
   (c) In fact
   (d) However

20. Our school's chess team has been competing with other schools to qualify for the national tournament. They have beaten Bowen High and Wells Community Academy so far, but the school _____ is Eagle Ridge Academy.

   (a) what they really hope to outperform
   (b) whom they really hope to outperform
   (c) that they really hope to outperform
   (d) when they really hope to outperform

21. Samantha has just returned from a long vacation, and has neglected her garden for three weeks. I want to visit her, but I'm concerned that she _____ in her garden when I get there.

   (a) will work
   (b) will be working
   (c) is working
   (d) works

22. My son Peter knocked over a carton of milk while I was in the kitchen baking. If he had not spilled the milk, I _____ enough cupcakes to serve everyone for dessert.

   (a) baked
   (b) had been baking
   (c) would bake
   (d) would have baked

23. Wendy is reluctant to ride the cable car because she is afraid of heights. Her friends are suggesting that she _____ that the cable car is just near the ground for her to enjoy the ride.

   (a) pretend
   (b) is pretending
   (c) will pretend
   (d) pretends

24. Carl's supervisor is very particular about punctuality. In fact, she said that getting stuck in traffic, _____ for tardiness, is the last explanation she wants to hear when someone is late for work.

   (a) what she never accepts as an excuse
   (b) which she never accepts as an excuse
   (c) that she never accepts as an excuse
   (d) whom she never accepts as an excuse

25. We couldn't believe how impressive Randall's performance was during last night's football game. Compared to his previous games, he _____ have prepared really well for that match.

    (a) would
    (b) must
    (c) should
    (d) will

26. Reginald's expenses for ongoing household repairs have just reached $2,000. He is short on cash nowadays, and if he could make the repairs himself, he _____ to use that $2,000 to pay next semester's tuition.

    (a) would have been able
    (b) was able
    (c) would be able
    (d) has been able

*THIS IS THE END OF THE GRAMMAR SECTION
DO NOT GO ON UNTIL TOLD TO DO SO*

LISTENING SECTION

DIRECTIONS:

The Listening Section has four parts. In each part you will hear a spoken passage and a number of questions about the passage. First you will hear the questions. Then you will hear a passage. From the four choices for each question, choose the best answer. Then blacken in the correct circle on your answer sheet.

Now you will hear an example question. Then you will hear an example passage.

Now listen to the example question.

Bill Johnson has four brothers, so the best answer is (d). The circle with the letter (d) has been blackened.

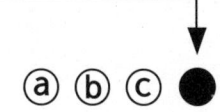

NOW TURN THE PAGE AND BEGIN

PART 1. *You will hear a conversation between two people. First you will hear questions 27 through 33. Then you will hear the conversation. Choose the best answer to each question in the time provided.*

27. (a) their favorite vacation spots
    (b) their upcoming vacations
    (c) their special interests
    (d) their Valentine's Day practices

28. (a) She hasn't booked the vacation yet.
    (b) She hasn't chosen a destination yet.
    (c) She wants to surprise him with the vacation.
    (d) Her boyfriend doesn't like Rio de Janeiro.

29. (a) its open-air movie house
    (b) its wine factories
    (c) a beach with black sand
    (d) a museum on a volcanic island

30. (a) as an isolated region
    (b) as a romantic place
    (c) as a crowded area
    (d) as an ancient place

31. (a) see a famous statue
    (b) visit the botanical garden
    (c) eat popular Brazilian dishes
    (d) swim at the beach

32. (a) its friendliness to tourists
    (b) its lack of appeal to couples
    (c) the tan people get from its beaches
    (d) its being more crowded

33. (a) on Valentine's Day
    (b) on February 12
    (c) after Valentine's Day
    (d) before February 14

PART 2. *You will hear a presentation by one person to a group of people. First you will hear questions 34 through 39. Then you will hear the talk. Choose the best answer to each question in the time provided.*

34. (a) safety of the neighborhood
    (b) closeness to establishments
    (c) availability of facilities
    (d) suitability to one's budget

35. (a) It is in the countryside.
    (b) It is in a quiet part of the city.
    (c) It is on the outskirts of the city.
    (d) It is surrounded by a forest.

36. (a) that all the units are fully furnished
    (b) that all the units are suites
    (c) that all the units are spacious
    (d) that the condominium is small

37. (a) on one of the towers' rooftops
    (b) in the basketball and badminton courts
    (c) in one of the towers' large gyms
    (d) by the Olympic-sized swimming pools

38. (a) The buildings have restaurants and pubs.
    (b) There's a shopping center across the street.
    (c) There are plenty of parking spaces.
    (d) The buildings have stores of all kinds.

39. (a) by getting a single-bedroom unit
    (b) by consulting with a financing affiliate
    (c) by making a cash purchase
    (d) by making a sizeable down payment

PART 3. *You will hear a conversation between two people. First you will hear questions 40 through 45. Then you will hear the conversation. Choose the best answer to each question in the time provided.*

40. (a) by having a chance to forget all about college
    (b) by having a chance to find employment abroad
    (c) by being able to work in his preferred field
    (d) by being able to experience different cultures

41. (a) They may not be as motivated as fresh graduates.
    (b) They may have forgotten their education.
    (c) They prioritize leisure over finding work.
    (d) They often have poor academic records.

42. (a) pay off his student loan at once
    (b) get as much paid leave as he wants
    (c) achieve financial productivity
    (d) work according to his preferred schedule

43. (a) avoid unscheduled work
    (b) earn money without working
    (c) take a break from structured work
    (d) conclude his academic pursuits

44. (a) only when they've started working
    (b) right after they've graduated
    (c) six months before they find a job
    (d) a year after they finish college

45. (a) He will seek career counselling.
    (b) He will take a one-year vacation.
    (c) He will apply for a postgraduate degree.
    (d) He will start searching for work.

PART 4. You will hear an explanation of a process. First you will hear questions 46 through 52. Then you will hear the explanation. Choose the best answer to each question in the time provided.

46. (a) how to take natural-looking pictures
    (b) how to make inexpensive objects more valuable
    (c) how to bring out one's artistic talents
    (d) how to create a beautiful artwork

47. (a) Its materials are cheap to buy.
    (b) It can be done very quickly.
    (c) It only requires common household items.
    (d) Its surface is already polished well.

48. (a) preparing cutouts of pictures
    (b) choosing an object to stick pictures to
    (c) making a wooden bowl or a box
    (d) trying out pictures on an object

49. (a) by counting the cutouts to be used
    (b) by gluing the cutouts to the bowl
    (c) by looking at the pictures before they are cut out
    (d) by placing the cutouts on the bowl unglued

50. (a) fill the empty spaces with small cutouts
    (b) press the cutouts to make them flat and even
    (c) trim the excess cutouts
    (d) remove smears with the paintbrush

51. (a) to make the bowl stand well on a surface
    (b) to prevent the base from sticking to surfaces
    (c) to make the cutouts easy to smooth out
    (d) to ensure that there are enough cutouts to use

52. (a) pictures that stick better
    (b) a bowl that is smooth and glossy
    (c) a bowl that is dried thoroughly
    (d) pictures that blend together on the bowl

THIS IS THE END OF THE LISTENING SECTION
DO NOT GO ON UNTIL TOLD TO DO SO

READING AND VOCABULARY SECTION

DIRECTIONS:

You will now read four different passages. Each passage is followed by comprehension and vocabulary questions. From the four choices for each item, choose the best answer. Then blacken in the correct circle on your answer sheet.

Read the following example passage and example question.

Example:

> Bill Johnson lives in New York. He is 25 years old. He has four brothers and two sisters.
>
> How many brothers does Bill Johnson have?
>
> (a) one
> (b) two
> (c) three
> (d) four

The correct answer is (d), so the circle with the letter (d) has been blackened.

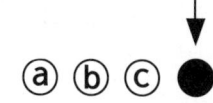

NOW TURN THE PAGE AND BEGIN

PART 1. Read the following biographical narrative and answer the questions. The underlined words in the article are for vocabulary questions.

SCOOBY-DOO

Scooby-Doo is the main character in the cartoon TV show of the same title. The long-running animated series was created by Joe Ruby and Ken Spears in the late 1960s. The cartoon tells of the adventures of a dog named "Scooby-Doo" and his teenage friends as they try to crack mysteries involving criminals disguised as ghosts and monsters. Scooby-Doo and his friends Fred Jones, Daphne Blake, Velma Dinkley, and Shaggy Rogers form the crime-solving group Mystery Inc.

Scooby-Doo is a big, brown Great Dane with black spots. He wears a blue collar and a diamond-shaped dog tag bearing his initials "SD." Scooby-Doo usually walks on four legs. However, he sometimes walks and runs on his hind legs when the situation calls for it. He is a fun-loving dog that can be very clumsy, much like his best friend Shaggy. Scooby-Doo's name is taken from the "doo-bee-doo-bee-doo" part of a Frank Sinatra song.

Scooby-Doo's character was created by artist and animator Iwao Takamoto. Takamoto consulted with a Great Dane breeder to learn about the breed's physical traits and personality before drafting the cartoon character. However, he later gave Scooby-Doo the opposite of the traits typically found among the breed: a different fur color, a curved back, bowed legs, and a double chin. Scooby-Doo is also very cowardly, and only becomes courageous in very specific situations. He becomes especially brave and confident when given a bone-shaped dog biscuit called a "Scooby Snack."

Scooby-Doo can talk, but often has trouble speaking fluently and pronouncing words correctly. For example, he often starts all words with "r" sounds, so that he calls himself "Rooby-Roo." He usually keeps his sentences short and uses body gestures to make himself understood. The show also features a collection of Scooby-Doo's relatives, like his nephew Scrappy-Doo, cousin Scooby-Dum, and sister Ruby-Doo, all of whom are also speaking Great Danes.

Scooby-Doo has been on the air since 1969. Each episode involves the teenagers and Scooby-Doo playfully investigating a mysterious case, delivering the villains to the police, and making sure justice is done. Over the years, the show has had many changes in terms of animation, theme, and characters. It has also spawned several spin-off shows, such as "Scooby's All Star Laff-A-Lympics." Movies, toys, and video games have also been made based on the show.

53. What do Scooby-Doo and his friends attempt to do in the show?

    (a) catch ghostly beings
    (b) work as undercover agents
    (c) unravel mysterious crimes
    (d) make friends with monsters

54. Which of the following is not true about Scooby-Doo?

    (a) He moves using either two or four legs.
    (b) His physical coordination is superb.
    (c) He likes to play around with his friends.
    (d) His name comes from a song.

55. Based on the way Scooby-Doo was finally depicted, how could a real Great Dane be described?

    (a) as a mammal with a badly formed body
    (b) as a wild and aggressive animal
    (c) as a brave and confident dog
    (d) as a dog that avoids trouble

56. Why does Scooby-Doo use body gestures when communicating?

    (a) to make his message clearer
    (b) because his mouth is often full of "Scooby Snacks"
    (c) to avoid pronouncing the letter R
    (d) because he cannot verbally communicate

57. What can be said about the Scooby-Doo cartoon show?

    (a) Its animation style has remained consistent.
    (b) It has had a short run since being aired in 1969.
    (c) Scooby-Doo's family has been growing.
    (d) Scooby-Doo's image is used to sell products.

58. In the context of the passage, bearing means _____.

    (a) supporting
    (b) bringing
    (c) enduring
    (d) showing

59. In the context of the passage, spawned means _____.

    (a) generated
    (b) emerged
    (c) processed
    (d) discovered

PART 2. Read the following Web article and answer the questions. The underlined words in the article are for vocabulary questions.

SINGLE-CELLED ORGANISMS SEEM ABLE TO "MAKE DECISIONS"

Researchers have successfully recreated a previously dismissed experiment that suggested that single-celled organisms are capable of "making complex decisions."

In 1906, American zoologist Herbert Spencer Jennings published the results of his experiment on *Stentor roeselii*, large, trumpet-shaped organisms consisting of a single cell. Jennings subjected the *S. roeselii* to carmine powder, a substance expected to irritate the specimens. The initial reaction was predictable, with the organisms bending their bodies around the substance to avoid it. When the maneuver failed, the *S. roeselii* used their "cilia"—hair-like appendages used for moving and feeding—to push the powder particles away. If that didn't work, the organisms contracted, or shrunk, to avoid the irritant. When all else failed, the organisms simply detached and swam away.

Researchers were unable to replicate Jennings' findings in the 1960s. In their experiment, the organisms merely avoided the irritant by swimming away rather than attempting different maneuvers. Jennings' findings were thus dismissed by the scientific community. However, a team of scientists from Harvard University recently succeeded in recreating the experiment. They reviewed the study that supposedly invalidated Jennings' findings, and learned that the researchers had not used the right organism.

The Harvard team sought out *S. roeselii* specimens and likewise exposed them to carmine powder. However, the organisms were not affected by the substance, presumably because its composition had changed since Jennings' time. When they used microscopic plastic beads as an irritant, the organisms started behaving differently. Initially, the *S. roeselii* did not seem to respond in a specific sequence, with some bending first, then contracting without any clear pattern. However, further analysis showed that the specimens generally behaved as Jennings' specimens had: bending first, then changing the direction of their cilia, and finally swimming away.

The study concluded that although single-celled organisms have no brains, they might have built-in mechanisms that let them "decide" between options when facing problems. This offers a new perspective on simple organisms, which could be more complex than previously thought. The findings even suggest that human cells might not merely be "programmed" to behave as the genes dictate, but may be capable of reacting independently to stimuli.

60. What were researchers able to accomplish recently?

    (a) repeat a previous experiment
    (b) introduce new scientific findings
    (c) apply new scientific methods
    (d) discredit an existing theory

61. How were the *Stentor roeselii* predicted to react to the irritant in Jennings' experiment?

    (a) by swimming away from it
    (b) by shoving it out of the way
    (c) by shrinking their bodies to escape it
    (d) by twisting their bodies to avoid it

62. Which could be a reason why the 1960s recreation of the experiment failed?

    (a) The specimens were not exactly the same.
    (b) The scientific community never accepted Jennings' findings.
    (c) The substance did not affect the specimens.
    (d) The researchers did not use a powerful irritant.

63. What did the Harvard researchers first observe about the *S. roeselii*'s behavior towards the plastic beads?

    (a) They reacted as Jennings' specimens did.
    (b) They appeared to react in a random manner.
    (c) They ignored the plastic beads.
    (d) They reacted more to carmine powder.

64. What conclusion can be made about single-celled organisms?

    (a) They make decisions with their brains.
    (b) They behave as dictated by genes.
    (c) They react to specific situations accordingly.
    (d) They make up multi-celled organisms.

65. In the context of the passage, invalidated means _____.

    (a) opposed
    (b) followed
    (c) rejected
    (d) disproved

66. In the context of the passage, sequence means _____.

    (a) cycle
    (b) system
    (c) order
    (d) display

PART 3. Read the following encyclopedia article and answer the questions. The underlined words in the article are for vocabulary questions.

DODO BIRD

The dodo was a flightless bird that was found in the island nation of Mauritius in the Indian Ocean. The bird was large at about a meter in height and 20 kilograms in weight. Recognized as a distant relative of pigeons and doves, the species became extinct before the start of the 1700s.

Most information about the dodos comes from the writings of Portuguese and Dutch settlers in Mauritius. No reliable descriptions of the bird are available today. The early illustrations of the dodo largely differ, and its fossil remains give very little information about its appearance. However, most drawings show it as a heavyset bird with grey or brown feathers, a strong, hooked beak, and very small eyes at the sides of its head. It is also illustrated with short, stubby wings, stout yellow legs, and black claws. Dodos were observed to have been fast runners despite their fat, round bodies.

Scientists believe that the main reason the dodos did not fly was the abundance of food on the island. The birds simply ate fruit that fell from trees and did not need to fly. Also, they did not have any natural predators to escape from by flying. The dodos nested in grassy areas and laid only one egg at a time. They swallowed gizzard stones, which were used to help grind and digest food, as the dodos did not have any teeth to chew with. They were described as tame birds that were not fearful of humans.

The arrival of European settlers triggered the steady decline of the dodos' numbers and their eventual extinction. The settlers discovered that the birds were neither afraid of humans nor dangerous to them. They killed the dodos indiscriminately for sport and food, even though the birds' meat had been described as foul-tasting. The birds were also hunted by dogs, cats, pigs, and other animals that were brought to the island by the settlers.

By around 1681, the last dodo bird had vanished. The bird's extinction has since been cited to promote the protection of endangered species.

67. What is the article describing?

    (a) the extinction of various species
    (b) an ancient bird that had died out
    (c) the early birds of Mauritius
    (d) the dangers of colonial expansion

68. Why is there no clear agreement about the dodo's appearance?

    (a) The bird did not really exist.
    (b) There are no remains of the bird.
    (c) The settlers did not actually see the bird.
    (d) Records about the bird are not consistent.

69. Which of the following descriptions about the dodo is false?

    (a) that it was weak and sluggish
    (b) that it is related to the pigeon
    (c) that it had a rounded, heavy body
    (d) that it had particularly tiny eyes

70. What is the major reason for the dodo's evolution into a flightless bird?

    (a) its ability to easily defeat predators
    (b) its body becoming too heavy
    (c) its lack of need to fly to gather food
    (d) its ability to run fast instead of flying

71. How most likely did the dodo ultimately become extinct?

    (a) through an absence of food on the island
    (b) through excessive hunting by humans
    (c) by being wiped out as a threat to humans
    (d) by being preyed on by the local wildlife

72. In the context of the passage, reliable means _____.

    (a) relative
    (b) sincere
    (c) dependable
    (d) special

73. In the context of the passage, abundance means _____.

    (a) fortune
    (b) worth
    (c) substance
    (d) wealth

PART 4. Read the following business letter and answer the questions. The underlined words in the letter are for vocabulary questions.

Ms. Anita Day
23 Fordham Street
Chatham, London, TS10 0FJ

Dear Ms. Day,

We regret to inform you that your application for AZG online banking has been denied as of July 27.

Our records show that when you signed up on the AZG Bank website on July 11, you were given until July 15 to confirm your application. You were advised to do so by going to an AZG Bank automated teller machine and activating your account using the code sent to your email. To date, we have not received confirmation of the activation of your account.

In response to your complaint that you were unable to sign up for online banking, we would like to offer you another way to register for the service. Please print out the online banking form found on our website. Then, <u>furnish</u> the necessary information, and submit the completed form to an AZG Bank branch of your choosing. Our tellers will process your application, and you can start using online banking that same day.

Should you have any more concerns regarding your online banking application, please call us at 555-553-1274.

We would also like to inform you that as an AZG Bank customer, you are <u>guaranteed</u> to receive a Points Plus membership that can be used together with your AZG Bank Credit Card. Earn points every time you use your credit card, and qualify to win prizes such as home furniture and vacation packages.

Thank you very much, and we wish you well.

Carter Beaumont
Manager
AZG Bank
London Main Office

74. What is the main purpose of the letter?

    (a) to tell a client of the rejection of her application
    (b) to notify a client that her bank account was closed
    (c) to offer a client a new banking service
    (d) to inform that a client has been registered for a service

75. Why most likely is AZG Bank sending Anita Day the notice?

    (a) She did not register on the bank's website.
    (b) She failed to confirm her application.
    (c) She has not opened an ATM account.
    (d) She was not told how to apply for the service.

76. Which is not mentioned as another way to register for online banking?

    (a) completing an application form
    (b) visiting a branch of AZG Bank
    (c) printing an online document
    (d) reapplying for the service online

77. How can Anita Day air her concerns about her application?

    (a) by logging on to a website
    (b) by visiting a bank branch
    (c) by giving the bank a call
    (d) by writing the bank a letter

78. What should Day do to win prizes from AZG Bank?

    (a) remain a loyal patron of AZG Bank
    (b) use her Points Plus card to make purchases
    (c) settle her outstanding loan balance
    (d) use her AZG Credit Card to earn points

79. In the context of the passage, furnish means _____.

    (a) deliver
    (b) achieve
    (c) provide
    (d) finish

80. In the context of the passage, guaranteed means _____.

    (a) certain
    (b) advised
    (c) liable
    (d) secure

THIS IS THE END OF THE TEST

OMR 카드 작성법

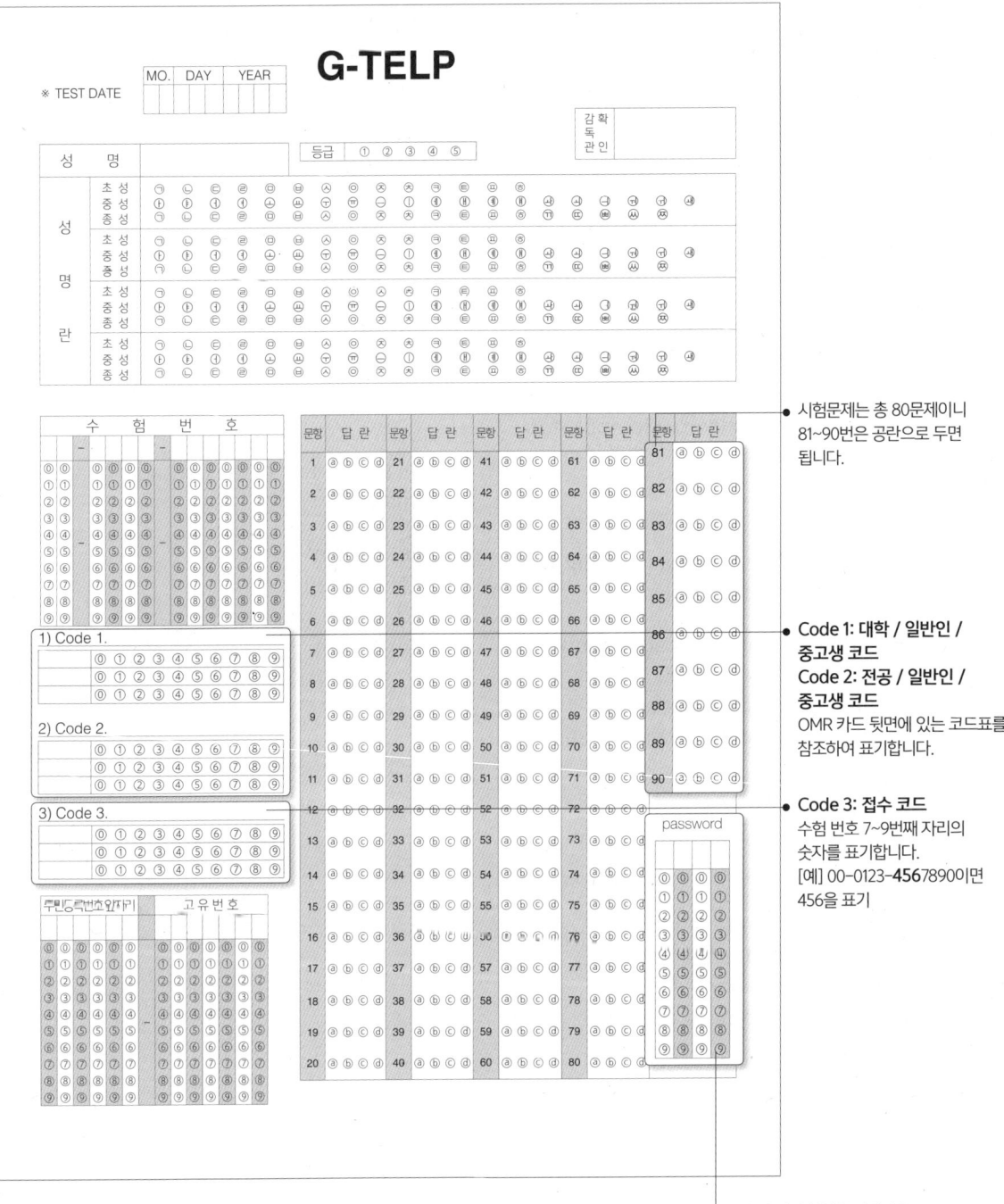

G-TELP

※ TEST DATE MO. DAY YEAR

G-TELP

※ TEST DATE MO. DAY YEAR

성명

등급 ① ② ③ ④ ⑤

감독확인관

수험번호

1) Code 1.

2) Code 2.

3) Code 3.

주민등록번호앞자리   고유번호

문항	답란	문항	답란	문항	답란	문항	답란	문항	답란
1	ⓐⓑⓒⓓ	21	ⓐⓑⓒⓓ	41	ⓐⓑⓒⓓ	61	ⓐⓑⓒⓓ	81	ⓐⓑⓒⓓ
2	ⓐⓑⓒⓓ	22	ⓐⓑⓒⓓ	42	ⓐⓑⓒⓓ	62	ⓐⓑⓒⓓ	82	ⓐⓑⓒⓓ
3	ⓐⓑⓒⓓ	23	ⓐⓑⓒⓓ	43	ⓐⓑⓒⓓ	63	ⓐⓑⓒⓓ	83	ⓐⓑⓒⓓ
4	ⓐⓑⓒⓓ	24	ⓐⓑⓒⓓ	44	ⓐⓑⓒⓓ	64	ⓐⓑⓒⓓ	84	ⓐⓑⓒⓓ
5	ⓐⓑⓒⓓ	25	ⓐⓑⓒⓓ	45	ⓐⓑⓒⓓ	65	ⓐⓑⓒⓓ	85	ⓐⓑⓒⓓ
6	ⓐⓑⓒⓓ	26	ⓐⓑⓒⓓ	46	ⓐⓑⓒⓓ	66	ⓐⓑⓒⓓ	86	ⓐⓑⓒⓓ
7	ⓐⓑⓒⓓ	27	ⓐⓑⓒⓓ	47	ⓐⓑⓒⓓ	67	ⓐⓑⓒⓓ	87	ⓐⓑⓒⓓ
8	ⓐⓑⓒⓓ	28	ⓐⓑⓒⓓ	48	ⓐⓑⓒⓓ	68	ⓐⓑⓒⓓ	88	ⓐⓑⓒⓓ
9	ⓐⓑⓒⓓ	29	ⓐⓑⓒⓓ	49	ⓐⓑⓒⓓ	69	ⓐⓑⓒⓓ	89	ⓐⓑⓒⓓ
10	ⓐⓑⓒⓓ	30	ⓐⓑⓒⓓ	50	ⓐⓑⓒⓓ	70	ⓐⓑⓒⓓ	90	ⓐⓑⓒⓓ
11	ⓐⓑⓒⓓ	31	ⓐⓑⓒⓓ	51	ⓐⓑⓒⓓ	71	ⓐⓑⓒⓓ		
12	ⓐⓑⓒⓓ	32	ⓐⓑⓒⓓ	52	ⓐⓑⓒⓓ	72	ⓐⓑⓒⓓ		
13	ⓐⓑⓒⓓ	33	ⓐⓑⓒⓓ	53	ⓐⓑⓒⓓ	73	ⓐⓑⓒⓓ		
14	ⓐⓑⓒⓓ	34	ⓐⓑⓒⓓ	54	ⓐⓑⓒⓓ	74	ⓐⓑⓒⓓ		
15	ⓐⓑⓒⓓ	35	ⓐⓑⓒⓓ	55	ⓐⓑⓒⓓ	75	ⓐⓑⓒⓓ		
16	ⓐⓑⓒⓓ	36	ⓐⓑⓒⓓ	56	ⓐⓑⓒⓓ	76	ⓐⓑⓒⓓ		
17	ⓐⓑⓒⓓ	37	ⓐⓑⓒⓓ	57	ⓐⓑⓒⓓ	77	ⓐⓑⓒⓓ		
18	ⓐⓑⓒⓓ	38	ⓐⓑⓒⓓ	58	ⓐⓑⓒⓓ	78	ⓐⓑⓒⓓ		
19	ⓐⓑⓒⓓ	39	ⓐⓑⓒⓓ	59	ⓐⓑⓒⓓ	79	ⓐⓑⓒⓓ		
20	ⓐⓑⓒⓓ	40	ⓐⓑⓒⓓ	60	ⓐⓑⓒⓓ	80	ⓐⓑⓒⓓ		

password

G-TELP

G-TELP

G-TELP

※ TEST DATE   MO. DAY YEAR

G-TELP

※ TEST DATE

MO.	DAY	YEAR

감독관 확인	

성 명		등급	① ② ③ ④ ⑤

성명란		
	초 성	㉠ ㉡ ㉢ ㉣ ㉤ ㉥ ㉦ ㉧ ㉨ ㉩ ㉪ ㉫ ㉬ ㉭
	중 성	ㅏ ㅑ ㅓ ㅕ ㅗ ㅛ ㅜ ㅠ ㅡ ㅣ ㅔ ㅐ ㅖ ㅒ ㅘ ㅚ ㅢ ㅝ ㅟ ㅙ
	종 성	㉠ ㉡ ㉢ ㉣ ㉤ ㉥ ㉦ ㉧ ㉨ ㉩ ㉪ ㉫ ㉬ ㉭ ㄲ ㄸ ㅃ ㅆ ㅉ
	초 성	㉠ ㉡ ㉢ ㉣ ㉤ ㉥ ㉦ ㉧ ㉨ ㉩ ㉪ ㉫ ㉬ ㉭
	중 성	ㅏ ㅑ ㅓ ㅕ ㅗ ㅛ ㅜ ㅠ ㅡ ㅣ ㅔ ㅐ ㅖ ㅒ ㅘ ㅚ ㅢ ㅝ ㅟ ㅙ
	종 성	㉠ ㉡ ㉢ ㉣ ㉤ ㉥ ㉦ ㉧ ㉨ ㉩ ㉪ ㉫ ㉬ ㉭ ㄲ ㄸ ㅃ ㅆ ㅉ
	초 성	㉠ ㉡ ㉢ ㉣ ㉤ ㉥ ㉦ ㉧ ㉨ ㉩ ㉪ ㉫ ㉬ ㉭
	중 성	ㅏ ㅑ ㅓ ㅕ ㅗ ㅛ ㅜ ㅠ ㅡ ㅣ ㅔ ㅐ ㅖ ㅒ ㅘ ㅚ ㅢ ㅝ ㅟ ㅙ
	종 성	㉠ ㉡ ㉢ ㉣ ㉤ ㉥ ㉦ ㉧ ㉨ ㉩ ㉪ ㉫ ㉬ ㉭ ㄲ ㄸ ㅃ ㅆ ㅉ
	초 성	㉠ ㉡ ㉢ ㉣ ㉤ ㉥ ㉦ ㉧ ㉨ ㉩ ㉪ ㉫ ㉬ ㉭
	중 성	ㅏ ㅑ ㅓ ㅕ ㅗ ㅛ ㅜ ㅠ ㅡ ㅣ ㅔ ㅐ ㅖ ㅒ ㅘ ㅚ ㅢ ㅝ ㅟ ㅙ
	종 성	㉠ ㉡ ㉢ ㉣ ㉤ ㉥ ㉦ ㉧ ㉨ ㉩ ㉪ ㉫ ㉬ ㉭ ㄲ ㄸ ㅃ ㅆ ㅉ

수 험 번 호														
		-					-							
⓪	⓪		⓪	⓪	⓪	⓪		⓪	⓪	⓪	⓪	⓪	⓪	⓪
①	①		①	①	①	①		①	①	①	①	①	①	①
②	②		②	②	②	②		②	②	②	②	②	②	②
③	③		③	③	③	③		③	③	③	③	③	③	③
④	④	-	④	④	④	④	-	④	④	④	④	④	④	④
⑤	⑤		⑤	⑤	⑤	⑤		⑤	⑤	⑤	⑤	⑤	⑤	⑤
⑥	⑥		⑥	⑥	⑥	⑥		⑥	⑥	⑥	⑥	⑥	⑥	⑥
⑦	⑦		⑦	⑦	⑦	⑦		⑦	⑦	⑦	⑦	⑦	⑦	⑦
⑧	⑧		⑧	⑧	⑧	⑧		⑧	⑧	⑧	⑧	⑧	⑧	⑧
⑨	⑨		⑨	⑨	⑨	⑨		⑨	⑨	⑨	⑨	⑨	⑨	⑨

1) Code 1.

	⓪ ① ② ③ ④ ⑤ ⑥ ⑦ ⑧ ⑨
	⓪ ① ② ③ ④ ⑤ ⑥ ⑦ ⑧ ⑨
	⓪ ① ② ③ ④ ⑤ ⑥ ⑦ ⑧ ⑨

2) Code 2.

	⓪ ① ② ③ ④ ⑤ ⑥ ⑦ ⑧ ⑨
	⓪ ① ② ③ ④ ⑤ ⑥ ⑦ ⑧ ⑨
	⓪ ① ② ③ ④ ⑤ ⑥ ⑦ ⑧ ⑨

3) Code 3.

	⓪ ① ② ③ ④ ⑤ ⑥ ⑦ ⑧ ⑨
	⓪ ① ② ③ ④ ⑤ ⑥ ⑦ ⑧ ⑨
	⓪ ① ② ③ ④ ⑤ ⑥ ⑦ ⑧ ⑨

주민등록번호앞자리							고 유 번 호						
⓪	⓪	⓪	⓪	⓪	⓪		⓪	⓪	⓪	⓪	⓪	⓪	⓪
①	①	①	①	①	①		①	①	①	①	①	①	①
②	②	②	②	②	②		②	②	②	②	②	②	②
③	③	③	③	③	③		③	③	③	③	③	③	③
④	④	④	④	④	④	-	④	④	④	④	④	④	④
⑤	⑤	⑤	⑤	⑤	⑤		⑤	⑤	⑤	⑤	⑤	⑤	⑤
⑥	⑥	⑥	⑥	⑥	⑥		⑥	⑥	⑥	⑥	⑥	⑥	⑥
⑦	⑦	⑦	⑦	⑦	⑦		⑦	⑦	⑦	⑦	⑦	⑦	⑦
⑧	⑧	⑧	⑧	⑧	⑧		⑧	⑧	⑧	⑧	⑧	⑧	⑧
⑨	⑨	⑨	⑨	⑨	⑨		⑨	⑨	⑨	⑨	⑨	⑨	⑨

문항	답 란	문항	답 란	문항	답 란	문항	답 란	문항	답 란
1	ⓐ ⓑ ⓒ ⓓ	21	ⓐ ⓑ ⓒ ⓓ	41	ⓐ ⓑ ⓒ ⓓ	61	ⓐ ⓑ ⓒ ⓓ	81	ⓐ ⓑ ⓒ ⓓ
2	ⓐ ⓑ ⓒ ⓓ	22	ⓐ ⓑ ⓒ ⓓ	42	ⓐ ⓑ ⓒ ⓓ	62	ⓐ ⓑ ⓒ ⓓ	82	ⓐ ⓑ ⓒ ⓓ
3	ⓐ ⓑ ⓒ ⓓ	23	ⓐ ⓑ ⓒ ⓓ	43	ⓐ ⓑ ⓒ ⓓ	63	ⓐ ⓑ ⓒ ⓓ	83	ⓐ ⓑ ⓒ ⓓ
4	ⓐ ⓑ ⓒ ⓓ	24	ⓐ ⓑ ⓒ ⓓ	44	ⓐ ⓑ ⓒ ⓓ	64	ⓐ ⓑ ⓒ ⓓ	84	ⓐ ⓑ ⓒ ⓓ
5	ⓐ ⓑ ⓒ ⓓ	25	ⓐ ⓑ ⓒ ⓓ	45	ⓐ ⓑ ⓒ ⓓ	65	ⓐ ⓑ ⓒ ⓓ	85	ⓐ ⓑ ⓒ ⓓ
6	ⓐ ⓑ ⓒ ⓓ	26	ⓐ ⓑ ⓒ ⓓ	46	ⓐ ⓑ ⓒ ⓓ	66	ⓐ ⓑ ⓒ ⓓ	86	ⓐ ⓑ ⓒ ⓓ
7	ⓐ ⓑ ⓒ ⓓ	27	ⓐ ⓑ ⓒ ⓓ	47	ⓐ ⓑ ⓒ ⓓ	67	ⓐ ⓑ ⓒ ⓓ	87	ⓐ ⓑ ⓒ ⓓ
8	ⓐ ⓑ ⓒ ⓓ	28	ⓐ ⓑ ⓒ ⓓ	48	ⓐ ⓑ ⓒ ⓓ	68	ⓐ ⓑ ⓒ ⓓ	88	ⓐ ⓑ ⓒ ⓓ
9	ⓐ ⓑ ⓒ ⓓ	29	ⓐ ⓑ ⓒ ⓓ	49	ⓐ ⓑ ⓒ ⓓ	69	ⓐ ⓑ ⓒ ⓓ	89	ⓐ ⓑ ⓒ ⓓ
10	ⓐ ⓑ ⓒ ⓓ	30	ⓐ ⓑ ⓒ ⓓ	50	ⓐ ⓑ ⓒ ⓓ	70	ⓐ ⓑ ⓒ ⓓ	90	ⓐ ⓑ ⓒ ⓓ
11	ⓐ ⓑ ⓒ ⓓ	31	ⓐ ⓑ ⓒ ⓓ	51	ⓐ ⓑ ⓒ ⓓ	71	ⓐ ⓑ ⓒ ⓓ		
12	ⓐ ⓑ ⓒ ⓓ	32	ⓐ ⓑ ⓒ ⓓ	52	ⓐ ⓑ ⓒ ⓓ	72	ⓐ ⓑ ⓒ ⓓ		
13	ⓐ ⓑ ⓒ ⓓ	33	ⓐ ⓑ ⓒ ⓓ	53	ⓐ ⓑ ⓒ ⓓ	73	ⓐ ⓑ ⓒ ⓓ		
14	ⓐ ⓑ ⓒ ⓓ	34	ⓐ ⓑ ⓒ ⓓ	54	ⓐ ⓑ ⓒ ⓓ	74	ⓐ ⓑ ⓒ ⓓ		
15	ⓐ ⓑ ⓒ ⓓ	35	ⓐ ⓑ ⓒ ⓓ	55	ⓐ ⓑ ⓒ ⓓ	75	ⓐ ⓑ ⓒ ⓓ		
16	ⓐ ⓑ ⓒ ⓓ	36	ⓐ ⓑ ⓒ ⓓ	56	ⓐ ⓑ ⓒ ⓓ	76	ⓐ ⓑ ⓒ ⓓ		
17	ⓐ ⓑ ⓒ ⓓ	37	ⓐ ⓑ ⓒ ⓓ	57	ⓐ ⓑ ⓒ ⓓ	77	ⓐ ⓑ ⓒ ⓓ		
18	ⓐ ⓑ ⓒ ⓓ	38	ⓐ ⓑ ⓒ ⓓ	58	ⓐ ⓑ ⓒ ⓓ	78	ⓐ ⓑ ⓒ ⓓ		
19	ⓐ ⓑ ⓒ ⓓ	39	ⓐ ⓑ ⓒ ⓓ	59	ⓐ ⓑ ⓒ ⓓ	79	ⓐ ⓑ ⓒ ⓓ		
20	ⓐ ⓑ ⓒ ⓓ	40	ⓐ ⓑ ⓒ ⓓ	60	ⓐ ⓑ ⓒ ⓓ	80	ⓐ ⓑ ⓒ ⓓ		

password

⓪	⓪	⓪	⓪
①	①	①	①
②	②	②	②
③	③	③	③
④	④	④	④
⑤	⑤	⑤	⑤
⑥	⑥	⑥	⑥
⑦	⑦	⑦	⑦
⑧	⑧	⑧	⑧
⑨	⑨	⑨	⑨

G-TELP

※ TEST DATE — MO. DAY YEAR

G-TELP KOREA
6회분 제공
지텔프
기출문제 LEVEL 2

문제집